■2025年度高等学校受験用

川越東高等学校

収録内容一覧

★この問題集は以下の収録内容となっています。また、編集の都
せていただいている場合もございますのでご了承ください。

（○印は収録、一印は未収録）

入試問題の収録内容			解説	解答	解答用紙
2024年度	特待生	英語・数学・国語	○	○	○
	単願・併願①	英語・数学・国語	○	○	○
	併願②	英語・数学・国語	ー	○	○
2023年度	特待生	英語・数学・国語	○	○	○
	単願・併願①	英語・数学・国語	○	○	○
	併願②	英語・数学・国語	ー	○	○
2022年度	特待生	英語・数学・国語	○	○	○
	単願・併願①	英語・数学・国語	○	○	○
	併願②	英語・数学・国語	ー	○	○

★当問題集のバックナンバーは在庫がございません。あらかじめご了承ください。

●凡例●

【英語】

≪解答≫

〔　〕　①別解
②置き換え可能な語句（なお下線は置き換える箇所が2語以上の場合）
(例) <u>I am</u>〔I'm〕glad〔happy〕to～

（　）　省略可能な言葉

≪解説≫

1, 2… 本文の段落（ただし本文が会話文の場合は話者の1つの発言）

〔　〕　置き換え可能な語句（なお〔　〕の前の下線は置き換える箇所が2語以上の場合）

（　）　①省略が可能な言葉
(例)「(数が) いくつかの」
②単語・代名詞の意味
(例)「彼（＝警察官）が叫んだ」
③言い換え可能な言葉
(例)「いやなにおいがするなべにはふたをするべきだ（＝くさいものにはふたをしろ）」

//　訳文と解説の区切り

cf.　比較・参照

≒　ほぼ同じ意味

【数学】

≪解答≫

〔　〕　別解

≪解説≫

（　）　補足的指示
(例)（右図1参照）など

〔　〕　①公式の文字部分
(例)〔長方形の面積〕＝〔縦〕×〔横〕
②面積・体積を表す場合
(例)〔立方体ABCDEFGH〕

∴　ゆえに

≒　約、およそ

【社会】

≪解答≫

〔　〕　別解

（　）　省略可能な語

＿＿　使用を指示された語句

≪解説≫

〔　〕　別称・略称
(例) 政府開発援助〔ODA〕

（　）　①年号
(例) 壬申の乱が起きた（672年）。
②意味・補足的説明
(例) 資本収支（海外への投資など）

【理科】

≪解答≫

〔　〕　別解

（　）　省略可能な語

＿＿　使用を指示された語句

≪解説≫

〔　〕　公式の文字部分

（　）　①単位
②補足的説明
③同義・言い換え可能な言葉
(例) カエルの子（オタマジャクシ）

≒　約、およそ

【国語】

≪解答≫

〔　〕　別解

（　）　省略してもよい言葉

＿＿　使用を指示された語句

≪解説≫

〈　〉　課題文中の空所部分（現代語訳・通釈・書き下し文）

（　）　①引用文の指示語の内容
(例)「それ（＝過去の経験）が ～」
②選択肢の正誤を示す場合
(例)（ア，ウ…×）
③現代語訳で主語などを補った部分
(例)（女は）出てきた。

／　漢詩の書き下し文・現代語訳の改行部分

川越東高等学校

所在地	〒350-0011 埼玉県川越市久下戸6060
電　話	049-235-4811
ホームページ	https://www.kawagoehigashi.ed.jp
交通案内	大宮駅・上福岡駅・本川越駅・南古谷駅よりスクールバス

普通科

男子

くわしい情報は
ホームページへ

応募状況

年度	募集数		受験数	合格数	倍率
2024	単願	400名	201名	200名	1.0倍
	併願Ⅰ		927名	919名	1.0倍
	特待生		452名	233名	1.9倍
	併願Ⅱ		246名	235名	1.0倍
2023	単願	400名	247名	236名	1.0倍
	併願Ⅰ		952名	942名	1.0倍
	特待生		476名	241名	2.0倍
	併願Ⅱ		243名	232名	1.0倍
2022	単願	400名	242名	232名	1.0倍
	併願Ⅰ		962名	949名	1.0倍
	特待生		503名	252名	2.0倍
	併願Ⅱ		252名	235名	1.1倍

※受験数，合格数は全てのコースの合計

試験科目　（参考用：2024年度入試）

国語・英語・数学，面接（特待生入試は面接なし）

星野学園　沿革

明治30年，星野りちが「星野塾」を創立。昭和28年学校法人星野学園創立。昭和39年星野女子高校（現　星野高校）を創設，昭和59年に川越東高校を創設し，現在に至る。

＜姉妹校＞　星野高校（男女共学）　星野学園中学校（男女共学）　星野学園小学校（男女共学）

教育方針

恵まれた自然環境と充実した施設・設備のもと，文武両道の精神で心身を鍛える。

編集部注―本書の内容は2024年5月現在のものであり，変更されている場合があります。正確な情報は，学校のホームページ等で必ずご確認ください。

施設・設備

約85,700㎡の広大な校地内に，校舎，体育館，図書館，照明完備の第１～３グラウンド，プール，マルチコートなどが配置されている。体育館の面積は3,850㎡と大学・高校を通じて日本最大。図書館には180席の学習室を設け，文武両道をサポートしている。

教育の特色

１年次には普通コースと選抜クラスである理数コースに，２年次からは理系・文系の志望進路と習熟度に合わせた４つのコースに分かれる。また，学年進級時に希望と学業成績によって理数と普通でコースの変更が行われる。

各コースとも早くから受験を視野に入れ，授業を重要科目へ集中。基礎・応用・演習それぞれにたっぷりと時間をかけ，学力の着実な向上を図る。その授業を担うのは，毎年数々の難関大学に合格者を送り出している教師陣。実績に裏打ちされた的確かつ細やかな指導により，生徒が個性と能力を最大限に発揮できる環境をつくり出している。

また，「タブレット１人１台」の教育環境を整え，ICTを活用した教育にも力を入れている。

近年の進路状況

東京大，京都大，一橋大，東京工業大，東北大，北海道大，名古屋大，大阪大，九州大，筑波大，東京外国語大，東京学芸大，東京農工大，電気通信大，埼玉大，群馬大，宇都宮大，千葉大，横浜国立大，東京都立大，早稲田大，慶應義塾大，上智大，東京理科大，国際基督教大，明治大，立教大，青山学院大，中央大，法政大，学習院大ほか

出題傾向と今後への対策　英語

出題内容

	2024		2023		2022	
	特待生	単・併①	特待生	単・併①	特待生	単・併①
大問数	7	7	7	7	7	7
小問数	35	35	35	35	35	35
リスニング	×	×	×	×	×	×

◎大問７題，小問数35問，長文読解は３題あり，うち１題は会話文形式である。

2024年度の出題状況

《特待生》

1 長文読解総合―説明文
2 長文読解総合―物語
3 対話文完成
4 適語選択
5 正誤問題
6 整序結合
7 総合問題

《単願・併願①》

1 長文読解総合―説明文
2 長文読解総合―物語
3 長文読解総合―対話文
4 適語選択
5 誤文訂正
6 整序結合
7 総合問題

解答形式

《特待生》	記　述／マーク／併　用
《単願・併願①》	記　述／マーク／併　用

出題傾向

全般的に英文を読みこなすための基本的な文法・構文の把握と応用力が求められる傾向である。入試区分の違いによる大きな差は見られない。長文は説明文，物語が多く，近年は高度な読解力が要求される難易度が高いものも出題されている。会話文も頻出である。長文以外では整序結合形式の英作文，正誤問題，適語選択が必出である。

今後への対策

中学校の学習内容とその習熟度を多角的に試す良問ぞろいである。したがって，教科書や問題集を繰り返しやることによって自分の弱点を見つけ，それを完全に克服しておくことが最大のカギとなる。教科書の単語・熟語，構文は全て暗記しよう。多くの英文に接し，英文に慣れておくことも大切だ。会話文独特の言い回しにも注意。

◆◆◆◆◆ 英語出題分野一覧表 ◆◆◆◆◆

分野		年度	2022		2023		2024		2025予想※	
			特待生	単・併①	特待生	単・併①	特待生	単・併①	特待生	単・併①
音声	放送問題									
	単語の発音・アクセント				●	●			△	△
	文の区切り・強勢・抑揚									
語彙・文法	単語の意味・綴り・関連知識		●	●	●	●	●	●	◎	◎
	適語(句)選択・補充		●	●	●	●	●	●	◎	◎
	書き換え・同意文完成									
	語形変化							●		△
	用法選択									
	正誤問題・誤文訂正		●	●	●	●	●	●	◎	◎
	その他									
作文	整序結合		●	■	●	●	●	●	◎	◎
	日本語英訳	適語(句)・適文選択								
		部分・完全記述								
	条件作文									
	テーマ作文									
会話文	適文選択		●	●	●	●	●	●	◎	◎
	適語(句)選択・補充		●		●	●	●	●	◎	◎
	その他									
長文読解	内容把握	主題・表題								
		内容真偽	●	●	●	●	●	●	◎	◎
		内容一致・要約文完成								
		文脈・要旨把握	●		●			●	△	△
		英問英答	●	●		●		●	△	◎
	適語(句)選択・補充		●	■	■	●	■	●	◎	◎
	適文選択・補充		●	●	●	●	●	●	◎	◎
	文(章)整序			●	●	●	●	●	◎	◎
	英文・語句解釈(指示語など)		●	●	●	●	●	●	◎	◎
	その他(適所選択)		●					●	△	△

●印：１～５問出題，■印：６～10問出題，★印：11問以上出題。
※予想欄　◎印：出題されると思われるもの。　△印：出題されるかもしれないもの。

出題傾向と今後への対策 数学

出題内容

2024年度 《特待生》

1は小間集合で，３問。2は平面図形で，２つの正三角形を重ねた図について問うもの。3は関数で，放物線と直線に関するもの。4は平面図形で，長方形と円を利用した問題。5は空間図形で，正四角錐について問うもの。6は特殊・新傾向問題。

《単願・併願①》

1は小問集合で，４問。2は関数で，放物線と直線に関するもの。3は平面図形で，長さの比や面積比などを問う３問。4は場合の数に関する問題。5は平面図形で，円を利用した問題。6は空間図形で，正三角柱と球を利用した問題。

2023年度 《特待生》

1は小間集合で，４問。2は関数で，放物線と直線に関するもの。3は平面図形で，正方形を折った図について問うもの。4は方程式の応用問題。5は特殊・新傾向問題で，規則性に関するもの。6は平面図形で，円と三角形を利用した問題。

《単願・併願①》

1は小間集合で，４問。2は方程式の応用。3は関数で，放物線と直線に関するもの。4は平面図形で，三角形を利用したもの。5は場合の数で，多角形の個数を問うもの。6は，座標平面上の図形に関する問題。的確な図をかけるかがポイント。

作…作図問題　証…証明問題　グ…グラフ作成問題

解答形式

《特待生》　記　述／マーク／併　用

《単願・併願①》　記　述／マーク／併　用

出題傾向

大問５～６題で，小問集合，関数，図形２～３題が必出。あとは方程式の応用や数の性質など年度によりさまざま。図形の占める割合が大きいので，図形がかなり重視されているといえる。レベルは，単願・併願は標準レベルであるが，特待生は応用力を試す問題が数問含まれる。

今後への対策

まずは基礎を定着させ，そのうえで標準レベルの問題で演習をたくさん積み，いろいろな解法のパターンを身につけていこう。問題は一つ一つていねいに解き，できないからといってすぐに答えを見たりせず，じっくり考えるようにしよう。特待生を受けるのであればさらなるレベルＵＰを目指そう。

◆◆◆◆ 数学出題分野一覧表 ◆◆◆◆

分野	年度	2022		2023		2024		2025予想※	
		特待生	単・併①	特待生	単・併①	特待生	単・併①	特待生	単・併①
数と式	計算，因数分解	■	■	■	■	■	■	◎	◎
	数の性質，数の表し方		●						△
	文字式の利用，等式変形								
	方程式の解法，解の利用	●	■		●	●	■	◎	◎
	方程式の応用	★		★	★			△	△
関　数	比例・反比例，一次関数		★						△
	関数$y=ax^2$とその他の関数	★		★	★	★	★	◎	◎
	関数の利用，図形の移動と関数				★				△
図　形	（平面）計　量	★	★	★	★	★	★	◎	◎
	（平面）証明，作図								
	（平面）その他								
	（空間）計　量	★	★	●	●	★	★	◎	◎
	（空間）頂点・辺・面，展開図								
	（空間）その他								
データの活用	場合の数，確率	●	★	●	★		★	◎	◎
	データの分析・活用，標本調査								
その他	不等式								
	特殊・新傾向問題など			★		★			
	融合問題								

●印：１問出題，■印：２問出題，★印：３問以上出題。
※予想欄　◎印：出題されると思われるもの。　△印：出題されるかもしれないもの。

出題傾向と今後への対策　国語

出題内容

2024年度

《特待生》

論説文　小説　古文

課題文
一見田宗介『社会学入門』
二千早　茜『しろがねの葉』
三兼好法師『徒然草』／
　清少納言『枕草子』

《単願・併願①》

論説文　小説　国語の知識

課題文
一信原幸弘『「覚える」と「わかる」』
二梨木香歩『サルスベリ』

2023年度

《特待生》

論説文　小説　古文

課題文
一姜　尚中『悩む力』
二森　鷗外『高瀬舟』
三紀貫之『土佐日記』

《単願・併願①》

論説文　小説　古文

課題文
一山口裕之『「みんな違ってみんないい」のか？』
二太宰　治『思い出』
三上田秋成『雨月物語』

解答形式

《特待生》	記　述／マーク／併　用
《単願・併願①》	記　述／マーク／併　用

出題傾向

設問は，各読解問題に９～13問付されている。古文については，和歌・漢詩の内容理解が，国語の知識の中で出題されることもある。課題文は，現代文は内容・分量ともに標準的である。古文は幅広い時代・分野から選ばれている。国語の知識については，基本的なものが漢字・語句を中心に問われている。

今後への対策

設問数が比較的多いため，課題文を速く正確に読む力が必要になる。そのためには，問題集で毎日訓練を積むことはもちろんのこと，日頃から読書をするのがよい。難しいものを読む必要はないが，文章にふれる機会を多くするのが望ましい。国語の知識については，分野ごとに参考書などを使って知識を整理しておくこと。

国語出題分野一覧表

分野		年度	2022		2023		2024		2025予想※	
			特待生	単・併①	特待生	単・併①	特待生	単・併①	特待生	単・併①
現代文	論説文 説明文	主題・要旨	●	●	●	●	●	●	◎	◎
		文脈・接続語・指示語・段落関係	●		●		●	●	◎	△
		文章内容	●	●	●	●	●	●	◎	◎
		表現	●	●		●	●	●	◎	◎
	随筆 日記 手紙	主題・要旨								
		文脈・接続語・指示語・段落関係								
		文章内容								
		表現								
		心情								
	小説	主題・要旨	●						△	
		文脈・接続語・指示語・段落関係								
		文章内容	●	●	●	●	●	●	◎	◎
		表現	●	●		●	●	●	◎	◎
		心情		●	●	●	●	●	◎	◎
		状況・情景								
韻文	詩	内容理解								
		形式・技法								
	俳句 和歌 短歌	内容理解	●				●	●	◎	△
		技法						●		△
古典	古文	古語・内容理解・現代語訳	●	●	●	●	●		◎	◎
		古典の知識・古典文法	●	●	●	●	●	●	◎	◎
	漢文	（漢詩を含む）						●		△
国語の知識	漢字 語句	漢字	●	●	●	●	●	●	◎	◎
		語句・四字熟語	●	●	●	●	●	●	◎	◎
		慣用句・ことわざ・故事成語			●	●		●	△	◎
		熟語の構成・漢字の知識		●		●		●		◎
	文法	品詞				●		●		◎
		ことばの単位・文の組み立て								
		敬語・表現技法				●				△
	文学史		●	●	●	●	●	●	◎	◎
作文・文章の構成・資料			●						△	
その他										

※予想欄　◎印：出題されると思われるもの。　△印：出題されるかもしれないもの。

合格を勝ち取るための

本書の使い方

本書に掲載されている過去問をご覧になって，「難しそう」と感じたかもしれません。でも，大丈夫。ほとんどの受験生が同じように感じるのです。高校入試の出題範囲は中学校の定期テストに比べて広いですし，残りの中学校生活で学ぶはずの，まだ習っていない内容からも出題されているかもしれません。

ですから，初めて本書に取り組む際には，点数を気にする必要はありません。点数は本番で取れればいいのです。

過去問で重要なのは「間違えること」です。自分の弱点を知るために，過去問に取り組むのです。当然，間違った問題をそのままにしておいては意味がありません。

本書には，長年にわたって高校受験に関わってきたベテランスタッフによる詳細な解説がついています。間違えた問題は重点的に解説を読み，何度も解きなおしてください。時にはもう一度，教科書で復習するのもよいでしょう。

別冊として，抜き取って使える解答用紙を収録しました。表示してあるように拡大コピーをとれば，実際の入試と同じ条件で，何度でも過去問に取り組むことができます。特に記述問題では解答欄の大きさがヒントになる場合があります。そうした，本番で使える受験テクニックの練習ができるのも，本書の強みです。

前のページにある「出題傾向と今後への対策」もよく読んで，本校の出題傾向に慣れておきましょう。

2024年度 川越東高等学校(特待生)

〔注〕 この問題は，1月24日に実施された一般〔特待生併願〕受験者用のものです。

【英　語】（50分）〈満点：100点〉

（注意） 解答はすべて一つ選び，解答用紙の所定の欄にマークすること。

1 次の英文を読んで設問に答えなさい。

What is the secret to a long life ? The oldest known person on record is a French woman, Jeanne Calment. She seemed to *disprove the idea that (①) was the answer. Despite smoking for 100 years, she lived to the age of 122. She believed her long life was thanks to her diet.

The average life expectancy for all people in the world today is 63 years. This *figure varies widely from country to country. Japan has the world's highest life expectancy ; 85 for women and 78 for men. More than 20,000 of its population have celebrated their 100th birthday. Researchers believe part of the reason for this lies in the healthy Japanese diet and their good health care system.

②People ［developed countries / generally live / in / longer than / who / who live / those］ live in poorer parts of the world. Factors like war, disease, quality of diet, and access to health care all affect life expectancy. When a country's health care and education improve, life expectancy goes up.

Another important factor is gender. Women, on average, live longer than men. Over 80 percent of people (③-a) women. The reasons for this are not fully understood. Some scientists believe that women (③-b) men. Others argue that men (③-c) women. They have more dangerous jobs. Also, men generally drive more, and also smoke more than women. Men are even killed more often than women.

Another area that researchers have looked at is marital status. They have not found a clear difference in life expectancy between married women and single women. (④), one British study found that married men appeared to live longer, on average, than single men. This may be because married men tend to have a healthier lifestyle than single men. They eat more healthily, and, on average, take fewer risks.

Jeanne Calment did not seem to worry about taking risks. At the age of 85, she learned fencing. At the age of 100, she was still riding a bicycle. She (⑤) when she was 121, but not for health reasons. She couldn't see clearly enough to light the cigarettes herself, and she was too proud to ask other people to do it for her. Perhaps the secret to her age was that (⑥).

〔注〕 disprove ～：～が誤りであることを証明する　　figure：数字

1．(①)に入る最も適当なものを選びなさい。

ア．losing weight　　イ．healthy living

ウ．smoking for many years　　エ．waking up early

2．下線②を意味が通るように並べ換えるとき，［　］内で4番目と6番目に来る語(句)の組み合わせとして最も適当なものを選びなさい。

ア．4番目：developed countries　　6番目：those

イ．4番目：longer than　　6番目：generally live

ウ．4番目：generally live　　　6番目：those
エ．4番目：developed countries　6番目：generally live

3．(③-a)～(③-c)には以下の3つの文が入る。自然な文章になるように並べたものを選びなさい。
A．are born with genes that help them live longer than
B．who live beyond the age of 100 are
C．often lead more risky lifestyles that put them at greater chance of dying than
　ア．A－B－C　　イ．A－C－B　　ウ．B－A－C　　エ．B－C－A

4．(④)に入る最も適当なものを選びなさい。
ア．For instance　イ．In other words　ウ．In this way　エ．However

5．(⑤)に入る最も適当なものを選びなさい。
ア．gave up smoking　　　　イ．stopped doing sports
ウ．started to play the guitar　エ．began to eat the healthy Japanese diet

6．(⑥)に入る最も適当なものを選びなさい。
ア．she enjoyed the Japanese diet
イ．she never got bored with life
ウ．she stopped smoking for her health
エ．she was proud of being healthy

7．本文の内容と一致するものを選びなさい。
ア．The food people eat does not affect how long they live.
イ．Activities such as driving can affect life expectancy.
ウ．We know now for certain why women live longer than men.
エ．Jeanne Calment proves the theory that a risky lifestyle lowers life expectancy.

2　次の英文を読んで設問に答えなさい。

年老いた豚のMajorは農場主のMr. Jonesら人間の，動物に対する劣悪な扱いに反感を抱いている。Majorは品評会での入賞豚Willingdon Beautyとして知られ，他の動物たちの尊敬を集めている。ある晩，Majorは農場の動物たちを納屋に集めて人間への反乱(rebellion)を説く。

As soon as Mr. Jones put out the light, the animals on the farm began to get excited. This was because old Major, a prize pig, had had a strange (⑧) the night before, and wanted to tell the other animals about it. So they had all agreed to meet in the big barn as soon as Mr. Jones went to bed. They had such a high opinion of old Major (as he was always called, although he had been known as "Willingdon Beauty" at shows) that they were ready to lose an hour's sleep in order to hear what he had to say.

Major was already sitting on a bed of straw at one end of the big barn, on a sort of raised platform. He was twelve years old, and had lately got rather fat, but he still looked impressive.

Major began his speech.

"*Comrades, first of all I want to say that I do not think I will live much longer, and so I think it is my duty to tell you about my dream. I have had a long life, and I think that I understand life as well as any animal now living.

"Comrades, do we have a good life? No! Let us face it — our lives are hard, *miserable, and short. We are given (⑨), and those who can do so are forced to work until they cannot work anymore. When we are no longer useful to Jones, he kills us with terrible *cruelty. We are not free. The life of an animal is misery and slavery.

“[⑩] He is our real enemy. If we could *get rid of him, we would get rid of hunger and slavery forever.

“Man does not work as we do, and yet he eats and is our master. What happens to all the milk, the eggs, and the young animals? They are all sold, in order to make money for Jones and his men. What do you get in return for all your hard work?

“You must understand that someday Jones will kill you (⑪). Isn’t it clear that Man is our enemy? Get rid of him, and you can enjoy the results of your hard work! Then you will be rich and free, almost immediately. We must *overthrow Man. My message to you, comrades, is: Rebellion!

“I don’t know when the Rebellion will come, but I know that it will come someday. So don’t forget what I have said, and don’t listen if anyone says that Man and animals can be friends. That is (⑫). All men are enemies. All animals are comrades. Anything that walks on two legs, is an enemy. Anything that walks on four legs, or has wings, is a friend.

“_Remember that you must never come to *resemble Man._ Even when you have defeated him, do not (⑬). No animal must ever live in a house, sleep in a bed, wear clothes, drink alcohol, smoke tobacco, or have money.

“Above all, no animal must ever *tyrannize over other animals. Whether we are weak or strong, clever or simple, we are all brothers. No animal must ever kill another animal. All animals are equal.

“Last night I saw in my dream how beautiful life would be (⑭-a) Man, and last night I remembered an old song my mother used to sing. It is called ‘Beasts of England’.”

Old Major started singing. It was a good tune, like a mixture of ‘Clementine’ and ‘La Cucuracha.’ The words *described how beautiful life would be after the Rebellion, and how the cruel *whips of Man would disappear forever.

The animals thought that it was a wonderful song, and even the stupidest of them began to sing it. They liked it so much that they sang it five times, so loudly that Mr. Jones woke up. Thinking that there was probably a fox in the yard trying to catch a chicken, he took the gun which he always kept in the bedroom, and shot *blindly into the darkness. Everyone ran back to his own sleeping place, and the whole farm was asleep (⑭-b) a moment.

Three nights later Major died and was buried in the orchard.

All the animals had been greatly impressed by his speech, and although they did not know when the Rebellion would come, they spent their time getting ready for it.

The work of teaching and organizing was done by the pigs, because they were thought to be the smartest of the animals, and the two most important pigs were Napoleon and Snowball. Napoleon looked *fierce, and although he was not a clever talker, he generally *got his own way. Snowball was a clever talker, but everyone thought he did not have Napoleon’s firmness of purpose. The best talker of all was Squealer, who was so clever at talking that it was said ⑮he could prove black was really white.

These three had organized Major’s ideas into a complete system of thought, which they called Animalism. They held secret meetings at night and told the others about it.

〔注〕 comrades：同志諸君（呼びかけの語）　miserable：みじめな　cruelty：残酷さ

get rid of ～：～を取り除く　overthrow ～：～を打倒する　resemble ～：～に似ている
tyrannize over ～：～をしいたげる　describe ～：～を述べる　whip：ムチ
blindly：やみくもに　fierce：獰猛《どうもう》な　get one's own way：自分の思い通りにする

8．(⑧)に入る最も適当なものを選びなさい。
ア．speech　イ．action　ウ．feeling　エ．dream

9．(⑨)に入る最も適当なものを選びなさい。
ア．a lot of food to eat in order to work actively for Man
イ．just enough food to keep us alive
ウ．enough food to keep us full of life
エ．too little food for a healthy and wealthy life

10．⑩ に入る4つの文が順不同で下のA～Dに示されている。自然な流れにするのに最も適当な順を示すものを選びなさい。
A．No！ Not at all！
B．But why is this？
C．Is it because there is really not enough to eat？
D．This farm can grow plenty of food, but everything is stolen from us by Man.
ア．B－A－C－D　イ．B－C－A－D　ウ．C－A－D－B　エ．C－B－A－D

11．(⑪)に入る最も適当なものを選びなさい。
ア．as soon as you have decided to follow his order
イ．when you have come to your natural death
ウ．if you don't get away from this farm
エ．before you have come to the end of your natural life

12．(⑫)に入る最も適当なものを選びなさい。
ア．a truth　イ．a destiny　ウ．a lie　エ．a difficulty

13．(⑬)に入る最も適当なものを選びなさい。
ア．copy his bad habits
イ．continue your bad habits
ウ．give up following his good habits
エ．try to create your own good habits

14．(⑭-a)と(⑭-b)に入るものの組み合わせとして最も適当なものを選びなさい。
ア．⑭-a：with　⑭-b：until　イ．⑭-a：without　⑭-b：in
ウ．⑭-a：with　⑭-b：by　エ．⑭-a：without　⑭-b：for

15．下線⑮が意味することとして最も適当なものを選びなさい。
ア．黒い豚を白い豚に変えることができる
イ．黒いものを白だと言いくるめることができる
ウ．罪を犯した豚を無罪にすることができる
エ．腹黒い性格かどうかを察知することができる

16．本文の内容と一致するものを選びなさい。
ア．When the animals in the farm gathered in the barn to listen to Major, he had already been ready to start his speech.
イ．Before he made a speech, Major had already made a careful plan to start a rebellion against Man.

ウ. Mr. Jones fired the gun at a fox which was trying to catch a chicken in his farm.

エ. After Major died, three pigs organized a new system of thought called Animalism, which was completely different from Major's thought.

3 次の２つの会話文Ａ，Ｂを読んで設問に答えなさい。

Ａ

James : What are you working on (⑰), Beth ?

Beth : I'm making a TV series about famous women in history.

James : Hmm, that sounds interesting.

Beth : Yes, it is. I decided to make the series (⑱) I'd seen an article in the newspaper about men and women adventurers. I realized that I'd learned about some of the men at school, but I hadn't heard of any of the women before I read the article. But when I read about them I was absolutely amazed by what they'd achieved. They were incredibly brave and adventurous.

James : Women like who ?

Beth : Harriet Quimby, for example. She's the star of the first program.

James : Never heard of her.

Beth : That's exactly my point. Harriet was a beautiful New York journalist. She was very independent, extremely *determined and she wanted to (⑲). For example, she was the first woman in New York to get her driving license. And in 1911 she became the first woman to get a pilot's license in the whole of the USA.

James : Really ? Wow !

〔注〕 determined：決然とした

17. (⑰)に入る最も適当なものを選びなさい。

ア. at the moment　　イ. at that time　　ウ. in a hurry　　エ. in time

18. (⑱)に入る最も適当なものを選びなさい。

ア. however　　イ. meanwhile　　ウ. therefore　　エ. because

19. (⑲)に入る最も適当なものを選びなさい。

ア. do nothing that women would do　　イ. do anything that only women could do

ウ. do everything that men could do　　エ. do everything that men would avoid doing

Ｂ

Maria : Tom isn't picking up my phone calls.

Dana : He isn't answering mine either.

Eric : He must be really (⑳).

Maria : I can't believe we forgot his birthday.

Eric : I feel the worst ! I live with him and I forgot.

Dana : One thing you can do is talk to him when he gets home.

Eric : (㉑)

Maria : We should have remembered.

Dana : He's not just an acquaintance either. He always says birthdays are his favorite days.

Maria : What if we tell him that we remembered ! We just didn't say anything.

Dana : I think I could do that.

Eric　:　I wouldn't feel comfortable doing that.　We should be (　㉒　).
Dana　:　What we should do is find him and apologize.
Eric　:　I agree.

20. (⑳)に入る最も適当なものを選びなさい。
ア．upset　　イ．outgoing　　ウ．worried　　エ．delighted

21. (㉑)に入る最も適当なものを選びなさい。
ア．He may be surprised that we forgot his birthday.
イ．I'll tell him I remembered his birthday.
ウ．He's not really talking to me.
エ．He remembered making a birthday cake.

22. (㉒)に入る最も適当なものを選びなさい。
ア．wonderful　　イ．great　　ウ．happy　　エ．honest

4　次の各文章中の(　)に入る最も適当なものを選びなさい。

23. On some days, the (　　) are thin and high in the sky.　These (　　) may mean rain in the next few days.　On other days, there are heavy, dark (　　).　They often mean rain is coming soon.
ア．clouds　　イ．stars　　ウ．airplanes　　エ．bugs

24. Some birds travel long distances.　They may fly thousands of miles to a winter home.　Then they fly back to their old home in the spring.　They always return to the same place.　No one knows how they do it.　Scientists think these birds have some kind of (　　) in their heads.
ア．language　　イ．knowledge　　ウ．map　　エ．key

5　次の各組の中から表現上正しいものを選びなさい。

25. ア．Don't be afraid of making mistake when you speak English.
イ．We discussed about the matter for a long time.
ウ．Please tell me why was this machine broken ?
エ．I was spoken to by a foreigner in English when I was talking with my friend.

26. ア．One of the two video games was fun, but another was boring.
イ．Today there are a few children in the park than yesterday.
ウ．Most of students can understand this word.
エ．I need a carrot for this recipe.　I'll go to a supermarket to buy one.

6　日本語に合うように[　]内の語(句)を並べ換えるとき，(①)，(②)に入る語(句)の組み合わせとして最も適当なものを選びなさい。ただし，文頭に来る語(句)も小文字で始めてあります。

27. 医師は私の父にもっと運動をするように助言しました。
The doctor (　　)(　①　)(　　)(　　)(　②　)(　　)(　　).
[get / my father / that / more exercise / should / he / advised]
ア．①：that　　②：more exercise　　イ．①：my father　②：should
ウ．①：my father　②：get　　エ．①：he　　②：more exercise

28. カズキはどんな食べ物が１番好きだと思いますか。
(　①　)(　　)(　　)(　　)(　②　)(　　)(　　)?
[best / do / you think / food / Kazuki / likes / what]

ア．①：Do　②：what　イ．①：What　②：food
ウ．①：What　②：Kazuki　エ．①：Do　②：Kazuki

29. 昨日君が一緒にいた女性は誰ですか。
( )(①)( )( )( )(②)( )?
[is / the woman / were / who / with / yesterday / you]
ア．①：the woman　②：with　イ．①：you　②：with
ウ．①：is　②：yesterday　エ．①：is　②：with

30. したくなくても勉強はしなくてはならない。
You must ( )(①)( )( )( )(②)( ).
[don't / want / study / you / even / to / if]
ア．①：if　②：to　イ．①：if　②：want
ウ．①：study　②：want　エ．①：even　②：want

7 次のA，Bの設問に答えなさい。

A．次の定義に当てはまる語として最も適当なものを選びなさい。

31. the process of teaching and learning, usually at school, college, or university
ア．classroom　イ．education　ウ．discussion　エ．subject

32. a small green animal that lives near water and has long legs for jumping
ア．frog　イ．grasshopper　ウ．worm　エ．mosquito

33. a sport played by two teams of eleven players, who try to kick a round ball into the other team's goal
ア．soccer　イ．rugby　ウ．American football　エ．basketball

B．次の各文の( )に入る最も適当なものを選びなさい。

34. When I saw Nami, she ( ) a famous novel she had bought at the bookstore.
ア．read　イ．reads　ウ．was reading　エ．has read

35. I became ( ) at the thought of the party.
ア．to excite　イ．an excitement　ウ．excited　エ．exciting

【数　学】（50分）〈満点：100点〉

（注意）解答はすべて一つ選び，解答用紙の所定の欄にマークすること。

1　次の各問いに答えなさい。

(1) $\left(\dfrac{b^2}{\sqrt{2}\,a^3}\right)^5 \div \left(\dfrac{3a^2b}{4\sqrt{6}}\right)^2 \times \left(\dfrac{a^4b^3}{2\sqrt{3}}\right)^3$ を計算しなさい。

解答群　(ア) $\dfrac{b^{11}}{72a^5}$　(イ) $\dfrac{\sqrt{6}\,b^{11}}{54a^5}$　(ウ) $\dfrac{\sqrt{2}\,ab^{21}}{2048}$

(エ) $\dfrac{b^{17}}{72a^7}$　(オ) $\dfrac{\sqrt{6}\,b^{17}}{54a^7}$　(カ) $\dfrac{\sqrt{2}\,a^3b^{15}}{2048}$

(2) 連立方程式 $\begin{cases} \dfrac{1}{10}(x+1)-4y=-\dfrac{158}{5} \\ 0.8x+0.5(2y-5)=\dfrac{79}{10} \end{cases}$ を解きなさい。

解答群　(ア) $x=8,\ y=\dfrac{65}{8}$　(イ) $x=3,\ y=3$

(ウ) $x=4,\ y=\dfrac{8}{5}$　(エ) $x=3,\ y=8$

(オ) $x=\dfrac{1}{2},\ y=3$　(カ) $x=1,\ y=8$

(3) $(2x-y)(2x-y-4)-12$ を因数分解しなさい。

解答群　(ア) $(x-y-6)(4x-y+2)$　(イ) $(x-y-4)(4x-y+3)$

(ウ) $(2x-y+3)(2x-y-4)$　(エ) $(2x+y-6)(2x+y+2)$

(オ) $(2x-y-6)(2x-y+2)$　(カ) $(2x-y-3)(2x-y+4)$

2　右図の△ABCと△ADEはともに1辺の長さが1の正三角形である。辺BCと辺AEの交点をF，辺BCと辺DEの交点をG，辺ABと辺DEの交点をHとする。

CF$=a$とし，次の各問いに答えなさい。

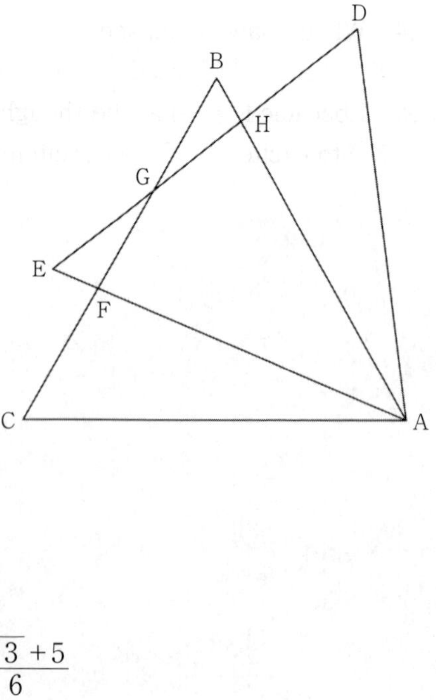

(4) $a=\dfrac{1}{2}$のとき，AFの長さを求めなさい。

解答群　(ア) 1　(イ) $\dfrac{1}{2}$　(ウ) $\dfrac{\sqrt{3}}{2}$

(エ) $\sqrt{3}$　(オ) $\dfrac{\sqrt{3}-1}{2}$　(カ) $\dfrac{\sqrt{2}}{2}$

(5) $a=\dfrac{1}{3}$のとき，AFの長さを求めなさい。

解答群　(ア) $\dfrac{\sqrt{7}}{3}$　(イ) $\dfrac{2\sqrt{2}}{3}$　(ウ) $\dfrac{\sqrt{5}}{3}$

(エ) $\dfrac{\sqrt{29}}{6}$　(オ) $\dfrac{\sqrt{35}}{6}$　(カ) $\dfrac{5}{6}$

(6) (5)のとき，四角形AFGHの面積を求めなさい。

解答群　(ア) $\dfrac{3\sqrt{21}-7\sqrt{3}}{6}$　(イ) $\dfrac{19\sqrt{3}-2\sqrt{7}}{6}$　(ウ) $\dfrac{7\sqrt{3}+5}{6}$

(エ) $\dfrac{\sqrt{21}-2\sqrt{3}}{3}$　(オ) $\dfrac{9\sqrt{3}-2\sqrt{5}}{3}$　(カ) $\dfrac{2\sqrt{7}+1}{3}$

3　右図のように，放物線 $y=\frac{1}{3}x^2$ と２直線

$y=\frac{4}{3}x+\frac{5}{3}$ ……①

$y=\frac{4}{3}x-4$ ……②

がある。放物線と直線①の交点を x 座標の小さい方からA，Bとする。直線②と x 軸，y 軸の交点をそれぞれC，Dとする。

次の各問いに答えなさい。

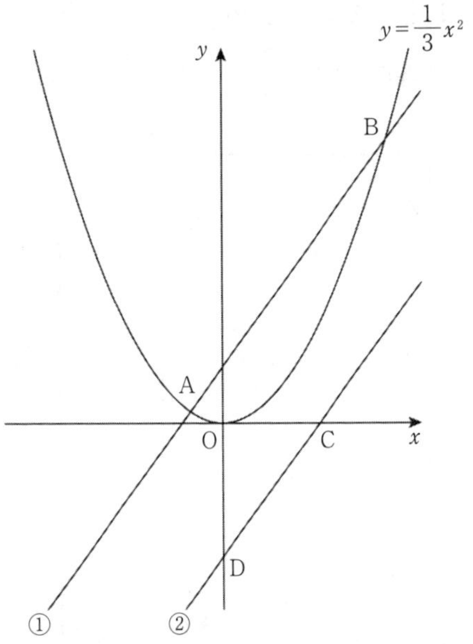

(7)　△ABC の面積を求めなさい。

解答群　(ア)　9　(イ)　17　(ウ)　34

(エ)　$\frac{34}{3}$　(オ)　$\frac{19}{3}$　(カ)　$\frac{51}{2}$

(8)　四角形 ABCD の面積を求めなさい。

解答群　(ア)　17　(イ)　34　(ウ)　51

(エ)　$\frac{17}{2}$　(オ)　$\frac{34}{3}$　(カ)　$\frac{51}{2}$

(9)　放物線 $y=\frac{1}{3}x^2$ 上に点Pを点A，Bの間にとる。△CDP の面積が△ABP の面積の２倍と等しくなるとき，点Pの x 座標を求めなさい。ただし，点Pの x 座標は正とする。

解答群　(ア)　$\frac{10+\sqrt{110}}{5}$　(イ)　$\frac{10+2\sqrt{35}}{5}$　(ウ)　$\frac{4+\sqrt{30}}{2}$

(エ)　$\frac{-10+\sqrt{110}}{5}$　(オ)　$\frac{-10+2\sqrt{35}}{5}$　(カ)　$\frac{-4+\sqrt{30}}{2}$

4　右図のように，AB＝12，AD＝5の長方形ABCDがある。△BCD と△ABD に内接する円をそれぞれ O_1，O_2 とし，対角線BD と円 O_1，O_2 の接点をそれぞれ P_1，P_2 とする。

次の各問いに答えなさい。

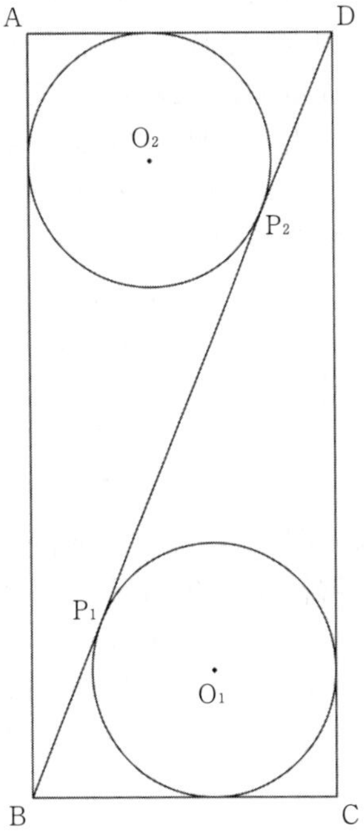

(10)　線分 P_1P_2 の長さを求めなさい。

解答群　(ア)　5　(イ)　7　(ウ)　9

(エ)　11　(オ)　$13-2\sqrt{13}$　(カ)　$13-2\sqrt{5}$

(11)　次のページの【図１】のように，線分 P_1P_2 の中点をMとする。点Mから円 O_1，O_2 に対角線BD と異なる接線をひき，円 O_1，O_2 との接点をそれぞれ Q_1，Q_2 とする。このとき，３点 Q_1，M，Q_2 は一直線上にある。直線 Q_1Q_2 と辺AB，DC の交点をそれぞれE，Fとする。

線分EF の長さを求めなさい。

解答群　(ア)　7　(イ)　10　(ウ)　$\frac{25}{3}$

(エ)　$\frac{25}{6}$　(オ)　$\frac{58}{5}$　(カ)　$\frac{29}{5}$

(12)　(11)のとき，次のページの【図２】のように，円 O_1 と辺CD の接点を

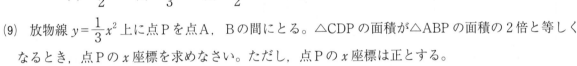

Rとする。$\triangle O_1RQ_1$ の面積を求めなさい。

解答群　(ア) $\frac{3}{5}$　(イ) $\frac{1}{15}$　(ウ) $\frac{6}{5}$　(エ) $\frac{2}{15}$　(オ) $\frac{12}{5}$　(カ) $\frac{4}{15}$

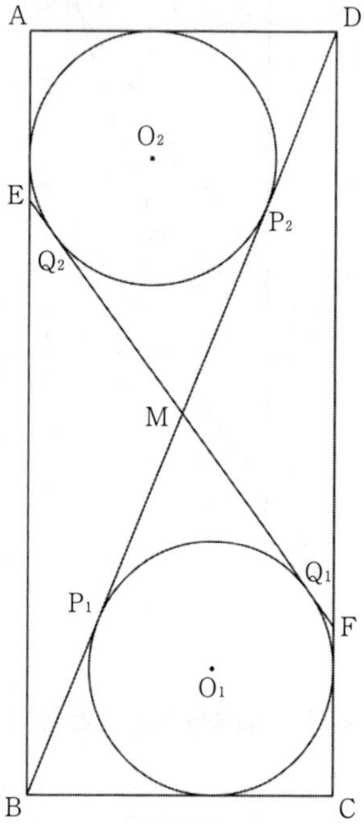

【図1】

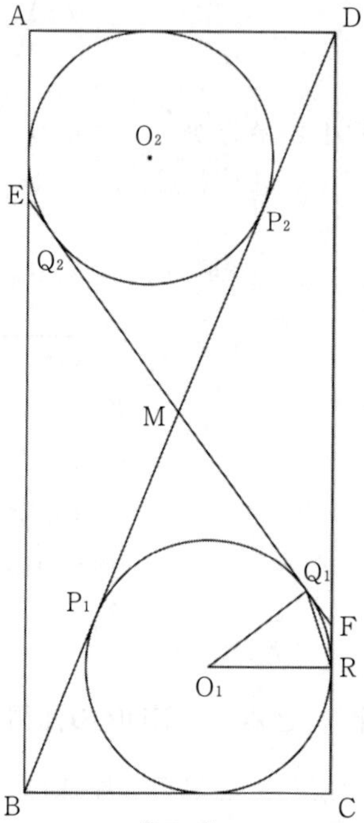

【図2】

5　右図のように，すべての辺の長さが8の正四角錐ABCDEがある。

辺ABを3：1に分ける点をF，辺AC，AEの中点をそれぞれG，Hとする。3点F，G，Hを通る平面と辺ADの交点をIとする。

次の各問いに答えなさい。

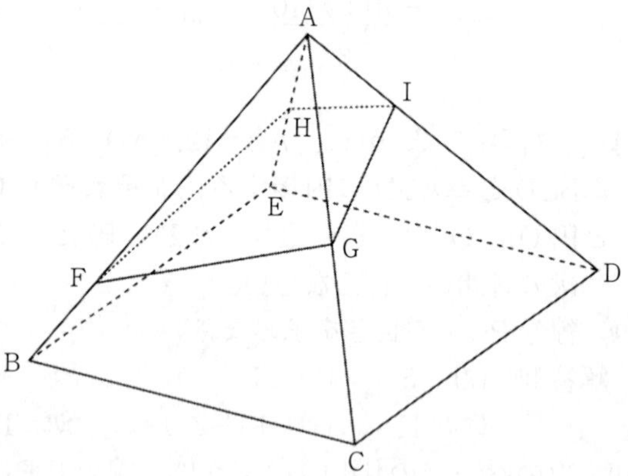

(13) AI：IDを求めなさい。

解答群　(ア) 1：3　(イ) 1：4　(ウ) 3：4
(エ) 3：5　(オ) 9：16　(カ) 9：25

(14) FIの長さを求めなさい。

解答群　(ア) $\sqrt{13}$　(イ) $4\sqrt{5}$
(ウ) $2\sqrt{7}$　(エ) $3\sqrt{3}$
(オ) $3\sqrt{5}$　(カ) $2\sqrt{7}+\sqrt{13}$

(15) 四角形FGIHの面積を求めなさい。

解答群　(ア) $4\sqrt{14}$　(イ) $6\sqrt{6}$　(ウ) $6\sqrt{15}$
(エ) $6\sqrt{10}$　(オ) $8\sqrt{10}$　(カ) $12\sqrt{10}$

(16) 四角錐AFGIHの体積を求めなさい。

解答群　(ア) $12\sqrt{2}$　(イ) $15\sqrt{2}$　(ウ) $16\sqrt{2}$
(エ) $24\sqrt{2}$　(オ) $4\sqrt{30}$　(カ) $36\sqrt{2}$

6　nを自然数とする。$\sqrt{n \times x}$が整数になるような最小の自然数xを考える。このとき，$f(n)=x$と表すこととする。例えば，$f(20)=5$，$f(4)=1$である。

次の各問いに答えなさい。

(17)　$f(60)$を求めなさい。

解答群　(ア)　3　(イ)　5　(ウ)　6　(エ)　12　(オ)　15　(カ)　60

(18)　$f(n)=6$を満たす自然数nを小さい順に5つ並べたものを次の中から選びなさい。

解答群　(ア)　6，12，24，54，96　(イ)　6，24，54，96，169

(ウ)　6，36，54，96，150　(エ)　6，24，54，90，150

(オ)　6，24，50，96，169　(カ)　6，24，54，96，150

(19)　$f(3n)=5$を満たす自然数nを小さい順に5つ並べたものを次の中から選びなさい。

解答群　(ア)　15，30，135，240，375　(イ)　15，60，120，240，375

(ウ)　15，36，135，240，375　(エ)　15，60，135，240，375

(オ)　15，60，135，246，375　(カ)　15，60，150，246，375

(20)　$f(12n)+\dfrac{f(40)}{f(3n)}=7$を満たす自然数$n$を小さい順に5つ並べたものを次の中から選びなさい。

解答群　(ア)　6，15，24，36，54　(イ)　6，12，24，54，60

(ウ)　6，15，24，30，54　(エ)　6，15，36，54，60

(オ)　6，15，24，54，63　(カ)　6，15，24，54，60

エ　不都合で困惑する気持ち。

問7　――線⑥についての文法的な説明として最も適当なものを選べ。　解答番号 33

ア　現代仮名遣いと異なる表記の単語が三つ用いられている。

イ　活用語の連体形が二つ用いられている。

ウ　助詞が三つ用いられている。

エ　形容詞が二つ用いられている。

問8　次に掲げるのは本文を読んだ後の教師と生徒が授業中に交わした会話である。会話後の【資料】を踏まえ以下の問いに答えよ。

教師「この文章は鎌倉時代の兼好法師という人物が記した『徒然草』という作品です。本文では日本の四季について言及されていますね。」

生徒「先生、以前の授業で『昔の人は風流で今以上に季節の移り変わりを敏感に感じ取っていた』と学びました。他にも日本の四季について書いてある作品はあるんですか？」

教師「いい質問ですね。本文中にも登場していますが、有名な『枕草子』の冒頭でも日本の四季について言及しています。一度読んでみましょう。」

生徒「はい。」

【資料】

春はあけぼの。やうやうしろくなりゆく山ぎは、すこしあかりて、紫だちたる雲のほそくたなびきたる。

夏は夜。月のころはさらなり、やみもなほ螢飛びちがひたる。雨などの降るさへをかし。

秋は夕暮。夕日花やかにさして山ぎはいと近くなりたるに、烏のねどころへ行くとて、三つ四つ二つなど、飛び行くさへあはれなり。まして雁などのつらねたるが、いと小さく見ゆる、いとをかし。日入り果てて、風の音、虫の音など。

冬はつとめて。雪の降りたるは言ふべきにもあらず。霜などのいと白く、またさらでもいと寒きに、火などいそぎおこして、炭持てわたるも、いとつきづきし。昼になりて、ぬるくゆるびもて行けば、炭櫃、火桶の火も、白き灰がちになりてわろし。

(1)　【資料】を読んだ生徒の意見として最も適当なものを選べ。　解答番号 34

ア　生徒A：どちらの作品も日本の四季の素晴らしさについて述べているね。『枕草子』では特に趣深い時間帯に注目して自然を観賞しているね。

イ　生徒B：『枕草子』では四季を比較することなく平等に評価しているのに対して『徒然草』では世間の評判を考慮しつつも秋が一番素晴らしいと述べているね。

ウ　生徒C：『徒然草』では日付を詳細に書き入れることによって客観的な印象を与えているけれど、『枕草子』では主観的に四季の美しさを評価しているね。

エ　生徒D：どちらの作品も日本の四季に対して叙情的に記述されているよ。『徒然草』では特に過去の文学作品を批判しながら自分の感想を述べていることが分かるね。

(2)　『徒然草』・『枕草子』と同じジャンルの作品を選べ。　解答番号 35

ア　太平記　　イ　古事記　　ウ　義経記　　エ　方丈記

三　次の文章を読んで、後の問いに答えよ。

①折節《をりふし》のうつりかはるこそ、ものごとにあはれなれ。「もののあはれは秋こそ②まされ」と人ごとにいふめれど、それもさるものにて、今一《ひと》きは心もうきたつものは、[③]の気色にこそあめれ。鳥の声などもことの外《ほか》に[③]めきて、のどやかなる日影に、垣根の草萌えいづるころより、やや[③]ふかく霞みわたりて、④花もやうやう気色だつほどこそあれ、折しも雨風うちつづきて、心あわたたしく散り過ぎぬ。青葉になり行くまで、よろづにただ心をのみぞ悩ます。花橘は名にこそ負へれ、なほ梅の匂ひにぞ、いにしへの事も立ちかへり恋しう思ひ出でらるる。山吹のきよげに、藤のおぼつかなきさましたる、すべて、思ひ捨てがたきこと多し。

「注1灌仏《くわんぶつ》の比《ころ》、注2祭の比、若葉の、梢涼しげに茂りゆくほどこそ、世のあはれも、人の恋しさもまされ」と人のおほせられしこそ、げにさるものなれ。a五月、あやめふく比、早苗とるころ、水鶏のたたくなど、心ぼそからぬかは。b六月の比、あやしき家に夕顔の白く見えて、注3蚊遣火《かやりび》ふすぶるもあはれなり。六月祓《はらへ》又をかし。

七夕まつるこそなまめかしけれ。やうやう夜寒になるほど、雁鳴きてくるころ、萩の下葉色づくほど、わさ田刈りほすなど、とり集めたる事は秋のみぞ多かる。又、注4野分《のわき》の朝こそをかしけれ。

言ひつづくれば、みな源氏物語・枕草子などにことふりにたれど、同じ事、又今さらに言はじとにもあらず。おぼしき事言はぬは、⑤腹ふくるるわざなれば、筆にまかせつつ、あぢきなきすさびにて、かつ破り捨つべき物なれば、人の見るべきにもあらず。

さて冬枯の気色こそ秋にはをさをさおとるまじけれ。汀《みぎは》の草に紅葉の散りとどまりて、霜いと白う置ける朝、注5遣水《やりみず》より煙の立つこそをかしけれ。年の暮れはてて、⑥人ごとに急ぎあへる比ぞ、又なくあはれなる。

注　1　灌仏…釈迦の誕生を祝う行事。
2　祭…特に京都の賀茂神社で行われる祭りのこと。
3　蚊遣火…蚊を追い払うために焚く火のこと。
4　野分…台風のこと。
5　遣水…庭に水を引いて作った小さな流れ。

問1　――線①の解釈として最も適当なものを選べ。　解答番号[27]

ア　時間が経過するということは、物事によい影響を与えるものである。
イ　季節が移り変わる様子は、何事につけても趣深いものである。
ウ　世の中が無常であるということは、四季の変化にあらわされている。
エ　時間とともに生じる変化は、ものによって異なっており不思議である。

問2　――線②の活用形として最も適当なものを選べ。解答番号[28]

ア　連用形　　イ　終止形　　ウ　連体形　　エ　已然形

問3　[③]に入る共通した語として最も適当なものを選べ。　解答番号[29]

ア　春　　イ　夏　　ウ　秋　　エ　冬

問4　――線④の解釈として最も適当なものを選べ。　解答番号[30]

ア　花が景色の中で際立って美しく見える頃。
イ　花もしっかりと咲いたように見える頃。
ウ　花も次第に咲きそうな兆しが見える頃。
エ　花がだんだんと盛りを過ぎていくように見える頃。

問5　‖線a・bの異名の組み合わせとして最も適当なものを選べ。　解答番号[31]

ア　a　皐月・b　神無月　　イ　a　弥生・b　水無月
ウ　a　皐月・b　水無月　　エ　a　弥生・b　神無月

問6　――線⑤とあるが、どのような気持ちか。最も適当なものを選べ。　解答番号[32]

ア　不快で耐えがたい気持ち。
イ　不憫で悲しい気持ち。
ウ　不思議と遠慮する気持ち。

問8 ――線⑤の説明として最も適当なものを選べ。 解答番号 23

ア 敬遠されがちだった多助が死んだとしても誰も悲しむことはなく、死因を突き止めようと思う人もいないだろうということ。

イ 自分の妻に手をあげる乱暴者の多助は、いつか報いを受けると普段から思われており、その通りに罰が下されたことで誰もがその死を喜ぶだろうということ。

ウ 多助の死んだ場所が神社の参道であるため、誰もが死の理由は神によってもたらされた災厄であると納得する道理があるということ。

エ 喜兵衛が銀掘は死なせないと言っていたが、死んだ場所が間歩ではないので、死なせたとしても誰も疑問に思うことなく事が収まるということ。

問9 ――線⑥とあるが、ウメはなぜこのように言ったのか。その理由として最も適当なものを選べ。 解答番号 24

ア ヨキが多助を殺すのを目にしているが、あまりに衝撃的な出来事であり、自分の見たものが信じ切れずにいるため、ひとまずこの場では岩爺にヨキの行動を伏せて語り、後でヨキを問いただすことでヨキの行動の善悪を判断したいと思ったから。

イ 人を殺すという非人道的な行為ではあったが、自分を拾って働き口まで与えてくれた喜兵衛が信頼しているヨキのした行動であると考えると、納得せざるをえず、真実を語るよりもヨキを守るためにこの場を取り繕った方が自分にとって利があると考えたから。

ウ 長く喋っている間に、ヨキは待ちきれずに自分を殺そうとすると思い、そうなればきっと岩爺は自分を守るために自らを犠牲にすることが予想できたため、岩爺に危険が及ばないように真実を隠しながら事実のみを簡潔に語ろうと思ったから。

エ 背中に感じるヨキの存在からも余計なことを喋ってはならないという気になり、また口数が多くなることで岩爺に勘ぐられることを防ぐために、多助の死因が事故であることが装える最低限の情報を話そうと思ったから。

問10 ――線⑦とあるが、ウメはなぜ「ぞっとした」のか。その理由として最も適当なものを選べ。 解答番号 25

ア 岩爺が喜兵衛の目論見を知っていたことを察し、この場を切り抜けることができたことにほっとしたものの、自分だけが知らされていなかったことに気づき孤独感を覚えたから。

イ 思い通りに展開が進み、胸をなでおろす思いがしたが、人が一人死んでいるのに自分を守ろうとする行動をしてしまった自分自身が怖くなったから。

ウ 殺しの片棒を担いだような行動をしておきながら、これ以上岩爺に何も聞かれないことがわかり安心してしまった自分に憤りを感じたから。

エ 真実を隠し通すことができたことで満足感を得たものの、人殺しを肯定的に捉えてしまった残忍な自分の考え方に身の毛もよだつような恐怖を感じたから。

問11 〰〰線Ⅰ〜Ⅳの説明として適当でないものを選べ。 解答番号 26

ア 〰〰線Ⅰで雨が降っていることに加えて石段に苔が生えている描写がなされることで、滑りやすい状況であることを読者に印象づけ、今後の展開を暗示している。

イ 〰〰線Ⅱは倒置を用いることで「命綱」という言葉を強調し、ウメや隼人が不安に思う気持ちを印象的に描写している。

ウ 〰〰線Ⅲであえて今まで使われていた「ヨキ」という名前ではなく客観的な視点で「小柄な影」や「吊り目の男」と表現することによって、読者に緊張感を与えている。

エ 〰〰線Ⅳは神社に向かう場面における「ウメは身軽だった」という表現と対応しており、ウメが自らの手を汚してしまったことへの後悔が際立っている。

問2　＝＝線dと同じ用法のものを選べ。　解答番号17

ア　その課題は二日ばかりあれば終わるだろう。
イ　完成したばかりのケーキを落として台無しにした。
ウ　うちの会社では最高級のものばかりを扱う。
エ　どうだと言わんばかりの顔つきだ。

問3　A～C に入る語の組み合わせとして最も適当なものを選べ。　解答番号18

ア　A　唸り　B　喘ぎ　C　吟じ
イ　A　呻き　B　喚き　C　呟き
ウ　A　囁き　B　呼び　C　嘆き
エ　A　嘲り　B　叫び　C　喋り

問4　――線①とあるが、隼人が「口を結んで立ち止ま」ったのはなぜか。その理由として最も適当なものを選べ。　解答番号19

ア　言われたくない言葉を多助に投げかけられたが、多助は自分より年長で仕事上の立場が上の者であったため、言い返すこともできずに黙るしかなかったから。
イ　多助の心ない言葉によって、今まで隠し続けてきた事実をウメに知られることとなり、ただ立ちつくすしかないほどに傷ついたから。
ウ　いわれのない中傷をしてきた多助を許すことができず、たとえ相手が年長者であろうと毅然とした態度で立ち向かおうと思ったから。
エ　いつものように悪態をつく多助を相手にしている暇などはなく、ウメとの時間を大切にしたかったため黙ってやり過ごそうと思ったから。

問5　――線②とあるが、この時の多助の心情の説明として最も適当なものを選べ。　解答番号20

ア　子どもの言ったことなので寛大な態度を見せようと我慢したものの、どうしても堪えきれずに怒りがあふれ出てしまっている。
イ　思いがけないウメからの反撃によって呆気にとられたものの、我に返り侮辱されたことに対して憤りを露わにしている。
ウ　ウメの言葉によってプライドを踏みにじられたため、怒りに打ち震え、今にもウメを捕まえて懲らしめてやろうとしている。
エ　突拍子もないことを言うウメに対して呆れて物も言えなくなったが、よく考えてみると銀掘の仕事を侮辱していたのだと気づき激昂している。

問6　――線③について。本文を読んだN君は「四葩」とは何なのかが気になり、インターネットで調べたところ、「よひら」と読む花の名前であることが分かった。さらに調べてみると、「四葩」について詠んだ俳句を集めたウェブサイトを見つけた。本文と次の俳句を踏まえ、「四葩」とは何か、答えとして最も適当なものを選べ。　解答番号21

・雨上がり四葩を渡る銀の糸
・移り気のアントシアニン七変化
・傘越しにおじぎをするも花てまり

ア　菫《すみれ》　イ　彼岸花　ウ　朝顔　エ　紫陽花《あじさい》

問7　――線④とあるが、この時の隼人の心情の説明として最も適当なものを選べ。　解答番号22

ア　神罰によるものであると口にすることによって、目の前で多助の死を目撃したことによる激しい動揺をなんとか鎮めようとしている。
イ　「黒い影」によって投げられた「何か」によって多助が命を落とすことになったことを知りながらも、事故であったと必死に思い込もうとしている。
ウ　自分たちのせいで多助が死んでしまい、罪悪感にかられたが、その罪を神になすりつけることによって責任から逃れようとしている。
エ　参道で唾を吐いたことへの罰を受けた多助であったが、神ならば情けをかけて命だけは助けてくれるだろうと思っている。

「なにも感じんのか」

　手応えのない沈黙。この男に漂うひやりとした気配の正体がわかった気がした。熱がないのだ。後悔も怒りも昂ぶりもない。心の動きが感じられない。

「誰もが祟《たた》りだと口を揃えて言いますって。⑤神や仏や亡霊は帳尻を合わすのには打ってつけですから」

　目尻に伝う雨水をふいっと払う。水滴がウメに飛んだが、感じないほどもう濡れそぼっていた。雨が激しくなってきた。参道に水煙がたつ。

「銀掘たちは死なせん、と喜兵衛は言った」

「間歩では」

　早い返しだった。確かに、多助は煙たがられていた。ウメだとて好きではなかった。多助に手酷くやられていたかもしれない。でも、多助の家族はどうなるのだ。伏せっているという妻は。

「多助は女房に手をあげていたんでさ。この銀の山では、おなごは幾らでも嫁の貰い手はありやす」

　ウメの思いを見透かすようにヨキは言った。けれど、言葉が頭に入ってこない。ヨキの表情からは何も伝わってこない。雨の音ｄばかりがどうどうと流れ込んでくる。

「岩爺に」とだけ呟き、歩きはじめた。ヨキの目がじっと背中に注がれているのを感じた。Ⅳ足は泥を吸ったように重かった。

　暗い雨の中、ウメは石銀《いしがね》集落へと向かった。祭りの余韻か、あちこちの路地に熱っぽい人の気配がする。数歩離れてついてくるヨキの、よく研いだ刃物のような冷たい視線を感じながら、ぬかるんだ道を歩いた。

　岩爺の住む長屋の板戸を叩くと、ややあってぬっと戸が開いた。油皿の小さな火に照らされた岩爺は、ウメとウメの背後に佇むヨキを交互に見、ウメに向かってどうしたと問うように顎をしゃくった。

「多助が」と言う声が裏返る。雨水でずぶ濡れだというのに、喉がからからで舌がうまく動かない。

「⑥多助が倒れとる。動かん。山神さんの石段の下じゃ。足を滑らせて、落ちたのかもしれん」

　一息に言い、語りすぎたかと不安になった。心の臓がどくどくと震えている。唾を呑む。岩爺の皺に覆われた片方だけの眼がウメを見つめている。底が見えないくらい黒い、間歩の眼。嘘の赦《ゆる》されない闇。

　嘘は言うとらん。

　ウメは己に言い聞かすように胸の裡《うち》で思った。沈黙を恐れて喋り過ぎればかえって怪しまれる。ウメはぐっと唇を噛んで俯いた。長い刻に感じられた。

　岩爺は「うむ」とも「むむ」とも言えぬ声で頷いた。それから、ヨキに男衆に声をかけるよう頼み、腰の手拭いをウメに寄越した。岩爺に多助の身を案じる素振りがないことにウメは微かに安堵し、⑦そんな己にぞっとした。後ろめたさから「うちも行く……」と呟くと、岩爺は節くれだった手で遮り、帰るよう言った。間歩で言葉少なに用を命じる声音と変わりなかった。

注　1　女郎…遊女。
　　2　柄山負…鉱石を坑道外へ運び出す役。

問1　＝線a～cの語句の意味として、最も適当なものをそれぞれ選べ。

a　手持ち無沙汰で　解答番号 14

ア　誰かに構って欲しくて　イ　お金がないので
ウ　きまりが悪くて　エ　することがなく暇で

b　囃したてられた　解答番号 15

ア　口々に称賛された　イ　感嘆の声を浴びせられた
ウ　声を上げて冷やかされた　エ　気分を盛り上げられた

c　逡巡する　解答番号 16

ア　ぐずぐずとためらう　イ　あわてふためく
ウ　後ろめたく思う　エ　少したじろぐ

が目の端に映ったので、寸前で身を引いた。多助の躰がぐらつき、隼人がとっさに手を伸ばす。ぱんっと音が響いた。

「穢《きた》ねえな、触んな」

多助が隼人の足元に唾を吐く。ウメは隼人の拳がぎゅっと握られるのを見た。隼人はまだ下っ端の注2柄山負《がらやまおい》だ。年長の銀掘には逆らえない。

「なにが悪い」

気付けばウメは、千鳥足で下りていく多助の背中に叫んでいた。

「女郎の肚《はら》から生まれて、なにが悪い。なにが穢いものか。間歩だろうが、女郎の肚だろうが、どこから生まれても同じじゃ。生まれた時のことなんか誰も覚えておらんのじゃからな。お前こそ、猿の肚から生まれたのかもしれんぞ」

②振り返ったまま動きを止めた多助の口が半びらきになった。ややあって、顔がどす黒くなった。「この……」と低い A が酒臭い口からもれる。

隼人がウメの腕を摑《つか》んで、石段を駆けあがる。

「莫迦《ばか》が！　逃げえ！」

「待て！　こらあ！」と多助が追ってくる。口汚い怒号が響く。

その時、ウメは茂みが揺れる音を聞いた。黒い影が動き、目の隅で何かを投げる腕を見た。藍色の蛇のような文様。

ひゅっと風が鳴り、多助の B 声がした。隼人が驚いた顔で振り返る。

視線の先に目を遣ると、長い長い石段を転がり落ちていく多助の姿があった。

すべては瞬《またた》く間の出来事だった。ウメと隼人は呆然と眺めた。やがて、耳が詰まったような静けさに包まれた。

そろそろと石段を下りる。Ⅱいつの間にか、手を繋いでいた。命綱のように。

多助は③四葩の茂みに突っ込んでいた。首と躰が奇妙に捻《ね》じ曲がって、藁《わら》を詰めただけのできそこないの人形にしか見えなかった。

さっきまで赤く濁っていた顔は真っ白で、ぱらぱらとひらいた四葩の青い花弁が死に化粧のように彩っていた。目は見ひらかれたまま雨に濡れている。

「死んどるな」

四葩の青が移ったような顔色で隼人が言った。

「④ばちが当たったんじゃ。山神さんの参道で唾なんぞ吐きよって」

隼人は己に言い聞かせるように C 、ウメの手を引く。「忘れた方がええ」今度は逃げようとは言わなかった。けれど、隼人がここから離れたがっているのは切《せつ》に伝わってきた。

ウメは手を離した。

「迷惑かけたな。こいつはうちとこの銀掘じゃ、あとはなんとかするけえ」

「そがなこと言うても……」

「今は喜兵衛がおらん。代わりの者にうちが伝える。あんたがおるとややこしいじゃろ。ええから、いき」

c逡巡する隼人の腰を押す。「うちらの秘密じゃ」と言うと、隼人は細い雨の中、振り返り振り返り去っていった。

もう鳥居は濃紺の闇に沈んでいる。ウメは濡れたまま、しばし立ち尽くした。

Ⅲ茂みが揺れ、小柄な影が現れる。黒い脚絆《きゃはん》に吊り目の男が音もなくウメの前にやってきた。

「なにを投げたんじゃ」

ヨキは道端の石を拾うと、首に巻いた手拭いに包んで、片手で回した。ひゅうひゅうと音が鳴る。腕を伸ばすと、石は風のように飛び、ウメの頰をかすめた。

「なぜ」

「足を滑らすと、喜兵衛さんがおっしゃったでしょうが」

まさか、と思う。あの時、喜兵衛はヨキを見ていた。ウメに言っていたのではなかったのか。

酒で間歩を清めに行っていたようだ。空になった竹筒を甕《かめ》の水で洗い、土間に筵《むしろ》を広げ山道具の手入れをはじめる。

a手持ち無沙汰で、餅を食べながら土間に降りる。ヨキは錆《さび》の浮いた手斧を研いでいた。ウメは見たことがなかったが、間歩の中で死人がでた時、手斧を入り口の柱に打ち込んでからでないと死体を出してはいけないと言われていた。

「この魔除けの斧もよきというんじゃろ」

ヨキの手が止まる。ややあって、「喜兵衛さんがつけてくれやした」と呟《つぶや》いた。それきり、黙っている。

「ええの」ウメは囲炉裏《いろり》の傍に戻り、ごろりと横になった。ヨキに対する喜兵衛の信頼を感じさせる名が少し羨ましかった。橙色の炎に包まれた薪がぱちぱちと爆ぜ、やがて眠気に包まれた。

起きあがると、もう埋火《うずみび》になっていた。どれくらい眠ったのか、喉の渇きを覚えた。しんとした小屋にヨキの姿はない。

やけに静かだと思ったら雨が止んでいた。外を覗《のぞ》くと、空はまだ重い灰色の雲に覆われていた。また降るのだろう。遠くで雲が鳴った。雷もくるかもしれない。束の間だけならば、とウメは思った。急いで草履を突っかけ、飛びだすと、山を下った。

佐毘売山《さひめやま》神社へ向かう道で、手子として働く子らとすれ違った。いつもよりはしゃいだ声に祭りの高揚を感じた。隼人はいなかった。b囃《はや》したてられたが、目も遣らず歩を進めた。女子供はもう帰されたのかもしれない。藪に飛び込み、濡れるのも厭《いと》わず近道をいく。ぬかるんだ土に何度か足を取られたが、ウメは転ばずにうまく斜面を滑り降りた。ウメは身軽だった。喜兵衛は何を案じたのだろうと改めて不思議に思った。

山道に戻ると、銀掘《かねほり》たちの一群と行き合った。岩爺が「ほ」と隻眼を細める。「ウメ、もうお開きじゃぞ」と銀掘の誰かが言った。足を止めたウメに、寡黙な岩爺が珍しく「参拝してくるがええ」と声をかけてくる。「喜兵衛さんの分もな」

「ほうじゃな」と頷く。

灰色の空が山道沿いの緑を濃くしていた。空に斜めに線が入ったと思うと、ウメの頬に雨粒が落ちた。衣にぽつぽつと水玉を作っていく。

Ⅰほどなく、苔生《こけむ》した石段が見えてきた。奥の竹林が青々としている。鳥居の注連縄《しめなわ》に下がった紙垂《しで》が白く浮いていた。祭りがあったとは思えないほど静まり返っている。

数段上ったところで、「ウメ」と背後から呼ばれた。振り返ると、鋭い眼がウメを見上げていた。

「隼人」

「もう暮れるぞ」

そう言いながらも上ってくる。並ぶと、また背が伸びたように感じた。

「岩爺に拝んでこいと言われたんじゃ」

「そういえば、祭りにいなかったの」

餅いるか、と包みを渡してくる。年上ぶった優しさが気に入らない。

「いらんわ」

「可愛げがないのう」

ふん、と隼人が鼻で笑う。ウメより一段先をいく。負けじとウメも歩を進め、競い合うようにして石段を上がっていると、ひきつった笑い声が聞こえた。

「おうおう、注1女郎の餓鬼じゃねえか」

多助だった。だらしなく単衣《ひとえ》を着崩し、赤ら顔で石段を下りてくる。祭りで酔い潰れて寝ていたのか、躰《からだ》の左半分は土で汚れていた。

①隼人が口を結んで立ち止まる。多助はウメを見てせせら笑った。

「お前も一緒か、仲のいいこって。間歩で生まれたなんて言われとるが、お前もおおかた女郎が生み捨てた餓鬼じゃろ。女郎狂いの喜兵衛が罪滅ぼしに拾うたものを、いい気になりやがって」

一歩一歩下りてウメと隼人の間を裂くようにして通っていく。酒が腐ったような酸っぱい臭いがした。ウメに足をかけようとしたの互いに生活しやすい社会が実現できる。

問10　次の【資料】は、小説家の武者小路《むしゃのこうじ》実篤《さねあつ》が中心となって大正七年に設立した「新しき村」について、その「村の精神」を記したものである。この村は理想社会の実現を目指して築かれた農村共同体であり、最盛期は六〇名ほどが暮らしていたとされるが、現在の住民は三名ほどまで減少していると報じられている。この【資料】と本文との関わりについての生徒の発言として、適当でないものを選べ。　解答番号 13

【資料】
一、全世界の人間が天命を全うし、各個人の内にすむ自我を完全に生長させることを理想とする。
一、その為に、自己を生かす為に他人の自我を害してはいけない。
一、その為に自己を正しく生かすようにする。自分の快楽、幸福、自由の為に、他人の天命と正しき要求を害してはいけない。
一、全世界の人間が我等と同一の精神をもち、同一の生活方法をとることで、全世界の人間が同じく義務を果せ、自由を楽しみ、正しく生きられ、天命(個性もふくむ)を全うすることが出来る道を歩くように心がける。
一、かくの如き生活をしようとするもの、かくの如き生活の可能を信じ、それを全世界の人が実行することを祈るもの、又は切に望むもの、それは新しき村の会員である。我等の兄弟姉妹である。
一、されば我等は国と国との争い、階級と階級との争いをせずに、正しき生活にすべての人が入ることによって、入ろうとすることによって、それ等の人が本当に協力することによって、我等の欲する世界が来ることを信じ、又その為に骨を折るものである。

ア　この「新しき村」の試みはとても興味深いなあ。村の住民が多くても六〇名程度ということはかなり小規模な村だし、ほぼ全員が顔見知りであったと考えられるよね。このような関係性は本文における〈関係のユートピア〉と重なるものとして考えていいんだよね。

イ　そうだね。でも私は【資料】の方で「他人の自我を害してはいけない」とあえて注意している点が気になるなあ。もしかすると〈交歓する他者〉であっても時には傷つけ合う場合があるという事実が、本文の方では触れられていないのかもしれないね。

ウ　たしかに、家族や友人だって仲違いをすることはあるものね。でも【資料】に書いてあるように、全世界の人々と精神を共有できればその共同体的な関係はさらに拡大するんだろうね。最終的には本文の〈モデル0〉のような形を「村の精神」は目指しているのだと思うよ。

エ　なるほど。【資料】では正しい生活様式をすべての人が共有し、協力し合うことで理想的な世界が実現すると述べているものね。ただ本文の方では〈関係のルール〉の必要性も述べられているから、生活様式や精神を共有できない他者の存在もやはり想定するべきではないのかな。

二

次の文章は、千早茜の小説『しろがねの葉』の一節である。ウメは幼少期に家族と離ればなれになり、石見《いわみ》銀山にたどり着いた。そこで出会った喜兵衛に拾われ、銀山の間歩《まぶ》(坑道)で手子(雑用係)として働き始める。ある日、喜兵衛は越前へ行くため、しばらく家を空けると言う。その際、もうすぐ行われる祭りには、雨で濡れた神社の石段で足を滑らすから行ってはいけない、とウメに言っていた。以下は祭り当日の場面である。これを読んで後の問いに答えよ。

小さな物音がして、小柄なヨキの影がするっと小屋に入ってきた。

あるという、原的な両義性と対応しているものであるから。

イ　他者との関係のユートピアは人間にとっての本来的な歓びを得られる社会であるが、その領域を拡大しすぎると望まない関係にまで発展してしまう危険性があり、それを防ぐ必要もあるから。

ウ　他者との関係を、美しく歓びに充ちたものとして捉える立場と、不幸や抑圧の源であるとみなす立場とは相容れないものであり、「体質的」とさえ言える反発が生じるものであるから。

エ　人間が感じる不幸の源泉はほとんどの場合他者がもたらすものであるが、それでも人間は他者の存在無しには生きていくことができず、その不幸は仕方なく引き受けざるをえないから。

問6　――線④とあるが、どういうことか。その説明として最も適当なものを選べ。　解答番号 9

ア　歓びの源泉となる近くの他者と、困難と制約の源泉となる遠くの他者とは、主体となる個人との距離によって明確に区別できるということ。

イ　各個人にとって、歓びの源泉としての他者と、困難と制約の源泉である他者とは、それぞれ別々の領域に存在する他者であるということ。

ウ　歓びの源泉となる他者と、困難と制約の源泉である他者とは、本質的に異なる存在であって決して相容れない者同士であるということ。

エ　社会理論上、歓びの源泉としての他者と、困難と制約の源泉としての他者とは、便宜上別々の場所に住む存在として措定されているということ。

問7　――線⑤とあるが、筆者はこの指摘をきっかけとしてどのようなことを言おうとしているか。最も適当なものを選べ。　解答番号 10

ア　他者が誰もいない状態で生きてゆくということは、ほとんど死んでいるのと変わりがないほどつらく悲しいものである。だからこそ、たった一人でもよいので生涯をともに過ごしてくれる歓びの源泉としての他者を私たちは見つけておくべきである。

イ　歓びに充ちた生を送るためには、純粋に愛し合うような他者が多くとも数十人程度いれば十分である。しかしながら、私たちが日々消費する食料や燃料は、世界中に散在する幾億の他者たちの存在無しには供給されないことを忘れてはならない。

ウ　国際化が進んだ現代社会では、一部地域の些細な事件の影響があっというまに世界中に伝播してしまう。だからこそ、私たちは国際的なルールをより厳密に遵守し、世界中の他者と歓びを分かち合えるような関係を結んでゆかなくてはならない。

エ　私たちの今の生活は世界中の人々との間接的なつながりによって成立しており、その意味では膨大な数の他者を私たちは必要としていると言える。しかしながら、生きていることの意味や歓びの源泉となる他者はごく少数の一部の他者に限られる。

問8　[I]～[III]のうち、どこにも入らないものを選べ。　解答番号 11

ア　つまり　　イ　もちろん

ウ　あるいは　エ　これに対して

問9　本文の主旨として、最も適当なものを選べ。　解答番号 12

ア　私たちが生の喜びを得られるのは〈交歓〉する他者によってであって、それ以外の他者は〈尊重〉しつつも、直接的な関わりを持たないように生活した方がよい。

イ　私たちにとっての〈交歓〉する他者と〈尊重〉する他者とはいずれも大切な存在として世界の全域に遍在しており、両者を常に区別しながら生きることが重要である。

ウ　私たちは伝統的な社会の中では〈交歓〉する他者との関係を中心に生活してきたが、これからの社会では見知らぬ他者を〈尊重〉する関係をより重視しなければならない。

エ　私たちの周りには圏域を異にする二種類の他者が存在するが、それぞれ〈交歓〉と〈尊重〉の態度を使い分けることによって

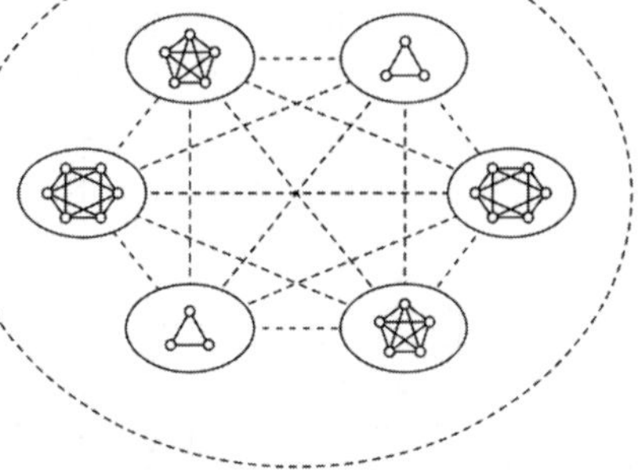

図1 〈モデル0〉

（見田宗介『社会学入門』より）

注 1 原的…ここでは「本質的」の意。
2 コミュニズム…共産主義。
3 アルセスト…フランスの劇作家モリエールの戯曲『人間嫌い』の主人公。気むずかし屋、厭人癖を意味する名詞としても用いられる。

問1 ━━線a～dのカタカナを漢字に改めたとき、同じ漢字を用いるものをそれぞれ選べ。

a ハタン　解答番号 1
ア 着物の裾がホコロびる。
イ あの先生は気がミジカい。
ウ 自身の不幸をナゲく。
エ アワい恋心を抱く。

b キイン　解答番号 2
ア 生徒をインソツする。
イ 書類にオウインする。
ウ キャクインを踏んだ詩。
エ インガ関係を明らかにする。

c ギマン　解答番号 3
ア 発言をウタガう。
イ イツワりの報告をする。
ウ 敵をアザムく。
エ 友人とタワムれる。

d コシツ　解答番号 4
ア 血液がギョウコする。
イ 虹がコを描いている。
ウ コベツに部屋を用意する。
エ 集団からコリツする。

問2 ━━線Aの意味として、最も適当なものを選べ。解答番号 5
ア 寂しさがつのること　イ 茫漠《ぼうばく》としていること
ウ 恐れおののくこと　エ 唖然《あぜん》とすること

問3 ――線①とあるが、何の実現をめざすのか。その説明として最も適当なものを選べ。解答番号 6
ア 自分の身近にいる他者との関わりを大事にし、その関わりそのものが互いの歓びとなるような関係のあり方。
イ できるだけ多くの他者と関係を結び、所属するコミュニティの拡大に歓びを見出そうとする関係のあり方。
ウ 互いに嫌な思いをしないようなルールを設け、見知らぬ他者ともできるだけ歓びを共有しようとする関係のあり方。
エ コミュニティ内部での役割を明確化し、積極的な実質を創り出すことで歓びを共有するような関係のあり方。

問4 ② に入る表現として、最も適当なものを選べ。解答番号 7
ア 本質　イ 現実　ウ 合理　エ 現在

問5 ――線③とあるが、それはなぜか。その理由として最も適当なものを選べ。解答番号 8
ア 社会の理想的なあり方を構想する二つの様式は、人間にとっての他者が歓びの源泉であると同時に空虚をもたらすものでも生が生きるということの意味を取り戻し、歓びに充ちた生涯であるためにさえ、他者はたとえば、数人で充分であるということもできる。わたしの思考実験では、極限の場合、激しい相互的な愛が存在している限り、この他者は一人であっても、なお永劫の生を意味づけるに足るものである。対をもって最小となすという注3アルセストみたいな思考には批判があるかもしれないし、わたしもこの点に理論上ｄコシツするつもりはないが、最大限に考えて数十人という、純粋に愛し合う人びとに囲まれた生が、歓びに充ちた生であることにとって、なお不足があるというよくばりな人は、少ないと思う。

もちろんわれわれは現実の構造の中で、幾万人、幾百万人、幾億人という他者たちなしには、生きていけない。現代日本の都市に住む平均的な階層の一人の人間を考えてみれば、食料を生産する国内・国外の農民たち、牧畜者たち、石油を産出する国々の労働者たち、これら幾億の他者たちの存在なしには、一つの冬を越すことも困難である。この意味で人は、幾億の他者たちを「必要としている」ということもできる。けれどもこのような、生存の条件の支え手としての他者たちの必要ならば、それは他者たちの労働や能力や機能の必要ということであって、何か純粋に魔法の力のようなものによって、あるいは純粋に機械の力か、自然の力等々によって、それが充分に供給されることがあればよいというものであり、この他者が他者でなければならないというものではない。つまり他の人間的な主体でなければならないというものではない。他者が他者として、純粋に生きていることの意味や歓びの源泉である限りの他者は、その圏域を事実的に限定されている。

Ⅰ、他者の両義性の内、生きるということの困難と制約の源泉としての他者の圏域は、必ず社会の全域をおおうものである。

現代のように、たとえば石油の産出国の労働者たちの仕事にわれわれの生が依存し、またわれわれの生のかたちが、フロンガスの排出等々をとおして、南半球の人びとの生の困難や制約をさえ帰結してしまうことのある世界にあっては、このような他者との関係のルールの構想は、国家や大陸という圏域の内部にさえ限定されることができない。たとえば一国の内域的な社会の幸福を、他の大陸や、同じ大陸の他の諸地域の人びととの不幸を帰結するような仕方で構想することはできない。

Ⅱ われわれの社会の構想の二重の課題は、関係の射程の圏域を異にしている。

生きることの意味と歓びの源泉としての他者との関係のユートピアの構想の外部に、あるいは正確には、無数の関係のユートピアたちの相互の関係の構想として、生きることの相互の制約と困難の源泉でもある他者との、関係のルールの構想という課題の全域性はある。圧縮すれば、われわれの社会の構想の形式は、

〈関係のユートピア・間・関係のルール〉

という重層性として、いったんは定式化しておくことができる。

Ⅲ これを、極限にまで単純化された〈モデル０〉ともいうべきものとして視覚化するなら、次のように、いったんは図示しておくことができる。（図１）

〈関係のユートピア〉と仮に名づけておくものの内部の他者たちは、交歓する他者たちである。図の実線は、〈交歓〉という関係のモードを表現する。この交歓する他者たちの圏域の外部の他者たちとの関係は、相互にその生き方の自由を尊重し侵さないための協定 agreement を結び、このような自由を保証するための、最小限度に必要な相互の制約のルールのシステムを明確化する。図の点線は、このような〈尊重〉という関係のモードを表現する。つまりわれわれの社会の理想像において、すべての他者たちは相互に、

〈交歓する他者〉and／or〈尊重する他者〉

として関わる。

関係のこの二つの基本的なモードは、われわれの社会の構想が、〈他者の両義性〉のそれぞれの位相に対応する仕方である。

二〇二四年度 川越東高等学校（特待生）

【国　語】（五〇分）〈満点：一〇〇点〉

（注意）　解答はすべて一つ選び、解答用紙の所定の欄にマークすること。

一　次の文章を読んで、後の問いに答えよ。

社会の理想的なあり方を構想する仕方には、注1原的に異なった二つの発想の様式がある。

一方は、歓びと感動に充ちた生のあり方、関係のあり方を追求し、①現実の内に実現することをめざすものである。一方は、人間が相互に他者として生きるということの現実から来る不幸や抑圧を、最小のものに止めるルールを明確化してゆこうとするものである。これは、社会思想史の歴史的な分類ではなく、社会の思想の【②】的な課題の構造である。社会思想史的にいうなら、そのどちらでもないようなもの、プラトンからスターリンに至る、さまざまなイデオロギーや宗教を前提とした社会の構想史があるが、現在のわれわれにとって意味のある社会の構想の発想の様式は、究極、この二つに集約されるといっていい。

前者は、関係の積極的な実質を創出する課題。

後者は、関係の消極的な形式を設定する課題。

二つの課題は、人間にとっての他者の、原的な両義性に対応している。他者は第一に、人間にとって、生きるということの意味の感覚と、あらゆる歓びと感動の源泉である。一切の他者の死滅したのちの宇宙に存続する永遠の生というものは、死と等しいといっていいものである。〔わたしは子どもの頃「永遠の生」を願って、この願いの実現した幾兆年後の宇宙空間にただひとりでわたしが生きている生を想像してみて、他者のない生の空虚にA慄然《りつぜん》としたことがある。〕他者は第二に、人間にとって生きるということの不幸と制約の、ほとんどの形態の源泉である。サルトルが言っていたように、「地獄とは他者に他ならない」。想像のものでなく現実のものとしての地獄は、（無理をして例外を思い浮かべることはできるが、）ほとんどが、他者の地獄に他ならない。

社会の理想的なあり方を構想する仕方の発想の二つの様式は、こんにち対立するもののように現れているが、たがいに③相補するものとして考えておくことができる。一方は美しく歓びに充ちた関係のユートピアたちを多彩に構想し、他方はこのようなユートピアたちが、それを望まない人たちにまで強いられる抑圧に転化することを警戒し、予防するルールのシステムを設計する。両者の構想者たちの間には、ほとんど「体質的」とさえ感じられる反発が火花を散らすことがあるが、一方のない他方は危険なものであり、他方のない一方は空虚なものである。それはこのような社会の構想の課題の二重性が、人間にとっての他者の、原的な両義性に対応しているからである。

〈他者の両義性〉の内、生きるということの意味と歓びの源泉である限りの他者と、生きるということの困難と制約の源泉である限りの他者とは、④その圏域を異にしている。圏域を異にしているということの単純な認識が、社会構想の理論にとって、実質上決定的な意味を持つ前提である。たとえば二〇世紀を賭けた「注2コミュニズム」という巨大な実験のハaタンは、この圏域の異なりに無自覚であったということにキbインするとさえいってよいものである。全域的ではありえないものの美しい夢を、全域的であるもののように、ありうるもののように、あるべきもののように、あるはずのもののように、幻想した自己cギマンの内にあったとさえいってよいものである。

「人はどれだけの土地を必要とするか」というロシアの童話があるが、⑤人はどれだけの関係を必要とするかということを、わたしたちは問うてみることができる。他者のない生は空虚であり、先にみたように、一切の他者の死滅した後にただ一人永遠の生を享受する生は、ほとんど永劫の死と変わりのないものであるが、この

2024年度／川越東高等学校（特待生）

英語解答

1　1　イ　2　ウ　3　ウ　4　エ
5　ア　6　イ　7　イ

2　8　エ　9　イ　10　イ　11　エ
12　ウ　13　ア　14　イ　15　イ
16　ア

3　A　17…ア　18…エ　19…ウ
B　20…ア　21…ウ　22…エ

4　23　ア　24　ウ

5　25　エ　26　エ

6　27　イ　28　ウ　29　エ　30　エ

7　A　31…イ　32…ア　33…ア
B　34…ウ　35…ウ

1　〔長文読解総合―説明文〕

≪全訳≫❶長寿の秘けつは何だろう。記録に残っている最高齢で知られる人物は，フランス人女性のジャンヌ・カルマンだ。彼女は健康的な暮らしが答えであるという考えが誤りであることを証明しているようだった。100年間喫煙していたにもかかわらず，彼女は122歳まで生きたのだ。彼女は，その長寿は食事のおかげだと考えていた。❷今日，世界の全ての人々の平均寿命は63歳だ。この数字は国によって大きく異なる。日本の平均寿命は世界で最も高く，女性は85歳，男性は78歳だ。日本の人口の２万人以上が，100歳の誕生日を祝っている。その理由の１つは，日本人の健康的な食生活と優れた医療制度にあると，研究者は考えている。❸②先進国に住む人々は一般的に，世界のより貧しい地域に住む人々よりも長生きする。戦争や病気，食事の質，医療へのアクセスといった要因は全て，平均寿命に影響する。国の医療や教育が向上すれば，平均寿命は延びる。❹もう１つの重要な要因は，性別である。女性は平均して，男性より長生きである。100歳以上まで生きている人の80％以上が女性だ。この理由は完全にはわかっていない。女性は男性よりも長生きする遺伝子を持って生まれると考えている科学者もいる。男性は女性よりも死亡する可能性の高い，より危険なライフスタイルを送ることが多い，と主張する科学者もいる。男性はより危険な仕事をしている。また一般的に，男性は女性よりも多く車を運転し，喫煙することも多い。男性の方が女性より殺されることも多い。❺研究者が調べたもう１つの分野は，婚姻状況である。既婚女性と独身女性の間に，平均寿命の明確な差は見られない。しかし，あるイギリスの研究によれば，既婚男性の方が独身男性よりも平均して長生きするようである。これは，既婚男性の方が独身男性よりも健康的なライフスタイルを送る傾向があるからかもしれない。彼らはより健康的に食べ，平均してリスクを冒すことが少ないのだ。❻ジャンヌ・カルマンは危険を冒すことを心配していないようだった。85歳のとき，彼女はフェンシングを習っていた。100歳になっても自転車に乗っていた。121歳のときにタバコをやめたが，健康上の理由のためではなかった。彼女は自分でタバコに火をつけられないほど目がはっきり見えなくなっており，プライドが高すぎて，他の人にそうするよう頼むことができなかったのだ。もしかすると彼女の長寿の秘けつは，⑥人生に飽きることがなかったことかもしれない。

1＜適語句選択＞直後の文の「100年間喫煙していた」という内容から，ジャンヌ・カルマンが健康的な生活を送っていなかったことがわかる。

2＜整序結合＞語群と文末に与えられている語句から，developed countries に住む人々と，それより貧しい地域に住む人々の寿命の長さを比べた文になると推測できる。まず who を文頭の People

を先行詞とする主格の関係代名詞として使ってPeople who live in developed countriesという主語をつくる。これに対応する動詞liveを含むgenerally liveを続けて，残りは‘比較級＋than ～’の形にする。比較の対象となる‘～’の部分は，those who ～「～する人々」の形にまとめる。People who live in developed countries generally live longer than those who live in poorer parts of the world.

3＜適語句選択＞③－a. 女性は男性よりも長寿であるという内容に続く文。Bを入れて，「100歳以上生きる人の80％以上が女性だ」とすると，前文をより具体的に説明する内容となる。　③－b・③－c. 前後の内容から，空所を含む文はどちらも，女性の方が男性より長生きする理由になると考えられる。

4＜適語(句)選択＞空所前の「既婚女性と独身女性の間で平均寿命に違いはない」という内容と，空所後の「独身男性より既婚男性の方が長生きする」という研究結果は，相反する内容である。however「しかしながら」　for instance「例えば」　in other words「言い換えれば」　in this way「このように」

5＜適語句選択＞直後の文が，ジャンヌ・カルマンが「禁煙した」理由になっている。　give up ～ing「～するのをやめる」

6＜適文選択＞最終段落の内容から，ジャンヌ・カルマンが高齢になっても新しいことに挑戦して，人生を楽しんでいることが読み取れる。これは「人生に飽きることがなかった」ということができ，それが彼女の長寿の秘けつだったと考えられる。　get bored with ～「～に飽きる」

7＜内容真偽＞ア.「食べ物が寿命に影響することはない」…×　第2段落最終文に反する。　イ.「運転などの活動は寿命に影響する」…○　第4段落参照。車の運転は死ぬリスクを高める行動である。　ウ.「なぜ女性は男性より長生きなのか，今でははっきりわかっている」…×　第4段落第4文に反する。　エ.「ジャンヌ・カルマンは，危険なライフスタイルが寿命を縮めるという理論を証明した」…×　最終段落参照。危険なことも行っていたが，長生きした。

2〔長文読解総合―物語〕

≪全訳≫❶ジョーンズ氏が明かりを消すとすぐに，農場の動物たちは興奮し始めた。というのも，入賞豚である年老いたメジャーが，前の晩に不思議な夢を見て，それについて他の動物たちに話したいと思ったからだ。そこで彼らは，ジョーンズ氏が寝たらすぐに大きな納屋に集まることにしていたのだ。彼らは年老いたメジャー(品評会では「ウィリンドン・ビューティ」として知られていたが，いつもはこう呼ばれていた)を信頼していたので，彼の話を聞くために，1時間睡眠を減らす準備ができていた。❷メジャーはすでに，大きな納屋の片隅にある寝わらの上，高くなった台のようなものの上に座っていた。彼は12歳で，最近はかなり太ったのだが，それでも堂々として見えた。❸メジャーはスピーチを始めた。❹「同志諸君，最初に言っておきたいのは，私はもう長くは生きられないと思うということだ，だから，私の夢について君たちに話すのは義務だと思っている。私は長い人生を生きてきて，今生きているどんな動物にも負けないくらいよく人生を理解していると思う。❺同志諸君，私たちは良い人生を送っているだろうか？　そんなことはない！　向き合ってみよう。私たちの生活はつらく，惨めで，短い。私たちにはどうにか生きていけるだけの食べ物しか与えられておらず，働けるものは働けなくなるまで働かされる。私たちがジョーンズの役に立たなくなると，彼はひどい残酷さで私たちを殺す。私たちは自由ではない。動物の生活は悲惨で奴隷的なものなのだ。❻→B．しかし，これはなぜか？／→C．本当に食べる物が十分にないからか？／→A．違う！　全く違う！／→D．この農場はたくさんの食べ物を育てられるが，全て私たちから人間に奪われているのだ。／人間は私たちの真の敵だ。人間を排除できれば，私たちは飢えと奴隷の身分から永遠に抜け出すことができるだろう。❼人間は私たちのように働かないが，食べ，私たちの主人だ。牛乳や卵，若い動物はみんなどうなるのか。ジョーンズたちの金もうけのために，それらは全て売られる。君たちはきつい仕事の見返りに何が得られる？❽君たちは自然な人生の終わりを迎える前に，いつかジョーンズに殺されることを理解しなければならない。人間が私たちの敵であることは明らかではないか？　人間を排除するんだ，そうすれば，きつい仕事の結果を享受できる！　そうすれば，すぐにでも金持ちになり，自由になれる。私たちは人間を打倒しなければならない。同志諸君よ，君たちへのメッセージは，反乱だ！❾反乱がいつになるかはわからないが，いつか起こることはわかっている。だから，私が言ったことを忘れてはいけない。人間と動物が友達になれると誰が言ったとしても，聞くんじゃない。それはうそだ。全ての人間は敵だ。全ての動物は同志だ。２本足で歩くものは全て敵だ。４本足で歩くもの，翼のあるものは友だ。❿決して人間に似るようになってはいけないということを覚えておくんだ。たとえ人間を打ち負かしたとしても，人間の悪い習慣をまねてはいけない。いかなる動物も，家で暮らしたりベッドで寝たり，服を着たり酒を飲んだり，タバコを吸ったりお金を持ったりしてはいけないのだ。⓫そして何よりも，どんな動物も他の動物をしいたげてはならない。弱かろうが強かろうが，賢かろうが愚かだろうが，我々は皆兄弟なのだ。どんな動物も，他の動物を殺してはならない。全ての動物は平等なのだ。⓬昨夜，夢の中で，人間がいなければ生活がいかに美しいものになるかということがわかった，それに夕べは，母がよく歌っていた古い歌を思い出した。それは『イングランドの獣たち』と呼ばれている」⓭老メジャーは歌い始めた。『クレメンタイン』と『ラ・クカラチャ』を合わせたようないい曲だった。歌詞は，反乱後の生活がいかに美しいか，そしてどのようにして人間の残酷なムチが永遠に消えるかを語っていた。⓮動物たちはそれをすばらしい歌だと思い，最も愚かな動物でさえも歌い始めた。彼らはそれをあまりに気に入ったので５回も歌い，あまりに大きな声だったので，ジョーンズ氏が目を覚ました。ニワトリを捕まえようとしているキツネが庭にいるのだろうと思い，彼はいつも寝室に置いてある銃を取り，暗闇に向かってやみくもに撃った。全員が自分の寝床に逃げ帰り，農場全体が一瞬にして静まり返った。⓯３晩後，メジャーは死に，果樹園に埋葬された。⓰動物たちは皆，彼のスピーチに大きな感銘を受け，反乱がいつ起こるかわからなかったが，その準備に時間を費やした。⓱指導と組織づくりの仕事は，ブタたちによって行われたが，それは，彼らが動物たちの中で最も賢いと思われていたからであり，２頭の最も重要なブタは，ナポレオンとスノーボールだった。ナポレオンはどう猛な見た目で，賢い話し手ではなかったが，おおむね自分の思いどおりにした。スノーボールは賢い話し手だったが，彼にはナポレオンのような意志の固さはない，と誰もが思っていた。全員の中で一番の話し手はスクイーラーで，彼はとても賢く話がうまいので，黒のことを本当は白だと立証できると言われていた。⓲この３頭が，メジャーの考えを完全な思想体系に整理し，彼らはそれをアニマリズムと呼んだ。彼らは夜に秘密の会議を開き，それについて他の動物たちに話した。

８＜適語選択＞第４段落参照。メジャーは「私の夢について君たちに話すのは義務だ」と言っている。

９＜適語句選択＞この段落でメジャーが語っているのは，動物が受けている人間によるひどい仕打ちである。その内容として適切なものを選ぶ。just enough food to ～の直訳は「～するのにちょうど足りるだけの食べ物」。keep us alive は‘keep＋人＋形容詞’「～を…(の状態)にしておく」の形。

10＜文整序＞選択肢から，最初はＢかＣになることがわかる。ＣのIs it because ～?「それは～だからだろうか」は，Why「なぜ」で尋ねるＢに対して答えを提示する内容なのでＢ→Ｃの順に置く。この後は，Ｃに対する否定の答えとなるＡ，否定した理由となるＤの順に続ける。

11＜適語句選択＞メジャーは第５段落で，ジョーンズにとって役に立たなければ動物は殺されると言っている。つまり，エ.「自然な人生の終わりを迎える前」に殺されるのである。なお，ウ.「この農場から逃げ出さなければ」も文意は通るが，この後メジャーは反乱を提案しているので不適。

12＜適語句選択＞空所を含む文の主語 That は，前文にある Man and animals can be friends「人間と動物は友達になれる」という内容を指している。メジャーはこの意見を「聞いてはいけない」と言っており，直後でも「人間はみんな敵だ」と言っていることから判断できる。

13＜適語句選択＞直後に続く「人間のような暮らしをしてはいけない」という内容は空所部分の具体例と考えられる。直前の文でも *you must never come to resemble Man*「決して人間に似るようになってはいけない」と同様のことを言っている。‘come to＋動詞の原形’「～するようになる」

14＜適語選択＞⑭－a. メジャーが見た夢の内容。動物たちにとって暮らしが良くなるのは人間がいるときと，いないときのどちらかを考える。　⑭－b. 動物たちの歌声にジョーンズ氏が目を覚ましてやみくもに銃を撃った場面。in a moment で「一瞬で」。ここでの asleep は「(眠ったように)静まって」という意味。

15＜英文解釈＞スクイーラーがいかに上手な話し手であるかについて述べた文。prove (that) ～は「～ということを立証する」という意味。豚に限定しているわけではないのでウは不適。

16＜内容真偽＞ア.「農場にいる動物たちがメジャーの話を聞くために納屋に集まったとき，メジャーはすでにスピーチを始める準備をしていた」…○　第２段落第１文に一致する。　イ.「スピーチをする前に，メジャーはすでに人間に対する反乱を起こすための注意深い計画を立てていた」…×　第９段落第１文参照。「反乱はいつになるかわからない」と言っている。　ウ.「ジョーンズ氏は農場でニワトリを捕まえようとしていたキツネを銃で撃った」…×　第14段落参照。実際にキツネがいたわけではない。　エ.「メジャーが死んだ後，３頭のブタがアニマリズムと呼ばれる，メジャーの思想とは全く異なる新しい思想体系をまとめた」…×　第18段落第１文参照。「アニマリズム」は，メジャーの思想を受け継いだものである。

3 〔対話文完成〕

Ａ≪全訳≫❶ジェームズ(Ｊ)：ベス，今は何に取り組んでいるの？❷ベス(Ｂ)：歴史上の有名な女性についてのテレビシリーズをつくってるの。❸Ｊ：ふーん，おもしろそうだね。❹Ｂ：うん，おもしろいわ。このシリーズをつくることにしたのは，新聞で男女の冒険家についての記事を見たからなの。男性冒険家については何人か学校で習ったけれど，その記事を読む前は，女性冒険家については１人も知らなかったということに気づいたの。でも，彼女たちについて読んだとき，私は彼女たちが成し遂げたことに本当に驚いたわ。彼女たちは信じられないほど勇敢で冒険的だったの。❺Ｊ：例えば誰？❻B：例えば，ハリエット・クインビー。彼女は最初の番組の主役なの。❼J：聞いたことないな。❽B：まさにそこがポイントよ。ハリエットは美しいニューヨークのジャーナリストだったの。彼女はとても自立していたし，きわめて決然としていて，男性にできることは何でもやりたがった。例えば，彼女はニューヨークで初めて運転免許を取得した女性よ。そして1911年には，アメリカ全土で初めてパイロット免許を取得した女性になったの。❾J：本当に？　すごいね！

17＜適語句選択＞現在進行形の疑問文。　at the moment「今，今のところ」　at that time「当時」　in a hurry「急いで」　in time「間に合って」

18＜適語選択＞空所の後の「冒険家についての新聞記事を見た」という内容が，「テレビシリーズをつくることに決めた」ことの‘理由’になっている。

19＜適語句選択＞直後の２文で，空所を含む内容の具体例が挙げられている。さまざまなことを女性として初めて成し遂げたということは，「男性にできることは何でもやりたがった」と考えられる。

B≪全訳≫❶マリア(M)：トムが私の電話に出ない。❷ダナ(D)：私の電話にも出ないわ。❸エリック(E)：本当に怒っているに違いないね。❹M：私たちが彼の誕生日を忘れていたなんて信じられない。❺E：最悪な気分だよ！　僕は彼と一緒に住んでるのに，忘れてしまったんだ。❻D：あなたにできることの１つは，彼が家に帰ったら話しかけることよ。❼E：21僕にはあまり話してくれないよ。❽M：私たち，覚えているべきだったわ。❾D：彼はただの知り合いじゃない。それに彼はいつも誕生日が一番好きな日だって言ってるのに。❿M：覚えていたって言ったらどうかしら！　ただ何も言わなかっただけって。⓫D：できると思う。⓬E：僕は，そんなことするのは気分が良くないな。正直になるべきだよ。⓭D：私たちがすべきことは，彼を見つけて謝ることね。⓮E：そうだね。

20＜適語選択＞この後に続く内容から，３人がトムの誕生日を忘れていたことがわかる。トムが電話に出ないのは，そのせいで「怒っている」からだと考えられる。　upset「怒って，動揺して」

21＜適文選択＞直前でダナがエリックに，「トムが帰宅したら話しかけること」を提案している。これに対するエリックの返答を考える。エリックは，トムは怒っているから「話してくれない」と思っているのである。

22＜適語選択＞マリアの「誕生日を覚えていたが，何も言わなかっただけにする」という提案に対し，「気分が良くない」と言って反対しているエリックの発言。続くやりとりで，正直に謝ることにしていることからも判断できる。

4〔適語選択〕

23.「ある日には，雲は薄く，空高くにある。この雲は，数日後に雨が降ることを意味するかもしれない。また別の日には，重く暗い雲もある。それらはしばしば，もうすぐ雨が降ることを意味する」

24.「鳥の中には長距離を飛ぶものもいる。彼らは冬のすみかまで，何千マイルも飛んでいく場合もある。そして，春になると前のすみかに戻ってくる。彼らはいつも同じ場所に戻る。どうやってそうしているのか，誰も知らない。科学者たちは，これらの鳥は頭の中に何らかの地図を持っていると考えている」

5〔正誤問題〕

25. ア…×　mistakeは‘数えられる名詞’なので，mistakes(またはa mistake)とする。　イ…×　discussは直後に目的語をとり，１語で「～について話し合う」という意味を表す他動詞なので，aboutは不要。　ウ…×　why以下は文中に組み込まれた間接疑問なので‘疑問詞＋主語＋動詞’の語順でwhy this machine was brokenとする。　エ…○　speak to ～「～に話しかける」などの動詞句の受け身形は，過去分詞の後ろにその動詞句を構成する語(句)をそのままの順で置く。　「友達と話しているときに，私は外国人に英語で話しかけられた」

26. ア…×　２つあるものについて述べるとき，最初の「１つ」はone,「もう１つ」はthe otherで表すので，anotherはthe otherにする。　イ…×　文末にthan yesterday「昨日より」とあるので，a fewはfewer「より少ない」と比較級にする。　ウ…×　most of ～「～の大部分」の‘～’には‘the＋名詞’などの‘特定の名詞’が入るので，theなどが必要。　エ…○　oneは前に出てきた不特定の名詞(ここではa carrot)を指す代名詞。　「このレシピにはニンジンが必要だ。スーパーに買いに行ってくる」

6 〔整序結合〕

27. 「〈人〉に～と助言する」は，‘advise＋人＋(that＋)主語＋動詞...’で表せる。thatの後はhe should get more exerciseとまとまる。　The doctor advised my father that he should get more exercise.

28. 「～だと思いますか」のようなYes／Noで答えられない疑問文は疑問詞から始め，‘疑問詞＋do you think＋(主語＋)動詞’という語順になる。‘疑問詞’はWhat food「どんな食べ物」。　What food do you think Kazuki likes best?

29. 「女性は誰ですか」→Who is the woman?が文の骨組み。「女性」を修飾する「昨日君が一緒にいた」はyou were with yesterdayとまとめ，the womanの後ろに置く(the womanとyouの間に目的格の関係代名詞が省略された形)。　Who is the woman you were with yesterday?

30. You must studyとした後，「したくなくても」はeven if ～「たとえ～でも」を使ってeven if you don't want toとまとめる。toの後には繰り返しとなるstudyが省略されている。　You must study even if you don't want to.

7 〔総合問題〕

A＜単語の定義＞

31. 「通常，学校や大学で教えたり学んだりするプロセス」―イ．「教育」

32. 「水辺に生息し，跳ぶための長い脚を持つ小さな緑色の動物」―ア．「カエル」

33. 「11人の選手からなる２つのチームによって行われるスポーツで，選手たちは，丸いボールを蹴って相手チームのゴールに入れようとする」―ア．「サッカー」

B＜適語選択＞

34. 過去進行形(was/were ～ing)は，「～していた」の意味で‘過去の一時点における進行中の動作’を表す。　「私がナミに会ったとき，彼女は本屋で買った有名な小説を読んでいた」

35. 「(人が)わくわくして」の意味を表すのはexcited。exciting「(物事が)わくわくするような」との違いに注意。　「私はパーティーのことを考えるとわくわくした」

2024年度／川越東高等学校（特待生）

数学解答

1 (1) (オ)　(2) (エ)　(3) (オ)
2 (4) (ウ)　(5) (ア)　(6) (ア)
3 (7) (イ)　(8) (カ)　(9) (イ)
4 (10) (イ)　(11) (ウ)　(12) (ウ)
5 (13) (エ)　(14) (オ)　(15) (エ)　(16) (ア)
6 (17) (オ)　(18) (カ)　(19) (エ)　(20) (カ)

1〔独立小問集合題〕

(1)<式の計算>与式$=\frac{b^{10}}{4\sqrt{2}a^{15}}\div\frac{9a^4b^2}{16\times6}\times\frac{a^{12}b^9}{8\times3\sqrt{3}}=\frac{b^{10}}{4\sqrt{2}a^{15}}\times\frac{16\times6}{9a^4b^2}\times\frac{a^{12}b^9}{8\times3\sqrt{3}}=$ $\frac{b^{10}\times16\times6\times a^{12}b^9}{4\sqrt{2}a^{15}\times9a^4b^2\times8\times3\sqrt{3}}=\frac{b^{17}}{9\sqrt{6}a^7}=\frac{b^{17}\times\sqrt{6}}{9\sqrt{6}a^7\times\sqrt{6}}=\frac{\sqrt{6}b^{17}}{54a^7}$

(2)<連立方程式>$\frac{1}{10}(x+1)-4y=-\frac{158}{5}$……①，$0.8x+0.5(2y-5)=\frac{79}{10}$……②とする。①×10より，$(x+1)-40y=-316$，$x-40y=-317$……①′　②×10より，$8x+5(2y-5)=79$，$8x+10y-25=79$，$8x+10y=104$，$4x+5y=52$……②′　①′×4−②′より，$-160y-5y=-1268-52$，$-165y=-1320$　∴$y=8$　これを①′に代入して，$x-40\times8=-317$，$x-320=-317$　∴$x=3$

(3)<式の計算—因数分解>$2x-y=A$とおくと，与式$=A(A-4)-12=A^2-4A-12=(A-6)(A+2)$となる。$A$をもとに戻して，与式$=(2x-y-6)(2x-y+2)$である。

2〔平面図形—正三角形〕

≪基本方針の決定≫(6)　△AEH−△GEFと考えるとよい。△ABF≡△AEH，△ACF∽△GEFであることに気づきたい。

図1

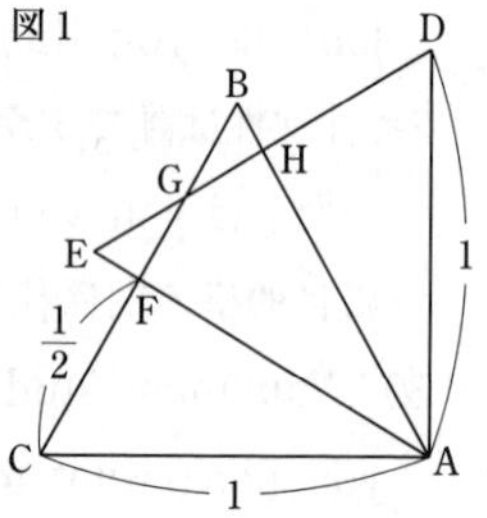

(4)<長さ—特別な直角三角形>右図1で，CF$=a=\frac{1}{2}$のとき，BF＝BC−CF$=1-\frac{1}{2}=\frac{1}{2}$だから，CF＝BFであり，点Fは辺BCの中点である。△ABCは正三角形なので，△ACFは3辺の比が$1:2:\sqrt{3}$の直角三角形となり，AF$=\sqrt{3}$CF$=\sqrt{3}\times\frac{1}{2}=\frac{\sqrt{3}}{2}$である。

図2

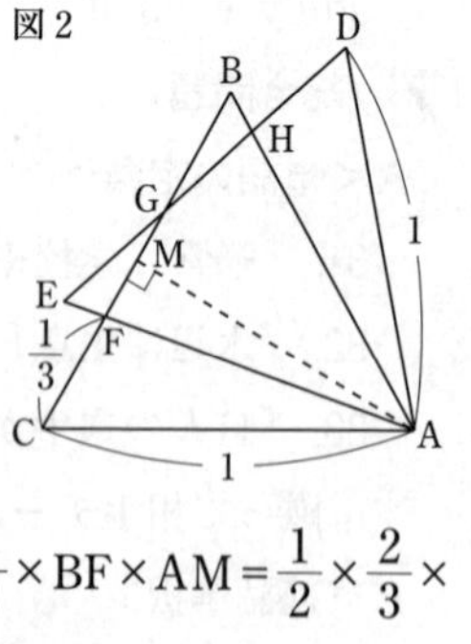

(5)<長さ—三平方の定理>右下図2で，辺BCの中点をMとする。点Mは右図1の点Fと同じ点だから，図2で，(4)より，CM$=\frac{1}{2}$，AM$=\frac{\sqrt{3}}{2}$，AM⊥BCである。CF$=a=\frac{1}{3}$のとき，FM＝CM−CF$=\frac{1}{2}-\frac{1}{3}=\frac{1}{6}$となるので，△AFMで三平方の定理より，AF$=\sqrt{\mathrm{AM}^2+\mathrm{FM}^2}=\sqrt{\left(\frac{\sqrt{3}}{2}\right)^2+\left(\frac{1}{6}\right)^2}=\sqrt{\frac{7}{9}}=\frac{\sqrt{7}}{3}$である。

(6)<面積>右図2で，△ABC，△ADEがともに1辺の長さが1の正三角形より，AB＝AE＝1，∠ABF＝∠AEH＝60°であり，∠BAF＝∠EAHだから，△ABF≡△AEHである。BF＝BC−CF$=1-\frac{1}{3}=\frac{2}{3}$より，△ABF$=\frac{1}{2}\times$BF×AM$=\frac{1}{2}\times\frac{2}{3}\times\frac{\sqrt{3}}{2}=\frac{\sqrt{3}}{6}$となるから，△AEH＝△ABF$=\frac{\sqrt{3}}{6}$となる。また，∠AFC＝∠GFE，∠ACF＝∠GEF＝60°より，△ACF∽△GEFである。(5)より，AF$=\frac{\sqrt{7}}{3}$だから，EF＝AE−AF$=1-\frac{\sqrt{7}}{3}$となり，△ACFと△GEFの相似比は，CF：EF$=\frac{1}{3}:\left(1-\frac{\sqrt{7}}{3}\right)=1:(3-\sqrt{7})$となる。これより，△ACF：△GEF$=1^2:(3-\sqrt{7})^2=1:(16-6\sqrt{7})$となる。△ACF$=\frac{1}{2}\times$CF×AM$=\frac{1}{2}\times\frac{1}{3}\times\frac{\sqrt{3}}{2}=\frac{\sqrt{3}}{12}$

だから，$\triangle\mathrm{GEF}=(16-6\sqrt{7})\triangle\mathrm{ACF}=(16-6\sqrt{7})\times\dfrac{\sqrt{3}}{12}=\dfrac{8\sqrt{3}-3\sqrt{21}}{6}$となる。よって，四角形AFGHの面積は，$\triangle\mathrm{AEH}-\triangle\mathrm{GEF}=\dfrac{\sqrt{3}}{6}-\dfrac{8\sqrt{3}-3\sqrt{21}}{6}=\dfrac{3\sqrt{21}-7\sqrt{3}}{6}$である。

3〔関数─関数 $\boldsymbol{y=ax^2}$ と一次関数のグラフ〕

≪基本方針の決定≫(9)　平行線の性質を利用して，△ABP，△CDP と面積が等しい三角形をつくって考える。

(7)<面積>右図1で，直線$y=\dfrac{4}{3}x+\dfrac{5}{3}$と x 軸の交点を E とすると，△ABC ＝△BEC－△AEC で求められる。2点A，Bは放物線$y=\dfrac{1}{3}x^2$と直線$y=\dfrac{4}{3}x+\dfrac{5}{3}$の交点だから，$\dfrac{1}{3}x^2=\dfrac{4}{3}x+\dfrac{5}{3}$より，$x^2-4x-5=0$，$(x+1)(x-5)=0$となり，$x=-1$，$5$である。よって，点Aの x 座標は-1，点Bの x 座標は5だから，$y=\dfrac{1}{3}\times(-1)^2=\dfrac{1}{3}$，$y=\dfrac{1}{3}\times5^2=\dfrac{25}{3}$より，$\mathrm{A}\left(-1,\ \dfrac{1}{3}\right)$，$\mathrm{B}\left(5,\ \dfrac{25}{3}\right)$となる。また，点Eの y 座標は0だから，$y=\dfrac{4}{3}x+\dfrac{5}{3}$に$y=0$を代入して，$0=\dfrac{4}{3}x+\dfrac{5}{3}$，$-\dfrac{4}{3}x=\dfrac{5}{3}$，$x=-\dfrac{5}{4}$となり，$\mathrm{E}\left(-\dfrac{5}{4},\ 0\right)$である。点Cは直線$y=\dfrac{4}{3}x-4$と x 軸の交点だから，同様にして，$0=\dfrac{4}{3}x-4$より，$x=3$となり，C(3，0)である。したがって，$\mathrm{EC}=3-\left(-\dfrac{5}{4}\right)=\dfrac{17}{4}$となる。ECを底辺と見ると，2点A，Bの y 座標より，△AECの高さは$\dfrac{1}{3}$，△BECの高さは$\dfrac{25}{3}$となるので，$\triangle\mathrm{ABC}=\dfrac{1}{2}\times\dfrac{17}{4}\times\dfrac{25}{3}-\dfrac{1}{2}\times\dfrac{17}{4}\times\dfrac{1}{3}=17$である。

図1

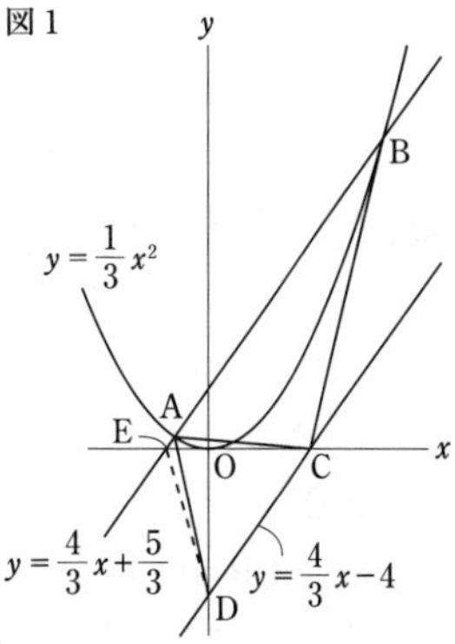

(8)<面積>右上図1で，点Eと点Dを結ぶ。直線$y=\dfrac{4}{3}x+\dfrac{5}{3}$と直線$y=\dfrac{4}{3}x-4$は傾きが等しいので，平行である。EB∥DCだから，△EDCと△ADCは，底辺をDCと見ると高さが等しくなり，△EDC＝△ADCである。(7)より，$\mathrm{EC}=\dfrac{17}{4}$であり，直線$y=\dfrac{4}{3}x-4$の切片が$-4$より，D(0，$-4$)だから，OD＝4である。よって，$\triangle\mathrm{EDC}=\dfrac{1}{2}\times\mathrm{EC}\times\mathrm{OD}=\dfrac{1}{2}\times\dfrac{17}{4}\times4=\dfrac{17}{2}$となるので，$\triangle\mathrm{ADC}=\dfrac{17}{2}$である。△ABC＝17だから，四角形ABCDの面積は，$\triangle\mathrm{ABC}+\triangle\mathrm{ADC}=17+\dfrac{17}{2}=\dfrac{51}{2}$となる。

(9)<x 座標>右図2で，直線ABと y 軸の交点をF，点Pを通り直線ABに平行な直線と y 軸の交点をQとし，点Qと3点A，B，Cを結ぶ。このとき，AB∥QP，QP∥DCより，△ABQ＝△ABP，△CDQ＝△CDPとなる。直線ABの式が$y=\dfrac{4}{3}x+\dfrac{5}{3}$より，切片が$\dfrac{5}{3}$なので，$\mathrm{F}\left(0,\ \dfrac{5}{3}\right)$である。Q(0，$q$)とすると，$\mathrm{FQ}=\dfrac{5}{3}-q$となり，D(0，$-4$)より，$\mathrm{QD}=q-(-4)=q+4$となる。FQを底辺と見ると，2点A，Bの x 座標がそれぞれ-1，5より，△AFQの高さは1，△BFQの高さは5であり，$\triangle\mathrm{ABQ}=\triangle\mathrm{AFQ}+\triangle\mathrm{BFQ}=\dfrac{1}{2}\times\left(\dfrac{5}{3}-q\right)\times1+\dfrac{1}{2}\times\left(\dfrac{5}{3}-q\right)\times5=5-3q$と表せる。よって，$\triangle\mathrm{ABP}=\triangle\mathrm{ABQ}=5-3q$となる。また，QDを底辺と見ると，点Cの x 座標が3より，△CDQの高さは3だから，$\triangle\mathrm{CDQ}=\dfrac{1}{2}\times(q+4)\times3=\dfrac{3}{2}q+6$となり，△CDP＝△CDQ＝

図2

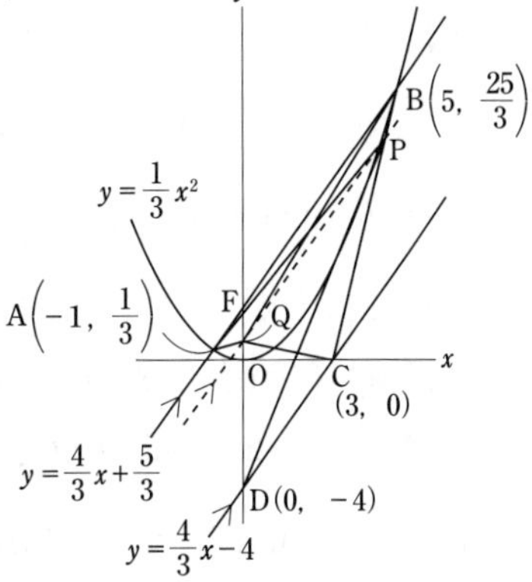

$\frac{3}{2}q+6$ である。したがって，△CDP＝2△ABPのとき，$\frac{3}{2}q+6=2(5-3q)$ が成り立ち，$\frac{3}{2}q+6=10-6q$，$\frac{15}{2}q=4$，$q=\frac{8}{15}$ となるので，$\mathrm{Q}\left(0,\ \frac{8}{15}\right)$ である。これより，直線PQの切片は $\frac{8}{15}$ である。直線ABの傾きが $\frac{4}{3}$ より，直線PQの傾きも $\frac{4}{3}$ だから，直線PQの式は，$y=\frac{4}{3}x+\frac{8}{15}$ である。点Pは放物線 $y=\frac{1}{3}x^2$ と直線 $y=\frac{4}{3}x+\frac{8}{15}$ の交点となるので，この2式より，$\frac{1}{3}x^2=\frac{4}{3}x+\frac{8}{15}$，$5x^2-20x-8=0$ となり，$x=\frac{-(-20)\pm\sqrt{(-20)^2-4\times5\times(-8)}}{2\times5}=\frac{20\pm\sqrt{560}}{10}=\frac{20\pm4\sqrt{35}}{10}=\frac{10\pm2\sqrt{35}}{5}$ となる。点Pの x 座標は正なので，$\frac{10+2\sqrt{35}}{5}$ である。

4〔平面図形―長方形と円〕

《基本方針の決定》⑿　$\triangle \mathrm{O_1RQ_1}$＝〔四角形 $\mathrm{O_1Q_1FR}$〕－$\triangle \mathrm{Q_1RF}$ である。

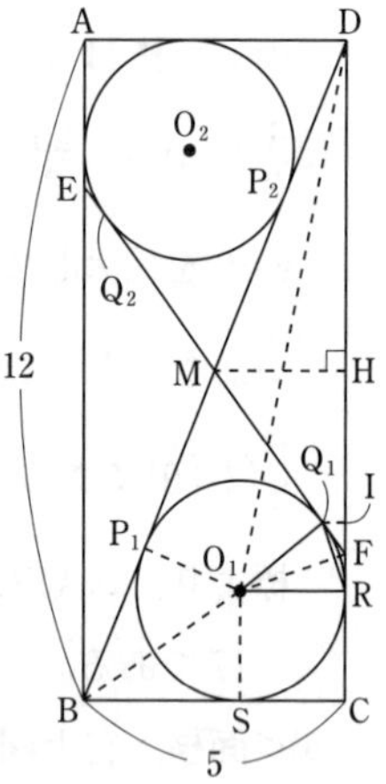

⑽＜長さ＞右図で，円 $\mathrm{O_1}$ と辺CD，辺BCの接点をそれぞれR，Sとして，点 $\mathrm{O_1}$ と5点B，D，$\mathrm{P_1}$，R，Sを結び，円 $\mathrm{O_1}$ の半径を r とする。$\angle \mathrm{O_1RC}=\angle \mathrm{O_1SC}=\angle \mathrm{RCS}=90^\circ$，$\mathrm{O_1R}=\mathrm{O_1S}=r$ より，四角形 $\mathrm{O_1RCS}$ は正方形だから，$\mathrm{CS}=\mathrm{CR}=\mathrm{O_1R}=r$ であり，$\mathrm{BS}=\mathrm{BC}-\mathrm{CS}=5-r$，$\mathrm{DR}=\mathrm{CD}-\mathrm{CR}=12-r$ となる。また，$\angle \mathrm{O_1P_1B}=\angle \mathrm{O_1SB}=90^\circ$，$\mathrm{O_1B}=\mathrm{O_1B}$，$\mathrm{O_1P_1}=\mathrm{O_1S}$ より，$\triangle \mathrm{O_1BP_1}\equiv\triangle \mathrm{O_1BS}$ だから，$\mathrm{BP_1}=\mathrm{BS}=5-r$ となる。同様にして，$\triangle \mathrm{O_1DP_1}\equiv\triangle \mathrm{O_1DR}$ となるから，$\mathrm{DP_1}=\mathrm{DR}=12-r$ となる。さらに，△BCDは∠BCD＝90°の直角三角形だから，三平方の定理より，$\mathrm{BD}=\sqrt{\mathrm{BC}^2+\mathrm{CD}^2}=\sqrt{5^2+12^2}=\sqrt{169}=13$ となる。よって，$\mathrm{BP_1}+\mathrm{DP_1}=\mathrm{BD}$ より，$(5-r)+(12-r)=13$ が成り立ち，$-2r=-4$，$r=2$ となり，$\mathrm{BP_1}=5-r=5-2=3$ となる。同様にして，$\mathrm{DP_2}=3$ だから，$\mathrm{P_1P_2}=\mathrm{BD}-\mathrm{BP_1}-\mathrm{DP_2}=13-3-3=7$ である。

⑾＜長さ＞右図で，点Mが線分 $\mathrm{P_1P_2}$ の中点だから，⑽より，$\mathrm{MP_1}=\mathrm{MP_2}=\frac{1}{2}\mathrm{P_1P_2}=\frac{1}{2}\times7=\frac{7}{2}$ である。⑽と同様に考えて，$\mathrm{MQ_1}=\mathrm{MP_1}=\frac{7}{2}$ となる。また，$\mathrm{BP_1}=\mathrm{DP_2}$ だから，$\mathrm{BP_1}+\mathrm{MP_1}=\mathrm{DP_2}+\mathrm{MP_2}$，BM＝DMとなる。点Mから辺CDに垂線MHを引くと，MH∥BCとなるから，CH＝DHとなり，$\mathrm{CH}=\frac{1}{2}\mathrm{CD}=\frac{1}{2}\times12=6$ である。さらに，△MHD∽△BCDだから，MH：BC＝DM：DB＝1：2であり，$\mathrm{MH}=\frac{1}{2}\mathrm{BC}=\frac{1}{2}\times5=\frac{5}{2}$ となる。そこで，$\mathrm{FQ_1}=x$ とすると，$\mathrm{FM}=\mathrm{FQ_1}+\mathrm{MQ_1}=x+\frac{7}{2}$ となり，$\mathrm{FR}=\mathrm{FQ_1}=x$，$\mathrm{CR}=r=2$ より，$\mathrm{FH}=\mathrm{CH}-\mathrm{CR}-\mathrm{FR}=6-2-x=4-x$ である。△MFHで三平方の定理より，$\mathrm{MH}^2+\mathrm{FH}^2=\mathrm{FM}^2$ だから，$\left(\frac{5}{2}\right)^2+(4-x)^2=\left(x+\frac{7}{2}\right)^2$ が成り立ち，$\frac{25}{4}+16-8x+x^2=x^2+7x+\frac{49}{4}$，$15x=10$，$x=\frac{2}{3}$ となる。よって，$\mathrm{FM}=x+\frac{7}{2}=\frac{2}{3}+\frac{7}{2}=\frac{25}{6}$ となる。EM＝FMだから，$\mathrm{EF}=2\mathrm{FM}=2\times\frac{25}{6}=\frac{25}{3}$ となる。

⑿＜面積＞右上図で，点 $\mathrm{O_1}$ と点Fを結ぶと，$\triangle \mathrm{O_1FQ_1}\equiv\triangle \mathrm{O_1FR}$ である。$\angle \mathrm{O_1Q_1F}=90^\circ$ であり，⑽より $\mathrm{O_1Q_1}=r=2$，⑾より $\mathrm{FQ_1}=x=\frac{2}{3}$ だから，$\triangle \mathrm{O_1FQ_1}=\frac{1}{2}\times\mathrm{O_1Q_1}\times\mathrm{FQ_1}=\frac{1}{2}\times2\times\frac{2}{3}=\frac{2}{3}$ となり，〔四角形 $\mathrm{O_1Q_1FR}$〕$=2\triangle \mathrm{O_1FQ_1}=2\times\frac{2}{3}=\frac{4}{3}$ である。次に，点 $\mathrm{Q_1}$ から辺CDに垂線 $\mathrm{Q_1I}$ を引く。$\triangle \mathrm{Q_1FI}\backsim\triangle \mathrm{MFH}$ となるから，$\mathrm{Q_1I}:\mathrm{MH}=\mathrm{FQ_1}:\mathrm{FM}=\frac{2}{3}:\frac{25}{6}=4:25$ となり，$\mathrm{Q_1I}=\frac{4}{25}\mathrm{MH}=\frac{4}{25}\times$

$\frac{5}{2}=\frac{2}{5}$である。$\mathrm{FR}=x=\frac{2}{3}$より，$\triangle \mathrm{Q_1RF}=\frac{1}{2}\times\mathrm{FR}\times\mathrm{Q_1I}=\frac{1}{2}\times\frac{2}{3}\times\frac{2}{5}=\frac{2}{15}$である。よって，$\triangle \mathrm{O_1RQ_1}$ $=$〔四角形 $\mathrm{O_1Q_1FR}$〕$-\triangle \mathrm{Q_1RF}=\frac{4}{3}-\frac{2}{15}=\frac{6}{5}$となる。

5 〔空間図形―正四角錐〕

≪基本方針の決定≫⒁　$\angle\mathrm{BAD}=90^\circ$であることに気づきたい。　⒂　$\mathrm{FI}\perp\mathrm{GH}$である。　⒃　四角錐AFGIHの高さを考える。点Aから平面FGIHに引いた垂線は，平面ABD上にある。

⒀＜長さの比＞右図で，点Aから面BCDEに垂線AJを引くと，立体ABCDEは正四角錐だから，点Jは正方形BCDEの対角線BD，CEの交点と一致する。点B，点Jを通りFIに平行な直線と辺ADの交点をそれぞれK，Lとし，線分FI，BKと線分AJの交点をそれぞれM，Nとする。まず，2点G，Hはそれぞれ辺AC，辺AEの中点だから，GH∥CEとなり，これより，点Mも線分AJの中点となるから，$\mathrm{AM}=\frac{1}{2}\mathrm{AJ}$である。FI∥BK

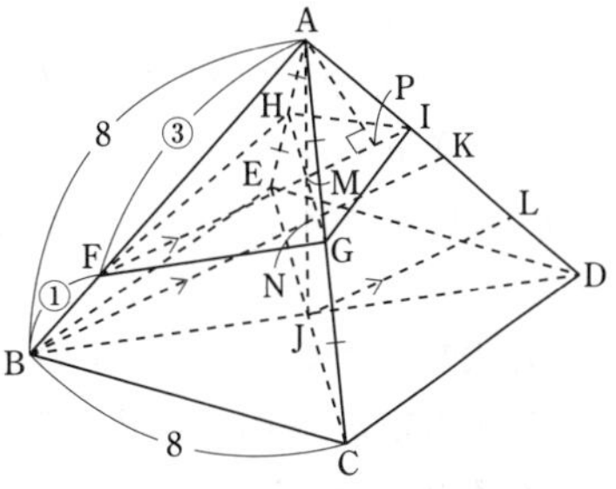

だから，AM：MN＝AF：FB＝3：1であり，$\mathrm{MN}=\frac{1}{3}\mathrm{AM}=\frac{1}{3}\times\frac{1}{2}\mathrm{AJ}=\frac{1}{6}\mathrm{AJ}$となる。よって，NJ $=\mathrm{AJ}-\mathrm{AM}-\mathrm{MN}=\mathrm{AJ}-\frac{1}{2}\mathrm{AJ}-\frac{1}{6}\mathrm{AJ}=\frac{1}{3}\mathrm{AJ}$となり，FI∥BK∥JLより，AI：IK：KL＝AM：MN：NJ＝$\frac{1}{2}\mathrm{AJ}:\frac{1}{6}\mathrm{AJ}:\frac{1}{3}\mathrm{AJ}=3:1:2$となる。また，BJ＝JDなので，BK∥JLより，KL＝LDである。したがって，AI：IK：KL：LD＝3：1：2：2となるので，AI：ID＝3：(1＋2＋2)＝3：5となる。

⒁＜長さ―三平方の定理＞右上図で，AB＝CB，AD＝CD，BD＝BDより，△ABD≡△CBDだから，$\angle\mathrm{BAD}=\angle\mathrm{BCD}=90^\circ$である。また，AF：FB＝3：1より，$\mathrm{AF}=\frac{3}{3+1}\mathrm{AB}=\frac{3}{4}\times8=6$であり，AI：ID＝3：5より，$\mathrm{AI}=\frac{3}{3+5}\mathrm{AD}=\frac{3}{8}\times8=3$である。よって，△AFIで三平方の定理より，$\mathrm{FI}=\sqrt{\mathrm{AF}^2+\mathrm{AI}^2}=\sqrt{6^2+3^2}=\sqrt{45}=3\sqrt{5}$となる。

⒂＜面積＞右上図で，AF＝AF，AG＝AH，∠FAG＝∠FAHより，△AFG≡△AFHだから，FG＝FHであり，同様にして，△AGI≡△AHIとなるから，GI＝HIである。これより，$\mathrm{FI}\perp\mathrm{GH}$であるから，〔四角形FGIH〕$=\triangle\mathrm{FGH}+\triangle\mathrm{IGH}=\frac{1}{2}\times\mathrm{GH}\times\mathrm{FM}+\frac{1}{2}\times\mathrm{GH}\times\mathrm{IM}=\frac{1}{2}\times\mathrm{GH}\times(\mathrm{FM}+\mathrm{IM})=\frac{1}{2}\times\mathrm{GH}\times\mathrm{FI}$で求められる。△BCEが直角二等辺三角形より，$\mathrm{CE}=\sqrt{2}\mathrm{BC}=\sqrt{2}\times8=8\sqrt{2}$となり，△ACEで中点連結定理より，$\mathrm{GH}=\frac{1}{2}\mathrm{CE}=\frac{1}{2}\times8\sqrt{2}=4\sqrt{2}$である。また，⒁より，$\mathrm{FI}=3\sqrt{5}$である。よって，〔四角形FGIH〕$=\frac{1}{2}\times4\sqrt{2}\times3\sqrt{5}=6\sqrt{10}$となる。

⒃＜体積＞右上図で，図形の対称性から，〔平面ABD〕⊥〔平面FGIH〕だから，点Aから平面FGIHに垂線APを引くと，点Pは線分FI上の点となる。$\angle\mathrm{BAD}=90^\circ$より，$\triangle\mathrm{AFI}=\frac{1}{2}\times\mathrm{AF}\times\mathrm{AI}=\frac{1}{2}\times6\times3=9$だから，△AFIの底辺を線分FIと見ると，面積について，$\frac{1}{2}\times\mathrm{FI}\times\mathrm{AP}=9$となる。$\mathrm{FI}=3\sqrt{5}$なので，$\frac{1}{2}\times3\sqrt{5}\times\mathrm{AP}=9$が成り立ち，$\mathrm{AP}=\frac{6\sqrt{5}}{5}$となる。また，⒂より，〔四角形FGIH〕$=6\sqrt{10}$だから，〔四角錐AFGIH〕$=\frac{1}{3}\times$〔四角形FGIH〕$\times\mathrm{AP}=\frac{1}{3}\times6\sqrt{10}\times\frac{6\sqrt{5}}{5}=12\sqrt{2}$である。

6 〔特殊・新傾向問題―約束記号―数の性質〕

≪基本方針の決定≫⒅　n は，$\sqrt{n\times6}$ が整数となる自然数である。　⒇　$f(40)$の値がわかる。$f(3n)$は，$f(40)$の約数である。

⒄＜$\boldsymbol{f}(60)$の値＞$f(60)$は，$\sqrt{60\times x}$ が整数となる最小の自然数 x を表す。$\sqrt{60\times x}=\sqrt{2^2\times3\times5\times x}$ だから，$\sqrt{60\times x}$ が整数となる最小の自然数 x は，$2^2\times3\times5\times x=2^2\times3^2\times5^2$ となる自然数 x である。よって，$x=3\times5$ より，$x=15$ だから，$f(60)=15$ となる。

⒅＜$\boldsymbol{n}$ の値＞$f(n)=6$ を満たすとき，$\sqrt{n\times x}$ が整数となる最小の自然数 x が $x=6$ だから，$\sqrt{n\times6}$ が整数となる。これより，自然数 n は，p を自然数として，$n=6p^2$ と表せる数である。$p=1$ のとき $n=6\times1^2=6$，$p=2$ のとき $n=6\times2^2=24$，$p=3$ のとき $n=6\times3^2=54$，$p=4$ のとき $n=6\times4^2=96$，$p=5$ のとき $n=6\times5^2=150$ となるので，小さい順に5つ並べると，$n=6$，24，54，96，150 となる。

⒆＜$\boldsymbol{n}$ の値＞⒅と同様に考えて，$f(3n)=5$ を満たすとき，$\sqrt{3n\times x}$ が整数となる最小の自然数 x が $x=5$ だから，$\sqrt{3n\times5}$ が整数となる。これより，自然数 n は，q を自然数として，$n=3\times5\times q^2=15q^2$ と表せる数である。$q=1$ のとき $n=15\times1^2=15$，$q=2$ のとき $n=15\times2^2=60$，$q=3$ のとき $n=15\times3^2=135$，$q=4$ のとき $n=15\times4^2=240$，$q=5$ のとき $n=15\times5^2=375$ となるので，小さい順に5つ並べると，$n=15$，60，135，240，375 となる。

⒇＜$\boldsymbol{n}$ の値＞$\sqrt{40\times x}=\sqrt{2^3\times5\times x}$ より，$\sqrt{40\times x}$ が整数となる最小の自然数 x は $x=2\times5=10$ だから，$f(40)=10$ である。よって，$f(12n)+\dfrac{f(40)}{f(3n)}=7$ より，$f(12n)+\dfrac{10}{f(3n)}=7$ となる。$f(12n)$は自然数なので，$\dfrac{10}{f(3n)}$も自然数であり，$f(3n)$は10の約数となる。これより，$f(3n)=1$，2，5，10が考えられる。$f(3n)=1$ のとき，$f(12n)+\dfrac{10}{1}=7$ より，$f(12n)=-3$ となるので，適さない。$f(3n)=2$ のとき，$f(12n)+\dfrac{10}{2}=7$ より，$f(12n)=2$ である。⒆と同様に考えて，$\sqrt{3n\times2}$，$\sqrt{12n\times2}=\sqrt{2^3\times3\times n}$ が整数となるから，$f(3n)=2$，$f(12n)=2$ となる自然数 n は，r を自然数として，$n=2\times3\times r^2=6r^2$ と表せる数である。⒅より，自然数 n は，小さい順に，$n=6$，24，54，96，150，……となる。$f(3n)=5$ のとき，$f(12n)+\dfrac{10}{5}=7$，$f(12n)=5$ である。$\sqrt{3n\times5}$，$\sqrt{12n\times5}=\sqrt{2^2\times3\times5\times n}$ が整数となるから，$f(3n)=5$，$f(12n)=5$ となる自然数 n は，s を自然数として，$n=3\times5\times s^2=15s^2$ と表せる数である。⒆より，自然数 n は，小さい順に，$n=15$，60，135，240，375，……となる。$f(3n)=10$ のとき，$f(12n)+\dfrac{10}{10}=7$ より，$f(12n)=6$ である。$\sqrt{3n\times10}=\sqrt{2\times3\times5\times n}$，$\sqrt{12n\times6}=\sqrt{2^3\times3^2\times n}$ が整数だから，$f(3n)=10$，$f(12n)=6$ となる自然数 n は，t，u を自然数として，それぞれ $n=2\times3\times5\times t^2=30t^2$，$n=2u^2$ と表せる数である。この2つの数が同じになることはないので，このとき，自然数 n はない。以上より，$f(12n)+\dfrac{f(40)}{f(3n)}=7$ となる自然数 n は，$n=6$，24，54，96，150，……と，$n=15$，60，135，240，375，……だから，小さい順に5つ並べると，$n=6$，15，24，54，60 となる。

═読者へのメッセージ═

関数 $y=ax^2$ で表されるグラフは放物線で，放物線は英語でパラボラ(parabola)といいます。パラボラアンテナは，断面が放物線の形となっています。なぜ放物線の形なのかというと，放物線には軸上に焦点という点があり，軸に平行に入ってきたものは放物線の面によって反射されると全て焦点に集まるからです。詳しくは高校で学習します。

2024年度／川越東高等学校（特待生）

国語解答

一 問1　a…ア　b…エ　c…ウ　d…ア
問2　ウ　問3　ア　問4　エ
問5　イ　問6　イ　問7　エ
問8　イ　問9　エ　問10　ウ

二 問1　a…エ　b…ウ　c…ア
問2　ウ　問3　イ　問4　ア
問5　イ　問6　エ　問7　ア
問8　ウ　問9　エ　問10　イ
問11　エ

三 問1　イ　問2　エ　問3　ア
問4　ウ　問5　ウ　問6　ア
問7　イ　問8　(1)…ア　(2)…エ

一〔論説文の読解─社会学的分野─社会科学〕出典：見田宗介『社会学入門』。

≪本文の概要≫社会の理想的なあり方を構想する仕方の一方は，歓《よろこ》びと感動に満ちた生や関係の実現を目指すものであり，一方は，人間が相互に他者として生きる現実からくる不幸や抑圧を，最小にとどめるルールを明確化しようとするものである。この課題の二重性は，生きる意味や，歓びと感動の源泉としての他者と，生きることの不幸と制約の源泉としての他者という，他者の原的な両義性に対応する。歓びの源泉としての他者は，その圏域が純粋に愛し合う身近な人々に限定されるのに対し，困難と制約の源泉としての他者の圏域は，社会の全域を覆う。この二種類の他者が，圏域を異にするという認識が，社会構想の理論にとって決定的な意味を持つ前提となる。歓びの源泉としての関係のユートピアの内部の他者たちは，交歓する他者たちである。交歓する他者たちと，圏域の外部の，制約と困難の源泉としての他者たちとの関係は，相互にその生き方の自由を尊重し，侵さないために必要な制約のルールのシステムを明確化する。〈交歓〉と〈尊重〉という他者に対する二つの基本的なモードは，我々の社会の構想が，〈他者の両義性〉のそれぞれの位相に対応する仕方である。

問1＜漢字＞a.「破綻」と書く。アは「綻(びる)」，イは「短(い)」，ウは「嘆(く)」，エは「淡(い)」。　b.「起因」と書く。アは「引率」，イは「押印」，ウは「脚韻」，エは「因果」。　c.「欺瞞」と書く。アは「疑(う)」，イは「偽(り)」，ウは「欺(く)」，エは「戯(れる)」。　d.「固執」と書く。アは「凝固」，イは「弧」，ウは「個別」，エは「孤立」。

問2＜語句＞「慄然」は，恐ろしさを感じて震えるさま。

問3＜文章内容＞「社会の理想的なあり方」を構想する仕方の一つは，実際に身の周りの他者と積極的に関わることが，互いの「歓びと感動の源泉」となるようなあり方を目指す。

問4＜表現＞「社会の理想的なあり方を構想する仕方」のための「二つの発想の様式」は，「社会思想史の歴史的な分類」ではなく，「現在」に対応した「社会の思想」の「課題の構造」である。

問5＜文章内容＞人間にとって「関係のユートピア」は，「美しく歓びに充《み》ちた」社会だが，拡大すれば，その関係を望まない人たちへの「抑圧に転化する」危険がある。他者との関係を「不幸と制約」ととらえる発想が，その危険を「予防するルールのシステム」をつくることにつながる。

問6＜文章内容＞個人にとっての「生きるということの意味と歓びの源泉」としての他者の存在は，自分の身近な領域に「限定されて」いる。一方，「生きるということの困難と制約の源泉」としての他者は，「必ず社会の全域」に存在しており，歓びの源泉としての他者とは領域が異なる。

問7＜文章内容＞我々は，社会を成立させるために，「幾億の他者たち」との関係を「必要としている」が，「歓びの源泉」としての他者は，「最大限に考えて数十人」という，少数に限定される。

問８＜接続語＞Ⅰ．「純粋に生きていることの意味や歓びの源泉である限りの他者は，その圏域を事実的に限定されている」のに比べて，「生きるということの困難と制約の源泉としての他者の圏域は，必ず社会の全域をおおうもの」である(…エ)。　Ⅱ．生きることの「困難と制約の源泉としての他者の圏域」は，「社会の全域」を覆っていて，「一国の内域的な社会の幸福を，他の大陸や，同じ大陸の他の諸地域の人びとの不幸を帰結するような仕方で構想」できないのであり，言い換えれば，「社会の構想の二重の課題は，関係の射程の圏域を異にしている」のである(…ア)。　Ⅲ．「われわれの社会の構想の形式は，〈関係のユートピア・間・関係のルール〉」として「定式化」するか，または「極限にまで単純化された〈モデル０〉」として視覚化して図示できる(…ウ)。

問９＜主題＞社会の理想的なあり方の構想では，「歓びの源泉」の他者には「〈交歓〉という関係のモード」で接し，「制約と困難の源泉」の他者には，「〈尊重〉という関係のモード」で接することになる。それによって，身近な他者との関係が「歓び」に満ちたものになると同時に，圏域の外部の他者たちの「生き方の自由を尊重」することにもなり，多くの人にとって生きやすい社会になる。

問10＜資料＞ア．「新しき村」は，最盛期でも住民は六〇名ほどで，「圏域を事実的に限定」された「関係のユートピア」に通じる共同体であった(…○)。　イ．「新しき村」は，「関係のユートピア」との共通点がある一方，「他人の自我を害してはいけない」「他人の天命と正しき要求を害してはいけない」というルールがあり，「交歓する他者」の間でも，望まない関係を「強いられる抑圧」を警戒していることが読み取れる(…○)。　ウ．「関係のユートピア」の圏域は限定されており，「全域的なもの」であると幻想して，その圏域を拡大しようとすると，「抑圧に転化する」可能性がある(…×)。　エ．「新しき村」の人々は，同一の精神と生活方法を共有し，協力し合うことによって，「我等の欲する世界が来る」と考えたが，本文では，異なる生き方をする「圏域の外部の他者たち」の自由を侵さないように，「相互の制約のルールのシステムを明確化」することの重要性が述べられている(…○)。

二〔小説の読解〕出典：千早茜『しろがねの葉』。

問１＜語句＞ａ．「手持ち無沙汰」は，すべきことがなく退屈なさま。　ｂ．「囃す」は，声をそろえてからかう，という意味。　ｃ．「逡巡」は，決心できずためらうこと。

問２＜語句＞「雨の音ばかり」と「最高級のものばかり」の「ばかり」は，～だけ，～のみ，という限定を表す。「二日ばかり」の「ばかり」は，～ほど，～くらい，というだいたいの程度を表す。「完成したばかり」の「ばかり」は，動作が完了してすぐであることを表す。「言わんばかりの」の「ばかり」は，動作が今にも行われそうであることを表す。

問３＜文章内容＞Ａ．ウメへの怒りで，うなるような「低い」声が，多助の「酒臭い口」から漏れた。　Ｂ．多助が，大声で叫び騒ぎながら「長い長い石段を転がり落ちて」いった。　Ｃ．多助の死を目撃した隼人は，「ばちが当たったんじゃ」と，「己に言い聞かせる」ように小さく独り言を漏らした。

問４＜文章内容＞隼人は，「下っ端の柄山負」であり，「年長の銀堀」の多助には「逆らえない」ため，「女郎の餓鬼」と心ない侮辱の言葉をぶつけられても，口答えできず，黙るほかなかったのである。

問５＜心情＞多助は，隼人やウメが自分に逆らうとは思わなかったため，ウメが口答えして，「お前こそ，猿の肚から生まれたのかもしれんぞ」と，侮辱の言葉を口にしたとき，すぐには反応できず，

「口が半びらき」になっていた。だが，我に返ると，ウメに対する激しい怒りが湧き上がった。

問６＜俳句の内容理解＞「雨上がり」「傘越し」とあるので，「四葩」は，雨の季節の花である。「アントシアニン」は，植物界に多く見られる色素であり，pHによって赤や青に変化する。「花てまり」は，手まりのような花の形を表現している。

問７＜心情＞多助の死を目撃した衝撃で，隼人は「四葩の青が移ったような顔色」になっていたが，多助はばちが当たって死んだのだと，「己に言い聞かせる」ことで，その動揺する気持ちを落ち着かせようとしているようだった。

問８＜文章内容＞多助が死んだ場所は「山神さんの参道」であるため，突然の多助の死も，山神の「祟り」によるものであると，誰もが納得するはずだとヨキは言ったのである。

問９＜文章内容＞ウメは，背中にヨキの「よく研いだ刃物のような冷たい視線」を感じ，ヨキが多助を死なせたと岩爺に悟られないようにしなければならないという気持ちになった。語りすぎれば岩爺に「かえって怪しまれる」ため，ウメは最低限の情報だけを，岩爺に伝えようと思った。

問10＜心情＞岩爺が，ウメの話を聞いて対応を始めたことや，「多助の身を案じる素振り」を見せなかったことで，ウメは自分の話が怪しまれずに済んだと思い，「安堵」した。だが，人が死んだのに，保身の気持ちで「安堵」した自分を自覚して，その薄情な心根を恐ろしく感じた。

問11＜表現＞「足は泥を吸ったように重かった」という表現は，多助を死なせたヨキに視線を向けられている緊張感や，岩爺に多助が石段から落ちたことを知らせなければならないウメの心の重さを印象づけている。多助を石段から転落させたのはヨキであり，ウメが直接行ったわけではない。

三〔古文の読解―随筆〕出典：兼好法師『徒然草』第十九段／清少納言『枕草子』。

≪現代語訳≫季節が移り変わる様子は，何事につけても趣深いものである。／「しみじみとした情趣があるのは，秋が勝っている」と誰もが言うようだが，それも確かにそうだが，よりいっそう心が浮き立つものは，〈春〉の趣であるようだ。鳥の声なども格別に〈春〉めいて，のどかな日の光の中で，垣根の草が芽吹く頃から，だんだんと〈春〉が深まって霞《かすみ》が一面にかかり，桜の花もしだいに咲きそうな兆しが見える頃に，折しも雨風が続いて，気ぜわしく散っていってしまう。青葉になっていくまで，あれこれとひたすら心を悩ませるばかりである。橘の花は，(昔を思い出させる花として)有名だが，やはり梅のにおいによって，昔のことも立ち返って恋しく思い出されることだ。山吹が美しく(咲いたり)，藤がぼんやりとかすんだ様子(で咲いていたりするの)は，全て，気にかけずにはいられないことが多い。／「灌仏の頃や，賀茂の祭りの頃，若葉が，梢も涼しげに茂っていく時期こそ，世のしみじみとした情趣も，人恋しさも勝ることだ」とある人がおっしゃっていたのは，本当にもっともなことである。五月，軒に菖蒲《しょうぶ》を飾る頃，早苗を苗代から取る頃，水鶏が戸をたたく(ような声で鳴く様子)など，心細くないことがあろうか(，いや，心細く感じるものだ)。六月の頃，みすぼらしい家に夕顔が白く見えて，蚊遣火がくすぶるのもしみじみとした情趣がある。六月の祓もまた趣がある。／七夕を祭るのも優美である。だんだんと夜が寒くなる頃，雁《かり》が鳴いてくる頃，萩《はぎ》の下の葉が色づく頃，早稲の田の稲を刈り取って干す様子など，さまざまな趣あるものをとり集めているのは，秋が特に多い。また，台風の翌朝も趣がある。／言い続ければ，全て源氏物語や枕草子などで言い古されているが，同じことを，また今さら言うまいと思うわけではない。思っていることを言わないのは，不快で耐えがたい気持ちなので，(また，)筆に任せながら(書いていった)，つまらない慰みであって，すぐに破り捨ててよいものなので，人が見るはずもないのである。／ところで冬枯れの趣は秋に少しも劣るものではなさそうである。水際の草に紅葉が散ってとどまっていて，霜がたいそう白く降りた朝，遣水から煙のような水蒸気が立ち上っている様子は趣があるものだ。年が暮れてしまって，誰もが忙しそうにしている頃は，このうえなくしみじみとした情趣がある。

問１＜現代語訳＞「折節」は，季節のこと。「あはれなり」は，しみじみとした情趣があるさま。季節が移り変わる様子は，どのような物事でも情趣がある，という意味。

問２＜古典文法＞係り結びの法則に従い，係助詞「こそ」に呼応して，文末の動詞「まさる」は，已然形の「まされ」になる。

問３＜古文の内容理解＞「のどやかなる日影」や「草萌えいづる」様子，「霞」がかかり，花が咲きそうになっている風景などの春の様子が，「今一きは心もうきたつもの」なのである。

問４＜現代語訳＞「やうやう」は，だんだんと，という意味。「気色だつ」は，そのような様子が現れる，という意味。ここでは，花がだんだんと咲きそうな様子が現れる，という意味。

問５＜古典の知識＞旧暦の月の異名は，一月から順に，睦月，如月，弥生，卯月，皐月，水無月，文月，葉月，長月，神無月，霜月，師走である。

問６＜古語＞「腹ふくる」は，心の中に不快感や不満がたまる，という意味。

問７＜古典文法＞ア．現代仮名遣いと異なる表記の単語は，「急ぎあへる」「あはれなる」の二つである(…×)。　イ．活用語の連体形は，「急ぎあへる」と「あはれなる」の二つである(…○)。　ウ．助詞は，「に」「ぞ」の二つである(…×)。　エ．形容詞は，「又なく」のみである(…×)。

問８≪現代語訳≫【資料】春はあけぼの(がすばらしい)。だんだんと白んでいく山の上の空が，少し明るくなって，紫がかった雲が細く横に引いている(様子は趣がある)。／夏は夜(がすばらしい)。月が出る頃は言うまでもないが，闇夜もやはり蛍が乱れ飛んでいる(様子は趣がある)。雨などが降るのさえ趣がある。／秋は夕暮れ(がすばらしい)。夕日が明るくさして山の尾根にたいそう近くなっているところに，烏《からす》がねぐらに帰ろうとして，三羽，四羽，二羽と，飛んでいくのさえしみじみとした情趣がある。まして列を連ねた雁などが，たいそう小さく見えるのは，本当に趣がある。日がすっかり沈んで，風が吹く音や，虫の音など(が聞こえるのも趣がある)。／冬は早朝(がすばらしい)。雪が降っている様子は言うまでもない。霜などがたいそう白く，またそうでなくてもたいそう寒いときに，火などを急いでおこして，炭を持って廊下を渡っていく様子も，たいそう(冬に)似つかわしい。昼になって，暖かくなり寒さが緩んでいくと，炭櫃《すびつ》や，火桶の火も，白い灰ばかりになってしまうのは好ましくない。

⑴＜古文の内容理解＞『徒然草』でも『枕草子』でも，「あはれ」や「をかし」という言葉で，日本の四季の趣深さについて述べている。『枕草子』では，「あけぼの」「夜」「夕暮」「つとめて」と，特に趣深い時間帯を挙げている。　⑵＜文学史＞『徒然草』は，鎌倉時代に兼好法師が著した随筆。『枕草子』は，平安時代に清少納言が著した随筆。『方丈記』は，鎌倉時代に鴨長明が著した随筆。『太平記』と『義経記』は，ともに室町時代に成立した軍記物語。『古事記』は，奈良時代に太安万侶が編さんした歴史書。

2024年度 川越東高等学校(単願・併願①)

〔注〕 この問題は，1月22日に実施された単願・併願①受験者用のものです。

【英　語】 (50分)〈満点：100点〉

(注意) 解答はすべて一つ選び，解答用紙の所定の欄にマークすること。

1 次の英文を読んで設問に答えなさい。

When culture changes, *appropriate table manners change, too. (①), we cannot judge appropriateness or inappropriateness with our own cultural rules.

You might have seen a young Japanese child who was eating rice without lifting up his/her rice bowl. The child most likely would be told by his/her mother to lift up the bowl when eating. To lift up a rice bowl is a proper table manner in Japan. On the other hand, in Korean culture, (②). A bowl has to be placed on the table when people eat. Also, it is known that Indian people eat with their fingers. But, in Japan, *whoever eats with one's fingers is a baby who has not yet learned (③).

Moreover, in Chinese culture, men are allowed to *burp after eating; Chinese people say that it is a sign that the man (④). Some Japanese men might burp at the table, too. Yet, burping at the table is not appropriate in Japan. For Westerners, it *is regarded as the worst table manner possible.

By the way, have you seen a movie (⑤) *Tampopo* that was produced by Juzo Itami in 1986? In that movie, there is an interesting scene. An instructor teaches *housewives Western table manners at a restaurant. [⑥-あ] The instructor tells her students not to make a *slurping noise when they eat spaghetti because it is a bad table manner in the Western world. [⑥-い] At that very moment, they hear a loud slurping noise from the next room. They all look in the direction of the noise. There, a Western man is eating spaghetti. [⑥-う] In Japanese culture, it is appropriate to make a slurping noise when eating noodles. [⑥-え] Therefore, a majority of Japanese people might feel *odd when they *encounter someone eating noodles without a slurping noise. (⑦), making a noise when one eats or drinks is considered an inappropriate table manner in Western culture. Perhaps, there might be *absolutely no bad or good table manners that are common in all cultures.

〔注〕 appropriate：適切な　whoever ～：～する人は誰でも　burp：げっぷをする
be regarded as ～：～とみなされる　housewife：主婦　slurp：音を立てながら飲食する
odd：奇妙な　encounter ～：～に偶然出会う　absolutely：絶対的に

1．(①)に入る最も適当なものを選びなさい。

ア．In addition　イ．For example　ウ．In other words　エ．First of all

2．(②)に入る最も適当なものを選びなさい。

ア．it is said that lifting up a bowl is appropriate

イ．it is said that lifting up a bowl is not appropriate

ウ．it is not proper etiquette to hold a bowl with both hands while eating

エ．it is proper etiquette to hold up a bowl while eating

3．(③)に入る最も適当なものを選びなさい。

ア．how to eat alone
イ．how to enjoy food
ウ．how to apologize for bad manners
エ．how to use chopsticks

4．(④)に入る最も適当なものを選びなさい。
ア．ate heartily and enjoyed the food
イ．ate heartily and didn't enjoy the food
ウ．ate lightly and enjoyed cooking the food
エ．ate lightly and didn't enjoy cooking the food

5．(⑤)に入る最も適当なものを選びなさい。
ア．is called　イ．called　ウ．calling　エ．calls

6．[⑥-あ]～[⑥-え]のいずれかに次の文を入れるとき，最も適当なものを選びなさい。
As a result, all the housewives ignore their instructor's advice and start to eat spaghetti with a noise.
ア．⑥-あ　イ．⑥-い　ウ．⑥-う　エ．⑥-え

7．(⑦)に入る最も適当なものを選びなさい。
ア．However　イ．Moreover　ウ．Unfortunately　エ．Instead

8．本文の内容と一致するものを選びなさい。
ア．In countries all over the world polite table manners are the same.
イ．It's considered impolite to eat food with our fingers in any culture.
ウ．Proper table manners differ from culture to culture.
エ．It might be impossible to understand all the differences in food culture in the world.

2　次の英文を読んで設問に答えなさい。

One day in October in 1964, a man named Dave Slatin came to a village. He bought a house in the village and started a shop there. He sold a lot of things the villagers had made, and made himself and the villagers rich and happy. His shop soon became very popular and busy, so Dave hired Anna as an assistant. His shop had a locked room and it was for SPECIAL ORDERS. Some people came for the Special Orders and after the orders, bad things happened to the people close to them. Anna wanted to know the secret of the Special Orders room.

Anna got home about ten o'clock. She turned on the radio and listened to the news. The Chairman of I.C.S. was dead and *Mr Riseman was the new Chairman.

Anna did not sleep that night. She was thinking about Dave Slatin and the Special Orders. What were they? What was Dave Slatin doing in that room?

On Saturday morning she went to the shop. Dave said nothing to her. He was angry because Anna had not worked on Friday. He did not ask about her day off, and Anna did not tell him about it.

At eleven o'clock, Dave left the shop. He got in his car and drove off.

Anna was alone. ⑨<u>This was her chance!</u> She went to the back of the shop and turned the handle of the locked door.

But the Special Orders room was not locked! Dave had forgotten to lock it. Anna opened the door and went into the room.

It was a small room, dark and hot. Anna turned on the light, but it was not a very strong light. She looked round the room. There was a small table, two old chairs and a lot of boxes. That was all. Special Orders ? There were no order books, no papers, no pencils.

Anna walked round the table. ⑩It was difficult because there were a lot of boxes on the floor. Anna opened one of the boxes and looked inside. She found some old magazines and newspapers. *Underneath, there were some dirty, old clothes.

But underneath the clothes she discovered some money. Lots of money. British money. French money. American. German. There was money from all over the world. Anna was amazed. She had never seen so much money before.

She looked round again and found *Mike Bailey's case. It was empty. Then she found Arthur Riseman's briefcase. That was empty too.

[⑪]

Then Anna found a book about football. Inside there were some pictures of footballers but the pictures were all torn. Anna put the book on the table.

Anna looked into the box again and found some little cars. Most of them were broken. She found a small model *aeroplane. It was broken too.

Anna put all these things on the table. What a strange collection ! There was the money, the broken doll, the toy cars, the model aeroplane. And there was the football book with the torn pictures. Anna looked at the things on the table. What were they for ? Why did Dave Slatin keep them in this locked room ?

Suddenly Anna jumped. There was ⑫a noise behind her. Someone was standing at the door.

'What about the diamond rings ?' said a voice.

It was Dave Slatin. He was laughing.

'I left the door open for you,' he said. 'I wanted you to go into this room this morning !'

Anna was frightened, but she tried not to show her fear.

'You haven't found the diamonds,' Dave said again.

Anna remembered *Greta Gordon's diamond rings. Were they in this room too ?

'Here,' said Dave. He came into the room and picked up an old box. He took out the rings and threw them on the table.

'They aren't yours,' said Anna. 'They belong to Greta Gordon.'

'They belong to me,' laughed Dave. 'She gave them to me.'

'But why ?' asked Anna. 'Why ? Why did Greta Gordon give you those diamonds ? And all this money. Who gave you the money ?'

'My Special Customers !' said Dave. 'My Special Customers gave me the money. It's mine now.'

'Mike Bailey and Mr Riseman gave you all this money ?' asked Anna.

'Yes,' said Dave. 'You have seen some of my Special Customers, not all of them.'

'But why do they come ?' Anna asked again.

'(⑬),' replied Dave Slatin. 'I help them and they pay me.'

'But how do you help them ?' asked Anna.

Dave Slatin picked up the beautiful doll with the broken arm.

'Do you remember Joanna Leigh ?' he asked Anna.

Anna thought for a moment.

'Joanna Leigh ?' she said. 'Yes, of course I remember her. (　⑭　) Greta Gordon got her part.'

'That's right,' said Dave Slatin. 'This doll is Joanna Leigh.'

Anna felt more afraid. What kind of man was Dave Slatin ?

Dave Slatin pointed to a torn photograph in the football book. 'Who's that, Anna ?' he asked.

Anna remembered the face. She had seen it on TV.

'Brian Thomas,' she replied. 'He's a goalkeeper.'

'He *was* a goalkeeper,' said Dave Slatin.

Anna was terribly frightened now. Dave Slatin was an evil man.

Dave Slatin moved close to Anna. He picked up the broken aeroplane.

'And what do you think this is ?' he asked Anna.

Anna knew the answer, but she was too afraid to speak.

Dave Slatin took Anna's arm and held it tightly. Anna tried to move away. Dave Slatin laughed and held Anna more tightly.

'Listen, Anna,' he said quietly. 'I want you. I need you. Marry me, Anna. Don't marry *Peter. Marry me.'

'No, no,' she cried. 'Let me go. Let me go.'

'But Anna, you still don't understand,' said Dave Slatin. 'I have ⑮strange powers. I can give you everything you want.'

He looked into Anna's eyes. 'And my children will have these powers too,' he continued. 'I will give you money and diamonds. And you, Anna, you will give me children.'

Anna was terrified now. She kicked Dave Slatin very hard and he let go of her hand. Anna moved quickly. She ran out of the Special Orders room through the front of the shop and out onto the street. She ran all the way home.

〔注〕 Mr Riseman (Arthur Riseman)：Dave Slatin に依頼をした顧客　　underneath：その下に
Mike Bailey：Dave Slatin に依頼をした顧客　　aeroplane：飛行機
Greta Gordon：Dave Slatin に依頼をした顧客　　Peter：Anna の婚約者

9．下線⑨に関して，次の英語の質問の答えとして最も適当なものを選びなさい。

Why did Anna think that it was her chance ?

ア．Because she thought that she could find the truth about the Special Orders room.

イ．Because she didn't want to talk to Dave Slatin that day.

ウ．Because she wanted to feel relaxed without anybody around her.

エ．Because she tried to take a Special Order while Dave Slatin was out.

10．下線⑩の指すものとして最も適当なものを選びなさい。

ア．Anna がテーブルを動かすこと。　イ．Anna が目当てのものを見つけること。

ウ．Anna がテーブルの周りを歩くこと。　エ．Anna がたくさんの箱を動かすこと。

11．[⑪] は以下の４つの文が入る。文脈上正しい順に並べたものを選びなさい。

A．Anna put it on the table.

B．One of the dolls was very beautiful, but it had a broken arm.

C．Inside it were some dolls with broken arms and legs.

D．Then Anna looked into a bigger box.

ア．B－A－C－D　　イ．C－D－B－A　　ウ．D－A－B－C　　エ．D－C－B－A

12. 下線⑫は何の音だと考えられるか。最も適当なものを選びなさい。

ア．テーブルが倒れた音　　イ．店の商品が盗まれた音

ウ．Dave Slatin が部屋に鍵をかけた音　　エ．Dave Slatin が部屋に入ってきた音

13. (⑬)に入る最も適当なものを選びなさい。

ア．These people come to help me　　イ．These people come to me for help

ウ．These people want you to help me　　エ．These people want to help you

14. (⑭)に入る最も適当なものを選びなさい。

ア．She's the woman who made the doll.

イ．She's the villager who gave you the doll.

ウ．She's the actress who broke her arm.

エ．She's the customer who tried to buy the doll.

15. 下線⑮の具体的内容として最も適当なものを選びなさい。

ア．店を繁盛させることができる力　　イ．どんな望みでも叶えられる力

ウ．物を簡単に壊すことができる力　　エ．ダイヤモンドを見つける力

16. 本文の内容と一致するものを選びなさい。

ア．Dave Slatin bought a house in the village for Anna to manage the shop.

イ．Anna tried to find the diamond rings, but could only see the order books.

ウ．When Anna was noticed by Dave Slatin, she was frightened, but she acted like she was OK.

エ．Dave Slatin wanted to be a goalkeeper, and attacked Brian Thomas.

3　次の２つの会話文A，Bを読んで設問に答えなさい。

A

Rosa : How was your weekend?

Chris : Great. I saw a movie, finished a great novel, and went out with friends.

Rosa : Where do you find time to relax like that? I wish I had more free time.

Chris : (⑰)

Rosa : Work and school, mostly. I wish there were more hours in the day.

Chris : Listen, I have ⑱this book. It's about ways to manage stress. It has great tips on managing your time better.

Rosa : Like what?

Chris : Well, for example, it recommends making a plan of what you want to achieve each day.

Rosa : I wish I could read it now, but it's not part of my plan! (⑲)

17. (⑰)に入る最も適当なものを選びなさい。

ア．Where did you go this weekend?

イ．What's your favorite thing to do?

ウ．Where do you relax in your free time?

エ．What's keeping you so busy?

18. 下線⑱の本に書かれている内容として最も適当なものを選びなさい。

ア．ストレスとうまく付き合う方法。

イ．学校で過ごす時間を増やす方法。

ウ．お菓子の材料をうまく管理する方法。

エ．１日に達成すべきことを思いつく方法。

19. (⑲)に入る最も適当なものを選びなさい。

ア．I don't have the time.

イ．I have a lot of time.

ウ．I can read it in 10 minutes.

エ．I don't have enough space in my house.

B

John : Hi. I'd like to rent a snowboard, please.

Sarah : OK. Have you ever been snowboarding ?

John : Um, no. But I've skied before.

Sarah : Well, we offer lessons. You (⑳) take them, but it's a good idea. You'll learn the basics.

John : All right. (㉑)

Sarah : At 11:00. (㉒-a)

John : No problem. What else do I need to know ?

Sarah : After your lesson, you should stay in the beginners' section for a while. (㉒-b)

John : OK. Anything else ?

Sarah : Yes. You must wear a helmet. (㉒-c) The sun can be very strong.

20. (⑳)に入る最も適当なものを選びなさい。

ア．cannot　イ．don't have to　ウ．must　エ．may

21. (㉑)に入る最も適当なものを選びなさい。

ア．Where should I go to join your lesson ?

イ．How much is your lesson ?

ウ．When is your next lesson ?

エ．How long is your lesson ?

22. (㉒-a)～(㉒-c)には以下の３つの文が入る。自然な会話になるように並べたものを選びなさい。

A．Oh, and you ought to wear sunscreen.

B．It's safer for the other snowboarders.

C．You've got to complete this form here to sign up.

ア．A－B－C　イ．B－C－A　ウ．C－A－B　エ．C－B－A

4 次の各文章中の(　)に入る最も適当なものを選びなさい。

23. The longer you stay in the supermarket, the more money you will spend. Supermarkets are warm in winter and cool in summer, and soft music is often played. Supermarkets can make a lot of money if people (　　) shopping for a long time.

ア．start　イ．enjoy　ウ．stop　エ．remember

24. When a young animal is playing with others, it learns how to live in a group. For animals living in groups such as monkeys, communication is very important. Through many kinds of play, they come to know how to communicate with others and how to live (　　) in a group.

ア．simply　イ．alone　ウ．easily　エ．peacefully

5 次の各文で誤りがある箇所を選びなさい。

25. After I finished this homework, I'm going to read manga.
ア　イ　ウ　エ

26. How many times have the actress been on TV ?
ア　イ　ウ　エ

6 日本語に合うように[　]内の語を並べ換えて英文を作るとき，下線の語は[　]内で数えて何番目に来ますか。ただし，文頭の語も小文字で始めてあります。

27. 私は修学旅行にどんな服を持っていけばいいか全くわかりません。
I [what / have / bring / to / idea / clothes / no] to my school trip.
ア．3番目　イ．4番目　ウ．5番目　エ．6番目

28. 私の妹はピアニストになるために海外留学中です。
My sister [abroad / a / studying / pianist / is / be / to].
ア．2番目　イ．3番目　ウ．4番目　エ．5番目

29. 日本は世界で最も裕福な国の1つです。
Japan [richest / one / the / of / countries / in / is] the world.
ア．3番目　イ．4番目　ウ．5番目　エ．6番目

30. もし宇宙船を持っていたら，どこへ行きますか。
[go / would / you / if / where / had / you] a space ship ?
ア．2番目　イ．3番目　ウ．4番目　エ．5番目

7 次のA，Bの設問に答えなさい。

A．次の定義に当てはまる語として最も適当なものを選びなさい。

31. a day of recreation when no work is done
ア．holiday　イ．period　ウ．wedding　エ．festival

32. an institution at the highest level of education where you can do research
ア．company　イ．professor　ウ．factory　エ．university

33. sounds that are arranged in a way that is pleasant or exciting to listen to
ア．voice　イ．music　ウ．singer　エ．art

B．次の各文の(　)内に入る最も適当なものを選びなさい。

34. The watch I wanted to buy was (　　) out.
ア．sell　イ．sells　ウ．sold　エ．to sold

35. (　　) don't we do something together to save the poor ?
ア．Why　イ．Let's　ウ．What　エ．How

【数　学】（50分）〈満点：100点〉

（注意）　解答はすべて一つ選び，解答用紙の所定の欄にマークすること。

1　次の各問いに答えなさい。

(1)　$\left(\dfrac{a}{b}\right)^3 \div 12a^2b \times \left(-\dfrac{2b^2}{a}\right)^2$ を計算しなさい。

解答群　(ア)　$\dfrac{1}{3a}$　(イ)　$\dfrac{1}{6ab^2}$　(ウ)　$\dfrac{a^3}{48b^8}$

(エ)　$-\dfrac{1}{3a}$　(オ)　$-\dfrac{1}{6ab^2}$　(カ)　$-\dfrac{a^3}{48b^8}$

(2)　連立方程式 $\begin{cases} \dfrac{x}{2}+\dfrac{y}{6}=\dfrac{1}{4} \\ \dfrac{x}{10}+\dfrac{y}{15}=\dfrac{1}{5} \end{cases}$ を解きなさい。

解答群　(ア)　$x=\dfrac{2}{3},\ y=-\dfrac{1}{2}$　(イ)　$x=\dfrac{1}{3},\ y=\dfrac{1}{2}$

(ウ)　$x=1,\ y=\dfrac{3}{2}$　(エ)　$x=-1,\ y=\dfrac{9}{2}$

(オ)　$x=-\dfrac{1}{4},\ y=\dfrac{9}{4}$　(カ)　$x=\dfrac{3}{2},\ y=-3$

(3)　$\dfrac{1}{2}x(x+1)-6$ を因数分解しなさい。

解答群　(ア)　$(x-3)(x+4)$　(イ)　$\dfrac{1}{2}(x-3)(x+4)$

(ウ)　$(x+3)(x-4)$　(エ)　$\dfrac{1}{2}(x+3)(x-4)$

(オ)　$(x+3)(x-2)$　(カ)　$\dfrac{1}{2}(x+3)(x-2)$

(4)　方程式 $(2x+1)^2=2(x+1)(x+2)$ を解きなさい。

解答群　(ア)　$x=3,\ -2$　(イ)　$x=2,\ -3$　(ウ)　$x=\dfrac{1\pm\sqrt{7}}{2}$

(エ)　$x=\dfrac{2\pm\sqrt{7}}{4}$　(オ)　$x=\dfrac{1\pm\sqrt{10}}{2}$　(カ)　$x=\dfrac{2\pm\sqrt{10}}{4}$

2　放物線 $y=ax^2\left(a>\dfrac{1}{2}\right)$ 上に x 座標が1である点Aがある。2直線

$y=x+p$　……①

$y=-x+q$……②

はともに点Aを通る。

また，放物線と直線①の点A以外の交点をB，放物線と直線②の点A以外の交点をCとする。

次の各問いに答えなさい。

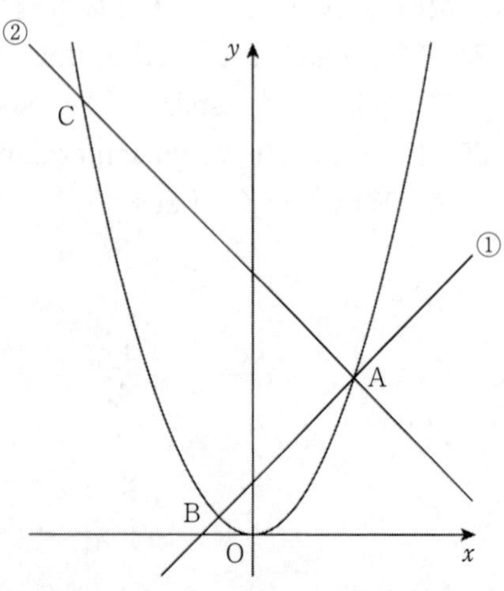

(5)　点Bの x 座標を a を用いて表しなさい。

解答群　(ア)　$-a$　(イ)　$1-a$　(ウ)　$a-1$

(エ)　$-\dfrac{1}{a}$　(オ)　$1-\dfrac{1}{a}$　(カ)　$\dfrac{1}{a}-1$

(6)　p を a を用いて表しなさい。

解答群　(ア)　$p=a-1$　　(イ)　$p=1-a$　　(ウ)　$p=a+1$

　　　　(エ)　$p=\dfrac{1}{a}-1$　　(オ)　$p=1-\dfrac{1}{a}$　　(カ)　$p=\dfrac{1}{a}+1$

(7)　$a=1$ のとき，△ABC の面積を求めなさい。

解答群　(ア)　2　　(イ)　3　　(ウ)　4　　(エ)　5　　(オ)　6　　(カ)　7

3　右図のように，△ABC の内部に△ABP，△BCP，△CAP の面積の比が 2：4：3 となるように点 P をとる。直線 AP と BC の交点を D とし，AB∥DE となるように PC 上に点 E をとる。

　次の各問いに答えなさい。

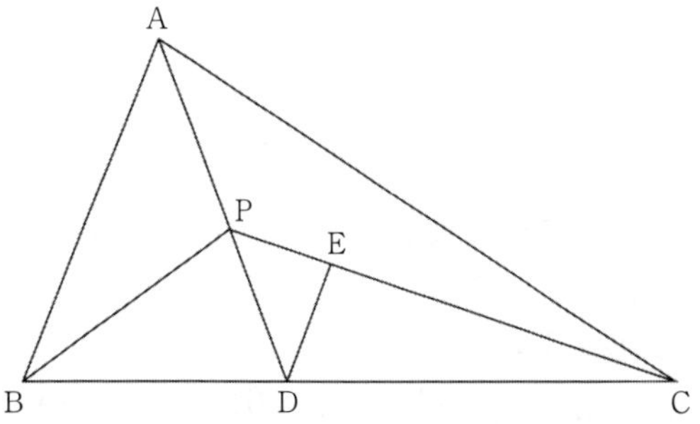

(8)　AP：PD を求めなさい。

解答群　(ア)　1：1　　(イ)　3：2　　(ウ)　4：3

　　　　(エ)　5：4　　(オ)　6：5　　(カ)　7：6

(9)　△CDE の面積は△ABC の面積の何倍ですか。

解答群　(ア)　$\dfrac{4}{15}$ 倍　　(イ)　$\dfrac{12}{35}$ 倍　　(ウ)　$\dfrac{4}{25}$ 倍

　　　　(エ)　$\dfrac{16}{225}$ 倍　　(オ)　$\dfrac{144}{1225}$ 倍　　(カ)　$\dfrac{36}{175}$ 倍

(10)　△DEP の面積は△ABC の面積の何倍ですか。

解答群　(ア)　$\dfrac{8}{45}$ 倍　　(イ)　$\dfrac{104}{175}$ 倍　　(ウ)　$\dfrac{376}{1295}$ 倍

　　　　(エ)　$\dfrac{8}{75}$ 倍　　(オ)　$\dfrac{32}{525}$ 倍　　(カ)　$\dfrac{548}{3675}$ 倍

4　次のような，階段の上り方について考える。

　袋の中に 1，2 の数字が書かれたカードがそれぞれ 1 枚ずつ，合計 2 枚のカードが入っている。この袋からカードを 1 枚引き，引いたカードに書かれた数字の数だけ階段を 1 歩で上り，カードを袋に戻す動作を繰り返す。ただし，最初は床から階段を上り始め，以降は止まった段から動作を続ける。

　階段は10段以上あるものとし，次の各問いに答えなさい。

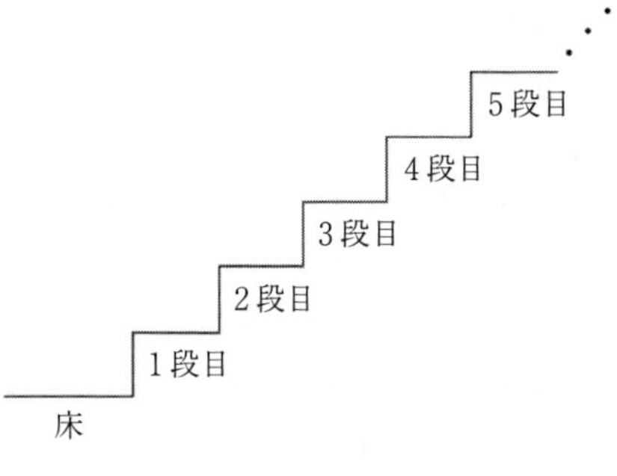

(11)　ちょうど 3 段目まで上る上り方は何通りありますか。

解答群　(ア)　1 通り　　(イ)　2 通り　　(ウ)　3 通り　　(エ)　4 通り　　(オ)　5 通り　　(カ)　6 通り

(12)　ちょうど 6 段目まで上る上り方は何通りありますか。

解答群　(ア)　8 通り　　(イ)　9 通り　　(ウ)　12通り　　(エ)　13通り　　(オ)　15通り　　(カ)　16通り

　次に，袋の中に 3 の数字が書かれたカードを 1 枚追加し，袋の中には合計 3 枚のカードが入っている。このとき，同様に階段の上り方について考える。

(13)　ちょうど 4 段目まで上る上り方は何通りありますか。

解答群　(ア)　3 通り　　(イ)　4 通り　　(ウ)　5 通り　　(エ)　6 通り　　(オ)　7 通り　　(カ)　8 通り

(14)　ちょうど 6 段目まで上る上り方は何通りありますか。

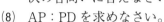

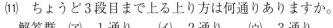

解答群　(ア)　16通り　(イ)　18通り　(ウ)　21通り　(エ)　24通り　(オ)　26通り　(カ)　28通り

5　右図のように，半径5の円Oに AB＝AC＝8の二等辺三角形 ABC が内接している。

次の各問いに答えなさい。

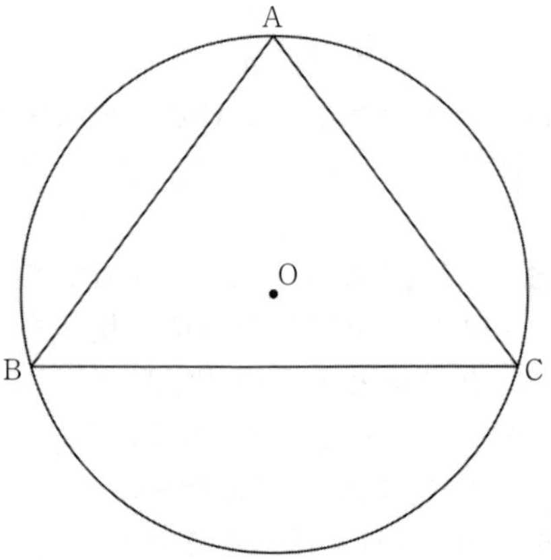

(15)　頂点Aから辺 BC に垂線 AH をひく。線分 OH の長さを求めなさい。

解答群　(ア)　$\dfrac{5}{4}$　(イ)　$\dfrac{7}{4}$　(ウ)　$\dfrac{7}{5}$

(エ)　$\dfrac{8}{5}$　(オ)　$\dfrac{11}{8}$　(カ)　$\dfrac{15}{8}$

(16)　点Bを含まない$\overset{\frown}{\mathrm{AC}}$上に，$\overset{\frown}{\mathrm{AD}}=\overset{\frown}{\mathrm{DC}}$となるように点Dをとり，線分 BD と辺 AC の交点をEとする。線分 AE の長さを求めなさい。

解答群　(ア)　$\dfrac{40}{11}$　(イ)　$\dfrac{64}{17}$　(ウ)　$\dfrac{144}{31}$　(エ)　$\dfrac{256}{41}$　(オ)　$\dfrac{160}{43}$　(カ)　$\dfrac{256}{45}$

(17)　(16)のとき，線分 BE の長さを求めなさい。

解答群　(ア)　8　(イ)　$\dfrac{32}{3}$　(ウ)　$\dfrac{128}{15}$

(エ)　$\dfrac{145\sqrt{5}}{43}$　(オ)　$\dfrac{192\sqrt{5}}{55}$　(カ)　$\dfrac{225\sqrt{5}}{68}$

6　右図のように，正三角柱の内部に半径rの球Aがあり，正三角柱の外部に半径Rの球Bがある。ただし，正三角柱のすべての面は球Aと接し，正三角柱のすべての頂点は球Bの球面上にある。

次の各問いに答えなさい。

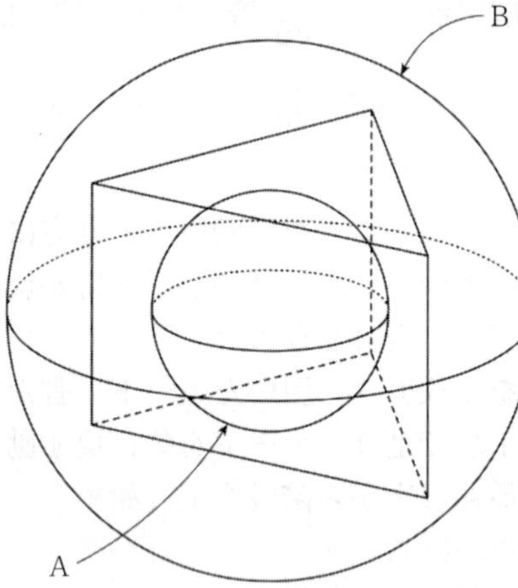

(18)　正三角柱の底面の三角形の1辺の長さをrを用いて表しなさい。

解答群　(ア)　$2r$　(イ)　$\sqrt{2}r$　(ウ)　$\sqrt{3}r$

(エ)　$4r$　(オ)　$2\sqrt{2}r$　(カ)　$2\sqrt{3}r$

(19)　Rをrを用いて表しなさい。

解答群　(ア)　$R=\sqrt{3}r$　(イ)　$R=\sqrt{5}r$

(ウ)　$R=\sqrt{6}r$　(エ)　$R=2r$

(オ)　$R=\dfrac{3\sqrt{2}}{2}r$　(カ)　$R=\dfrac{5\sqrt{2}}{2}r$

(20)　正三角柱の体積が6のとき，球Bの体積を求めなさい。

解答群　(ア)　$\dfrac{20\sqrt{2}}{3}\pi$　(イ)　$\dfrac{20\sqrt{3}}{9}\pi$　(ウ)　$\dfrac{20\sqrt{15}}{9}\pi$

(エ)　$\dfrac{80\sqrt{2}}{9}\pi$　(オ)　$\dfrac{80\sqrt{3}}{3}\pi$　(カ)　$\dfrac{80\sqrt{15}}{9}\pi$

Ⅱ ＝線②の活用形として最も適当なものを選べ。解答番号 31

ア 連用形　イ 終止形　ウ 連体形　エ 已然形

Ⅲ ＝線③の示す方角として最も適当なものを選べ。解答番号 32

ア 北東　イ 北西　ウ 南東　エ 南西

Ⅳ 次の漢詩は、A の和歌を菅原道真が漢訳したものである。そのことを踏まえて、【口語訳】の空欄に入る訳語として、最も適当なものを選べ。解答番号 33

【訓読文】

秋山寂々トシテ葉零々タリ
麋鹿鳴ク音数処ニ聆ク
勝地尋ネ来リテ遊宴スル処
无クレ朋无クレ酒意猶冷シ

【書き下し文】

秋山寂々として葉零々たり
麋鹿《びろく》鳴く音数処に聆《き》く
勝地尋ね来《きた》りて遊宴《ゆうえん》する処《ところ》
朋《とも》无《な》く酒无《な》く意《こころ》猶冷し

【口語訳】

秋の山はいかにも寂しげで落葉は降りしきる
鹿の鳴く音があちこちに聞こえる
景勝の地を尋ね来て人々は遊宴するが
私には友もおらず酒も無くただ［　　　　］ばかりである

ア 不憫《ふびん》で痛々しい　イ 切なくものがなしい
ウ 動揺して落ち着かない　エ 虚しくて気力を削がれる

Ⅴ B の和歌に用いられている技法を選べ。解答番号 34

ア 掛詞　イ 序詞　ウ 枕詞　エ 切字

Ⅵ B の――線部の意味として、最も適当なものを選べ。解答番号 35

ア このように心静かに住んでいる
イ 詩歌を作ることに明け暮れている
ウ 鹿もいないくらいの田舎だそうだ
エ きちんとここに住み着こうと決心した

イ　私が度々訪れていた高堂の実家には、手入れの行き届いた多種多様な草木の彩る庭があったのに、学生時代の私はそれを見向きもしなかったことから、芸術的感性がなく、感受性に乏しいといえる。

ウ　庭の手入れについて、高堂の父に「ご随意に」といわれて何もしなかったのは、活動的になることへの怠慢であり、私は積極的な気力に欠けているといえる。

エ　高堂に「木に、は余計だろう。惚れられたのは初めてだ、だけで十分だろう。」とからかわれていることから、私は人から好かれたことがなく、社交性に乏しいといえる。

問8　本文の説明として適当でないものを選べ。　解答番号 25

ア　「シュロ、クスノキ、キンモクセイ、サツキにサザンカ、タイサンボク」と、様々な植物が記されており、雑然とした庭の様子が描かれている。

イ　「……イレテオクレヨウ……」は、カタカナ表記によって、本来話さないサルスベリが私に語りかけているかのように感じていることを表している。

ウ　「きいきい」と「キイキイ」の書き分けで、激しく吹き荒れる風雨によってきしむ硝子戸の音と、高堂の漕ぐボートの櫂の音との違いを表現している。

エ　思考や沈黙を表す「……」という記号によって、学生時代と同じように自分をからかいおもしろがる高堂に対して、私が気後れする様子を表している。

三　次のそれぞれの問いに答えよ。

問1　次の――線部の意味として最も適当なものを選べ。　解答番号 26

・分からないイディオムがあっても、コンテクストから判断できる。

ア　文脈　イ　大意　ウ　内容　エ　対比

問2　次の□に入る最も適当な語句を選べ。　解答番号 27

・筋道の通った□で説明を進める。

ア　モチーフ　イ　ロジック
ウ　ニュアンス　エ　オノマトペ

問3　「マイノリティ」の対義語として最も適当な語句を選べ。　解答番号 28

ア　マジョリティ　イ　オーソリティ
ウ　コミュニティ　エ　アイデンティティ

問4　「演繹法」とは、すでにある一般的な法則による前提を認めたならば、必ず認めざるを得ない特定の結論を導く推論方法である。次の選択肢から「演繹法」として**ふさわしくないもの**を選べ。　解答番号 29

ア　太陽は東から昇り西に沈むので、明日の太陽は東から昇り西に沈むはずだ。

イ　生き物は必ず死ぬ。ライオンは生き物である。よってライオンは必ず死ぬに違いない。

ウ　お年寄りはテレビの音を大きくする。隣の家のテレビの音はいつも大きいので、お年寄りが住んでいるに違いない。

エ　緑黄色野菜にはβ-カロテンなど豊富な栄養が含まれている。ニンジンは緑黄色野菜であるから、ニンジンには豊富な栄養が含まれているはずだ。

問5　次のA・Bの和歌は『小倉百人一首』の内の一首である。後の問いに答えよ。

A　奥山に紅葉ふみわけ鳴く鹿①の声聞く時ぞ秋は②かなしき
B　わが庵は都の③辰巳　しかぞ住む世をうぢ山と人はいふなり

Ⅰ　――線①の「の」と同じ働きのものとして最も適当なものを選べ。　解答番号 30

ア　雪のおもしろう降りたり。
イ　若葉の梢、涼しげに茂りゆく。
ウ　月のいでたらむ夜は、見おこせ給へ。
エ　草の花はなでしこ、唐のはさらなり。

問2　＝＝線A～Cの意味として最も適当なものをそれぞれ選べ。

A　「渡りに船」　解答番号 17

ア　困っているときに望みどおりの条件が整うこと
イ　両者が争っている間に第三者が利益を得ること
ウ　人が取り残した物の中に思わぬ利得があること
エ　何かをしているうちに思わぬ幸運に出会うこと

B　「こともなげに」　解答番号 18

ア　意味深長に　　イ　泰然自若として
ウ　用意周到に　　エ　意識朦朧として

C　「迂闊」　解答番号 19

ア　知らない顔をしてとり合わないさま
イ　堅く心に決めて決して退かないさま
ウ　飾り気がなくありのままであるさま
エ　事情にうとくて注意が足りないさま

問3　――線①とあるが、このときの校長の説明として最も適当なものを選べ。　解答番号 20

ア　物書きだけで暮らしを立てることができない人間にも物書きとしての矜持はあるのだと、私に敬意を払っている。
イ　定職に就かずに暮らしを立てる私を軽蔑していたが、私が雑誌に掲載される物書きと知って、手のひらを返している。
ウ　物書きとして生活できていないにも関わらず就職を断る私を、言葉では敬いつつもあざけっており、それがはっきりと分かる態度をとっている。
エ　非常勤講師という立場でありながら、仕事に精を出したくないという私に対し、学校教育にたずさわる者として怒りを覚えている。

問4　――線②とあるが、このときの「私」の心情として最も適当なものを選べ。　解答番号 21

ア　意地を張っている　　イ　思い上がっている
ウ　人を見下している　　エ　侮り軽く見ている

問5　――線③を説明したものとして、最も適当なものを選べ。　解答番号 22

ア　庭の手入れをしなかっただけなのに、朽ちかけたサルスベリが思いがけず咲き誇ったことを自分の手柄であるかのように言っている。
イ　高堂の実家にたまたまやってきた植木屋が、サルスベリを無惨に切り落としたことを自分には責任がないかのように言っている。
ウ　朽ちかけているサルスベリを見た隣家のおかみさんが、密かに庭の手入れをしていたことを自分の行いであるかのように言っている。
エ　庭の手入れをしなかったことで、サルスベリが今にも腐りそうな状態であったことを自分には関係がないかのように言っている。

問6　――線④とあるが、このときの「私」の説明として最も適当なものを選べ。　解答番号 23

ア　出版社から認めてもらう自信がなくて、続けていても自分の作品が日の目を見る時は来るまいと自暴自棄になっている。
イ　自分がサルスベリに肥料を与えてやるように、自分にもチャンスを与えてくれる誰かが現れてくれないかと思っている。
ウ　縁起の良いサルスベリの木の下に供物を埋めることで、出版社から認められたいという願望が叶うはずだと信じている。
エ　続けてさえいれば日の目を見る時が来るはずだと、自分を応援してくれているように見えるサルスベリに感謝している。

問7　「私」の性格の説明として最も適当なものを選べ。　解答番号 24

ア　一般的に大学を卒業したら就職し下宿を出るが、私は「売れもしない文章を書いて相変わらず学生の時の下宿に居座り続けてい」ることから、社会生活を軽視しており、社会性がないといえる。

近づいてきた。
――どうした高堂。
私は思わず声をかけた。
――逝《い》ってしまったのではなかったのか。
――なに、雨に紛れて漕いできたのだ。
高堂は、Bこともなげに云《い》う。
――会いに来てくれたんだな。
――そうだ、会いに来たのだ。しかし今日は時間があまりない。
高堂はボートの上から話し続ける。
――サルスベリのやつが、おまえに注5懸想《けそう》をしている。
――……ふむ。
先の怪異はその故《ゆえ》か。私は腕組みをして目を閉じ、考え込んだ。実は思い当たるところがある。サルスベリの名誉のためにあまり言葉にしたくはないが。
――木に惚《ほ》れられたのは初めてだ。
――木に、は余計だろう。惚れられたのは初めてだ、だけで十分だろう。
高堂は生前と変わらぬ口調でからかった。
――どうしたらいいのだ。
――どうしたいのだ。
そう訊《き》かれてまた考え込んだ。木に惚れられたときにどうすべきか、またどうしたいのか、まるで思いもしないことだった。
――C迂闊《うかつ》だったな。
高堂は明らかにおもしろがっていた。
――あれはああ見えて、存外話し好きのやつだから、ときどき本でも読んでやることだな。そのうちに熱も冷めるだろう。
――なるほど。
本を読んでやるぐらいなら私の日常からさほど逸脱することもない、無理のない仕事であった。
――そうするよ。
――そうしたまえ。それではな。
高堂はこちらに背を向け、雨の中、葦の林の中をボートを漕いで帰ろうとしている。
――高堂。
私は大きな声で呼んだ。もっと話したいことがある。
――エもう会えんのか。
――また来るよ。
高堂は小さくなるボートの上から、そう応《こた》えた。掛け軸のなかの霧はしだいに晴れてゆき、またもとの湖の風景に戻った。サギも帰ってきてもとの姿に収まった。
それから午後はサルスベリの根方に座り、本を読んでやる。あまり撫でさするのはやめた。サルスベリも最初は不満げであったが、次第に本にのめり込むのが分かる。サルスベリにも好みがあって、好きな作家の本の時は葉っぱの傾斜度が違うようだ。ちなみに私の作品を読み聞かせたら、幹全体を震わせるようにして喜ぶ。かわいいと思う。出版注6書肆《しょし》からはまだまともに相手にされないが、サルスベリは腐らずに細々とでも続けるように、と云ってくれている。それで④時々魚を下ろしたときの内臓などを根方に埋めてやっている。来年は程々に花を咲かしてくれればいいと思う。

（梨木香歩「サルスベリ」）

注
1 疏水…人工水路
2 興趣を添える…おもしろみを加える
3 逸る…張り切る
4 矯められなかった…矯正されなかった
5 懸想をしている…想いをかけている
6 書肆…書店・本屋

問1 〜〜線ア〜エで、他と品詞が異なるものを選べ。　解答番号 16

ア　あまり　イ　その　ウ　まるで　エ　もう

ったのでなけなしの財布をはたいて西瓜《すいか》を買い、それをぶら下げて、ミンミンゼミが降るように鳴く緑陰の道を通り、挨拶《あいさつ》に行った。話はとんとん拍子に決まり、イその次の春から、私はここに越してきた。と、同時に英語学校も辞めた。②辞めてやった。

庭の手入れについてはご随意に、ということだったので、全く手を入れるということはしなかった。しかしそのせいか草木の勢いがやけに良い。

家の北側は山になっている。山の裾《すそ》には湖から引いた注1疏水《そすい》が走っている。家の南は田圃《たんぼ》だ。その田圃に疏水から用水路が引かれている。その水路の途中が、この家の池になっている。ふたま続きの座敷にL字を描くように縁側が付いていて、そのL字の角にあたる所の柱が、池の中の石の上に据えられている。縁側から池を挟んだ向こうに、サルスベリがこちらに幹を差し掛けるようにして立っている。

隣家のおかみさんが、ここに住んで二十余年になるが、このサルスベリがこのように隆盛に咲いている様は初めて見た、と手間入りのちらし寿司《ずし》を届けがてら、賛嘆して帰っていった。偶然の結果とはいえ私は内心得意である。本来このように花を咲かせられる状態の木ではない。座敷から見るとわからぬが、裏に回るとこのサルスベリはうろが大きくくれて、座敷から見えるところの皮一枚でかろうじて生きているのが分かるのだ。

そのまま腐らずに細々とでも咲き続ければいいと思っていたが、満開の名に恥じぬこの様はどうしたことか。サルスベリというぐらいであるから、木肌はすべすべとしていて撫《な》でると誠に気持ちがよろしい。それで文章に躓《つまず》いて考えあぐねて庭を回っているときには、つい、サルスベリを撫でてやるのが日課になった。腕を伸ばして頭の上ぐらいから手のひらを滑らすとするするつるつると、なんのつっかえもなくなめらかにしっとりと足下まで撫でることが可能である。木肌の多少の起伏も感触に注2興趣を添える。しかしまさかそのせいでもあるまい。仕事に注3逸《はや》る若い植木屋に理不尽に注4矯《た》められなかったことが幸いしたのであろう。③私の功績は植木屋の鋏《はさみ》から解放してやったことだ。

サルスベリの花は、桜よりも濃いめの上品な桃色をしている。それが房になり、風が吹くと座敷の硝子《ガラス》戸を微《かす》かな音でたたく。

昨夜も最初はそうだった。

夕方から風雨が激しくなり、雨戸を立てなければならないところが、横着をして万年床に潜り込んだ。すると夜中に、硝子戸がきいきい音を立てる。それまでの、ガタガタカタカタとは明らかに違う。それで目が覚めた。猫か何かが、と始めは思った。放っておいて眠ろうと思うのだがそれがだんだん激しくなる。しまいには家鳴りかと思うほどになってきたので、たまらず起きあがって、洋燈《ランプ》を点《つ》け、縁側の硝子戸を見に行った。

洋燈に浮き上がった硝子戸の向こうは漆黒の闇《やみ》、それを激しくかき回すように雨風が吹き荒れ、平常はどう風が吹いても花房の先が硝子に触れるほどなのに、ウまるで何かの巨大な力でぐいっと顔を押しつけるようにサルスベリの花々が硝子に体当たりをしてきているのだった。大枝ごと押し寄せるようにぶち当たり、またざっと波が退《ひ》くようにいったん退いて、同じことを繰り返す。その音が、次第に幻聴のように聞こえてくる。……イレテオクレヨウ……

こうなっては、今更雨戸を立てる気にもなれず、第一この風雨の中、戸を開ける勇気が出ない、私は座敷に戻って、もう一度布団《ふとん》を頭からかぶり寝ることにした。洋燈は消さずに枕元《まくらもと》に置いたままにしておく。やがて次第に風雨は収まり、それと同時にまたキイキイという音が戻ってきた。硝子戸からとばかり思っていたが、気づくと床の間の掛け軸の方から聞こえてくる。私に掛け軸など持つ甲《か》斐性《いしょう》はない、これは家主がおいていったものだ。水辺の葦《あし》の風景で白サギが水の中の魚にねらいを付けている図だ。布団から頭だけそろりと出して、床の間を見ると、掛け軸の中のサギが慌《あわ》てて脇《わき》へ逃げ出す様子、いつの間にか掛け軸の中の風景は雨、その向こうからボートが一艘《そう》近づいてくる。漕ぎ手はまだ若い……高堂であった。

問9　――線⑤とあるが、その理由として最も適当なものを選べ。　解答番号13

ア　課題の遂行に役立つ事柄が情動によりその場で察知されてしまうような場合は、知的な忍耐力を必要とするメタ知識は必要ないから。

イ　課題によってはその解決方法も難解な場合も多いので、解決するための知識の獲得に時間がかかるようなメタ知識は全く役に立たないから。

ウ　課題の解決に取り組むためには、課題に関連する様々な事象に興味や関心を持たなければならないが、特定の分野にだけ強く反応するようなメタ知識では役に立たないから。

エ　難解な課題に取り組む時には、その苦しみに身を置く勇気が必要だが、それをかわし逃避するようなメタ知識は必要ないから。

問10　⑥ に共通して入る語として最も適当なものを選べ。　解答番号14

ア　急転直下　　イ　暗中模索

ウ　疑心暗鬼　　エ　牽強付会

問11　本文の内容に合致しているものとして最も適当なものを選べ。　解答番号15

ア　真理の探究のための知的活動は、新たな知識の獲得だけではなく、「知る」ことの悦びや、人の気持ちに寄り添える優しさをもつことに繋がる。

イ　本庶佑氏は、好奇心を原動力とする基礎科学は応用科学の礎であり、人類に大きな発展をもたらすものであるから、基礎科学者にもノーベル賞を与えるべきだと述べている。

ウ　知的徳はもともと人間に備わっているもので、課題や困難に直面した時に他者の意見を受け入れたり、我慢したりする力で様々な知的活動に関与している。

エ　知的徳は、新たな知識の獲得や元からある知識の活用に働いたり、諦めずに課題に向き合って解決に取り組むことを可能にしたりする。

二

次の文章を読んで、後の問いに答えよ。

鳥の落とし物から、時折見慣れぬ洋風の草も芽吹くが、元々は和風の庭だ。手入れをしないので、シュロ、クスノキ、キンモクセイ、サツキにサザンカ、タイサンボク、槇《まき》も榊《さかき》も柴《しば》、杉も、みんな伸び放題で栄耀《えいよう》栄華を極めている。前の家主の時代には、定期的に植木屋が入ったので皆それなりに分をわきまえてこぢんまりとおとなしい風情《ふぜい》であった。なぜそれが分かるかというと、ここは私の学生時代亡《な》くなった親友の実家であるのだ。名を高堂《こうどう》といった。もっとも高堂が存命の頃はまっすぐに二階の彼の部屋へ行っていたので、座敷に座りつくづくと庭に見入るということもなかったのだが。高堂はボート部に所属していた。山一つ越えたところにある湖でボートを漕《こ》いでいる最中に行方不明になった。私は卒業後、売れもしない文章を書いて相変わらず学生の時の下宿に居座り続けていた。他に行くあてもなかったし、引っ越しの算段もつかなかったからである。ときたま雑誌に掲載されるくらいの稼ぎでは、まず人として食ってはいけない。それで英語学校の非常勤講師もしていた。正職員に、という話もあったが、やはり私の本分は物書きであるので、アあまりそちらの方に精を出したくない、と思い、丁寧に断りを述べた。すると①校長はふふんと鼻で笑い、いや、これは失礼をいたしました、お見それいたしまして、と見え透いたへりくだりをした。品性の低いやつだ。これはやはり、どうでも自らの真に欲するところに身を置くべきであると決心したが、さてしかし、先立つものがないことにはいかんともしがたい。そうこうしているうちに、亡くなった高堂の父親から、年老いたので嫁に行った娘の近くに隠居する、ついてはこの家の守をしてくれないか、ここに住んで毎日窓の開け閉めなりとしてくれたなら、些少《さしょう》なりとも月々のものもお渡ししよう、という、まさにA渡りに船の話が来たのだった。盛夏の頃であ

イ　第一シボウの高校に合格する。
ウ　中傷的な発言をセイシする。
エ　ゲシになると日が長く、夜が短くなる。

C　ジュウジ　　解答番号 3

ア　ジュウライの学説が覆る。
イ　ゲンジュウに注意する。
ウ　利用可能な施設をカクジュウする。
エ　ユウジュウ不断な態度はやめて欲しい。

D　イソン　　解答番号 4

ア　一定の速度をイジする。
イ　複数の台風が同時にモウイをふるう。
ウ　交渉のケイイを説明する。
エ　問題はイゼンとして未解決のままである。

E　ハッキ　　解答番号 5

ア　演奏者に尊敬されるシキ者は少ない。
イ　コウキある伝統を受け継ぐ。
ウ　彼の行動パターンは一定のキセキをたどっている。
エ　定年後に人生のテンキを迎える。

問2　Ⅰ、Ⅱに入る語の組み合わせとして最も適当なものを選べ。　解答番号 6

ア　Ⅰ　なぜなら・Ⅱ　おそらく
イ　Ⅰ　すなわち・Ⅱ　もっと
ウ　Ⅰ　しかし・Ⅱ　もちろん
エ　Ⅰ　また・Ⅱ　むしろ

問3　――線xの意味として最も適当なものを選べ。　解答番号 7

ア　厳しい　　イ　うっとうしい
ウ　激しい　　エ　騒々しい

問4　――線yと熟語の組み立てが同じものを選べ。　解答番号 8

ア　雷鳴　　イ　仮定　　ウ　納税　　エ　救助

問5　――線①の内容として最も適当なものを選べ。　解答番号 9

ア　様々な問題に対しての多くの意見から、公平な意見だけを見つけ出す力。
イ　誰も注目しない問題への数少ない意見の中で、誠実なものかどうかを見抜く力。
ウ　未知の問題に対して、世間にとらわれない自由な発想に基づいた意見かどうかを判断する力。
エ　問題ごとに、自分と異なった多種多様な意見から解決の糸口になるような意見を聞き分ける力。

問6　――線②とあるが、その説明として最も適当なものを選べ。　解答番号 10

ア　純粋な知的探究として、人間の精神を理解する助けとなり、安らぎを与えることに繋がっている。
イ　純粋な知的探究として、真理の探究に向かわせるだけではなく、人類の生存にも大きく貢献している。
ウ　純粋な知的探究として、実用的な知を獲得し効率化を促進させるもので、日常生活を豊かにする。
エ　純粋な知的探究として、特に生命科学への興味を促すもので、人間の生命活動にも関与している。

問7　③に入る語として最も適当なものを選べ。　解答番号 11

ア　画期的　　イ　直接的　　ウ　作為的　　エ　伝統的

問8　――線④とあるが、その説明として最も適当なものを選べ。　解答番号 12

ア　実用的な目的に基づかない研究から目的外の価値を生み出す基礎科学は、社会にとって必要だという思い。
イ　目的外の価値しか生み出せない基礎科学の価値を認め、その研究者たちを社会的に認めるべきだという思い。
ウ　実用的な目的に基づく研究成果を生み出す応用科学が、人類の生存を脅かす危険なものだという思い。
エ　多大な資金がかかる品種改良や新薬の開発を目的とする応用科学には、金銭的な援助は不可欠だという思い。

知的徳の働きを必要としないものもあることを指摘しておきたい。たとえば、第三章で説明した注2フレーム問題では、メタ知識を獲得するのに知的徳の働きを必要としない。コーヒーを台所からリビングへ運ぶという課題においては、関連する事柄（カップの傾きや通路の障害物の有無など）が興味・関心の的として情動によって際立つため、どの事柄の知識が課題の遂行に役立つかをただちに知ることができる。ここでは、⑤知的徳の出る幕はない。

しかし、課題によっては、どの知識が役立つかがすぐにはわからないことがある。そのときには、メタ知識を獲得するために、知的徳の働きが必要となる。たとえば、夏休みにこれまでやったことのないような作文の課題が出されたとしよう。何を書けばいいのだろうか。途方に暮れる。自分のもっている知識にせよ、新たに形成すべき知識にせよ、とにかくどんな知識がこの課題の遂行に役立つかが皆目わからない。何度もやったことのある課題なら、このように途方に暮れることはないが、新規の課題の場合は、苦境に陥ることがしばしばある。

このように課題をまえにして途方に暮れるとき、「知的な粘り強さ」や「知的な忍耐力」といった知的徳がメタ知識を獲得するのに重要な働きをする。

作文の課題をまえにして、どうしてよいか皆目わからないとき、私たちはとりあえず何かやってみるだろう。たとえば、まずテーマを決めようとするかもしれない。テーマが決まれば、おのずと関連する知識が明らかになってこよう。地球温暖化、スマホDイソン、ウクライナ侵攻、人生の意味、などなど、いろいろテーマが浮かんでくる。だが、どれもピンとこない。さて、どうしよう。

テーマを決めようとしても、そう簡単に決まらないことも多い。そのようなときは、他人の作文を参考にするかもしれない。しかし、他人の作文をいくつか読んでも、多少のヒントにはなるが、テーマは決まらないし、書く内容もはっきりしてこない。さあ、どうしよう。作文の書き方の本でも読むか。しかし、それらを読んでも、やはり多少の参考にはなるが、テーマも、書く内容も、なかなか絞れない。こうしてしばしば、延々と試行錯誤を続けることになる。

試行錯誤は［ ⑥ ］である。明るい光のもとで明瞭に見える目標に向かって着実に歩を進めるのではなく、真っ暗闇のなかでどこへ向かって進んでいるのかもわからないまま、とにかく動き回る。挫折の連続であり、いつ光明が得られるのかわからないという不安に絶えずさいなまれる。このようななかで試行錯誤を続けるには、粘り強い探索と相次ぐ挫折への忍耐力が不可欠である。そのような粘り強さと忍耐力をハッEキしてはじめて、一条の光明が射しこんでくる可能性が開けてくる。

このように、課題に直面して途方に暮れるとき、粘り強さや忍耐力といった知的徳が重要な働きをする。これらの知的徳をハッキしてはじめて、［ ⑥ ］の闇をくぐり抜けて何とか光明を見いだし、どんな知識が課題の解決に役立つかのメタ知識を形成することができるのである。

（信原幸弘『「覚える」と「わかる」』より）

注 1 知的徳…生後に取得した善の意識。
2 フレーム問題…課題の遂行に関連する事柄をいかに効率的に見いだすかという問題。この問題は人工知能（AI）に課題をうまく遂行させるにはどうすればよいかを考察する過程で浮上してきたものである。

問1 ＝線A〜Eのカタカナを漢字に直したとき、同じ漢字を用いるものをそれぞれ選べ。

A イチガイ　　解答番号［1］

ア 若年層は調査対象からジョガイする。
イ 卒業アルバムをカンガイ深げに見る。
ウ 彼は必ずやり遂げるというキガイを持っている。
エ ガイトウする項目に丸を付けなさい。

B シコウ　　解答番号［2］

ア わかりやすくシカク的に表現した。

好奇心は「悦《よろこ》ばしき知識」へのひたすらな欲求である。真理の純粋な追求（つまり「真理のための真理の探究」）を行おうとする基礎科学は、好奇心をその原動力とする。それは「好奇心に駆動された研究（curiosity-driven research）」である。これにたいして、応用科学は好奇心というよりも、品種改良や新薬の開発といった実用的な目的にもとづく研究である。［Ⅱ］、応用科学も重要であるが、真理の探究という点で言えば、それをおもに担っているのは基礎科学である。

科学もまた社会の役に立つべしという声が、昨今はxかまびすしい。基礎科学もまた、真理の探究にだけかまけているのではなく、何らかの役に立たなければならないというわけである。このようにプレッシャーをかけられると、基礎科学は立つ瀬がない。そもそも基礎科学は、実用的な価値の実現などまったく目的にしておらず、ただひたすら真理の探究だけを目的にしているからである。そのような基礎科学にどのようにして社会の役に立てと言うのか。それは基礎科学をやめて、応用科学になれと言うことに等しいのではないか。

そもそも人間にはなぜ好奇心があるのだろうか。真理の探究によって得られた知識が何の実用的な役に立たないとすれば、人間は無駄なことに労力を費やしていることになる。そんな無駄なことをしているせいで、ひょっとしたら生き残ることができなかったかもしれない。では、なぜ人間は生き残ることができたのか。それは結局、真理の探究が結果的に、ある程度役に立ったからであろう。

じっさい、基礎科学は実用的な価値の実現を目的としていないにもかかわらず、大きな実用的価値を生み出すことがある。とくに世のなかを変えるような［③］な実用的価値は、むしろ基礎科学の成果からもたらされると言ってもよいだろう。ノーベル賞を授与された科学者はよく基礎科学の重要性を訴えるが、それは目的外の価値を生み出す基礎科学の力を訴えているのだと理解できよう。

たとえば、二〇一八年にノーベル生理学・医学賞を受賞した本庶《ほんじょ》佑《たすく》氏は、基礎科学にCジュウジする若手の研究者に安定した地位と研究資金を提供するために、ノーベル賞の賞金をもとにして「有志基金」を設立した。ここには、基礎科学の重要性にたいする④本庶氏の強い思いがうかがえる。

このように考えてくると、好奇心という知的徳は、真理の純粋な追求（「真理のための真理の探究」）を促すものであるとはいえ、結局は人類の生存に大きく貢献しているのである。

それでは、つぎに、徳が重要な働きをするもうひとつの知的活動として、さきに挙げた「課題の解決」に移ろう。

私たちは課題を解決するとき、すでに獲得している知識や新たに形成した知識を活用して解決を試みる。そのさいに重要なのは、そもそもどんな知識が課題の解決に役立つかを知ることである。

自分のもっている知識のうち、どれが目下の課題の解決に役立つかを知らなければ、それを活用することはできない。知っていたのに、どうして思い浮かばなかったのかとy後悔することがある。たとえば、ピタゴラスの定理を知っていたのに、それが思い浮かばなかったために、その定理を使えば簡単に解ける数学の問題が解けなかったというような経験をしたことがあるだろう。これは、知識をもっているのに、それが目下の課題の解決に役立つことに気づけなかったということにほかならない。

すでに獲得した知識にせよ、新たに形成すべき知識にせよ、どんな知識が課題の解決に役立つかを知ることが重要である。これは知識についての知識であるから、「メタ知識」とよばれる。言語について語る言語が「メタ言語」、数学についての数学が「メタ数学」とよばれるのと同様である。

課題の解決にはさまざまな知的徳が重要な役割を果たすが、ここでは、その全貌を述べることはとうていできないので、課題の解決に必要なメタ知識の獲得において、知的徳がどんな役割を果たすかということに的を絞って見ていきたい。

そのまえに、メタ知識のなかには、それを獲得するのにそもそも

二〇二四年度 川越東高等学校（単願・併願①）

【国語】〈五〇分〉〈満点：一〇〇点〉

〈注意〉解答はすべて一つ選び、解答用紙の所定の欄にマークすること。

一 次の文章を読んで、後の問いに答えよ。

私たちの知的活動は多岐にわたるが、そのなかからとくに注1知的徳が重要な働きをするふたつの活動に注目しよう。真理の探究と課題の解決である。このふたつの活動において知的徳がどのような働きをするかを見ていこう。

まず、真理の探究から見ていく。真理の探究は、たとえば、事件の真相を解明したり、事故の原因を明らかにしたりする知的活動である。それはようするに、何が真なのかを明らかにするものである。何が真なのかが明らかになれば、知識が獲得されることになるから、真理の探究は知識の獲得につながる。事故の原因が明らかになれば、その事故がどのようにして起こったのかについての知識が得られる。このような真理の探究において、知的徳はどんな働きをするだろうか。

さきに知的徳のひとつである「①開かれた心」について簡単に触れた。開かれた心とは、自分と異なる考えの人の意見にも真摯《しんし》に耳を傾けることであり、独善に陥るのを防ぎ、正しい考えに至ることを可能にする。

しかし、人の意見を聞くことが重要だといっても、意見が多すぎる場合がある。たとえば、地球温暖化の問題について、私はそれを阻止するために、二酸化炭素の排出量を減らすべきだと考えているとしよう。これにたいして、そもそもこのままでも地球は温暖化しないと考える人や、温暖化してもそれほど大きな害はないと考える人もいるし、さらに、二酸化炭素の排出量を減らさなくても、温暖化を阻止する新しい技術がいずれ開発されるだろうと考える人もいる。このようにほとんど無数と言ってもいいくらい多くの意見があるような場合には、すべての意見に耳を傾けることは実際上不可能であろう。

他人の意見に耳を傾けることが重要だとしても、じっさいに耳を傾けるのはどうしても一部の意見にならざるをえない。では、どれだけの人のどんな意見に耳を傾ければよいのだろうか。この問題にたいして、イチAガイにこうだと言えるような答えはない。たとえば、十人ほどのできるだけ異なる意見に耳を傾ければよい、というようなことは言えない。どれくらい多くの人のどんな意見に耳を傾けるべきかは、それぞれの場合で個別に判断するよりほかないのである。

開かれた心というのは、たんに他人の意見を真摯に聞くだけではなく、どの人のどのような意見を真摯に聞くかをそれぞれの場合で個別に判断することも含む。いろいろな人と意見を交わすという経験を何度も積むことによって、それぞれの場合にどの意見に耳を傾けるべきかが判断できるようになってくる。このような判断力こそが、開かれた心という知的徳のもっとも重要な要素なのである。

開かれた心のほかにも、真理の探究において重要な働きをする知的徳はいろいろある。つぎに、そのなかでもとくに興味深い「②好奇心」について見ていこう。私たちは好奇心があるからこそ、真理の探究が可能なのだと言っても過言ではない。何らかの目的のために知ろうとするのではなく、ただただ知りたい。このような純粋な知的欲求が私たちを真理の探究に向かわせる。

たとえば、生物学者は生物の複雑な生命活動をただただ明らかにしようとする。それが明らかになることで、作物の品種改良や病気の治療に役立つこともあるだろう。［Ｉ］、そのような実用的な目的とは関係なく、ただただ生命活動の実態を知りたいという純粋な好奇心から、知ろうとする。それを知ってどうするのかと問われても、「別にどうもしない、ただ知りたいのだ」と答える。知ることがすでにBシコウの喜びなのである。

英語解答

1 1 ウ　2 イ　3 エ　4 ア
5 イ　6 ウ　7 ア　8 ウ

2 9 ア　10 ウ　11 エ　12 エ
13 イ　14 ウ　15 イ　16 ウ

3 A 17…エ　18…ア　19…ア
B 20…イ　21…ウ　22…エ

4 23 イ　24 エ

5 25 イ　26 ウ

6 27 イ　28 エ　29 ア　30 ウ

7 A 31…ア　32…エ　33…イ
B 34…ウ　35…ア

1〔長文読解総合─説明文〕

≪全訳≫❶文化が変われば，適切なテーブルマナーも変わる。言い換えれば，私たちは自分たちの文化のルールで適切か不適切かを判断することはできないということだ。❷茶わんを持ち上げずにご飯を食べている幼い日本人の子どもを見たことがあるだろう。その子どもはたいてい母親から，ご飯を食べるときは茶わんを持ち上げるように言われるだろう。茶わんを持ち上げるのは，日本では正しいテーブルマナーである。一方，韓国の文化では，②茶わんを持ち上げるのは適切ではないといわれている。食事をするときは，茶わんをテーブルに置いておかなければならない。また，インドの人々は指を使って食べることが知られている。しかし日本では，指で食べる人は誰であれ，箸の使い方をまだ覚えていない赤ん坊である。❸さらに，中国の文化では，男性は食後にげっぷをすることが許されている。それは，その人が心ゆくまで食べ，食べ物を楽しんだサインなのだと，中国の人々は言う。日本人の男性の中にも，食卓でげっぷをする人がいるかもしれない。しかし日本では，食卓でげっぷをすることは適切ではない。西洋人にとっては，それは考えられる最悪のテーブルマナーと見なされる。❹ところで，1986年に伊丹十三が製作した『たんぽぽ』という映画を見たことがあるだろうか。その映画の中でおもしろいシーンがある。インストラクターがレストランで，主婦に西洋のテーブルマナーを教えている。インストラクターは生徒たちに，スパゲッティを食べるときに音を立てないように言うのだが，それは，西洋の世界ではよくないテーブルマナーだからだ。その瞬間，隣の部屋から飲食する大きな音が聞こえる。彼女たちは皆，音のする方向を見る。そこでは，西洋人男性がスパゲッティを食べている。⑥－うその結果，主婦たちは皆，インストラクターの忠告を無視して，音を立ててスパゲッティを食べ始める。日本の文化では，麺類を食べるときは音を立てるのが普通だ。したがって，大多数の日本人は，音を立てずに麺類を食べている人に出会うと，奇妙に感じるかもしれない。しかし西洋文化では，食べたり飲んだりするときに音を立てるのは，不適切なテーブルマナーと考えられている。もしかしたら，全ての文化に共通する良いテーブルマナーもしくは悪いテーブルマナーというものは，絶対的にはないのかもしれない。

1＜適語句選択＞空所後に続く文は直前の文を言い換えた内容になっている。　in other words「言い換えれば」　in addition「また」　first of all「まず」

2＜適文選択＞前にある On the other hand は「一方で」と‘対比’を表す表現。直後の文からも，韓国では茶わんを持ち上げてはいけないことがわかる。

3＜適語句選択＞空所を含む文は，日本で「指を使って食べる人」がどういう人かを述べた部分。その内容に合うものを選ぶ。

4＜適語句選択＞前にある it は前文にある to burp after eating「食後にげっぷをすること」を指す。中国で食事の後にげっぷをすることが悪いことではないとされている理由が入る。ここでの heartily は「たっぷり，思う存分」という意味。

5＜語形変化＞a movie called *Tampopo* で「『たんぽぽ』と呼ばれる映画」という意味になる。過去分詞 called で始まる語句が後ろから名詞を修飾する過去分詞の形容詞的用法。

6＜適所選択＞as a result は「結果として，その結果」という意味。与えられた文の内容から，この文の前には，主婦たちがインストラクターの忠告を無視して，音を立てて食べ始めた理由となる内容があると考えられる。西洋人男性が音を立ててスパゲッティを食べていることがそれに該当する。

7＜適語選択＞空所前の「日本では音を立てて麺類を食べるのが普通なので音を立てないで食べる人を奇妙に感じる」という内容と，空所後の「音を立てて飲食することは西洋の文化では不適切」という内容が対立する内容になっている。

8＜内容真偽＞ア.「世界中の国々で，礼儀正しいテーブルマナーは同じである」…×　第１段落第１文および第４段落最終文参照。国によってマナーは異なる。　イ.「どの文化においても，指で食べ物を食べるのは失礼だと考えられている」…×　第２段落最後から２文目参照。インドでは普通である。　ウ.「正しいテーブルマナーは文化によって異なる」…○　第１段落第１文および第４段落最終文に一致する。　エ.「世界の食文化の違いを全て理解することは不可能かもしれない」…×　このような記述はない。

2〔長文読解総合―物語〕

≪全訳≫❶1964年10月のある日，デイブ・スラティンという名の男がある村にやってきた。彼はその村で家を買い，そこで店を始めた。彼は村人がつくったものをたくさん売り，自分も村人も裕福にし幸せにした。彼の店はすぐに大変な人気となり忙しくなったので，デイブはアンナを助手として雇った。彼の店には鍵のかかった部屋があり，それは特別注文用の部屋だった。特別注文のために来る人もいたが，注文の後，彼らの身近な人たちに悪いことが起こった。アンナは特別注文の部屋の秘密を知りたいと思った。❷アンナは10時頃に帰宅した。彼女はラジオをつけてニュースを聴いた。I.C.S. の会長が亡《な》くなり，ライズマン氏が新しい会長になった。❸アンナはその夜，眠れなかった。デイブ・スラティンと特別注文のことを考えていた。それらは何だったのか。デイブ・スラティンはあの部屋で何をしていたのだろうか。❹土曜日の朝，彼女は店に行った。デイブは彼女に何も言わなかった。アンナが金曜日に働かなかったので，彼は腹を立てていた。彼はアンナの休みについて尋ねなかったし，アンナもそのことについて彼に話さなかった。❺デイブは11時に店を出た。彼は車に乗り，走り去った。❻アンナは１人きりだった。これは彼女にとってチャンスだった！　彼女は店の奥に行き，鍵のかかったドアのハンドルを回した。❼しかし，特別注文の部屋には鍵がかかっていなかった！　デイブが鍵をかけ忘れたのだ。アンナはドアを開けて部屋の中に入った。❽それは小さな部屋で，暗くて暑かった。アンナは電気をつけたが，あまり強い光ではなかった。❾アンナは部屋を見回した。小さなテーブルと２つの古い椅子，それに箱がたくさんあった。それで全部だった。特別注文？　注文書も書類も鉛筆もなかった。❿アンナはテーブルの周りを歩き回った。床に箱がたくさんあったので，それは難しかった。アンナは箱の１つを開けて，中を見た。彼女は古い雑誌や新聞を見つけた。その下には汚れた古着があった。11 しかし，その服の下に，彼女はお金を見つけた。大金だった。イギリスのお金。フランスのお金。アメリカのお金。ドイツのお金。そこには世界中のお金があった。アンナは驚いた。彼女はそれまで，こんなにたくさんのお金を見たことはなかった。12彼女は再び辺りを見回し，マイク・ベイリーのケースを見つけた。それは空っぽだった。そして，アーサー・ライズマンのブリーフケースを見つけた。それも空っぽだった。13→D．それからアンナはもっと大きな箱の中を見た。／→C．その中には手足の折れた人形が入っていた。／→B．人形の１つはとても美しかったが，腕が折れていた。／→A．アンナはそれをテーブルの上に置いた。14それからアンナはサッカーに関する本を見つけた。中にはサッカー選手の写真が何枚か入っていたが，写真はすべて破れていた。アンナはその本をテーブルの上に置いた。15アンナはもう一度その箱の中を見て，小さな車をいくつか見つけた。そのほとんどが壊れていた。小さな飛行機の模型を見つけた。それも壊れていた。16アンナはこれら全てをテーブルの上に置いた。なんと奇妙なコレクションだろうか！　お金，壊れた人形，おもちゃの車，飛行機の模型。そして，破れた写真の入ったサッカーの本もあった。アンナはテーブルの上の物を見た。それらは何のためのものなのか。デイブ・スラティンはなぜそれらを，この鍵のかかった部屋に保管していたのだろう。17突然，アンナは跳び上がった。背後で物音がしたのだ。誰かがドアの所に立っていた。18「ダイヤの指輪はどうだ？」という声がした。19デイブ・スラティンだった。彼は笑っていた。20「君のためにドアを開けておいたんだよ」と彼は言った。「今朝，君にこの部屋に入ってほしくてね！」21アンナは怖かったが，恐れていることを見せないようにした。22「まだダイヤを見つけてないのか」とデイブはまた言った。23アンナはグレタ・ゴードンのダイヤの指輪を思い出した。それらもこの部屋にあったのだろうか。24「ほら」とデイブは言った。彼は部屋に入り，古い箱を手に取った。彼は指輪を取り出してテーブルの上に投げた。25「それらはあなたのものじゃない」とアンナは言った。「グレタ・ゴードンのものよ」26「私のものだよ」とデイブは笑った。「彼女が私にくれたんだ」27「でもなぜ？」とアンナは尋ねた。「なぜ？　グレタ・ゴードンはなぜあなたにそれらのダイヤをあげたの？　それにこのお金。誰があなたにお金をあげたの？」28「私の特別客だよ！」とデイブが言った。「私の特別客がこの金をくれたんだ。今は私のものだ」29「マイク・ベイリーとライズマンさんがこのお金を全部あなたにあげたの？」とアンナは尋ねた。30「そうだ」とデイブは言った。「君は僕の特別客を何人か見たことがあるだろう，全員ではないがね」31「でも，なぜ彼らは来るの？」とアンナはまた尋ねた。32「⑬彼らは，助けを求めて私の所に来るんだ」とデイブ・スラティンは答えた。「私は彼らを助け，彼らは私にお金を払うのさ」33「でも，どうやって彼らを助けるの？」とアンナは尋ねた。34デイブ・スラティンは腕の折れた美しい人形を手に取った。35「ジョアンナ・リーを覚えているかい？」と彼はアンナに尋ねた。36アンナはしばらく考えた。37「ジョアンナ・リー？」と彼女は言った。「ええ，もちろん覚えているわ。⑭彼女は腕を骨折した女優よ。グレタ・ゴードンが彼女の役を手に入れた」38「そのとおり」とデイブ・スラティンは言った。「この人形はジョアンナ・リーだ」39アンナはもっと怖くなった。デイブ・スラティンはどんな男だったのだろう？40デイブ・スラティンはサッカーの本の中の破れた写真を指さした。「アンナ，それは誰だい？」と彼は尋ねた。41アンナはその顔を覚えていた。テレビで見たことがあった。42「ブライアン・トーマス」と彼女は答えた。「ゴールキーパーよ」43「彼はゴールキーパーだった」とデイブ・スラティンが言った。44アンナは今，ひどくおびえていた。デイブ・スラティンは邪悪な男だった。45デイブ・スラティンがアンナに近づいた。彼は壊れた飛行機を手に取った。46「これは何だと思う？」と彼はアンナに尋ねた。47アンナは答えを知っていたが，怖くて話せなかった。48デイブ・スラティンはアンナの腕を取り，しっかりとつかんだ。アンナは逃れようとした。デイブ・スラティンは笑い，よりきつくアンナをつかんだ。49「聞くんだ，アンナ」と彼は静かに言った。「私は君が欲しい。君が必要なんだ。私と結婚してくれ，アンナ。ピーターと結婚するな。私と結婚するんだ」50「嫌よ，嫌」と彼女は叫んだ。「離して。離してちょうだい」51「でもアンナ，君はまだわかっていない」とデイブ・スラティンは言った。「私には不思議な力があるんだ。君の望むもの全てを与えることができるんだよ」52彼はアンナの目を見つめた。「そして私の子どもたちもこの力を持つことになる」と彼は続けた。「金とダイヤモンドを君にあげよう。そしてアンナ，君は私に子どもを与えるのだ」53アンナは今や恐ろしかった。彼女がデイブ・スラティンをとても強く蹴ると，彼は彼女の手を離した。アンナはすばやく動いた。彼女は特別注文の部屋を飛び出し，店の玄関を通って通りへ出た。彼女は家までひた走った。

9＜英問英答＞「アンナはなぜチャンスだと思ったのか」―ア．「特別注文の部屋についての真実を見つけられると思ったから」　第１段落最終文および第３段落参照。アンナは特別注文の部屋の秘密を知りたいと思っていた。また，第６，７段落では，アンナが実際に特別注文の部屋に忍び込んでいる。

10＜指示語＞前に出ている内容で，ここに当てはめて意味がつながるのは，前文の内容である「テーブルの周りを歩くこと」である。

11＜文整序＞選択肢より，最初にくるのはＢ，Ｃ，Ｄのいずれかになるが，Ｂの the dolls やＣの it が指す語が前にないので，最初にＤを置く。この後はＣの it がＤの a bigger box を，Ｂの the dolls がＣの some dolls を指すと考えられるので，Ｄ→Ｃ→Ｂの順となる。なお，Ａの it はＢの one of the dolls を指すことになる。

12＜語句解釈＞直後の文から，誰かがそばにいることが，さらに次の２文から，それがデイブ・スラティンであることがわかる。

13＜適文選択＞特別客がやってくる理由について尋ねたアンナに対するデイブ・スラティンの返答。直後でデイブ・スラティンが「私は彼らを助け，彼らは私に金を払う」と述べていることから，特別客が助けを求めて来ているのだと判断できる。

14＜適文選択＞ジョアンナ・リーに関する内容が入る。直後に「グレタ・ゴードンが彼女(ジョアンナ・リー)の役を手に入れた」とあることから判断できる(part には「(俳優の)役」という意味がある)。また，第38段落でデイブ・スラティンが腕の折れた人形を持って「この人形はジョアンナ・リーだ」と言っていることから，デイブ・スラティンの特別客であるグレタ・ゴードンが，ジョアンナ・リーが役を演じることができないよう，不思議な力を持つデイブ・スラティンに依頼したのだと考えられる。

15＜語句解釈＞直後で「君の望むもの全てを与えることができる」と言っている。

16＜内容真偽＞ア．「デイブ・スラティンはアンナが店を経営するために村に家を買った」…×　第１段落参照。アンナは助手として雇われた。　イ．「アンナはダイヤの指輪を見つけようとしたが，注文書しか見ることができなかった」…×　第９段落および第22，23段落参照。注文書は１つも見つからず，ダイヤの指輪が部屋にあることは知らなかった。　ウ．「アンナはデイブ・スラティンに気づかれておびえたが，大丈夫なように振る舞った」…○　第19〜21段落に一致する。

エ.「デイブ・スラティンはゴールキーパーになりたいと思い，ブライアン・トーマスを攻撃した」…×　「ゴールキーパーになりたい」に関する記述はない。

3 〔長文読解総合―対話文〕

A≪全訳≫❶ローザ(R)：週末はどうだった？❷クリス(C)：とてもよかったよ。映画を見て，すばらしい小説を読み終えて，友達と出かけたんだ。❸R：そんなふうにリラックスする時間をどこで見つけるの？　私にもっと自由な時間があればいいのに。❹C：⑰何が君をそんなに忙しくさせているの？❺R：ほぼ勉強と学校ね。1日にもっと時間がたくさんあればいいのに。❻C：聞いて，こんな本があるよ。ストレスを管理する方法についての本なんだ。時間をもっとうまく管理するためのすばらしい秘けつが載ってるんだ。❼R：例えば？❽C：そうだな，例えば，毎日達成したいことについて計画を立てることを勧めてるよ！❾R：今それを読めたらいいんだけど，それは私の計画の一部じゃないの！　⑲その時間がないのよ。

17＜適文選択＞直前のローザの発言から，ローザには時間がないことがうかがえる。また，直後のWork and school, mostly. は，ローザが忙しい理由と考えられる。　‘keep＋目的語＋形容詞’「〜を…(の状態)にしておく」

18＜要旨把握＞直後で，本の内容について「ストレスを管理する方法」と言っている。

19＜適文選択＞前のI wish I could read it nowは仮定法の文で「今それを読めたらいいのに」という意味。忙しいローザには，本を読む時間もないと考えられる。

B≪全訳≫❶ジョン(J)：こんにちは。スノーボードを借りたいのですが。❷サラ(S)：かしこまりました。スノーボードをしたことはありますか？❸J：うーん，ありません。でも，前にスキーはやったことがあります。❹S：そうですか，レッスンがありますよ。受ける必要はありませんが，いい考えですよ。基礎が学べます。❺J：わかりました。㉑次のレッスンはいつですか？❻S：11時です。㉒−a申し込むには，ここにあるこの用紙に記入する必要があります。❼J：問題ありません。他に知っておくべきことはありますか？❽S：レッスンの後しばらくは，初心者エリアにいた方がいいです。㉒−bその方が，他のスノーボーダーにとって安全ですので。❾J：わかりました。他には？❿S：はい。ヘルメットをかぶってください。㉒−cあっ，それから日焼け止めを塗った方がいいですね。日差しがとても強いことがあるので。

20＜適語(句)選択＞スノーボードのレッスンを紹介している場面。空所を含む文は「あなたはそれら(レッスン)を受ける(　)が，それ(レッスンを受けること)はいい考えだ」という意味。　don't have to 〜「〜する必要はない」

21＜適文選択＞この質問に対してAt 11:00. と時間を答えている。

22＜適文選択＞㉒−a.　AとBは文脈上ここには入らない。レッスンの申込方法について述べたCが適切。　㉒−b.　Bの主語Itが，直前の「レッスンの後しばらくは，初心者エリアにいた方がいい」という内容を指していると考えられる。　㉒−c.　直後の「日差しがとても強いことがある」という内容につながる内容が入る。　sunscreen「日焼け止め」

4 〔適語選択〕

23.「スーパーマーケットに長くいればいるほど，あなたはお金を使うことになる。スーパーマーケットは，冬は暖かく夏は涼しい。また，静かな音楽が流れていることが多い。人々が長い間買い物を楽しめば，スーパーマーケットはたくさんお金を稼ぐことができる」

24.「幼い動物が他の動物たちと遊んでいるとき，その動物は集団で生活する方法を学ぶ。サルのような集団で生活する動物にとって，コミュニケーションはとても重要だ。多くの種類の遊びを通して，彼らは他者とのコミュニケーションのとり方や，集団の中で平和に暮らす方法を知るようになる」 peacefully「平和に，穏やかに」

5〔誤文訂正〕

25. 文の後半は未来のことを述べているので(be going to ～「～するつもりだ」)，過去形のfinishedは不適切。‘時’を表す副詞節中では，未来のことでも現在形で表すので，finishが正しい。「この宿題が終わった後，私はマンガを読むつもりだ」

26. 主語the actressは3人称単数なので，haveは不適切。hasが正しい。　「その女優は何回テレビに出たことがあるか」

6〔整序結合〕

27.「全くわかりません」はhave no ideaで表せる。この後に「修学旅行にどんな服を持っていけばいいか」を‘疑問詞＋to不定詞’の形で表す。‘疑問詞’はwhat clothes「どんな服」となる。なお，このようにno ideaの後に‘疑問詞＋to不定詞’または‘疑問詞＋主語＋動詞’の形を置くことができることは押さえておきたい。　I have no idea what clothes to bring to my school trip.

28.「海外留学中です」は「海外で勉強している」と考えて，is studying abroadとまとめる。「ピアニストになるために」は‘目的’を表す副詞的用法のto不定詞で表せる。　My sister is studying abroad to be a pianist.

29.「最も～な…の1つ」は‘one of the＋最上級＋複数名詞’で表せる。　Japan is one of the richest countries in the world.

30.「どこへ行きますか」→Where would you goで始め，残りはif you hadとまとめてa space shipの前に置く。‘現在または未来についての可能性の乏しい想像’を述べた仮定法過去の文。 Where would you go if you had a space ship?

7〔総合問題〕

A＜単語の定義＞

31.「仕事がないときの休養の日」―ア.「休日」

32.「研究を行うことのできる最高レベルの教育施設」―エ.「大学」

33.「聞くのに心地よいように，またはわくわくするようにアレンジされた音」―イ.「音楽」

B＜適語(句)選択＞

34. be sold outで「売り切れている」。　「私が買いたかった時計は売り切れだった」

35. Why don't we ～?は,「～しませんか」と‘提案・勧誘’を表す表現。　「貧しい人々を救うために，一緒に何かしませんか」

数学解答

1 (1) (ア)　(2) (エ)　(3) (イ)　(4) (ウ)
2 (5) (カ)　(6) (ア)　(7) (イ)
3 (8) (エ)　(9) (カ)　(10) (オ)
4 (11) (ウ)　(12) (エ)　(13) (オ)　(14) (エ)
5 (15) (ウ)　(16) (ア)　(17) (オ)
6 (18) (カ)　(19) (イ)　(20) (ウ)

1〔独立小問集合題〕

(1)＜式の計算＞与式 $=\dfrac{a^3}{b^3}\times\dfrac{1}{12a^2b}\times\dfrac{4b^4}{a^2}=\dfrac{a^3\times1\times4b^4}{b^3\times12a^2b\times a^2}=\dfrac{1}{3a}$

(2)＜連立方程式＞$\dfrac{x}{2}+\dfrac{y}{6}=\dfrac{1}{4}$……①，$\dfrac{x}{10}+\dfrac{y}{15}=\dfrac{1}{5}$……②とする。①×12より，$6x+2y=3$……①′ ②×30より，$3x+2y=6$……②′ ①′－②′より，$6x-3x=3-6$，$3x=-3$ ∴$x=-1$ これを②′に代入して，$-3+2y=6$，$2y=9$ ∴$y=\dfrac{9}{2}$

(3)＜式の計算—因数分解＞与式 $=\dfrac{1}{2}x^2+\dfrac{1}{2}x-6=\dfrac{1}{2}(x^2+x-12)=\dfrac{1}{2}(x-3)(x+4)$

(4)＜二次方程式＞$4x^2+4x+1=2(x^2+3x+2)$，$4x^2+4x+1=2x^2+6x+4$，$2x^2-2x-3=0$となるので，解の公式より，$x=\dfrac{-(-2)\pm\sqrt{(-2)^2-4\times2\times(-3)}}{2\times2}=\dfrac{2\pm\sqrt{28}}{4}=\dfrac{2\pm2\sqrt{7}}{4}=\dfrac{1\pm\sqrt{7}}{2}$となる。

2〔関数—関数 $\boldsymbol{y=ax^2}$ と一次関数のグラフ〕

図1

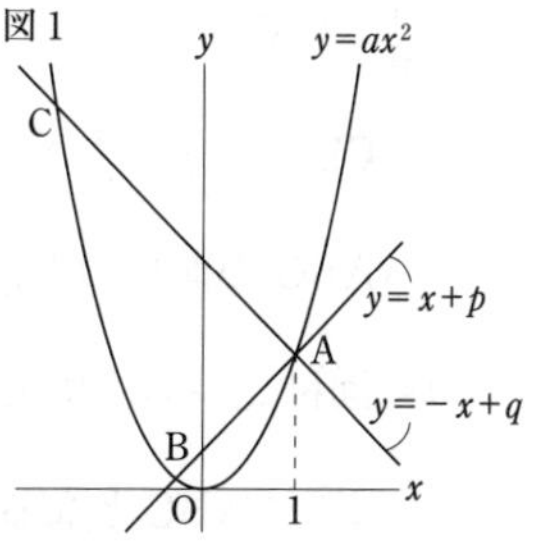

(5)＜x座標＞右図1で，点Aは放物線$y=ax^2$上にあり，x座標が1だから，$y=a\times1^2=a$より，A$(1,\ a)$である。点Bのx座標をtとすると，点Bも放物線$y=ax^2$上にあるので，$y=at^2$となり，B$(t,\ at^2)$となる。よって，直線ABの傾きは，$\dfrac{a-at^2}{1-t}=\dfrac{a(1-t^2)}{1-t}=\dfrac{a(1+t)(1-t)}{1-t}=a(1+t)$と表せる。直線ABの式が$y=x+p$より，傾きは1なので，$a(1+t)=1$が成り立つ。これを$t$について解くと，$1+t=\dfrac{1}{a}$，$t=\dfrac{1}{a}-1$となるので，点Bの$x$座標は$\dfrac{1}{a}-1$と表せる。

(6)＜切片＞右上図1で，(5)より，A$(1,\ a)$であり，点Aは直線$y=x+p$上にあるので，$a=1+p$より，$p=a-1$となる。

図2

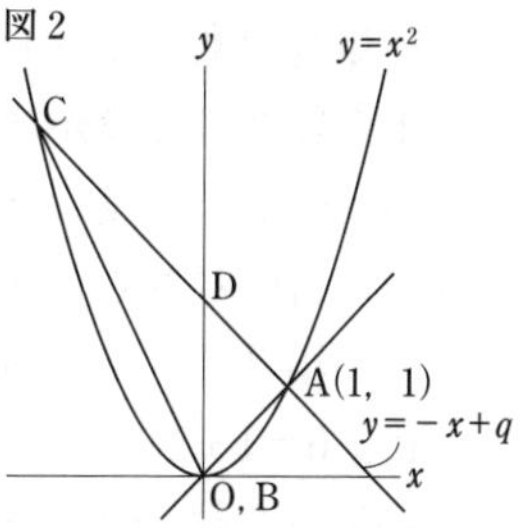

(7)＜面積＞$a=1$のとき，放物線の式$y=ax^2$は，$y=x^2$となる。また，(5)より，A$(1,\ 1)$であり，点Bのx座標は$\dfrac{1}{a}-1=\dfrac{1}{1}-1=0$となる。よって，右図2で，点Bは原点Oに一致する。直線$y=-x+q$はA$(1,\ 1)$を通るので，$1=-1+q$，$q=2$より，直線ACの式は$y=-x+2$となる。これより，点Cは放物線$y=x^2$と直線$y=-x+2$の交点だから，2式からyを消去して，$x^2=-x+2$，$x^2+x-2=0$，$(x+2)(x-1)=0$より，$x=-2$，1となり，点Cのx座標は-2である。ここで，直線$y=-x+2$とy軸との交点をDとすると，△ABC＝△AOC＝△AOD＋△CODである。△AOD，△CODの底辺をODと見ると，2点A，Cのx座標より，高さは，それぞれ1，2である。直線ACの切片より，D$(0,\ 2)$で，OD＝2だから，△AOD＝$\dfrac{1}{2}\times2\times1=1$，△COD＝$\dfrac{1}{2}\times2\times2=2$であり，△ABC＝1＋2＝3となる。

3〔平面図形—三角形〕

≪基本方針の決定≫(8)　高さが等しい三角形の面積比から，底辺の長さの比がわかる。

(8)<長さの比>右図で，2点B，Cから直線ADにそれぞれ垂線BH，CIを引くと，BH，CIはそれぞれ△ABP，△CAPの底辺をAPと見たときの高さに当たるから，△ABP：△CAP＝2：3より，BH：CI＝2：3となる。BH，CIはそれぞれ△BPDと△CPDの底辺をPDと見たときの高さでもあるから，△BPD：△CPD＝BH：CI＝2：3となる。よって，△CPD＝$\frac{3}{2+3}$△BCP＝$\frac{3}{5}$△BCPである。また，△BCP：△CAP＝4：3より，△CAP＝$\frac{3}{4}$△BCPである。△CAPと△CPDは底辺をそれぞれAP，PDと見ると，高さが等しいので，△CAP：△CPD＝AP：PDとなる。△CAP：△CPD＝$\frac{3}{4}$△BCP：$\frac{3}{5}$△BCP＝5：4となるから，AP：PD＝5：4である。

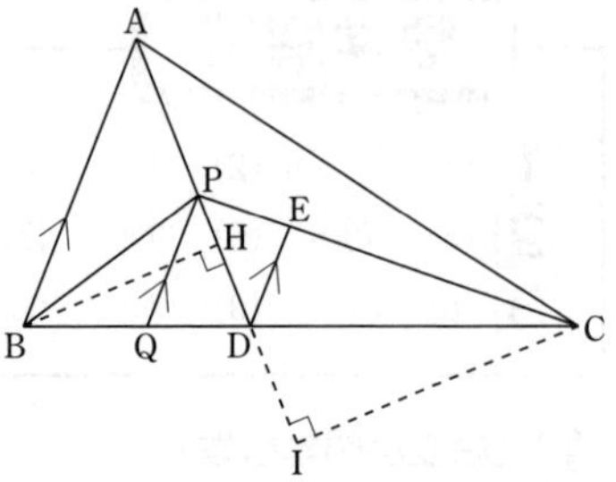

(9)<面積比>右上図で，点Pを通りABに平行な直線と辺BCとの交点をQとする。△BPD：△CPD＝2：3より，BD：DC＝2：3だから，DC＝$\frac{3}{2}$BDである。また，AB∥PQだから，(8)より，BQ：QD＝AP：PD＝5：4となり，QD＝$\frac{4}{5+4}$BD＝$\frac{4}{9}$BDとなる。よって，PQ∥EDより，PE：EC＝QD：DC＝$\frac{4}{9}$BD：$\frac{3}{2}$BD＝8：27となるので，△DEP：△CDE＝PE：EC＝8：27であり，△CDE＝$\frac{27}{8+27}$△CPD＝$\frac{27}{35}$△CPDとなる。△CAD：△CPD＝AD：PD＝(5＋4)：4＝9：4より，△CPD＝$\frac{4}{9}$△CADであり，△ABC：△CAD＝BC：DC＝(2＋3)：3＝5：3より，△CAD＝$\frac{3}{5}$△ABCだから，△CDE＝$\frac{27}{35}\times\frac{4}{9}$△CAD＝$\frac{27}{35}\times\frac{4}{9}\times\frac{3}{5}$△ABC＝$\frac{36}{175}$△ABCとなる。したがって，△CDEの面積は△ABCの面積の$\frac{36}{175}$倍である。

(10)<面積比>右上図で，(9)より，△DEP：△CDE＝8：27だから，△DEP＝$\frac{8}{27}$△CDE＝$\frac{8}{27}\times\frac{36}{175}$△ABC＝$\frac{32}{525}$△ABCとなる。よって，△DEPの面積は△ABCの面積の$\frac{32}{525}$倍である。

4〔データの活用―場合の数〕

《基本方針の決定》(12)　歩数で場合分けをする。　(14)　1歩で3段上ることが1回もない場合は，(12)である。1歩で3段上ることがある場合について考える。

(11)<場合の数>カードの数字は1，2で，引いたカードの数字の数だけ階段を1歩で上るので，1歩で上る段数は1段か2段となる。よって，ちょうど3段目まで上る上り方は，1段→1段→1段，1段→2段，2段→1段の3通りある。

(12)<場合の数>ちょうど6段目まで上るとき，6÷2＝3，6÷1＝6より，最も少ない場合で3歩，最も多い場合で6歩である。3歩で上る上り方は，2段→2段→2段の1通りある。4歩で上る上り方は，6＝1＋1＋2＋2より，1段上るのが2回，2段上るのが2回だから，1段→1段→2段→2段，1段→2段→1段→2段，1段→2段→2段→1段，2段→1段→1段→2段，2段→1段→2段→1段，2段→2段→1段→1段の6通りある。5歩で上る上り方は，6＝1＋1＋1＋1＋2より，1段上るのが4回，2段上るのが1回だから，1段→1段→1段→1段→2段，1段→1段→1段→2段→1段，1段→1段→2段→1段→1段，1段→2段→1段→1段→1段，2段→1段→1段→1段→1段の5通りある。6歩で上る上り方は，1段→1段→1段→1段→1段→1段の1通りある。よって，ちょうど6段目まで上る上り方は，1＋6＋5＋1＝13(通り)ある。

(13)<場合の数>1歩で上る段数は1段，2段，3段のいずれかとなる。ちょうど4段目まで上るとき，4

÷3=1あまり1，4÷1=4より，最も少ない場合で2歩，最も多い場合で4歩である。2歩で上る上り方は，1段→3段，2段→2段，3段→1段の3通りある。3歩で上る上り方は，1段→1段→2段，1段→2段→1段，2段→1段→1段の3通りある。4歩で上る上り方は，1段→1段→1段→1段の1通りある。よって，ちょうど4段目まで上る上り方は，3+3+1=7(通り)ある。

⒁＜場合の数＞ちょうど6段目まで上るとき，1歩で3段上ることが1回もない上り方は，⑿より，13通りある。1歩で3段上ることが1回あるとき，残りは6−3=3(段)だから，⑾のちょうど3段目まで上る上り方のどこかに，3段上ることが1回加わればよい。1段→1段→1段に3段上ることを1回加えると，3段→1段→1段→1段，1段→3段→1段→1段，1段→1段→3段→1段，1段→1段→1段→3段の4通りある。1段→2段に3段上ることを1回加えると，3段→1段→2段，1段→3段→2段，1段→2段→3段の3通りある。2段→1段に3段上ることを1回加えると，同様に3通りある。よって，1歩で3段上ることが1回あるとき，4+3+3=10(通り)ある。3段上ることが2回あるときは，3段→3段の1通りある。以上より，ちょうど6段目まで上る上り方は，13+10+1=24(通り)ある。

5 〔平面図形―円と二等辺三角形〕

≪基本方針の決定≫⒂　円の中心Oは，AH上にある。　⒃　2点A，CからBDに垂線を引いて，三角形の相似を利用する。

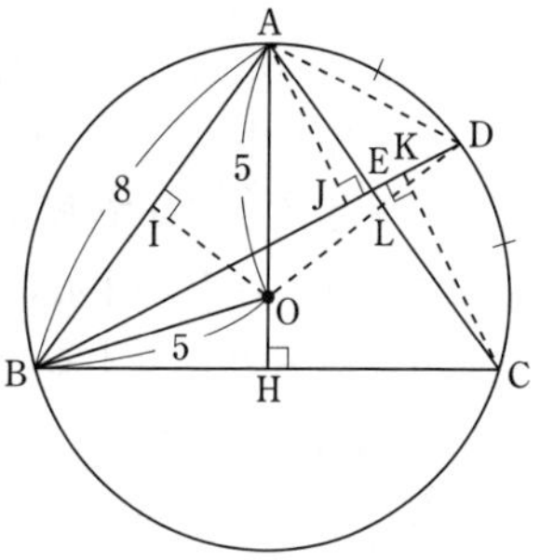

⒂＜長さ＞右図で，△ABCはAB＝ACの二等辺三角形だから，点Aから辺BCに引いた垂線AHは線分BCの垂直二等分線となる。これより，円の中心Oは，AH上にある。また，点Oから辺ABに垂線OIを引くと，∠AHB＝∠AIO＝90°，∠BAH＝∠OAIより，△ABH∽△AOIとなるから，AH：AI＝AB：AOである。点Iは辺ABの中点となるので，AI＝$\frac{1}{2}$AB＝$\frac{1}{2}$×8＝4であり，AH：4＝8：5が成り立つ。よって，AH×5＝4×8，AH＝$\frac{32}{5}$となるから，OH＝AH−AO＝$\frac{32}{5}$−5＝$\frac{7}{5}$である。

≪別解≫右上図で，2点O，Bを結び，OH＝xとする。AH＝AO＋OH＝5＋xなので，△ABHで三平方の定理より，$BH^2=AB^2-AH^2=8^2-(5+x)^2$となる。また，△OBHで三平方の定理より，$BH^2=OB^2-OH^2=5^2-x^2$となる。よって，$8^2-(5+x)^2=5^2-x^2$が成り立つ。これを解くと，$64-(25+10x+x^2)=25-x^2$，$64-25-10x-x^2=25-x^2$，$-10x=-14$，$x=\frac{7}{5}$となるので，OH＝$\frac{7}{5}$である。

⒃＜長さ＞右上図で，⒂より，AH＝$\frac{32}{5}$だから，△ABHで三平方の定理を用いて，$BH=\sqrt{AB^2-AH^2}=\sqrt{8^2-\left(\frac{32}{5}\right)^2}=\sqrt{\frac{576}{25}}=\frac{24}{5}$となり，BC＝2BH＝2×$\frac{24}{5}$＝$\frac{48}{5}$である。また，$\overset{\frown}{AD}=\overset{\frown}{DC}$より，∠ABD＝∠CBDである。2点A，CからBDにそれぞれ垂線AJ，CKを引くと，∠ABJ＝∠CBK，∠AJB＝∠CKB＝90°より，△ABJ∽△CBKとなるので，AJ：CK＝AB：CB＝8：$\frac{48}{5}$＝5：6となる。同様に，∠AJE＝∠CKE＝90°，∠AEJ＝∠CEKより，△AJE∽△CKEだから，AE：CE＝AJ：CK＝5：6となる。よって，AE＝$\frac{5}{5+6}$AC＝$\frac{5}{11}$×8＝$\frac{40}{11}$である。

⒄＜長さ＞右上図で，2点A，Dを結ぶと，$\overset{\frown}{AD}=\overset{\frown}{DC}$より，∠ABD＝∠EADであり，∠ADB＝∠EDAだから，△ABD∽△EADとなる。これより，BD：AD＝AD：EDである。点Oと点Dを結び，ODと辺ACの交点をLとすると，点Lは辺ACの中点となり，OD⊥ACである。AL＝$\frac{1}{2}$AC＝$\frac{1}{2}$×8＝

4となるから，(16)より，$EL=AL-AE=4-\frac{40}{11}=\frac{4}{11}$となる。また，△AOLで三平方の定理より，$OL=\sqrt{AO^2-AL^2}=\sqrt{5^2-4^2}=\sqrt{9}=3$となる。$OD=AO=5$だから，$DL=OD-OL=5-3=2$である。よって，△ADL，△EDLで三平方の定理より，$AD=\sqrt{AL^2+DL^2}=\sqrt{4^2+2^2}=\sqrt{20}=2\sqrt{5}$，$ED=\sqrt{EL^2+DL^2}=\sqrt{\left(\frac{4}{11}\right)^2+2^2}=\sqrt{\frac{500}{121}}=\frac{10\sqrt{5}}{11}$となる。したがって，$BD:2\sqrt{5}=2\sqrt{5}:\frac{10\sqrt{5}}{11}$が成り立つので，$BD\times\frac{10\sqrt{5}}{11}=2\sqrt{5}\times2\sqrt{5}$，$BD=\frac{22\sqrt{5}}{5}$となり，$BE=BD-ED=\frac{22\sqrt{5}}{5}-\frac{10\sqrt{5}}{11}=\frac{192\sqrt{5}}{55}$である。

6〔空間図形—球と三角柱〕

≪基本方針の決定≫(18)　球Aの中心を通る断面図で考える。　(19)　球A，Bの中心は一致する。

図1

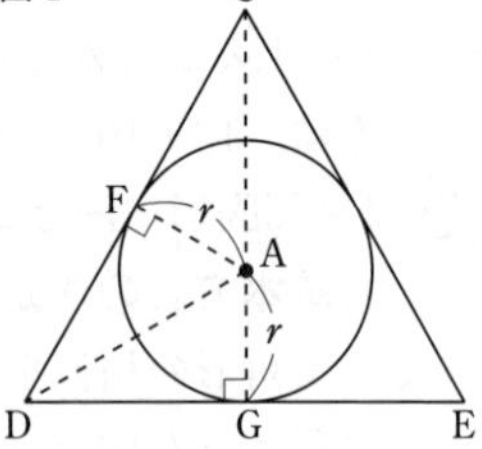

(18)＜長さ＞球Aの中心を通り，正三角柱の底面と平行な平面で球Aと正三角柱を切断したときの断面図は，右図1のようになる。図1で，正三角柱の断面となる△CDEは，正三角柱の底面の正三角形と合同な正三角形であり，球の断面となる円は△CDEの全ての辺と接する。円Aと辺CD，辺DEの接点をそれぞれF，Gとすると，△ADG≡△ADFより，$\angle ADG=\angle ADF=\frac{1}{2}\angle CDE=\frac{1}{2}\times60^\circ=30^\circ$となるから，△ADGは3辺の比が$1:2:\sqrt{3}$の直角三角形である。よって，$DG=\sqrt{3}AG=\sqrt{3}r$である。点Gは辺DEの中点となるから，$DE=2DG=2\times\sqrt{3}r=2\sqrt{3}r$となり，正三角柱の底面の正三角形の1辺の長さは$2\sqrt{3}r$である。

図2

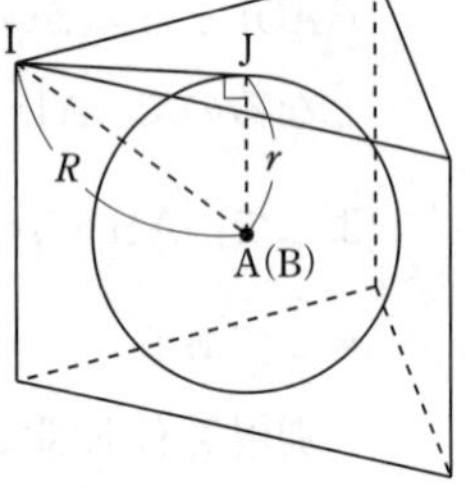

(19)＜長さ＞球Bの中心は，正三角柱の全ての頂点からの距離が等しい点であり，点Aと一致する。右図2のように，正三角柱の頂点の1つをI，球Aと底面の接点をJとする。線分JIの長さは右上図1の線分ADの長さと等しく，$AD=2AG=2r$より，$JI=AD=2r$である。また，$AJ=r$だから，△AJIで三平方の定理より，$AI=\sqrt{JI^2+AJ^2}=\sqrt{(2r)^2+r^2}=\sqrt{5r^2}=\sqrt{5}r$となる。よって，$R=\sqrt{5}r$である。

(20)＜体積＞(18)より，正三角柱の底面は，1辺の長さが$2\sqrt{3}r$の正三角形である。右上図1で，点Cと点Gを結ぶと，点Gが辺DEの中点より，△CDGは3辺の比が$1:2:\sqrt{3}$の直角三角形となる。これより，$CG=\sqrt{3}DG=\sqrt{3}\times\sqrt{3}r=3r$となるので，正三角柱の底面の面積は，$\triangle CDE=\frac{1}{2}\times2\sqrt{3}r\times3r=3\sqrt{3}r^2$となる。正三角柱の高さは，球Aの直径と等しいので，$2r$である。よって，正三角柱の体積は，$3\sqrt{3}r^2\times2r=6\sqrt{3}r^3$と表せる。正三角柱の体積が6のとき，$6\sqrt{3}r^3=6$が成り立つので，$r^3=\frac{\sqrt{3}}{3}$となる。したがって，球Bの体積は，$\frac{4}{3}\pi R^3=\frac{4}{3}\pi\times(\sqrt{5}r)^3=\frac{4}{3}\pi\times5\sqrt{5}r^3=\frac{4}{3}\pi\times5\sqrt{5}\times\frac{\sqrt{3}}{3}=\frac{20\sqrt{15}}{9}\pi$となる。

═読者へのメッセージ═

関数では座標を使いますが，この座標を発明したのは，フランスの哲学者，数学者のルネ・デカルト(1596～1650)です。彼は，部屋にいるハエの位置を表すのに座標を思いついたといわれています。

2024年度／川越東高等学校（単願・併願①）

国語解答

一 問1　A…ウ　B…エ　C…ア　D…エ　E…ア
問2　ウ　問3　エ　問4　イ
問5　エ　問6　イ　問7　ア
問8　ア　問9　ア　問10　イ
問11　エ

二 問1　イ
問2　A…ア　B…イ　C…エ
問3　ウ　問4　ア　問5　ア
問6　エ　問7　ウ　問8　エ

三 問1　ア　問2　イ　問3　ア
問4　ウ
問5　Ⅰ…イ　Ⅱ…ウ　Ⅲ…ウ　Ⅳ…イ　Ⅴ…ア　Ⅵ…ア

一〔論説文の読解―哲学的分野―哲学〕出典：信原幸弘『「覚える」と「わかる」』。

≪本文の概要≫知的徳が重要なはたらきをする人間の知的活動には，真理の探究と課題の解決がある。第一に，真理の探究についてである。知的徳の一つである「開かれた心」は，自分と異なる考えの人の意見を真摯に聞くことに加え，どの人のどのような意見を聞くべきか判断する力であり，正しい考えに至ることを可能にする。また，知識への純粋な知的欲求である「好奇心」は，真理の探究を促すだけでなく，基礎科学の成果が大きな実用的価値を生み出すように，人類の生存に大きく貢献している。第二に，課題の解決についてである。どのような知識が課題の解決に役立つかを知ること，つまり「メタ知識」が課題解決において重要である。どの知識が役立つかすぐにわかる課題には，知的徳は必要ないが，すぐにわからない場合，メタ知識を獲得するには，試行錯誤が必要である。「知的な粘り強さ」や「知的な忍耐力」といった知的徳を使い，試行錯誤を続け諦めず課題解決に取り組むことで，メタ知識を獲得できるようになる。

問1＜漢字＞A．「一概」と書く。アは「除外」，イは「感慨」，ウは「気概」，エは「該当」。　B．「至高」と書く。アは「視覚」，イは「志望」，ウは「制止」，エは「夏至」。　C．「従事」と書く。アは「従来」，イは「厳重」，ウは「拡充」，エは「優柔」。　D．「依存」と書く。アは，「維持」，イは「猛威」，ウは「経緯」，エは「依然」。　E．「発揮」と書く。アは「指揮」，イは「光輝」，ウは「軌跡」，エは「転機」。

問2＜接続語＞Ⅰ．生物学者が生物の複雑な生命活動を明らかにすることで，「作物の品種改良や病気の治療に役立つ」という実用的な目的が達成されることもあるが，生物学者としては「ただただ生命活動の実態を知りたいという純粋な好奇心から，知ろうとする」のである。　Ⅱ．「実用的な目的にもとづく研究」である応用科学が重要であることは言うまでもないが，真理の探究を「おもに担っているのは基礎科学」である。

問3＜語句＞「かまびすしい」は，やかましく騒ぎ立てるさま。

問4＜熟語の構成＞「後悔」と「仮定」は，上の漢字が下の漢字を修飾している熟語。「雷鳴」は，上の漢字が主語，下の漢字が述語になっている熟語。「納税」は，下の漢字が上の漢字の目的語になっている熟語。「救助」は，似た意味の漢字を組み合わせた熟語。

問5＜文章内容＞「開かれた心」とは，自分とは違う考えの他人の意見を真剣に聞くことだが，それだけでなく「どの人のどのような意見」に耳を傾ければ「真理の探究と課題の解決」につながるか，「それぞれの場合で個別に判断」する力のことである。

問6＜文章内容＞「好奇心」とは，何ら目的がなくてもただ知りたいという「純粋な知的欲求」であり，真理の探究を促すものである。仮に好奇心が無駄なものならば，人間は生き残ることができなかったかもしれないのに，結果的に人間が生き残ったのであるから，好奇心による「真理の探究」は，人間の生存にとって役に立つものだったということになる。

問７＜表現＞「世のなかを変えるような」大きな実用的価値は，実用的な価値の実現を目的としていない基礎科学からもたらされるといえる。「画期的」は，新しい時代を開くさま。

問８＜文章内容＞本庶氏は，実用的な目的を持たないにもかかわらず「目的外の価値を生み出す基礎科学」が社会において重要であるという強い思いを抱き，その思いを実現するために，基礎科学研究を行う若手研究者に「安定した地位と研究資金を提供」する基金を設立した。

問９＜文章内容＞コーヒーを運ぶという課題の場合は，「カップの傾きや通路の障害物の有無」によってカップを落とす危険性を予測でき，怖いといった情動を引き起こすから，「カップの傾きや通路の障害物の有無」が，課題遂行に役立つ知識だとすぐにわかってしまう。「知的な粘り強さ」や「知的な忍耐力」といった知的徳は，「どの知識が役立つかがすぐにはわからない」課題の場合に必要となるのである。

問10＜四字熟語＞試行錯誤とは，「真っ暗闇のなかでどこへ向かって進んでいるのかもわからないまま」失敗し続け，不安にさいなまれながらも，光を探して「とにかく動き回る」ことである。「暗中模索」は，暗がりの中で手探りをして求めるという意味から転じて，手がかりのないものをあれこれ考えたりやってみたりすること。「急転直下」は，物事の事態が突然変化して，一気に結末へ向かうこと。「疑心暗鬼」は，疑う気持ちがあると，どんなことでも疑わしく見えてしまうこと。「牽強付会」は，自分に都合がよいように，強引に理屈をこじつけること。

問11＜要旨＞知識の獲得につながる真理の探究においては，場合に応じてどのような意見を真摯に聞くべきか判断する力である「開かれた心」と，知識へのひたすらな欲求である「好奇心」という知的徳が，重要なはたらきをしている(ア…×)。本庶佑氏は，社会における基礎科学の重要性を意識し，ノーベル賞の賞金をもとに，基礎科学の若手研究者を支援するための基金を設立した(イ…×)。「生後に取得した善の意識」である知的徳は(ウ…×)，「真理の探究」による新たな知識の獲得や，知識の活用による「課題の解決」において重要なはたらきをしたり，「知的な粘り強さ」や「知的な忍耐力」によって試行錯誤し課題に向き合っていくことを可能にしたりする(エ…○)。

二〔小説の読解〕出典：梨木香歩『サルスベリ』(『家守綺譚』所収)。

問１＜品詞＞「その」は，連体詞。「あまり」と「まるで」と「もう」は，副詞。

問２．Ａ＜慣用句＞「渡りに船」は，必要なものや条件が，都合よくそろうこと。　Ｂ＜語句＞「ことなげ」は，何事もないように平然と行うさま。「泰然自若」は，落ち着いて物事に動じないさま。　Ｃ＜語句＞「迂闊」は，心が行き届かずうっかりしていること。

問３＜文章内容＞自分がやるべき仕事は「物書き」だからと正職員への紹介を断った「私」を，校長は，物書きとして生活できず非常勤講師をしているくせにと馬鹿にしており，「お見それいたしまして」などと表面的に「私」を敬った言葉づかいを示しても，見下している態度は明らかだった。

問４＜心情＞留守宅の管理で収入を得ても，英語学校での非常勤講師を続けた方が暮らしは楽になるが，「私」は，自分の本分はあくまでも物書きであるから，収入が少しでもあれば全ての時間を物書きとしての仕事に使うという意思を，かたくなに貫いた。

問５＜文章内容＞「私」が居住するようになってから，植木屋に庭木をせん定させなかったため，「かろうじて生きている」状態のサルスベリが，これまでになく「隆盛に咲いて」いる。「私」は，サルスベリが咲いたことを，自分が何もしなかったことの「功績」だとしている。

問６＜文章内容＞「私」は，物書きとしてなかなか芽が出ないが，サルスベリに「私の作品を読み聞かせたら，幹全体を震わせるようにして」喜んでいるように思い，物書きになるための努力を「腐らずに細々とでも続けるように」と応援してくれているように感じた。「私」は，感謝の気持ちからサルスベリに肥料をあげ，来年は「程々に花を咲かして」ほしいと思った。

問７＜文章内容＞「私」は，庭の手入れについて好きなようにしてよいと言われても，「全く手を入れるということはしなかった」り，雨戸を立てなければならないのに「横着をして万年床に潜り込んだ」りしている。「私」には，自分から主体的に何かやろうという意欲が欠けているのである。

問８＜表現＞「……ふむ。」の「……」という記号は，「サルスベリのやつが，おまえに懸想をしている」という高堂の言葉を聞いて私が一瞬考え込んでいる様子を示している。考えた後，サルスベリに思われるようになったきっかけに思い当たったのである。「ふむ」という言葉に，高堂の意見に納得している「私」の気持ちが表現されている(エ…×)。

三〔国語の知識〕

問１＜語句＞「コンテクスト」は，文章において語の意味を決定する前後の関係，またはある物事に関係する背景のこと。

問２＜語句＞「ロジック」は，論理のこと。「モチーフ」は，文学や美術などの主要な思想や題材のこと。「ニュアンス」は，言葉や感情などの微妙な意味合いのこと。「オノマトペ」は，擬声語や擬態語のこと。

問３＜語句＞「マイノリティ」は，少数派のこと。対義語は「マジョリティ」で，多数派のこと。「オーソリティ」は，権威，あるいは権威のある人のこと。「コミュニティ」は，同じ地域に住むなど結びつきを持った共同体のこと。「アイデンティティ」は，自分が過去から連続する同一の自分であること。

問４＜語句＞「お年寄りはテレビの音を大きくする」を前提としても，テレビの音を大きくする人がお年寄りであるとはいえないから，隣の家のテレビの音がいつも大きいからといって，必ずしもお年寄りが住んでいるとはいえない。

問５≪通釈≫🄰奥深い山に，紅葉の葉を踏みわけて鹿の鳴き声を聞くときは，秋が心にしみて悲しく感じられる(猿丸大夫)。　🄱私の庵《いおり》は都の南東にあって，このように平穏に住んでいるのに，世を憂きものと思って住む宇治(憂し)山だと，世の中の人は言っているということだ(喜撰法師)。

Ⅰ＜古典文法＞「鹿の声」と「若葉の梢」の「の」は，連体修飾格で，～の，という意味を表す。「雪のおもしろう降りたり」と「月のいでたらむ」の「の」は，主格で，～が，という意味を表す。「唐のはさらなり」の「の」は，体言の代用で，～のもの，～のこと，という意味を表す。　Ⅱ＜古典文法＞係助詞「ぞ」があるため，係り結びの法則により，文末は連体形となる。「かなしき」は，シク活用の形容詞「かなし」の連体形。　Ⅲ＜古典の知識＞十二支で表した方角で辰と巳の間である「辰巳」は，南東を示す。　Ⅳ＜漢文の内容理解＞「冷し」は，ここでは「さむし」と読み，🄰の「かなしき」に通じる。結句では，友も酒もなく心が寂しいと読んでいる。「かなし」は，ここでは切なく悲しい，という意味。　Ⅴ＜和歌の技法＞宇治山の「うじ」と，つらい，という意味の「憂し」という同音異義語を利用し，「うぢ」という言葉に二つの意味を持たせた，掛詞が用いられている。　Ⅵ＜和歌の内容理解＞「しか」は，「然」と書き，このように，という意味。「しかぞ住む」は，都から離れてこのように(心静かに)住んでいる，という意味。

2024年度 川越東高等学校（併願②）

〔注〕 この問題は，1月25日に実施された併願②受験者用のものです。

【英　語】 （50分）〈満点：100点〉

（注意） 解答はすべて一つ選び，解答用紙の所定の欄にマークすること。

1 次の英文を読んで設問に答えなさい。

What's your favorite classic? If I ask this question, most people will think I'm talking about a famous book or movie. But how about TV commercials? There are some commercials that people never forget, and they even have famous ①<u>lines</u> that live on and on.

I remember one such commercial from my childhood. It still makes me laugh when I think about it. A woman and her grown daughter are in the kitchen. The daughter is cooking, and the mother is trying to help her. It's *obvious that the daughter doesn't want any help, but the mother is just being nice. Finally, the daughter loses her temper. She turns to her mother and says in (　②　) voice, "Mother, please, I'd rather do it myself!" The mother's face has a shocked and very hurt look.

[　A　] This is an *aspirin commercial. After the daughter yells at her mother, she takes two aspirin, and she feels much better. She's friendly and kind to everyone in her family, including, of course, her mother.

[　B　] Does this sound like the kind of commercial that would become a classic? Maybe not, because it's so simple. But it's also unforgettable and people loved it.

[　C　] For one thing, the situation and the acting were *exaggerated, which made it funny. But I think the main reason for its popularity was the line "I'd rather do it myself." Haven't we all been in a similar situation before? Somebody is trying to help us and is being very kind, but, actually, we don't want their help. We really want to say, "Please, I'd rather do it myself!", but we can't. If we ③<u>did</u>, it would be rude and we would probably feel guilty. So in this commercial, we can experience the pleasure of someone actually saying what we would like to say but can't. And we don't have to feel guilty!

[　D　] Sometimes Americans who have lived in Japan a long time find themselves in this kind of situation. We're often treated with great kindness, like important guests in a foreign country. ④<u>This</u> can be wonderful when you first come to Japan. At least it was for me. My "hosts" did almost everything for me, like finding an apartment and opening a bank account. I was grateful because at the time I couldn't speak Japanese and I needed the help.

But some long-term *residents take pride in being able to take care of themselves. After all, "*self-reliance" and "*independence" are typical American values that many of us are taught from childhood. We may feel (⑤-a) if other people try to do too much for us. It feels (⑤-b) to be able to buy your own train ticket, order in a restaurant, or communicate in Japanese. If someone tries to do these things for us, some of us may want to say, "Please, I'd rather do it myself!"

I remember one situation when I felt like this. A friend and I decided to take a taxi together even though we were going to different places. When the taxi driver stopped to let her out, she stayed in the taxi and explained to him in detail where I was going. I really wanted to tell him myself! It seems a little silly now when I think of it, but I guess my pride was hurt.

I suppose the next time I find myself in a situation when I feel like saying, "Please! I'd rather do it myself!", I should just (⑥), relax, and appreciate the kindness of strangers and friends.

〔注〕 obvious：明らかな　aspirin：アスピリン(解熱鎮痛薬の一つ)
exaggerate ～：～を大げさに言う　resident：居住者　self-reliance：自立心
independence：独立心

1．下線①の意味として最も適当なものを選びなさい。
ア．短い手紙　イ．路線　ウ．せりふ　エ．電話線

2．(②)に入る最も適当なものを選びなさい。
ア．a kind　イ．an angry　ウ．a gentle　エ．a small

3．下線③の内容として最も適当なものを選びなさい。
ア．tried to be very kind　イ．tried to help others
ウ．did it ourselves　エ．said, "Please, I'd rather do it myself!"

4．下線④の内容として最も適当なものを選びなさい。
ア．言いたいと思っていても言えないことを言うこと。
イ．アメリカ人が長期にわたって日本に住むこと。
ウ．自分の力で部屋を探したり，銀行口座を開設したりすること。
エ．日本人に親切にしてもらうこと。

5．(⑤-a)，(⑤-b)に入る語の組み合わせとして最も適当なものを選びなさい。
ア．⑤-a：uncomfortable　⑤-b：good
イ．⑤-a：uncomfortable　⑤-b：uncomfortable
ウ．⑤-a：good　⑤-b：good
エ．⑤-a：good　⑤-b：uncomfortable

6．(⑥)に入る最も適当なものを選びなさい。
ア．do it myself　イ．have a cup of coffee
ウ．say, "Please, I'd rather do it myself!"　エ．take a couple of aspirin

7．［A］～［D］のいずれかに次の文を入れるとき，最も適当なものを選びなさい。
Why was this commercial so amusing?
ア．［A］　イ．［B］　ウ．［C］　エ．［D］

8．本文の内容と一致するものを選びなさい。
ア．The writer always laughs when she sees the aspirin commercial because it makes her remember her childhood.
イ．In the aspirin commercial, the daughter's mother just watches her daughter cooking in the kitchen.
ウ．When the writer first came to Japan, some Japanese were so kind that she felt thankful.
エ．In the taxi, the writer told the driver where she wanted to go.

2　次の英文を読んで設問に答えなさい。

王女Elisaは，父の国王，兄の王子たちと幸せに暮らしていましたが，国王の再婚をきっかけに幸せな暮らしは一変しました。あるとき，意地悪く，嫉妬深い王妃に王子たちは魔法で姿を変えられ城から追放されてしまいました。

When Elisa learned about her brothers, she ran away from the king's house. She cried for hours.

She walked for days. She did not use her eyes — she followed her love for her brothers. 'One day I will find them,' she thought. And her love took her near their home by the great sea.

Night came and Elisa fell asleep under a tree. All night the fairies watched her and no dangerous animal came near her. The next morning she walked again. She met ⑨an old woman.

'What are you doing here ? Can't a brother or friend help you ?' asked the old woman. She gave Elisa some good food.

Elisa told her the story of her brothers. 'I am looking for ten fine princes on ten white horses,' she said. 'Do you know of them ?'

'Ten princes ?' said the woman. 'No, but I saw ten white birds this morning. They had gold feet and jewels for eyes. Perhaps they were princes. They were by the river.'

She took Elisa to the river. Elisa followed the river to the great sea. She saw ten fine white birds. Their gold feet and jewel-eyes shone in the sun. All round her Elisa saw pretty flowers and beautiful trees.

Elisa built ⑩a small house from sticks. She found flowers and put them round the walls. When she came back, she found bread, eggs and fish near the door.

That night her brothers came to her. She cried. 'Don't be sad,' they said. 'We'll tell you some stories.' Their stories were funny and after a time she smiled. Then she laughed.

When it was late, the brothers flew up into a tree. 'Sleep well, Elisa,' they said. 'We are watching you.'

In her sleep, Elisa saw the old woman again. Now she was a beautiful fairy.

'Do you want to help your brothers ?' she asked.

'Yes !' cried Elisa. 'Of course !'

'Are you strong ?'

'Yes ! I am strong.'

'Then listen to my words and follow them. There are gold flowers near your little house. Take some home and put them in water from the river. Wash them many times and then make them into coats. Ten coats of gold flowers, one for each brother.

'But remember these things : First, only *you* can make the coats. Second, you can only speak after you finish them. Don't speak before that, or your brothers will die. Can you do these things ?'

'Yes,' answered the princess in her sleep, and she woke up. She looked outside her door and saw the gold flowers. She followed the fairy's words and she worked all day. When the sun went down, her fingers hurt. Her brothers came that night, but she did not speak to them.

'Why are you not speaking ?' they asked. 'Is this the work of a bad fairy ?' She showed them her work. She made a picture of ten coats on the ground with her finger. Then they understood — her work was for them. She worked and worked. Her brothers watched her.

After two or three weeks, six coats were ready. Then one day, when she was by the river, a dog suddenly appeared. It jumped at her. Then other dogs came. They made a great noise and ran round her. A man came through the trees on a fine white horse, with many men behind him. Elisa looked at this man and she loved him.

'Who are you ?' he asked her. 'Nobody lives here. Where are you from ?' Elisa could not answer him. 'I am the king of a great country behind those mountains,' he told her. 'I often come here with my dogs and horses.'

He came every day and spoke to Elisa. They walked by the river and he told her about his life. He loved her and he wanted her to be his queen. But why did she not speak ? She only spoke to him with her eyes.

In the end, he asked her, 'Will you be my queen ?' ⑪Poor Elisa started to cry. She ran to the gold flowers.

'We will take the gold flowers and your work to my house. You can work there. Will you come ?' She could not say no, because she loved him.

So Elisa and the king took the flowers and the coats — there were (⑫) now — to his country. Her brothers were sad, but each day they flew high above the king's house.

The king had a jealous younger brother. ⑬He wanted to [die / he / his brother / wanted / and / to / king / be]. When the king married, he was angry. 'Now the king will have a son,' he thought, 'and I will never be king.' The king could not see inside his jealous brother's head. Because *he* was good and kind, everybody was good and kind.

One day the king had to leave the city for many days. He had to visit an important king in another country. The queen stayed at home and worked on her coats. Now she had nine. But she had no more flowers. She looked everywhere (⑭) the gold flowers. Then she found some flowers in a bad place. The people of the city threw their dead animals there.

'I cannot go there in daylight,' thought the queen. 'People will see me. They will not understand and I cannot tell them.' So she waited for night. Then she went out and got some flowers.

The king's younger brother saw the queen that night. He followed her and watched her. He waited the next night and followed her again. 'Now I have ⑮a plan,' he thought. He followed her for five nights. The next night he called the great men and women of the city to a place outside the city walls.

'Why are we meeting in the dark ?' they asked.

'You will see,' he answered. 'You will learn something about your queen. Now, everybody, be quiet. Wait here with me and watch. What does our lovely queen do every night when the king is away ? What do you think ?'

A little time later, the queen appeared and got the flowers. She started to walk home, but the king's brother ran after her. He caught her arm. 'See !' he cried to the people. 'She is a bad woman. She uses the flowers for bad magic. She plans to kill our dear king, my brother. Why do you think she never speaks ? Because she can only say magic words !'

People shouted, 'Kill her !', 'Put her on a fire !' And the king's brother said, 'Let's kill her before the king comes back. Or *she* will kill *him* !' He took the queen back to her room.

'Tomorrow,' he said to her before he closed the door, 'you will die !'

9．下線⑨の説明として最も適当なものを選びなさい。

ア．The old woman was looking for a man who would get married to Elisa.

イ．The old woman didn't know where Elisa's brothers were, but she gave Elisa some ways to find them.

ウ．The old woman envied Elisa, so she took Elisa's voice away by magic.

エ．The old woman thought that Elisa's brothers felt cold, so she advised Elisa to make coats for them.

10．下線⑩の指すものとして最も適当なものを選びなさい。

ア. Elisa's house　　イ. Elisa's brothers' house
ウ. an old woman's house　　エ. a fairy's house

11. 下線⑪に関する英語の質問の答えとして最も適当なものを選びなさい。
Why did Elisa start to cry?
ア. Elisa felt happy about the king's proposal, but she didn't have the confidence to be the queen.
イ. Elisa felt happy about what the king said, but she had to stay there to save her brothers.
ウ. Elisa felt sad to hear that she had to get married to the king.
エ. Elisa felt ridiculous about the king's proposal, which was far from realistic.

12. (⑫)に入る最も適当なものを選びなさい。
ア. three　イ. five　ウ. eight　エ. ten

13. 下線⑬を意味が通るように並べ換えるとき, [ ]内で2番目と7番目に来る語(句)の組み合わせとして最も適当なものを選びなさい。
ア. 2番目：king　7番目：to
イ. 2番目：and　7番目：be
ウ. 2番目：his brother　7番目：die
エ. 2番目：die　7番目：and

14. (⑭)に入る最も適当なものを選びなさい。
ア. into　イ. over　ウ. after　エ. for

15. 下線⑮の内容として最も適当なものを選びなさい。
ア. to help the queen to get flowers
イ. to let the king know the queen's strange behavior
ウ. to catch and kill the queen
エ. to save the king from the bad queen

16. 本文の内容と一致するものを選びなさい。
ア. Elisa would die if she spoke before she finished making all the coats for her brothers.
イ. Elisa's brothers knew from the beginning why Elisa didn't talk to them.
ウ. Elisa's brothers helped Elisa to gather flowers and make their coats.
エ. Elisa went to take flowers secretly one night, but she was seen by the king's brother.

3 次の2つの会話文A, Bを読んで設問に答えなさい。

A

Karen : Greg, when is Sheila's birthday? Is it this week?
Greg : Yeah, it's this Saturday, the twenty-eighth.
Karen : (⑰) see her on her birthday. Are you two doing anything?
Greg : Well, yes, we have tickets to a concert at Carnegie Hall.
Karen : What time does it start?
Greg : It starts at 8:00.
Karen : Hmmm . . . I'm afraid I can't make it by then. I have to work late on Saturday. Hold on . . . I have an idea. What time does the concert end?
Greg : Pretty late. Probably around half-past eleven.
Karen : Well, (⑱-a) going to the Cafe Alfredo for some coffee and birthday cake (⑱-b) the concert? I'll meet you there.

Greg : Well, what time does the cafe close?

Karen : It's open until at least 1:00.

Greg : OK, Karen. We'll see you then!

17. (⑰)に入る最も適当なものを選びなさい。

ア. I don't have to　　イ. I'd really like to

ウ. I really feel like　　エ. I'm looking forward to

18. (⑱-a), (⑱-b)に入るものの組み合わせとして最も適当なものを選びなさい。

ア. ⑱-a : how about　⑱-b : after

イ. ⑱-a : how about　⑱-b : before

ウ. ⑱-a : how is it　⑱-b : after

エ. ⑱-a : how is it　⑱-b : before

19. 本文の内容と一致するものを選びなさい。

ア. Sheila's birthday is this Saturday, and she will be 28 years old.

イ. Greg made an appointment with Sheila before he talked with Karen.

ウ. Karen asked Greg to go to the concert at Carnegie Hall with Sheila.

エ. Karen will meet Greg and Sheila at the Cafe Alfredo at 1:00.

B

Announcer : National Flight 294 to Miami is delayed (⑳) severe weather conditions. Please stand by for additional information.

Maria : Oh no! I hate these long delays!

Jim : I know. I can't wait to get home. I've been on a business trip for a month. I really miss my family.

Maria : A month is a long time to be away. Do you have any children?

Jim : I have three. Two boys and ㉑a girl. Would you like to see a picture?

Maria : Oh, how nice! Now, who's this?

Jim : This is Judy, my oldest. She's twenty-four.

Maria : Is she married?

Jim : Yes, she is. And these are my two sons, Jamie and Julian.

Maria : How old are they?

Jim : Jamie is twenty-one. He's in college now. Julian is seventeen, and that's my wife, Beth, next to my daughter.

Maria : Well, you certainly have a lovely-looking family.

Jim : Thank you. So, tell me about your family.

Maria : My husband and I have a son, Tim.

20. (⑳)に入る最も適当なものを選びなさい。

ア. because　　イ. due to

ウ. instead of　　エ. without

21. 下線㉑の説明として最も適当なものを選びなさい。

ア. Her older sister is Judy.

イ. She is Jim's older sister.

ウ. She is married and has two children.

エ. Her mother's name is Beth.

22. 本文の内容と一致するものを選びなさい。

ア．Maria and Jim decided to change their reservation to a later flight.

イ．Maria asked Jim to show his family's picture.

ウ．Jamie is the middle child of three, and he goes to college.

エ．Julian stands in front of his mother in the picture.

4　次の各文章中の（　）に入る最も適当なものを選びなさい。

23. In many ways, (　　) are helpful. First, they are fast. They work with information much more quickly than a person can. Second, (　　) can work with lots of information at the same time. Third, they keep information for a long time. They do not forget things the way people do.

ア．computers　　イ．cars

ウ．dictionaries　　エ．newspapers

24. Galileo is famous for his study of how things fall. He was the first person to do experiments about this problem. Before, people thought that heavy things always fell faster than light things. He found out that this was not true. He took a heavy ball and a light ball and he dropped them both from a high place. They fell at the same speed. This meant that (　　) is not important.

ア．weight　　イ．climate

ウ．height　　エ．speed

5　次の各文で誤りがある箇所を選びなさい。

25. It(ア) began to rain(イ) early in the morning(ウ), but it stopped to rain(エ) in the evening.

26. The boy in(ア) the red T-shirt was(イ) laying(ウ) on the ground and sleeping(エ).

6　日本語に合うように［　］内の語を並べ換えて英文を作るとき，下線の語は［　］内で数えて何番目に来ますか。ただし，文頭の語も小文字で始めてあります。

27. この虫は英語で何と呼ばれているか知っていますか。

［is / what / this / called / you / do / insect / in / know］English ?

ア．５番目　　イ．６番目　　ウ．７番目　　エ．８番目

28. とても暑いので何か冷たい飲み物をください。

Please［cold / too / it's / something / give / because / drink / to / me］hot.

ア．３番目　　イ．４番目　　ウ．５番目　　エ．６番目

29. 私たちが環境を保護することは非常に重要なことです。

It［for / protect / very / us / to / environment / is / our / important］.

ア．４番目　　イ．５番目　　ウ．６番目　　エ．７番目

30. 日本では春が最も美しい季節だと思います。

［the / spring / in / season / I / beautiful / is / most / think］Japan.

ア．１番目　　イ．４番目　　ウ．５番目　　エ．８番目

7　次のＡ，Ｂの設問に答えなさい。

Ａ．次の定義に当てはまる最も適当なものを選びなさい。

31．to rest while you are doing something enjoyable, especially after work or effort

ア．receive　　イ．relax　　ウ．remember　　エ．return

32．a person whose job is to take care of sick or injured people, usually in a hospital

ア．nurse　　イ．police　　ウ．lawyer　　エ．author

33．a very large animal with thick grey skin, large ears and a long nose called a trunk

ア．giraffe　　イ．mouse　　ウ．rabbit　　エ．elephant

Ｂ．次の各文の（　）に入る最も適当なものを選びなさい。

34．I have to finish my homework (　　) the end of next week.

ア．until　　イ．by　　ウ．in　　エ．within

35．"(　　) I wash your car ?"　"No, thank you."

ア．Shall　　イ．Will　　ウ．Have　　エ．How

【数　学】（50分）〈満点：100点〉

（注意）　解答はすべて一つ選び，解答用紙の所定の欄にマークすること。

1　次の各問いに答えなさい。

(1)　$\left(\dfrac{4y}{3x}\right)^3 \div \left(-\dfrac{6}{xy}\right)^2 \times \left(\dfrac{3}{2x^2y}\right)^4$ を計算しなさい。

解答群　(ア)　$-\dfrac{y}{6x^9}$　(イ)　$-\dfrac{432}{x^{13}y^3}$　(ウ)　$-\dfrac{y}{3x^9}$

(エ)　$\dfrac{72}{x^{13}y^3}$　(オ)　$\dfrac{432}{x^{13}y^3}$　(カ)　$\dfrac{y}{3x^9}$

(2)　連立方程式 $\begin{cases} 0.15x+0.2y=1 \\ \dfrac{1}{4}x-\dfrac{1}{3}y=2 \end{cases}$ を解きなさい。

解答群　(ア)　$x=\dfrac{26}{3}$，$y=\dfrac{1}{2}$　(イ)　$x=2$，$y=3$

(ウ)　$x=-\dfrac{22}{3}$，$y=-\dfrac{23}{2}$　(エ)　$x=4$，$y=2$

(オ)　$x=\dfrac{22}{3}$，$y=-\dfrac{1}{2}$　(カ)　$x=-4$，$y=-9$

(3)　$4x^2-4y^2-8x+4$ を因数分解しなさい。

解答群　(ア)　$4(x+y-1)(x-y-1)$

(イ)　$4(x+y+1)(x-y+1)$

(ウ)　$(x+y-1)(x-y-1)$

(エ)　$(x+y+1)(x-y+1)$

(オ)　$(2x+2y-1)(2x-2y-1)$

(カ)　$(2x+2y+1)(2x-2y+1)$

(4)　右図は正四角錐の展開図である。正四角錐の底面の１辺の長さは２，側面の二等辺三角形の底辺に対する高さは２である。

この正四角錐の体積を求めなさい。

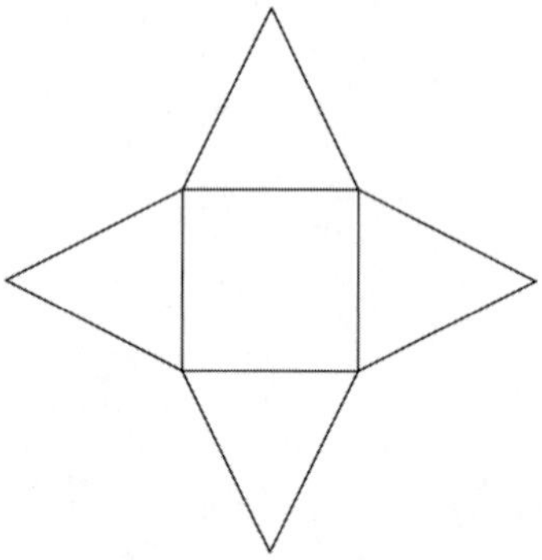

解答群　(ア)　$\dfrac{4\sqrt{2}}{3}$　(イ)　$\dfrac{4\sqrt{3}}{3}$　(ウ)　$\dfrac{4}{3}$

(エ)　$4\sqrt{3}$　(オ)　8　(カ)　4

2　右図のように，放物線 $y=\dfrac{1}{3}x^2$ 上に x 座標が正である点A$\left(a,\ \dfrac{1}{3}a^2\right)$をとる。点Aを通り x 軸に平行な直線と放物線の交点のうち，点A以外の点をBとし，２点B，Aから x 軸にそれぞれ垂線BC，ADをひく。

四角形ABCDが正方形となるとき，次の各問いに答えなさい。

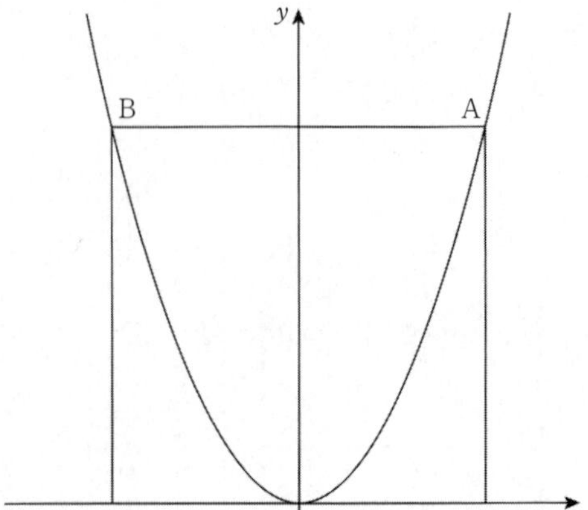

(5)　a の値を求めなさい。

解答群　(ア)　$\sqrt{3}$　(イ)　3　(ウ)　6

(エ)　$\sqrt{6}$　(オ)　$\dfrac{2}{3}$　(カ)　$\dfrac{\sqrt{6}}{3}$

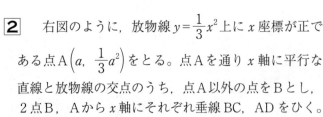

(6) 点Aを通り線分BOに垂直な直線 l と放物線の交点のうち，点A以外の点をEとする。点Eの x 座標を求めなさい。

解答群 (ア) $\dfrac{3-2\sqrt{3}}{4}$ (イ) $\dfrac{3-6\sqrt{3}}{4}$ (ウ) -1 (エ) -5 (オ) $-\dfrac{18}{5}$ (カ) $-\dfrac{9}{2}$

(7) (6)のとき，△OAEの面積を求めなさい。

解答群 (ア) $\dfrac{189}{4}$ (イ) $\dfrac{216}{5}$ (ウ) $\dfrac{135}{4}$ (エ) $\dfrac{81}{4}$ (オ) $\dfrac{81}{5}$ (カ) $\dfrac{63}{8}$

(8) (6)のとき，直線 l と y 軸の交点をFとし，△OAFを y 軸を軸として1回転させてできる立体の体積を V_1，△OEFを y 軸を軸として1回転させてできる立体の体積を V_2 とする。2つの立体の体積の比 $V_1 : V_2$ を求めなさい。

解答群 (ア) 256：81 (イ) 25：9 (ウ) 16：9
(エ) 64：27 (オ) 100：27 (カ) 400：27

3 K市の中学生から希望者を募りコンテストが行われた。コンテストには，競技種目がA，B，Cの3種目あり，各種目ごとに予選，本選を経て入選者を決める。コンテストの参加者は，全員が3種目すべてに参加した。

予選を通過し，本選に進んだのは
種目Aでは，男子の32％，女子の16％
種目Bでは，男子の8％，女子の24％
種目Cでは，男子と女子合わせて m 人
であった。

本選で入選したのは
種目Aの予選通過者の5％
種目Bの予選通過者の25％
種目Cの予選通過者の20％
であった。

種目Bの入選者は，種目Aの入選者より24人多く，種目Cの入選者より22人少なかった。入選者には，種目ごとに記念メダルが1つずつ与えられ，その総数は103個であった。

次の各問いに答えなさい。

(9) 種目Bの入選者数を求めなさい。

解答群 (ア) 11人 (イ) 19人 (ウ) 25人 (エ) 35人 (オ) 41人 (カ) 57人

(10) 種目Cの予選通過者数を求めなさい。

解答群 (ア) 114人 (イ) 175人 (ウ) 228人 (エ) 285人 (オ) 875人 (カ) 1140人

(11) このコンテストの男子の参加者数と女子の参加者数を求めなさい。

解答群 (ア) 男子475人，女子425人 (イ) 男子425人，女子475人
(ウ) 男子625人，女子375人 (エ) 男子375人，女子625人
(オ) 男子525人，女子575人 (カ) 男子575人，女子525人

(12) 後日，男子の参加者数，女子の参加者数をそれぞれ(11)の2倍にして種目Cだけを再度行った。すると予選通過者数も(10)の2倍となった。このとき予選を通過し，本選に進んだのは男子の x ％，女子の y ％であった。x，y がともに25以上の整数であるとき，y の値を求めなさい。

解答群 (ア) 26 (イ) 28 (ウ) 38 (エ) 43 (オ) 57 (カ) 60

4 　右図のような平行四辺形ABCDがある。辺ABを2：3に分ける点をE，辺BCを3：1に分ける点をF，辺CDを3：1に分ける点をGとし，線分EFとBGの交点をHとする。

次の各問いに答えなさい。

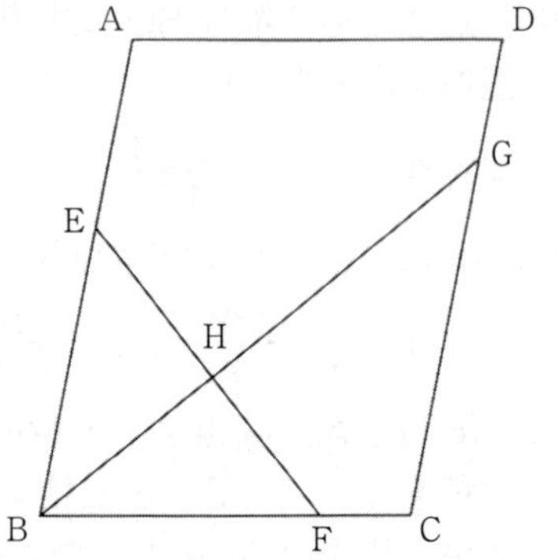

⒀　BH：HGを求めなさい。

解答群　(ア)　2：3　(イ)　3：5　(ウ)　4：5

(エ)　4：7　(オ)　12：17　(カ)　12：19

⒁　EH：HFを求めなさい。

解答群　(ア)　12：13　(イ)　15：16　(ウ)　13：15

(エ)　13：12　(オ)　16：15　(カ)　1：1

⒂　△BEHと△FGHの面積の比を求めなさい。

解答群　(ア)　48：91　(イ)　64：95　(ウ)　13：21

(エ)　4：5　(オ)　5：8　(カ)　52：105

5 　右図のような長方形ABCDと，半径が8の円O_1，半径が5の円O_2がある。円O_1は長方形ABCDの3辺AD，BC，CDと接し，円O_2は長方形ABCDの2辺AB，ADと接している。また，2つの円O_1，O_2は点Eで接している。さらに，直線lは2つの円O_1，O_2とそれぞれ点F，Gで接している。

円O_1と辺ADの接点をHとして，次の各問いに答えなさい。

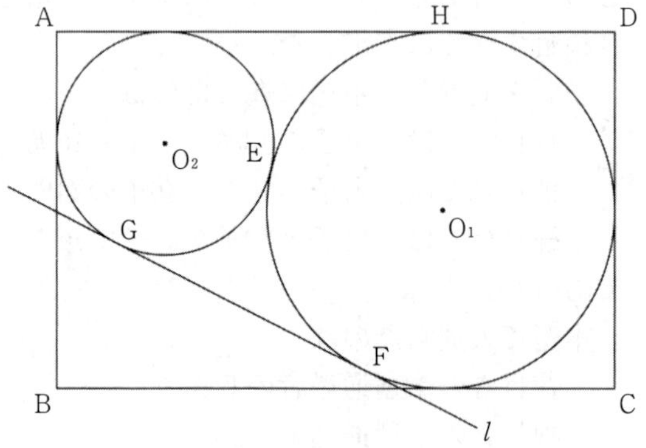

⒃　辺ADの長さを求めなさい。

解答群　(ア)　25　(イ)　$13+8\sqrt{5}$　(ウ)　$13+\sqrt{178}$

(エ)　26　(オ)　$13+5\sqrt{6}$　(カ)　$13+4\sqrt{10}$

⒄　線分FHの長さを求めなさい。

解答群　(ア)　$\dfrac{64\sqrt{10}}{13}$　(イ)　$\dfrac{16\sqrt{178}}{13}$　(ウ)　$\dfrac{128\sqrt{5}}{13}$

(エ)　$\dfrac{80\sqrt{6}}{13}$　(オ)　$\dfrac{192}{13}$　(カ)　$6\sqrt{7}$

6 　自然数を次の規則にしたがって，下のように書いていく。

規則

1行目には奇数を1から小さい順に4つ書く。

2行目以降は1つ上の行に書いた数に1を加えた数を順に書く。

1行目	1，3，5，7
2行目	2，4，6，8
3行目	3，5，7，9
4行目	4，6，8，10
⋮	⋮　⋮　⋮　⋮

このように書いた自然数を，１行目から順に横１列に並べると，次のようになる。

1，3，5，7，2，4，6，8，3，5，7，9，4，6，8，10，……

この横１列に並べた数について，次の各問いに答えなさい。

(18) 左から31番目の数を求めなさい。

解答群　(ア) 9　(イ) 10　(ウ) 11　(エ) 12　(オ) 13　(カ) 14

(19) 15が３回目にあらわれるのは，左から何番目かを求めなさい。

解答群　(ア) 43番目　(イ) 45番目　(ウ) 46番目　(エ) 48番目　(オ) 50番目　(カ) 51番目

(20) １番目から113番目までに並んでいる数の和を求めなさい。

解答群　(ア) 1960　(イ) 1989　(ウ) 2016　(エ) 2045　(オ) 3920　(カ) 3949

理解したから。

問8　⑦ を補う語を文脈から考え、それと同じ語を補って成立することわざ・慣用句を選べ。　解答番号 34

ア　九死に□を得る　　イ　一事が□

ウ　袖振り合うも□の縁　　エ　嘘も□

問9　この文章から読み取ることのできる内容の説明として、最も適当なものを選べ。　解答番号 35

ア　話の真偽はともかく、自分の呼び方一つに一喜一憂する信長のエピソードを、当時の人々が楽しみながら一つの娯楽として受け入れている様子が伝わってくる。

イ　表面的には団子やちまきといった庶民的な食べ物にまつわる笑い話であるが、超えられない壁として身分差を感じ、諦めに近い感情を抱く人々の思いが感じられる。

ウ　小さなことにすぐに怒りを覚えながらも権威に対しては素直に受け入れる信長のような人の扱いはそう難しくないという、庶民のしたたかさを読み取ることができる。

エ　出入りの医師の一言を簡単に信じてしまう信長の様子を描き、笑い話の体裁をとりながらも内心あざけ笑っている、当時の人々の信長に対する思いを感じ取ることができる。

三　次の文章は、江戸時代に成立した笑話《わらいばなし》集『きのふはけふの物語』の一節である。これを読んで後の問いに答えよ。

織田《おだ》の信長《のぶなが》公、時々興《きよう》に団子を注1きこしめす。よく注2まゐるとて、京わらんべ共、上様団子と申す。これを一段と①そこつなる注3小姓《こしやう》、御前《ごぜん》ちかき所にて、ちかぢかとa申す。②これを聞き給ひてb御腹立《ふくりふ》なされ、すでに注4御勘気《かんき》を③かうぶらんとせしを、注5一渓《いつけい》道三④折ふし御前にありて、「御もつとものの儀にては候へども、世上にさやうに申す事、⑤返《かへつ》て御誉《ほまれ》にて御座候ふ。其《そ》の故は、昔天子粽《ちまき》を御らんじて、一段おもしろきよし勅諚《ちよくぢやう》あれば、それよりして京わらんべ共、内裏《だいり》粽と申しならはし候ふ」とc申されければ、信長⑥御きげんなほり、右の御小姓d御赦免なさる。そうじて上々《うへうへ》の御そばにこれあらむ人は、［⑦］にきづかひいたさう事ぢや。

注　1　きこしめす…めしあがる。
　　2　まゐる…めしあがる。
　　3　小姓…貴人にお仕えする少年。
　　4　御勘気…家来が主君から咎《とが》めを受けること。
　　5　一渓道三…人名。当時第一の名医とよばれた。

問1　――線①の意味として最も適当なものを選べ。　解答番号［27］
ア　軽率な　イ　真面目な
ウ　忠臣の　エ　怖い物知らずの

問2　~~~線a～dのうち主語が「信長（＝上様）」であるものはどれか。最も適当なものを選べ。　解答番号［28］
ア　aとd　イ　aとbとc　ウ　bとc　エ　bとd

問3　――線②の内容として最も適当なものを選べ。　解答番号［29］
ア　京の人々は心の底ではみな自分をばかにしているという噂。
イ　身分の低い者が処遇について直訴したがっているという情報。
ウ　自分が団子好きであることが京都中に広まっているという報告。
エ　京の人々が団子に自分の名を冠して呼び習わしているという話。

問4　――線③は動詞「かうぶる」である。その「かうぶる」に漢字を当てるとき、同じ漢字を用いるものを選べ。　解答番号［30］
ア　タイカン式が行われる
イ　ヒサイ地を訪ねる
ウ　土地のバイバイに携わる
エ　ゼンコウを称賛される

問5　――線④の意味として最も適当なものを選べ。　解答番号［31］
ア　ちょうどその時　イ　見るに見かねて
ウ　なんの因果か　エ　その時にあわせて

問6　――線⑤とあるが、道三がそう述べる根拠としているのはどういうことか。最も適当なものを選べ。　解答番号［32］
ア　ちまきを気に入られた天皇にちなんで「内裏粽」との呼び名が生まれたこと。
イ　京の人々が信長を指し示して「上様」という語を用いているという事実があること。
ウ　世間の人からは雲の上のような存在であると信長が思われているのが現実であること。
エ　天皇の個人的な好き嫌いが一般民衆の生活に影響を与えるような世相であったこと。

問7　――線⑥とあるが、道三の言葉をどう受けとめたからか。最も適当なものを選べ。　解答番号［33］
ア　下々の人に対する天皇の心の広さを知り、自分の狭量ぶりに気づいたから。
イ　天下を奪い天皇に成り代わる日も遠くはないという意味だと解釈したから。
ウ　天皇の扱われ方に匹敵する状況だとほのめかされ、気分がよくなったから。
エ　京の人々が実は愛情をこめて自分のことを呼んでいるのだと

ウ　事故の現場を目撃したが、誰かが連絡すると思い救急車を呼ばなかった。

エ　貧乏な人が宝くじを当てたことが許せず、再び貧乏になってほしいと思った。

問9　――線⑦とはどんな感覚か。最も適当なものを選べ。　解答番号 24

ア　長い鼻が顔の中央にぶら下がっている感覚。

イ　短くなった鼻を多くの人に笑われていた感覚。

ウ　鼻が短くなった時と同じ気持ちのいい感覚。

エ　鼻が長かった時に他人に馬鹿にされていた感覚。

問10　次の文はこの文章を読んだ生徒の会話である。明らかな誤りを含んでいるものを選べ。　解答番号 25

ア　生徒A―内供のことを子供っぽい人だと思ったな。僧としては高い位なのかもしれないけど、せっかく弟子の僧が鼻を短くする方法を教わってきてくれて治療をしてくれているのに、腹を立てたような声で返事をしたり、頬をふくらせたりするなんて。治療中も信用しない医者の手術を受けるような顔をしているし。弟子の僧は親切心で内供の鼻を短くする治療をしてくれているんだから、素直に従ったりお礼を言ったりできないのかな。高い位の僧かもしれないけど、人格的に優れた人物であるとは思えないな。

イ　生徒B―でもしょうがないかもしれないよね。内供は鼻が長いことを悩んでいたというよりは、鼻が長いことで傷つく自尊心のことで悩んでいたのだから、弟子の僧に自分の鼻を物のように扱われることはプライドが許さないと思うよ。それでも文句を言わずに治療を受けている所から、本当に長い鼻をどうにかしたいという気持ちが感じられたよ。初めは短くなった鼻が元に戻らないか心配していたけど、目が覚めても鼻が短いままだったから喜んでいたよね。

ウ　生徒C―僕も内供の行動を子供っぽいと思ったよ。誰に対しても意地悪く叱りつけるから、鼻が短くなった後も周りの人たちに笑われるし、鼻を治療してくれた弟子の僧や中童子に陰で悪口を言われてしまうんだよ。内供の鼻を治療してあげた弟子の僧の方が、地位は低いけどよっぽど大人の対応をしてくれているよね。内供は鼻が長かった時からずっと、弟子たちや周囲の人たちの親切や同情に甘えるのが当たり前になってしまっていたんだと思うよ。

エ　生徒D―それにしても本当に皮肉な話だよね。長い鼻によって自尊心が傷つけられていた内供が、普通の人よりも少し長い鍵鼻とはいえようやく短い鼻を手に入れたというのに、鼻が短くなった後の方がよけいに笑われるようになったんだから。自尊心をより傷つけられてしまったんじゃないかな。何も解決していないのに、あけ方の秋風に元通りの長さに戻った鼻をぶらつかせながら「こうなれば、もう誰も哂うものはないにちがいない」と言った内供の気持ちを考えると悲しくなるよ。

問11　次の中から芥川龍之介の作品ではないものを選べ。　解答番号 26

ア　芋粥　　イ　雪国

ウ　河童　　エ　羅生門

d 「恭しい」　解答番号[17]

ア　嫌味ったらしく悪戯な
イ　壊さないように慎重な
ウ　ぶっきらぼうに乱暴な
エ　礼儀にかなって丁寧な

問3　――線①とはどのような策略か。最も適当なものを選べ。　解答番号[18]

ア　食事の度に弟子の僧に手間をかけさせることが心苦しいので、鼻を短くするためならば積極的に行動するぞという気持ちを弟子に気づかせる策略。
イ　長い鼻のことは気にしていないというそぶりを見せつつも、実際は非常に気になっていることを暗に伝え、弟子の僧の同情を動かそうとする策略。
ウ　鼻が長いことによって弟子の僧に負担をしいているのが後ろめたいので、弟子の僧のためにも短い鼻を手に入れて負担を軽くしようとする策略。
エ　鼻を短くする方法をすぐに試したいが、鼻を気にしていると思われたくないので、弟子の僧に自分を説得させて鼻を短くさせようとする策略。

問4　――線②とあるがなぜか。最も適当なものを選べ。　解答番号[19]

ア　弟子の僧の治療法を信じることができなかったから。
イ　弟子の僧に鼻を踏まれることが納得できていないから。
ウ　自分の鼻を物品のように扱われるのが不愉快だったから。
エ　弟子の僧が親切にしてくれる理由が分からなかったから。

問5　――線③とあるがなぜか。最も適当なものを選べ。　解答番号[20]

ア　弟子の僧が教わってきた治療法を信用できずにしぶしぶ治療を受けていたが、思いがけず短い鼻を手に入れることができて感動しているから。
イ　熱くて痛いのを我慢して治療に臨んだことで見事に鼻が短くなり、誰にも笑われることがないであろう明るい未来に胸を高鳴らせているから。
ウ　鼻が短くなったという事実もだが、それにより人に笑われなくなり自尊心を回復させることができるであろうことに喜びを感じているから。
エ　まだらに赤くなってはいるが誰にも笑われない鼻になり、長年悩んでいた鼻を治療してくれた素晴らしい弟子の僧に感謝しているから。

問6　――線④とはどのような事実か。最も適当なものを選べ。　解答番号[21]

ア　鼻が短くなりもう笑われないだろうと想定していたが、鼻が長い時と同じように周囲の人々に笑われる毎日を過ごしているという事実。
イ　鼻が短くなりもう笑われないだろうと期待していたが、鼻が短くなってからも周囲の人々は様子の異なる笑い方をしているという事実。
ウ　鼻が短くなりもう笑われないだろうと確信しており、じろじろと見られるようにはなったがあまり笑われなくなったという事実。
エ　鼻が短くなりもう笑われないと予想していたが、予想に反してあまり短くなっておらず、普通の人よりはまだ鼻が長いという事実。

問7　[⑤]に入る言葉として最も適当なものを選べ。　解答番号[22]

ア　矛盾　　イ　共通　　ウ　分裂　　エ　混同

問8　――線⑥の例として最も適当なものを選べ。　解答番号[23]

ア　勉強をしていないと言っていた友達のテストの点数がよく、絶交した。
イ　高級車に乗っている人が気に食わず、故障して走れなくなってほしいと思った。

れない。そこで床の中でまじまじしていると、ふと鼻が何時になく、むず痒いのに気がついた。手をあてて見ると少し水気《すいき》が来たようにむくんでいる。どうやらそこだけ、熱さえもあるらしい。

――無理に短うしたで、病が起ったのかも知れぬ。

内供は、仏前に香花《こうげ》を供えるようなd恭《うやうや》しい手つきで、鼻を抑えながら、こう呟いた。

翌朝、内供が何時ものように早く眼をさまして見ると、寺内の銀杏《いちょう》や橡《とち》が一晩の中に葉を落したので、庭は黄金《きん》を敷いたように明《あか》るい。塔の屋根には霜が下りているせいであろう。まだうすい朝日に、注18九輪《くりん》がまばゆく光っている。禅智内供は、注19蔀《しとみ》を上げた椽《えん》に立って、深く息をすいこんだ。

殆、忘れようとしていた⑦或感覚が、再《ふたたび》内供に帰って来たのはこの時である。

内供は慌てて鼻へ手をやった。手にさわるものは、昨夜の短い鼻ではない。上唇の上から顋の下まで、五六寸あまりもぶら下っている、昔の長い鼻である。内供は鼻が一夜の中に、又元の通り長くなったのを知った。そうしてそれと同時に、鼻が短くなった時と同じような、はればれした心もちが、どこからともなく帰って来るのを感じた。

――こうなれば、もう誰も哂うものはないにちがいない。

内供は心の中でこう自分に囁《ささや》いた。長い鼻をあけ方の秋風にぶらつかせながら。

注　1　知己…知り合い。
2　震旦…古代中国のこと。
3　供僧…供奉僧の略。本尊の供養や定時の読経を勤める。
4　いつもの～風をして…内供はいつも鼻を気にしていたが、表面上は気にしていないようにすましていた。
5　食事の度毎に、弟子の手数をかける…内供がひとりで食事をすると鼻の先が食べ物に当たってしまうので、食事の間は弟子のひとりを対面に座らせて、広さ一寸(約3センチメートル)、長さ二尺(約60センチメートル)ほどの板で鼻を持ち上げてもらっていた。
6　提…つるがあって、手で提げる桶。
7　折敷…細い木を折りまわして縁にした、薄い板の盆。
8　四分…約1.2センチメートル。
9　残喘…長くない余命。
10　誦経…経文(お経)を声に出して読むこと。
11　内供の鼻を粥の中へ落した事のある中童子…一度、弟子の僧の代わりに内供の鼻を持ち上げていた中童子が、くしゃみをして内供の鼻を粥の中に落としてしまったことがあった。
12　普賢…普賢菩薩。釈迦如来の右側に侍し、慈愛をもって人々を救済する。白象に乗っている。
13　「今はむげに～しのぶがごとく」…今はすっかり落ちぶれた人が、かつての栄華を懐かしがるように、という意味。
14　法慳貪…仏法を説くこともせず、人々を仏道に導かず、無慈悲に叱りつけたりすること。
15　尨犬…毛がふさふさと垂れ下がった犬。
16　鼻持上げの木…食事の時に、内供の鼻を持ち上げるのに使っていた板。
17　風鐸…塔の軒の四隅につるされる青銅製の鐘型の鈴。
18　九輪…塔の頂につける柱状の飾り。九つの金属の輪でできている。
19　蔀…日光や風雨を防ぐ板戸。格子の裏に板が張ってある。

問1　＝＝線aと品詞が同じものを～～線ア～エから選べ。　解答番号[14]

問2　＝＝線b～dの、本文中の意味として最も適当なものを選べ。

b　「遺憾」　解答番号[15]
ア　不快　イ　残念　ウ　感激　エ　本望

c　「殊に」　解答番号[16]
ア　ひときわ　イ　なおさら
ウ　まずまず　エ　いまさら

なれば、もう誰も哂《わら》うものはないのにちがいない。――鏡の中にある内供の顔は、鏡の外にある内供の顔を見て、満足そうに③眼をしばたたいた。

しかし、その日はまだ一日、鼻が又長くなりはしないかと云う不安があった。そこで内供は注10誦経《ずきょう》する時にも、食事をする時にも、暇さえあれば手を出して、そっと鼻の先にさわって見た。が、鼻は行儀よく唇の上に納まっているだけで、格別それより下へぶら下って来る気色もない。それから一晩寝て、あくる日早く眼がさめると内供は先《まず》、第一に、自分の鼻を撫でて見た。鼻は依然として短い。内供はそこで、幾年にもなく、法華経《ほけきょう》書写の功を積んだ時のような、のびのびした気分になった。

ところが二三日たつ中に、内供は④意外な事実を発見した。それは折から、用事があって、池の尾の寺を訪れた侍が、前よりも一層可笑《おか》しそうな顔をして、話も碌々《ろくろく》せずに、じろじろ内供の鼻ばかり眺めていた事である。それのみならず、嘗《かつて》、注11内供の鼻を粥の中へ落した事のある中童子《ちゅうどうじ》なぞは、講堂の外で内供と行きちがった時に、始めは、下を向いて可笑しさをこらえていたが、とうとうこらえ兼ねたと見えて、一度にふっと吹き出してしまった。用を云いつかった下法師《しもほうし》たちが、面と向っている間だけは、慎んで聞いていても、内供が後さえ向けば、すぐにくすくす笑い出したのは、一度や二度の事ではない。

内供は始《はじめ》、これを自分の顔がわりがしたせいだと解釈した。しかしどうもこの解釈だけでは十分に説明がつかないようである。――勿論、中童子や下法師が哂う原因は、そこにあるのにちがいない。けれども同じ哂うにしても、鼻の長かった昔とは、哂うのにどことなく容子《ようす》がちがう。見慣れた長い鼻より、見慣れない短い鼻の方が滑稽に見えると云えば、それまでである。が、そこにはまだ何かあるらしい。

――前にはあのようにつけつけとは哂わなんだて。

内供は、誦《ず》しかけた経文をやめて、禿げ頭を傾けながら、時々こう呟《つぶや》く事があった。愛すべき内供は、そう云う時になると、必《かならず》ぼんやり、傍にかけた注12普賢《ふげん》の画像を眺めながら、鼻の長かった四五日前の事を憶《おも》い出して、注13「今はむげにいやしくなりさがれる人の、さかえたる昔をしのぶがごとく」ふさぎこんでしまうのである。――内供には、b遺憾《いかん》ながらこの問に答を与える明が欠けていた。

――人間の心には互に［⑤］した二つの感情がある。勿論、誰でも他人の不幸に同情しない者はない。ところがその人がその不幸を、どうにかして切りぬける事が出来ると、今度はこっちで何となく物足りないような心もちがする。少し誇張して云えば、もう一度その人を、同じ不幸に陥れて見たいような気にさえなる。そうして何時の間にか、消極的ではあるが、或敵意をその人に対して抱くような事になる。――内供が、理由を知らないながらも、何となく不快に思ったのは、池の尾の僧俗の態度に、⑥この傍観者の利己主義をそれとなく感づいたからに外ならない。

そこで内供は日毎に機嫌が悪くなった。二言目には、誰でも意地悪く叱りつける。しまいには鼻の療治をしたあの弟子の僧でさえ、「内供は注14法慳貪《ほうけんどん》の罪を受けられるぞ」と陰口をきく程になった。c殊《こと》に内供を忿《おこ》らせたのは、例の悪戯《いたずら》な中童子である。或日、けたたましく犬の吠える声がするので、内供が何気なく外へ出て見ると、中童子は、二尺ばかりの木の片《きれ》をふりまわして、毛の長い、痩せた注15尨犬《むくいぬ》を逐《お》いまわしている。それも唯、逐いまわしているのではない。「鼻を打たれまい。それ、鼻を打たれまい」と囃《はや》しながら逐いまわしているのである。内供は、中童子の手からその木の片をひったくって、したたかその顔を打った。木の片は以前の注16鼻持上《はなもた》げの木だったのである。

内供はなまじいに、鼻の短くなったのが、反《かえっ》て恨めしくなった。

すると或夜の事である。日が暮れてから急に風が出たと見えて、塔の注17風鐸《ふうたく》の鳴る音が、うるさい程枕に通って来た。その上、寒さもめっきり加わったので、老年の内供は寝つこうとしても寝つかけるのが、心苦しいと云うような事を云った。内心では勿論弟子の僧が、自分を説伏《ときふ》せて、この法を試みさせるのを待っていたのである。弟子の僧にも、内供のこの策略がわからない筈《はず》はない。しかしそれに対する反感よりは、内供の①そう云う策略をとる心もちの方が、より強くこの弟子の僧の同情を動かしたのであろう。弟子の僧は、内供の予期通り、口を極めて、この法を試みる事を勧め出した。そうして、内供自身もまた、その予期通り、結局この熱心な勧告に聴従する事になった。

その法と云うのは、唯《ただ》、湯で鼻を茹《ゆ》でて、その鼻を人に踏ませると云う、極めて簡単なものであった。

湯は寺の湯屋で、毎日沸かしている。そこで弟子の僧は、指も入れられないような熱い湯を、すぐに注6提《ひさげ》に入れて、湯屋から汲《く》んで来た。しかしじかにこの提へ鼻を入れるとなると、湯気に吹かれて顔を火傷する惧《おそれ》がある。そこで注7折敷《おしき》へ穴をあけて、それを提の蓋にして、その穴から鼻を湯の中へ入れる事にした。鼻だけはこの熱い湯の中へ浸しても、少しも熱くないのである。しばらくすると弟子の僧が云った。

――もう茹《うだ》った時分でござろう。

内供は苦笑した。これだけ聞いたのでは、誰も鼻の話とは気がつかないだろうと思ったからである。鼻は熱湯に蒸されて、蚤《のみ》の食ったようにむず痒《がゆ》い。

弟子の僧は、内供が折敷の穴から鼻をぬくと、そのまだ湯気の立っている鼻を、両足に力を入れながら、踏みはじめた。内供は横になって、鼻を床板の上へのばしながら、弟子の僧の足が上下に動くのを眼の前に見ているのである。弟子の僧は、時々気の毒アそうな顔をして、内供の禿《は》げ頭を見下しながら、イこんな事を云った。

――痛うはござらぬかな。医師は責めて踏めと申したで。じゃが、痛うはござらぬかな。

内供は、首を振って、痛くないと云う意味を示そうとした。ところが鼻を踏まれているので思うように首が動かない。そこで、上眼《うわめ》を使って、弟子の僧の足に皹《あかぎれ》のきれているのを眺めながら、腹を立てたような声で、

――痛うはないて。

と答えた。実際鼻はむず痒い所を踏まれるので、痛いよりも却《かえっ》て気もちのいい位だったのである。

しばらく踏んでいると、やがて、粟粒《あわつぶ》のようなものが、鼻へ出来はじめた。云わば毛をむしった小鳥をそっくり丸炙《まるやき》にしたような形である。弟子の僧はこれを見ると、足を止めて独り言のようにこう云った。

――これを鑷子《けぬき》でぬけと申す事でござった。

内供は、不足らしく頬をふくらせて、黙って弟子の僧のするなりに任せて置いた。勿論弟子の僧の親切がわからない訳ではない。それは分っても、自分の鼻をまるで物品のように取扱うのが、不愉快に思われたからである。内供は、信用しない医者の手術をうける患者のような顔をして、不承不承に弟子の僧が、鼻の毛穴から鑷子で脂をとるのを眺めていた。脂は、鳥の羽の茎の a ような形をして、注8四分ばかりの長さにぬけるのである。

ウやがてこれが一通りすむと、弟子の僧は、エほっと一息ついたような顔をして、

――もう一度、これを茹でればようござる。

と云った。

内供はやはり、八の字をよせたまま②不服らしい顔をして、弟子の僧の云うなりになっていた。

さて二度目に茹でた鼻を出して見ると、成程《なるほど》、何時《いつ》になく短くなっている。これではあたりまえの鍵鼻《かぎばな》と大した変りはない。内供はその短くなった鼻を撫《な》でながら、弟子の僧の出してくれる鏡を、極《きま》りが悪るそうにおずおず覗いて見た。

鼻は――あの顋《あご》の下まで下っていた鼻は、殆《ほとん》ど嘘のように萎縮して、今は僅《わずか》に上唇の上で意気地なく注9残喘《ざんぜん》を保っている。所々まだらに赤くなっているのは、恐らく踏まれた時の痕であろう。こう

イ　凡てを機械に任せてしまうと、第一に国民的な特色あるものが乏しくなってきます。

ウ　機械に依らなければ出来ない品物があると共に、機械では生れないものが数々あるわけであります。

エ　なぜ機械仕事と共に手仕事が必要なのでありましょうか。

問11　次に示すのはこれらの文章を読んだ後に感じたこと、考えたことを発表した生徒の発言である。明らかに読み間違えているものを選べ。　解答番号 13

ア　僕はⅠの文章に感心しました。まず、読者に考えさせるように上手に書いているところです。例えば94行目の「日本人は忘却の達人だ」です。「忘れてしまったこと」とは何でしょうか。「多すぎる」とあるから直前の「お櫃に移しかえた飯の味」だけではないと分かります。そこで考えることになります。次に、構成のうまさです。「雨」の使い方はいいですし、香りや手触りなどが素晴らしく芸術品といえる品々と100行目「ぼろぼろにすり切れた法被」との対比も見事です。最後の一文の後味もとても良い。

イ　私はⅠの文章の57行目「若いころにこの国と親しんでいたなら、たぶん歴史観は変わっていただろう。世界観までちがったものになっていたかもしれなかった」に着目しました。32行目から筆者はノンフィクションの書き手だと思われます。であれば「世界観までちがったものになっていたかもしれなかった」を「台湾を舞台にした傑作ドキュメンタリー作品を書いている世界線もあったのに」という筆者の無念さの表れと読むことができるかもしれません。

ウ　僕はⅡの文章2行目「これは昭和十八年頃に柳が戦時下の青少年のために書き下ろし、戦争が終わって間もなくの昭和二十一年に増補されて刊行された」が気になりました。Ⅲの文章を読むと柳さんの本が出版された頃にはまだ全国各地に手仕事が残っていたようですが、二〇〇〇年代前半に発表されたⅠの文章を読むとその頃にはもうほとんど残っていないことが分かります。柳さんの思いとは裏腹に、戦後約半世紀のうちに日本が望ましくない方へ進んだことが分かり、とても切なくなりました。

エ　私はⅡの文章とⅢの文章の表現の仕方の違いに注目しました。Ⅱの25行目では「近代の機械産業」と「手仕事」を対立的に扱って、まるで悪が善を駆逐したようなニュアンスで書かれています。それに対して、Ⅲの方では24行目に「各国で機械の発達を計ると共に、手仕事を大切にする」のは当然という表現があることから、両者は必ずしも対立するとはかぎらず、共存しうるものであると読み取ることができます。この点、Ⅲの文章にはⅡよりもバランスの取れた考え方が出ていると思います。

二

次の文章は、芥川龍之介『鼻』の一節である。鼻の長さが五六寸(15〜18センチメートルほど)もあった池の尾の禅智内供《ぜんちないぐ》という位の高い僧は、鼻を気にしていることを人に知られるのを嫌がった。そして内供は鼻が長いことよりも、鼻が長いことで傷つけられる自尊心のために苦しんでいた。自尊心を回復させるために、鼻が短く見える角度を探したり、同じような鼻を持つ人を探したりしていたが、どちらも見つけることはできなかった。また、鼻を短くする方法もできる限り試したが、何をどうしても鼻を短くできなかった。その後に続く部分を読んで、後の問いに答えよ。

ところが或年の秋、内供の用を兼ねて、京へ上った弟子の僧が、注1知己《しるべ》の医者から長い鼻を短くする法を教わって来た。その医者と云《い》うのは、もと注2震旦《しんたん》から渡って来た男で、当時は長楽寺の注3供僧《ぐそう》になっていたのである。

内供は、注4いつものように、鼻などは気にかけないと云う風をして、わざとその法もすぐにやって見ようとは云わずにいた。そうして一方では、気軽な口調で、注5食事の度毎《たびごと》に、弟子の手数をか問1 ═線a～cを漢字に直したとき、同じ漢字を用いるものをそれぞれ選べ。

a 「ショタイ」 解答番号 1

ア 応急ショチ　イ ザンショ見舞い
ウ ヤクショ勤め　エ トショを閲覧する

b 「ソめ」 解答番号 2

ア デンセン病　イ センの細い人
ウ センモン学校　エ センにもれる

c 「アんだ」 解答番号 3

ア 一致ダンケツ　イ 公衆ヨクジョウ
ウ ソシキ的プレー　エ ヘンシュウ者志望

問2 ═線dと品詞が同じものを～～線ア～エから選べ。 解答番号 4

問3 次の文を本文の形式段落の頭に戻すとき、最も適当なところを選べ。 解答番号 5

しかし旅先の雨宿りはいいものである。

ア A　イ B　ウ C　エ D

問4 ──線①はどこを受けていると考えるのがよいか、最も適当なものを選べ。 解答番号 6

ア 接近する大型台風の影響で暑さこそ凌ぎやすかった
イ 台北の街はときおり激しい驟雨に見舞われた
ウ 私は健康上および個人的美観上の理由から、夏の外出には必ずパナマ帽を冠る
エ 炎天下のハゲはあやうい

問5 ──線②とあるが、その時の「私」の心情として最も適当なものを選べ。 解答番号 7

ア 一心不乱　イ 自由奔放
ウ 大胆不敵　エ 興味津津

問6 ③に入る語句として最も適当なものを選べ。 解答番号 8

ア 目を覆う　イ 息の詰まる
ウ 胸の詰まる　エ 目を見張る

問7 ──線④の説明として最も適当なものを選べ。 解答番号 9

ア 日本人であると言っていないにもかかわらずあっさりと見抜かれたこと。
イ 昔の世界に迷いこんだかのような状況が眼前に展開していること。
ウ 売れるとも思えない商品を店頭にたくさん積み上げていること。
エ 思いがけず台湾人にフレンドリーに日本語で話しかけられたこと。

問8 ──線⑤の意味として最も適当なものを選べ。 解答番号 10

ア 素《す》っ頓狂《とんきょう》な　イ 的外れな
ウ 不用意な　エ 無礼な

問9 ──線⑥、⑦とあるが、「苦労」と「嘆」きの説明として最も適当なものを選べ。 解答番号 11

ア 前者は「敗戦後に台湾で日本の桶を作り続ける苦労」のことで、後者は「すぐれた職人が日本にほぼいなくなってしまったことへの嘆き」のことである。
イ 前者は異国の地で「父親の店を継ぐ苦労」のことで、後者は「継いだにもかかわらず生活が苦しくなる一方であることへの嘆き」のことである。
ウ 前者は「修業のため父親に自分の家から小僧に出されたときの苦労」のことで、後者は「自分が修業した桶屋がなくなってしまっていたことへの嘆き」のことである。
エ 前者は「北京語がうまくしゃべれない苦労」のことで、後者は「職人としての自分の腕が落ちてしまったことへの嘆き」のことである。

問10 ランダムに並べられた⑧【　】の中のア～エの文を正しい順番に並べ替えたとき3番目に来るものを選べ。 解答番号 12

ア 機械は世界のものを共通にしてしまう傾きがあります。

文章Ⅱ『独学の精神』（前田英樹）の一部

柳宗悦《やなぎむねよし》の著書に、『手仕事の日本』という非常に美しい本がアある。これは昭和十八年頃に柳が戦時下の青少年のために書き下ろし、戦争が終わって間もなくの昭和二十一年に増補されて刊行された。その内容は、柳が日本全国を回って実地に確かめた手仕事による工芸品を、ひとつひとつ丹念に紹介する、というものである。一頁おきに芹澤銈介《けいすけ》の簡素で適確な小間絵《こまえ》が入れられている。竹でcアんだ笊《ざる》や弁当箱、欅《けやき》の箪笥《たんす》、柳行李《やなぎごうり》、太鼓、火消し壺、土瓶、土鍋、刷毛《はけ》、箒《ほうき》、鍬《くわ》、鋏《はさみ》、木綿の織物、みなほんとうに美しい。

こういうものを生み出す手仕事の熟練は、ただもう同じものを繰り返し無心に作る、というところからしか来イない。そうやって作られる日常品は、機械製品には決してまねのできウない「味」と感覚の深さを湛《たた》えている。土地の素材を使った土地の工芸品は、まったく生活のためにあり、生活のなかで無雑作に使い尽くされていく。自然と生産生活との間の終わりのdない循環がここにある。この循環こそ、実は人の生活の独立を根底から保障してくれるものだ。

使う人は、これらの日常品がいいとも悪いとも思わず、ただ必要に応じて使ってきたのだろう。けれども、人の手が物の在りようを深く、美しくしていくにつれ、物が人の心を養い育てていく、ということは、ごく当たり前の、どんな時代にも変わらない文化の事実である。生活のなかで絶えず確かめられていく真実である。そのことを、どうかわかってほしいと、柳は戦時下の子供たちに呼びかける。

近代の機械産業は、こういう手仕事を古くて、効率の悪い、ほとんど惨めな生産形態として、どんどん駆逐していった。が、駆逐されたのは生産形態だけではエない、物と心をつないできた何千年の文化の連続が投げ棄てられたのである。このことに徹底して気が付くのに、人類はあとどれくらい時間をかければいいのだろうか。

文章Ⅲ『手仕事の日本』（柳宗悦）の一部

貴方がたはとくと考えられたことがあるでしょうか、今も日本が素晴らしい手仕事の国であるということを。確《たしか》に見届けたその事実を広くお報《し》らせするのが、この本の目的であります。西洋では機械の働きが余りに盛《さかん》で、手仕事の方は衰えてしまいました。しかしそれに片寄り過ぎては色々の害が現れます。それで各国とも手の技《わざ》を盛返そうと努めております。⑧【ア　機械は世界のものを共通にしてしまう傾きがあります。　イ　凡《すべ》てを機械に任せてしまうと、第一に国民的な特色あるものが乏しくなってきます。　ウ　機械に依《よ》らなければ出来ない品物があると共に、機械では生れないものが数々あるわけであります。　エ　なぜ機械仕事と共に手仕事が必要なのでありましょうか。】それに残念なことに、機械はとかく利得のために用いられるので、出来る品物が粗末になりがちであります。それに人間が機械に使われてしまうためか、働く人からとかく悦《よろこ》びを奪ってしまいます。こういうことが禍《わざわ》いして、機械製品には良いものが少くなってきました。これらの欠点を補うためには、どうしても手仕事が守られねばなりません。その優れた点は多くの場合民族的な特色が濃く現れてくることと、品物が手堅く親切に作られることとであります。そこには自由と責任とが保たれます、そのため仕事に悦びが伴ったり、また新しいものを創る力が現れたりします。それ故手仕事を最も人間的な仕事と見てよいでありましょう。ここにその最も大きな特性があると思われます。仮りにこういう人間的な働きがなくなったら、この世に美しいものは、どんなに少くなって来るでありましょう。各国で機械の発達を計ると共に、手仕事を大切にするのは、当然な理由があるといわねばなりません。西洋では「手で作ったもの」というと直ちに「良い品」を意味するようにさえなってきました。人間の手には信頼すべき性質が宿ります。

れた。失われてしまったふるさとの言葉は耳に快かった。

「俺たちの世代はね、まだこういう暮らしをしてるんだ。だから商売になる」

「言葉は」

「夫婦は日本語だな。古い仲間とも日本語でしゃべる。子供らとは台湾語だ。北京語はうまくしゃべれない」

どうしてこれまで台湾にこなかったのだろうと、私は後悔した。若いころにこの国と親しんでいたなら、たぶん歴史観は変わっていただろう。世界観までちがったものになっていたかもしれなかった。

「お里はどこだね」

「神田です。東京の神田」

「はあ、神田の生まれかい。そりゃ注2江戸ッ子だ」

店主は父の代からの桶屋だった。自分の家では修業にならないから、小僧に出されて腕を仕込まれたそうだ。

日本の敗戦で環境は変わってしまったが、半世紀にわたる日本の生活習慣が改まるわけではない。店主は父の店を継ぎ、桶を作り続けた。

⑥店主は苦労を語らなかった。

「使う人がいるんだから仕様があるめえ。おやじの代からのこの看板だって、おろすわけにゃいきません」

私は店主の作った桶のひとつひとつを手に取った。杉や檜《ひのき》の清らかな香りが胸を穿《うが》った。風呂桶から柄杓に至るまで、丹精こめて磨き上げられた素材はどれも絹のような手触りであった。箍《たが》は縫いつけたように嵌《はま》っており、角にはすべて面取りの鑢《やすり》までかけられていた。

「こないだ、日本に行ったんだけどなあ」

と、⑦店主は嘆いた。

旅の目的は桶屋を訪ねることだったそうだ。自分の腕は六十年の間に変わってしまったかもしれないし、日本にはいい職人がいるだろうから、いい桶を探すつもりで出かけた。だが、どこにも見当たらなかった。

「川越で一軒見つけたよ。いい職人だった」

たぶん店主は、よほど東京中を探し回ったのだろう。そうでなければ、川越に残るという一軒の店にたどり着けるはずはあるまい。

私はみやげ物に杉のお櫃《ひつ》を選んだ。飯が二膳か三膳分しか入らない小さなものだが、子供のころに慣れ親しんだ形そのままのミニチュアで、これは芸術品だと思った。値段は日本円でたったの八百円であった。

「なになに、伊達《だて》で作ったわけじゃないのさ。じいさんとばあさんのaショタイになっちまえば、これで十分だろ」

きっと台湾のお年寄りたちは、お櫃に移しかえた飯の味を大切にしているのだろう。

忘れてしまったことが多すぎると思った。日本人は忘却の達人だ。

店主はお櫃の代金を、どうしても受け取ろうとしなかった。私も出した金をひっこめるほど下衆《げす》ではないから、やりとりは見物人が出るくらい長く続いた。結局私が押し切られた。

「こんなもんまで、まだあるんだけどよ」

と、店主が帰りがけに見せてくれたものは、ぼろぼろにすり切れた法被《はっぴ》だった。親子二代、それを着て桶を作り続けたのであろう。両襟には「林田桶店」の屋号が、矜《ほこ》り高くbソめ抜かれていた。

小さな杉のお櫃は、世界中のどこのみやげ物にもまさる私の宝物になった。

注 1 驟雨…にわか雨。

2 江戸ッ子…江戸で生まれ江戸で育った者。はじめ日本橋・神田あたりで生まれ育った者に言った。普通は、金銭に淡泊で威勢がいいなどの含みで用いる。

二〇二四年度
川越東高等学校（併願②）

【国　語】（五〇分）〈満点：一〇〇点〉

（注意）解答はすべて一つ選び、解答用紙の所定の欄にマークすること。

一　文章Ⅰは二〇〇〇年代前半に発表された旅にまつわるエッセイで、Ⅱ、Ⅲは関連する文章である。各文章を読んで後の問いに答えよ。

文章Ⅰ「台北の街角で」（浅田次郎）の全文

接近する大型台風の影響で暑さこそ凌《しの》ぎやすかったが、台北の街はときおり激しい注1驟雨《しゅうう》に見舞われた。

［A］われながら意外なことに、台湾を訪れるのは初めてである。近いからいつでも行ける、という妙な考えが働くせいであろうか、これまでにも機会はたびたびあったのだが、なぜか実現しなかった。ちなみに、韓国も上海もいまだ未体験である。

さて、私は健康上および個人的美観上の理由から、夏の外出には必ずパナマ帽を冠《かぶ》る。はっきり言えばハゲのせいである。常人にはわかりづらいであろうが、炎天下のハゲはあやうい。

［B］きょうびパナマ帽は需要の少ない分だけすこぶる高級で、たとえば愛用のボルサリーノなどは背広一着分くらいする。そのくせ何しろ天然繊維であるから、一夏で色が灼《や》けてしまい、形も崩れる。ことに天敵は雨である。

①かくして台風接近にもかかわらずパナマを冠って外出した私は、しばしば路上を走る帽子を追って危険な目に遭い、また驟雨がくればアーケードに佇《たたず》んで、ぼんやりと街を見物するはめになった。

［C］あわただしい日程では気付くはずのない風景や習慣やらを、思いがけずに発見することがある。

広い道路の対《むか》い側には、古い煉瓦《れんが》造りの建物が並んでいた。桶屋《おけや》があった。古めかしい街並みとあまりに調和しているので、異物感はない。だがよくよく目を凝らすとふしぎな店である。

まず看板が『林田桶店』。「林」ではなく「林田」である。アーケードの下にどっしりと置かれているのは、紛《まが》うかたなく私が少年時代に世話になった風呂桶であった。そのうしろには大小のたらいが山と積まれ、手桶やら柄杓《ひしゃく》やら、要するに今の日本では民芸品店にしかありえぬような桶の数々が、白木の色もすがすがしく積み上げられていた。

［D］ランニングシャツに藍《あい》の前掛けをした店主が雨空を見上げていた。この姿もまた、少年時代に見慣れていた頑固一徹の職人そのものである。

ふと、日ごろ夢物語ばかり考えているので、私の身に何かいけないことが起こったのかと思った。たとえば昔の世界に迷いこんでしまったのではないか、と。

②私は雨を物ともせずに信号を渡って、林田桶店の店頭に立った。

「はい、いらっしゃい。よく降るねえ」

歯切れのよい下町言葉で店主は言った。近くでまじまじと見れば、懐かしさで［　③　］ような親爺《おやじ》である。

「お客さん、日本人だろ。あれ、ちがったか」

その一言で、私はほっと息をついた。何かいけないことが起こったわけではなかった。

しかし、だとすると④これはいったいどうしたことであろうか。

「あの、日本の方ですか」

と、私は訊《たず》ねた。

「昔は日本人だよ。今もそのつもりだがね」

この答えですべてがわかった。

「こういう品物は、いまだに売れるんですか」

たぶん⑤不躾《ぶしつけ》な質問だろうが、店主は早口の江戸弁で答えてく

英語解答

1　1 ウ　2 イ　3 エ　4 エ
　5 ア　6 エ　7 ウ　8 ウ
2　9 イ　10 ア　11 イ　12 ウ
　13 ア　14 エ　15 ウ　16 エ
3　A　17…イ　18…ア　19…イ
　B　20…イ　21…エ　22…ウ
4　23 ア　24 ア
5　25 エ　26 ウ
6　27 ウ　28 イ　29 ア　30 ウ
7　A　31…イ　32…ア　33…エ
　B　34…イ　35…ア

数学解答

1　(1) (カ)　(2) (オ)　(3) (ア)　(4) (イ)
2　(5) (ウ)　(6) (カ)　(7) (ア)　(8) (ウ)
3　(9) (エ)　(10) (エ)　(11) (ア)　(12) (ウ)
4　(13) (カ)　(14) (オ)　(15) (イ)
5　(16) (カ)　(17) (ア)
6　(18) (エ)　(19) (オ)　(20) (イ)

国語解答

一　問1　a…ウ　b…ア　c…エ
　問2 エ　問3 ウ　問4 ウ
　問5 エ　問6 ウ　問7 イ
　問8 エ　問9 ア　問10 イ
　問11 イ
二　問1 ア
　問2　b…イ　c…ア　d…エ
　問3 エ　問4 ウ　問5 ウ
　問6 イ　問7 ア　問8 エ
　問9 ア　問10 ウ　問11 イ
三　問1 ア　問2 エ　問3 エ
　問4 イ　問5 ア　問6 ア
　問7 ウ　問8 イ　問9 ウ

2023年度 川越東高等学校（特待生）

〔注〕 この問題は，１月24日に実施された一般〔特待生併願〕受験者用のものです。

【英　語】（50分）〈満点：100点〉

（注意） 解答はすべて一つ選び，解答用紙の所定の欄にマークすること。

1 　次の英文を読んで設問に答えなさい。

There are many myths, or false ideas, about sharks. One is that sharks like to eat people. Although some sharks can eat people, we really (①). Sharks usually eat fish or sea mammals such as seals, especially if the fish or mammals are weak or dead.

The whale shark is Earth's biggest fish. Although whales are bigger, they are mammals, not fish. The great white shark is perhaps the most dangerous to people. [②]

Because sharks have been around since ancient times, they are thought to be primitive, simple animals. This is another myth. Sharks are really very complicated. They have a powerful sense of smell and sharp hearing. Some have *organs on their *snouts that pick up electric currents made by the muscles of swimming fish. Sharks have large brains, and they learn quickly. They have a memory and can be trained. Many sharks have rows of sharp teeth. When teeth are lost, (③) teeth move in to replace them.

Another myth about sharks is that they don't see very well. Actually, sharks have good vision, especially in dim light. They have *a layer of cells at the back of the eye that works like a mirror to strengthen the light.

④One myth that was [when / is getting / by movies / is that / attack / created / a shark / ready to], you can see its back fin above the water. The truth is that a shark often attacks from below, without showing its fin above the surface.

Sharks have a reputation as being dangerous, and so some people think it would be better if there were no sharks at all. ⑤This is a bad idea. Sharks are *scavengers. They clean up garbage from ships and waste from the ocean. They help other species of sea animals stay strong by eating animals that are sick or weak.

(⑥) of what we know about sharks comes from the scientists who have studied them. Dr. Eugenie Clark has made many dives to study sharks. She has also studied sharks in her lab. (⑦), she trained them to press a target to get food and learned how sharks can identify color and shape. Because of her work with sharks, Clark is known as the Shark Lady.

〔注〕 organ：器官　　snout：鼻　　a layer of cells：細胞の膜
scavenger：清掃動物（ゴミや死骸を食べる動物）

１．(①)に入る最も適当なものを選びなさい。

ア．don't know why　　イ．aren't on their menu
ウ．don't make them meals　　エ．aren't able to eat them

２．[②] には以下の4つの文のうち3つが入る。不要な１文を除いて，文脈上正しい順に並べたものを選びなさい。

A．It is believed that they happen when a shark mistakes a person for something else.
B．This is why people are afraid of these sharks.

C．These attacks are rare.

D．Great whites are large sharks and are known to attack people.

ア．B－C－A　イ．B－D－C　ウ．D－B－A　エ．D－C－A

3．(③)に入る最も適当なものを選びなさい。

ア．the other　イ．another　ウ．any other　エ．other

4．下線④の意味が通るように[　]内の語(句)を並べ換えるとき，[　]内で3番目と6番目に来る語(句)の組み合わせとして最も適当なものを選びなさい。

ア．3番目：by movies　6番目：a shark　イ．3番目：when　6番目：ready to

ウ．3番目：is that　6番目：is getting　エ．3番目：is that　6番目：attack

5．下線⑤の内容として最も適当なものを選びなさい。

ア．サメは危険な動物であるということ。

イ．サメが一匹もいなくなった方が良いということ。

ウ．サメはいない方が良いと考える人がいること。

エ．サメは海をきれいにする動物だということ。

6．(⑥)に入る最も適当なものを選びなさい。

ア．Every　イ．None　ウ．Many　エ．Much

7．(⑦)に入る最も適当なものを選びなさい。

ア．For example　イ．However　ウ．In this way　エ．In other words

8．本文の内容と一致するものを選びなさい。

ア．It is generally believed that sharks like to eat people, but they never kill people for getting food.

イ．Sharks have the ability to sense the sound of moving muscles that swimming fish make.

ウ．Since sharks' brains are very large, they are able to make plans to catch fish or sea mammals in a group.

エ．Although sharks have a negative reputation as being dangerous, they are helpful in keeping sea animals strong.

2　次の英文を読んで設問に答えなさい。

On my first day of teaching, all my classes were going well. Being a teacher was going to be very easy. Then came period seven, the last class of the day.

As I walked toward the room, I heard furniture crash. I saw one boy *pinning another to the floor. "Listen, you retard!" *yelled the one on the bottom. "I don't care about your sister!"

"You keep your hands off her, you (⑨-a) me ?" the boy on top threatened.

I (⑨-b) them to stop fighting. Suddenly, 14 pairs of eyes *were riveted on my face. I knew I did not look *convincing. *Glaring at each other and me, the two boys slowly took their seats. At that moment, the teacher from across the hall shouted at my students to sit down, shut up and do what I said. I was left feeling powerless.

I tried to teach the lesson but was met with *a sea of guarded faces. As the class was leaving, I *detained the boy who had started the fight. I'll call him Mark. "Lady, don't waste your time," he told me. "We're the retards." Then Mark got out of the room.

I wondered if I should have become a teacher. Was the only cure for problems like this to get out? I told myself ⑩I'd suffer for one year, and after my marriage that next summer I'd do something more rewarding.

"They got to you, didn't they ?" It was my colleague who had come into my classroom earlier. I nodded.

"Don't worry," he said. "I taught many of them in summer school. There are only 14 of them, and most won't graduate anyway. Don't waste your time with those kids."

"What do you mean ?"

"They live in *shacks in the fields. They come to school only when they feel like it. The boy on the floor had *pestered Mark's sister while they were picking beans together. I had to tell them to shut up at lunch today. Just keep them busy and quiet. If they cause any trouble, send them to me."

As I gathered my things to go home, I couldn't forget the look on Mark's face as he said, "We're the retards." *Retards.* ⑪<u>That word clattered in my brain.</u> I knew I had to do something.

The next afternoon I asked my colleague not to come into my class again. I needed to handle the kids in my own way. I returned to my room and made eye contact with each student. Then I went to the board and wrote *ECINAJ.*

"That's my first name," I said. "Can you tell me what it is ?"

They told me my name was "strange" and that (⑫-a). I went to the board again and this time wrote *JANICE.* Several of them *blurted the word, then gave me a funny look.

"You're right, my name is Janice," I said. "I have something called *dyslexia. When I began school I couldn't write my own name correctly. I couldn't spell words, and (⑫-b). I was labeled 'retarded.' That's right — I was a 'retard.' I can still hear those voices and feel the shame."

"So how'd you become a teacher ?" someone asked.

"Because I hate labels and I'm not stupid and I love to learn. That's what this class is going to be about. If you like the label 'retard,' then you don't belong here. Change classes. There are no retarded people in this room.

"I'm not going to be easy on you," I continued. "We're going to work and work until you catch up. You *will* graduate, and I hope some of you will go on to college. That's not a joke — it's a promise. I don't *ever* want to hear the word 'retard' in this room again. Do you understand ?"

(⑫-c).

We did work hard, and I soon *caught glimpses of promise. Mark, especially, was very bright. I heard him tell a boy in the hall, "This book's real good. We don't read baby books in there." He was holding a copy of *To kill a Mockingbird.*

Months flew by, and the improvement was wonderful. Then one day Mark said, "But ⑬-a<u>people</u> still think we're stupid because ⑬-b<u>we</u> don't talk right." It was the moment I had been waiting for. Now ⑬-c<u>we</u> could begin an intensive study of grammar, because ⑬-d<u>they</u> wanted it.

I was sorry to see the month of June approach; they wanted to learn so much. All my students knew I was getting married and moving out of state. The students in my last-period class were visibly upset whenever I mentioned it. I was glad they had become fond of me, but what was wrong ? Were they angry I was leaving the school ?

On my final day of classes, the principal greeted me as I entered the building. "Will you come with me, please ?" he said. "There's a problem with your room." He looked straight ahead as he led me down the hall. *What now ?* I wondered.

It was amazing! There were sprays of flowers in each corner, *bouquets on the students' desks, and a huge blanket of flowers lying on my desk. *How could they have done this ?* I wondered. Most of them were so (⑭) that they *relied on the school assistance program for warm clothing and meals.

I started to cry, and they joined me.

Later I learned how they had *pulled it off. Mark, who worked in the local flower shop on weekends, had seen orders from several of my other classes. He mentioned them to his classmates. Too proud to ever again wear an insulting label like "poor," Mark had asked the florist for all the "tired" flowers in the shop. Then he called funeral parlors and explained that his class needed flowers for (⑮) who was leaving. They agreed to give him bouquets saved after each funeral.

That was not the only *tribute they paid me, though. Two years later, all 14 students graduated, and six earned college scholarships.

Twenty-eight years later, I'm teaching in an academically strong school not too far from where I began my career. I learned that Mark married his college sweetheart and is a successful businessman. And, three years ago Mark's son was in my *sophomore honors English class.

⑯Sometimes I laugh when I recall the end of my first day as a teacher. To think I considered quitting to do something *rewarding*!

〔注〕 pin ～：～を押さえつける　yell：大声で言う　be riveted on ～：～に釘付けになる
convincing：説得力のある　glare at ～：～をにらみつける
a sea of guarded faces：たくさんの警戒した表情　detain ～：～を引き留める
shack：掘っ立て小屋　pester ～：～を悩ませる　blurt ～：～を口に出す
dyslexia：難読症　catch a glimpse of ～：～を垣間見る　bouquet：花束
rely on ～：～に頼る　pull ～ off：～をやってのける　tribute：感謝の証
sophomore honors English class：大学２年生の英語上級クラス

9．（⑨-a），（⑨-b）に入る語の組み合わせとして最も適当なものを選びなさい。

ア．⑨-a：listen　⑨-b：said　イ．⑨-a：listen　⑨-b：asked

ウ．⑨-a：hear　⑨-b：said　エ．⑨-a：hear　⑨-b：asked

10．下線⑩は「私は１年間苦しみに耐えよう」という意味だが，何に耐えるのか最も適当なものを選びなさい。

ア．問題を解決する方法を探すこと。　イ．教員を続けること。

ウ．結婚生活を続けること。　エ．報酬がある仕事を探すこと。

11．下線⑪は「その言葉が頭の中で鳴り続けた。」という意味だが，その理由として最も適当なものを選びなさい。

ア．Because the author was also a retard when she was a student.

イ．Because Mark repeated the word "retards".

ウ．Because the author could not forget Mark's sister.

エ．Because Mark shouted the word at the author.

12．（⑫-a）～（⑫-c）には以下の３つの文が入る。自然な文章になるように並べたものを選びなさい。ただし，文頭の語も小文字で始めてあります。

A．numbers swam in my head

B．they had never seen it before

C. they seemed to sit up a little straighter

ア. A－B－C　　イ. A－C－B　　ウ. B－A－C　　エ. B－C－A

13. 下線⑬-a～⑬-d について，最も適当なものを選びなさい。

ア. 下線⑬-a と下線⑬-d が同じ人物を表している。

イ. 下線⑬-b と下線⑬-d が同じ人物を表している。

ウ. 下線⑬-b と下線⑬-c が同じ人物を表している。

エ. 下線⑬-c と下線⑬-d が同じ人物を表している。

14. (⑭)に入る最も適当なものを選びなさい。

ア. amazed　　イ. angry　　ウ. poor　　エ. powerful

15. (⑮)に入る最も適当なものを選びなさい。

ア. a classmate　　イ. a funeral　　ウ. a retard　　エ. a teacher

16. 下線⑯の理由として最も適当なものを選びなさい。

ア. 筆者がやりがいのある教師を辞めようと考えていたから。

イ. 筆者が学校を去る際に，くたびれた花が置いてあったから。

ウ. 筆者の教え子であるマークの息子が，筆者の大学の授業に参加していたから。

エ. 筆者の教師としての初日の授業が，笑いの絶えないものだったから。

3　次の２つの会話文Ａ，Ｂを読んで設問に答えなさい。

Ａ

Presenter : I'd like to welcome Dr Lee, an expert in chronobiology, (⑰) is with us in the studio this evening. Dr Lee, I wonder if you could begin by telling us what chronobiology is exactly.

Dr Lee : (⑱). Chronobiology is quite a young science. It studies how the bodies of animals are regulated by a sort of clock that tells them when it is best to do certain things—both physical things and mental things.

Presenter : Do you study humans, too ?

Dr Lee : (⑱). Humans are very sensitive to two hormones that are called *melatonin and cortisol. These hormones affect how tired we feel. We have discovered, for example, that in the early hours of the morning, when most people are asleep, our body temperatures are at their lowest. This is the time when it's very easy to make mistakes, mistakes of judgement. So people like doctors, for example, who often have to work night shifts, need to be very careful.

Presenter : I imagine that the time we eat is very important ?

Dr Lee : Absolutely. Our sense of taste and smell (⑲) between 6 and 8 pm, so it's not surprising that many people have dinner at that time.

〔注〕 melatonin and cortisol：メラトニンとコルチゾール(ホルモンの一種)

17. (⑰)に入る最も適当なものを選びなさい。

ア. which　　イ. what　　ウ. who　　エ. whose

18. (⑱)に共通して入る最も適当なものを選びなさい。

ア. No way　　イ. Yes, of course　　ウ. I hope so　　エ. Certainly not

19. (⑲)に入る最も適当なものを選びなさい。

ア. is at its best　　イ. only works　　ウ. is at its worst　　エ. doesn't work

B

Customer : I'd like some grilled *sardines, and my husband (⑳) have your tuna with garlic.
Waiter : I'm afraid we haven't got any fish left.
Customer : Never mind. Have you got any *mussels ?
Waiter : I'm afraid (㉑).
Customer : Hmm, well, we'll both have the *veal. With roast vegetables.
Waiter : I'm afraid we haven't got any meat left.
Customer : Oh dear, perhaps we'll just have two bottles of beer. Could you bring some olives at the same time ?
Waiter : (㉒-a). We could make you some sandwiches, if you like.
Customer : (㉒-b). But could you bring us some clean glasses ? This one smells of old *cod.

〔注〕 sardine：イワシ mussel：イガイ(貝の一種) veal：食用子牛(の肉) cod：タラ

20. (⑳)に入る最も適当なものを選びなさい。
ア. shouldn't イ. cannot ウ. used to エ. will

21. (㉑)に入る最も適当なものを選びなさい。
ア. we've not completely served seafood
イ. we've completely run out of seafood
ウ. we are having seafood
エ. we've just eaten them

22. (㉒-a), (㉒-b)に入る語(句)の組み合わせとして，最も適当なものを選びなさい。
ア. ㉒-a：Apparently ㉒-b：No, thanks イ. ㉒-a：Apparently ㉒-b：Never
ウ. ㉒-a：Certainly ㉒-b：No, thanks エ. ㉒-a：Certainly ㉒-b：Never

4 次の各文章中の( )に入る最も適当なものを選びなさい。

23. ( ) are very popular today in many countries. Many people use them for exercise. But exercise is not the only reason why they are popular. Another reason is money. They are not expensive to buy. They do not need gas to make them go. They are also easy and cheap to fix. With them, people do not have to wait in traffic and find a place to park. Finally, they don't cause any pollution !
ア. Bicycles イ. Motorcycles ウ. Cars エ. Trains

24. This happened at work a few years ago. I was on an elevator, and a man who I didn't know got on. He asked, "How are you ?" I answered, "Pretty good." Then he asked, "What's the news ?" and I said, "Nothing much." Finally, he turned to me and said, "Do you mind ?" He was on his cell phone ! I was so ( ) !
ア. excited イ. embarrassed ウ. sad エ. happy

5 次の各組の中から表現上正しいものを選びなさい。

25. ア. The old woman was happily with her family.
イ. Do you know where are the forks ?
ウ. My father stayed in New York during a week.
エ. No other country in the world is larger than Russia.

26. ア. I will give a camera for my daughter for her birthday.

イ．I made a little mistakes on the exam.
ウ．You must not write a letter with a red pen.
エ．I have been knowing him for a long time.

6 日本語に合うように[　]内の語(句)を並べ換えるとき，(①)，(②)に入る語(句)の組み合わせとして最も適当なものを選びなさい。ただし，文頭に来る語(句)も小文字で始めてあります。

27. 学校から家に帰る途中で，にわか雨にあった。
I (　　) (　　) (①) (　　) (②) (　　) my way home from school.
[a / in / on / was / shower / caught]
ア．①：in　②：on　　イ．①：shower　②：on
ウ．①：in　②：shower　　エ．①：on　②：shower

28. ここからロンドンまでどれくらいの距離がありますか。
(　　) (①) (　　) (　　) (②) (　　) (　　) London ?
[far / to / from / it / how / is / here]
ア．①：is　②：from　　イ．①：far　②：from
ウ．①：is　②：here　　エ．①：far　②：to

29. この英語の本はとても簡単なので子供でも読むことができます。
This (　　) (　　) (①) (　　) (②) (　　) (　　) read.
[easy / to / for / is / English book / children / enough]
ア．①：easy　②：for　　イ．①：easy　②：to
ウ．①：enough　②：for　　エ．①：for　②：is

30. 私はその女性にどこで切符を買えばいいかたずねました。
I (　　) (　　) (①) (　　) (②) (　　).
[the woman / buy / asked / where / the ticket / to]
ア．①：to　②：buy　　イ．①：where　②：buy
ウ．①：the woman　②：where　　エ．①：buy　②：the ticket

7 次のA，Bの設問に答えなさい。

A．次の定義に当てはまる語として最も適当なものを選びなさい。

31. a musical instrument with strings, that you hold under your chin and play with a bow
ア．guitar　イ．flute　ウ．violin　エ．piano

32. a large tropical fruit with thick rough skin, sweet yellow flesh with a lot of juice and stiff leaves on top
ア．pineapple　イ．lemon　ウ．banana　エ．watermelon

33. a sea animal that looks like a large fish with a pointed mouth. They are very intelligent and often friendly towards humans.
ア．shark　イ．dolphin　ウ．penguin　エ．seal

B．次の各文の(　)に入る最も適当なものを選びなさい。

34. The man spoke (　　) a low voice.
ア．in　イ．by　ウ．at　エ．with

35. Hurry up, (　　) you will be late for the class.
ア．but　イ．if　ウ．and　エ．or

【数　学】（50分）〈満点：100点〉

（注意）　解答はすべて一つ選び，解答用紙の所定の欄にマークすること。

1　次の各問いに答えなさい。

(1)　$\left(\dfrac{2a^3}{9b}\right)^3 \times \left(\dfrac{3b}{4a^2c}\right)^2 \div \left(\dfrac{ab}{6c}\right)^3$ を計算しなさい。

解答群　(ア)　$\dfrac{a^2c}{162b^4}$　(イ)　$\dfrac{4c}{3ab^4}$　(ウ)　$\dfrac{c}{18ab^4}$

(エ)　$\dfrac{b^2}{162a^4c^2}$　(オ)　$\dfrac{4a^2c}{3b^4}$　(カ)　$\dfrac{b^2}{18a^4c^2}$

(2)　$8x^2-2y^2+12yz-18z^2$ を因数分解しなさい。

解答群　(ア)　$(2x+y-3z)(2x-y-3z)$　(イ)　$2(2x+y-3z)(2x-y-3z)$

(ウ)　$(2x+y-3z)(2x+y+3z)$　(エ)　$2(2x+y-3z)(2x+y+3z)$

(オ)　$(2x+y-3z)(2x-y+3z)$　(カ)　$2(2x+y-3z)(2x-y+3z)$

(3)　1から13までの数字が1つずつ書かれた13枚のカードがある。これらのカードから2枚のカードを同時に取り出すとき，カードに書かれた2つの数の積が偶数になる確率を求めなさい。

解答群　(ア)　$\dfrac{5}{26}$　(イ)　$\dfrac{5}{52}$　(ウ)　$\dfrac{21}{26}$　(エ)　$\dfrac{19}{26}$　(オ)　$\dfrac{19}{52}$　(カ)　$\dfrac{21}{52}$

(4)　底面の円の半径が3，母線の長さが5の円錐の体積を V_1，半径が2の球の体積を V_2 とする。$V_1 : V_2$ を求めなさい。

解答群　(ア)　3：4　(イ)　9：4　(ウ)　9：8

(エ)　8：9　(オ)　15：16　(カ)　45：32

2　右図のように，

放物線 $y=x^2$　……①

直線　$y=ax\ (a>0)$ ……②

がある。放物線①と直線②の交点のうち原点でない方をAとする。放物線①上の点B$(-1,\ 1)$を通り，直線②に平行な直線を③とし，放物線①と直線③の交点のうちBでない方をCとする。

次の各問いに答えなさい。

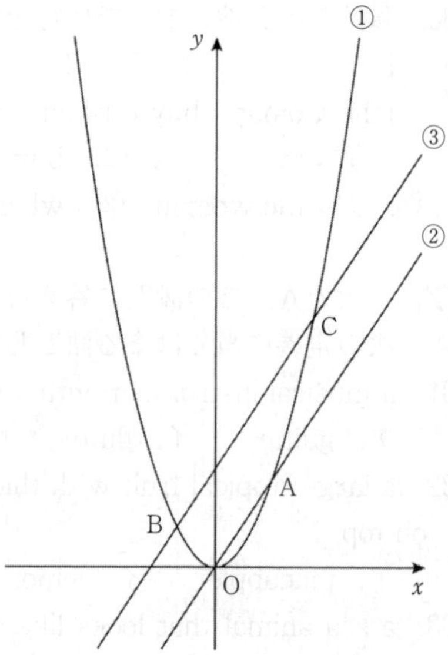

(5)　$a=1$ のとき，四角形OACBの面積を求めなさい。

解答群　(ア)　2　(イ)　4　(ウ)　5

(エ)　9　(オ)　$\dfrac{13}{2}$　(カ)　$\dfrac{13}{4}$

(6)　四角形OACBの面積が16のとき，a の値を求めなさい。

解答群　(ア)　3　(イ)　5　(ウ)　$\dfrac{13}{3}$

(エ)　$\dfrac{13}{4}$　(オ)　$\dfrac{-1+\sqrt{65}}{2}$　(カ)　$\dfrac{-3+\sqrt{65}}{2}$

(7)　(6)のとき，原点を通る直線 $y=mx$ が四角形OACBの面積を2等分するようなmの値を求めなさい。

解答群　(ア)　$\sqrt{13}$　(イ)　4　(ウ)　$\dfrac{13}{3}$　(エ)　$\dfrac{13}{4}$　(オ)　5　(カ)　$\dfrac{\sqrt{65}}{2}$

3　1辺の長さが2の正方形ABCDがある。右図のように，点Eを辺AB上にとり，点Dが点Eと重なるように折ったとき，点Cが移った点をFとする。辺BC上の点G，辺AD上の点Hに対し，線分GHが折り目になった。

次の各問いに答えなさい。

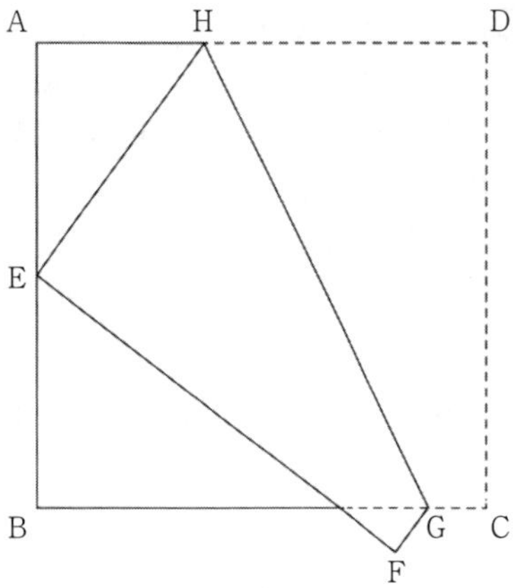

(8)　AE＝1のとき，AHの長さを求めなさい。

解答群　(ア)　$\frac{1}{4}$　(イ)　$\frac{3}{4}$　(ウ)　$\frac{1}{2}$

(エ)　$\frac{1}{3}$　(オ)　$\frac{2}{3}$　(カ)　$\frac{3}{5}$

(9)　(8)のとき，GHの長さを求めなさい。

解答群　(ア)　$\sqrt{5}$　(イ)　$\sqrt{6}$　(ウ)　$\sqrt{7}$

(エ)　$\frac{3}{2}$　(オ)　$\sqrt{2}+1$　(カ)　$\frac{\sqrt{2}}{2}+2$

(10)　四角形EFGHの面積が$\frac{13}{8}$となるようなAEの長さをすべて求めなさい。

解答群　(ア)　$\frac{1}{3}$，1　(イ)　$\frac{1}{4}$，1　(ウ)　$\frac{1}{4}$，$\frac{3}{4}$

(エ)　$\frac{2}{3}$，$\frac{3}{4}$　(オ)　$\frac{1}{2}$，$\frac{3}{2}$　(カ)　$\frac{2}{5}$，$\frac{6}{5}$

4　商品Aと商品Bを仕入れて販売する。商品1個あたりの仕入れ価格と販売価格の差額を利益とする。商品Aの利益は販売価格の10%，商品Bの利益は販売価格の5%となるように，それぞれ仕入れと販売をしている。このとき，次の各問いに答えなさい。

(11)　商品Aの1個あたりの仕入れ価格が450円値上がりしたとき，商品Aの1個あたりの販売価格は何円値上がりするか求めなさい。

解答群　(ア)　50円　(イ)　45円　(ウ)　405円　(エ)　500円　(オ)　450円　(カ)　495円

(12)　商品Bの利益全体の2%を寄付する。商品Bを5000個仕入れ，すべて売り切ったところ，寄付金の総額が60万円になった。商品Bの1個あたりの仕入れ価格を求めなさい。

解答群　(ア)　60000円　(イ)　120000円　(ウ)　114000円

(エ)　6000円　(オ)　12000円　(カ)　11400円

(13)　商品Aと商品Bを1個ずつまとめた商品Cをつくって販売した。商品C1個あたりの仕入れ価格は商品A1個と商品B1個の仕入れ価格を合わせた価格である。同様に，商品C1個あたりの販売価格は商品A1個と商品B1個の販売価格を合わせた価格である。このとき，商品Cの販売価格の9%が利益となった。商品Aの1個あたりの仕入れ価格は，商品Bの1個あたりの仕入れ価格の何倍であったか求めなさい。

解答群　(ア)　$\frac{72}{19}$倍　(イ)　$\frac{19}{72}$倍　(ウ)　$\frac{171}{11}$倍

(エ)　4倍　(オ)　$\frac{1}{4}$倍　(カ)　$\frac{11}{171}$倍

5 自然数を1から順に1つずつ，右の表のように書いていく。横の並びを行とし，縦の並びを列とする。例えば，3行2列に書かれている自然数は8である。次の各問いに答えなさい。

	1列	2列	3列	4列	5列	…
1行	1	2	5	10	17	
2行	4	3	6	11	18	
3行	9	8	7	12		
4行	16	15	14	13		
5行						
⋮						

⒁ 20行23列に書かれる自然数を求めなさい。

解答群 (ア) 377 (イ) 378 (ウ) 503
(エ) 504 (オ) 509 (カ) 510

⒂ mを自然数とする。m行m列に書かれる自然数をmを用いて表しなさい。

解答群 (ア) m^2+m+1 (イ) $2m-1$
(ウ) $2m^2-4m+3$ (エ) m^2+m-1
(オ) m^2-m+1 (カ) m^2+m

⒃ nを24以上の自然数とする。20行$(n-3)$列に書かれる自然数とn行23列に書かれる自然数の和をnを用いて表しなさい。

解答群 (ア) $n^2-n+382$ (イ) $n^2-7n+520$ (ウ) $2n^2-6n+6$
(エ) $2n^2-6n+7$ (オ) $2n^2-8n+13$ (カ) $2n^2-8n+14$

6 【図1】のように，直径$\frac{65}{4}$の円O_1に内接し，AB＝13，AC＝15の鋭角三角形ABCがある。さらに，△ABCの3辺AB，BC，CAに接する円O_2がある。次の各問いに答えなさい。

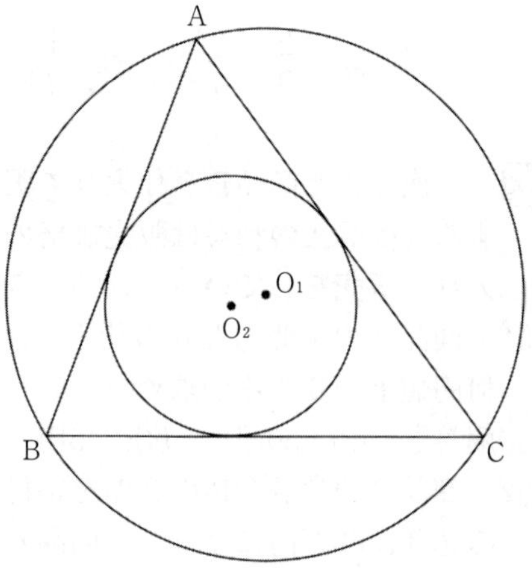

【図1】

⒄ △ABCにおいて，底辺をBCとするときの高さを求めなさい。

解答群 (ア) 6 (イ) 11 (ウ) 12
(エ) $\frac{56}{5}$ (オ) $\frac{168}{13}$ (カ) $\frac{169}{12}$

⒅ 円O_2の半径を求めなさい。

解答群 (ア) 4 (イ) $\frac{18}{5}$ (ウ) $\frac{21}{5}$
(エ) $\frac{42}{11}$ (オ) $\frac{65}{16}$ (カ) $\frac{182}{41}$

⒆ 円O_2の中心から辺ACへ引いた垂線と辺ACの交点をDとする。線分ADの長さを求めなさい。

解答群 (ア) 6 (イ) 7 (ウ) $\frac{15}{2}$
(エ) $\frac{48}{5}$ (オ) $\frac{15\sqrt{17}}{8}$ (カ) $\frac{216}{55}$

⒇ 【図2】のように，△ABCと半径rの2つの円O_3，O_4がある。円O_3は2辺AB，ACに接し，円O_4は2辺CAとCBに接し，2つの円O_3と円O_4は互いの外側で接している。rの値を求めなさい。

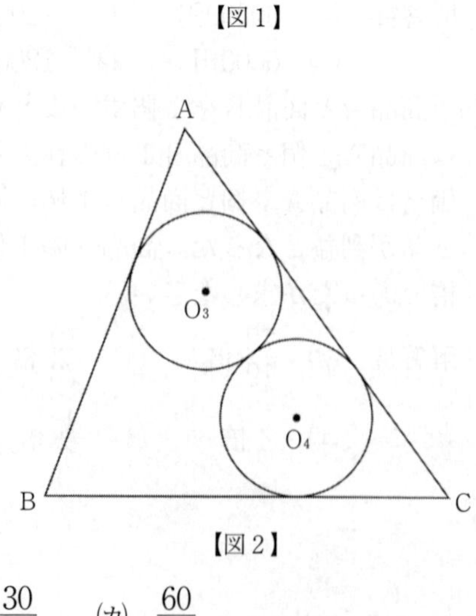

【図2】

解答群 (ア) $\frac{15}{8}$ (イ) $\frac{30}{11}$ (ウ) $\frac{65}{32}$ (エ) $\frac{105}{32}$ (オ) $\frac{30}{23}$ (カ) $\frac{60}{23}$

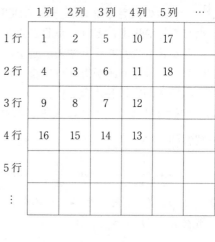

くなってしまったけれど、帰りたいね。

問4 ――線④の活用形を選べ。 解答番号 31

ア 連用形　イ 終止形　ウ 連体形　エ 已然形

問5 ――線⑤の本文中における意味として最も適当なものを選べ。 解答番号 32

ア 貴族への不服　イ 風流めいた言葉

ウ 後世に残る名言　エ 機嫌取りのおべっか

問6 ――線⑥の現代語訳として最も適当なものを選べ。 解答番号 33

ア 人として品位を欠くので、非難するのである。

イ 余りに程度の低い冗談を言ったので、途中で止めるのである。

ウ 今までの楫取りの人柄と似合わないので、本人かどうか疑うのである。

エ 楫取りという身分に合わないので、気にとめるのである。

問7 □に入る最も適当な語を選べ。 解答番号 34

ア 黒　イ 雪　ウ 髪　エ 島

問8 『土佐日記』に関する説明として最も適当なものを選べ。 解答番号 35

ア 日本で最古の物語文学であり、後世に大きな影響を与えた。

イ 土佐守の任を受けた紀貫之の、都から土佐国に向かう船旅の様子が描かれている。

ウ 漢文的表現を豊富に用いた男性的な作品で、随所に漢詩が散りばめられている。

エ 筆者を紀貫之に従う女性に仮託した作品で、旅の見聞の中に亡児への追想を織り交ぜている。

ア　喜助は弟の世話をしながら貧しい暮らしを送っていたが、とうとう生計を立てる手段がなくなってしまった。弟は兄の窮状を見るに見かねて、かつての仲間を殺して財産を奪おうと考えたが、その現場を目撃した喜助は弟の非道を許すことができず、涙ながらに手打ちにして殺してしまった。

イ　喜助は弟と同じ仕事をしながら仲良く生活していたが、生活苦が原因となって二人はだんだんと仲違いするようになってしまった。あるとき弟は喜助を困らせてやろうと偽装自殺を試みたが、その現場を目撃した喜助は同僚に言われるがまま、弟を安楽死させてやろうとして殺してしまった。

ウ　喜助は弟と貧しい生活を送っていたが、あるとき弟は出来心から盗みを働いてしまった。弟は自分の犯した罪の意識にさいなまれ、しだいに心を病むようになってしまい、突発的に自殺をはかったところにたまたま居合わせた喜助が弟殺しの濡れ衣を着せられることになってしまった。

エ　喜助は弟と二人で貧しいながらもなんとか生活していたが、あるときどうしても生活が立ちゆかなくなってしまった。弟は自分が死ねば兄の生活が楽になると考え自殺を試みたが、死にきれないでいたところに兄の喜助が来て、楽にしてくれとせがまれるままに弟を死なせてやった。

三　次の文章を読んで、後の問いに答えよ。

二十一日。①卯の時ばかりに、船出だす。みな人々の船出づ。これを見れば、春の海に秋の木の葉しも散れるやうにぞありける。②おぼろけの願によりてにやあらむ。風も吹かず、よき日出で来て、漕ぎゆく。この間に、使はれむとて、つきて来る童あり。それがうたふ船歌、

③なほこそ、国の方は、見やらるれ、わが父母、ありとし思へば、かへらや。

とうたふぞあはれなる。

かくうたふを聞きつつ漕ぎ来るに、黒鳥といふ鳥、岩の上に集まり居り。その岩のもとに、波白く打ち寄す。楫《かぢ》取りのいふやう、「黒鳥のもとに、白き波を寄す」とぞ④いふ。この言葉、何とにはなけれども、⑤物いふやうにぞ聞こえたる。⑥人の程にあはねば、とがむるなり。

かくいひつつゆくに、船君なる人、波を見て、「国より始めて、海賊報いせむといふなることを思ふ上に、海のまた恐《おそろ》しければ、頭もみな白けぬ。七十ぢ、八十ぢは、海にあるものなりけり。

わがかみの□と磯べのしらなみといづれまされり沖つ島守

楫取りいへ」

（『土佐日記』より）

問1　――線①とは現在の何時頃か。最も適当なものを選べ。　解答番号 28

ア　午前二時頃　イ　午前六時頃
ウ　午前十時頃　エ　午後二時頃

問2　――線②の現代語訳として最も適当なものを選べ。　解答番号 29

ア　なみなみならぬ祈願によってであろうか。
イ　いい加減にしてしまった願掛けのせいであろうか。
ウ　風を司る神にはっきりと願わなかったからであろうか。
エ　通り一遍でない請願をしなくてはならなかったのであろうか。

問3　――線③の船歌の内容として最も適当なものを選べ。　解答番号 30

ア　それでもなお、故郷の方角は自然と見てしまうよ、私の父母はもういないのに、帰ってこないかなあ。
イ　なんといっても、故郷は見たくなくなるなあ、私の父母がいると思うとね、帰りたくないなあ。
ウ　やっぱり、故郷の方は見ずにはいられないよ、私の父母がそこにいると思うとね、帰ろうよ。
エ　今でも、故郷は見えるよ、私の父母は蟻かと思うほどに小さ

として最も適当なものを選べ。　解答番号24

ア　二百文程度の資金で仕事を始めようと語る喜助を内心小馬鹿にしたものの、働いて得た賃金を貯めるどころか仕事を見つけるのさえ難しいという話を聞いて同情し、そのような境遇の中では二百文程度の財産に満足してしまうのも無理はないと感じている。

イ　喜助が二百文というわずかな財産で満足しているのを聞いて奇妙にも感じたが、実際のところは庄兵衛自身も生活にそれほど余裕があるわけではなく、むしろ二百文程度の貯蓄も持たない自分の方が苦しい生活状況に置かれているのではないかと感じている。

ウ　仕事をして得た収入もすぐに使い果たしてしまうと語る喜助の境遇には同情するものの、貯蓄を持たないという点では自分も喜助と変わらない境遇に置かれており、一時的にせよ余裕のある生活を送ることができている喜助のことをうらやましいと感じている。

エ　働いて収入を得ても貯金も出来ずすぐに消えてしまうという喜助の話を聞いてかわいそうに思ったものの、よくよく考えると自分と喜助とが置かれた境遇に大きな違いはなく、収支の大きさが違うだけで生活に余裕がないという点では同じであると感じている。

問9　――線⑥について、次の各問いに答えよ。

(1)「大いなる懸隔」とはどういうことか。その説明として最も適当なものを選べ。　解答番号25

ア　一応は安定した仕事についているはずの庄兵衛が将来を不安視しているのに対し、仕事をしていない喜助のほうが将来を楽観視して気ままに過ごしていること。

イ　それほど困窮していない庄兵衛が自身の生活に満足していないのに対し、庄兵衛よりも苦しい生活をしているはずの喜助のほうが自分の生活に満足していること。

ウ　同居する家族が多いために庄兵衛は責任をもって仕事に取り組まなければならないのに対し、独り身の喜助は自分の気が赴くままに好きな生き方をしていること。

エ　同じように生活苦を抱えているとはいっても、庄兵衛の方はそこそこの生活を送っているのに対し、喜助の方は泥水をすするような貧しい生活を送ってきたこと。

(2)「大いなる懸隔」はどこから生じるのか。その説明として最も適当なものを選べ。　解答番号26

ア　際限のない欲望を制御できるかどうかの違い。

イ　扶養するべき家族を持っているかどうかの違い。

ウ　他者に対する思いやりを持っているかどうかの違い。

エ　将来への漠然とした不安を抱いているかどうかの違い。

問10　～～線とあるが、喜助が弟を殺した経緯はどのようなものだったと考えられるか。作者が『高瀬舟』の構想について解説した次の【資料】を参考にし、考えられる経緯として最も適当なものを選べ。　解答番号27

【資料】

徳川時代には京都の罪人が遠島を言い渡されると、高瀬舟で大阪へ廻されたそうである。それを護送して行く京都町奉行附の同心が悲しい話ばかり聞《きか》せられる。或るときこの舟に載せられた兄弟殺しの科《とが》を犯した男が、少しも悲しがっていなかった。その仔細《しさい》を尋ねると、これまで食を得ることに困っていたのに、遠島を言い渡された時、銅銭二百文を貰ったが、銭を使わずに持っているのは始だと答えた。又人殺しの科はどうして犯したかと問えば、兄弟は西陣に傭《やと》われて、空《そら》引《びき》ということをしていたが、給料が少《すくな》くて暮らしが立ち兼ねた、その内同胞が自殺を謀《はか》ったが、死に切れなかった、そこで同胞が所詮《しょせん》助からぬから殺してくれと頼むので殺して遣《や》ったと言った。

（森　鷗外『高瀬舟縁起』より）

問2　══線Bとほぼ同じ意味で「足」が使われている慣用句として最も適当なものを選べ。　解答番号 18

ア　足が早い　　イ　足が出る

ウ　足を洗う　　エ　足をすくわれる

問3　══線Cの意味として最も適当なものを選べ。　解答番号 19

ア　仕事が高く評価される　　イ　なんとか生計を立てる

ウ　文句を言わないでいる　　エ　質素な食事で我慢する

問4　――線①のような「態度」の具体例として最も適当なものを選べ。　解答番号 20

ア　提出する予定だった宿題をうっかり忘れてしまい、仕方なく担当の先生に頭を下げて謝った。

イ　町中で突然お巡りさんに呼び止められて、驚きつつも言われるがままにカバンの中身を見せた。

ウ　有名な政治家が街頭演説に来ると知って、政治に批判的な友人も誘って演説を聞きに行った。

エ　上司に無理やりゴルフに誘われ、正直楽しくなかったのだが始終笑顔を取り繕ってプレーした。

問5　――線②とあるが、ここでの喜助の心情の説明として最も適当なものを選べ。　解答番号 21

ア　肉親を殺すという大罪を犯しながらもその罪をさほど悔いているわけでもなく、これからの人生も天に昇った月の運行のように自然のなりゆきに任せるしかないと諦めている。

イ　これまで味わってきた生活苦に比べれば現在自分が置かれている状況は決して悪いものではなく、わずかながらの財産も確保できたため、流刑地での生活に希望を抱いている。

ウ　悪事を働いた弟をやむを得ず殺したがその自分の行い自体には後悔がなく、また流刑先の島では生活の保障もしてもらえるためかえって感謝したいくらいだと思っている。

エ　これまでは自由に生きてこられたとはいえ生活にはゆとりがなく、住む場所も財産も無かった身からすれば、多少不自由であっても人間らしい生活が送れることに満足している。

問6　――線③とあるが、それはなぜか。その理由として最も適当なものを選べ。　解答番号 22

ア　喜助が過去に罪を犯した経緯について考えれば考えるほど様々な想像がふくらみ、真相を明らかにしたいという欲求に駆られたため、喜助に真実を語ってもらおうと考えたから。

イ　喜助という人物に対してにわかに興味が湧いたため思わず現在の心境を尋ねてはみたものの、任務中に個人的な会話をするのは良くないと思い直し、その場を取り繕おうとしたから。

ウ　喜助の様子が通常の罪人のものとは違っていたため、どうしても気になってその内面を探ってみようと話しかけたのだが、その行為が喜助に無用の緊張を与えてしまったようだったから。

エ　喜助の態度が島流しにされる人間とは思えないほど明るく、その態度がかえって不気味に感じられたため、他愛も無い世間話をしかけることで自身の不安感を払拭しようと考えたから。

問7　――線④とあるが、庄兵衛はなぜ「不幸」なのか。その理由として最も適当なものを選べ。　解答番号 23

ア　決して裕福とはいえない暮らしをしている中で、貧しい暮らしでは満足できない妻をめとってしまったため、自身の収入だけで生計を立てることができない状況に置かれているから。

イ　本当ならば質素で倹約な生活をしたいにもかかわらず、資産家の家から迎えた妻が借金をしてまで贅沢な暮らしを望むため、その借金の返済に追われる状況になってしまったから。

ウ　親や子の面倒を見なければならない状況にもかかわらず、商人の家からやってきた妻は家族の面倒を見ようとせず、自分の楽しみばかりにふけって浪費を繰り返しているから。

エ　家族七人で貧しいながらも仲良く暮らしていたが、そこに新しくやってきた妻は家族とうまく馴染むことができず、一人で勝手な行動をしてしまうので夫婦喧嘩が絶えないから。

問8　――線⑤とあるが、ここからうかがえる庄兵衛の心情の説明えた。そこで女房は夫の貰う扶持米《ふちまい》で暮《くら》しを立てて行こうとする善意はあるが、裕《ゆたか》な家に可哀がられて育った癖があるので、夫が満足する程手元を引き締めて暮して行くことが出来ない。動《やや》もすれば月末になって勘定が足りなくなる。すると女房が内証で里から金を持って来て帳尻《ちょうじり》を合わせる。それは夫が借財と云うものを毛虫のように嫌うからである。そう云う事は所詮夫に知れずにはいない。庄兵衛は五節句だと云っては、里方から物を貰い、子供の七五三の祝《いわい》だと云っては、里方から子供に衣類を貰うのでさえ、心苦しく思っているのだから、暮しの穴を塡《う》めて貰ったのに気が附いては、好い顔はしない。格別平和を破るような事のない羽田の家に、折々波風の起《おこ》るのは、これが原因である。

　庄兵衛は今喜助の話を聞いて、喜助の身の上をわが身の上に引き比べて見た。喜助は為事をして給料を取っても、右から左へ人手に渡して亡《な》くしてしまうと云った。いかにも哀《あわれ》な、気の毒な境界《きょうがい》である。しかし一転して我身の上を顧みれば、彼と我との間に、果《はた》してどれ程の差があるか。自分も上から貰う扶持米を、右から左へ人手に渡して暮しているに過ぎぬではないか。彼と我との相違は、⑤謂《い》わば十露盤《そろばん》の桁《けた》が違っているだけで、喜助の難有がる二百文に相当する貯蓄だに、こっちはないのである。

　さて桁を違えて考えて見れば、鳥目二百文をでも、喜助がそれを貯蓄と見て喜んでいるのに無理はない。その心持はこっちから察して遣ることが出来る。しかしいかに桁を違えて考えて見ても、不思議なのは喜助の慾《よく》のないこと、足ることを知っていることである。

　喜助は世間で為事を見附けるのに苦んだ。それを見附けさえすれば、骨を惜まずに働いて、ようようC口を糊《のり》することの出来るだけで満足した。そこで牢に入ってからは、今まで得難かった食が、殆ど天から授けられるように、働かずに得られるのに驚いて、生《うま》れてから知らぬ満足を覚えたのである。

　庄兵衛はいかに桁を違えて考えて見ても、ここに彼と我との間に、⑥大いなる懸隔のあることを知った。自分の扶持米で立てて行く暮しは、折々足らぬことがあるにしても、大抵D出納が合っている。手一ぱいの生活である。然《しか》るにそこに満足を覚えたことは殆ど無い。常は幸《さいわい》とも不幸とも感ぜずに過《すご》している。しかし心の奥には、こうして暮していて、ふいとお役が御免になったらどうしよう、大病にでもなったらどうしようと云う疑懼《ぎく》が潜んでいて、折々妻が里方から金を取り出して来て穴塡《あなうめ》をしたことなどがわかると、この疑懼が意識の閾《しきい》の上に頭を擡《もた》げて来るのである。

　一体この懸隔はどうして生じて来るだろう。只上辺《うわべ》だけを見て、それは喜助には身に係累がないのに、こっちにはあるからだと云ってしまえばそれまでである。しかしそれは譃《うそ》である。よしや自分が一人者であったとしても、どうも喜助のような心持にはなられそうにない。この根底はもっと深い処にあるようだと、庄兵衛は思った。

　庄兵衛は只漠然《ばくぜん》と、人の一生というような事を思って見た。人は身に病《やまい》があると、この病がなかったらと思う。その日その日の食がないと、食って行かれたらと思う。万一の時に備える蓄《たくわえ》がないと、少しでも蓄があったらと思う。蓄があっても、又その蓄がもっと多かったらと思う。かくの如くに先から先へと考《かんがえ》て見れば、人はどこまで往って踏み止まることが出来るものやら分からない。それを今目の前で踏み止まって見せてくれるのがこの喜助だと、庄兵衛は気が附いた。

　庄兵衛は今さらのように驚異の目を睜《みは》って喜助を見た。この時庄兵衛は空を仰いでいる喜助の頭から毫光《ごうこう》がさすように思った。

（森　鷗外『高瀬舟』より）

問1　‖線A・Dの読み方として最も適当なものをそれぞれ選べ。

A　遊山　　解答番号 16

ア　ゆうざん　　イ　ゆうさん
ウ　ゆざん　　エ　ゆさん

D　出納　　解答番号 17

ア　すいのう　　イ　しゅつのう
ウ　すいとう　　エ　しゅっとう

う。庄兵衛がためには喜助の態度が考えれば考える程わからなくなるのである。

暫《しばら》くして、庄兵衛はこらえ切れなくなって呼び掛けた。「喜助。お前何を思っているのか」

「はい」と云ってあたりを見廻した喜助は、何事をかお役人に見咎《とが》められたのではないかと気遣《きづか》うらしく、居ずまいを直して庄兵衛の気色《けしき》を伺った。

③庄兵衛は自分が突然問いを発した動機を明《あか》して、役目を離れた応対を求める分疏《いいわけ》をしなくてはならぬように感じた。そこでこう云った。「いや。別にわけがあって聞いたのではない。実はな、己《おれ》は先刻《さっき》からお前の島へ往《ゆ》く心持が聞いて見たかったのだ。己はこれまでこの舟で大勢の人を島へ送った。それは随分いろいろな身の上の人だったが、どれもどれも島へ往くのを悲しがって、見送りに来て、一しょに舟に乗る親類のものと、夜どおし泣くに極《き》まっていた。それにお前の様子を見れば、どうも島へ往くのを苦にしてはいないようだ。一体お前はどう思っているのだい」

喜助はにっこり笑った。「御親切に仰《おっし》ゃって下すって、難有《ありがと》うございます。なる程島へ往くということは、外《ほか》の人には悲しい事でございましょう。その心持はわたくしにも思い遣って見ることが出来ます。しかしそれは世間で楽をしていた人だからでございます。京都は結構な土地ではございますが、その結構な土地で、これまでわたくしのいたして参ったような苦《くるし》みは、どこへ参ってもなかろうと存じます。お上《かみ》のお慈悲で、命を助けて島へ遣って下さいます。島はよしやつらい所でも、鬼の栖《す》む所ではございますまい。わたくしはこれまで、どこと云って自分のいて好い所と云うものがございませんでした。こん度《ど》お上で島にいろと仰ゃって下さいます。そのいろと仰ゃる所に落ち著《つ》いていることが出来ますのが、先《ま》ず何よりも難有《ありがた》い事でございます。それにわたくしはこんなにかよわい体ではございますが、ついぞ病気をいたしたことはございませんから、島へ往ってから、どんなつらい為事《しごと》をしたって、体を痛めるようなことはあるまいと存じます。それからこん度島へお遣下さるに付きまして、二百文の鳥目《ちょうもく》を戴《いただ》きました。それをここに持っております」

こう云い掛けて、喜助は胸に手を当てた。遠島を仰せ附けられるものには、鳥目二百銅を遣《つかわ》すと云うのは、当時の掟《おきて》であった。

喜助は語《ことば》を続《つ》いだ。「お恥《はず》かしい事を申し上げなくてはなりませぬが、わたくしは今日まで二百文と云うおB足を、こうして懐《ふところ》に入れて持っていたことはございませぬ。どこかで為事に取り附きたいと思って、為事を尋ねて歩きまして、それが見附かり次第、骨を惜《おし》まずに働きました。そして貰《もら》った銭は、いつも右から左へ人手に渡さなくてはなりませなんだ。それも現金で物が買って食べられる時は、わたくしの工面《くめん》の好《い》い時で、大抵は借りたものを返して、又跡《あと》を借りたのでございます。それがお牢に這入《はい》ってからは、為事をせずに食べさせて戴きます。わたくしはそればかりでも、お上に対して済まない事をいたしているようでなりませぬ。それにお牢を出る時に、この二百文を戴きましたのでございます。こうして相変《かわ》らずお上の物を食べていて見ますれば、この二百文はわたくしが使わずに持っていることが出来ます。お足を自分の物にして持っていると云うことは、わたくしに取っては、これが始《はじめ》でございます。島へ往って見ますまでは、どんな為事が出来るかわかりませんが、わたくしはこの二百文を島でする為事の本手《もとで》にしようと楽《たのし》んでおります」こう云って、喜助は口を噤《つぐ》んだ。

庄兵衛は「うん、そうかい」とは云ったが、聞く事毎《ことごと》に余り意表に出たので、これも暫く何も云うことが出来ずに、考え込んで黙っていた。

庄兵衛はかれこれ初老に手の届く年になっていて、もう女房に子供を四人生ませている。それに老母が生きているので、家は七人暮《ぐら》しである。平生《へいぜい》人には吝嗇《りんしょく》と云われる程の、倹約な生活をしていて、衣類は自分が役目のために著《き》るものの外、寝巻しか拵《こしら》えぬ位にしている。しかし④不幸な事には、妻を好《い》い身代の商人の家から迎

エ　生徒Ｄ　僕は、みんなの意見とは違って、「旧時代にこだわりつづけるのはもっと愚かである」という部分に着目したんだ。温故知新という四字熟語があるように、過去の出来事を学ぶことで新しい発見があるということは昔からいわれていることだよね。過去にこだわるのではなく、過去から学び新時代に生きる知恵を身につけていく必要があるということじゃないかな。

問11　本文の内容と合致するものを選べ。　解答番号 14

ア　現在の情報化社会では知識を多く持つ人よりも、情報を扱う技術に長けている人の方が評価されている。

イ　ウェーバーは文明について研究をし、自ら「すべての望みを捨てよ」という結論を出した。

ウ　文明が発達するにつれて情報が優先されるような世の中になってきている。

エ　ウェーバーも漱石も時代の進歩に対して悲観的であり、時代に逆行することを目指していた。

問12　本文でも引用されている「夏目漱石」の作品を選べ。　解答番号 15

ア　鼻　イ　草枕　ウ　五重塔　エ　たけくらべ

二　次の文章を読んで、後の問いに答えよ。

いつの頃であったか。多分江戸で白河楽翁侯《しらかわらくおう》が政柄を執《と》っていた寛政の頃ででもあっただろう。智恩院の桜が入相《いりあい》の鐘に散る春の夕《ゆうべ》に、これまで類のない、珍《めず》らしい罪人が高瀬舟に載せられた。

それは名を喜助《きすけ》と云って、三十歳ばかりになる、住所不定《ふじょう》の男である。固《もと》より牢屋敷に呼び出されるような親類はないので、舟にも只《ただ》一人で乗った。

護送を命ぜられて、一しょに舟に乗り込んだ同心羽田庄兵衛《はねだしょうべえ》は、只喜助が弟殺しの罪人だと云うことだけを聞いていた。さて牢屋敷から桟橋《さんばし》まで連れて来る間、この痩肉《やせじし》の、色の蒼白《あおじろ》い喜助の様子を見るに、いかにも神妙に、いかにもおとなしく、自分をば公儀の役人として敬って、何事につけても逆《さから》わぬようにしている。しかもそれが、罪人の間に往々見受けるような、①温順を装って権勢に媚《こ》びる態度ではない。

庄兵衛は不思議に思った。そして舟に乗ってからも、単に役目の表で見張っているばかりでなく、絶えず喜助の挙動に、細かい注意をしていた。

その日は暮方から風が歇《や》んで、空一面を蔽《おお》った薄い雲が、月の輪《りん》廓《かく》をかすませ、ようよう近寄って来る夏の温《あたたか》さが、両岸の土からも、川床の土からも、靄《もや》になって立ち昇るかと思われる夜であった。下京《しもきょう》の町を離れて、加茂川を横ぎった頃からは、あたりがひっそりとして、只舳《へさき》に割かれる水のささやきを聞くのみである。

夜舟で寝ることは、罪人にも許されているのに、喜助は横になろうともせず、雲の濃淡に従って、光の増したり減じたりする月を仰いで、黙っている。②その額は晴やかで目には微《かす》かなかがやきがある。

庄兵衛はまともには見ていぬが、終始喜助の顔から目を離さずにいる。そして不思議だ、不思議だと、心の内で繰り返している。それは喜助の顔が縦から見ても、横から見ても、いかにも楽しそうで、若《も》し役人に対する気兼《きがね》がなかったなら、口笛を吹きはじめるとか、鼻歌を歌い出すとかしそうに思われたからである。

庄兵衛は心の内に思った。これまでこの高瀬舟の宰領をしたことは幾度《いくたび》だか知れない。しかし載せて行く罪人は、いつも殆《ほとん》ど同じように、目も当てられぬ気の毒な様子をしていた。それにこの男はどうしたのだろう。A遊山船にでも乗ったような顔をしている。罪は弟を殺したのだそうだが、よしやその弟が悪い奴《やつ》で、それをどんな行掛りになって殺したにせよ、人の情として好《い》い心持はせぬ筈《はず》である。この色の青い痩男《やせおとこ》が、その人の情と云うものが全く欠けている程の、世にも稀《まれ》な悪人であろうか。どうもそうは思われない。ひょっと気でも狂っているのではあるまいか。いやいや。それにしては何一つ辻褄《つじつま》の合わぬ言語《ことば》や挙動がない。この男はどうしたのだろ

当なものを選べ。　解答番号[9]

ア　情報機器を活用し、自分の情報の引き出しを増やしていくことは「知性」の獲得ではなく、情報機器を扱う技術を向上させているだけであるということ。

イ　ただ知っているつもりなだけでは「知性」とは言えず、その知識を人に伝えられるようにならなければ「知性」とは認められないということ。

ウ　情報を多く頭の中に蓄えているということは、評価されるべきことであるが本当の意味での「知性」とは言えないということ。

エ　多くの知識をもっているだけでなく、知識と情報を関連付けて理解しなければ本当の「知性」とはいえないということ。

問7　――線②とあるが、どのような状況か。その説明として最も適当なものを選べ。　解答番号[10]

ア　「知性」と言われるものが、「つもり」や「そんな気がしているだけ」のものになっている状況。

イ　若者の方が情報機器の扱いに慣れており、大人よりも知識を持つ若者が増えている状況。

ウ　情報を扱う技術さえあれば、実際に経験することなく様々な情報を知識として得ることができる状況。

エ　知識を獲得する手段が、書籍からパソコンなどの情報機器に移行してきている状況。

問8　――線③とあるが、何がどうなったのか、その説明として最も適当なものを選べ。　解答番号[11]

ア　人々の持っていた知識が、科学技術の発達によって、より高度で専門的な知識や情報に代わってきてしまっているということ。

イ　人間の知性が、文明の進歩に伴い変容し、多くの情報を知っていることだけが「知性」であると人々に錯覚されるようになったということ。

ウ　現在の社会が、流通する情報量の増加に伴って、かつて想定されていたよりも極度に進行した「情報化社会」になってしまったということ。

エ　人間が共通して持っていた知性が、主知化や合理化が進行することで、未開の社会の人々とわれわれとの間で乖離してしまったということ。

問9　[④]に入るものとして、最も適当なものを選べ。解答番号[12]

ア　漱石は彼らとは正反対のことを言っています。

イ　漱石は彼らと違った視点を持っています。

ウ　漱石も彼らと同じ未来を目指しています。

エ　漱石も彼らとまったく同じことを言っています。

問10　――線⑤とあるが、次の選択肢は筆者のこうした意見に対して生徒が話し合いをしている場面である。傍線部の解釈として最も適当な発言をしているものを選べ。　解答番号[13]

ア　生徒A　最後の主張は、漱石の作品を援用することで、将来のことは誰もわからないし、誰しも不安を感じることがあるが、不安だからといって現状維持を続けることは愚かな態度であるということを僕たちに伝えてくれているんじゃないかな。

イ　生徒B　そうかな。「わけもわからないまま時代に流されるのはいや」とあるからこれからの社会がどのように変わっていくかということを正確に吟味した上で、将来の見通しを立てていくことの重要性を述べているのではないかな。また、その際に過去の出来事にこだわってはいけないというアドバイスだね。

ウ　生徒C　僕もそう思うな。けれど、もっとその意見に説得力を持たせるためには直前の『夢十夜』の引用に触れた方が良いんじゃないかな。男はどこへ行くのかわからないことに加えて、誰も行き先を教えてくれないことに対して不安を覚えて海に飛び込むことを決断しているよね。だから、Bくんのいった通り、将来のことをちゃんと見据えてわからないことをなくしていくということが大切だというメッセージじゃないかな。

あたりのことがショウcチョウ的にあらわされたものがあります。「第七夜」の、船に乗って運ばれていく男の話です。

その男はなぜか大きな客船に乗せられていて、自分がどこへ運ばれているのかわかりません。船は、船を追い越して前方に沈む太陽のあとを追うかのように進んでいくばかりです。そこで、船頭に行く先を聞いてみるのですが、答えてくれません。船に乗っているのはほとんど外国人です。

男は心細くもあり、またこのまま船に乗せられているのも意味がない気がして死のうと決め、海に飛びこむことにします。しかし、足が甲板を離れた瞬間、「よせばよかった」と思います。高い甲板から海面に達するまではスローモーションのようにかなりの時間があって、その間、男はどこへ行くかわからない船でもやっぱり乗っているほうがよかったと思います。そして、「無限の後悔と恐怖とを抱いて黒い波の方へ静かに落ちて行」くのです。

⑤わけもわからないまま時代に流されるのはいやである、さりとて、それに逆らって旧時代にこだわりつづけるのはもっと愚かである、ということです。

（姜　尚中『悩む力』より）

注　1　ゲーテ…ドイツの詩人、劇作家、小説家、自然科学者。
　　2　マックス・ウェーバー…ドイツの社会学者。

問1　――線a～cのカタカナを漢字に改めたとき、同じ漢字を用いるものをそれぞれ選べ。

a　ヒンパン　　解答番号 1

ア　ヒンコン問題の解決に取り組む。
イ　絵画のヒンピョウ会に参加する。
ウ　日本経済は危機的状況にヒンしている。
エ　彼に遭遇するヒンドが高い。

b　ハクガク　　解答番号 2

ア　ハクシンの演技で観客を魅了する。
イ　プロジェクトはハクシに戻った。
ウ　世間一般の人気をハクする。
エ　スマホ依存が学力低下にハクシャをかける。

c　ショウチョウ　　解答番号 3

ア　トクチョウ的なオブジェ。
イ　キチョウな文化遺産。
ウ　夢に向かってチョウセンを続ける。
エ　時代のチョウリュウを読む。

問2　〰〰線x・yの語句の意味として最も適当なものをそれぞれ選べ。

x　通じた　　解答番号 4

ア　共通している　　イ　盛りを過ぎている
ウ　深く知っている　　エ　継続している

y　知悉している　　解答番号 5

ア　詳しく知っている　　イ　感覚的に理解している
ウ　意欲的に学んでいる　　エ　忘れずに覚えている

問3　□に漢字二字を補って、四字熟語を完成させる場合、最も適当なものを選べ。　　解答番号 6

ア　慎重　　イ　伸張　　ウ　新調　　エ　深長

問4　A～C のいずれにも入らないものとして最も適当なものを選べ。　　解答番号 7

ア　たとえば　　イ　あるいは
ウ　けれども　　エ　つまり

問5　次の文章は本文に入るべきものである。最も適当な箇所を、本文中の【ア】～【エ】から選べ。　　解答番号 8

【脱文】　情報の引き出しでも、みずからの血肉になっているような情報が入っている引き出しならよいのですが、服のポケットにたくさんの紙片を詰めこんでいるような知性――。これを、「知ってるつもり」なだけの知性と言ったら厳しすぎるでしょうか。

問6　――線①とあるが、どういうことか。その説明として最も適です。彼は文明が人間を一面的に合理化していく状況を主知化の問題としてとらえ、人間の調和ある総合的な知性の獲得の断念が、主知的合理化の「宿命」であると考えていました。彼はダンテの『神曲』の言葉を引いて、「すべての望みを捨てよ」と説いたほどです。

【イ】

「職業としての学問（科学）」の中で、ウェーバーはこう言っています。

われわれはみな、自分たちは未開の社会よりはるかに進歩していて、アメリカの先住民などよりはるかに自分の生活についてよく知っていると思っている。しかし、それは間違いである。われわれはみな電車の乗り方を知っていて、何の疑問も持たずにそれに乗って目的地に行くけれども、車両がどのようなメカニズムで動いているのか知っている人などほとんどいない。しかし、未開の社会の人間は、自分たちが使っている道具について、われわれよりはるかにy知悉している。したがって、主知化や合理化は、われわれが生きるうえで自分の生活についての知識をふやしてくれているわけではないのだ――と。【ウ】

そして、高度に科学が進んだ医学についても、こう言っています。

医者は手段をつくして患者の病気を治し、生命を維持することのみに努力を傾ける。たとえその患者が苦痛からの解放を望んでいても、患者の家族もそれを望んでいても、患者が治療代を払えない貧しい人であっても関係ない。すなわち、科学はその行為の究極的、本来的な意味について何も答えない――と。

ウェーバーは、十九世紀ロシアの文豪、トルストイに非常に注目していて、合理化の問題を考えるときにトルストイにたびたび言及しています。

そのトルストイの『人生論』の中にこんなエピソードが紹介されています。

あるところに水車小屋で粉ひきをしている男がいました。彼は自然の恵みの中で朝から晩まで一生懸命働いていたのですが、あるとき水車のメカニズムに興味を持ちます。そして、水車が引きこまれてきた川の水によって動いていると理解すると、今度は川の研究に熱中してしまい、気がついてみれば、本来の仕事である粉をひくことを忘れてしまっていた――というものです。【エ】

トルストイのテーゼは徹底的に「反科学」です。科学はわれわれが何をなすべきかということについて何も教えてくれないし、教えてくれないばかりか、人間の行為がもともと持っていた大切な意味をどんどん奪っていくと考えました。

④

「現代の文明は完全な人間を日に日に片輪者に打崩しつつ進むのだと評しても差支ないのであります、極の野蛮時代で人のお世話には全くならず、自分で身に纏うものを捜し出し、自分で井戸を掘って水を飲み、又自分で木の実か何かを拾って食って、不自由なく、不足なく、不足があるにしても苦しい顔もせずに我慢をして居れば、……生活上の知識を一切自分に備えたる点に於て完全な人間と云わなければなりますまい」（講演『道楽と職業』）

だからと言って、漱石もウェーバーも、進んでいく時代の流れには抗えないと考えていました。ウェーバーの言葉を借りれば、「認識の木の実を食べた者は、もう後には戻れない」のです。

第二章で漱石のロンドン留学について少し述べましたが、漱石にとって留学生活はけっして愉快なものではなく、「先進国」イギリスの中に、日本が将来の目標とすべき「希望」のようなものはまったく見出せませんでした。それどころか、イギリス人ほどいやな国民はいないとすら思っていたほどです。

しかし、自分たちも遅からずそうならざるをえないことも十分に予想していました。だから、日本の欧化について、「現代日本の開化は皮相上滑りの開化である」けれども、「涙を呑んで上滑りに滑って行かなければならない」と言わざるをえなかったのです（講演『現代日本の開化』）。

漱石が奇妙な夢を十話にわたって書いた『夢十夜』の中に、その

二〇二三年度 川越東高等学校（特待生）

【国 語】〈五〇分〉〈満点：一〇〇点〉

（注意） 解答はすべて一つ選び、解答用紙の所定の欄にマークすること。

一 次の文章を読んで、後の問いに答えよ。

「知ってるつもり!?」というタイトルのテレビ番組がありましたが、この表現を見るたびに、私は、いまの世の中で「知性」と呼ばれているものは、すべてこれ、すなわち「つもり」「そんな気がしているだけ」ではないかと思います。

「情報化社会」という言葉がaヒンパンに使われるようになったのは一九七〇年代ごろだったと思いますが、いま現実に存在している「情報化社会」は、当時言われていた「情報化社会」と同じものとは思えないほど極限まで進んでしまっています。

職場でも、学校でも、日常生活においても、情報が洪水のようにあふれていますし、聞いたことがない事柄に出会っても、ネットでちょっと検索すれば、瞬時にしてだいたいのことはわかってしまいます。

ですから、日常的にそうした状況にいるわれわれは、「もう、すべてを知ってしまった」「知らないことは何もない」と、過多な情報量にげっぷが出そうな気分になっているのです。

それと関係するのでしょうか、最近の人は「知ってる」「知らない」ということに妙に敏感になっているようです。「××知ってる?」と聞かれたとき、「知らない」と答えるのを過度に恥と考えます。じっさい、「知らない」と答えると、「えっ、そんなことも知らないの?」などと言われてしまいます。これは、情報の引き出しをよりたくさん持っていることを知性とはき違えていることのあらわれではないでしょうか。××を知らないから何だと言いたくなるのは、私だけではないはずです。

もちろん、「何でも知っているbハクガクな人」はすばらしいと思います。［A］、私は本来的には、①「物知り」「情報通」であることと、「知性」とは別物だと思います。「know」と「think」は違うのです。「information」と「intelligence」は同じではないのです。

［B］、パソコンの操作が得意な小学生が、機械の苦手なお父さんに代わって旅行のプランを作ってあげる、としましょう。即座に交通手段と宿と目的地の情報を集めて、プリントアウトする。だからと言って、この小学生がお父さんより知的な人間とは言えないでしょう。それと同じようなことだと思うのです。

情報を扱う技術に長けている――②そうした知のあり方と関係するのでしょうか、私は情報技術にx通じた若い人たちの中に、変に老けこんだイメージの人がいるように思えてなりません。ものごとを情熱的に探求していかないというか、虚心に好奇心を持たないというか、［C］、最初から先行きを予想してやめてしまっていると言いましょうか。それもまた、ものごとの原因と結果のいくつかのパターン（こうすれば、こうなる）を「情報」として蓄えてしまっているゆえではないかという気がします。【ア】

注1ゲーテの『ファウスト』の中に、「悪魔は年寄だ。だから年寄にならないと悪魔の言葉はわかりませんよ」という言葉が出てくるのですが、なかなか意味［　］です。若者の浅知恵は、老人の成熟した知恵にはかなわないということでしょうか。

人間の知性というのは、本来、学識、教養といった要素に加えて、協調性や道徳観といった要素を併せ持った総合的なものを指すのでしょう。しかし、本来そうあるべきだった人間の知性は、どんどん分割されていきました。それは科学技術の発達と密接に関係しています。分割されて、ある部分ばかりが肥大していった結果、③現在のようになってしまったのです。

十九世紀末に、人間の知性の断片化が加速度的に進んでいく状況を意欲的に分析探求しようとしたのが、注2マックス・ウェーバー

2023年度／川越東高等学校(特待生)

英語解答

1	1 イ	2 エ	3 エ	4 ウ	4	23 ア	24 イ		
	5 イ	6 エ	7 ア	8 エ	5	25 エ	26 ウ		
2	9 エ	10 イ	11 ア	12 ウ	6	27 ウ	28 イ	29 ア	30 イ
	13 イ	14 ウ	15 エ	16 ア	7	A 31…ウ	32…ア	33…イ	
3	A 17…ウ	18…イ	19…ア			B 34…ア	35…エ		
	B 20…エ	21…イ	22…ウ						

1〔長文読解総合―説明文〕

≪全訳≫**1**サメに関しては，多くのつくり話，言い換えれば誤った考えがある。その1つが，サメは人を食べるのが好きというものだ。サメの中には人を食べることができるものもいるが，私たちは，本当は彼らのメニューに載ってはいない。サメは通常，魚，またはアザラシなどの海の哺乳類を，特にそれらが弱っていたり死んでいたりする場合に食べるのだ。**2**ジンベエザメは地球で一番大きな魚だ。クジラの方が大きいが，クジラは哺乳類であり，魚ではない。ホオジロザメはおそらく人間にとって最も危険だろう。／→D．ホオジロザメは大型のサメで，人を攻撃することで知られている。／→C．これらの攻撃はめったに起こらない。／→A．それらが起きるのは，サメが人を何か他のものと間違えたときだと考えられている。／**3**サメは古代から存在するので，原始的で単純な動物だと思われている。これもつくり話だ。サメは，本当はとても複雑なのだ。彼らは強力な嗅覚と鋭い聴覚を持っている。鼻に器官を持ち，泳いでいる魚の筋肉によってつくられる電流を拾うものもいる。サメは大きな脳を持っていて，すぐに学習する。サメには記憶力があり，訓練することができる。多くのサメは，鋭い歯を何列も持っている。歯が失われると，他の歯がそれに取って代わるため，移動する。**4**サメに関するもう1つのつくり話は，サメは目があまりよく見えないというものだ。実は，サメの目は，特に薄暗いところではよく見える。目の奥に，光を強めるために鏡のようにはたらく細胞の層があるのだ。**5**④映画によってつくられた1つのつくり話は，サメが襲う準備ができているとき，水面上に背びれが見えるというものだ。実際には，サメはしばしば水面上に背びれを現すことなく，下から攻撃する。**6**サメは危険という評判があるので，サメは全くいない方がいいと考える人もいる。これはよくない考えだ。サメは清掃動物だ。船から出るゴミや海の廃棄物をきれいにしてくれる。サメは，病気の，または弱った動物を食べることで，他の種類の海の動物が強いままでいることを助けるのだ。**7**私たちがサメについて知っていることの多くは，サメを研究した科学者たちから得られたものだ。ユージニー・クラーク博士は，サメを研究するために何度も潜水している。また，自分の研究室でサメを研究したこともある。例えば，エサをとるために標的を圧迫するようサメを訓練し，サメがどのように色や形を識別するのかを学んだ。クラークは自身のサメの研究により，シャーク・レディとして知られている。

1 <適語句選択>前後の内容から，サメは普通人を食べないといった内容になると判断できる。イを入れると，「私たち(人間)は，本当は彼らのメニューに載っていない」，つまり，人間はサメが食べる物ではないという意味になる。

2 <文整序>ホオジロザメの説明となる部分。まずホオジロザメがどんなサメかを説明するDを置く。

Dの to attack people を受けて These attacks で始まるCを続け，最後にこの these attacks を they で受け，Cの内容を具体的に説明しているAを置く。

3＜**適語(句)選択**＞teeth は tooth「歯」の複数形。「(失った歯とは)別の」という意味になるのは other。the other と any other は失った歯以外の全ての歯を指すことになるので不適。another は単数名詞に用いる。

4＜**整序結合**＞第4段落第1文と同様に，‘One myth … is that＋主語＋動詞…’という構造になると考える。One myth の直後の that は関係代名詞であると判断できるので，まず，One myth を修飾する部分を組み立てる。was の後に created by movies と続けると，「映画によってつくられた1つのつくり話」となり，ここまでが文の主語となる。この後，‘is that＋主語＋動詞…’の形をつくるが，カッコの直後にコンマがあり‘主語＋動詞’が続いていること，また，語群に when があることから，is that の後は‘when＋主語＋動詞…, 主語＋動詞…’という形になると判断できる。when の後の‘主語’は a shark，‘動詞…’は is getting ready to attack とまとめられる。One myth that was created by movies is that when a shark is getting ready to attack, you can see its back fin above the water.

5＜**指示語**＞This に当てはめて意味が通る内容を探すと，前の文の後半(it would be ～)の内容が該当する。このように this は前の文，またはその一部の内容を指すことが多い。

6＜**適語選択**＞「私たちがサメについて知っていることの(　)は，サメを研究した科学者から得られたものだ」という文。動詞が comes と s のつく形であることから，many は不適。単数扱いの代名詞の much「多く」が適切。every の後には名詞が必要。none は文脈に合わない。

7＜**適語(句)選択**＞空所直後の内容が，研究の具体例になっている。

8＜**内容真偽**＞ア．「一般にサメは人を食べるのが好きだと思われているが，サメがエサを得るために人を殺すことはない」…×　第1段落第3文参照。人を襲うこともある。　イ．「サメは，泳ぐ魚が出す，筋肉の動く音を感知する能力を持っている」…×　第3段落第5文参照。　ウ．「サメの脳は非常に大きいので，群れの魚や海の哺乳類を捕らえる計画を立てることができる」…×　「計画を立てられる」に該当する記述はない。　エ．「サメには危険だというマイナスの評価があるが，海の動物を強い状態に保つのに役立っている」…○　第6段落の内容に一致する。

2〔**長文読解総合―物語**〕

≪**全訳**≫❶私の教師としての最初の日，私の授業は全てうまくいっていた。教師であることは，とても楽になりそうだった。そして7時間目，その日最後の授業が始まった。❷私が教室に向かって歩いていると，家具がぶつかる音が聞こえた。1人の生徒が別の生徒を床に押しつけているのが見えた。「聞け，知恵遅れ」　下にいる生徒が大声で言った。「お前の妹なんて興味ねえよ！」❸「妹に手を出すな，聞いてるのか？」　上にいる少年がすごんだ。❹私は彼らにけんかはやめてと言った。突然，14組の目が私の顔にくぎづけになった。自分に説得力がないのはわかっていた。2人の少年は互いを，そして私をにらみつけながら，ゆっくりと自分の席に着いた。そのとき，廊下の向こう側にいた先生が私の生徒たちに，座って口を閉じ，私の言ったことをするようにと怒鳴った。私は無力だと思った。❺私は授業をしようとしたが，たくさんの警戒した表情にさらされた。クラスのみんなが帰ろうとしたとき，私はけんかを始めた少年を引きとめた。彼をマークと呼ぶことにする。「あんたの時間を無駄にすることはないよ」と彼は私に言った。「俺たちは知恵遅れなんだ」　それからマークは部屋を出ていった。[6]私は，教師になるべきだったのだろうかと思った。このような問題の唯一の治療法は，逃げ出すことだったのだろうか。１年間は苦しみに耐えて，その次の夏に結婚したらもっとやりがいのあることをしようと自分に言い聞かせた。[7]「大変だったね」　さっき教室に入ってきた同僚からだった。私はうなずいた。[8]「心配ないさ」と彼は言った。「僕はサマースクールで彼らの多くを教えたんだ。14人しかいないし，どうせほとんどが卒業できない。あんな子どもたちに時間を無駄にしちゃいけない」[9]「どういう意味ですか？」[10]「彼らは野原の中にある掘っ立て小屋に住んでいる。気が向いたときだけ学校に来るんだ。床に寝転がってた子はマークの妹に，一緒に豆を収穫しているときにちょっかいを出したんだ。今日の昼休みは，黙るように言わなければならなかった。彼らには何かをさせて忙しく，静かにさせておくことだよ。もし何か問題を起こしたら，僕のところに来させればいい」[11]家に帰るために荷物をまとめながら，「僕たちは知恵遅れなんだ」と言ったときのマークの表情が忘れられなかった。知恵遅れ。その言葉が頭の中で鳴り続けた。何かしなければならないということはわかっていた。[12]次の日の午後，私は同僚に，私のクラスにもう来ないように頼んだ。私は自分自身のやり方で子どもたちに対処する必要があった。私は自分の教室に戻り，生徒一人ひとりと目を合わせた。そして黒板に向かい，ECINAJと書いた。[13]「これは私のファーストネームです」と私は言った。「これが何だかわかる？」[14]彼らは私の名前を「変」だと言い，⑫-aそんな名前は見たことがないと言った。私はもう一度黒板に向かい，今度はJANICEと書いた。何人かはその言葉を口に出し，そして私におかしな表情をした。[15]「そのとおり，私の名前はジャニスよ」と私は言った。「私は難読症という障がいを持っているの。学校に通い始めたとき，自分の名前を正しく書くことができなかった。単語のスペルも書けず，⑫-b数字は頭の中を泳いでいたわ。『知恵遅れ』というレッテルを貼られたの。そのとおり，私は『知恵遅れ』だったの。今でもその声が聞こえてくるし，恥ずかしくなる」[16]「それで，どうして先生になったのさ？」と誰かがきいた。[17]「レッテルは嫌だし，私はばかじゃないし，学ぶのが大好きだからよ。それこそ，このクラスに関係することなの。もしあなたが『知恵遅れ』というレッテルが好きなら，あなたはここの一員ではないわ。クラスを変えなさい。この部屋に知恵遅れはいないの」[18]「あなたたちに手を抜くつもりはないわ」と私は続けた。「あなたたちがついてくるまで，私たちは努力し続けるわ。あなたたちは卒業する，そして何人か大学に進学してくれたらいいと思ってる。これは冗談じゃない，約束よ。この部屋では二度と『知恵遅れ』という言葉を聞きたくない。わかった？」[19]⑫-c彼らは少し背筋を伸ばして座っているように見えた。[20]私たちは一生懸命にがんばり，私にはすぐに約束が垣間見えた。特にマークはとても聡明だった。私は彼が廊下にいる少年に話しているのを聞いた。「この本はすごくいい。俺たちはあそこで赤ちゃん向けの本は読まないんだ」　彼は『アラバマ物語』を手にしていた。[21]月日は飛ぶように過ぎたが，その改善は驚くべきものだった。そしてある日，マークが言った。「でも，人々はまだ，僕らをばかだと思ってる。僕らがちゃんとしゃべらないから」　それは私が待ち望んでいた瞬間だった。これで，文法の集中的な勉強を始めることができる，彼らが望んだからだ。[22]私は６月が近づいてくるのを残念に思った。彼らはとても学びたがっていたのだ。私が結婚して州外に引っ越すことは，生徒全員が知っていた。最後の学期のクラスの生徒たちは，私がその話をするたびに，目に見えて動揺していた。彼らが私のことを気に入ってくれたのはうれしいのだが，どうしたのだろう？　私が学校を去ることに腹を立てているのだろうか。[23]最後の授業の日，校舎に入ると校長が出迎えてくれた。「私と一緒に来てくれませんか？」と彼が言った。「あなたの教室に問題があるんです」私を連れて廊下を歩いているとき，彼はまっすぐ前を見ていた。「今度は何？」と私は思った。**24**驚きだった。それぞれの角には切り花，生徒たちの机の上には花束，私の机の上は一面，花で覆われていた。「どうしてこんなことができたんだろう」と私は思った。彼らのほとんどはとても貧しく，暖かい衣服や食事を学校補助プログラムに頼っていたのだ。**25**私が泣き出すと，彼らも一緒に泣いてくれた。**26**後日，彼らがどのようにしてそれをやってのけたかを知った。マークは週末に地元の花屋で働いていたのだが，私の他のクラスの何人かからの注文を見ていた。彼はそのことをクラスメートに話した。誇り高いマークは「貧乏」という侮辱的なレッテルを再び着せられることを受け入れられなかったので，マークは花屋の主人に，店内の「くたびれた」花全てを求めた。それから葬儀屋に電話をして，いなくなる先生のために自分のクラスで花が必要だと説明した。彼らは葬儀が終わるたびにとっておいた花束を渡すことに同意してくれたのだ。**27**しかし，彼らが私に示してくれた感謝の証はそれだけではなかった。２年後，14人の生徒全員が卒業し，６人は大学の奨学金を得たのだ。**28**28年後，私は，教職を始めた場所からそれほど遠くない，学力の高い学校で教えている。私は，マークが大学時代の恋人と結婚し，実業家として成功していることを知った。そして３年前，マークの息子は，私の大学２年生の英語上級クラスにいた。**29**ときどき，教師としての最初の日の終わりを思い出して，笑ってしまう。やりがいのある仕事をするために辞めようと思っていたことを考えて！〔編集部注：一部不適切な表現がありますが，原文のオリジナル性を尊重し，訳出しています。〕

９＜適語選択＞⑨-a．直後が me なので，hear が入る。listen の場合，後に to が必要。　⑨-b．‘ask＋人＋to＋動詞の原形’で「〈人〉に～するように頼む」。

10＜文脈把握＞教員としての初日，生徒たちの問題に見舞われたときの筆者の気持ちである。直後の内容からは，次の夏に結婚した後，教師を辞めようと考えていることがわかる。

11＜文脈把握＞第15段落後半より，ア．「筆者も学生時代，知恵遅れだったから」が適切。

12＜適文選択＞⑫-a．ECINAJという名前を見た生徒の反応が入る。直前の that は told me の後に続く名詞節を導く接続詞。　⑫-b．単語のスペルが書けないことに続いて，難読症の症状と考えられる内容が入る。　⑫-c．真剣に向き合おうとしている筆者の話を聞いて，生徒たちは姿勢を正したのである。　sit up straight「背筋を伸ばして座る」

13＜指示語＞⑬-a と⑬-b はマークの言葉，⑬-c と⑬-d は筆者の言葉である。⑬-b はマークにとっての we，⑬-d は教師の筆者にとっての they なので，この２つはどちらも「生徒たち」を指す。

14＜適語選択＞‘so＋形容詞＋that＋主語＋動詞～’「とても…なので～」の文。that 以下の服や食事などの支援を受けているという内容から，彼らが貧しいことがわかる。

15＜適語句選択＞クラスのみんなが花を贈ろうとしている相手で，まもなくいなくなるのは，「先生」である。

16＜文脈把握＞直後の文参照。教師こそやりがいのある仕事なのに，やりがいのあることをするために教師を辞めようと考えていたことがおかしかったのである。

３〔対話文完成〕

Ａ≪全訳≫**1**司会（Ｐ）：クロノバイオロジーの専門家であるリー博士を，今晩スタジオにお迎えしています。リー博士，始めに，クロノバイオロジーとは正確には何なのかお聞かせいただければと思うのですが。❷リー博士(D)：⑱はい，もちろん。クロノバイオロジーはかなり新しい科学です。クロノバイオロジーは，動物の体が，肉体的なことであれ精神的なことであれ，特定のことをするのに最適なときを教えてくれるある種の時計によってどのように制御されているかを研究するものです。❸P：人間も研究されているのですか？❹D：⑱はい，もちろん。人間は，メラトニンとコルチゾールと呼ばれる２つのホルモンに非常に敏感です。これらのホルモンは，私たちがどのくらい疲れを感じるかに影響します。例えば，ほとんどの人が眠っている早朝は，体温が最も低くなることを発見しました。この時間帯は，間違いや判断ミスを犯しやすいときです。ですから，例えば，医師のようにしばしば夜勤をしなければならない人は，十分気をつける必要があります。❺P：食事をする時間はとても重要だと想像しますが。❻D：そのとおりです。私たちの味覚と嗅覚は午後６時から８時の間が最も優れているので，多くの人がその時間に夕食をとるのは驚くことではありません。

17＜適語選択＞空所以下は Dr Lee を説明する部分である。‘人’を修飾する関係代名詞は who。

18＜適文選択＞１つ目の空所は，ある学問について説明するよう頼まれたことに快諾する返答。２つ目の空所は，人についても研究しているかという問いに対して肯定する返答である。 of course「もちろん」

19＜適語句選択＞空所を含む文の so に着目。この so は「だから」の意味で，その前後は‘理由’→‘結果’という関係になる。 at ～'s best「最良の状態で」

B≪全訳≫❶客(C)：私はイワシのグリルを，夫はマグロのニンニク添えをいただきます。❷ウェイター(W)：申し訳ございませんが，魚はもうご用意がありません。❸C：お気になさらず。イガイはありますか？❹W：申し訳ございませんが，㉑シーフードは全て切らしておりまして。❺C：うーん，じゃあ，２人とも子牛をいただくわ。野菜のローストつきでね。❻W：申し訳ございませんが，肉はもうご用意がないのです。❼C：あら，まあ，ビールを２本だけいただくわ。一緒にオリーブを持ってきてもらえる？❽W：㉒-aかしこまりました。よろしければ，サンドイッチをおつくりすることもできますが。❾C：㉒-bけっこうよ。でも，きれいなグラスを持ってきていただける？ このグラスは古いタラのにおいがするわ。

20＜適語(句)選択＞レストランで料理の注文をしている場面。will have ～「～をいただく」とする。

21＜適文選択＞この後，客が別のものを注文しようとしていることから，イガイも切らしていることがわかる。 run out of ～「～を切らしている」

22＜適文選択＞Certainly「かしこまりました」 No, thanks「いいえ，けっこうです」

4〔適語選択〕

23.「自転車は今日，多くの国で大変人気がある。多くの人がそれを運動のために使っている。しかし，運動だけが，それの人気の理由ではない。もう１つの理由は，お金だ。それらは買うのに高額ではない。動かすのに，ガソリンは必要ない。また，修理も簡単で安価だ。それがあれば，交通渋滞で待つ必要もないし，駐車する場所を探す必要もない。最後に，それは公害を引き起こさないのだ！」

24.「数年前，職場でこんなことがあった。エレベーターに乗っていたら，知らない男性が乗ってきた。彼は『お元気ですか？』と尋ねた。私は『とても元気です』と答えた。そして彼は，『最近どう？』と尋ね，私は『特に何も』と答えた。最後に，彼は私の方を向き，『やめてもらえますか？』と言った。彼は携帯電話で話していたのだ！　私はとても恥ずかしかった！」

5〔正誤問題〕

25. ア…×　happily は「幸せに」という副詞。ここは be動詞の後なので happy という形容詞にする。　　イ…×　間接疑問は‘疑問詞＋主語＋動詞’の語順なので where the forks are が正しい。　　ウ…×　during の後には‘特定の期間’を表す語(句)が続く。一般的な‘期間’を表す前置詞は for。　　エ…○　‘No other＋単数名詞＋動詞＋比較級＋than ～’「他のどの…も～ほど―ではない」の形。　「世界の他のどの国もロシアほど大きくはない」

26. ア…×　‘give＋物＋to＋人’で「〈人〉に〈物〉を与える」となる。for を to に変える。　　イ…×　a little は‘数えられない名詞’に用いる。‘数えられる名詞’には a few を使う。　　ウ…○「赤いペンで手紙を書いてはいけない」　　エ…×　know のような‘状態’を表す語は，原則として進行形にはならない。have been knowing を have known とする。

6〔整序結合〕

27. be caught in ～で「(にわか雨など)にあう」。「家に帰る途中で」は on ～'s way home。　I was caught in a shower on my way home from school.

28. How far「どれくらいの距離」で始める。‘距離’を表す文の主語となる it と be動詞の is を疑問文の語順に並べる。「～から…まで」は‘from ～ to …’。　How far is it from here to London?

29. 「子供が読めるくらい簡単だ」と読み換えて，‘形容詞＋enough＋for＋人＋to不定詞’「〈人〉が～するくらい十分…」の形をつくる。　This English book is easy enough for children to read.

30. 「〈人〉に〈物事〉をたずねる」は‘ask＋人＋物事’の形で表せる。‘物事’の部分に入る「どこで切符を買えばいいか」を‘疑問詞＋to不定詞’の形にまとめる。　I asked the woman where to buy the ticket.

7〔総合問題〕

A＜単語の定義＞

31. 「あごの下に持って弓で弾く弦楽器」―ウ．「バイオリン」

32. 「厚くてごつごつした皮と果汁たっぷりの甘く黄色の果肉，それに一番上に硬い葉を持つ，大きな熱帯果実」―ア．「パイナップル」

33. 「とがった口を持つ大きな魚のような海の動物。非常に知能が高く，人間に対し友好的であることが多い」―イ．「イルカ」

B＜適語選択＞

34. in a ～ voice「～な声で」　「その男性は低い声で話した」

35. ‘命令文, or ～’「…しなさい，さもないと～」の形。　*cf.*‘命令文，and ～’「…しなさい，そうすれば～」　「急いで。さもないと授業に遅れるよ」

2023年度／川越東高等学校(特待生)

数学解答

1 (1) (オ)　(2) (カ)　(3) (エ)　(4) (ウ)

2 (5) (イ)　(6) (ア)　(7) (ウ)

3 (8) (イ)　(9) (ア)　(10) (オ)

4 (11) (エ)　(12) (ウ)　(13) (ア)

5 (14) (エ)　(15) (オ)　(16) (カ)

6 (17) (ウ)　(18) (ア)　(19) (イ)　(20) (カ)

1 〔独立小問集合題〕

(1)＜式の計算＞与式 $=\frac{8a^9}{729b^3}\times\frac{9b^2}{16a^4c^2}\div\frac{a^3b^3}{216c^3}=\frac{8a^9}{729b^3}\times\frac{9b^2}{16a^4c^2}\times\frac{216c^3}{a^3b^3}=\frac{8a^9\times9b^2\times216c^3}{729b^3\times16a^4c^2\times a^3b^3}=\frac{4a^2c}{3b^4}$

(2)＜式の計算―因数分解＞与式 $=2(4x^2-y^2+6yz-9z^2)=2\{4x^2-(y^2-6yz+9z^2)\}=2\{(2x)^2-(y-3z)^2\}$ として，$y-3z=A$ とおくと，与式 $=2\{(2x)^2-A^2\}=2(2x+A)(2x-A)=2\{2x+(y-3z)\}\{2x-(y-3z)\}=2(2x+y-3z)(2x-y+3z)$ となる。

(3)＜確率―カード＞13枚のカードから２枚のカードを順番に取り出すとすると，１枚目は13通り，２枚目は12通りより，取り出し方は $13\times12=156$(通り)となるが，同時に取り出す場合，順番が逆になっているものは同じ取り出し方となるので，例えば，(１枚目，２枚目)＝(1，2)，(2，1)の２通りは同じ取り出し方であり，どの２枚のカードの取り出し方においても，同じカードを取り出す場合が２通りずつあることになる。よって，２枚のカードを同時に取り出すときの取り出し方は $156\div2=78$(通り)となる。このうち，取り出した２枚のカードの数の積が偶数になるのは，少なくとも偶数のカードが１枚含まれるときである。ここで，奇数のカードは，1，3，5，7，9，11，13の７枚だから，取り出した２枚のカードの数がともに奇数となる場合は，全体の場合の数をかぞえるときと同様に考えて，順番に取り出すとすると，取り出し方は $7\times6=42$(通り)あるが，同じカードを取り出す場合は２通りずつあるので，奇数のカードを２枚取り出す場合は $42\div2=21$(通り)である。したがって，少なくとも偶数のカードが１枚含まれる場合は $78-21=57$(通り)だから，求める確率は $\frac{57}{78}=\frac{19}{26}$ である。

(4)＜空間図形―体積比＞右図で，底面の円の半径が３，母線の長さが５の円錐の頂点をＡ，底面の円の中心をＢ，底面の周上の点をＣとすると，$\angle ABC=90^\circ$ だから，$\triangle ABC$ で三平方の定理より，円錐の高さは $AB=\sqrt{AC^2-BC^2}=\sqrt{5^2-3^2}=\sqrt{16}=4$ となる。よって，円錐の体積は，$V_1=\frac{1}{3}\times\pi\times3^2\times4=12\pi$ となる。また，半径が２の球の体積は，$V_2=\frac{4}{3}\pi\times2^3=\frac{32}{3}\pi$ である。したがって，$V_1:V_2=12\pi:\frac{32}{3}\pi=9:8$ である。

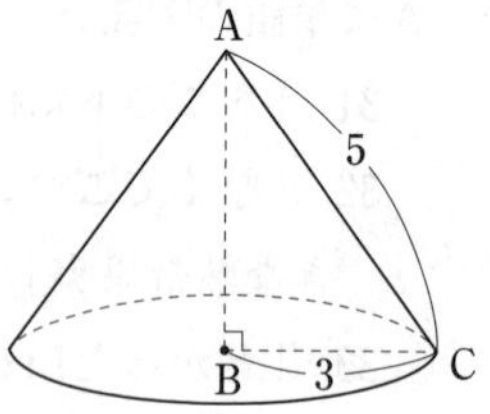

2 〔関数―関数 $y=ax^2$ と一次関数のグラフ〕

≪基本方針の決定≫(5)　ABが x 軸に平行になることに気づきたい。　(6)　四角形OACBを，y 軸と，点Ａを通り y 軸に平行な直線で，３つの図形に分けて，それぞれの面積を a を用いて表す。

(5)＜面積＞次ページの図１で，$a=1$ のとき，点Ａは放物線 $y=x^2$ と直線 $y=x$ の交点である。２式より y を消去して，$x^2=x$，$x^2-x=0$，$x(x-1)=0$ となり，$x=0$，１だから，点Ａの x 座標は１である。$y=1^2=1$ より，Ａ(1，1)である。Ｂ(−1，1)だから，２点Ａ，Ｂを結ぶと，ABは x 軸に平行であり，

図1

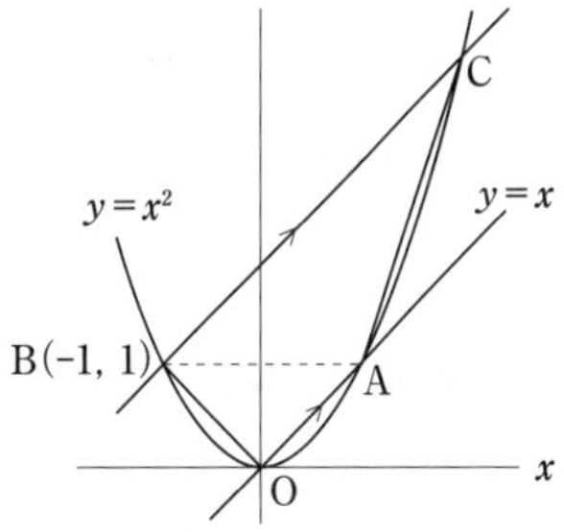

AB＝1－(－1)＝2となる。次に，BC∥OAであり，直線OAの傾きは1だから，直線BCの傾きも1である。直線BCの式を$y=x+b$とおくと，点Bを通ることから，$1=-1+b$，$b=2$となり，直線BCの式は$y=x+2$である。点Cは放物線$y=x^2$と直線$y=x+2$の交点となるから，$x^2=x+2$，$x^2-x-2=0$，$(x+1)(x-2)=0$より，$x=-1$，2となり，点Cのx座標は2である。$y=2^2=4$となるから，C(2，4)である。四角形OACBを線分ABで△OABと△ACBに分け，△OAB，△ACBの底辺をABと見ると，点Aのy座標より，△OABの高さは1であり，2点A，Cのy座標より，△ACBの高さは$4-1=3$となるから，四角形OACBの面積は，△OAB＋△ACB＝$\frac{1}{2}\times2\times1+\frac{1}{2}\times2\times3=4$となる。

図2

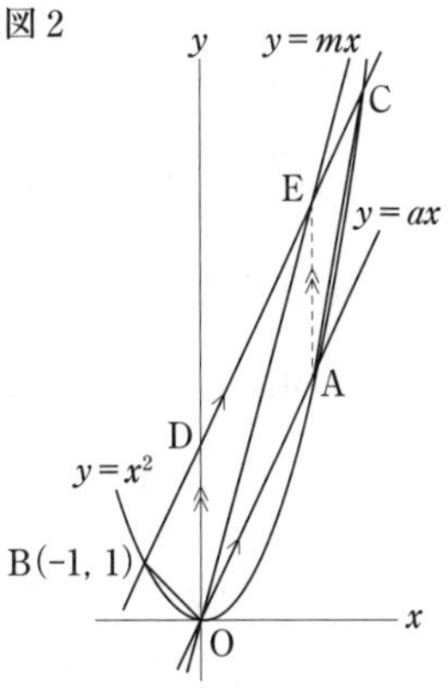

(6)＜**比例定数**＞右図2で，直線BCとy軸の交点をDとし，点Aを通りy軸に平行な直線と直線BCの交点をEとすると，OA∥BCより，四角形OAEDは平行四辺形となり，〔四角形OACB〕＝△OBD＋▱OAED＋△ACEである。点Aは放物線$y=x^2$と直線$y=ax$の交点だから，$x^2=ax$，$x^2-ax=0$，$x(x-a)=0$より，$x=0$，aとなり，点Aのx座標はaである。また，直線OAの傾きがaより，直線BCの傾きもaだから，点Dのy座標をdとすると，直線BCの式は$y=ax+d$とおける。B(－1，1)を通るので，$1=a\times(-1)+d$，$d=a+1$となり，D(0，$a+1$)である。これより，AE＝OD＝$a+1$である。さらに，点Cのx座標をcとすると，点Cは放物線$y=x^2$上にあるので，$y=c^2$となり，C(c，c^2)である。直線BCの傾きは$\frac{c^2-1}{c-(-1)}=\frac{(c+1)(c-1)}{c+1}=c-1$と表せるから，$c-1=a$が成り立ち，$c=a+1$となるので，点Cの$x$座標は$a+1$である。よって，△OBDはODを底辺とすると高さは$0-(-1)=1$だから，△OBD＝$\frac{1}{2}\times(a+1)\times1=\frac{1}{2}a+\frac{1}{2}$となり，▱OAEDは底辺をODとすると高さは$a$だから，▱OAED＝$(a+1)\times a=a^2+a$となり，△ACEは底辺をAEとすると高さは$(a+1)-a=1$だから，△ACE＝$\frac{1}{2}\times(a+1)\times1=\frac{1}{2}a+\frac{1}{2}$となる。したがって，〔四角形OACB〕＝$\left(\frac{1}{2}a+\frac{1}{2}\right)+(a^2+a)+\left(\frac{1}{2}a+\frac{1}{2}\right)=a^2+2a+1$と表せる。四角形OACBの面積が16のとき，$a^2+2a+1=16$が成り立ち，$a^2+2a-15=0$，$(a-3)(a+5)=0$より，$a=3$，$-5$となる。$a>0$だから，$a=3$である。

(7)＜**傾き**＞右上図2で，(6)より，△OBD＝△ACEだから，直線$y=mx$が四角形OACBの面積を2等分するとき，直線$y=mx$は▱OAEDの面積を2等分する。直線$y=mx$は原点Oを通るので，点Eを通ることになる。(6)より，$a=3$だから，点Aのx座標は3であり，点Eのx座標も3である。点Dのy座標が$a+1=3+1=4$より，直線BCの式は$y=3x+4$である。点Eは直線$y=3x+4$上にあるので，$y=3\times3+4=13$より，E(3，13)である。よって，直線$y=mx$が点Eを通ることから，$13=m\times3$，$m=\frac{13}{3}$である。

3〔**平面図形─正方形**〕

≪基本方針の決定≫(8)　△AEHで三平方の定理を利用する。

(8)＜**長さ─三平方の定理**＞次ページの図1で，AH＝xとおくと，線分GHを折り目として折っているので，$HE=HD=AD-AH=2-x$ となる。$\angle HAE=90^\circ$ だから，$\triangle AEH$ で三平方の定理を用いると，$AE^2+AH^2=HE^2$ より，$1^2+x^2=(2-x)^2$ が成り立つ。これを解くと，$1+x^2=4-4x+x^2$，$4x=3$，$x=\dfrac{3}{4}$ となるので，$AH=\dfrac{3}{4}$ である。

図1

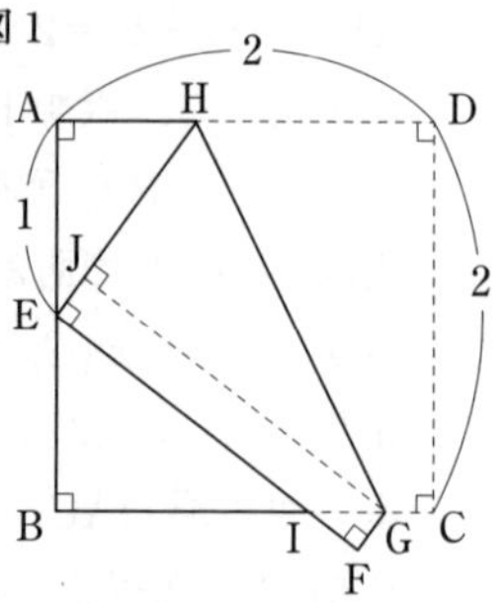

⑼＜**長さ―相似，三平方の定理**＞右図1で，辺BCと線分EFの交点をIとする。$\angle HEF=\angle HDC=90^\circ$ より，$\angle AEH=180^\circ-\angle HEF-\angle BEI=180^\circ-90^\circ-\angle BEI=90^\circ-\angle BEI$ であり，$\triangle BIE$ で，$\angle BIE=180^\circ-\angle EBI-\angle BEI=180^\circ-90^\circ-\angle BEI=90^\circ-\angle BEI$ となるから，$\angle AEH=\angle BIE$ である。また，$\angle HAE=\angle EBI=90^\circ$ だから，$\triangle AEH\backsim\triangle BIE$ となる。⑻より $AH=\dfrac{3}{4}$ であり，$BE=AB-AE=2-1=1$ だから，相似比は $AH:BE=\dfrac{3}{4}:1=3:4$ となる。よって，$AE:BI=3:4$ より，$BI=\dfrac{4}{3}AE=\dfrac{4}{3}\times1=\dfrac{4}{3}$ となる。また，$HE:EI=3:4$ であり，$HE=2-x=2-\dfrac{3}{4}=\dfrac{5}{4}$ だから，$EI=\dfrac{4}{3}HE=\dfrac{4}{3}\times\dfrac{5}{4}=\dfrac{5}{3}$ となる。次に，$\angle GFI=\angle GCD=90^\circ$ より，$\angle EBI=\angle GFI=90^\circ$ であり，$\angle BIE=\angle FIG$ だから，$\triangle BIE\backsim\triangle FIG$ となる。これより，$BE:FG=BI:FI$ である。$EF=DC=2$ より，$FI=EF-EI=2-\dfrac{5}{3}=\dfrac{1}{3}$ だから，$1:FG=\dfrac{4}{3}:\dfrac{1}{3}$ が成り立ち，$FG\times\dfrac{4}{3}=1\times\dfrac{1}{3}$，$FG=\dfrac{1}{4}$ となる。点GからHEに垂線GJを引くと，四角形EFGJは長方形となるから，$GJ=EF=2$，$JE=FG=\dfrac{1}{4}$ となり，$HJ=HE-JE=\dfrac{5}{4}-\dfrac{1}{4}=1$ となる。したがって，$\triangle GHJ$ で三平方の定理より，$GH=\sqrt{GJ^2+HJ^2}=\sqrt{2^2+1^2}=\sqrt{5}$ となる。

図2

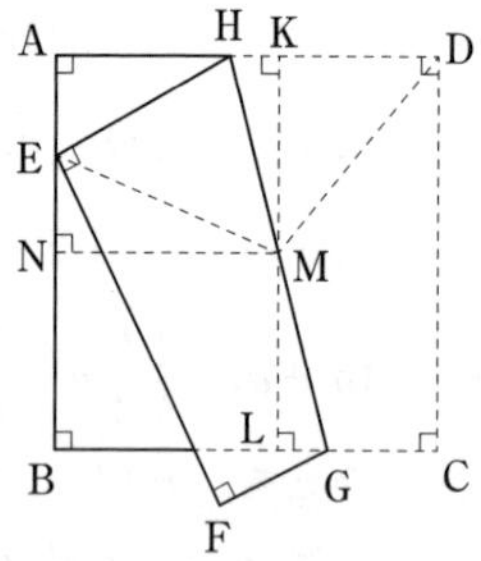

⑽＜**長さ―三平方の定理**＞右図2で，〔四角形EFGH〕$=\dfrac{13}{8}$ より，〔四角形DCGH〕＝〔四角形EFGH〕$=\dfrac{13}{8}$ となる。四角形DCGHは台形だから，$\dfrac{1}{2}\times(HD+CG)\times DC=\dfrac{13}{8}$ より，$\dfrac{1}{2}\times(HD+CG)\times2=\dfrac{13}{8}$ が成り立ち，$HD+CG=\dfrac{13}{8}$ である。線分GHの中点をMとし，点Mを通り辺ABに平行な直線と辺AD，辺BCの交点をそれぞれK，Lとすると，$MH=MG$，$\angle MKH=\angle MLG=90^\circ$，$\angle KMH=\angle LMG$ より，$\triangle MHK\equiv\triangle MGL$ となるから，$HK=GL$ である。よって，$HD+CG=KD+HK+CG=KD+GL+CG=KD+CL$ となるから，$KD+CL=\dfrac{13}{8}$ となる。四角形KLCDは長方形となるので，$KD=CL=\dfrac{1}{2}(KD+CL)=\dfrac{1}{2}\times\dfrac{13}{8}=\dfrac{13}{16}$ である。また，$KL=DC=2$ だから，$MK=ML=\dfrac{1}{2}KL=\dfrac{1}{2}\times2=1$ である。したがって，点Mと2点D，Eを結ぶと，$\triangle MDK$ で三平方の定理より，$MD^2=MK^2+KD^2=1^2+\left(\dfrac{13}{16}\right)^2=\dfrac{425}{256}$ となり，$ME=MD$ より，$ME^2=MD^2=\dfrac{425}{256}$ となる。

図3

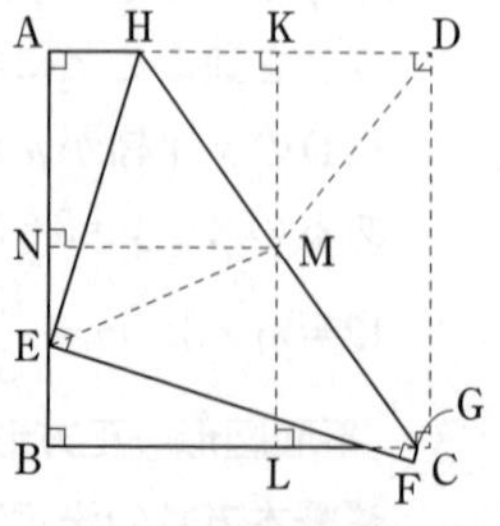

次に，点Mを通り辺ADに平行な直線と辺ABの交点をNとする。四角形ANMKは長方形より，

$MN=AK=AD-KD=2-\frac{13}{16}=\frac{19}{16}$ となる。△MEN で三平方の定理より，$EN=\sqrt{ME^2-MN^2}=\sqrt{\frac{425}{256}-\left(\frac{19}{16}\right)^2}=\sqrt{\frac{1}{4}}=\frac{1}{2}$ となる。$AN=MK=1$ であるから，$AE=AN-EN=1-\frac{1}{2}=\frac{1}{2}$ となる。前ページの図3のように，点Eが線分NB上にあるときも同様にして，$EN=\frac{1}{2}$ となるから，$AE=AN+EN=1+\frac{1}{2}=\frac{3}{2}$ となる。以上より，$AE=\frac{1}{2}$，$\frac{3}{2}$ である。

4 〔数と式―方程式の応用〕

≪基本方針の決定≫(11)　商品Aの１個当たりの仕入れ価格と販売価格を文字でおき，この２つの価格の関係を導く。

(11)**＜値上がりした価格＞**商品Aの１個当たりの仕入れ価格を a 円，販売価格を x 円とすると，利益は仕入れ価格と販売価格の差額だから，$x-a$ 円と表せる。また，利益は販売価格の10%だから，$x\times\frac{10}{100}=\frac{1}{10}x$(円)とも表せる。よって，$x-a=\frac{1}{10}x$ が成り立ち，$a=\frac{9}{10}x$，$x=\frac{10}{9}a$ となるので，販売価格は仕入れ価格の $\frac{10}{9}$ 倍である。商品Aの１個当たりの仕入れ価格が450円値上がりして $a+450$ 円になると，販売価格は $(a+450)\times\frac{10}{9}=\frac{10}{9}a+500=x+500$(円)となるので，販売価格は500円値上がりする。

(12)**＜仕入れ価格＞**商品Bの１個当たりの仕入れ価格を b 円，販売価格を y 円とする。利益は販売価格の５%だから，商品Bの１個当たりの利益は $y\times\frac{5}{100}=\frac{1}{20}y$(円)と表せる。商品Bを5000個仕入れ，全て売りきったので，利益の総額は $\frac{1}{20}y\times5000=250y$(円)となる。この２%を寄付するので，寄付金の総額は $250y\times\frac{2}{100}=5y$(円)となる。よって，寄付金の総額が600000円になったことから，$5y=600000$ が成り立ち，$y=120000$ となる。(11)と同様に考えて，１個当たりの利益について，$y-b=\frac{1}{20}y$ だから，$120000-b=\frac{1}{20}\times120000$ が成り立つ。これを解くと，$120000-b=6000$，$b=114000$ となるから，商品Bの１個当たりの仕入れ価格は114000円である。

(13)**＜価格の割合＞**商品Aの１個当たりの販売価格を x 円，商品Bの１個当たりの販売価格を y 円とすると，(11)より，商品Aの１個当たりの仕入れ価格は $\frac{9}{10}x$ 円と表せ，(12)より，$y-b=\frac{1}{20}y$，$b=\frac{19}{20}y$ となるから，商品Bの１個当たりの仕入れ価格は $\frac{19}{20}y$ 円と表せる。よって，商品Cの１個当たりの仕入れ価格は $\frac{9}{10}x+\frac{19}{20}y$ 円，販売価格は $x+y$ 円となる。利益が販売価格の９%であるから，$(x+y)-\left(\frac{9}{10}x+\frac{19}{20}y\right)=(x+y)\times\frac{9}{100}$ が成り立つ。これより，$\frac{1}{10}x+\frac{1}{20}y=\frac{9}{100}(x+y)$，$10x+5y=9x+9y$，$x=4y$ となる。したがって，商品Aの１個当たりの仕入れ価格は $\frac{9}{10}x=\frac{9}{10}\times4y=\frac{18}{5}y$(円)となるから，$\frac{18}{5}y\div\frac{19}{20}y=\frac{72}{19}$ より，商品Aの１個当たりの仕入れ価格は，商品Bの１個当たりの仕入れ価格の $\frac{72}{19}$ 倍である。

5 〔特殊・新傾向問題―規則性〕

(14)**＜20行23列の自然数＞**自然数は，１から順に次ページの図のように並ぶので，20行23列の自然数は，

1行23列の自然数より，$20-1=19$ 大きい自然数となる。また，1行23列の自然数は，22行1列の自然数の次の自然数となる。1列の自然数に着目すると，1行から順に，$1=1^2$，$4=2^2$，$9=3^2$，$16=4^2$，……となるから，22行1列の自然数は $22^2=484$ となる。これより，1行23列の自然数は485だから，20行23列の自然数は，$485+19=504$ となる。

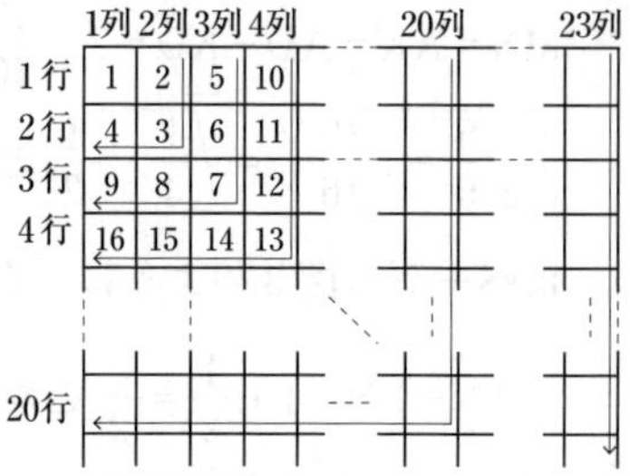

⒂＜m行m列の自然数＞m行の自然数は，1列からm列までは1ずつ小さくなるから，m行m列の自然数は，m行1列の自然数より，$m-1$ 小さい自然数となる。m行1列の自然数は m^2 だから，m行m列の自然数は，$m^2-(m-1)=m^2-m+1$ となる。

⒃＜自然数の和＞$n=24$ のとき，$n-3=24-3=21$ だから，$n \geqq 24$ とするとき，$n-3 \geqq 21$ である。よって，$n-3$ 列は21列以降の列となり，$n-3$ 列の自然数は，1行から $n-3$ 行までは1ずつ大きくなるから，20行 $n-3$ 列の自然数は，1行 $n-3$ 列の自然数より19大きい自然数である。1行 $n-3$ 列の自然数は，$n-3-1=n-4$ より，$n-4$ 行1列の自然数の次の自然数だから，$(n-4)^2+1=n^2-8n+17$ であり，20行 $n-3$ 列の自然数は，$(n^2-8n+17)+19=n^2-8n+36$ となる。また，n 行の自然数は，1列から n 列までは1ずつ小さくなるので，$n \geqq 24$ より，n 行23列の数は，n 行1列の自然数より $23-1=22$ 小さい自然数であり，n^2-22 である。以上より，20行 $n-3$ 列の自然数と n 行23列の自然数の和は，$(n^2-8n+36)+(n^2-22)=2n^2-8n+14$ となる。

6 〔平面図形—三角形と円〕

≪基本方針の決定≫⒅　円 O_2 の半径を文字でおき，△ABC の面積について方程式を立てる。

⒇　△ABC をいくつかの図形に分けて，面積を考える。

⒄＜長さ—相似＞右図1で，△ABC の底辺を BC としたときの高さは，点Aから辺 BC に引いた垂線の長さである。その垂線を AH とする。また，2点A，O_1 を通る直線と円 O_1 の交点のうち点Aでない方をEとし，点Cと点Eを結ぶ。線分 AE は円 O_1 の直径なので，$\angle ACE=90^\circ$ であり，$AE=\frac{65}{4}$ となる。$\angle AHB=\angle ACE=90^\circ$ であり，$\overset{\frown}{AC}$ に対する円周角より，$\angle ABH=\angle AEC$ だから，$\triangle ABH \backsim \triangle AEC$ となる。これより，$AH : AC=AB : AE$ だから，$AH : 15=13 : \frac{65}{4}$ が成り立ち，$AH \times \frac{65}{4}=15\times13$，$AH=12$ となる。よって，求める高さは12である。

図1

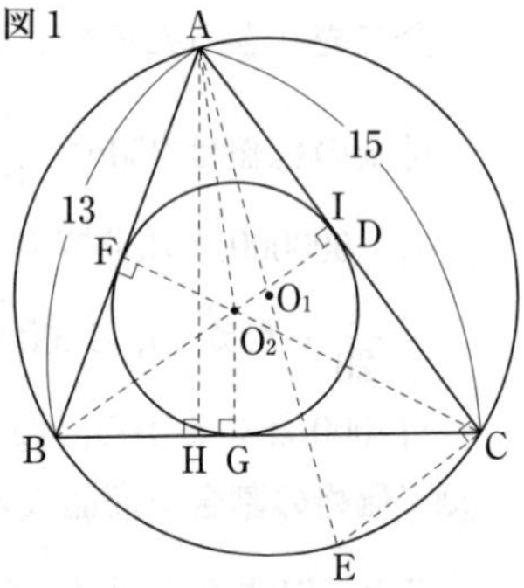

⒅＜長さ＞右上図1で，円 O_2 と3辺 AB，BC，AC の接点をそれぞれF，G，Iとし，点 O_2 と6点A，B，C，F，G，Iを結び，円 O_2 の半径を x とする。$O_2F \perp AB$，$O_2G \perp BC$，$O_2I \perp AC$ となるから，$\triangle O_2AB$，$\triangle O_2BC$，$\triangle O_2AC$ は，底辺をそれぞれ AB，BC，AC と見ると，高さが $O_2F=O_2G=O_2I=x$ である。よって，$\triangle O_2AB=\frac{1}{2}\times AB\times O_2F=\frac{1}{2}\times13\times x=\frac{13}{2}x$，$\triangle O_2AC=\frac{1}{2}\times AC\times O_2I=\frac{1}{2}\times15\times x=\frac{15}{2}x$ となる。また，△ABH，△AHC で三平方の定理より，$BH=\sqrt{AB^2-AH^2}=\sqrt{13^2-12^2}=\sqrt{25}=5$，$HC=\sqrt{AC^2-AH^2}=\sqrt{15^2-12^2}=\sqrt{81}=9$ となるから，$BC=BH+HC=5+9=14$ となり，$\triangle O_2BC=\frac{1}{2}\times BC\times O_2G=\frac{1}{2}\times14\times x=7x$ となる。$\triangle ABC=\frac{1}{2}\times BC\times AH=\frac{1}{2}\times14\times12=84$ なので，$\triangle O_2AB+\triangle O_2BC+\triangle O_2AC=\triangle ABC$ より，$\frac{13}{2}x+7x+\frac{15}{2}x=84$ が成り立つ。

これより，$21x=84$，$x=4$ となるので，円 O_2 の半径は4である。

⒆＜長さ＞前ページの図1で，$O_2I\perp AC$ だから，点 O_2 から辺ACに引いた垂線と辺ACの交点Dは，点Iと一致する。$\angle O_2FA=\angle O_2DA=90^\circ$，$AO_2=AO_2$，$O_2F=O_2D$ より，$\triangle O_2AF\equiv\triangle O_2AD$ だから，$AD=y$ とすると，$AF=AD=y$ である。同様にして，$\triangle O_2BG\equiv\triangle O_2BF$，$\triangle O_2CG\equiv\triangle O_2CD$ となるから，$BG=BF=AB-AF=13-y$，$CG=CD=AC-AD=15-y$ となる。よって，$BG+CG=BC$ より，$(13-y)+(15-y)=14$ が成り立ち，$-2y=-14$，$y=7$ となるので，$AD=7$ である。

⒇＜長さ＞右図2で，円 O_3 と辺ABの接点をJ，円 O_4 と辺BCの接点をK，円 O_3，円 O_4 と辺ACの接点をそれぞれL，Mとする。$O_3J\perp AB$，$O_4K\perp BC$，$O_3J=O_4K=r$ だから，$\triangle O_3AB=\frac{1}{2}\times13\times r=\frac{13}{2}r$，$\triangle O_4BC=\frac{1}{2}\times14\times r=7r$ となる。また，$O_3L\perp AC$，$O_4M\perp AC$，$O_3L=O_4M=r$ より，四角形 O_3O_4ML は長方形となるから，O_3O_4∥AC であり，四角形 AO_3O_4C は台形である。$O_3O_4=r+r=2r$ なので，〔台形 AO_3O_4C〕$=\frac{1}{2}\times(2r+15)\times r=r^2+\frac{15}{2}r$ となる。次に，

図2

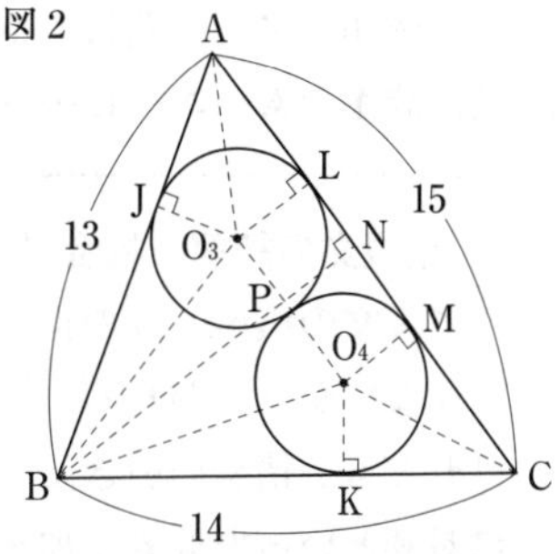

点Bから辺ACに垂線BNを引き，線分BNと線分 O_3O_4 の交点をPとする。⒅より $\triangle ABC=84$ だから，$\triangle ABC$ の面積について，$\frac{1}{2}\times15\times BN=84$ が成り立ち，$BN=\frac{56}{5}$ となる。四角形 O_3PNL は長方形となるので，$PN=O_3L=r$ であり，$BP=BN-PN=\frac{56}{5}-r$ である。これより，$\triangle BO_3O_4=\frac{1}{2}\times O_3O_4\times BP=\frac{1}{2}\times2r\times\left(\frac{56}{5}-r\right)=\frac{56}{5}r-r^2$ となる。よって，$\triangle O_3AB+\triangle O_4BC+$〔台形 AO_3O_4C〕$+\triangle BO_3O_4=\triangle ABC$ より，$\frac{13}{2}r+7r+\left(r^2+\frac{15}{2}r\right)+\left(\frac{56}{5}r-r^2\right)=84$ が成り立つ。これを解くと，$\frac{161}{5}r=84$，$r=\frac{60}{23}$ となる。

＝読者へのメッセージ＝

三角形には「五心」というものがあります。そのうちの2つは，6の図1で，$\triangle ABC$ の3つの頂点を通る円の中心 O_1，3辺に接する円の中心 O_2 です。O_1 は「外心」，O_2 は「内心」といいます。残りの3つは，「重心」「垂心」「傍心」です。どのような点か，調べてみてもよいと思います。

2023年度／川越東高等学校(特待生)

国語解答

一 問1 a…エ　b…ウ　c…ア
問2 x…ウ　y…ア　問3 エ
問4 エ　問5 ア　問6 ウ
問7 ウ　問8 イ　問9 エ
問10 ア　問11 ウ　問12 イ

二 問1 A…エ　D…ウ　問2 イ
問3 イ　問4 エ　問5 イ
問6 ウ　問7 ア　問8 エ
問9 (1)…イ　(2)…ア　問10 エ

三 問1 イ　問2 ア　問3 ウ
問4 ウ　問5 イ　問6 エ
問7 イ　問8 エ

一〔論説文の読解―社会学的分野―情報〕出典；姜尚中『悩む力』。

≪本文の概要≫今の世の中で「知性」と呼ばれているものは，知っている「つもり」にすぎないのではないかと思われる。情報化社会となり，ネットで検索すれば，情報をすぐに得ることができる。けれども，情報の引き出しをたくさん持っていることと，知性とは別物である。人間の知性とは，学識教養といった要素に加えて，協調性や道徳観といった要素を併せ持った総合的なものであろう。科学技術の発達とともに知性が断片化され，知識偏重となった状況を，マックス・ウェーバーは，文明が人間を一面的に合理化し，人間は調和ある総合的な知性の獲得を断念することになると分析した。トルストイは，科学は我々が何をすべきかということについて何も教えないし，人間の行為が持っていた大切な意味を奪っていくと考えた。夏目漱石も，自力で生きるための知識を持っていることが必要だと考えていた。一方で，漱石とウェーバーは，進んでいく時代の流れにはあらがえないのであり，旧時代にこだわり続けることは愚かなことだと考えていたのである。

問1＜漢字＞a.「頻繁」と書く。アは「貧困」，イは「品評会」，ウは「瀕(している)」，エは「頻度」。　b.「博学」と書く。アは「迫真」，イは「白紙」，ウは「博(する)」，エは「拍車」。　c.「象徴」と書く。アは「特徴」，イは「貴重」，ウは「挑戦」，エは「潮流」。

問2＜語句＞x.「通じる」は，ここでは，詳しく知っている，という意味。　y.「知悉《ちしつ》」は，ある物事について，細かい点まで知っていること。

問3＜四字熟語＞「意味深長」は，表面上の意味のほかに別の意味が含まれていること。

問4＜接続語＞A．博学な人は「すばらしい」と思うが，「私」は「『物知り』『情報通』であることと，『知性』とは別物だ」と思うのである(…ウ)。　B．「情報通」と「知性」が別物であることの例として，「パソコンの操作が得意な小学生が，機械の苦手なお父さんに代わって旅行のプランを作ってあげる」という状況がある(…ア)。　C．「変に老けこんだイメージの人」とは，「虚心に好奇心を持たない」人や「最初から先行きを予想してやめてしまっている」人のことである(…イ)。

問5＜文脈＞最近の人は，「情報の引き出しをよりたくさん持っていることを知性とはき違えている」うえに，その「情報」も「みずからの血肉になっているような」ものではない。これを，「私」は「『知っているつもり』なだけの知性」というのである。

問6＜文章内容＞「知性」というのは，知識が豊富なだけではなく，協調性や道徳観という要素も併せ持つ総合的なものなので，「情報通」とは別物なのである。

問7＜文章内容＞検索すればだいたいのことはわかるという情報化社会になり，「私」は，最近の人は「情報を扱う技術に長《た》けている」ことを「知性」と見なしているのではないかと考えている。

問8＜文章内容＞人間の知性とは本来，「協調性や道徳観といった要素」を含む総合的なものであったが，科学技術の発達とともに，「情報の引き出しをよりたくさん持っていることを知性とはき違えている」時代になったのである。

問９＜文章内容＞ウェーバーやトルストイが，「自分の生活についての知識」を重視したように，漱石もまた，生活上の知識を備えた人間を「完全な人間」と考えていたのである。

問10＜文章内容＞漱石は，日本の開化は「上滑りの開化」ではあるけれども，「上滑りに滑って行かなければならない」のであり，進んでいく時代の流れにはあらがえないと考えていた。同様に，時代の流れに逆らって旧時代のままでいようとするのは，船から海に飛び込むような愚かなことであると，「私」は考えているのである。

問11＜要旨＞情報化社会となり，情報を扱う技術に長け，「情報の引き出しをよりたくさん持って」いて「情報通」であることを，知性があると見なす時代になった(ア…×，ウ…○)。「すべての望みを捨てよ」とは，ダンテの『神曲』の言葉である(イ…×)。「漱石もウェーバーも，進んでいく時代の流れには抗《あらが》えないと考えて」いた(エ…×)。

問12＜文学史＞『草枕』は，明治39(1906)年に発表された，夏目漱石の小説。『鼻』は，大正５(1916)年に発表された，芥川龍之介の小説。『五重塔』は，明治25(1892)年に発表された，幸田露伴の小説。『たけくらべ』は，明治28～29(1895～96)年にかけて発表された，樋口一葉の小説。

二 〔小説の読解〕出典；森鷗外『高瀬舟』。

問１＜漢字＞Ａ．「ゆさん」と読む。気晴らしに遊びに出かけること。　Ｄ．「すいとう」と読む。金銭や物品の出し入れのこと。

問２＜慣用句＞「二百文と云《い》うお足」の「足」は，金銭のこと。「足が出る」は，予算や収入よりも出費が多くなる，という意味。「足が早い」は，食物などが腐りやすい，商品などの売れ行きがよい，という意味。「足を洗う」は，悪事や好ましくない職業の世界から抜け出す，という意味。「足をすくわれる」は，隙をつかれて失敗させられる，という意味。

問３＜慣用句＞「口を糊する」は，やっと暮らしをたてる，貧しく生活する，という意味。

問４＜語句＞「温順」は，おとなしく素直なこと。「権勢」は，権力を持ち，勢力があること。「媚びる」は，他人に気に入られるような態度をとる，という意味。全体で，心から権力者に従っているわけではないが，素直なふりをして，権力者に気に入られるように振る舞う，という意味。

問５＜心情＞生活が苦しかった喜助にとって，島は「自分のいて好い所」であり，加えて，二百文を手元に持っているという今の状況は，希望を持つことができる状況なのである。

問６＜心情＞庄兵衛は，喜助の楽しそうな態度が全く理解できず，「喜助。お前何を思っているのか」と尋ねた。喜助が「お役人に見咎められた」と受け取り居ずまいを直したため，庄兵衛は，役目として喜助を責めたのではないということを，説明する必要があると感じたのである。

問７＜文章内容＞庄兵衛の妻は豊かな商人の家で育ったため，「夫の貰う扶持米」の範囲でやりくりができていないということが，庄兵衛にとっての「不幸」なのである。

問８＜心情＞庄兵衛は，給料が手元には残らないという喜助を哀れで気の毒だと感じたが，「自分も上から貰う扶持米を，右から左へ人手に渡して」暮らしている。喜助よりも庄兵衛の給料ははるかに多いはずだが，給料が手元に残らないことは，庄兵衛も変わらないのである。

問９＜文章内容＞(1)喜助は，ぎりぎり生活できるだけで満足し，牢《ろう》に入ってからは，働かずに食事を与えられることに満足している。しかし，庄兵衛は「自分の扶持米で立てて行く暮し」に満足を覚えたことがない。この差が，喜助と庄兵衛の間の「大いなる懸隔」なのである。　(2)人というものは，先から先へと欲があり，どこまでいっても踏みとどまることができないものなのだろうが，喜助は，踏みとどまって満足している。そのことが，喜助と庄兵衛との間に差が生じる原因だと庄兵衛は考えたのである。

問10＜文章内容＞「同胞」は，兄弟姉妹のこと。資料からは，「同胞」が自殺しようとして死にきれず，助からないから殺してくれと「男」に頼んだという事情がわかる。喜助と弟の生活が立ちゆかなくなったところで，弟が自殺をはかり，喜助が死なせてやったと考えることができる。

三 〔古文の読解―日記〕出典；紀貫之『土佐日記』。

≪現代語訳≫二十一日。午前六時頃に，船を出す。すっかり人々の船が出発する。この様子を見ると，春の海に秋の木の葉が散ったようであった。なみなみならぬ祈願によってであろうか。風も吹かず，ちょうど太陽が出て，(船は静かに)漕《こ》いでいく。この間に，(紀貫之に)使われようと，(土佐から)ついてくる子どもがいた。その子が歌う船歌が／やっぱり，故郷の方は見ずにはいられないよ，私の父母が，そこにいると思うとね，帰ろうよ。／と歌うのはもの寂しく心ひかれるものである。／このように歌うのを聞きながら(船を)漕いでくると，黒鳥という鳥が，岩の上に集まっている。その岩の下に，波が白く打ち寄せる。楫《かじ》取りが言うには，「黒鳥の下に，白い波が打ち寄せる」と言う。この言葉は，何ということはないけれども，風流めいた言葉に聞こえた。(楫取りという)身分の程度に合わないので，気にとめるのである。／このように言いながら行くと，船客の中心人物である人(＝紀貫之)が，波を見て，「(土佐の)国を出て，海賊が(自分に)報復をするだろうということを考えると，海がやはり恐ろしいので，頭髪がみな白くなった。七十歳，八十歳(のように髪が白くなる原因)は，海にあるものなのだ。／私の髪の〈雪〉と岩打つ白波と，どちらが(白さで)勝っているだろうか，沖にある島の番人よ(と歌をよみ，)楫取りよ答えよ」(と言った。)

問１＜古典の知識＞「卯の時」は，午前六時頃のこと。

問２＜現代語訳＞「おぼろけ」は，形容動詞「おぼろけなり」の語幹。並みひととおりではない，格別だ，という意味。「や」は，疑問を表す係助詞。「む」は，助動詞「む」の連体形で，ここでは推量を表す。全体で，格別の願いによってなのであろうか，という意味。

問３＜現代語訳＞「なほ」は，副詞で，やはり，という意味。「こそ」は，係助詞で強調を表す。「国」は，ここでは故郷の土佐を指す。「見やら」は，動詞「見やる」の未然形で，その方を見る，という意味。「るれ」は，助動詞「る」の已然形で，ここでは，自然と～される，という自発を表す。「し」は，助詞で強調を表す。「かへら」は，動詞「帰る」の未然形。「や」は，助詞で，～よ，という呼びかけを表す。全体で，やはり，故郷の方を自然に見てしまう，私の父母が(そこに)いると思うと，(故郷に)帰ろうよ，という意味である。

問４＜古典文法＞強意の係助詞「ぞ」の結びは，連体形になる。

問５＜古文の内容理解＞「物いふ」は，動詞で，気のきいたことを言う，という意味。楫取りが，黒鳥の下に，白い波が打ち寄せると言ったのは，ただ事実を言っただけではあるけれども，黒と白とを対比させて言ったようでもあり，作者には風流めいた言葉に聞こえたのである。

問６＜古文の内容理解＞「人」は，ここでは，身分のこと。「程」は，程度，家柄のこと。「とがむる」は，動詞「とがむ」の連体形で，気にとめる，という意味。作者は，楫取りが，黒鳥の下に，白い波が打ち寄せると言ったのを風流に感じ，楫取りという身分の程度に合わない発言だったので，気にとめたのである。

問７＜古文の内容理解＞白いもの，特に白髪のことを，比喩的に「雪」と表現している。

問８＜文学史＞『土佐日記』は，平安時代の日記。作者は紀貫之だが，本人が書いたのではなく女性が仮名文字で書いたという設定になっている。土佐から京に帰るまでの，旅の情景や，土佐でなくなった娘に対する思いが書かれている。

2023年度 川越東高等学校(単願・併願①)

〔注〕 この問題は，1月22日に実施された単願・併願①受験者用のものです。

【英　語】（50分）〈満点：100点〉

（注意） 解答はすべて一つ選び，解答用紙の所定の欄にマークすること。

1 次の英文を読んで設問に答えなさい。

In richer countries people throw away more and more *rubbish every year. In poorer countries there is less rubbish, but in some places there is nobody to take it away, so it just lies in the streets.

But a lot of things that we throw away can be used again or recycled. In fact many governments are now asking people to do this.

What kinds of things can be recycled? The answer is, nearly everything. Let us look at some of the things that people are recycling. We can start with the easiest, which is glass.

Glass was first used in about 4000 BC in the Middle East. People made jewelry from very small colored glass balls and wore it around their necks. Clear glass — glass with no color, like the glass used in windows — was first made in about 800 BC in Nineveh (now the city of Mosul in Iraq). Glass was (①) until the eighteenth and nineteenth centuries so nobody threw it away. Even in the twentieth century people used glass bottles again and again. [②]

In the UK today every family uses around 330 glass bottles each year, but they do not usually take them back to the shop. Although some families still leave glass milk bottles outside their front doors for the milkman, (③).

New Zealand is another country where people have mostly stopped buying from the milkman and get their milk from the supermarket instead. But in New Zealand today *the Green Party (④) the glass milk bottle. A milk bottle, they say, is much better than a plastic bottle or a box. A milk bottle can be washed and used as many as twenty times, but plastic bottles usually go straight to *landfill sites.

Glass is easy to recycle. There are three kinds of glass: clear glass, green glass, and brown glass. They cannot be recycled together so there are often three different *bins for glass, one for each color. The glass is broken into very small pieces which are heated until they become liquid. ⑤Then they are made [new / used / can / into / bottles / be / which] again in the shops.

Why is it good to recycle glass? Recycling one glass bottle saves enough electricity to make your TV work for one and a half hours!

Some countries recycle more glass than others. *Switzerland and Finland each recycle more than 90 per cent of their glass bottles but the UK only recycles 34 per cent.

If you look inside a landfill site you will find that nearly 40 per cent of the rubbish is paper. But paper, like glass, is easy to recycle. Recycling paper is good for the Earth, because you need 64 per cent less electricity and 58 per cent less water than you need to make new paper. It helps to keep forests of older trees alive too. It is easy to grow trees for paper, but they are special kinds of trees that grow quickly. This is not always a good thing. Older trees that grow slowly are often cut down to *make room for these new fast-growing trees. The birds and animals that live in the older kinds of trees lose their homes and die, (⑥).

Many shops sell things made of recycled paper ; look for the 'recycled' sign on paper, cards, and other things when you go shopping. But there are also problems when you recycle paper. You cannot do it again and again ; after a while ⑦you need to add some new paper to the recycled paper to make it strong enough to use. Although recycling paper is good, it is even better to try to use less paper.

Which country uses the most paper ? The answer is the USA. Every day American businesses use enough paper to go round the Earth twenty times ! But the USA is trying to recycle more paper too. In 2005 they recycled 45 per cent of their paper, and now they are trying to recycle more than 50 per cent. But they are also using more paper every year so they still have the same problem.

Other countries also use more and more paper each year, especially South East Asia and Japan. But they are also trying to recycle more.

Which countries are good at recycling paper ? Switzerland again. Most people in Switzerland recycle everything made of paper, not only newspapers. Another country that recycles its paper is *Senegal.

Recycling is part of ordinary life for people in Senegal and many other African countries. Old newspapers and business letters are often used to wrap the bread, fruit, and other food that people buy in the street. Many families have *goats. Goats often eat people's rubbish and they do not mind a bit of paper. Maybe goats are the world's best recyclers !

〔注〕 rubbish：ごみ　the Green Party：緑の党（地球環境保護を目指す政党）
landfill site：埋立地　bin：ごみ入れ　Switzerland：スイス
make room for ～：～のための場所をあける　Senegal：セネガル（西アフリカの国）
goat：ヤギ

1．(①)に入る最も適当なものを選びなさい。

ア．expensive　イ．dangerous　ウ．safe　エ．heavy

2．［②］には以下の4つの文が入る。文脈上正しい順に並べたものを選びなさい。

A．Children also used to take empty drinks bottles back to shops and get a little money for each bottle.

B．In the UK until recently most people bought their milk from the milkman.

C．These were then washed at the factory and then they were used again.

D．He left full bottles of milk outside people's houses and took away the empty ones.

ア．A－C－D－B　イ．A－D－B－C

ウ．B－A－C－D　エ．B－D－C－A

3．(③)に入る最も適当なものを選びなさい。

ア．few people just buy milk in recycled bottles from the country

イ．most people just buy milk in recycled bottles from the country

ウ．few people just buy milk in plastic bottles from the supermarket

エ．most people just buy milk in plastic bottles from the supermarket

4．(④)に入る最も適当なものを選びなさい。

ア．want to save　イ．don't want to save　ウ．want to buy　エ．don't want to buy

5．下線⑤の意味が通るように[ ]内の語を並べ換えるとき，[ ]内で2番目と5番目に来る語の組み合わせとして最も適当なものを選びなさい。

ア．２番目：used　５番目：new　　イ．２番目：new　５番目：can

ウ．２番目：new　５番目：which　　エ．２番目：bottles　５番目：be

6．(⑥)に入る最も適当なものを選びなさい。

ア．because they cannot live in the new trees

イ．because they can live in the new trees

ウ．because they cannot live in the old trees

エ．because they can live in the old trees

7．下線⑦の内容とほぼ同じものを選びなさい。

ア．You can easily make recycled paper strong enough to use without adding new paper.

イ．You cannot make strong recycled paper without adding new paper.

ウ．To recycle old paper, you must not mix new paper.

エ．To recycle old paper, you don't always need large amounts of new paper.

8．本文の内容と一致するものを選びなさい。

ア．Not only rich countries but also poor countries know how to solve rubbish problems.

イ．Growing special trees that grow quickly is the only solution to our environmental problems.

ウ．In the USA, they are recycling more paper than they use, so they don't have any more rubbish problems.

エ．In many African countries, a lot of people use old newspapers in their daily lives.

2　次の英文を読んで設問に答えなさい。

The red *she-wolf was the first to run away from the man near the fire. Then the rest of the pack followed. A large young grey wolf ran at the front, next to the she-wolf, and an old wolf with only one eye ran on the other side of her. Both of them wanted to make the red she-wolf their mate, and they showed their teeth and growled at (⑨).

The hungry pack ran for the rest of that day, and all through the night. And they were still running across that dead, white world the next day. Then they found the *moose.

It was a large animal, and it was alone. Here was meat and life!

The fight began *immediately, and it was wild and terrible. Fangs bit into the legs and sides of the moose. But the large animal killed four of the wolves, breaking open their heads with his great feet. At last he fell to the ground, and the she-wolf bit into his neck. The other wolves were quick to follow. They started to pull his body open and eat him before he was fully dead.

Their stomachs full, the pack rested and slept for the rest of that day. Next morning, the she-wolf, the young grey wolf, and One Eye took half the pack down to the Mackenzie River and across the country to the east. But slowly, in he-wolf and she-wolf pairs, the wolves went their different ways. In the end the red she-wolf was alone (⑩).

The fight happened soon after. It was fast, and to the death. The younger wolf was stronger, but old One Eye was cleverer and he was soon the winner. The she-wolf sat and watched the fight. She was happy for One Eye to be the father of her cubs.

After that day, One Eye and the red wolf ran side by side, like good friends. They hunted and killed, and ate their meat together. They travelled across country until they came back to the Mackenzie River again.

When April came, the she-wolf looked for a place to have her cubs. She was getting very heavy, and had to run slowly. Then she found a narrow cave.

She looked round it carefully before sitting down to rest inside it. One Eye looked in at her, and then lay across the front of the cave. He was tired, and he slept for a time. He was hungry, too, but his mate was too tired to hunt with him. So he went out under the warm April sun alone.

He came back eight hours later, hungrier than when he went out. He stopped outside the cave. ⑪Soft, strange sounds came from inside, and they were not the sounds of his mate. When he looked in, he saw five small cubs with their mother. He tried to go into the cave, but the she-wolf growled and showed her teeth, so he went away again.

Four of the cubs had red hair like the she-wolf, but one was grey, like One Eye. This cub was also the strongest, but like most animals in the wild he soon learned what being very hungry was like.

Every day One Eye went out to hunt, but there were no animals and there was no meat for him to bring back to the cave. The cubs became weak and tired, and soon all they could do was (⑫).

Only the grey cub opened his eyes again. The other four died before One Eye could find food.

It was soon after this that the old wolf died fighting a *lynx. Later the she-wolf went hunting for meat and she found old One Eye's body near the lynx's cave. ⑬She did not go into the cave. The mother-lynx was inside with her cubs, and was too dangerous to fight.

One day while the she-wolf was out hunting, the grey wolf cub went to the mouth of the cave. He looked out at the world for the first time. The light was very bright, but he saw the trees and the river. He saw the mountain and the sky above it.

At first he was afraid, and the hairs on his back stood up. But nothing happened, and after a time he moved outside — and immediately fell half a meter down to the ground below! He hit his nose on the ground and cried out. Then he fell down a hill. Over and over he went until at last he stopped.

⑭

He came to a stream and looked into the water. But when he put his foot on it, it was cold and his foot went through it! Then he heard a cry and saw a small yellow animal under his foot. It was a young *weasel.

The weasel tried to run away but the little grey cub turned it over with his paw. Suddenly, the mother-weasel came to help her child. She attacked, and the cub felt her teeth on his neck! He tried to pull away, but the mother-weasel was very strong. She held on to him. Blood came from the cub's neck. He started to feel very ill.

Then there was a noise and the she-wolf came running from the trees. At once the weasel left the cub to attack the she-wolf.

It was a big mistake.

The she-wolf was much stronger than the weasel, (⑮).

The little grey cub ran to his mother and she cleaned the blood from his neck with her mouth. Then the two of them ate the dead weasel before they went back to the cave to sleep.

〔注〕 she-wolf：メスのオオカミ　moose：ヘラジカ　immediately：すぐに　lynx：オオヤマネコ
weasel：イタチ

9．(⑨)に入る最も適当なものを選びなさい。

ア．each another　イ．one other　ウ．each others　エ．each other

10．(⑩)に入る最も適当なものを選びなさい。

ア．with the two wolves who wanted her

イ．with no wolves near her

ウ．with the dead moose next to her

エ．with other he-wolves who tried to attack her

11．下線⑪の指すものとして最も適当と思われるものを選びなさい。

ア．the red she-wolf's growl

イ．cries of the five baby wolves

ウ．the sounds of the red she-wolf entering the cave

エ．sounds of One Eye's stomach growling

12．(⑫)に入る最も適当なものを選びなさい。

ア．eat　イ．hunt　ウ．sleep　エ．travel

13．下線⑬に関して，次の英語の質問の答えとして最も適当なものを選びなさい。

Why didn't the red she-wolf go into the cave ?

ア．Because she thought that there was no more meat in the cave.

イ．Because she knew that the four red-haired wolves were killed by the mother-lynx.

ウ．Because she thought that she would be attacked by the mother-lynx.

エ．Because she didn't think that the lynx was good enough to eat.

14．［⑭］には以下の4つの文が入る。文脈上正しい順に並べたものを選びなさい。

A．He walked into things or fell over them, and he hurt his feet on stones and his head on trees.

B．Then he got up and began walking.

C．For a minute or two after the fall, the grey cub was afraid to move.

D．He sat and looked around him.

ア．C－B－D－A　イ．C－D－B－A

ウ．D－A－B－C　エ．D－B－C－A

15．(⑮)に入る最も適当なものを選びなさい。

ア．but after a long fight the mother-weasel was able to beat the she-wolf

イ．but a few seconds later both left instead of fighting

ウ．and soon after that the mother-weasel ran away from the stream

エ．and a minute later the mother-weasel lay dead on the ground

16．本文の内容と一致するものを選びなさい。

ア．The hungry pack of wolves was able to get meat from the moose, and none of them were killed by the moose.

イ．All of the wolves in packs went to the Mackenzie River after the moose hunt.

ウ．The red she-wolf found One Eye's dead body before the grey wolf cub went outside the cave alone for the first time.

エ．The grey wolf cub succeeded in hunting the mother-weasel without help from his mother.

3　次の２つの会話文Ａ，Ｂを読んで設問に答えなさい。

Ａ

Akemi : Hello ?

John : Hi, Akemi. It's John.

Akemi : Oh, hi, John. (⑰)

John : Good, thanks. Listen, have you seen Lucy ? I've left her a lot of voice messages, but she hasn't returned my calls.

Akemi : That's strange. Maybe she's busy and just isn't checking her voice mail.

John : It's too bad, because I really need to ask her to help me with something.

Akemi : Have you tried emailing her ?

John : Several times, but so far she's ignored my emails — and my texts. ⑱<u>That</u>'s not like her.

Akemi : You know, I usually see her at the gym on Sundays.

John : Oh, really ? (⑲)

Akemi : Sure, I can do that.

17. (⑰)に入る最も適当なものを選びなさい。

ア．Are you free tonight ?　イ．How are things ?

ウ．What is your favorite app ?　エ．I'd like to share my picture.

18. 下線⑱の表す内容として最も適当なものを選びなさい。

ア．ルーシーが忙しいこと。

イ．ルーシーが映画を見ていること。

ウ．ルーシーが週に１回はジムに通っていること。

エ．ルーシーがジョンのメールや電話を無視していること。

19. (⑲)に入る最も適当なものを選びなさい。

ア．Can you send me a message if you don't see her ?

イ．Why does Lucy ignore me ?

ウ．Could you ask her to call me back or send me a message ?

エ．Will you meet Lucy ?

Ｂ

Ian : Ellen, you've been to India, haven't you ?

Ellen : Yes, I've been there three times. (⑳-a)

Ian : I'm going to Delhi next week. Can you give me some advice ?

Ellen : Sure ! (㉑)

Ian : Well, what is the best way to get around ?

Ellen : In Delhi, I recommend the train. It's a lot safer than the bus and cheaper than the taxi.

Ian : That's good to know. Is there anything else worth visiting ?

Ellen : There is the biggest *mosque in India near Old Delhi. That's well worth seeing.

Ian : (⑳-b) What about places outside Delhi ?

Ellen : Well, you must go to Agra to see the Taj Mahal. It's three hours away by train.

Ian : Thanks a lot, Ellen. You've been really helpful.

Ellen : No problem. (⑳-c)

〔注〕 mosque：モスク（イスラム教の礼拝堂）

20. (⑳-a)～(⑳-c)には以下の３つの文が入る。自然な会話になるように並べたものを選びなさい。

A. It is an amazing place.　　B. Enjoy your travel.　　C. That sounds good.

ア. A－C－B　　イ. B－A－C　　ウ. B－C－A　　エ. C－A－B

21. (㉑)に入る最も適当なものを選びなさい。

ア. What are you going to do?　　イ. What do you want to know?

ウ. Why did you decide to go there?　　エ. How will you get there?

22. 会話文の内容と一致するものを選びなさい。

ア. Ellen has already been to Delhi more than three times.

イ. Ellen thinks the bus is the safest and fastest way to travel in Delhi.

ウ. It takes three hours from Delhi to the biggest mosque in India.

エ. Ellen recommends the Taj Mahal as one of the best places in India.

4　次の各文章中の(　)に入る最も適当なものを選びなさい。

23. Camels can travel for a long way without water in the desert. How do they do this? Many people think that a camel's hump is full of water. But the truth is that it is full of fat. They get (　　) from the fat in the hump when they cannot get enough food.

ア. water　　イ. energy　　ウ. air　　エ. heat

24. A boy went out on the sea in a little wooden ship with his friends. When they were fishing, (　　) came. The little ship was damaged by huge waves and strong winds, and they could not come back.

ア. a flood　　イ. an earthquake　　ウ. a storm　　エ. a fire

5　次の各文で誤りがある箇所を選びなさい。

25. He has been(ア) playing(イ) basketball since(ウ) three hours(エ).

26. I have(ア) no(イ) idea how(ウ) color Taro likes(エ).

6　日本語に合うように[　]内の語を並べ換えて英文を作るとき，下線の語は[　]内で数えて何番目に来ますか。ただし，文頭の語も小文字で始めてあります。

27. 駅への道を教えていただけますか。

Could [station / me / the / to / tell / the / you / way]?

ア. 3番目　　イ. 4番目　　ウ. 5番目　　エ. 6番目

28. あなたは読む本を何冊か図書館で借りなければならない。

You [read / some / the / must / to / borrow / from / books] library.

ア. 4番目　　イ. 5番目　　ウ. 6番目　　エ. 7番目

29. もし5億円当たったらどうしますか。

[won / what / would / if / do / you / you] 500 million yen?

ア. 1番目　　イ. 2番目　　ウ. 5番目　　エ. 6番目

30. これらの本は近い将来，たくさんの人々に読まれるでしょう。

These books [people / by / lot / will / in / of / read / a / be] the near future.

ア. 6番目　　イ. 7番目　　ウ. 8番目　　エ. 9番目

7　次のA，Bの設問に答えなさい。

A．次の定義に当てはまる語として最も適当なものを選びなさい。

31．a piece of furniture for sleep or rest

ア．bed　イ．hotel　ウ．table　エ．office

32．a wide way leading from one way to another, which vehicles can use

ア．gas　イ．machine　ウ．road　エ．energy

33．the length of time that a person has lived

ア．hour　イ．day　ウ．year　エ．age

B．次の各文の(　)内に入る最も適当なものを選びなさい。

34．He is taller than (　　　) in his school.

ア．any other students　イ．any other student

ウ．any more students　エ．any more student

35．That dog (　　) in the garden is mine.

ア．sleeping　イ．sleeps　ウ．is sleeping　エ．to sleep

【数　学】 (50分) 〈満点：100点〉

(注意) 解答はすべて一つ選び，解答用紙の所定の欄にマークすること。

1 次の各問いに答えなさい。

(1) $\left(-\frac{b^3}{6a^2c}\right)^2 \div (3bc)^2 \times \left(-\frac{27a^2}{2c}\right)$ を計算しなさい。

解答群 (ア) $-\frac{b^4}{24a^3c^3}$ (イ) $\frac{b^4}{24a^3c^3}$ (ウ) $-\frac{b^4}{24a^2c^5}$

(エ) $-\frac{b^5}{8a^2c^4}$ (オ) $\frac{b^5}{8a^2c^4}$ (カ) $-\frac{27b^8}{8a^2c}$

(2) $(2x+3)(x-2)+2x-x^2$ を因数分解しなさい。

解答群 (ア) $(x+2)(x-3)$ (イ) $(x-2)(x+3)$ (ウ) $(x-2)(x-3)$

(エ) $(x+1)(x-6)$ (オ) $(x-1)(x+6)$ (カ) $(x+1)(x+6)$

(3) 連立方程式 $\begin{cases} \frac{1}{2}x+\frac{9}{7}y=2 \\ 4x+5y=-21 \end{cases}$ を解きなさい。

解答群 (ア) $x=-7,\ y=\frac{2}{7}$ (イ) $x=\frac{7}{62},\ y=-\frac{133}{31}$

(ウ) $x=-32,\ y=14$ (エ) $x=\frac{791}{74},\ y=\frac{161}{37}$

(オ) $x=-14,\ y=7$ (カ) $x=-\frac{329}{16},\ y=-\frac{49}{4}$

(4) 右図は，底面の円の半径が3，高さが6の円錐を，底面からの高さが4のところで，底面に平行な平面で切ったときの，下側の立体である。この立体の体積を求めなさい。

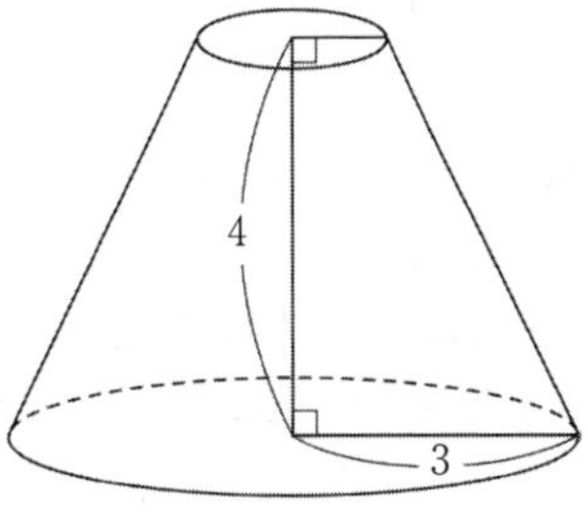

解答群 (ア) 12π (イ) 46π (ウ) 52π

(エ) $\frac{32}{3}\pi$ (オ) $\frac{46}{3}\pi$ (カ) $\frac{52}{3}\pi$

2 1個80円の菓子A，1個100円の菓子B，1個120円の菓子Cを合わせて n 個買う。代金はちょうど2000円であるとして，次の各問いに答えなさい。

(5) 買わない種類の菓子があってもよいとするとき，n のとる値の最大値を求めなさい。

解答群 (ア) 20 (イ) 21 (ウ) 22

(エ) 23 (オ) 24 (カ) 25

(6) 菓子A，菓子B，菓子Cをそれぞれ少なくとも1個は買うものとするとき，菓子Bは最大で何個買うことができますか。

解答群 (ア) 14個 (イ) 15個 (ウ) 16個

(エ) 18個 (オ) 19個 (カ) 20個

(7) 菓子Aと菓子Cを買う個数の合計と菓子Bを買う個数が同じになるとき，n の値を求めなさい。

解答群 (ア) 18 (イ) 19 (ウ) 20

(エ) 22 (オ) 24 (カ) 25

3

右図のように，放物線 $y=ax^2(a<0)$ と直線 $y=x-1$ が異なる2点A，Bで交わっている。

点Aの x 座標が -1 のとき，次の各問いに答えなさい。

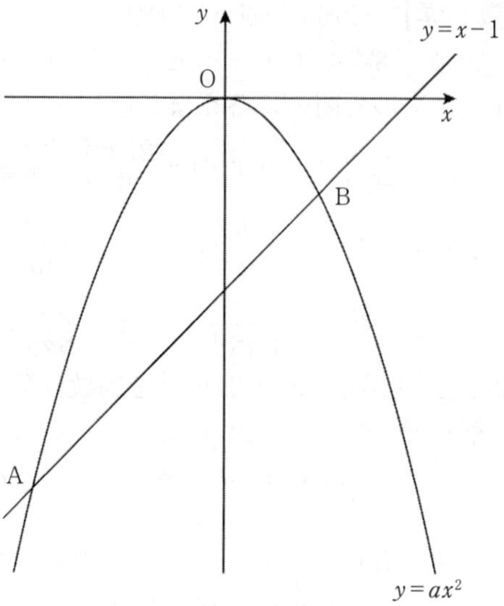

(8) a の値を求めなさい。

解答群 (ア) -1　(イ) -2　(ウ) -4　(エ) $-\frac{1}{2}$　(オ) $-\frac{1}{3}$　(カ) $-\frac{1}{4}$

(9) 放物線上に点Cを△OABと△ABCの面積が等しくなるようにとる。点Cの x 座標が正であるとき，点Cの y 座標を求めなさい。

解答群 (ア) $\frac{-9+\sqrt{17}}{4}$　(イ) $\frac{-7+\sqrt{17}}{4}$　(ウ) $\frac{-1+\sqrt{17}}{4}$　(エ) $\frac{-9+\sqrt{5}}{4}$　(オ) $\frac{-7+\sqrt{5}}{4}$　(カ) $\frac{-3+\sqrt{5}}{4}$

(10) 直線 $y=x$ 上に点Pをとる。AP＋BPの値が最小となるとき，点Pの x 座標を求めなさい。

解答群 (ア) $-\frac{15}{4}$　(イ) $-\frac{3}{2}$　(ウ) -1　(エ) $-\frac{3}{4}$　(オ) $-\frac{3}{5}$　(カ) $-\frac{4}{5}$

4

2つの合同な鈍角三角形OAB，OCDが完全に重なっている状態から，【図1】のように，△OCDを点Oを中心に反時計回りに回転させる。【図2】のように，点Cが辺AB上にきたとき，辺BOと辺CDの交点をEとする。

OA＝5，EC＝4，∠A＝60°であるとき，下の各問いに答えなさい。

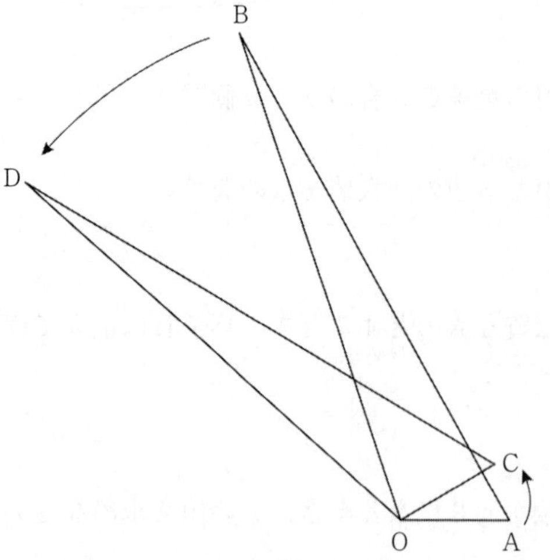

【図1】

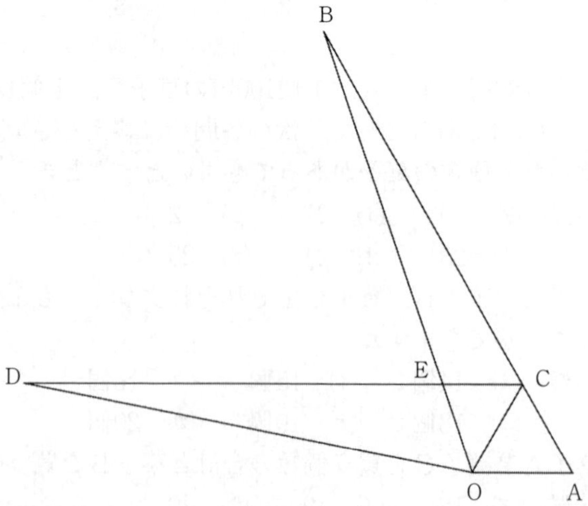

【図2】

(11) △OABの面積を求めなさい。

解答群 (ア) $\frac{125}{4}$　(イ) $\frac{125\sqrt{3}}{2}$　(ウ) $\frac{125\sqrt{3}}{4}$　(エ) $25\sqrt{3}$　(オ) $\frac{25\sqrt{21}}{2}$　(カ) $\frac{25\sqrt{21}}{4}$

(12)【図２】の△OEDの面積を求めなさい。

解答群　(ア) $\frac{5\sqrt{21}}{2}$　(イ) $\frac{15\sqrt{21}}{4}$　(ウ) $\frac{105}{4}$　(エ) $\frac{115\sqrt{3}}{2}$　(オ) $\frac{105\sqrt{3}}{4}$　(カ) $20\sqrt{3}$

(13)【図２】の△OBDの面積を求めなさい。

解答群　(ア) $10\sqrt{21}$　(イ) $15\sqrt{21}$　(ウ) $\frac{525}{4}$　(エ) $105\sqrt{3}$　(オ) $\frac{625\sqrt{3}}{4}$　(カ) $\frac{525\sqrt{3}}{4}$

(14) 点Bと点Dが重なっていた最初の状態から，【図２】の状態までに点Dが動いたあとは曲線となる。その曲線の長さを求めなさい。

解答群　(ア) $\frac{4\sqrt{21}}{3}\pi$　(イ) $\frac{5\sqrt{21}}{3}\pi$　(ウ) $\frac{25\sqrt{3}}{6}\pi$

(エ) $2\sqrt{21}\pi$　(オ) $\frac{5\sqrt{21}}{4}\pi$　(カ) $\frac{25\sqrt{3}}{8}\pi$

5　右図のように，正六角形ABCDEFがある。

次の各問いに答えなさい。

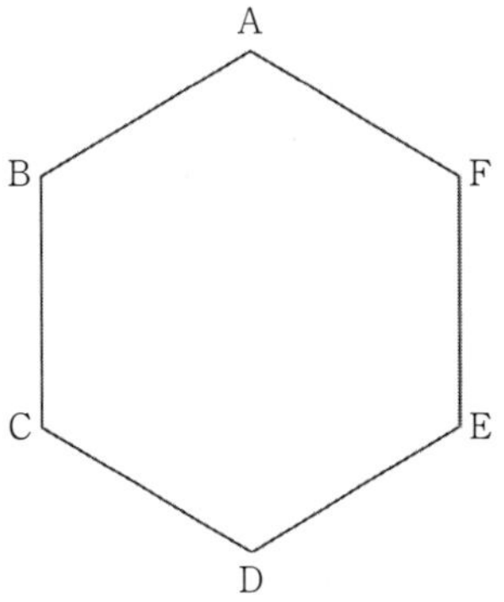

(15) 正六角形の６つの頂点から３点を選び，それら３点を頂点とする三角形をつくるとき，三角形はいくつできますか。

解答群　(ア) 20　(イ) 21　(ウ) 22

(エ) 24　(オ) 30　(カ) 36

(16) 正六角形の６つの頂点から４点を選び，それら４点を頂点とする四角形をつくるとき，四角形はいくつできますか。

解答群　(ア) 12　(イ) 13　(ウ) 14

(エ) 15　(オ) 16　(カ) 17

(17) (15)でできる三角形のうち，少なくとも１つの角の大きさが30°となる三角形はいくつありますか。

解答群　(ア) 16　(イ) 17　(ウ) 18　(エ) 19　(オ) 20　(カ) 21

6　右図のように，点C$(0,\ 1)$を中心とする半径１の円Cと３点P$(a,\ b)$，Q$(a-\sqrt{3},\ b-3)$，R$(a,\ b-3)$を頂点とする△PQRがある。

次の各問いに答えなさい。

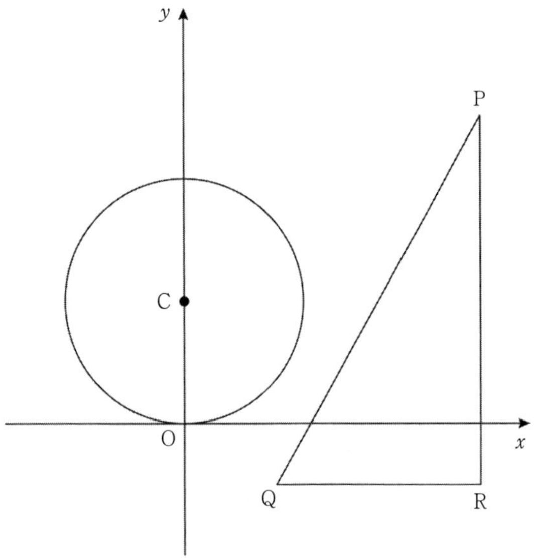

(18) $a=\sqrt{3}$，$b=3$のとき，円Cと△PQRが重なる部分の面積を求めなさい。

解答群　(ア) $\frac{\pi}{4}-\frac{1}{2}$　(イ) $\frac{\pi}{3}-\frac{1}{2}$

(ウ) $\frac{\pi}{3}-\frac{\sqrt{3}}{2}$　(エ) $\frac{\pi}{6}-\frac{\sqrt{3}}{4}$

(オ) $\frac{\pi}{3}-\frac{\sqrt{3}}{4}$　(カ) $\frac{2}{3}\pi-\frac{\sqrt{3}}{4}$

(19) $a=\frac{\sqrt{3}}{2}$，$b=\frac{5}{2}$のとき，円Cと△PQRが重なる部分の面積を求めなさい。

解答群　(ア) $\frac{\pi}{6}+\frac{\sqrt{3}}{4}$　(イ) $\frac{\pi}{3}+\frac{\sqrt{3}}{4}$

(ウ) $\dfrac{2}{3}\pi+\dfrac{\sqrt{3}}{4}$　(エ) $\dfrac{\pi}{2}$

(オ) $\dfrac{\pi}{2}+\dfrac{\sqrt{3}}{2}$　(カ) $\dfrac{\pi}{3}+\dfrac{\sqrt{3}}{2}$

(20) $a=0$，$b=\sqrt{2}+1$ のとき，円Cと△PQRが重なる部分の面積を求めなさい。

解答群　(ア) $\dfrac{\pi}{4}+\dfrac{1}{2}$　(イ) $\dfrac{\pi}{12}+\dfrac{1}{2}$　(ウ) $\dfrac{5}{24}\pi+\dfrac{1}{2}$

(エ) $\dfrac{\pi}{2}+\dfrac{1}{2}$　(オ) $\dfrac{\pi}{4}+\dfrac{\sqrt{3}}{4}$　(カ) $\dfrac{2}{3}\pi+\dfrac{\sqrt{3}}{4}$

10 典薬…医薬をつかさどる職。
11 院主…寺院の主。住職。

問1 ——線aと文法的意味が同じものを選べ。 解答番号 27

ア この歌ある人のいはく柿本人麻呂がなり
イ 雀の子を犬君が逃がしつる
ウ 汝が持ちて侍るかぐや姫奉れ
エ おのれが芸のまさりたる事を喜ぶ

問2 ——線bの月の異名を選べ。 解答番号 28

ア 文月　イ 長月　ウ 卯月　エ 如月

問3 ——線cの意味用法として最も適当なものを選べ。 解答番号 29

ア 受身　イ 尊敬　ウ 自発　エ 可能

問4 ——線dの活用形を選べ。 解答番号 30

ア 未然形　イ 已然形　ウ 仮定形　エ 命令形

問5 ——線①は、ここでは何を意味しているか。最も適当なものを選べ。 解答番号 31

ア 毎年恒例の儀式等　イ 年齢相応の作法等
ウ 本来すべき仕事等　エ 長年励んだ修行等

問6 ——線②の意味として最も適当なものを選べ。 解答番号 32

ア 死んでしまった　イ 過ぎてしまった
ウ 泣いてしまった　エ 倒れてしまった

問7 ——線③の意味として最も適当なものを選べ。 解答番号 33

ア 鬼をとりおさえられるだろう
イ 鬼をとりおさえるべきだ
ウ 鬼をとりおさえなければならない
エ 鬼をとりおさえることはできない

問8 ——線④とあるが、なぜ客僧を鬼と見あやまったのか。その理由として最も適当なものを選べ。 解答番号 34

ア この里では夜になると老僧に化けた鬼が人々と戯れにやって来るから。
イ この里では夜になると鬼になった高僧が人々を驚かしにやって来るから。
ウ この里では春になると修行の鬼といわれる学僧が山籠もりにやって来るから。
エ この里では春になると鬼のように厳しい師僧が人々を鍛えにやって来るから。

問9 『雨月物語』の作者を選べ。 解答番号 35

ア 松尾芭蕉　イ 本居宣長
ウ 上田秋成　エ 小林一茶

いる友人たちとも知り合えた喜び。

エ　異性を意識して、女学生たちに自分の本心とは違う行動をしてしまう自分の言動の幼さへの苛立ち。

問10　次の選択肢はこの文章を読んだ四人の生徒の意見である。読み取りとして**間違っているもの**を選べ。　解答番号 25

ア　生徒A…尊大なエリート意識みたいな印象を「私」の言動の端々に感じられてウザいけど、それが思春期の自意識の強さとかなんだろうなって思うと、ちょっと分かる気もする。

イ　生徒B…主人公イコール作者・太宰治とは言いきれないかも知れないけれど、「私」が文学と出会って作家として出発しようとした時点での心の葛藤というか動きは理解できるな。

ウ　生徒C…押し隠した悩みや劣等感を抱えて、それをどうして良いかは分からないけれど、それでも自分は何者かでありたいという思いに駆られた学生時代の一面が、描かれていると思いました。

エ　生徒D…彼の良き理解者だった姉は入院しているし、せっかく同人雑誌を作り始めたのに兄には不評で、家族兄弟全員から孤立してしまった「私」のやるせなさや寂しさみたいなものが感じられたよ。

問11　太宰治の作品を選べ。　解答番号 26

ア　河童　イ　雪国　ウ　三四郎　エ　人間失格

三　次の文章を読んで、後の問いに答えよ。

荘主《あるじ》かたりていふ。さきに注1下等《しづら》が御僧を見て、鬼来りしとおそれしもさるいはれの侍るなり。ここに希有《けう》の物がたりの侍る。注2妖言《およづれごと》ながら人にもつたへ給へかし。此の里の上の山に一宇の蘭若《てら》の侍る。故《もと》は小山氏の注3菩提院《ぼだいゐん》にて、代々《よよ》大徳《とこ》の住み給ふなり。今の注4阿闍梨《あじやり》は何某《なにがし》殿の注5猶子《いうじ》にて、ことに篤学修行の聞えめでたく、此の国の人は注6香燭《かうしよく》をはこびて帰依《きえ》したてまつる。我aが荘《いへ》にもしばしば詣《まう》で給うて、いともうらなく仕へしが、去年《こぞ》の春にてありける。注7越《こし》の国へ注8水丁《くわんちやう》の注9戒師《かいし》にむかへられ給ひて、百日あまり逗《とどま》り給ふが、他《か》の国《くに》より十二三歳なる童児《わらは》を倶《ぐ》してかへり給ひ、起臥《おきふし》の扶《たすけ》とせらる。かの童児《わらは》が容《かたち》の秀麗《みやびやか》なるをふかく愛でさせたまうて、①年来《としごろ》の事どももいつとなく怠りがちに見え給ふ。さるに茲年《ことし》b四月の比《ころ》、かの童児かりそめの病に臥しけるが、日を経《へ》ておもくなやみけるを痛《いた》みかなしませ給うて、国府《こふ》の注10典薬《てんやく》のおもだたしきをまで迎へ給へども、其のしるしもなく終《つひ》に②むなしくなりぬ。ふところの璧《たま》をうばはcれ、挿頭《かざし》の花を嵐にさそはれしおもひ、泣くに涙なく、叫ぶに声なく、あまりに嘆かせたまふままに、火に焼《や》き、土に葬《はうむ》る事をもせで、臉《かほ》に臉をもたせ、手に手をとりくみて日を経《へ》給ふが、終《つひ》に心神《こころ》みだれ、生きてありし日に違《たが》はず戯《たはぶ》れつつも、其の肉の腐り爛《ただ》るるを吝《をし》みて、肉を吸ひ骨を嘗《な》めて、はた喫《くら》ひつくしぬ。寺中の人々、注11院主《じゆ》こそ鬼になり給ひdつれと、連忙《あわただ》しく逃げさりぬるのちは、夜々《よなよな》里に下りて人を驚殺《おど》し、或は墓をあばきて腥々《なまなま》しき屍《かばね》を喫《くら》ふありさま、実《まこと》に鬼といふものは昔物がたりには聞きもしつれど、現《うつつ》にかくなり給ふを見て侍れ。されど③いかがしてこれを征《せい》し得ん。只戸《いへ》ごとに暮をかぎりて堅く関《とざ》してあれば、近曾《このごろ》は国中《くになか》へも聞えて、人の往来《いきき》さへなくなり侍るなり。さるゆゑのありてこそ④客僧《きやくそう》をも過《あやま》りつるなりとかたる。

（『雨月物語』より）

注
1　下…身分の低い者。
2　妖言…人を惑わすような妖しい話。
3　菩提院…家代々帰依する寺院。檀那寺。
4　阿闍梨…仏教で秘法を伝授する僧職。
5　猶子…甥または養子。
6　香燭…香《こう》と蠟燭《ろうそく》。
7　越の国…北陸地方の古い言い方。
8　水丁…頭頂に香水を注ぐ儀式。
9　戒師…戒を授ける師僧。

じた。私はすぐ長兄へ返事した。兄上の言うことは本当だと思う、立派な兄を持つことは幸福である、しかし、私は文学のために勉強を怠ることがない、その故にこそいっそう勉強しているほどである、と誇張した感情をさえところどころにまぜて長兄へ告げてやったのである。

なにはさてお前は衆にすぐれていなければいけないのだ、という脅迫めいた考えからであったが、じじつ私は勉強していたのである。三年生になってからは、いつもクラスの首席であった。てんとりむしと言われずに首席になることは困難であったが、私はそのような嘲りを受けなかった許《ばか》りか、級友を手ならす術《すべ》まで心得ていた。

注　1　卒塔婆…死者の供養や追善のために墓などに立てる細長い板のこと。
　　2　自矜…自らの誇り、プライド。

問1　——線ア〜エで、異なった品詞のものを選べ。　解答番号 15

ア　その　　イ　のしのし　　ウ　もう　　エ　ほとんど

問2　——線aと同様の比喩表現のものを選べ。　解答番号 16

ア　沈黙は金なり。
イ　社会は病んでいる。
ウ　動かざること、山のごとし。
エ　永田町も霞ヶ関もこの件には沈黙している。

問3　——線bの筆順で、三画目のものを選べ。　解答番号 17

ア 
イ 
ウ 
エ 

問4　——線cの部首名として適当なものを選べ。　解答番号 18

ア　れっか　　イ　ひらび　　ウ　むにょう　　エ　したごころ

問5　——線A・Bの意味として最も適当なものを、それぞれ選べ。

A　解答番号 19

ア　驚きおびえること。　　イ　不安に駆られること。
ウ　問題にでくわすこと。　　エ　処置にとまどい迷うこと。

B　解答番号 20

ア　途中で　　イ　歩きながら
ウ　目印としている　　エ　無駄な時間を費やして

問6　——線①とあるが、どうして「私」はそんな行為をしたのか。理由として最も適当なものを選べ。　解答番号 21

ア　この言葉によって墓に葬られた人を慰霊しようとして。
イ　この墓にお参りに来た親族をいたずらで驚かそうとして。
ウ　この墓の前を通る誰かに自分の博学さを誇示しようとして。
エ　「寂性清寥居士」という名に感動した自分の心を表現しようとして。

問7　[②] に入る語句として、最も適当なものを選べ。　解答番号 22

ア　ふと　　イ　きっと　　ウ　じっくり　　エ　ゆっくり

問8　——線③の説明として、最も適当なものを選べ。　解答番号 23

ア　兄、弟や女学生など自分に関わる人々が寄せる、「私」への期待の多様さ。
イ　多くの人々に対する、その場しのぎの言い訳から生じた「私」の矛盾した言動。
ウ　他人の視線や思いにあわせて、自分の本心を抑えていつも取り繕おうとする「私」の態度。
エ　二人の女学生のどちらにも公平に、自矜に従って行動しようとしている「私」の誠実な行い。

問9　——線④とはどのような心情のことか。最も適当なものを選べ。　解答番号 24

ア　今までの自分の行いに対する反省や、その反省に従った行動ができるという確信の無さ。
イ　将来に対する漠然とした不安や複雑に揺れる自己の内面を、どう扱ったらいいかとの戸惑い。
ウ　創作という自分の思いのはけ口を見つけ、同じ思いを抱いて伸びている田溝《たみぞ》の中にいもりがいっぴき浮いているのをその生徒が見つけ、黙ってそれを掬《すく》って私に呉《く》れた。私は、いもりは嫌いであったけれど、嬉しそうにはしゃぎながらそれを手巾《ハンケチ》へくるんだ。うちへ持って帰って、中庭の小さな池に放した。いもりは短い首をふりふり泳ぎ廻っていたが、次の朝みたら逃げて了《しま》っていなかった。

私はたかい注2自矜《じきょう》の心を持っていたから、私の思いを相手に打ち明けるなど考えもつかぬことであった。その生徒へは普段から口もあんまり利《き》かなかったし、また同じころ隣の家の痩《や》せた女学生をも私は意識していたのだが、此《こ》の女学生とは道で逢《あ》っても、エほとんどその人を莫迦《ばか》にしているようにぐっと顔をそむけてやるのである。秋のじぶん、夜中に火事があって、私も起きて外へ出て見たら、つい近くの社の陰あたりが火の粉をちらして燃えていた。社の杉林がその焔《ほのお》を囲うようにまっくろく立って、そのうえを小鳥がたくさん落葉のように狂いb飛んでいた。私は、隣のうちの門口から白い寝巻の女の子が私の方を見ているのを、ちゃんと知っていながら、横顔だけをそっちにむけてじっと火事を眺めた。焔の赤い光を浴びた私の横顔は、きっときらきら美しく見えるだろうと思っていたのである。こんな案配であったから、私はまえの生徒とでも、また此の女学生とでも、もっと進んだ交渉を持つことができなかった。けれどもひとりでいるときには、私はもっと大胆だった筈《はず》である。鏡の私の顔へ、片眼をつぶって笑いかけたり、机の上に小刀で薄い唇をほりつけて、それへ私の唇をのせたりした。この唇には、あとで赤いインクを塗ってみたが、妙にどすぐろくなっていやな感じがして来たから、私は小刀ですっかり削りとって了った。

私が三年生になって、春のあるあさ、登校のB道すがらに朱で染めた橋のまるい欄干へもたれかかって、私はしばらくぼんやりしていた。橋の下には隅田川に似た広い川がゆるゆると流れていた。全くぼんやりしている経験など、それまでの私にはなかったのである。うしろで誰か見ているような気がして、私はいつでも何かの態度をつくっていたのである。私のいちいちのこまかい仕草にも、彼は当惑して掌《てのひら》を眺めた、彼は耳の裏を掻《か》きながら呟《つぶや》いた、などと傍《はた》から傍から説明句をつけていたのであるから、私にとって、［　②　］、とか、われしらず、とかいう動作はあり得なかったのである。橋の上での放心から覚めたのち、私は寂しさにわくわくした。そんな気持のときには、私もまた、自分の来しかた行末を考えた。橋をかたかた渡りながら、いろんな事を思い出し、また夢想した。そして、おしまいに溜息《ためいき》ついてこう考えた。えらくなれるかしら。その前後から、私はこころのあせりをはじめていたのである。私はすべてに就いて満足し切れなかったから、いつも空虚なあがきをしていた。私には③十重二十重《とえはたえ》の仮面がへばりついていたので、どれがどんなに悲しいのか、見極めをつけることができなかったのである。そしてとうとう私は或《あ》るわびしいはけ口を見つけたのだ。創作であった。ここにはたくさんの同類がいて、みんな私と同じように④此のわけのわからぬおののきを見つめているように思われたのである。作家になろう、作家になろう、と私はひそかに願望した。弟もそのとし中学校へはいって、私とひとつ部屋に寝起していたが、私は弟と相談して、初夏のころに五六人の友人たちを集め同人雑誌をつくった。私の居るうちの筋向いに大きい印刷所があったから、そこへ頼んだのである。表紙も石版でうつくしく刷らせた。クラスの人たちへその雑誌を配ってやった。私はそれへ毎月ひとつずつ創作を発表したのである。はじめは道徳に就いての哲学者めいた小説を書いた。一行か二行の断片的な随筆をも得意としていた。この雑誌はそれから一年ほど続けたが、私はそのことで長兄と気まずいことを起してしまった。

長兄は私の文学にc熱狂しているらしいのを心配して、郷里から長い手紙をよこしたのである。化学には方程式あり幾何には定理があって、それを解する完全な鍵《かぎ》が与えられているが、文学にはそれがないのです、ゆるされた年齢、環境に達しなければ文学を正当に摑《つか》むことが不可能と存じます、と物堅い調子で書いてあった。私もそうだと思った。しかも私は、自分をその許された人間であると信ればならず、そのためにも他国との交渉を優位に進める必要があるから。

エ　話し合いで合意に至らない相手に脅威を感じてしまい、先制して主導権を握る方法が武力以外に見つからないと判断するから。

問12　本文の内容と合致しているものを選べ。　解答番号 14

ア　世界各国で定められた法律の内容が同じ法律体系になっているのは、民主的な価値観や基本的人権が世界的に「正しい」と認められているという理由からである。

イ　江戸時代の日本のように身分制度が確立している社会では、権力者の権力が武力によって獲得され、民意もまったく反映されない法律が成立し、民衆たちはただ苦役を課せられている。

ウ　ブラウンは、代議制民主主義によって成立した日本の民法や選挙法は、女性を劣位に置くことを正当化している制度だとして非難している。

エ　「正しさは人それぞれ」と言って話し合いを終わらせる態度は、相手を尊重するように見えて、実際は相手を侮り軽んじていることを意味している。

二

次の文章は昭和八年に発表された太宰治の自叙伝的小説『思い出』の一節である。これを読んで、後の問いに答えよ。

私のいたうちの裏がひろい墓地だったので、私はそこへ百米《メートル》の直線コオスを作り、ひとりでまじめに走った。その墓地はたかいポプラの繁《しげ》みで囲まれていて、はしり疲れると私はそこの注1卒塔婆《そとば》の文字などを読み読みしながらぶらついた。月穿潭底《げっせんたんてい》とか三界唯一心とかの句をいまでも忘れずにいる。ある日私は、銭苔《ぜにごけ》のいっぱい生えている黒くしめった墓石に、寂性清寥居士という名前を見つけてかなり心を騒がせ、その墓のまえに新しく飾られてあった紙の蓮《れん》華《げ》の白い葉に、おれはいま土のしたで蛆虫《うじむし》とあそんでいる、と或る仏蘭西《フランス》の詩人から暗示された言葉を、泥を含ませた私の人指ゆびでもって、さも幽霊が記したかのように①ほそぼそとなすり書いて置いた。そのあくる日の夕方、私は運動にとりかかる前に、先《ま》ずきのうの墓標へお参りしたら、朝の驟雨《しゅうう》で亡魂の文字はその近親の誰をも泣かせぬうちに跡かたもなく洗いさらわれて、蓮華の白い葉もところどころ破れていた。

私はそんな事をして遊んでいたのであったが、走る事も大変巧くなったのである。両脚の筋肉もくりくりと丸くふくれて来た。けれども顔色は、やっぱりよくならなかったのだ。黒い表皮の底には、濁った蒼い色が気持悪くよどんでいた。

私は顔に興味を持っていたのである。読書にあきると手鏡をとり出し、微笑《ほほえ》んだり眉《まゆ》をひそめたり頬杖《ほおづえ》ついて思案にくれたりして、アその表情をあかず眺めた。私は必ずひとを笑わせることの出来る表情を会得した。目を細くして鼻を皺《しわ》め、口を小さく尖《とが》らすと、a児熊《こぐま》のようで可愛《かわい》かったのである。私は不満なときやA当惑したときにその顔をした。私のすぐの姉はそのじぶん、まちの県立病院の内科へ入院していたが、私は姉を見舞いに行ってその顔をして見せると、姉は腹をおさえて寝台の上をころげ廻った。姉はうちから連れて来た中年の女中とふたりきりで病院に暮していたものだから、ずいぶん淋しがって、病院の長い廊下をイのしのし歩いて来る私の足音を聞くと、もうはしゃいでいた。私の足音は並はずれて高いのだ。私が若《も》し一週間でも姉のところを訪れないと、姉は女中を使って私を迎いによこした。私が行かないと、姉の熱は不思議にあがって容態がよくない、とその女中が真顔で言っていた。

その頃はウもう私も十五六になっていたし、手の甲には静脈の青い血管がうっすりと透いて見えて、からだも異様におもおもしく感じられていた。私は同じクラスのいろの黒い小さな生徒とひそかに愛し合った。学校からの帰りにはきっと二人してならんで歩いた。いつぞやお互いの小指がすれあってさえも、私たちは顔を赤くした。芹《せり》やはこべの青々と

参加を許さず妨害していたということ。

イ　女性を劣位に置くという本能的な主張が男性だけの議会によって正当化されたということ。

ウ　男性たちは、女性を劣位におくような状況を本能的に作り出していたということ。

エ　女性たちは家庭の中での立場が優位になり、あえて政治に関わる必要がなくなったということ。

問7　――線②とあるが、その説明として最も適当なものを選べ。　解答番号 9

ア　集団全体に関わる公的な「正しさ」は、社会の中で現出する様々な価値観の対立を防ぐために暴力によって決められる。

イ　価値観が変転する現代社会での道徳的な「正しさ」は、個々の状況によって場当たり的に判断され、作り出されている。

ウ　それぞれの社会での「正しさ」は多数派の決定により法的な秩序として正当化され、その社会の「正しさ」として認められる。

エ　あらゆる社会で共有される「正しさ」は、誰一人苦しみを強制されることがないように全員の合意を得て法律となり、正当化される。

問8　③ に入る共通の語として最も適当なものを選べ。　解答番号 10

ア　絶対的　　イ　対照的　　ウ　典型的　　エ　普遍的

問9　――線④から読み取れる、筆者の態度はどのようなものか。その説明として最も適当なものを選べ。　解答番号 11

ア　倫理学的に不正だと見なされることも、社会や文化の違いで済ませてしまうような文化相対主義の論理に対しての間違いを、若い世代に説明できず歯がゆい思いをしている。

イ　歴史上の不条理な出来事に対して、その社会や国で法律として正当化されているので人道的には非情で正しくないと思いながらも認めざるを得ないという矛盾を抱えている。

ウ　「正しさ」が作られていく過程は他文化の立場では理解できないことから、民主的ではない卑劣な行為が行われたとしても、それはその社会や国の決定したこととして客観的に捉えている。

エ　「正しさ」を正当化するルール作りの過程が必ずしも正しいとは言えないので、「正しさは社会や国によって異なる」という考えで済ませてしまう文化相対主義に対して批判的な態度を示している。

問10　――線⑤とあるが、具体的にはどうしていくことなのか。最も適当なものを選べ。　解答番号 12

ア　強権的な権力者に対して、虐げられている人たちがその支配から逃れるために、自分たちの置かれた状況を外へ発信していくこと。

イ　どんな場合であっても、合意していない人たちへの暴力が正当化されるような法律に対して批判をし、改正を求め続けること。

ウ　社会で正当化された法律に対して不正や間違いがないか探し、正しく施行されているかどうか代表者から話を聞き、確認し続けること。

エ　法律の暴力によって苦しめられている人や、まだ生まれていない者の存在を意識した法律を、話し合いで成立させていくこと。

問11　――線⑥とあるが、その理由として最も適当なものを選べ。　解答番号 13

ア　話し合いを繰り返しながら合意をしていく道を始めからお互いに閉ざしていて、暴力でしか自分の主張を通すことができなくなってしまうから。

イ　お互いの理解を深めるために、趣味や好みなどの個人的な話題にも触れて話を進めようとしても、結局相手を受け入れられずに嫌悪の感情が強くなってしまうから。

ウ　社会を成立させていくには、国民からの多くの支持を得なけいく方が正しいですし、これまで正しいと思われていたことに対して、その不正をc告発する人たちの声が聞き入れられ、改正されたときには、より正しいものになっているでしょう。そうやって、たとえば女性の権利がみとめられてきたわけです。

[Z]、「不正の告発」それ自体が不正なものである場合もあるでしょう。自分が悪いのに、それを認めずに他人のせいにする人もいます。そうしたとき、相手を尊重するとは、単に相手の言い分を丸呑《の》みすることではありません。納得できないことを言っているのに「人それぞれ」といってきちんと反論しないのは、相手を尊重するどころかバカにすることです。まずは相手の言い分をよく聞き、それがもっともだと思えば従い、おかしいと思えばシCテキし、相手の再度の言い分を聞く。それを繰り返すことで、お互いに納得のできる合意点を作り上げていく。これが、正しさを作っていくための正しい手続きというべきでしょう。そうした手続きによって、より正しい正しさを実現するよう努力していくことが大切です。

　私が「人それぞれ」という言葉にこだわるのは、そうした努力をしないで済ませる態度を助長するからです。もちろん、趣味や好みなど、他人と同じにしなくてもとくに問題ないようなことについては「人それぞれ」でけっこうなのですが、そうでないこと、他人を巻き込むことについては「人それぞれ」で済ませるわけにはいきません。他人と合意を作っていかなければならないことについて、「人それぞれ」などといって十分に話し合う努力をしないでいると、社会は分断されてしまいます。⑥分断された社会で何かを決めようとすれば、結局のところ暴力に頼るしかなくなってしまいます。

（山口裕之『「みんな違ってみんないい」のか?』より）

注 1 ブラウン…ドナルド・ブラウン。アメリカ合衆国の人類学者。
2 旧優生保護法…優生学上の見地から不良な子孫の出生を防止し、母体保護を目的とする法律。一九四八年制定。一九九六年改定。
3 ナチス…ヒトラーを党首とした、ドイツの国家社会主義ドイツ労働者党のこと。

問1 ‖線A～Cのカタカナを漢字に直したとき、同じ漢字を用いるものをそれぞれ選べ。

A キカン　解答番号[1]
ア 泣き止まない子供のキゲンをとる。
イ 先人のキセキをたどる。
ウ マラソンコースのキテンを定める。
エ 判定のキジュンを上回っている。

B ギョウテン　解答番号[2]
ア 室内のデザインにコる。
イ あまりの数にオドロく。
ウ アカツキに鶏鳴を聞く。
エ 先輩を師とアオぐ。

C シテキ　解答番号[3]
ア 占いがテキチュウした。
イ イッテキも残さず飲み干す。
ウ 要点をテキシュツする。
エ プロにヒッテキする実力がある。

問2 ―線aの意味として最も適当なものを選べ。　解答番号[4]
ア 心に秘めた　イ 道理の通った
ウ 生まれもった　エ 習慣で身についた

問3 ―線bの意味を示す語として最も適当なものを選べ。　解答番号[5]
ア 恐怖　イ 焦燥　ウ 不安　エ 羞恥

問4 ―線cと熟語の組み立てが同じものを選べ。　解答番号[6]
ア 予知　イ 隔離　ウ 往復　エ 避難

問5 [X]～[Z]のどこにも入らない語を選べ。　解答番号[7]
ア たしかに　イ もちろん　ウ あたかも　エ やはり

問6 ―線①とは、どういうことを意味しているのか。最も適当なものを選べ。　解答番号[8]
ア 議会の男性たちは、優秀でも、気にくわない女性の政治へのす。［X］いずれの場合も、当時の「ルールを正当化する手続き」にのっとって法律として定められたものです。しかし、だからといって、「それらは正しかったのだ」と即断してよいものでしょうか。とはいっても、正しさは文化によって異なるという文化相対主義の立場からは、そうした発言に反論することは困難です。生徒からそのように言われて、おかしいとは思いつつ、十分に反論や議論ができなかった中学や高校の先生も多いのではないでしょうか。

　しかし、考えてみましょう。障害があるなどの理由で不妊手術を受けさせられた人たちは、優生保護法に合意していたのでしょうか。虐殺されたユダヤ人たちは、虐殺されることに合意していたのでしょうか。まさか。かれらがそんな目にあわされたのは、まさしく暴力による強制でした。これまで見てきたように、「正しさ」は、ある行為に複数の人間が関わるときに、その人たちの間で合意が形成されることで成立します。当事者が関わらないところで勝手に決めたルールを強制することは、それ自体として不正です。このように考えると、これらの法律は「ルールを正当化する手続きの正しさ」を満たしておらず、［Y］不正だったというべきでしょう。

《中略》

　江戸時代の日本やその他の多くの国において、かつて法律は、権力者が一方的に定めてそれに従うことを暴力で強制するものでした。あまりに人々の立場を無視した法律は大きな反感を買うでしょうから、それなりに配慮したかもしれませんが、その場合でも人々の意見を直接聞いたわけではなく、権力者側が勝手に推測しただけだったでしょう。そしてそもそも、そうした権力者の権力自体が、支配される側の人々の合意によって正当化されたものではなく、暴力（武力）によって獲得されたものです。

　そうしたあからさまに暴力的な手続きよりは、代議制民主主義の手続きはずいぶんマシなものではあります。しかしやはり、代表されていない立場の人たちも多数います。それどころか、議会においてさえ、代表者全員が納得して合意するまで話し合われないままに、強行採決によって可決されることがままあります。そのようにして定められた法律を無造作に「正しい」と見なすことは、合意していないままに従わされる人たちへの暴力を無造作に肯定することになります。

　もちろん、自分が納得しない法律には従わなくてよいということにはなりません。しかし、納得できない法律は批判し、その改正を求めていくことはできます。また、ある法律が含んでいる暴力に自分自身では気づけなくても、それに苦しめられている人の声を聞いて気づくこともあります。そうして気づいてしまったときには、たとえ他国のことや昔のことであったとしても、「正しさ」を問い返し、⑤「より正しい正しさ」を実現するように努力していくべきでしょう。

　「はじめに」の最初に書きましたが、「正しさは人それぞれ」と並んで最近よく聞く言葉に、「絶対正しいことなんてない」とか「何が正しいかなんて誰にも決められない」などというのがあります。これらの言葉を言う人たちは、どうやら「ちょっと気の利いた、よいことを言っている」と思っているようなのですが、私はこうした言葉を聞くたびにb背筋が寒くなります。こうした言葉は、より正しいことを求めていく努力をはじめから放棄する態度を示しているように思われるからです。そして、こうした言葉を吐く人たちは、たとえば私が何も悪いことをしていないのにガス室に送られそうなとき、決して助けてくれないだろうなと思うからです。

　どんなに話し合っても、国民全員が、さらには人類全員が合意することはないかもしれません。たとえいま生きている人たち全員が合意したとしても、まだ生まれていない人は合意していません。その意味では、「絶対正しいことなんてない」のかもしれません。しかし、「より正しい正しさ」はあります。一方的に決めたルールを暴力によって強制するよりは、話し合ってお互いに納得して決めて

二〇二三年度

川越東高等学校（単願・併願①）

【国　語】〈五〇分〉〈満点：一〇〇点〉

（注意）解答はすべて一つ選び、解答用紙の所定の欄にマークすること。

一　次の文章を読んで、後の問いに答えよ。

人間には、どうやら女性を集団内で劣位に置くａ生得的な傾向があるようです。それは、女性が自己主張すると男性が怒りを感じるといった形で作用し、集団内での序列を形成します。先ほどは、そうした序列はなかば本能的に作られるものとして話をしましたが、もちろん現実には、人間集団の序列はその場その場で本能的に作られていくものばかりではありません。むしろ人間は、たまたま集まって集団を作るよりは、既存の集団に加入してそのメンバーになることの方が多いのです。そして、そうした既存の集団の序列は、それまでの慣習や法的な秩序として正当化されているのがふつうです。

たとえば、日本の戦前の民法は家庭における女性の立場を男性より低いものと規定していましたし、①選挙法は女性の参政権を認めていませんでした。日本以外でも事情は同様です。女性の参政権が世界ではじめて認められたのはニュージーランドで、一八九四年のことでした。日本では第二次大戦後の一九四五年を待たなければなりません。

こうした法律は、注1ブラウンの表現を借りれば「集団全体に関わる公的なものごとを決定するための手続き」によって決定されたものです。現在では、日本をはじめ多くの国では代議制民主主義によって法律が制定されることになっています。つまり、選挙によって選ばれた代表者が議会で議論し、最終的に多数の賛成が得られた場合に法律として成立するのです。戦前の日本の民法も選挙法も、こうした手続きにのっとって定められました。

このように、多くの社会ではルールを正当化する手続きが定められています。②この手続きに従って定められたことは「正しい」のだとされます。そして、その手続きはそれぞれの社会や国ごとに定められており、手続きを実行するためのＡキカンがあります。さらに、決められたルールを人々に強制するためのキカンも備えています。

こうしたことから、「正しさは社会により異なる」とか「国により異なる」と言いたくなるかもしれません。しかし、そうした差異も、理解不能なほどに多様なものではないのが通常です。実際問題として、現在では民主的な価値観や基本的人権が世界的に「正しい」と認められているため、多くの国の法律の内容はそれほどかけ離れたものにはなっておらず、たとえば女性の参政権はごく一部の例外を除いてほとんどの国で認められています。もちろん、各国がまったく同じ法律体系になっているわけではありませんが、私たちにとって理解不可能なほど奇妙な法律体系になっていることはないと思っても、それほど誤りではありません。

たとえば、私たちは海外旅行に行くときに、行き先の国の刑法体系について調べておくなどということはしないでしょう。自分の国で犯罪になることを行き先の国でもしないようにすれば十分です。自分がよかれと思ってやったことがその国では犯罪になるなどということはまずありません。行った先の礼儀作法に反するふるまいを知らずにしてしまうことはあるかもしれませんが、たいていの場合、知らずにやったことはそれほど責められないことも［　③　］ですし、礼儀作法などの慣習が文化によって異なること自体がおおむね［　③　］に認識されています。

「正しさは社会や国により異なる」などと唱えるまえに、④むしろ考えなければならないことは、ルールを正当化する手続きの正しさについてです。

倫理学の授業をしていると時々、日本の注2旧優生保護法や注3ナチスによるユダヤ人虐殺について、「その時代では正しいことだったのだ」などと発言する学生さんがいて、Ｂギョウテンしま

英語解答

1	1 ア	2 エ	3 エ	4 ア
	5 イ	6 ア	7 イ	8 エ
2	9 エ	10 ア	11 イ	12 ウ
	13 ウ	14 イ	15 エ	16 ウ
3	A 17…イ	18…エ	19…ウ	
	B 20…ア	21…イ	22…エ	

4	23 イ	24 ウ		
5	25 ウ	26 ウ		
6	27 ウ	28 イ	29 ウ	30 ア
7	A 31…ア	32…ウ	33…エ	
	B 34…イ	35…ア		

1〔長文読解総合─説明文〕

≪全訳≫❶豊かな国では，人々は毎年，ますます多くのゴミを捨てている。貧しい国ではゴミは(豊かな国より)少ないが，ゴミを撤去する人がおらず，ゴミが通りに置き去りになっている所もある。❷しかし，私たちが捨てる多くの物は，再び使ったりリサイクルしたりすることができる。実際，多くの政府が今，人々にそうしてもらおうと呼びかけている。❸どんな物がリサイクルできるのだろうか。答えは，ほとんど全てだ。人々がリサイクルしている物のいくつかを見てみよう。一番簡単なものから始めればいい。それはガラスだ。❹ガラスは，紀元前4000年頃に中東で初めて使われた。人々は，色のついた非常に小さなガラス玉でアクセサリーをつくり，首から下げていた。透明なガラス(窓に使われるガラスのような色のないガラス)は，紀元前800年頃，ニネベ(現在のイラクのモスル市)で初めてつくられた。18～19世紀までは，ガラスは高価だったので，誰もそれを捨てなかった。20世紀になっても，人々はガラスの瓶を何度も何度も使っていた。／→B．イギリスでは最近まで，ほとんどの人が牛乳屋から牛乳を買っていた。／→D．牛乳屋は，牛乳で満たした瓶を人の家の外に置き，空の瓶を持ち帰った。／→C．これらはその後，工場で洗われ，それから再利用された。／→A．子どもたちも，飲み物の空き瓶を店に返し，１本につき少額のお金をもらっていたものだ。❺イギリスでは現在，各家庭で年間約330本のガラス瓶を使用しているが，普通，それらを店に返すことはない。今でも牛乳屋のためにガラスの牛乳瓶を玄関の外に置いている家庭もあるが，③ほとんどの人は，スーパーでペットボトルに入った牛乳を買うだけだ。❻ニュージーランドは，人々が牛乳屋から買うことをほとんどやめてしまい，その代わりにスーパーで牛乳を買っているもう１つの国だ。しかし，今日のニュージーランドでは，緑の党がガラスの牛乳瓶を残したいと考えている。牛乳瓶は，ペットボトルや箱よりもずっとよい，と彼らは言う。牛乳瓶は洗えて20回は使えるが，ペットボトルはたいてい埋立地に直行する。❼ガラスはリサイクルするのが簡単だ。ガラスには，透明なガラス，緑色のガラス，茶色いガラスの３種類がある。それらは一緒にリサイクルすることはできないので，多くの場合ガラス用のゴミ箱は３つ，色ごとに１つずつある。ガラスは細かく砕かれ，液体になるまで熱される。その後，それらは新しい瓶につくりかえられ，再び店で使うことができる。❽なぜガラスをリサイクルするのがよいのだろうか。ガラス瓶１本をリサイクルすると，テレビを１時間半つけるのに十分な電力を節約できるのだ！❾他の国より多くのガラスをリサイクルしている国もある。スイスとフィンランドはそれぞれ，自国のガラス瓶の90％以上をリサイクルしているが，イギリスは34％しかリサイクルしていない。❿埋立地を見てみると，ゴミの40％近くが紙であることがわかるだろう。しかし，ガラスと同様，紙はリサイクルしやすい。紙のリサイクルは地球にとってよい，というのも，新しい紙をつくるのに比べ，必要な電力は64％，水は58％少なくて済むからだ。紙のリサイクルは，古い木からなる森を存続させておくのにも役立つ。紙に使う木を育てるのは簡単だが，それらは成長の早い特別な種類の木だ。これは必ずしもよいことではない。これらの新しく成長の早い木のための場所をあけるため，成長の遅いより古い木は切り倒されることが多いのだ。より古い種の木で暮らす鳥や動物たちは，⑥新しい木で暮らすことができないため，すみ家を失い，死んでしまう。⑪多くの店が，リサイクル紙でできた物を売っている。買い物に行くとき，紙やカードなどに「リサイクル」の表示を探してみるといい。しかし，紙をリサイクルする際にも問題がある。リサイクルは何度もできないのだ。しばらくすると，使うのに十分な強度にするため，リサイクル紙に新しい紙を加える必要がある。紙をリサイクルすることはよいことだが，紙を使う量を減らすように努める方がさらによい。⑫紙を一番多く使っているのはどの国だろうか。答えは，アメリカだ。アメリカの企業は毎日，地球を20周できるほどの紙を使っているのだ！　しかしアメリカも，以前より多くの紙をリサイクルしようとしている。2005年には45％の紙をリサイクルしていたが，現在は50％以上をリサイクルしようとしている。しかし，毎年使う紙の量が増えているので，今でも同じ問題を抱えている。⑬他の国でも，特に東南アジアや日本では，年々使う紙の量が増えている。しかし，それらの国もまた，以前より多くをリサイクルしようとしている。⑭紙のリサイクルが上手なのはどの国だろうか。これもスイスだ。スイスのほとんどの人は，新聞だけでなく，紙でできた全ての物をリサイクルしている。紙をリサイクルしているもう１つの国は，セネガルだ。⑮セネガルや他の多くのアフリカ諸国の人々にとって，リサイクルは日常生活の一部だ。古新聞やビジネスレターは，人々が路上で買うパンや果物などの食べ物を包むのによく使われている。多くの家庭がヤギを飼っている。ヤギはよく人のゴミを食べ，少々の紙は気にしない。もしかすると，ヤギは世界で一番上手なリサイクル屋かもしれない！

１＜**適語選択**＞空所を含む文の so に着目。この so「だから」の前後は‘理由’→‘結果’の関係になる。捨てなかった理由となるのは，ガラスが「高価」だったからである。

２＜**文整序**＞文整序の問題は，意味のつながりだけでなく，代名詞や指示語を意識して考えるとよい。Cの These がDの the empty ones(＝bottles)を，また，Dの He はBの the milkman を指すと判断できる。以上より，B→D→Cの順になる。ここまでは牛乳瓶についての話であり，最後に also「また」を含み，別の空き瓶の話になるAを最後に置く。

３＜**適文選択**＞空所を含む文の文頭に Although「～だけれども」があるので，「牛乳瓶を玄関の外に置いている家庭もある」という文前半の内容と対照的な内容が入る。また，直後の New Zealand is another country で始まる文の内容からも判断できる。

４＜**適語句選択**＞続く２文にガラスの牛乳瓶のよさが述べられている。緑の党は減りつつあるガラスの牛乳瓶を「救いたい」と考えているのである。

５＜**整序結合**＞瓶がリサイクルされる工程を説明する部分。be made into ～で「～につくりかえられる」という意味を表せるので，made into new bottles とまとめ，残った語句で new bottles を後ろから修飾する関係代名詞節をつくる。which の後は，can be used と‘助動詞＋受け身形’の形になる。　Then they are made into new bottles which can be used again in the shops.

６＜**適文選択**＞選択肢は全て because で始まっているので，空所を含む文前半の「古い木にすむ鳥や動物が，すみ家を失って死ぬ」ことの理由として適切なものを選ぶ。

７＜**英文解釈**＞下線部の to make it strong enough to use は，‘make＋目的語＋形容詞’「～を…(の状態)にする」と‘形容詞＋enough＋to不定詞’「～するほど十分…」を組み合わせた形。it は recycled paper を指す。下線部全体としては「リサイクル紙を使えるくらい強くするために，新しい紙を加える必要がある」という文意で，イ．「新しい紙を加えることなしには強いリサイクル紙をつくることはできない」が同様の意味を表す。

8＜**内容真偽**＞ア.「豊かな国だけでなく貧しい国も，ゴミ問題を解決する方法を知っている」…×　第１段落参照。　イ.「早く育つ特別な木を育てることが，環境問題を解決する唯一の方法だ」…×　第10段落参照。　ウ.「アメリカでは，使うよりも多くの紙をリサイクルしているので，もうゴミの問題はない」…×　第12段落参照。　エ.「アフリカの多くの国では，多くの人が日常生活で古新聞を利用している」…○　最終段落第１，２文に一致する。

2〔**長文読解総合―物語**〕

≪**全訳**≫❶赤いメスのオオカミが，最初に火のそばの男から逃げ出した。それから，群れの残りが続いた。大きな若い灰色のオオカミが先頭で，メスのオオカミの隣を走り，メスのオオカミの反対側の隣を，片目しかない年老いたオオカミが走った。２頭とも赤いメスのオオカミを自分の伴侶にしたくて，互いに歯を見せてうなっていた。❷飢えた群れは，その日の残りの時間，そして夜もずっと走り続けた。そして，翌日もまだ，あの静まり返った白銀の世界を走っていた。そのとき，彼らはヘラジカを見つけた。❸それは大きな動物で，１頭だった。ここに肉と命があった！❹戦いはすぐに始まり，それは野性的で凄惨なものだった。牙がヘラジカの脚や脇腹に食い込んだ。しかし，この大きな動物はその大きな足でオオカミの頭を割って，４頭のオオカミを殺した。ついにヘラジカは地面に倒れ，メスのオオカミがその首に噛みついた。他のオオカミたちもすぐにそれに続いた。オオカミたちは，ヘラジカが完全に死ぬ前に，その体を引き裂いて食べ始めた。❺その群れは腹いっぱいになり，その日の残りは休んで眠った。翌朝，メスのオオカミと若い灰色のオオカミ，そして片目は，群れの半分を率いてマッケンジー川へと下り，国を横断して東へ向かった。しかし，ゆっくりと，オオカミたちはオスとメスのペアになり，それぞれの道を進んだ。最後には，赤いメスのオオカミと，彼女を欲する２頭のオオカミだけになってしまった。❻戦いはその直後に起こった。それは速く，死ぬまで続いた。若いオオカミの方が強かったが，老いた片目の方が賢かったので，まもなく片目が勝者となった。メスのオオカミは座って戦いを見ていた。彼女は片目が自分の子の父親になることを喜んでいた。❼その日以来，片目と赤いオオカミは，仲の良い友達のように，並んで走った。彼らは狩りをして殺し，その肉を一緒に食べた。彼らは再びマッケンジー川に戻ってくるまで，国中を旅した。❽４月になると，メスのオオカミは子を産む場所を探した。彼女はとても重くなっていて，ゆっくり走らなければならなかった。そして，狭い洞窟を見つけた。❾彼女はその中で腰を下ろして休む前に，中を注意深く見て回った。片目が彼女の様子をうかがい，それから洞窟の前に横たわった。片目は疲れており，しばらく眠った。彼は腹もすかせていたが，彼の伴侶は疲れていて，一緒に狩りをすることができなかった。そこで彼は，４月の暖かい太陽の下，自分だけで外に出た。❿８時間後，彼は出かけたときよりも腹をすかせて戻ってきた。彼は洞窟の外で立ち止まった。中から低い奇妙な音が聞こえてくるが，それらは伴侶の出す音ではなかった。中をのぞくと，５頭の小さな子オオカミが，母親と一緒にいた。彼は洞窟の中に入ろうとしたが，メスのオオカミがうなって歯を見せたので，彼はまた出ていった。⓫子の４頭はメスのオオカミと同様に赤い毛だったが，１頭は片目と同じ灰色だった。この子は一番強くもあったのだが，野生のほとんどの動物と同じように，すぐに空腹がどんなものか知ることになった。⓬毎日，片目は狩りに出かけたが，動物はおらず，洞窟に持ち帰る肉もなかった。子オオカミたちは衰弱し疲れ果て，やがて眠ることしかできなくなった。⓭灰色の子オオカミだけが再び目を開けた。他の４頭は，片目が食べ物を見つける前に死んでしまった。⓮老いたオオカミがオオヤマネコと戦って死んだのは，この直後だった。その後，メスのオオカミは肉を求めて狩りに出かけ，オオヤマネコの洞窟の近くで老いた片目の死体を見つけた。

彼女は洞窟の中には入らなかった。中にはオオヤマネコの母親が子どもたちと一緒にいて，戦うにはあまりにも危険だったのだ。⓯ある日，メスのオオカミが狩りに出ている間，灰色の子オオカミは洞窟の出口に行った。彼は初めて外の世界を見た。光はとてもまぶしかったが，木々や川が見えた。山と，その上にある空が見えた。⓰最初は怖くて，背中の毛が逆立った。しかし，何も起こらず，しばらくして外に出てみると，すぐに半メートル下の地面に落ちてしまった！　鼻を地面に打ちつけ，泣き叫んだ。そして，丘を転げ落ちた。何度も何度も転がりようやく止まった。⓱／→C．落ちてから１，２分の間，灰色の子オオカミは，動くのが怖かった。／→D．彼は座って辺りを見回した。／→B．それから彼は起き上がり，歩き始めた。／→A．彼は物に足を突っ込んだり転んだりし，足を石にぶつけたり頭を木にぶつけたりしてけがもした。⓲彼は小川にやってきて，水の中をのぞき込んだ。しかし，足を水につけると，冷たく，足は水の中に入っていった！　すると鳴き声が聞こえ，足の下に小さな黄色い動物がいるのが見えた。それは幼いイタチだった。⓳イタチは逃げようとしたが，小さな灰色の子オオカミは，前足でそれをひっくり返した。突然，母イタチが子を助けにやってきた。母イタチが攻撃すると，子オオカミは首筋にその歯が刺さるのを感じた！　彼は引き離そうとしたが，母イタチはとても強かった。彼女は彼にしがみついた。子オオカミの首から血が出てきた。彼はとても気分が悪くなった。⓴そのとき，物音がして，メスのオオカミが木々の間から走ってきた。すぐにイタチがメスのオオカミを攻撃しようと，子オオカミを放した。㉑これは大きな間違いだった。㉒メスのオオカミはイタチよりもずっと強かったので，１分後には，母イタチは死んで地面に転がっていた。㉓小さな灰色の子オオカミは母親のもとへ走っていき，母親は口で子オオカミの首筋についた血をきれいにした。そして２頭は死んだイタチを食べてから，眠るために洞窟に帰った。

9＜適語句選択＞each other「お互い」

10＜適語句選択＞直前の文で，つがいになったオオカミたちがしだいに群れを離れていく様子が，直後の段落で，若いオオカミと片目のオオカミが戦っている様子が述べられている。最終的に，赤いメスのオオカミと，この２頭だけが残ったのである。

11＜語句解釈＞下線部直後に続く内容から，この音はイ．「５匹の子オオカミの鳴き声」だとわかる。

12＜適語選択＞食べ物がなく弱った子オオカミたちにできた唯一のこととして考えられるのは，「眠る」こと。‘all＋主語＋can do is (to)＋動詞の原形’で「〈主語〉にできるのは～することだけだ」という意味。直後の「目を開けたのが１頭だけで，残りは死んでしまった」という内容からも判断できる。

13＜英問英答＞「赤いメスのオオカミはなぜ洞窟に入らなかったのか」―ウ．「母オオヤマネコに攻撃されると思ったから」　下線部直後の文参照。

14＜文整序＞直前では，子オオカミが丘を転がり落ちて止まるまでの様子が述べられている。まずafter the fallとあるCを最初に置く。選択肢より，Cの後はB→DかD→Bの順になるが，自然な流れとなるのは，C(動けなかった)→D(座って辺りを見回した)→B(立ち上がって歩き始めた)の順。

15＜適文選択＞直前の「メスのオオカミは母イタチより強かった」という内容から，母イタチが戦いに負けたと判断できる。また，最終段落よりイタチが死んだことがわかる。

16＜内容真偽＞ア．「腹をすかせたオオカミの群れはヘラジカから肉を得ることができ，１頭もヘラジカに殺されることはなかった」…×　第４段落第３文参照。４頭のオオカミが死んだ。　イ．「群れのオオカミたちは皆，ヘラジカ狩りの後，マッケンジー川へ行った」…×　第５段落第２～４文参照。群れの半分で向かい，その後バラバラになった。　ウ．「赤いメスのオオカミは，灰色の子オオカミが初めて１人で洞窟の外に出る前に，片目の死体を見つけた」…○　第14，15段落の内容に一致する。　エ．「灰色の子オオカミは，母親の助けなしで母イタチを狩ることに成功した」…×　第19～22段落参照。母オオカミが助けた。　succeed in ～ing「～することに成功する」

3〔長文読解総合―対話文〕

A≪全訳≫❶アケミ(A)：もしもし。❷ジョン(J)：もしもし，アケミ。ジョンだよ。❸A：あら，こんにちは，ジョン。⑰調子はどう？❹J：いいよ，ありがとう。ねえ，ルーシーに会わなかった？何度も留守電にメッセージを残したんだけど，電話を返してくれないんだ。❺A：それは変ね。忙しくて留守電をチェックしていないだけかもしれないわ。❻J：困ったなぁ，手伝ってもらうようすごく頼みたいことがあるんだ。❼A：メールは送ってみたの？❽J：何度か送ったんだけど，今のところメールもテキストも無視されてるんだ。彼女らしくないよね。❾A：あのね，日曜日はたいてい体育館で彼女を見かけるわよ。❿J：えっ，そうなの？　⑲僕に折り返し電話をするかメッセージを送るかしてくれるよう頼んでもらえる？⓫A：いいわよ，できるわ。

17＜適文選択＞Good, thanks.「いいよ，ありがとう」という返答から，調子をうかがう言葉が入る。　How are things?「調子はどう？」

18＜指示語＞この That に当てはめて意味が通る内容を探すと，前文の内容が該当する。

19＜適文選択＞折り返しの電話もメールへの返事もないルーシーにアケミが会うと聞いたジョンの返答。ジョンはルーシーに連絡をくれるようアケミに伝言を頼んでいると考えられる。

B≪全訳≫❶イアン(I)：エレン，インドに行ったことがあるんだよね？❷エレン(E)：ええ，３回行ったわ。⑳-aすばらしいところよ。❸I：来週デリーに行く予定なんだ。何かアドバイスをもらえない？❹E：もちろん！　㉑何を知りたいの？❺I：ええと，移動するのに最適の手段は何？❻E：デリーでは，電車をおすすめするわ。バスよりずっと安全だし，タクシーより安いから。❼I：それは知ってよかった。他に訪れる価値のあるものはある？❽E：オールドデリーの近くに，インドで一番大きなモスクがあるわ。十分見る価値があるわよ。❾I：⑳-bそれはいいね。デリー以外の場所はどう？❿E：そうね，タージマハルを見にアグラには行かないと。電車で３時間よ。⓫I：エレン，どうもありがとう。本当に助かったよ。⓬E：どういたしまして。⑳-c旅行を楽しんでね。

20＜適文選択＞⑳-a．Aの主語 It が India を指していると考えられる。　⑳-b．エレンにおすすめの場所を教えてもらった後の応答。That sounds good. は，相手の提案などに対する同意表現で，「それはいいですね」といった意味。　⑳-c．イアンへのインド旅行についてのアドバイスを終えたエレンの言葉として適切なのは，「旅行を楽しんで」。

21＜適文選択＞直後でイアンは知りたいことを具体的に質問している。

22＜内容真偽＞ア．「エレンはすでに３回より多くデリーに行ったことがある」…×　第２段落参照。more than three times は「３回より多く〔４回以上〕」なので「３回」は含まない。　イ．「エレンはデリーでの移動はバスが一番安全で早いと思っている」…×　第６段落参照。　ウ．「デリーからインドで一番大きなモスクまで３時間かかる」…×　第８段落参照。モスクまでの所要時間は述べていない。　エ．「エレンはインドで最もよい場所の１つとしてタージマハルをすすめている」…○　第10段落に一致する。

4〔適語(句)選択〕

23.「ラクダは，砂漠で水なしで長距離を移動することができる。どうやってそうしているのだろうか。多くの人は，ラクダのこぶは水でいっぱいだと考えている。しかし，実は，脂肪でいっぱいなのだ。十分な食べ物が得られないときに，こぶの脂肪からエネルギーを得ているのだ」　空所を含む文は，冒頭の「ラクダはどうやって水なしで長距離を移動するのか」という疑問に対する答えになる。

24.「ある少年が友人たちと小さな木の船で海に出た。彼らが釣りをしていると，嵐がきた。小さな船は大きな波と強風で損傷し，彼らは戻ってくることができなかった」　海で「大きな波と強風」を引き起こすものは，「嵐」である。

5〔誤文訂正〕

25. three hours「3時間」の前に「～以来」を表す since は不適切。‘期間’を表す for「～の間」が正しい。　「彼は3時間ずっとバスケットボールをしている」

26. how の後に名詞は続かない。what color「何色」が正しい。　「タロウが何色を好きかわからない」

6〔整序結合〕

27. Could you ～?「～していただけますか」の文。you の後，‘tell＋人＋物事’「〈人〉に〈物事〉を教える」を続ける。「～への道」は the way to ～。　Could you tell me the way to the station?

28. You must borrow some books「あなたは本を何冊か借りなければならない」が文の骨組み。「読む本を」の部分は，books の後に to read「読むための」と形容詞的用法の to不定詞を続ける。「図書館で」は「図書館から」と読み換えて，from the library とする。　You must borrow some books to read from the library.

29.「どうしますか」は「何をしますか」と考えて，What would you do とする。「もし～が当たったら」は，if you won ～。仮定法過去の文であることに注意。　What would you do if you won 500 million yen?

30.「読まれるでしょう」は will be read とまとめる。このように助動詞を含む受け身は‘助動詞＋be＋過去分詞’の形になる。これに by a lot of people「たくさんの人々によって」を続け，残った in を最後に置く。　in the near future「近い将来」　These books will be read by a lot of people in the near future.

7〔総合問題〕

A＜単語の定義＞

31.「眠ったり休んだりするための家具」―ア.「ベッド」

32.「ある道から別の道へと続く，車が利用できる広い道」―ウ.「道路」

33.「人が生きてきた時間の長さ」―エ.「年齢」

B＜適語(句)選択＞

34. ‘比較級＋than any other＋単数名詞’で「他のどの～よりも…」　「彼は学校の他のどの生徒よりも背が高い」

35. 文の主語は That dog でこれに対する述語動詞は is なので，‘現在分詞(～ing)＋語句’が主語 That dog を後ろから修飾する形にする。　「庭で寝ているあのイヌは私のものだ」

数学解答

1	(1) (ウ)	(2) (イ)	(3) (オ)	(4) (カ)
2	(5) (カ)	(6) (エ)	(7) (ウ)	
3	(8) (イ)	(9) (ア)	(10) (エ)	
4	(11) (ウ)	(12) (オ)	(13) (カ)	(14) (イ)
5	(15) (ア)	(16) (エ)	(17) (ウ)	
6	(18) (オ)	(19) (イ)	(20) (ア)	

1 〔独立小問集合題〕

(1)<式の計算>与式 $=\dfrac{b^6}{36a^4c^2}\div 9b^2c^2\times\left(-\dfrac{27a^2}{2c}\right)=\dfrac{b^6}{36a^4c^2}\times\dfrac{1}{9b^2c^2}\times\left(-\dfrac{27a^2}{2c}\right)=-\dfrac{b^6\times 1\times 27a^2}{36a^4c^2\times 9b^2c^2\times 2c}$ $=-\dfrac{b^4}{24a^2c^5}$

(2)<式の計算―因数分解>与式 $=2x^2-4x+3x-6+2x-x^2=x^2+x-6=(x-2)(x+3)$

≪別解≫与式 $=(2x+3)(x-2)-x^2+2x=(2x+3)(x-2)-x(x-2)$ として，$x-2=X$ とおくと，与式 $=(2x+3)X-xX=X(2x+3-x)=X(x+3)=(x-2)(x+3)$ となる。

(3)<連立方程式> $\dfrac{1}{2}x+\dfrac{9}{7}y=2$……①，$4x+5y=-21$……②とする。①×14より，$7x+18y=28$……①′　①′×4－②×7より，$72y-35y=112-(-147)$，$37y=259$　$\therefore y=7$　これを②に代入して，$4x+35=-21$，$4x=-56$　$\therefore x=-14$

(4)<空間図形―体積>右図のように，4点A，B，C，Dを定め，高さが6のもとの円錐の頂点をEとすると，求める立体の体積は，底面の半径が BC＝3，高さが EB＝6の円錐の体積から，底面の半径が AD，高さが EA＝EB－AB＝6－4＝2の円錐の体積をひいて求められる。△EAD∽△EBC となるから，AD：BC＝EA：EB＝2：6＝1：3となり，AD＝$\dfrac{1}{3}$BC＝$\dfrac{1}{3}\times 3=1$ である。よって，求める体積は，$\dfrac{1}{3}\times\pi\times 3^2\times 6-\dfrac{1}{3}\times\pi\times 1^2\times 2=18\pi-\dfrac{2}{3}\pi=\dfrac{52}{3}\pi$ である。

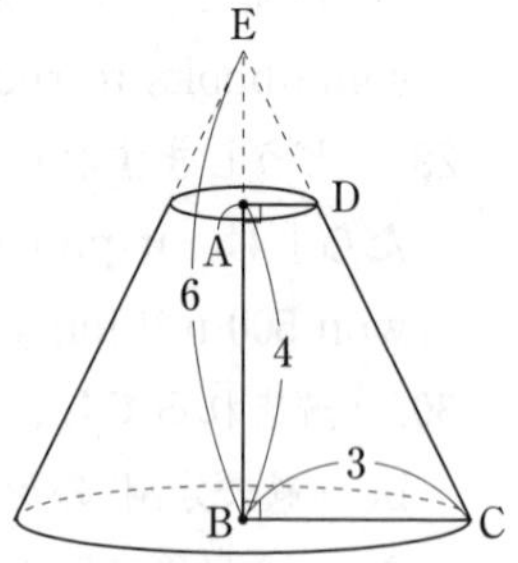

2 〔数と式―方程式の応用〕

≪基本方針の決定≫(5)　一番安い菓子を多く買うことを考える。

(5)<菓子の個数> n の値が最大になるように菓子を買うとき，一番安い1個80円の菓子Aを多く買うことを考える。買わない種類の菓子があってもよいので，菓子Aのみを買うとすると，$2000\div 80=25$ より，2000円でちょうど25個買えるから，n の最大値は25である。

(6)<菓子の個数>1個80円，120円の菓子A，Cをそれぞれ1個買うとすると，残りは，$2000-80\times 1-120\times 1=1800$(円)となる。菓子Bは1個100円だから，$1800\div 100=18$ より，残りの金額でちょうど18個買える。よって，菓子A，B，Cをそれぞれ少なくとも1個買うとき，菓子Bは最大で18個買える。

(7)<菓子の個数>菓子A，Cをそれぞれ a 個，c 個買うとすると，菓子Aと菓子Cを買う個数の合計と菓子Bを買う個数が同じだから，菓子Bの個数は，$a+c$ 個となる。代金がちょうど2000円だから，$80a+100(a+c)+120c=2000$ が成り立ち，$80a+100a+100c+120c=2000$，$180a+220c=2000$，$9a+11c=100$ となる。これを満たす0以上の整数 a，c の組は，$(a,\ c)=(5,\ 5)$ である。よって，菓子Aは5個，菓子Bは $a+c=5+5=10$(個)，菓子Cは5個だから，$n=5+10+5=20$ となる。

3 〔関数―関数 $y=ax^2$ と一次関数のグラフ〕

≪基本方針の決定≫(10)　直線$y=x$について点Bと対称な点をとる。

(8)**<比例定数>**右図で，点Aは直線$y=x-1$上にあり，x座標は-1だから，$y=-1-1=-2$より，$\mathrm{A}(-1,\ -2)$である。点Aは放物線$y=ax^2$上の点でもあるから，$-2=a\times(-1)^2$より，$a=-2$となる。

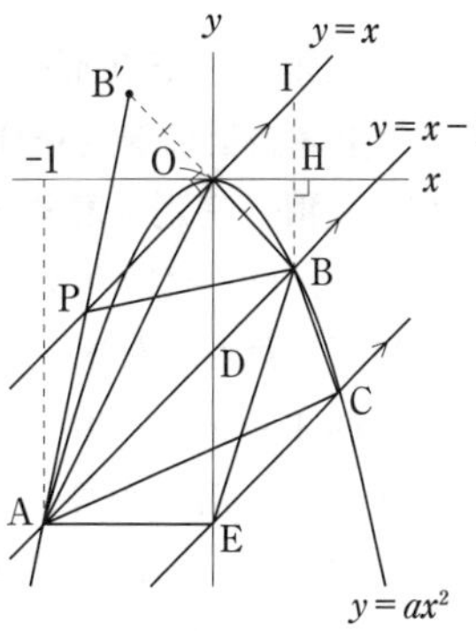

(9)**<y座標>**右図で，直線ABとy軸の交点をDとすると，直線ABの式が$y=x-1$より，切片が-1だから，$\mathrm{D}(0,\ -1)$となる。y軸上の点Dより下に，△OAB＝△ABEとなる点Eをとると，△OAB＝△ABCより，△ABE＝△ABCとなるから，AB∥ECとなる。よって，直線ABの傾きが1より，直線ECの傾きも1となる。また，(8)より，点Bは放物線$y=-2x^2$と直線$y=x-1$の交点だから，$-2x^2=x-1$，$2x^2+x-1=0$より，$x=\dfrac{-1\pm\sqrt{1^2-4\times2\times(-1)}}{2\times2}=\dfrac{-1\pm\sqrt{9}}{4}=\dfrac{-1\pm3}{4}$となり，$x=\dfrac{-1+3}{4}=\dfrac{1}{2}$，$x=\dfrac{-1-3}{4}=-1$となる。これより，点Bの$x$座標は$\dfrac{1}{2}$である。△OAD，△OBDの底辺をOD＝1と見ると，2点A，Bのx座標より，△OADの高さは1，△OBDの高さは$\dfrac{1}{2}$だから，△OAB＝△OAD＋△OBD＝$\dfrac{1}{2}\times1\times1+\dfrac{1}{2}\times1\times\dfrac{1}{2}=\dfrac{3}{4}$となり，△ABE＝△OAB＝$\dfrac{3}{4}$である。$\mathrm{E}(0,\ e)$とすると，DE＝$-1-e$となり，DEを底辺と見ると，△ADEの高さは1，△BDEの高さは$\dfrac{1}{2}$となるから，△ABE＝△ADE＋△BDE＝$\dfrac{1}{2}\times(-1-e)\times1+\dfrac{1}{2}\times(-1-e)\times\dfrac{1}{2}=-\dfrac{3}{4}-\dfrac{3}{4}e$と表せる。したがって，$-\dfrac{3}{4}-\dfrac{3}{4}e=\dfrac{3}{4}$が成り立ち，$-\dfrac{3}{4}e=\dfrac{3}{2}$，$e=-2$となるので，直線ECの切片は$-2$である。以上より，直線ECの式は$y=x-2$だから，点Cは，放物線$y=-2x^2$と直線$y=x-2$の交点である。$-2x^2=x-2$より，$2x^2+x-2=0$となり，$x=\dfrac{-1\pm\sqrt{1^2-4\times2\times(-2)}}{2\times2}=\dfrac{-1\pm\sqrt{17}}{4}$となる。$x>0$だから，点Cの$x$座標は$\dfrac{-1+\sqrt{17}}{4}$であり，$y$座標は，$y=\dfrac{-1+\sqrt{17}}{4}-2=\dfrac{-9+\sqrt{17}}{4}$となる。

(10)**<x座標>**右上図で，(9)より，点Bのx座標は$\dfrac{1}{2}$だから，$y=\dfrac{1}{2}-1=-\dfrac{1}{2}$より，$\mathrm{B}\left(\dfrac{1}{2},\ -\dfrac{1}{2}\right)$となる。点Bと，直線$y=x$について対称な点をB′とすると，BP＝B′Pとなるから，AP＋BP＝AP＋B′Pとなる。これより，AP＋BPの値が最小となるのは，AP＋B′Pの値が最小のときで，このとき，3点A，P，B′は一直線上にあるから，直線AB′と直線$y=x$の交点が点Pとなる。点Bからx軸に垂線を引き，x軸，直線$y=x$との交点をそれぞれH，Iとすると，$\mathrm{B}\left(\dfrac{1}{2},\ -\dfrac{1}{2}\right)$より，OH＝HB＝$\dfrac{1}{2}$だから，△OHBは直角二等辺三角形となり，∠BOH＝45°である。さらに，点Iのy座標は$y=\dfrac{1}{2}$となるから，OH＝HI＝$\dfrac{1}{2}$より，△OHIも直角二等辺三角形となり，∠IOH＝45°である。よって，∠IOB＝∠BOH＋∠IOH＝45°＋45°＝90°となるから，点B′はBOの延長上にある。OB′＝OBだから，$\mathrm{B'}\left(-\dfrac{1}{2},\ \dfrac{1}{2}\right)$となる。2直線$y=x$，$y=x-1$は傾きが等しいので，OP∥BAである。点Oは線分BB′の中点だから，点Pも線分AB′の中点となり，そのx座標は$\left\{(-1)+\left(-\dfrac{1}{2}\right)\right\}$

$\div 2=-\dfrac{3}{4}$ である。

4 〔平面図形—三角形〕

≪基本方針の決定≫⑾　DC∥OA となることに気づきたい。

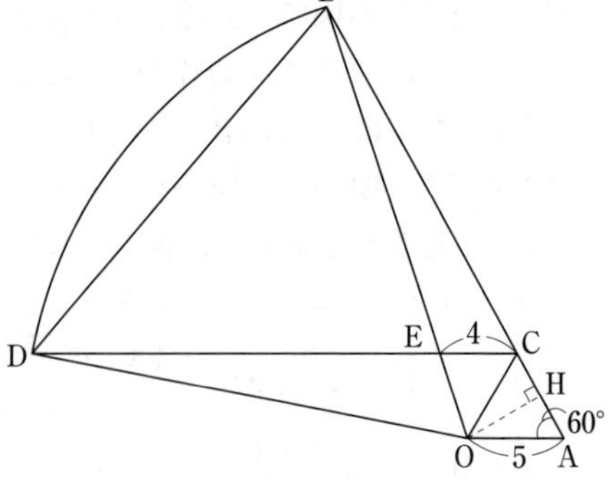

⑾**＜面積—特別な直角三角形＞**右図で，$\triangle OCD\equiv\triangle OAB$ より，$OC=OA=5$ であり，$\angle A=60^\circ$ だから，$\triangle OAC$ は正三角形となる。これより，$\angle AOC=60^\circ$ となる。また，$\angle OCD=\angle A=60^\circ$ となるから，$\angle OCD=\angle AOC=60^\circ$ となり，錯角が等しいので，DC∥OA である。よって，$\triangle ECB\backsim\triangle OAB$ となるので，$CB:AB=EC:OA=4:5$ であり，$AC:AB=(5-4):5=1:5$ となる。$AC=OA=5$ なので，$AB=5AC=5\times5=25$ となる。点Oから AB に垂線 OH を引くと，$\triangle OAH$ は3辺の比が $1:2:\sqrt{3}$ の直角三角形だから，$OH=\dfrac{\sqrt{3}}{2}OA=\dfrac{\sqrt{3}}{2}\times5=\dfrac{5\sqrt{3}}{2}$ となる。したがって，$\triangle OAB=\dfrac{1}{2}\times AB\times OH=\dfrac{1}{2}\times25\times\dfrac{5\sqrt{3}}{2}=\dfrac{125\sqrt{3}}{4}$ である。

⑿**＜面積＞**右上図で，$\triangle OCD\equiv\triangle OAB$ より，$CD=AB=25$ だから，$ED=CD-EC=25-4=21$ である。よって，$\triangle OED:\triangle OCD=ED:CD=21:25$ である。$\triangle OCD=\triangle OAB=\dfrac{125\sqrt{3}}{4}$ だから，$\triangle OED=\dfrac{21}{25}\triangle OCD=\dfrac{21}{25}\times\dfrac{125\sqrt{3}}{4}=\dfrac{105\sqrt{3}}{4}$ となる。

⒀**＜面積＞**右上図で，DC∥OA より，$OE:OB=AC:AB=1:5$ だから，$\triangle OED:\triangle OBD=OE:OB=1:5$ となる。よって，$\triangle OBD=5\triangle OED=5\times\dfrac{105\sqrt{3}}{4}=\dfrac{525\sqrt{3}}{4}$ である。

⒁**＜長さ＞**右上図で，点Dが動いたあとの曲線は，おうぎ形 OBD の $\overset{\frown}{BD}$ となる。$\triangle OAH$ は3辺の比が $1:2:\sqrt{3}$ の直角三角形だから，$AH=\dfrac{1}{2}OA=\dfrac{1}{2}\times5=\dfrac{5}{2}$ となり，$BH=AB-AH=25-\dfrac{5}{2}=\dfrac{45}{2}$ となる。$OH=\dfrac{5\sqrt{3}}{2}$ だから，$\triangle BOH$ で三平方の定理より，$OB=\sqrt{OH^2+BH^2}=\sqrt{\left(\dfrac{5\sqrt{3}}{2}\right)^2+\left(\dfrac{45}{2}\right)^2}=\sqrt{525}=5\sqrt{21}$ となる。また，$\angle AOC=60^\circ$ より，$\triangle OCD$ は60°回転させているから $\angle BOD=60^\circ$ である。よって，求める曲線の長さは，$\overset{\frown}{BD}=2\pi\times5\sqrt{21}\times\dfrac{60^\circ}{360^\circ}=\dfrac{5\sqrt{21}}{3}\pi$ である。

5 〔データの活用—場合の数〕

≪基本方針の決定≫⒃　選ばれない点を考える。

⒂**＜場合の数＞**6つの頂点A，B，C，D，E，Fから3点を1つずつ順番に選ぶとすると，選び方は1つ目が6通り，2つ目が5通り，3つ目が4通りより，$6\times5\times4=120$(通り)となるが，この中には，例えば，(1つ目，2つ目，3つ目)＝(A，B，C)，(A，C，B)，(B，A，C)，(B，C，A)，(C，A，B)，(C，B，A)のように，同じ3点を選んでいるものが6通りずつ含まれている。よって，3点の選び方は $120\div6=20$(通り)となるので，三角形は20個できる。

⒃**＜場合の数＞**6つの頂点から4点を選ぶとき，選ばれない点は2つである。選ばれない2つの点の組は，(A，B)，(A，C)，(A，D)，(A，E)，(A，F)，(B，C)，(B，D)，(B，E)，(B，F)，(C，D)，(C，E)，(C，F)，(D，E)，(D，F)，(E，F)の15通りあるから，4点の選び方も15通りあり，四角形は15個できる。

⒄＜場合の数＞右図で，⒂でできる三角形は，△ABCと合同な三角形，△ACDと合同な三角形，△ACEと合同な三角形の3種類ある。正六角形は，内角の和が$180°\times(6-2)=720°$より，1つの内角の大きさは，$720°\div6=120°$である。△ABCは，$\angle ABC=120°$，$AB=BC$の二等辺三角形だから，$\angle BAC=\angle BCA=(180°-\angle ABC)\div2=(180°-120°)\div2=30°$となり，△ABCと合同な三角形は30°の角を持つ。また，$\angle BAF=120°$より，$\angle BAD=\angle FAD=\frac{1}{2}\angle BAF=\frac{1}{2}\times120°=60°$となり，$\angle CAD=\angle BAD-\angle BAC=60°-30°=30°$となるから，△ACDと合同な三角形も30°の角を持つ。△ACEは正三角形だから，△ACEと合同な三角形は30°の角を持たない。⒂の20個の三角形のうち，△ACEと合同な三角形は△ACE，△BDFの2個だから，30°の角を持つ三角形は，$20-2=18$(個)ある。

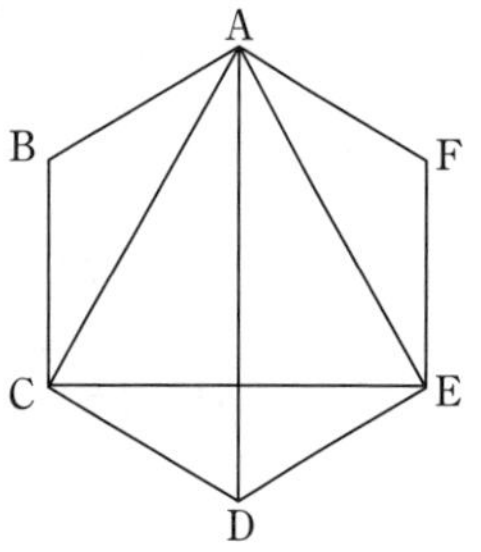

6 〔**関数―座標平面と図形**〕

≪基本方針の決定≫△PQRが円Cとどう交わるか考える。△PQRは3辺の比が$1:2:\sqrt{3}$の直角三角形であることに気づきたい。

⒅＜面積＞$a=\sqrt{3}$，$b=3$のとき，$P(\sqrt{3},\ 3)$である。$a-\sqrt{3}=\sqrt{3}-\sqrt{3}=0$，$b-3=3-3=0$より，$Q(0,\ 0)$，$R(\sqrt{3},\ 0)$である。右図1で，PQと円Cの交点で点Qと異なる方をDとすると，円Cと△PQRが重なる部分は，線分DQと$\overset{\frown}{DQ}$で囲まれた部分となる。$\angle PRQ=90°$であり，$QR=\sqrt{3}$，$PR=3$より，$QR:PR=\sqrt{3}:3=1:\sqrt{3}$だから，△PQRは3辺の比が$1:2:\sqrt{3}$の直角三角形である。よって，$\angle PQR=60°$となるから，$\angle CQD=\angle CQR-\angle PQR=90°-60°=30°$となる。点Cと点Dを結び，点Dから$y$軸に垂線DEを引く。

図1
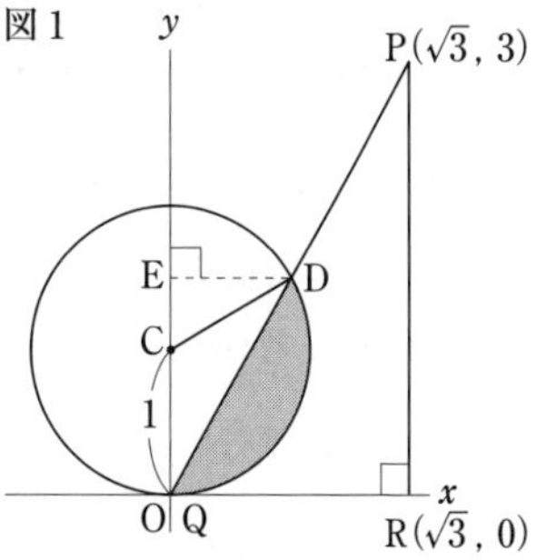

△CQDは$CQ=CD$の二等辺三角形だから，$\angle CDQ=\angle CQD=30°$となり，$\angle QCD=180°-\angle CQD-\angle CDQ=180°-30°-30°=120°$である。これより，〔おうぎ形CQD〕$=\pi\times1^2\times\frac{120°}{360°}=\frac{\pi}{3}$となる。また，$\angle DCE=180°-\angle QCD=180°-120°=60°$より，△DCEは3辺の比が$1:2:\sqrt{3}$の直角三角形だから，$DE=\frac{\sqrt{3}}{2}CD=\frac{\sqrt{3}}{2}\times1=\frac{\sqrt{3}}{2}$となり，$\triangle CQD=\frac{1}{2}\times CQ\times DE=\frac{1}{2}\times1\times\frac{\sqrt{3}}{2}=\frac{\sqrt{3}}{4}$である。以上より，重なる部分の面積は，〔おうぎ形CQD〕$-\triangle CQD=\frac{\pi}{3}-\frac{\sqrt{3}}{4}$である。

⒆＜面積＞$a=\frac{\sqrt{3}}{2}$，$b=\frac{5}{2}$のとき，$P\left(\frac{\sqrt{3}}{2},\ \frac{5}{2}\right)$であり，$a-\sqrt{3}=\frac{\sqrt{3}}{2}-\sqrt{3}=-\frac{\sqrt{3}}{2}$，$b-3=\frac{5}{2}-3=-\frac{1}{2}$より，$Q\left(-\frac{\sqrt{3}}{2},\ -\frac{1}{2}\right)$，$R\left(\frac{\sqrt{3}}{2},\ -\frac{1}{2}\right)$である。右図2で，線分PQの中点は，$x$座標が$\left\{\frac{\sqrt{3}}{2}+\left(-\frac{\sqrt{3}}{2}\right)\right\}\div2=0$，$y$座標が$\left\{\frac{5}{2}+\left(-\frac{1}{2}\right)\right\}\div2=1$より，点$(0,\ 1)$だから，点Cと一致する。つまり，点Cは線分PQ上にある。図2のように，PQ，PRと円Cの交点をF，G，H，Iとすると，円Cと△PQRが重なる部分は，線分FG，$\overset{\frown}{GI}$，線分HI，$\overset{\frown}{FH}$で囲まれた部分となる。点Cと2点H，Iを結び，点CからHIに垂線CJを引くと，$CH=1$，$CJ=\frac{\sqrt{3}}{2}$より，$CH:CJ=1:\frac{\sqrt{3}}{2}=2:\sqrt{3}$だ

図2
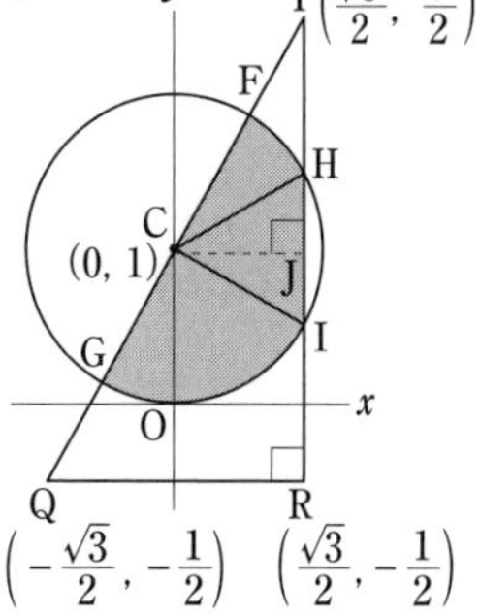

から，△CHJ は3辺の比が $1:2:\sqrt{3}$ の直角三角形であり，∠HCJ＝30°，$\mathrm{HJ}=\dfrac{1}{2}\mathrm{CH}=\dfrac{1}{2}\times1=\dfrac{1}{2}$ となる。これより，∠HCI＝2∠HCJ＝2×30°＝60° となるから，∠FCH＋∠GCI＝180°－∠HCI＝180°－60°＝120° となり，〔おうぎ形 CFH〕＋〔おうぎ形 CGI〕$=\pi\times1^2\times\dfrac{120°}{360°}=\dfrac{\pi}{3}$ である。また，$\mathrm{HI}=2\mathrm{HJ}=2\times\dfrac{1}{2}=1$ となるから，$\triangle\mathrm{CHI}=\dfrac{1}{2}\times\mathrm{HI}\times\mathrm{CJ}=\dfrac{1}{2}\times1\times\dfrac{\sqrt{3}}{2}=\dfrac{\sqrt{3}}{4}$ である。よって，重なる部分の面積は，(〔おうぎ形 CFH〕＋〔おうぎ形 CGI〕)＋△CHI $=\dfrac{\pi}{3}+\dfrac{\sqrt{3}}{4}$ となる。

(20)**＜面積＞**$a=0$，$b=\sqrt{2}+1$ のとき，$\mathrm{P}(0,\ \sqrt{2}+1)$ であり，$a-\sqrt{3}=0-\sqrt{3}=-\sqrt{3}$，$b-3=\sqrt{2}+1-3=\sqrt{2}-2$ より，$\mathrm{Q}(-\sqrt{3},\ \sqrt{2}-2)$，$\mathrm{R}(0,\ \sqrt{2}-2)$ である。右図3のように，PQ，PR と円 C の交点で点 O 以外の点を K，L，M とすると，円 C と△PQR が重なる部分は，線分 KL，$\overset{\frown}{\mathrm{LO}}$，線分 MO，$\overset{\frown}{\mathrm{KM}}$ で囲まれた部分となる。(18)と同様，∠PRQ＝90°，$\mathrm{QR}=\sqrt{3}$，PR＝3 より，△PQR は3辺の比が $1:2:\sqrt{3}$ の直角三角形だから，∠QPR＝30° である。点 C から KL に垂線 CN を引くと，△PCN も3辺の比が $1:2:\sqrt{3}$ の直角三角形となる。$\mathrm{PC}=(\sqrt{2}+1)-1=\sqrt{2}$ だから，$\mathrm{CN}=\dfrac{1}{2}\mathrm{PC}=\dfrac{1}{2}\times\sqrt{2}=\dfrac{\sqrt{2}}{2}$ である。$\mathrm{CN}:\mathrm{CK}=\dfrac{\sqrt{2}}{2}:1=1:\sqrt{2}$ となるので，△CKN は直角二等辺三角形であり，∠KCN＝45°となる。これより，∠KCL＝2∠KCN＝2×45°＝90° となるから，∠MCK＋∠LCO＝180°－∠KCL＝180°－90°＝90° となり，〔おうぎ形 CMK〕＋〔おうぎ形 CLO〕$=\pi\times1^2\times\dfrac{90°}{360°}=\dfrac{\pi}{4}$ となる。また，$\triangle\mathrm{CKL}=\dfrac{1}{2}\times\mathrm{CL}\times\mathrm{CK}=\dfrac{1}{2}\times1\times1=\dfrac{1}{2}$ である。よって，重なる部分の面積は，(〔おうぎ形 CMK〕＋〔おうぎ形 CLO〕)＋△CKL $=\dfrac{\pi}{4}+\dfrac{1}{2}$ である。

図3

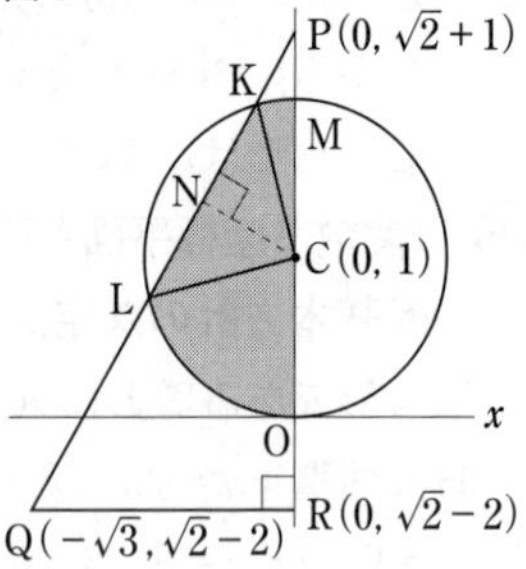

＝読者へのメッセージ＝

6では，座標平面上に円がありました。円も，x，y の式で表すことができます。一般的に，中心が点$(a,\ b)$，半径が r の円の式は，$(x-a)^2+(y-b)^2=r^2$ と表せますので，5の円の式は，中心が C(0, 1)，半径が1より，$x^2+(y-1)^2=1^2$ となります。高校で詳しく学習します。

国語解答

一 問1 A…ア B…エ C…ウ
問2 ウ 問3 ア 問4 イ
問5 ウ 問6 イ 問7 ウ
問8 エ 問9 エ 問10 イ
問11 ア 問12 エ

二 問1 ア 問2 ウ 問3 ウ
問4 ア 問5 A…エ B…ア
問6 イ 問7 ア 問8 ウ
問9 イ 問10 エ 問11 エ

三 問1 エ 問2 ウ 問3 ア
問4 イ 問5 エ 問6 ア
問7 エ 問8 イ 問9 ウ

一〔論説文の読解―社会学的分野―コミュニケーション〕出典；山口裕之『「みんな違ってみんないい」のか？―相対主義と普遍主義の問題』。

≪本文の概要≫多くの社会では，ルールを正当化する手続きが定められており，手続きに従って定められたことは「正しい」とされる。現在では，民主的な価値観や基本的人権が世界的に「正しい」と認められているため，多くの国の法律は，それほどかけ離れたものにはなっておらず，女性の参政権もほとんどの国で認められている。考えるべきは，国や社会による「正しさ」の違いではなく，ルールを正当化する手続きの正しさについてである。当事者が関わらないところで勝手に決めたルールを強制することは，合意していないままに従わされる人々への暴力である。もちろん，法律には従わなくてはならない。けれども，納得できない法律や，人々を苦しませる法律の改正を求めることはできる。一方的に決めたルールを強制するのではなく，話し合い，「より正しい正しさ」を求めていくべきなのである。女性の権利も，そうやって認められてきた。「人それぞれ」という態度で話し合う努力をしないでいると，社会は分断され，暴力に頼るしかなくなってしまうのである。

問1＜漢字＞A．「機関」と書く。アは「機嫌」，イは「軌跡」，ウは「起点」，エは「基準」。　B．「仰天」と書く。アは「凝(る)」，イは「驚(く)」，ウは「暁」，エは「仰(ぐ)」。　C．「指摘」と書く。アは「的中」，イは「一滴」，ウは「摘出」，エは「匹敵」。

問2＜語句＞「生得的」は，性格などが生まれつきであるさま。

問3＜慣用句＞「背筋が寒くなる」は，恐怖などのためにぞっとする，という意味。

問4＜熟語の構成＞「告発」と「隔離」は，似た意味の字を組み合わせた熟語。「予知」は，上の字が下の字を修飾している熟語。「往復」は，反対の意味の字を組み合わせた熟語。「避難」は，下の字が上の字の目的語になっている熟語。

問5＜表現＞X．「日本の旧優生保護法やナチスによるユダヤ人虐殺」は，間違いなく，「当時の～法律として定められたもの」である(…イ)。　Y．旧優生保護法やユダヤ人虐殺に関する法律は「『ルールを正当化する手続きの正しさ』を満たして」いないので，結局は「不正だったというべき」である(…エ)。　Z．「不正を告発する」ことによって「より正しいもの」になっていくといっても，言うまでもなく「『不正の告発』それ自体が不正なものである場合」もある(…ア)。

問6＜文章内容＞人間は，「女性を集団内で劣位に置く」という生まれ持った傾向があり，戦前の日本でも，男性だけの議会によって，女性を劣位に置いて女性の参政権を認めないことを「法的な秩序として正当化」していたのである。

問7＜文章内容＞多くの国では，法律は「代表者が議会で議論し，最終的に多数の賛成が得られた場合」に成立する。このような「ルールを正当化する手続き」にのっとって決められたルールは「正しい」こととして，人々に強制されるのである。

問8＜表現＞「普遍的」は，多くのものに当てはまるさま。「知らずにやったこと」がそれほど責められないことは，多くの国において一般的なことである。また，「礼儀作法などの慣習が文化によって異なる」ことも，広く認識されていることである。

問９＜文章内容＞「正しさは社会や国により異なる」という態度でいると，旧優生保護法や，ユダヤ人虐殺も「その時代では正しいことだった」ということになってしまう。「正しさは社会や国により異なる」とすることに対して，「ルールを正当化する手続き」が正しかったのか，その「正しさ」について考えることが大事なのである。

問10＜文章内容＞たとえ他国や昔のことだったとしても，「納得できない法律」や人々を苦しめている法律については「批判し，その改正を求めていく」という努力をするべきなのである。

問11＜文章内容＞「人それぞれ」だからといって「話し合う努力をしないでいる」と，社会は分断されてしまい，何かを決める際には，主張を「暴力」で強制するしかなくなってしまうのである。

問12＜要旨＞ブラウンの表現を借りれば，法律は「『集団全体に関わる公的なものごとを決定するための手続き』によって決定されたもの」といえる(ウ…×)。多くの国の法律の内容は，それほどかけ離れたものにはなっていないが，「各国がまったく同じ法律体系になっているわけでは」ない(ア…×)。江戸時代の日本の法律は，人々の立場を無視したものは大きな反感を買うため，「それなりに配慮した」ものだったと考えられる(イ…×)。「人それぞれ」といって，反論や話し合いをしないことは，「相手を尊重するどころかバカにすること」である(エ…○)。

二〔小説の読解〕出典；太宰治『思い出』。

問１＜品詞＞「その」は，連体詞。「のしのし」と「もう」と「ほとんど」は，副詞。

問２＜表現技法＞「児熊のようで」と「山のごとし」は，「のようで」，「ごとし」という言葉を用いてたとえているので，直喩である。「沈黙は金なり」と「社会は病んでいる」と「永田町も霞ヶ関もこの件には沈黙している」は，「ようだ」などの言葉を用いずにたとえているので，隠喩である。

問３＜漢字の知識＞「飛」の書き順は，「⺄」→「[illegible]」→「[illegible]」→「[illegible]」→「[illegible]」→「飛」。

問４＜漢字の知識＞「熱」の部首は，「灬(れっか，あるいは，れんが)」である。

問５＜語句＞Ａ．「当惑」は，どうしたらよいかわからなくなること。　Ｂ．「道すがら」は，道の途中で，という意味。

問６＜心情＞亡《な》くなった人が「おれはいま土のしたで蛆虫とあそんでいる」と書いたとしたら，お墓参りに来た人が驚くだろうと思って，「私」は「さも幽霊が記したかのように」書いたのである。

問７＜表現＞「ふと」は，理由や意識もないままに事が起こるさま。「私」は，全ての動作を意識して「つくっていた」ため，理由もなくとか「われしらず」とかいう動作は，ありえなかった。

問８＜表現＞「十重二十重」は，何重にも重なること。「私」は，何重にも仮面を重ね，状況に合わせて本心を隠しながら応対していたので，自分の気持ちがわからなくなった。

問９＜心情＞「私」は，自分と同じように，「こころのあせり」を感じて「空虚なあがき」をしている人々が，創作の世界にはいると思ったのである。

問10＜文章内容＞「私」は，弟と相談して同人雑誌をつくっており，家族兄弟全員から孤立してはいない(エ…×)。

問11＜文学史＞『人間失格』は，太宰治の小説。『河童』は，芥川龍之介の小説。『雪国』は，川端康成の小説。『三四郎』は，夏目漱石の小説。

三〔古文の読解―物語〕出典；上田秋成『雨月物語』「青頭巾」。

≪現代語訳≫荘主が語って言う。先ほど身分の低い者たちがお坊さまを見て，鬼が来たと怖がったのも理由があるのです。ここには不思議な物語があります。人を惑わすような妖しい話ですが他の人にもお伝えください。この里の上の山に一つの寺があります。もとは小山氏の菩提寺で，代々高徳の僧がお住みである。今の阿闍梨は何とかという方の養子で，特に学問に熱心で修行も積まれたという評判もすばらしく，この国の人は香とろうそくを(寺に)持っていきその教えに従い申し上げた。(阿闍梨は)私の家にもたびたびおいでになり，(私も)とても安心して奉仕していたが，去年の春のことであった。(阿闍梨が)越の国へ灌頂《かんじょう》の儀の戒師として迎えられなさって，百日ほど滞在なさったが，その国から十二三歳の子どもを連れてお戻りになり，生活の助けとなさった。その子の容貌がひときわ美しいのを深く愛しなさって，長年励んだ修行などもいつとなく怠けがちに見えた。ところが今年の四月頃，その子どもが一時的な病で寝込んだのだが，日がたって(病が)重くなるのを(阿闍梨は)嘆き悲しまれて，国の医師の中でも主だった立派な医師までお迎えになったけれども，その効果もなくとうとう(その子は)死んでしまった。(阿闍梨は)懐中の玉を奪われ，髪飾りの花を嵐にさらわれた思いで，泣くにも涙が出ず，叫ぶにも声が出なく，あまりにもお嘆きになったままに，(亡くなった子どもを)火で焼き，土に葬ることをもせず，(自分の)顔と(子の)顔を寄せ，(自分の)手と(子の)手を取り合って日を過ごしなさるが，とうとう心が乱れ，(子が)生きていた日と同じようになでながらも，その肉が腐り落ちるのを惜しんで，肉を吸い骨をなめて，なんとまあ食べ尽くしてしまった。寺の人々が，院主が鬼になりなさったと，慌しく逃げ去ってしまった後は，夜ごと里に下りて人を驚かし，ときには墓をあばいて真新しい死体を食べる(阿闍梨の)様子(というもの)は，本当に鬼というものは昔物語には聞きもしたけれど，実際にこのようになりなさるのを見てしまったのです。しかしどうしてこれを取りおさえることができましょうか，できはしません。ただ家ごとに日が暮れたら(家の戸締まりを)しっかりするようにしていたら，この頃は国中のうわさとなり，人の往来さえなくなってしまいました。そういう理由があって客僧を(鬼と)見誤ったのだと語る。

問1＜古典文法＞「我が荘」と「おのれが芸」の「が」は，所有を表し，～の，と訳す。「柿本人麻呂が」の「が」は，体言に準ずる意味に用い，～のもの，と訳す。「犬君が逃がしつる」と「汝が持ちて」の「が」は，主格を表し，～が，と訳す。

問2＜古典の知識＞四月の異名は，卯月。文月は七月，長月は九月，如月は二月の異名。

問3＜古典文法＞「うばはれ」の「れ」は，受け身を表す助動詞「る」の連用形。子どもが死んでしまったことが，阿闍梨にとっては，大切にしていた宝物を奪われたと感じられたのである。

問4＜古典文法＞「つれ」は，完了を表す助動詞「つ」の已然形。「院主こそ」の係助詞「こそ」を受けて，已然形になっている。

問5＜古文の内容理解＞「年来」は，ここでは，長年のこと。阿闍梨は，連れてきた子どもの容貌がひときわ美しいのを深く愛して，長年行ってきた修行のことなどを怠りがちになったのである。

問6＜現代語訳＞「むなしくなる」は，死ぬ，という意味。「ぬ」は，完了を表す助動詞。全体で，死んでしまった，という意味。

問7＜現代語訳＞「いかが」は，ここでは，どうして～か，いやそんなことはない，という反語を表す。「これ」は，鬼を表す。「征す」は，「制す」のことで，取りおさえる，という意味。「得《う》」は，補助動詞で，～することができる，という意味。「む」は，推量を表す助動詞。全体で，どうして鬼を取りおさえることができるだろうか，いやできはしない，という意味。

問8＜古文の内容理解＞山の寺の僧である阿闍梨は，かわいがっていた子どもが死んでからおかしくなり，夜になると里に下りてきて，人々を驚かし，墓をあばいて死体を食べるようになった。里の人々は，阿闍梨が鬼になったと恐れていたため，客の僧を見て，鬼が来たと恐がったのである。

問9＜文学史＞『雨月物語』は，江戸時代に成立した，上田秋成による読本。松尾芭蕉は，江戸時代の俳人で，代表作は『おくのほそ道』。本居宣長は，江戸時代の国学者で，代表作は『古事記伝』。小林一茶は，江戸時代の俳人で，代表作は『おらが春』。

2023年度 川越東高等学校(併願②)

〔注〕 この問題は，1月25日に実施された併願②受験者用のものです。

【英 語】 (50分) 〈満点：100点〉

(注意) 解答はすべて一つ選び，解答用紙の所定の欄にマークすること。

1 次の英文を読んで設問に答えなさい。

(　①　) For many young people, the answer is Shel Silverstein. Shel's first book was published in the 1960s, and since then his children's books have sold more than 30 million copies! Young people recognize that Shel really understood his audience.

Shel Silverstein was born in Chicago, Illinois, in 1932. He began writing poetry when he was young. He was not familiar with the work of any famous poets, so he invented his own style. ②This turned out to be a good thing, because style is one of the most *distinctive things about Shel's poetry.

Although he was best known for writing *children's literature, Shel was creative in many ways. [　③　] This is one reason the pictures seem to *accompany the poetry so perfectly.

Where the Sidewalk Ends, first published in 1974, is one of the most beloved children's books of all time. But what makes Shel's poetry so timeless and popular? His poems are often *hilarious, and young people love Shel's type of humor.

In one poem, he told the story of a girl who refused to take out the garbage. ④It piled up higher and higher until it finally threatened to *take over the town. Many kids have experienced the feeling of not wanting to do a *chore. They love how out of control the author let the situation get because they know that it would never happen that way in real life.

In (⑤) popular poem, a girl *pretends to be sick so that she will not have to attend school. Shel made fun of the situation by having the character *exaggerate her *symptoms to the point where they became *ridiculous. The *punch line of the poem occurs at the end. The girl discovers that (　⑥　), and she would not have had to go to school anyway.

Shel also liked to play with language in his poetry. He often used elements like alliteration in his work. *Alliteration* is the use of words that begin with the same (⑦). In the poem about the girl who refused to take out the garbage, the character's name is Sarah Cynthia Sylvia Stout. This type of alliteration can make poetry fun to read aloud. Shel's poems also often *rhymed and had a good rhythm, two more elements that make his work easy and interesting to read.

In 1999, Shel Silverstein died in his home in Key West, Florida. Children and adults will miss his *quirky humor and incredible imagination. But a bit of Shel Silverstein is captured in his work, which will live on and bring joy to children for many generations to come.

〔注〕 distinctive：特徴的な　children's literature：児童文学
accompany the poetry：詩と合っている　hilarious：陽気な　take over ～：～を占拠する
chore：雑用　pretend to be ～：～のふりをする　exaggerate ～：～を大げさに言う
symptom：症状　ridiculous：ばかばかしい　punch line：(物語などの)おち
rhyme：韻を踏む　quirky：一風変わった

1．(①)に入る最も適当なものを選びなさい。

ア．Who is your favorite poet？
イ．Have you ever read any poems？
ウ．What poem do you like the best？
エ．Do you know any famous poets？

2．下線②の内容として最も適当なものを選びなさい。
ア．Shel Silverstein がシカゴで生まれたこと。
イ．Shel Silverstein が若い頃に詩を書き始めたこと。
ウ．Shel Silverstein が有名な詩人の作品に詳しくなかったこと。
エ．Shel Silverstein が独自の詩のスタイルを確立したこと。

3．③には以下の３つの文が入る。文脈上正しい順に並べたものを選びなさい。
A．In fact, Shel illustrated all of his children's books himself.
B．He began his career in the arts as a cartoonist.
C．He also was a talented singer, songwriter, composer, and illustrator.
ア．A－B－C　イ．A－C－B　ウ．B－C－A　エ．C－A－B

4．下線④が指す最も適当なものを選びなさい。
ア．one poem　イ．the story　ウ．a girl　エ．the garbage

5．(⑤)に入る最も適当なものを選びなさい。
ア．another　イ．the other　ウ．other　エ．some

6．(⑥)に入る最も適当なものを選びなさい。
ア．she didn't have a cold　イ．it is Saturday
ウ．it is raining heavily　エ．she is still a student

7．(⑦)に入る最も適当なものを選びなさい。
ア．letters　イ．sounds　ウ．characters　エ．words

8．本文の内容と一致するものを選びなさい。
ア．In the early 1930s, Shel published his first book and it is still read by people from all over the world.
イ．Shel learned how to write poetry by studying a lot of poets from the past.
ウ．Shel wrote seriously about what happens in everyday life in his poems and this is why his works are loved by many people.
エ．Not only alliteration but also other elements such as a good rhythm make Shel's poetry fun to read.

2　次の英文を読んで設問に答えなさい。

三人兄弟のうちの一人である Tom はテーブルを作る仕事をしていましたが，ある日親切な雇い主から magic table をもらい，母親のいる実家へ帰ることにしました。

On the last night of his journey to his mother's house, he came to an old house. An old man lived there.

'Can I stay the night here？' he asked the old man.

'Yes, you can stay here, but I can't give you any food,' said the old man.

'Don't give me any food,' Tom said. '*You* can eat with *me*.' Then he put down his table and said, 'I am hungry.' Wonderful food appeared and they ate it.

Now this man was not a good man. He was a jealous man.

'(　⑨　),' he thought. 'It will give me food. I can sell the food to other people. I will never be hungry again.'

When Tom was asleep that night, the old man took the magic table from Tom's room. He worked all night and made a new table. (　⑩　) He put it next to Tom's bed.

The next morning Tom put the new table on his back and he walked to his mother's house.

Tom's mother was very happy when she saw her youngest son.

'What did you do when you were away ?' she asked.

'I made tables,' said Tom. 'And I have a table here.'

'It's not a very nice table,' said his mother.

'But it's a *magic* table,' answered Tom. 'When I say to it, "I am hungry", beautiful food appears on it.'

'Show me !' said his mother.

'Let's invite our friends from the village. Then everybody can see the magic,' said Tom.

Tom's mother invited everybody from the village. Tom put his table down in front of them and said, 'I am hungry.' (　⑪-a　) No wonderful food appeared on the table. Everybody laughed and went away. Tom was very angry. He knew now — the old man had his magic table.

Tom was very unhappy. He ran away from home and went back to his old job. He wrote to his brother, Jack. His letter told the story of the magic table and the jealous old man.

◆

Bob, the second brother, worked with a friendly man in a village many kilometres away. Bob worked very hard for one year. When the year ended, the man gave Bob ⑫a donkey.

'You can't sit on this donkey,' the man said, 'but it is a good donkey.'

'It's very small. Why is it a good donkey ?' asked Bob.

'Because it's a magic donkey,' answered the man. 'Put a box under its mouth. Say the magic word, "Bricklebat", and gold will suddenly fall from its mouth. Catch the gold in the box. You will never be poor.'

'You are very kind,' Bob said to the man. Bob went from country to country, and from city to city, and he was always happy. He took the donkey with him. He bought the most expensive clothes and ate the most wonderful food. He stayed in the best houses. When he wanted more money, he said 'Bricklebat' to the donkey.

Some months later, Bob thought, 'I would like to see my mother. I'll go home.'

On the last night of his journey, he came to the old house. The jealous old man was there.

'Can I stay the night here ?' he asked.

'Yes, you can stay here, but I want money for your food and your bed.'

'Money !' cried Bob. 'You can have a lot of money !'

Bob ate lovely food at Tom's table. The old man asked for some money. Bob put his hand in his coat but there was nothing in it.

'Wait,' said Bob, 'I'll get some.'

He took a box and went outside to the donkey. The old man followed him to the door. He stood behind the door and Bob did not see him.

'Where is his money ?' the old man thought. 'I'll watch him. When he's asleep, I'll take his money.'

Bob put the box under the donkey's mouth. He said the magic word. The gold fell into the box. The old man's mouth opened wider and wider.

'I want that donkey,' he thought.

Later that night, when Bob was asleep, the old man went outside. He found another donkey and put it in the place of the magic donkey.

The next morning, Bob took the new donkey and walked to his mother's house.

Bob's mother was very happy when she saw her son.

'What did you do when you were away ?' she asked.

'I worked for a man,' said Bob. 'And he gave me this donkey.'

'It's a very small donkey,' said his mother. 'Is it strong ?'

'No,' answered Bob, 'but it's a *magic* donkey. When I say the magic word, gold falls from its mouth. Call your friends. Let's show them.'

Everybody came from the village.

'Now, watch this !' said Bob. 'Bricklebat !' Everybody looked at the donkey. The donkey looked at them. (　⑪-b　) No gold fell from its mouth. Everybody laughed, and Bob was very angry. He knew now — the old man had his magic donkey. He ran away from home and went back to his old job. He wrote to his brother, Jack. His letter told the story of the magic donkey and the jealous old man.

◆

Jack worked with a wood-cutter. He worked very hard for one year. When the year ended, the wood-cutter gave Jack a beautiful box. There was a stick inside it.

'Thank you for the beautiful box,' said Jack, 'but I don't want the stick. ⑬<u>I [than / something / stick / a / put / prettier / will] in this lovely box.</u>'

'It's a magic stick,' said the wood-cutter. 'When somebody is unkind to you, the stick will help you. You say, "Stick ! Out of the box !" The stick will jump out of the box and it will hit them. When you say, "Stick ! Back in the box !", it will stop hitting them.'

Jack took the box and started his journey home. On the last night of his journey, he came to the old house. The jealous old man was there. He gave Jack some food. Then Jack told him about his journey.

'Do you know,' said Jack, 'that there is a magic table ? You say "I am hungry" to the table. Then wonderful food appears on it. And there is a magic donkey. You say "Bricklebat !" to it, and gold falls from its mouth. But I have something better than the magic table or the magic donkey in this box. ⑭<u>Nothing in the world is as good as this !</u>'

'What is it ?' thought the jealous old man. 'I want it.'

When Jack went to bed, he put the box on the floor. He shut his eyes. [　　⑮　　] The old man wanted to run away but he couldn't.

'Give me the magic table and the magic donkey. Then I will put the stick back in the box,' said Jack.

'Yes, yes,' cried the old man. 'You can have them. Stop the stick ! Stop the stick !'

9．(⑨)に入る最も適当なものを選びなさい。

ア．I will make a magic table, too　　イ．I want this boy's table

ウ．I should pay enough money for the food　　エ．I want to break this boy's table

10. (⑩)に入る最も適当なものを選びなさい。

ア. It had a magical power like Tom's table.
イ. It was very nice like Tom's table.
ウ. It looked the same as Tom's table.
エ. It looked quite different from Tom's table.

11. (⑪-a)と(⑪-b)に共通して入る最も適当なものを選びなさい。

ア. After that, everyone was glad to see it.
イ. Unfortunately, there was a careless mistake.
ウ. And then, a miracle happened.
エ. But nothing happened.

12. 下線⑫の特徴として最も適当なものを選びなさい。

ア. If a person says the special word to the donkey, it will make him rich.
イ. When the donkey hears 'Bricklebat', a box will come out of its mouth.
ウ. When a lot of people look at the donkey, it will stop moving.
エ. If a person is unkind, the donkey will bite him.

13. 下線⑬の意味が通るように[ ]内の語を並べ換えるとき，[ ]内で３番目と６番目に来る語の組み合わせとして最も適当なものを選びなさい。

ア. ３番目：something　６番目：a　　イ. ３番目：prettier　６番目：a
ウ. ３番目：stick　６番目：prettier　　エ. ３番目：a　６番目：something

14. 下線⑭とほぼ同じ意味のものを選びなさい。

ア. I'm afraid you don't like this.
イ. There are similar things in the world.
ウ. This is not as good as what you have.
エ. This is better than anything else in the world.

15. [⑮]には以下の４つの文が入る。文脈上正しい順に並べたものを選びなさい。

A. He looked at Jack and quietly he put his hand on the box.
B. The stick hit the jealous old man on his head and arms and back.
C. After some time, the old man came into Jack's room.
D. Suddenly, Jack jumped out of bed and cried, 'Stick！ Out of the box！'

ア. A－B－D－C　イ. A－C－D－B　ウ. C－A－D－B　エ. C－B－A－D

16. 本文の内容と一致しないものを選びなさい。

ア. Tom is the youngest and Jack is the oldest of the three sons.
イ. Tom got a table which served delicious food but it was stolen on the way back home.
ウ. Although he thought an old man very kind, Jack didn't give a stick to him.
エ. Tom and Bob gave the information about a jealous old man to Jack before Jack met him.

3　次の２つの会話文Ａ，Ｂを読んで設問に答えなさい。

Ａ

Mark : Reiko, is it true that Japanese women prefer tall men who've graduated from a *prestigious university and have a high-paying job？

Reiko : Well, it depends, but I can tell you that most of my friends want to marry a man who has money, or at least has a good job.

Mark : And what about you ?

Reiko : Of course I hope my husband has (⑰-a), but his (⑰-b) is more important. I'd like a husband who's kind, honest, cheerful, and intelligent. And I'd like to have children someday, so I want a man who's good with kids.

Mark : Would you marry someone much older than you ?

Reiko : Um, how much older ? Age doesn't matter so much to me, but I don't think I'd marry someone more than ten years older.

Mark : Would you marry a foreigner ?

Reiko : Yeah, if I loved him. And if our ways of thinking weren't too different. How about you ? (⑱)

Mark : Someone who's interesting to talk to, just like . . . you.

Reiko : Is that a proposal ?

〔注〕 prestigious：一流の

17. (⑰-a), (⑰-b)に入るものの組み合わせとして最も適当なものを選びなさい。

ア. ⑰-a：a lot of friends ⑰-b：hobby

イ. ⑰-a：a lot of friends ⑰-b：job

ウ. ⑰-a：a good job ⑰-b：character

エ. ⑰-a：a good job ⑰-b：friend

18. (⑱)に入る最も適当なものを選びなさい。

ア. What kind of person should I marry ?

イ. What kind of woman would you like to marry ?

ウ. You don't want to get married, do you ?

エ. Will you marry me ?

19. 本文の内容と一致するものを選びなさい。

ア. Mark asked Reiko how many of her friends wanted to get married.

イ. Reiko wants to marry someone who likes taking care of children.

ウ. Reiko wants to marry someone in less than ten years.

エ. Mark wants to marry not a Japanese but an American.

B

Jessie : Did you hear about what happened to Dave and Meg when they went climbing in the Alps last year ?

Steven : No, (⑳)

Jessie : They were caught in a sudden snowstorm and *got trapped on a narrow *ledge. (㉑-a)

Steven : That's terrible ! What did they do ?

Jessie : (㉑-b)

Steven : Did they have any food with them ?

Jessie : They just had one chocolate bar.

Steven : One chocolate bar ? (㉒)

Jessie : Well, they were on their way down and they had eaten almost all of their food. (㉑-c) The signal was very weak, but she was able to call her friend.

Steven : Why didn't she phone the emergency services ?

Jessie : Because the signal was too weak, and the batteries were almost dead. But listen, the main thing is, her friend was able to get through to the mountain rescue team, and they sent a helicopter to rescue them.

〔注〕 get trapped：動けなくなる　　ledge：岩棚

20. (⑳)に入る最も適当なものを選びなさい。

ア. how was the weather ?　　イ. how did you know ?

ウ. what happened ?　　エ. where did they go ?

21. (㉑-a)～(㉑-c)には以下の３つの文が入る。自然な会話になるように並べたものを選びなさい。

A. Dave hurt his foot and couldn't climb.

B. They put up their tent to try and keep warm and have shelter from the snow.

C. Anyway, luckily Meg had her cell phone with her.

ア. A－B－C　　イ. A－C－B　　ウ. B－A－C　　エ. B－C－A

22. (㉒)に入る最も適当なものを選びなさい。

ア. Was it enough for them ?　　イ. Why didn't they eat it ?

ウ. Where did they eat it ?　　エ. Why didn't they have more food ?

4　次の各文章中の(　)に入る最も適当なものを選びなさい。

23. Large (　　) are important to us in many ways. They give us wood for building and heating. They are a home for many kinds of plants and animals. And for many city people, they are a place to go for a vacation. People can learn about nature there. They can breathe fresh air and sleep in a quiet place.

ア. forests　　イ. cities　　ウ. rivers　　エ. hotels

24. In the winter of 1785, two men flew from England to France in a balloon. They began to have trouble with the balloon. It went lower and lower. They threw out everything they had. It went even lower. It almost touched the water. Finally, they took off their clothes and threw them out, too. When they arrived in France, they were safe, but (　　).

ア. wet　　イ. useless　　ウ. happy　　エ. cold

5　次の各文で誤りがある箇所を選びなさい。

25. Genta $\underset{\text{ア}}{\underline{\text{lived}}}$ in Tokushima $\underset{\text{イ}}{\underline{\text{since}}}$ 1990 $\underset{\text{ウ}}{\underline{\text{to}}}$ 2003, but he $\underset{\text{エ}}{\underline{\text{lives}}}$ in Tokyo now.

26. $\underset{\text{ア}}{\underline{\text{Because}}}$ the $\underset{\text{イ}}{\underline{\text{bad}}}$ weather, I $\underset{\text{ウ}}{\underline{\text{had to}}}$ stay $\underset{\text{エ}}{\underline{\text{at home}}}$.

6　日本語に合うように[　]内の語を並べ換えて英文を作るとき，下線の語は[　]内で数えて何番目に来ますか。ただし，文頭の語も小文字で始めてあります。

27. 私の父はこのエッセイを書いた女性を知っているそうだ。

I [$\underline{\text{who}}$ / father / knows / hear / the / my / woman / wrote] this essay.

ア. 5番目　　イ. 6番目　　ウ. 7番目　　エ. 8番目

28. 彼らが一週間で宿題を終えるのは不可能です。

It [$\underline{\text{finish}}$ / their / is / for / impossible / homework / to / them] in a week.

ア. 3番目　　イ. 4番目　　ウ. 5番目　　エ. 6番目

29. 私は，おばが昨年くれたノートをなくして恥ずかしい。

I am [losing / the / aunt / of / my / notebook / ashamed / me / gave] last year.

ア．1番目　イ．3番目　ウ．5番目　エ．7番目

30. 私たちはスーパーマーケットにいたときに外国人に話しかけられた。

[by / were / a / we / when / to / foreigner / spoken] we were at the supermarket.

ア．3番目　イ．4番目　ウ．5番目　エ．6番目

7　次のA，Bの設問に答えなさい。

A．次の定義に当てはまる最も適当なものを選びなさい。

31. a tropical tree with seeds that are used to make chocolate and cocoa; the seeds from this tree

ア．mango　イ．cacao　ウ．soy　エ．peanut

32. a part of a human body inside the head that controls movement, thought, memory and feeling

ア．nose　イ．eye　ウ．brain　エ．heart

33. beef cut into small pieces and made into a flat round shape that is then fried, often served in a bread roll

ア．sausage　イ．hamburger　ウ．steak　エ．hot dog

B．次の各文の(　)に入る最も適当なものを選びなさい。

34. My mother (　　　　) after dinner every day.

ア．takes in a bath　イ．take a bath in　ウ．take a bath　エ．takes a bath

35. I don't like carrots, but Jane (　　).

ア．does　イ．is　ウ．has　エ．like

【数　学】（50分）〈満点：100点〉

（注意）解答はすべて一つ選び，解答用紙の所定の欄にマークすること。

1　次の各問いに答えなさい。

(1)　$(-3abc^3)^3 \times \left(\dfrac{7b^2}{6a^5c}\right)^2 \div \left(-\dfrac{28c^2}{b}\right)$ を計算しなさい。

解答群　(ア) $\dfrac{3b^8c^5}{8a^7}$　(イ) $\dfrac{243a^{13}c^9}{343}$　(ウ) $\dfrac{21b^8c^5}{16a^7}$

(エ) $-\dfrac{3b^8c^5}{8a^7}$　(オ) $\dfrac{21b^6c^{24}}{16a^{24}}$　(カ) $-\dfrac{21b^8c^5}{16a^7}$

(2)　連立方程式 $\begin{cases} \dfrac{x-1}{3}=\dfrac{y+1}{4} \\ 3x+4y=-26 \end{cases}$ を解きなさい。

解答群　(ア) $x=4,\ y=3$　(イ) $x=-1,\ y=-\dfrac{11}{3}$　(ウ) $x=-2,\ y=-5$

(エ) $x=-\dfrac{9}{16},\ y=-\dfrac{64}{9}$　(オ) $x=\dfrac{7}{100},\ y=\dfrac{83}{25}$　(カ) $x=\dfrac{13}{6},\ y=-\dfrac{13}{2}$

(3)　$(3x+2)^2-(x-3)^2$ を因数分解しなさい。

解答群　(ア) $(2x+5)(4x-1)$　(イ) $(8x-1)(x-1)$　(ウ) $(2x-1)(4x+5)$

(エ) $(8x+5)(x-1)$　(オ) $(2x-1)(4x-1)$　(カ) $(8x-1)(x+5)$

(4)　方程式 $(3-2x)^2=(x-2)(x-4)$ を解きなさい。

解答群　(ア) $x=\pm\dfrac{\sqrt{3}}{3}$　(イ) $x=\dfrac{-3\pm\sqrt{6}}{3}$

(ウ) $x=\dfrac{-9\pm\sqrt{30}}{3}$　(エ) $x=\dfrac{3\pm2\sqrt{2}}{2}$

(オ) $x=\dfrac{3\pm\sqrt{6}}{3}$　(カ) $x=\dfrac{9\pm\sqrt{30}}{3}$

(5)　右図のように，AC＝AD，BC＝BD，CD＝6の三角錐ABCDがある。辺CDの中点をMとする。この三角錐の体積が $8\sqrt{3}$ であるとき，△ABMの面積を求めなさい。

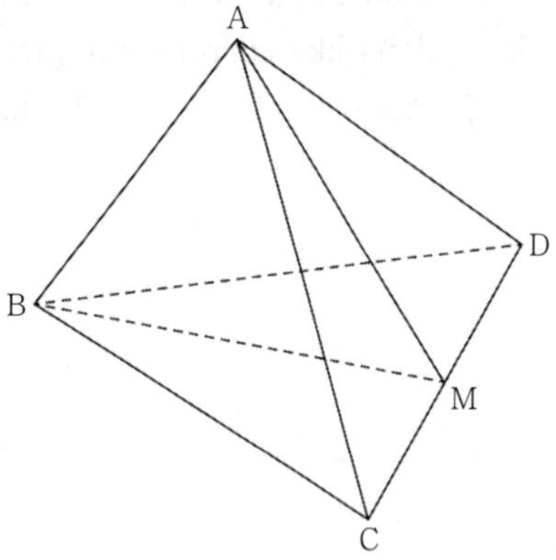

解答群　(ア) $\dfrac{27\sqrt{3}}{4}$　(イ) $\dfrac{4\sqrt{3}}{3}$　(ウ) $\dfrac{7\sqrt{3}}{2}$

(エ) $\dfrac{9\sqrt{3}}{2}$　(オ) $3\sqrt{3}$　(カ) $4\sqrt{3}$

2　下図のように，ABを直径とする半円OとCDを直径とする半円O′がある。4点A，C，B，Dは一直線上にある。$\overset{\frown}{AB}$ と $\overset{\frown}{CD}$ の交点をEとする。

AB＝CD＝4，∠BOE＝30°のとき，下の各問いに答えなさい。

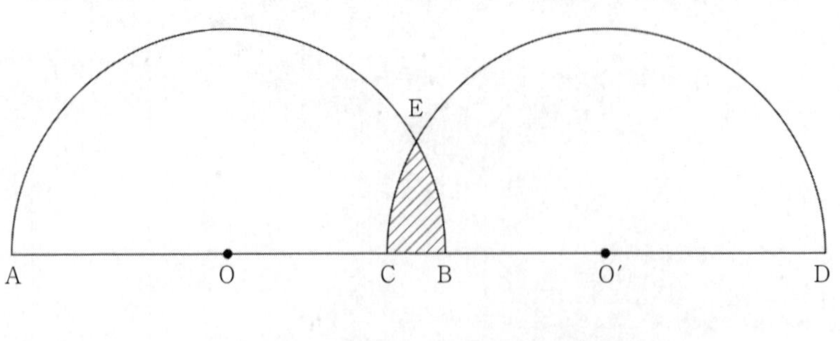

(6)　△EOO′の面積を求めなさい。

解答群　(ア)　$\dfrac{8}{3}$　(イ)　$\dfrac{16}{3}$　(ウ)　2　(エ)　$\dfrac{\sqrt{3}}{2}$　(オ)　$\sqrt{3}$　(カ)　$2\sqrt{3}$

(7)　$\overset{\frown}{\mathrm{AE}}$，$\overset{\frown}{\mathrm{DE}}$，線分 AD で囲まれた図形の面積を求めなさい。

解答群　(ア)　$\dfrac{5}{3}\pi+\sqrt{3}$　(イ)　$\dfrac{10}{3}\pi+\sqrt{3}$　(ウ)　$\dfrac{40}{3}\pi+2\sqrt{3}$

(エ)　$\dfrac{20}{3}\pi+2\sqrt{3}$　(オ)　$\dfrac{5}{3}\pi+\dfrac{8}{3}$　(カ)　$\dfrac{10}{3}\pi+\dfrac{16}{3}$

(8)　図の斜線部分の面積を求めなさい。

解答群　(ア)　$\dfrac{2}{3}\pi-\sqrt{3}$　(イ)　$\dfrac{4}{3}\pi-\sqrt{3}$　(ウ)　$\dfrac{7}{3}\pi-\sqrt{3}$

(エ)　$\dfrac{8}{3}\pi-2\sqrt{3}$　(オ)　$\dfrac{8}{3}\pi-\dfrac{16}{3}$　(カ)　$\dfrac{7}{3}\pi-\dfrac{8}{3}$

3　右図のように，AB＝5，AD＝8 の長方形 ABCD がある。辺 CD の中点を E，辺 AD を 3：1 に分ける点を F とし，AE と BF の交点を G とする。

次の各問いに答えなさい。

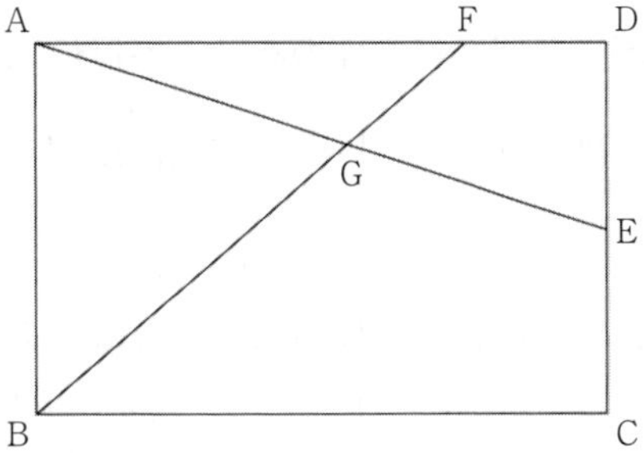

(9)　AG：GE を求めなさい。

解答群　(ア)　4：3　(イ)　5：4　(ウ)　6：5

(エ)　8：5　(オ)　15：13　(カ)　25：24

(10)　四角形 FGED の面積を求めなさい。

解答群　(ア)　$\dfrac{45}{11}$　(イ)　$\dfrac{65}{11}$　(ウ)　$\dfrac{5}{2}$　(エ)　$\dfrac{15}{2}$　(オ)　$\dfrac{45}{22}$　(カ)　$\dfrac{65}{22}$

(11)　対角線 AC と BF の交点を H とする。このとき，FG：GH：HB を求めなさい。

解答群　(ア)　7：4：15　(イ)　8：5：16　(ウ)　21：14：43

(エ)　21：12：44　(オ)　28：16：55　(カ)　63：30：124

4　右図のように，放物線 $y=\dfrac{1}{2}x^2$ 上に x 座標が -4 の点 A，放物線上の $x>0$ の部分に 2 点 B，C がある。直線 AB と y 軸との交点を P，直線 AC と y 軸との交点を Q とする。直線 AB の傾きを $\dfrac{1}{2}$ として，次の各問いに答えなさい。

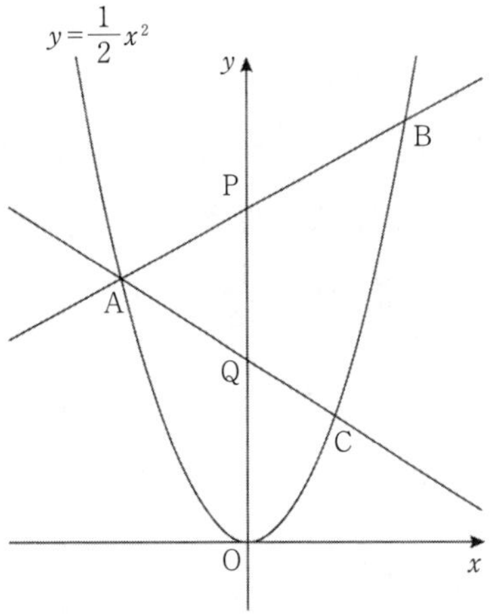

(12)　AQ：QC＝5：2 のとき，点 C の x 座標を求めなさい。

解答群　(ア)　$\dfrac{1}{10}$　(イ)　$\dfrac{5}{16}$　(ウ)　$\dfrac{5}{8}$

(エ)　$\dfrac{8}{5}$　(オ)　10　(カ)　20

(13)　(12)のとき，四角形 BPQC の面積を S，△ABC の面積を T とする。S：T を求めなさい。

解答群　(ア)　20：29　(イ)　20：49　(ウ)　20：43

(エ)　20：63　(オ)　29：49　(カ)　43：63

(14)　△OAB と△ABC の面積の比が 5：3 のとき，点 C の x 座標を求めなさい。ただし，点 C の x 座標は点Bの x 座標より小さいとする。

解答群　(ア)　$-1+\sqrt{33}$　(イ)　$\dfrac{1+\sqrt{33}}{2}$　(ウ)　$\dfrac{-1+\sqrt{33}}{2}$　(エ)　$\dfrac{1+\sqrt{33}}{4}$　(オ)　3　(カ)　4

5　濃度が10％の食塩水300 gが入っている容器がある。「容器から食塩水を a g取り出し，かわりに a gの水を加えて，よくかき混ぜる」という操作を２回行う。２回目の操作は，１回目の操作を行ったあとの容器で行うものとする。

次の各問いに答えなさい。

(15)　１回目の操作のあと，２回目の操作の前の容器に入っている食塩水の濃度を a を用いて表しなさい。

解答群　(ア)　$\left(10-\dfrac{a}{30}\right)$％　(イ)　$\left(10-\dfrac{a}{10}\right)$％　(ウ)　$\left(10-\dfrac{a}{300}\right)$％

(エ)　$\left(30-\dfrac{a}{30}\right)$％　(オ)　$\left(30-\dfrac{a}{10}\right)$％　(カ)　$\left(30-\dfrac{a}{100}\right)$％

(16)　２回目の操作のあと，容器に入っている食塩水に含まれる食塩の量を a を用いて表しなさい。

解答群　(ア)　$\left(10-\dfrac{a}{3}+\dfrac{a^2}{1000}\right)$ g　(イ)　$\left(10-\dfrac{a}{5}+\dfrac{a^2}{1000}\right)$ g　(ウ)　$\left(10-\dfrac{a}{5}+\dfrac{a^2}{3000}\right)$ g

(エ)　$\left(30-\dfrac{a}{3}+\dfrac{a^2}{3000}\right)$ g　(オ)　$\left(30-\dfrac{a}{5}+\dfrac{a^2}{1000}\right)$ g　(カ)　$\left(30-\dfrac{a}{5}+\dfrac{a^2}{3000}\right)$ g

(17)　２回目の操作のあと，容器に入っている食塩水の濃度が8.1％であるとき，a の値を求めなさい。

解答群　(ア)　10　(イ)　20　(ウ)　30　(エ)　40　(オ)　50　(カ)　60

6　x 座標，y 座標ともに整数である点を格子点という。格子点のうち，右図のような点(1，1)，点(1，2)，……，点(6，6)の36個の点について考える。

大小２つのさいころを投げるとき，大きいさいころの出た目の数を a，小さいさいころの出た目の数を b とし，直線 $y=\dfrac{b}{a}x$ をつくる。

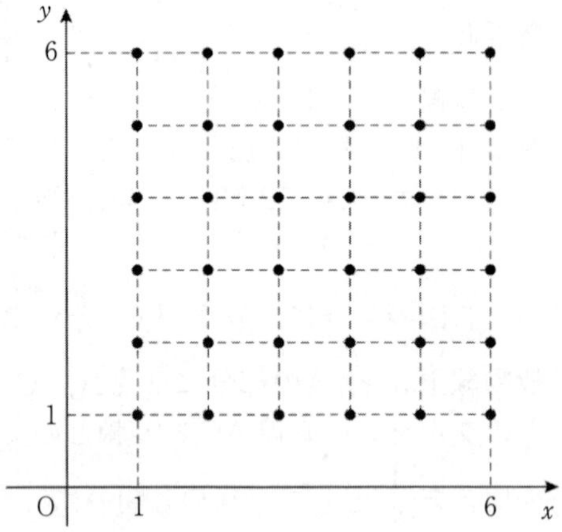

次の各問いに答えなさい。

(18)　直線 $y=\dfrac{b}{a}x$ が，36個の格子点のうち，６個の点を通る直線になる確率を求めなさい。

解答群　(ア)　$\dfrac{1}{18}$　(イ)　$\dfrac{1}{9}$　(ウ)　$\dfrac{2}{9}$

(エ)　$\dfrac{1}{6}$　(オ)　$\dfrac{4}{9}$　(カ)　$\dfrac{5}{18}$

(19)　直線 $y=\dfrac{b}{a}x$ が，36個の格子点のうち，ちょうど３個の点を通る直線になる確率を求めなさい。

解答群　(ア)　$\dfrac{1}{18}$　(イ)　$\dfrac{1}{12}$　(ウ)　$\dfrac{1}{9}$　(エ)　$\dfrac{2}{9}$　(オ)　$\dfrac{1}{6}$　(カ)　$\dfrac{4}{9}$

(20)　直線 $y=\dfrac{b}{a}x$ が，36個の格子点のうち，ただ１個の点を通る直線になる確率を求めなさい。

解答群　(ア)　$\dfrac{1}{9}$　(イ)　$\dfrac{2}{9}$　(ウ)　$\dfrac{1}{6}$　(エ)　$\dfrac{4}{9}$　(オ)　$\dfrac{7}{18}$　(カ)　$\dfrac{1}{2}$

ったんだ。

生徒C…昔話の要素を持ち、大半の物語が身近な動物を登場させ、とっつきやすく人生の教訓を述べてあるので人々の支持を得たんだろうね。

生徒A…その教訓についてなんだけど、今回の話は［　⑦　］ということだね。

ア　「己の分を知り、目の前のちょっとした幸せにも感謝することを忘れず、求めすぎてはいけない」

イ　「思いもよらない状況になったとしても他者にすがらず、自分で考えて行動することが大切だ」

ウ　「ご機嫌取りにのせられることなく、賞賛されたときこそ謙虚であることが重要だ」

エ　「理想を求めて飢え死にするよりも、善人をだましてでも生き抜くことの方がよい」

三　次の文章を読んで、後の問いに答えよ。

アある時、狐《きつね》餌食《じき》をイもとめかねて、ここかしこウさまよふ所に、烏《からす》肉をくはへて木の上にエ居《を》れり。

①心に思ふやう、われ此《こ》の肉を取らまほしくおぼえて、烏の居りける木のもとに立ち寄り、

「注1いかに御辺《ごへん》、御身は万《よろづ》の鳥の中にすぐれてうつくしく見えさせおはします。しかりといへども、すこし事足り給《たま》はぬ事とては、御声の鼻声にこそ侍《はべ》れ。ただし、この程世上に申せしは、『御声もことの外《ほか》によくわたらせ給ふ』など申してこそ②候へ。③あはれ一《ひと》節《ふし》聞かまほしうこそ侍れ」と申しければ、烏此の儀を④と心得て、

「注2とてものことに、⑤さらば声をいださん」とて、口をはたけるひまに、終《つひ》に肉をおとしぬ。狐是《これ》を取つて逃げ去りぬ。

そのごとく、人いかに讃《ほ》むるといふとも、いささか真《まこと》と思ふべからず。もし⑥この事をすこしも信ぜば、慢《まん》気《き》出《しゅつ》来《らい》せん事疑ひなし。人の讃めん時は、謹んでなほ謙《へりくだ》るべし。

(『伊《い》曾《そ》保《ほ》物語』より)

注　1　いかに御辺…もし、あなた。

　　2　とてものことに…いっそのこと。むしろ。

問1　～～線ア～エの中で、品詞が他と**異なる**ものを選べ。　解答番号 28

問2　① に入る最も適当なものを選べ。　解答番号 29

ア　餌食　イ　鳥　ウ　人　エ　狐

問3　――線②の活用形として最も適当なものを選べ。　解答番号 30

ア　終止形　イ　連体形　ウ　已然形　エ　命令形

問4　――線③の意味として最も適当なものを選べ。　解答番号 31

ア　気の毒なことよ、嫌みな皮肉を言われるなんて

イ　趣深い一節をどうか読み聞かせてください

ウ　かわいい声を聞かせてくれるならばありがたい

エ　ああ、一声でも聞きたいものでございます

問5　④ に入る最も適当なものを選べ。　解答番号 32

ア　虚　イ　誠　ウ　をかし　エ　ありがたし

問6　――線⑤の意味として最も適当なものを選べ。　解答番号 33

ア　さようならと声に出していうのはやめよう

イ　声を出すことはこれで最後にしよう

ウ　そうであるならば声を出すまい

エ　それなら声を出してみよう

問7　――線⑥の指す内容として最も適当なものを選べ。　解答番号 34

ア　狐と烏が会話していたこと

イ　他人が自分をすごく褒めてくれたこと

ウ　人が人を褒めるのは正しいということ

エ　人間は動物の会話を理解できないということ

問8　次に掲げるのは、授業の中で本文について調べて話し合った生徒の会話である。これを読んで ⑦ に入る最も適当なものを選べ。　解答番号 35

生徒A…この『伊曾保物語』は、わが国最初の西洋古典の翻訳書で、原作は『イソップ物語』(あるいは『イソップ寓話』や『イソップ童話』とも)ということにまず驚かされた。

生徒B…「北風と太陽」「うさぎとかめ」「アリとキリギリス」「オオカミ少年」などで有名な物語か。

生徒C…古代ギリシア時代のイソップが作ったとされる物語を現代の我々が古文で読むというのは考えてみれば不思議なつながりだね。

生徒A…江戸時代当時のイエズス会の宣教師が布教のため日本語を学ぶ必要があってローマ字表記で訳されたってことだよ。だから当時の話し言葉が分かる資料として重要視されているんだって。

生徒B…江戸時代には一般的に読まれることはなかったようだけど、明治時代には小学生用の教科書に使われて一気に広ま

れをもたらした広瀬先輩の検査技量の高さと視能訓練士という仕事そのものへの誇らしさを感じている。

ウ　広瀬先輩の微笑みには、何者も揺るがすことのない自信が感じられ、自分もいつかはこのように堂々とした技師になり、北見先生からも認められる日がくるといいなと夢想している。

エ　視力低下の本当の理由を知った今は、母親にどんな質問をされても自信をもって答えられると確信し、いつわりのない事実をもとに、とも子ちゃんの治療にあたりたいという強い願いを抱いている。

問11　――線⑤についての説明として、最も適当なものを選べ。　解答番号 25

ア　地域住民とのコミュニケーションをもとに成り立つ街の小さな医院こそが、本当の意味で日本の医療を支えているのだという筆者の思いが、間接的に表現されている。

イ　広瀬先輩の検査技量や北見先生の的確な診断のおかげで、娘の本当の気持ちを知り、母親の心のわだかまりが消えて、母と娘の関係が明るいものになっていく未来を読者に予感させている。

ウ　北見先生の診断に疑心暗鬼だった母親の心が、娘の本当の気持ちを知ることで徐々にほぐれていき、おだやかなものに変わっていく様子を、部屋の灯りに重ね合わせて表現している。

エ　患者を支え勇気づけることが自分の仕事だという確信を抱き、今はまだ未熟でも、この場所でがんばっていこうという気持ちになっている「僕」の気持ちを投影している。

問12　登場人物のセリフについての説明として最も適当なものを選べ。　解答番号 26

ア　72行目「子供じゃないんだから……」と言う広瀬先輩の言葉には、後輩技師の成長を願うあまり、時につらくあたったり、厳しい言葉を投げかけたりしてしまいながらも、粘り強く見守っていこうとする気持ちが感じられる。

イ　104行目「なにか私に問題が……」と言う「お母さん」の言葉には、娘の視力が低下したのは、日頃から厳しく接しすぎた自分のせいかもしれないと意識しながらも、一方で自分の責任を認めたくない思いが見え隠れしている。

ウ　123行目「先生、あのね」と語るとも子ちゃんの様子からは、仕事が忙しくなって大変そうな母親を気遣い、なんとか助けてあげたいという気持ちと、その気持ちをどう伝えていいかわからないまま今まで過ごしてきたことが感じられる。

エ　126～127行目「なるほどね」「やっぱりね」という表情をした北見先生の様子から、とも子ちゃんの症状が心因性であることに気づいてはいたものの、若い二人の検査技師を成長させるためにあえて検査を指示し、その目論見どおりに事態が推移したことへの喜びが垣間見られる。

問13　本文の内容と表現に関する説明として最も適当なものを選べ。　解答番号 27

ア　主人公である「僕」の視点でさまざまな出来事や人物が描写されることで、「僕」の感じるとまどいや驚き・喜びといった感情が直接読者に伝わりやすくなっている。

イ　時折「僕」の回想場面がはさみこまれることで、現在の人物の行動の理由が客観的に把握できたり、人間関係が予想しやすく表現されたりしていて、全体が奥行きのある構造になっている。

ウ　視能訓練士というなじみのない世界を表現するために専門的な用語も多く用いられているが、感覚に訴える比喩表現を効果的に用いながら、いくつかのエピソードがすべてつながっていくような構造になっている。

エ　野宮「くん」、広瀬「先輩」、北見「先生」というように登場人物どうしの呼び方から医療現場における上下関係の厳しさが表現されるとともに、自分を律しながら誠実に患者と向かい合っていこうとする医療従事者の姿が描かれている。

ア　反応を考えておくこと　　イ　その場を取り繕うこと
ウ　気持ちを確かめること　　エ　簡単に試してみること

問3　＝＝線Cを文法的に説明したものとして正しいものを選べ。　解答番号 17

ア　二つの分節で構成され、修飾・被修飾の関係になっている。
イ　四つの単語で構成され、自立語が二つ含まれている。
ウ　動詞が一つあり、音便化して用いられている。
エ　格助詞と接続助詞が一つずつ含まれている。

問4　＝＝線Dの、本文中の意味として最も適当なものを選べ。　解答番号 18

ア　魅力にひきこまれて　　イ　見た目にだまされて
ウ　すぐ一緒について行き　　エ　思わず相手にあわせて

問5　＝＝線Eと文法的意味が同じものを選べ。　解答番号 19

ア　いつかあなたの夢がかないますように
イ　おまえのようにいい加減な奴はいない
ウ　どこにも故障は見当たらないようだ
エ　真冬のような寒さが続いていた

問6　＝＝線Fと同じ品詞の語を選べ。　解答番号 20

ア　彼女はひときわ目をひいた
イ　あらゆる方法を試してみた
ウ　名前どころか顔も知らない
エ　のどかな風景がひろがった

問7　――線①とあるが、なぜか。最も適当なものを選べ。　解答番号 21

ア　広瀬先輩の言いたいことがその瞬間にわかり、自分の見立てがいかに未熟だったかを思い知らされたように感じたから。
イ　たくさんの機材の間をすいすいと走り抜けてきたとも子ちゃんの様子は、広瀬先輩の言うように普通の女の子にできる動きではなかったと悟ったから。
ウ　とも子ちゃんが狭い空間をやすやすと歩いてきた様子を思い出した瞬間、明らかに視力が低下している子の動きではなかったと気づいたから。
エ　視力検査の結果と合致しないとも子ちゃんの歩き方は、最初から自分を騙《だま》すつもりでそうしたのだと気づき、愕然《がくぜん》としたから。

問8　②に入る言葉として最も適当なものを選べ。　解答番号 22

ア　見たくない人からはつい顔をそむける
イ　苦手な授業だと黒板の文字は見えない
ウ　好きな人の持っている物まで気になる
エ　読みたくない小説は買う気になれない

問9　――線③という言葉から、どのようなことがあったと推定できるか。最も適当なものを選べ。　解答番号 23

ア　とも子ちゃんが、メガネをずいぶん気にしていたことや、「僕」のネームプレートを離れた距離から読んだことを、「僕」は広瀬先輩に伝えていた。
イ　とも子ちゃんが、検査室に入る前に、本当はメガネはかけたくないとお母さんに話していた場面を、広瀬先輩は直接目にしていた。
ウ　目を検査することに気が進まないとも子ちゃんを、お母さんが強引に説得して病院に連れてきたという事情を、広瀬先輩自身もなんとなく察していた。
エ　「僕」は、とも子ちゃんが手品を大好きであることを何気ない会話のなかでうまく聞き出していて、広瀬先輩にそれとなく伝えてあった。

問10　――線④における「僕」の心情を説明したものとして、最も適当なものを選べ。　解答番号 24

ア　不可能を可能にしてしまう広瀬先輩の技量に驚き、きっと北見先生も予想していない検査結果に驚くにちがいないという予感で胸がわくわくしている。
イ　先生から正しい診断が下されることを確信するとともに、そ

【中略部分　検査の結果をもとに、担当医の「北見先生」が母親に診断名を告げると、母親は暗い表情で話し始めた。】

「なにか私に問題があるのですか。私の仕事のことを訊ねられましたけど。私がとも子にストレスを与えているとか。とも子にとって良くないことをしてしまっていたのかもと……。私のせいで心因性視覚障害を患ってしまったのでしょうか？　私が厳しくするのが原因なのでしょうか」

　お母さんは声を詰まらせながら言った。言葉そのものが痛々しく自分を責めているようだった。北見先生は、お母さんを落ち着かせるように首を振った。

「そうではないと思いますよ」

　北見先生はそう言うと、とも子ちゃんを見て、顔を近づけて、

「とも子ちゃん、先生のメガネどうかな」と、訊ねた。

　とも子ちゃんは、じっと先生の丸いメガネを見て、首を横に振った。

「じゃあ、お母さんのメガネは？」

　とも子ちゃんは目を輝かせた。質問そのものが、嬉しそうだった。

「どうしたのかな。先生に教えてくれるかな？」

　とも子ちゃんは、お母さんの方をチラッと見た。それから大きな秘密を打ち明けるときのように、

「先生、あのね」

　と、北見先生の方へ近づき、小さな手で可愛い輪を作り耳打ちをしようとした。北見先生は、とも子ちゃんの方へ耳を近づけた。とも子ちゃんがなにかを呟《つぶや》くと、先生は、微笑んだ。「なるほどね」と「やっぱりね」が混じった嬉しそうな顔だった。

　なにが起こっているのか、遠目で見ている僕らには分からなかった。お母さんも心配そうに二人を見た。とも子ちゃんと北見先生だけが微笑んでいる。北見先生は説明を始めた。

「お母さん、とも子ちゃんが教えてくれましたよ」

「どういうことですか」

「とも子ちゃんは、お母さんと同じようなお洒落《しゃれ》なメガネが掛けたいそうです。仕事ができるお母さんのようになって、早くお母さんを助けてあげたいそうです。これが原因じゃないかな？　大丈夫。きっと良くなります。心配は無用。明るく接してあげてくださいね」

　と言った。それからとも子ちゃんの頭を撫《な》でた。ポカンとしているお母さんに、北見先生はもう一度視線を合わせて、

「大丈夫」

　と、はっきりと言った。お母さんはハッとしたように、とも子ちゃんを見た。瞳はこれまでで一番熱くなり、頬《ほお》も耳たぶも真っ赤に染まっている。とも子ちゃんは照れくさそうで、それでいて、とても満足そうな顔をしていた。

　お母さんと、とも子ちゃんの目が合ったとき、ついにお母さんの瞳から涙が零《こぼ》れた。「良かった」それは小さな言葉だったけれど、彼女の本当の声だった。強気を装って頑張りすぎている女性の声ではなくて、とも子ちゃんを想う優しい声だった。

　お母さんは、ハンカチで涙を拭いた後、とも子ちゃんを撫で、深々と頭を下げた。僕は「大丈夫」という言葉の力を感じていた。

⑤診察室は、いつもより白く明るく見えた。

注
1　GP…ゴールドマン視野計(Goldman Perimeter)。
2　プロットを結ぶ…視野の検査結果を表す座標を線で結ぶ作業のこと。
3　オートレフ…オートレフラクトメーター。目の屈折度を測る機器。

問1　――線Aと熟語の構造が同じものを選べ。　解答番号 15

ア　近代化　イ　衣食住　ウ　好景気　エ　未解決

問2　――線Bの、本文中の意味として最も適当なものを選べ。　解答番号 16

や」と言った後、説明を続けた。
「オートレフから、心因性視覚障害と見当をつけたら、視力検査でやっておいた方がいいことがもう一つある。それを今から見せてあげるよ。Ｃついてきて」
そう言うと暗室を出て、視力検査をするための椅子がある場所までやってきた。僕がとも子ちゃんを呼びに行き、その椅子に座らせると、広瀬先輩は、
「もう一回だけ検査をしよ」と言った。
とも子ちゃんは広瀬先輩の明るい様子にＤつられて頷《うなず》いた。裸眼での視力を計測した後、検眼枠をかけて矯正視力を測った。結果は先ほどとあまり変わらなかった。広瀬先輩は、とも子ちゃんの前にしゃがみ込んで、語りかけた。
「いま銀色の枠のレンズを入れたでしょ。見える？」
広瀬先輩はとも子ちゃんの左目の枠に入っていたレンズを一度右手で取り出して確認させた。その後素早くレンズを、メガネに戻した。
「このレンズでは見えにくいみたいだから、魔法のレンズを入れてあげるね。よく見ててね」
広瀬先輩は、右手を握ったまま二回振って、とも子ちゃんの目の前で、掌に隠していたレンズを二枚パッと広げた。手品のＥように手の中からレンズが現れ、とも子ちゃんは目を丸くして驚いていた。僕も驚いた。広瀬先輩は、本当に器用だ。
「この金色のレンズは、さっきよりもよく見える魔法のレンズ。これで検査をさせてね。いい？」
とも子ちゃんは目を輝かせて頷いた。カチッという音が鳴った後、先輩は視力検査を始めた。すると、さっきまでは、ほとんど出なかった矯正視力がグングンあがり、ついには1・0まで見えた。まさに魔法のレンズだ。検査終了後、広瀬先輩はとも子ちゃんに、
「すごく、よく見えたでしょ？」と声を掛けた。とも子ちゃんも笑顔で頷いた。僕がＦきょとんとして見ていると、先輩はニヤニヤしながら近づいてきた。
「子供じゃないんだから、そんな不思議そうな顔しない。あれくらいの手品、誰だってできるよ」
「手品もすごいですけど、どうやって矯正視力出したんですか？どれくらいの度数のレンズを入れたんですか」
「あれ。そっちか。気付いていなかったの。あれ、ゼロだよ」
「ゼロ？」
「そう。なにも入っていない状態にしたの。要は、とも子ちゃんの裸眼視力そのまま。マイナス5のレンズにプラス5のレンズを入れて打ち消したの。トリック法だよ」
傍《はた》から見ていた僕も特殊なレンズを入れたのだと信じてしまった。
「魔法のレンズのせいで見えると思い込ませたんですね」
「学校の授業、思い出した？心因性視覚障害の子の視力を出すための検査方法。心因性視覚障害を持っている子は、見たいと望むものは、しっかりと見えていることが多い。逆もまたしかり。［　②　］けど、読みたい漫画は読めるとかね。とも子ちゃんは、野宮君の名前を見たいと思ったからネームプレートが読めた。患者さんと、ちゃんとコミュニケーションを取っていると、③思わぬヒントをもらえるときもある」
僕は何度も頷いた。本当に手品まで使ってトリック法を行うとは思わなかったけれど、とも子ちゃんは、魔法のレンズを信じたから視力が出たのだ。不可能を可能にしたという意味では、本当に魔法なのかもしれない。
「さて、じゃあ、北見先生の診断を聞きに行きましょう」
広瀬先輩は微笑むと検査の結果を渡した。僕は、コクリと頷き、北見先生のもとに向かった。④僕は自分の胸が小さく高鳴っていることに気がついた。その記載された数字と図形の中に、本物の視能訓練士の技量を感じていた。

理系に進学しても研究の対象は結局はっきりと答えが導き出せないものになるんだね。」

ウ「この[B]の文章が書かれた当時はたしかにロボットの性能は自然のシステムに全く及んでいなかったと思うけど、今ではロボットの性能は飛躍的に向上して人間の動きに近づいているよ。いつかは自然のシステムと同じくらいのところまでたどり着けるのかもしれないよ。」

エ「ロボットが二足歩行できるようになったということは、人間が二足歩行するときに必要な要素を科学者が細かく分けて調べ上げ、その上でそれらの要素がお互いにどのように影響を与え合っているかという複雑系の分野まで解明しつつあると考えていいんじゃないかな。」

二

次の文章は、砥上裕将《とがみひろまさ》『7・5グラムの奇跡』の一節である。視能訓練士の資格をとった野宮恭一《のみやきょういち》は、北見《きたみ》眼科医院という街の小さな眼科医院に職を得た。ある日、視力が急に低下したという小さな女の子が、母親に連れられ病院を訪れる。野宮が目の屈折率を調べた後、先輩技師である広瀬《ひろせ》が視野を調べた。その後に続く部分を読んで、後の問いに答えよ。（本文中には一部省略箇所がある）

「心因性視覚障害だと注1GPの前から気付いていたんですね」

広瀬先輩は顔をあげて微笑むと、

「まあ、そういうことになるかな」と言った。

先輩は、鉛筆を青鉛筆に持ち替えて注2プロットを結んだ。用紙を完成させると、こちらに向きなおり座ったまま僕をじっと見ていた。僕の混乱が収まるのを待っているみたいでもあった。僕ではない誰かを見ているようでもあった。広瀬先輩は、少しだけ目を細めた。

「私も、初めてA心因性視覚障害を見たときは、そんな顔をしていたんだろうな」

僕はなにも言わなかった。ただ答えを求めて、広瀬先輩を見つめていた。先輩は、諦めたかのように話し始めた。

「とも子ちゃんが検査室に入ってきたとき見てた？」

僕は記憶を手繰り、部屋に入ってきたときのことを思い出した。とも子ちゃんは狭い機材の間を通ってきた。①僕は目を見開いた。

「そう、狭いところを苦もなく歩いて、野宮君のところまで来た。ひどく視力が低下している子のできることじゃない。視力検査の結果と、あの歩き方は合致しない。そして、野宮君が持ってきた注3オートレフのまばらな数値。あのくらいの年齢の子供だと注意力がなくて、バラバラな数値が出ることもあるけれど、ああいう数字の出方でもう一つ疑った方がいいのが、この心因性視覚障害」

「じゃあ診察前、オートレフを測ったときに心因性視覚障害だって分かってしまうってことですか？」

「検査に慣れてくれば、見当だけはつけられる。診断を下すのはあくまで先生だけれど、見当をつけて検査することで、より正確なデータを医師に渡すこともできる。螺旋《らせん》状視野なんて予測して計測しないと、絶対に測れないからね」

僕がB小手調べだと思っていた最初の瞬間に、広瀬先輩のような視能訓練士なら、少なくとも、病状を推測できてしまうのだ。先輩の言葉を借りれば、少なくとも『見当をつけて検査すること』はできる。

「でも、検査のヒントになったことはまだある」

「なんですか」

「メガネとネームプレートだよ。ちゃんと患者さんを見ていたね」

と、先輩は少し嬉しそうに言った。僕はわけが分からず、渋い顔になった。広瀬先輩は小首をかしげて、

「まだピンときていないのかな」

と言った。それから小さく咳払いをして、「じゃあ、まあいい

当なものを選べ。　解答番号 9

ア　安全が完全に確保されていない科学技術は使用しない。
イ　安全よりも利益を重視する科学者には厳しく対処する。
ウ　すでに科学で解明されているものをさらに疑っていく。
エ　未来世代に負の遺産となるような科学は研究放棄する。

問7　――線⑤とあるが、何の欲望を抑制するというのか。最も適当なものを選べ。　解答番号 10

ア　未来世代を脅かす研究を続けていくこと。
イ　科学技術がもたらす利益を享受すること。
ウ　明快な答えのない問題を切り捨てること。
エ　深く考えずに安易な結論に飛びつくこと。

問8　――線⑥は、何をわかりやすくするための例示か。その説明として最も適当なものを選べ。　解答番号 11

ア　現在の科学技術が自然のシステムにまだ遙かに及ばないということ。
イ　科学技術によって人間の動きを再現することはできないということ。
ウ　科学技術は人間的な温かみまで表現できるようになったということ。
エ　未熟な科学技術を肯定的に捉えるような見方も存在するということ。

問9　――線⑦とあるが、「これまでの科学の方向を」どのように変えたというのか。最も適当なものを選べ。　解答番号 12

ア　対象を分割して細分化した状態で調べ上げて理解していくというやり方から、対象を分割せずに全体をそのまま総合的に理解していくという方向に変えたということ。
イ　対象を単純な系に分けて理解し解明できない部分は排除するというやり方から、対象の解明できない部分にこそ焦点を当てて研究するという方向に変えたということ。
ウ　対象を細分化して徹底的に解明していくというやり方から、対象には解明が不可能なものもあることを認めて科学の限界を受け入れるという方向に変えたということ。
エ　対象を分割して一つずつ理解していくというやり方から、対象の構成要素同士がどのような作用を及ぼし合っているかを究明していくという方向に変えたということ。

問10　Ａの文章で池内先生が学生たちに最も訴えたかったのはどのようなことか。最も適当なものを選べ。　解答番号 13

ア　科学によってすべてのことが解明できるわけではないので、科学を過信せずに科学によって得られた知見も疑ってかかる姿勢を持ち続けることが大切である。
イ　科学を「単純系」と「複雑系」に分けて捉えることによって、最新の科学が今までとは異質の「複雑系」を研究対象としていることを正しく認識してほしい。
ウ　科学技術が未来の世代にとって負の遺産となっていないかどうかを常に検証し、自分たちの利益のみ追求する貪欲な科学者を排除していかなくてはいけない。
エ　学生が学んでいく対象は単純系のものが多く答えが明確にでるが、現実の社会で科学者が研究していくのは明確に答えが出ないものだと覚悟する必要がある。

問11　次に示すのは、Ａ・Ｂ二つの文章を読んだ後に、四人の読者が本文の内容について意見を述べたものである。内容を明らかに**間違って把握している**ものを選べ。　解答番号 14

ア　「全く別々に書かれた二つの文章が、どちらもこれまでの還元主義的な科学の営みが果たしてきた役割を肯定的に捉えた上で、今後の科学は細分化して調べ上げていくだけでは解明できない複雑系についても対象にしていくと考えている点がとても興味深いと思いました。」
イ　「これからの理系の学生は複雑系に重点を置いて学んでいかなくてはいけないみたいだ。文系と違ってはっきりと答えが導き出せるところが理系の魅力だと思っていたのに。これからはら自分で修理できるような機械を、われわれはいつになったらつくり出せるだろうか。そう考えると、システム研究の行く先は遠いことがよくわかる。なぜなら、細胞は分裂して新しいものに置き換わることで、自己再生をいとも簡単にやってのけるのだから。

問1 ‖線a～dのカタカナ部分と同じ漢字を使用するものをそれぞれ選べ。

a トって　解答番号 1

ア 履歴書に使う顔写真をサツ影する。
イ 就職には資格のシュ得が必要です。
ウ 逮ホ歴があると就職に不利になる。
エ 第一希望の大企業にサイ用された。

b カン点　解答番号 2

ア 主カン的な感想では受け入れられない。
イ いつでも建設的な意見はカン迎される。
ウ カン境に配慮した開発を目指すべきだ。
エ 医師はカン護師からの意見を重視する。

c ヨウした　解答番号 3

ア 先生方の忠告をイれて計画を立てる。
イ 外国映画を観て英会話力をヤシナう。
ウ 受験勉強を継続するには根気がイる。
エ タブレットをモチいて単語を覚える。

d シコウ錯誤　解答番号 4

ア ふるさとシコウで就職先を決めている。
イ シコウ期間が終わって時給が上がった。
ウ ゆっくりとシコウする時間を持ちたい。
エ 好きな仕事をするのはシコウの喜びだ。

問2 ～～線の部分に含まれる助動詞と同じ意味で使われているものを選べ。　解答番号 5

ア 受験の前日に受験票をなくして笑われた。
イ 受験会場までは一時間で行かれるはずだ。
ウ 母親の心配顔が思い出されて仕方がない。
エ 担任の先生が合否の報告を待たれている。

問3 ――線①とあるが、その違いを説明したものとして、最も適当なものを選べ。　解答番号 6

ア 科学的な成果を上げることに貢献できるかどうか、という点。
イ 分割して調べることによって解明できるかどうか、という点。
ウ 調べれば科学的根拠のある説明ができるかどうか、という点。
エ 今後の科学の研究対象として期待できるかどうか、という点。

問4 ――線②は、何をわかりやすくするための例示か。その説明として最も適当なものを選べ。　解答番号 7

ア 多様な多成分系の場合、分割しても単純な系には帰着せず明快な答えが出ないということ。
イ 偶然が作用することで、微細な力が強大な威力を発揮する危険性を秘めているということ。
ウ 因果的にきちんと説明できる世界でありながら、合理的な予測が実質的には不可能なもの。
エ どんなに細かく分割して調べ上げたとしても、科学的根拠を見いだすことができないもの。

問5 ――線③とはどのようなやり方か。その説明として最も適当なものを選べ。　解答番号 8

ア 問題をできる限り簡明に捉え、付随的部分を取り除き根本の部分をつきとめていくというやり方。
イ 問題を簡明に把握するために、科学的に明快な答えが出ない部分は切り捨てていくというやり方。
ウ 対象を構成している個々の要素が、どのような関係性で影響し合うかを調べていくというやり方。
エ 対象を小さな要素に分割して調べ上げ、後でそれらの総和として全体像を把握するというやり方。

問6 ――線④とあるが、具体的にはどうするというのか。最も適ためにも別の論理を持ち込んでもらいたい。利益より安全を優先する、「④疑わしきは罰する」（予防措置原則）、短期の利益と長期の損失のバランスを考える、未来の世代への負の遺産となっていないかを検証する、⑤欲望を抑制する、そうした原則やbカン点を忘れずにいてほしいと思います。

B　昆虫好きの解剖学者養老《ようろう》孟司《たけし》先生の著書『いちばん大事なこと』の一部

もっとも簡単な、人工的なシステムを考えてみよう。皆さんは、現在のロボットをどのように感じておられるだろうか。たとえば、ホンダのコマーシャルに登場する⑥アシモというロボットは、二足歩行ができる。これをすごいと見るか、ロボットもまだまだだなと思うか。アシモの動きはゆっくりとしていてなんだか危なっかしい。コマーシャルに、あのロボットが電車に乗り遅れる場面があった。あれは象徴的である。機能は不十分だが、それが愛嬌になっている。

しかし、二足歩行という、人間にとってはなんでもないことでも、ロボットにやらせるには長い歳月をcヨウした。はじめは下半身だけのロボットが、たくさんの配線につながれてよたよたと歩いていた。転ばずに足を踏み出し、重心を移すための制御方法は、dシコウ錯誤の末にようやく生み出された。人間なら当たり前の二足歩行ですら、それだけ大変だった。アシモにちゃんと動いてもらうには、いまでも専門家がつきっきりで面倒をみる必要があるらしい。

人間は細胞一つつくり出せないと述べたが、昆虫をロボットでつくれといわれても、完全なものはむろんできない。二足歩行だけでも大変なのに、脚や触覚を自在に動かしたり、飛び回ったりする昆虫をつくるのは、とてもできない相談である。自然をまねしようとすると、自然というシステムの力がどれほどのものか、それがわかる。

ロボットの研究をけなすつもりではない。それどころか、⑦ロボット研究は、これまでの科学の方向を変えるものである。そこに大きな意味がある。私はそう考えている。これまでの科学は、対象を細かい単位に分け、それらを一つずつ理解するという、還元主義的なやり方で進められてきた。そのやり方でさまざまな知識を得ることができ、それを応用した技術が大きな成果を上げてきた。

しかし、そうした知識や技術だけでは、システムはうまくつくれない。構成要素の働きがわかっても、要素がたくさん集まり、それぞれに相互作用しているときに、どんなことが起こるか、それは簡単には導けない。構成要素がたがいに作用を及ぼし合う、そうしたシステムを理解することは、まさに困難な仕事である。これは、これまでの科学が正面からは取り組んでこなかった問題なのである。そのことは、もう一度、あとで論じる。

ロボットをつくるには、生物のシステムを理解し、それをまねたシステムをつくり上げればいい。ところがこれは、これまでの知識を動員すればなんとかなる、という仕事ではない。ロボット開発は、自然のシステムのみごとさを知るだけでなく、これまでの科学が置き去りにしてきた「システムの理解」という問題と向き合う研究なのである。

人間のように動き、しゃべる「人型ロボット」の研究では、日本は先進国である。欧米では、偶像を嫌うとか、人をつくれるのは神だけと考える宗教的な基盤が理由となって、人型ロボットは評判が悪く、研究が本気では行われていない。科学者も宗教に縛られるのかと不思議に思う人もいるだろう。しかし、欧米で自然科学が発達しているのは、日常生活のなかで意識的に科学的な考え方をしているということであり、その分だけ反科学的な考え方も根強いということである。科学と宗教は、大きな目で見れば、相互補完的なのである。

ロボットと人間の、いちばん根本的な違いは、ロボットはスイッチを切ったら動かなくなるが、人間のスイッチは切れないということである。スイッチの切れないような機械、つまり故障が起こった

二〇二三年度 川越東高等学校（併願②）

【国語】〈五〇分〉〈満点：一〇〇点〉

（注意）解答はすべて一つ選び、解答用紙の所定の欄にマークすること。

一　次の文章Ａ・Ｂを読んで、後の問いに答えよ。

Ａ　宇宙物理学者の池内了《いけうちさとる》先生の著書『科学と社会へ望むこと』（慶應義塾大学理工学部で行った講演を記録した文章）の一部

明確に答が出る科学　vs　シロクロがつかない科学

もうひとつ、これは二面性というよりは、科学には二つの種類があるということで、科学を学ぶ者として押さえておかなければならないので付け加えておきます。要するに、①科学には「単純系」と「複雑系」の二種類があるということです。

「単純系」というのは、より簡単なものに問題を集約していくと、たいていのことはわかる、つまり問題を小さな要素に分割して小さくなった部分を全部徹底して調べ上げて、それを後で足していくと、「部分の和＝全体」になるという「要素還元主義」的な考え方です。これは、素粒子論、化学、生命科学などがａトってきた考え方であり、これまでの科学で大いに成功してきた方法です。つまり、根本的なものに立ち戻れば、法則はより簡明になり、明確にわかるということを突き詰めた手法なのです。

しかしながら、そのように単純な系に分けても、簡明にならない問題がたくさんあるわけです。それが「複雑系」です。例えば気象などがそうでしょう？　地震にしても予知できないですよね。人体もそうで、体の構造は皆同じなのに、人によって実にさまざまな反応の差があるわけでしょう？　生態系や人間の経済活動などもそうです。多様な多成分系であって分割しても単純な系に帰着せず、成分が互いに複雑な非線形の関係で結び合っている場合、単純な系では起こり得ない現象がいろいろと起こるわけです。

よく言われるのが「②バタフライ効果」でしょうか。蝶々が飛ぶと、弱いけれども空気の流れができますね。そんな流れはふつう、空気分子間の粘性で消えてしまうわけですが、何かの拍子に、何らかの非線形効果によって、空気の流れがどんどん増幅されることがあるとしましょう。その増幅効果が積み重なると、最後には台風になってしまいます。蝶の舞が台風にまで発達する、そういう思いがけない現象があるというたとえ話です。これはまさに複雑系の最たるものです。天気予報は、三日ぐらいから先になると、的中する確率がどんどん下がっていきますね。それは、ほんのちょっとした空気の揺らぎがどんどん成長していくのだけれど、その揺らぎすべてをコンピュータで拾うことができないからです。揺らぎが大きくなって天候に影響を与えるので計算に組み入れますが、どの揺らぎが大きくなるかあらかじめ予見できず、最初の予想とは異なった気象状況になってしまうので、お天気の的中率は下がるというわけです。

こうした複雑系とどう付き合っていくかということが、これからは大切になってくると思います。複雑系は、単純系とは異なり、③これまでのやり方が通用しないシステムです。つまり、これまでのやり方で取り組んでも明快な答えが出ないのです。そのため「科学的根拠がない」として切り捨てられることが多いのですが、これは単純系に毒された見方です。常にきれいな一対一対応で答えが出てくるわけではないからです。こうした複雑系の問題にどうつきあうか、ということが今後非常に重要です。大学で教わるような物理や化学や工学の問題も、だいたいは単純系で、答えが明確に出る問題しか教わらないわけですが、むしろ私たちが今後つきあわなければならないのは複雑系なのです。この複雑系の問題も頭の隅に入れておいていただきたいと思います。

つまり、複雑系の「不確実な知」とどう向き合うか。科学ですべてがわかるわけではないということ、安易に結論に飛びつかず常に懐疑すること、この二点を忘れないでいてほしいと思います。その

英語解答

1 1 ア　2 エ　3 ウ　4 エ
5 ア　6 イ　7 イ　8 エ

2 9 イ　10 ウ　11 エ　12 ア
13 ア　14 エ　15 ウ　16 ウ

3 A 17…ウ　18…イ　19…イ
B 20…ウ　21…ア　22…エ

4 23 ア　24 エ

5 25 イ　26 ア

6 27 ウ　28 エ　29 イ　30 ウ

7 A 31…イ　32…ウ　33…イ
B 34…エ　35…ア

数学解答

1 (1) (ウ)　(2) (ウ)　(3) (ア)　(4) (オ)
(5) (カ)

2 (6) (オ)　(7) (イ)　(8) (ア)

3 (9) (ウ)　(10) (イ)　(11) (エ)

4 (12) (エ)　(13) (カ)　(14) (イ)

5 (15) (ア)　(16) (カ)　(17) (ウ)

6 (18) (エ)　(19) (オ)　(20) (エ)

国語解答

一 問1 a…エ　b…ア　c…ウ　d…イ
問2 エ　問3 イ　問4 ウ
問5 エ　問6 ア　問7 イ
問8 ア　問9 エ　問10 ア
問11 イ

二 問1 ア　問2 エ　問3 イ
問4 エ　問5 エ　問6 ア
問7 ウ　問8 イ　問9 ア
問10 イ　問11 エ　問12 ウ
問13 ア

三 問1 ア　問2 エ　問3 ウ
問4 エ　問5 イ　問6 エ
問7 イ　問8 ウ

2022年度 川越東高等学校(特待生)

〔注〕 この問題は，１月24日に実施された一般〔特待生併願〕受験者用のものです。

【英　語】（50分）〈満点：100点〉

（注意） 解答はすべて一つ選び，解答用紙の所定の欄にマークすること。

1 次の英文を読んで設問に答えなさい。

Go into a restaurant in almost any country in the world and you will find one of the following on the menu: beef, chicken, pork, or mutton. Considering that there are thousands of types of animals, why does almost every country *restrict itself to the meat of these four unlucky animals? A similar question can also be asked about vegetables, fruits, grains, and seeds. We only seem to eat food from two or three dozen plants, even though there are thousands of plants in the world. These are difficult questions, but they can be answered by looking at our ancestors' difficulties and experiments. [あ]

Almost all the food we eat today in developed countries, both plants and animals, was once wild. Then about 10,000 years ago, humans began *domesticating their food. As people discovered (①) certain foods, either by planting seeds or by raising animals, our diets started to change. Naturally, these discoveries occurred over time in different places, with different foods, and for different reasons. [い]

One of the main reasons for domesticating animals was the need to feed (②). As the numbers of humans increased, people began domesticating animals because over-hunting was reducing traditional sources of meat. The first attempts at domestication were like experiments. Some animals were naturally better suited than others as a domestic meat source. *In fact, humans have tried to domesticate most large *mammals in the world, but we have only really succeeded with five: sheep, goat, cow, pig, and horse. For an animal to be successfully domesticated, it must:

1. eat food such as grass, which is (③-a)
2. grow (③-b)
3. be willing to *reproduce in the presence of humans
4. accept humans as leaders and live calmly in a group
5. have a good *temper

The five animals above *meet all these conditions, but why only these five animals? Perhaps you can imagine some others. An example of an animal which seems to be a good choice for domestication, ④<u>but actually is not</u>, is a zebra. It meets the first four conditions, but it can be very ⑤<u>vicious</u> and bite without *letting go. Although Africans tried to domesticate the zebra, its bad temper made it impossible to do so. Gazelles appear to be another *candidate, but they are too independent to accept humans as their leaders. Likewise, people have tried to domesticate many other large mammals, but in the end they have failed because they did not meet all five conditions. [う]

It is interesting that taste has not been *mentioned. While humans naturally like foods that are sweet or high in calories, our sense of taste is something that is also acquired as we grow up. When we think of the insects that are eaten in some cultures or even the *wasabi* eaten by Japanese, it is clear that people can *get used to and enjoy an amazing variety of tastes. [　え　]

It is clear that our eating customs have developed for many reasons. The most important factor, however, appears to be our ability to successfully domesticate (⑥) plants and animals. Without this success, it is doubtful that humans would have reached such a huge population ... or such a great enjoyment of *cuisine.

〔注〕 restrict oneself to ～：～に制限する
domesticate：(動物を)家畜化する，(植物を)栽培できるようにする　in fact：実際は
mammal：哺乳動物　reproduce：繁殖する　temper：気性　meet：(条件などを)満たす
let go：放す　candidate：候補になる動物　mention ～：～に言及する
get used to ～：～に慣れる　cuisine：料理

1．(①)に入る最も適当なものを選びなさい。
ア．how to cook　イ．how to eat　ウ．how to share　エ．how to control

2．(②)に入る最も適当なものを選びなさい。
ア．an increasing population　イ．a decreasing population
ウ．an increasing number of animals　エ．a decreasing number of animals

3．(③-a)と(③-b)に入る語の組み合わせとして最も適当なものを選びなさい。
ア．③-a：delicious　③-b：thickly　イ．③-a：expensive　③-b：slowly
ウ．③-a：cheap　③-b：quickly　エ．③-a：important　③-b：together

4．下線④の表す内容として最も適当なものを選びなさい。
ア．実際は家畜にできないことはない
イ．実際は家畜に向いていない
ウ．実は食用として安全性の確認できていない動物である
エ．実は食用に向いた唯一選択できる動物である

5．下線⑤と最も近い意味を持つものを選びなさい。
ア．clever　イ．friendly　ウ．violent　エ．patient

6．(⑥)に入る最も適当なものを選びなさい。
ア．a few　イ．too many　ウ．no　エ．very little

7．[あ]～[え]のいずれかに次の文を入れるとき，最も適当なものを選びなさい。
Chickens are not mammals, but they meet all five conditions, and their inability to fly also aids domestication.
ア．[あ]　イ．[い]　ウ．[う]　エ．[え]

8．本文の内容と一致するものを選びなさい。
ア．Some animals such as cows and pigs have become a popular food only because they have a good taste.
イ．Most animals in the world are not suited for our food because it is really easy to hunt them.
ウ．Gazelles are one of the best animals for our food because they can reproduce easily.
エ．Thanks to our ability to enjoy many kinds of tastes, some insects are eaten in some cultures.

2　次の英文を読んで設問に答えなさい。

Little Unal was ill. He had the *measles and so he was in bed. But he was bored. ‘What can I do?’ he thought. ‘The doctor says I can’t go out, but the sun is shining and it’s a beautiful day!’

⑨That morning, when his mother left the house, she said to Unal’s grandmother, ‘The sun is shining but it's very cold. Be careful with Unal, Mother. We don't want him to catch cold.'

From his window Unal could look out at the street. And when his grandmother came into his room, Unal was at the window, wearing only his pyjamas.

'What did your mother tell you?' said his grandmother. 'And what did the doctor say? Do you want to catch cold, and die, like your grandfather? Come now, go back to bed.'

'Grandma, what beautiful weather! And I'm not ill. I haven't got a fever.'

'No, thank God, you haven't got a fever. But it's easy to catch cold. And then those red spots on your face are going to go inside you.'

'Good!' said Unal.

'No, it's not good. ⑩Those red spots can kill you, so you must be careful. Come now, get back into bed.'

Unal got back into bed, and his grandmother went back to the kitchen.

Unal's father was dead. He died before Unal was born. Now his grandfather was dead too, so Unal had nobody to call 'father'. His mother worked as a cleaning woman in the government offices in the town. It was not a good job and the family did not have much money.

During that day, ⑪Unal was sometimes in bed, and sometimes at the window. When his grandmother came into the room, Unal got back into bed. When she left, he ran back to the window.

Across the street there was a toy shop, and Unal watched it from his window. Today was New Year's Day and there were bright lights in the toy shop window. What wonderful toys there were — animals and cars, big and small, in all colors! But the most wonderful thing was a black horse. Oh, Unal wanted that horse so much! When you pulled the *reins, there were lights in the horse's eyes. Three of its feet were white, and it had a long brown *mane.

Unal stood at the window, thinking, imagining. 'Now I'm riding that black horse,' he said to himself. 'I'm not ill. There's nothing wrong with me — of course there isn't. When I'm riding the black horse, I don't get cold, I'm not ill, and there are no red spots on my face.'

Then he heard his grandmother at the door, and he ran back to bed.

When his grandmother came in, she said, 'That's a good boy, Unal! Stay in bed, and you can have something nice for dinner tonight. Now, I've still got a lot of work to do in the kitchen. Remember — (⑫).' She went out and closed the door.

It was now dark and all the lights of the toy shop window shone brightly across the street. Unal got up and dressed, then left his room quietly. He couldn't find his shoes, but he found some old shoes of his grandmother's and put those on. He ran out into the street, and across to the toy shop.

There were a lot of women in the shop, with their children. Everybody bought toys for their children on New Year's Day. Unal didn't have any toys, (⑬). He wanted that black horse. He wanted to ride it just one time. The shopkeeper was busy, everybody was busy. Nobody looked at a small eight-year-old boy.

Unal went in and walked quietly around the shop, looking at things. Then he hid behind some big boxes, and waited.

Some time later, all the lights went out and the shopkeeper closed the doors and went away. The street lights outside shone into the shop. Unal went to the shop window and slowly opened the big glass door. Then he got into the window and climbed on to the back of the black horse. He pulled the reins, then looked at the horse's head. Yes, there were lights, bright shining lights, in the horse's eyes.

Unal began to ride. 'I can see snow on the ground all around me,' he said to himself. 'I can see clouds in the sky above, and silvery lights from the moon. Everything is so bright, so cold. I feel I am swimming in the sea, but the water is as cold as ice.'

He and the horse rode on. Then Unal began to feel warm again. Far away there was a light — the color of Unal's blond hair. The horse rode on towards the yellow light.

It was the sun. Now Unal began to burn — his hair, his hands, everything was on fire. The black horse, too, burned like fire.

Then everything changed again. Unal felt (⑭) — first he was in deep water, then he was in the sky. He was not hot, or cold: he did not feel anything. He and his horse began to go faster — faster and faster . . .

When Unal's grandmother next went to his room, Unal wasn't there. His grandmother was very afraid. She looked for him in the house, in the street, and she asked everybody:

'Where is Unal ?'

But nobody knew. Other families in the street came to help, and people ran in and out of the house all night. Then, when morning arrived, a man came to the women in front of Unal's house.

'Look,' he said. 'Look there — in the window of the toy shop.'

Everybody ran to look. They saw a small boy on the back of the black horse, with a smile on his face. But he was dead, cold and dead.

They broke the shop window and tried to take Unal off the horse, but they could not move him. Unal belonged to the black horse now. He could not stop riding, riding, riding . . .

They took him home, still on the horse. His grandmother looked and looked at the child's blue face.

'Ah, Unal !' she said. 'What did the doctor tell you ? Those red spots can kill people when they catch cold.'

Then a woman from the next house spoke. 'When somebody wants to ride the black horse of death, nobody can stop him.'

They buried Unal and the black horse together in the cold ground.

〔注〕 measles：はしか　　rein(s)：手綱　　mane：たてがみ

9．下線⑨に関して，本文中に書かれていないものを選びなさい。

ア．The weather was fine.　　イ．Unal spent that morning in his room.

ウ．It was very cold outside.　　エ．Unal's grandmother went to work.

10．下線⑩が指す最も適当なものを選びなさい。

ア．パジャマの模様　　イ．太陽の光　　ウ．通りの明かり　　エ．はしかの発疹

11．下線⑪に関する以下の質問の答えとして，最も適当なものを選びなさい。

Why was Unal at the window ?

ア．To get heat from the sun.　　イ．To see a black horse in the toy shop.

ウ．To recover from the disease.　　エ．To watch animals and cars on the street.

12．(⑫)に入る最も適当なものを選びなさい。

ア．stay awake until dinner　　イ．get ready for dinner

ウ．don't get out of bed　　　　エ．don't be noisy in your room

13. (⑬)に入る最も適当なものを選びなさい。

ア．but he didn't want them

イ．but he was pleased with just looking at them

ウ．so he bought one for himself

エ．so he decided to ask his mother for one

14. (⑭)に入る最も適当なものを選びなさい。

ア．funny and sad　　　　イ．strange and empty

ウ．excited and angry　　エ．sick and pleased

15. 本文の内容に関する以下の質問の答えとして，最も適当なものを選びなさい。

What happened to Unal after he rode the black horse ?

ア．He spent the night sleeping on the horse.

イ．He went back home alive on the horse.

ウ．He died on the back of the black horse.

エ．He turned pale because of fear.

16. 本文の内容と一致するものを選びなさい。

ア．Unal enjoyed going out in the warm weather with his mother.

イ．There were no other children than Unal in the toy shop on New Year's Day.

ウ．Unal put on his grandmother's shoes because they were larger than his.

エ．Unal looked happy when he was found dead on the back of the black horse.

3　次の２つの会話文Ａ，Ｂを読んで設問に答えなさい。

A

Agent : Can I help you ?

Julie : We'd like to book a hotel in Tioman (⑰) one week.

Agent : Are you interested in a hotel or a package ?

Lisa : Well, we'd like to learn how to scuba dive, so the package would be better, I think.

Agent : I see. Do you want to stay in a *budget hotel or a luxury resort ?

Julie : Mm, something in the middle, I think.

Agent : OK. Take a look at this *brochure.

Julie : (⑱-a)

Agent : (⑱-b)

Lisa : (⑱-c) We'd like to reserve a double room from September 23-30.

Agent : (⑲). I just need your names, please.

〔注〕 budget：安い　　brochure：パンフレット

17. (⑰)に入る最も適当なものを選びなさい。

ア．at　　イ．for　　ウ．around　　エ．of

18. (⑱-a)～(⑱-c)には以下の３つの文が入る。自然な流れのものを選びなさい。

Ａ．Oh, it's right on the beach.

Ｂ．This looks perfect.

Ｃ．Where is this hotel ?

ア．Ａ－Ｃ－Ｂ　　イ．Ｂ－Ａ－Ｃ　　ウ．Ｃ－Ａ－Ｂ　　エ．Ｃ－Ｂ－Ａ

19. (⑲)に入れるのに適当でないものを選びなさい。

ア. Sure　　イ. Certainly　　ウ. Great　　エ. Sorry

B

Jim　　: OK, Tamara, what's the problem ?

Tamara : Oh . . .　I don't know.

Jim　　: Come on, I'm your friend — do you want to talk about it ?

Tamara : OK.　It's Ken.　He's really fun to be with, (　⑳　) I've ever gone out with.

Jim　　: Why ?　What did he do ?

Tamara : Last night we went to a movie.　I bought the tickets while he parked the car.

Jim　　: So ?

Tamara : Well, he never gave me any money for his ticket.　Then he went to the snack bar and came back with popcorn and soda . . . for himself !　He never even asked me if I wanted anything !

Jim　　: Wow !　That sounds pretty bad.

Tamara : I know.　I really like him, but he makes me so ㉑mad.　What should I do ?

Jim　　: You should start looking for (　㉒　) !

20. (⑳)に入る最も適当なものを選びなさい。

ア. and he's the coolest guy　　イ. but he's the cheapest guy

ウ. and he's the funniest guy　　エ. but he's the shortest guy

21. 下線㉑の意味として最も適当なものを選びなさい。

ア. fine　　イ. shy　　ウ. happy　　エ. angry

22. (㉒)に入る最も適当なものを選びなさい。

ア. a new boyfriend　　イ. popcorn　　ウ. a new car　　エ. an old friend

4　次の各文章中の(　)に入る最も適当なものを選びなさい。

23. (　　) mainly live in the forests of eastern Australia.　They are usually active at night and live in trees, so it is unusual for them to be found on the ground.　Also, they are famous for eating only a certain kind of leaves.　Some people think that they are similar to bears, but they are actually a very different type of animal.

ア. Kangaroos　　イ. Pandas　　ウ. Chimpanzees　　エ. Koalas

24. Tom was (　　) to hear that Joe moved.　Although they were in the same soccer team, Joe always told him that Tom was not a good player.　He had hoped that Tom would not be in the team so that the team could win more games.　Tom also knew that Joe disliked him, so he was angry and wanted to play soccer without him too.　Because now he no longer has to see him, Tom looks forward to playing soccer without worrying about Joe.

ア. happy　　イ. upset　　ウ. sad　　エ. sorry

5　次の各組の中から表現上正しいものを選びなさい。

25. ア. Jeremy has been to Sydney, so he is not in the office today.

イ. It is always excited for us to visit Tokyo.

ウ. This interesting magazine was read all over the world.

エ. We are going to name our dog as Lucky.

26. ア．Please remember to close the window when we leave this room.
イ．We had a party at Christmas night.
ウ．Every houses on the street have beautiful gardens.
エ．Although I was at a loss at first, but I enjoyed my homestay in Canada.

6 日本文に合うように[ ]内の語[句]を並べ換えるとき，(①)，(②)に入る語[句]の組み合わせとして最も適当なものを選びなさい。ただし，文頭に来る語[句]も小文字で始めてあります。

27. 父が私に買ってくれた自転車は高価なものでした。
The bicycle ( )( )(①)( )(②)( ) expensive.
[was / bought / which / me / for / my father]
ア．①：bought ②：for イ．①：was ②：for
ウ．①：me ②：was エ．①：bought ②：me

28. その猫が何歳なのか教えていただけますか。
( )( )( )(①)( )( )( )(②)?
[old / me / the cat / could / tell / you / how / is]
ア．①：the cat ②：me イ．①：me ②：the cat
ウ．①：me ②：is エ．①：tell ②：the cat

29. 歴史上の音楽家の中で私はベートーベンが最も好きです。
I love Beethoven ( )( )(①)( )( )(②) history.
[in / the musicians / the / all / of / best]
ア．①：of ②：in イ．①：of ②：the
ウ．①：in ②：the エ．①：in ②：of

30. ジェイソンがヒューストンに到着するのに3時間かかりました。
(①)( )(②)( )( )( ) at Houston.
[three hours / Jason / took / to / it / arrive]
ア．①：Jason ②：three hours イ．①：It ②：Jason
ウ．①：Jason ②：arrive エ．①：It ②：three hours

7 次のA，Bの設問に答えなさい。

A．次の定義に当てはまる最も適当なものを選びなさい。

31. a tool with a handle and three or four sharp points, used for picking up and eating food
ア．spoon イ．knife ウ．fork エ．toothpick

32. a person you know well and like, and who is not usually a member of your family
ア．teammate イ．friend ウ．uncle エ．classmate

33. a flying vehicle with wings and one or two engines
ア．helicopter イ．plane ウ．balloon エ．grasshopper

B．次の各文の( )に入る最も適当なものを選びなさい。

34. I always go to work ( ) foot.
ア．by イ．on ウ．at エ．with

35. You are not old enough, so you ( ) drink alcohol.
ア．must not イ．have to ウ．must エ．don't have to

【数　学】（50分）〈満点：100点〉

（注意）　解答はすべて一つ選び，解答用紙の所定の欄にマークすること。

1　次の各問いに答えなさい。

(1)　$\left(-\dfrac{b}{3a^2}\right)^3 \div \left(-\dfrac{a^2b}{8}\right)^2 \times \left(\dfrac{3ab}{2}\right)^4$ を計算しなさい。

解答群　(ア)　$\dfrac{4b^5}{a^6}$　　(イ)　$-\dfrac{4b^5}{a^6}$　　(ウ)　$\dfrac{12b^5}{a^6}$

(エ)　$-\dfrac{12b^5}{a^6}$　　(オ)　$\dfrac{1024}{2187a^{14}b^3}$　　(カ)　$-\dfrac{1024}{2187a^{14}b^3}$

(2)　連立方程式 $\begin{cases} \dfrac{2x+y}{4}-\dfrac{x-y}{6}=\dfrac{2}{3} \\ \dfrac{2x-y}{3}-\dfrac{x+3y}{5}=7 \end{cases}$ を解きなさい。

解答群　(ア)　$x=-3,\ y=4$　　(イ)　$x=\dfrac{17}{2},\ y=-\dfrac{13}{4}$

(ウ)　$x=5,\ y=-5$　　(エ)　$x=\dfrac{31}{3},\ y=-\dfrac{7}{3}$

(オ)　$x=7,\ y=-4$　　(カ)　$x=-\dfrac{1}{2},\ y=2$

(3)　$(x^2+7x+4)(x^2+7x-6)-24$ を因数分解しなさい。

解答群　(ア)　$(x+8)(x-1)(x-6)(x-1)$　　(イ)　$(x-8)(x+1)(x-6)(x-1)$

(ウ)　$(x+8)(x-1)(x+6)(x+1)$　　(エ)　$(x-8)(x+1)(x+6)(x+1)$

(オ)　$(x+8)(x-1)(x+3)(x+4)$　　(カ)　$(x-8)(x+1)(x+3)(x+4)$

(4)　半径１の円の周上に６つの点A，B，C，D，E，Fがあり，これらの点は円周を６等分している。これらの点から３つの点を選んでつくる三角形のうち，面積が $\dfrac{\sqrt{3}}{2}$ であるものは何個ありますか。

解答群　(ア)　２個　　(イ)　６個　　(ウ)　８個

(エ)　12個　　(オ)　18個　　(カ)　72個

2　ある日，A君とB君はプールに行った。このプールは，500円で x 分間利用でき，利用時間が x 分を超えたときは１分ごとに超過料金 y 円がかかる。また，このプールでは専用の水泳帽を必ずレンタルして使用しなければならず，レンタル料金は１回 $10a$ 円である。ただし，a は10以上20以下の自然数とする。

A君の利用時間は130分間で，料金は水泳帽のレンタル料金と合わせて1010円であった。同様に，B君の利用時間は100分間で，料金は水泳帽のレンタル料金と合わせて740円であった。

次の各問いに答えなさい。

(5)　y の値を求めなさい。

解答群　(ア)　2　　(イ)　8　　(ウ)　9　　(エ)　10　　(オ)　17　　(カ)　19

(6)　x の値を求めなさい。

解答群　(ア)　50　　(イ)　60　　(ウ)　70　　(エ)　80　　(オ)　85　　(カ)　90

(7)　a の値を求めなさい。

解答群　(ア)　12　　(イ)　15　　(ウ)　16　　(エ)　18　　(オ)　19　　(カ)　20

3 右図のように，AB＝5，BC＝$\sqrt{21}$，CA＝4の△ABCと，３点A，B，Cを通る円O_1がある。
次の各問いに答えなさい。

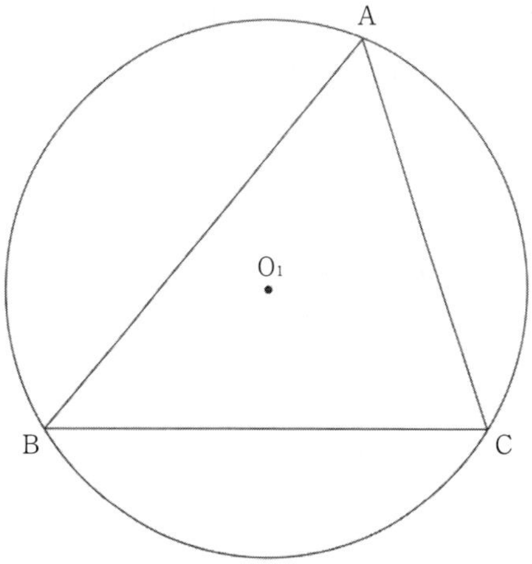

(8) 頂点Cから辺ABに垂線CDをひく。CDの長さを求めなさい。

解答群 (ア) $2\sqrt{3}$ (イ) 2 (ウ) $\sqrt{14}$
(エ) $\dfrac{5\sqrt{3}}{2}$ (オ) $\dfrac{10\sqrt{7}}{7}$ (カ) 3

(9) 円O_1の半径を求めなさい。

解答群 (ア) $\sqrt{7}$ (イ) $\sqrt{6}$ (ウ) $\dfrac{3\sqrt{7}}{4}$
(エ) $\dfrac{7\sqrt{3}}{5}$ (オ) $\dfrac{2\sqrt{21}}{3}$ (カ) $\dfrac{3\sqrt{6}}{4}$

(10) ∠BACの二等分線と辺BCの交点をPとする。２点C，Pを通り，線分CO_1上に中心がある円O_2をつくり，円O_2と辺ACの交点のうち，Cと異なる方をQとする。∠CQPの大きさを求めなさい。

解答群 (ア) 30° (イ) 36° (ウ) 45° (エ) 60° (オ) 72° (カ) 75°

(11) (10)のとき，弦PCを含むおうぎ形O_2PCの面積を求めなさい。

解答群 (ア) $\dfrac{2}{9}\pi$ (イ) $\dfrac{7}{27}\pi$ (ウ) $\dfrac{32}{81}\pi$
(エ) $\dfrac{224}{729}\pi$ (オ) $\dfrac{112}{243}\pi$ (カ) $\dfrac{140}{243}\pi$

4 右図のように，放物線$y=x^2$と直線$y=\dfrac{1}{2}x+1$が２点A，Bで交わっている。ただし，点Aのx座標は正とする。
次の各問いに答えなさい。

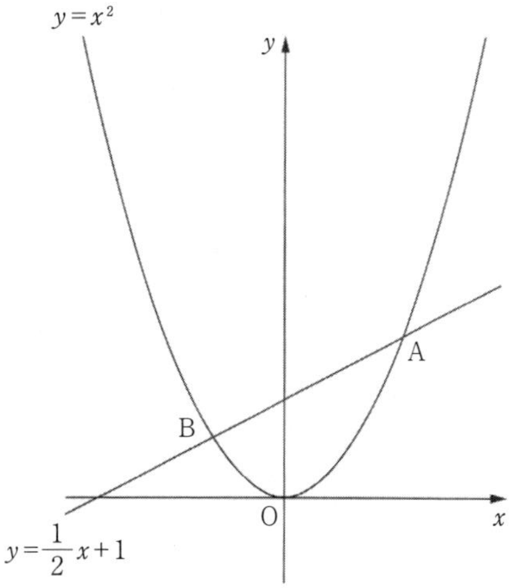

(12) 点Aのx座標を求めなさい。

解答群 (ア) $\dfrac{1}{2}$ (イ) 1
(ウ) $\dfrac{1+\sqrt{17}}{4}$ (エ) $\dfrac{-1+\sqrt{17}}{4}$
(オ) $\dfrac{-1+\sqrt{17}}{2}$ (カ) $\dfrac{1+\sqrt{17}}{2}$

(13) △ABCの面積が△OABの面積の２倍と等しくなるように，放物線$y=x^2$上に点Cをとる。ただし，点Cのx座標は正とする。点Cのx座標を求めなさい。

解答群 (ア) 1 (イ) 2 (ウ) 3
(エ) $\dfrac{3}{2}$ (オ) $\dfrac{-1+\sqrt{13}}{2}$ (カ) $\dfrac{1+\sqrt{13}}{2}$

(14) (13)のとき，△ABDの面積が△OABの面積の２倍と等しくなるように，放物線$y=x^2$上に点Dをとる。ただし，点Dのx座標は負とする。原点Oを通り，四角形ABDCの面積を２等分する直線の傾きを求めなさい。

解答群 (ア) 17 (イ) 34 (ウ) $\dfrac{13}{3}$ (エ) $\dfrac{17}{3}$ (オ) $\dfrac{13}{2}$ (カ) $\dfrac{17}{2}$

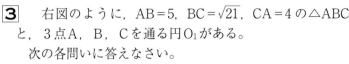

5　右図のように，上面をふたとする円柱の容器に球の形をした半径 3 cm の鉄球が 5 個入っている。

4 個の鉄球はそれぞれ容器の底面と側面に接している。また，底面に接している 4 個の鉄球はそれぞれ隣り合う 2 個の鉄球と上に乗っている 1 個の鉄球に接している。ただし，残りの 1 個の鉄球とは接していない。

また，上に乗っている 1 個の鉄球は容器のふたと接し，4 個の鉄球とも接している。

次の各問いに答えなさい。

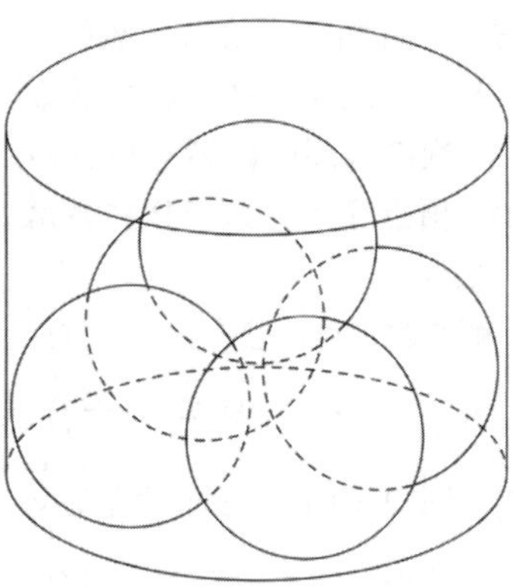

(15)　容器の底面の半径を求めなさい。

解答群　(ア)　$3(1+\sqrt{2})$cm　(イ)　$6(1+\sqrt{2})$cm　(ウ)　6 cm
　(エ)　$3(1+2\sqrt{2})$cm　(オ)　$3(2+\sqrt{2})$cm　(カ)　$(3+2\sqrt{3})$cm

(16)　容器の高さを求めなさい。

解答群　(ア)　$6\sqrt{2}$cm　(イ)　9 cm　(ウ)　12cm
　(エ)　$2(3+\sqrt{6})$cm　(オ)　$3(2+\sqrt{2})$cm　(カ)　$3(2+\sqrt{3})$cm

(17)　容器のふたを開け，満水になるまで水を入れ，ふたをした。このとき，容器に入っている水の体積を求めなさい。ただし，鉄球は全体が水中に沈んでいるものとする。

解答群　(ア)　$(414+351\sqrt{3})\pi$ cm^3　(イ)　$(630+432\sqrt{3})\pi$ cm^3
　(ウ)　$(114+36\sqrt{2})\pi$ cm^3　(エ)　$(210+7\sqrt{2})\pi$ cm^3
　(オ)　$(126+189\sqrt{2})\pi$ cm^3　(カ)　$(90+189\sqrt{2})\pi$ cm^3

6　右図のように，AB＝16，BC＝24，CA＝20 の△ABC がある。∠B の二等分線と辺 AC の交点を D，∠C の二等分線と辺 AB の交点を E とし，線分 BD と線分 CE の交点を F とする。

次の各問いに答えなさい。

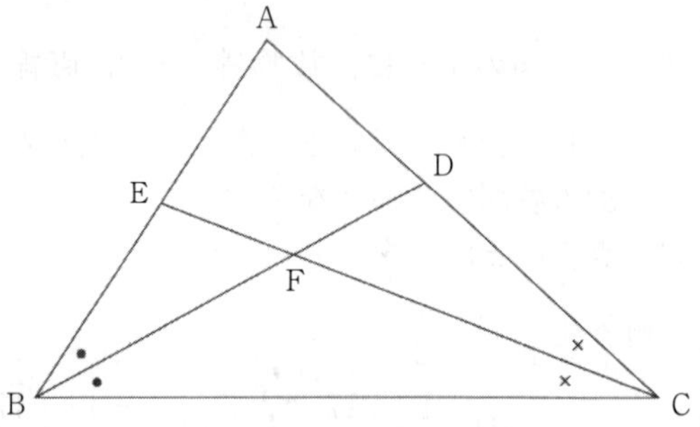

(18)　△ABC の面積を求めなさい。

解答群　(ア)　$48\sqrt{15}$　(イ)　$60\sqrt{7}$　(ウ)　$96\sqrt{3}$
　(エ)　$64\sqrt{5}$　(オ)　$80\sqrt{3}$　(カ)　$12\sqrt{115}$

(19)　△FBC の面積を求めなさい。

解答群　(ア)　$24\sqrt{7}$　(イ)　$32\sqrt{15}$　(ウ)　$64\sqrt{3}$
　(エ)　$\dfrac{128\sqrt{5}}{3}$　(オ)　$\dfrac{160\sqrt{3}}{3}$　(カ)　$8\sqrt{115}$

(20)　頂点 A から BD，CE へそれぞれ垂線 AG，AH をひく。このとき，△AGH の面積を求めなさい。

解答群　(ア)　$5\sqrt{7}$　(イ)　$6\sqrt{15}$　(ウ)　$12\sqrt{3}$
　(エ)　$8\sqrt{5}$　(オ)　$\dfrac{15\sqrt{7}}{2}$　(カ)　$\dfrac{3\sqrt{115}}{2}$

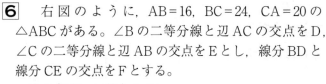

うこと。

問7 ——線⑥の意味として最も適当なものを選べ。 解答番号 34

ア 思いを捨ててみたいものだ。
イ 思いを捨てずにはいられない。
ウ 思いを捨てなければならないはずである。
エ 思いを捨てることが出来ないのであろう。

問8 『発心集』の作者を選べ。 解答番号 35

ア 紫式部　イ 鴨長明　ウ 兼好法師　エ 紀貫之

三 次の文章を読んで、後の問いに答えよ。

小田原といふ寺に教懐聖人といふ人ありけり。後には高野にa住みけるが、新しき水瓶の、様なども思ふ様なるを注1儲けて、①ことに執し思ひけるを、縁に打ち捨てて、奥の院へ参りにけり。かしこにて、念誦なんどして一心に信仰しける時、この水瓶を思ひ出だして、あだに並べたりつる物を、人や取らむと不審にて、心一向にもアあらざりければ、由なく覚えて、帰るやおそきと、あまだりの石たたみの上に並べて、②打ちくだき捨ててけり。

又、横川に尊勝の注2阿闍梨陽範といひける人、目出たき紅梅をイ植ゑて、③又無き物にして、華ざかりには偏《ひとへ》にこれをけうじつつ、自《おのづか》ら人の④折るをもことに惜しみ、さいなみける程に、いかがb思ひけん、弟子なんども外へ行きて、人も無かりけるひまに、心もなき小法師の独りありけるをよびて、「よきやある。持てウこよ」と云ひて、この梅の木を土きはより切つて、上に砂打ち散らして、跡形なくて居たり。弟子帰りて、驚き怪しみて、故をc問ひければ、ただ「由なければ」とぞ答へエける。

これらは皆⑤執をとどめることを恐れけるなり。教懐も陽範も、倶に往生を遂げたる人なるべし。実に仮の家にふけりて、長き闇に迷ふ事、誰かは愚かなりと思はざるべき。然れども、世々生々に、煩悩の注3つぶね、やつことなりける習ひの悲しさは知りながら、我も人も、⑥え思ひ捨てぬなるべし。

（『発心集』より）

注 1 儲けて…手に入れて
2 阿闍梨…僧に対する敬称の一種。
3 つぶね、やつこ…ともに召使の意。ここでは煩悩に支配されてしまうことの比喩。

問1 〜〜〜線a〜cの主語の組み合わせとして最も適当なものを選べ。 解答番号 28

ア a 教懐聖人 b 阿闍梨陽範 c 弟子
イ a 作者 b 教懐聖人 c 阿闍梨陽範
ウ a 教懐聖人 b 弟子 c 作者
エ a 作者 b 弟子 c 阿闍梨陽範

問2 ——線①を漢字表記にしたものとして最も適当なものを選べ。 解答番号 29

ア 事に イ 言に ウ 琴に エ 殊に

問3 ——線②とあるが、なぜこのようなことをしたのか。その理由として最も適当なものを選べ。 解答番号 30

ア 仏道修行中に水瓶のことを思い出し心が乱れてしまい、瓶を持つことはよくないことだと思ったから。
イ あまりにも形の美しい瓶なので、持っていると他人から非難されるのではないかと不安に思ったから。
ウ 自分にとってあまりに理想的な瓶だったので、思い出として自分だけの物にしておきたかったから。
エ 念仏を唱えている最中に、誰かが瓶を盗みに来ると念仏を止めなければならず面倒だと思ったから。

問4 ——線③の意味として最も適当なものを選べ。 解答番号 31

ア 二度と見たくない物。
イ この上なく素晴らしい物。
ウ 自分好みで大切にしたい物。
エ 一度見たら忘れられない物。

問5 ——線④と同じ活用形のものを、本文中の‖線ア〜エの中から選べ。 解答番号 32

問6 ——線⑤とはどういうことか。最も適当なものを選べ。 解答番号 33

ア 自分の心が何かにとらわれてしまうことを恐れたということ。
イ 自分のこだわりが他人に理解されないことを恐れたということ。
ウ 自分の考えに固執して、人と衝突することを恐れたということ。
エ 自分の大切な物をこの世に残したまま死ぬことを恐れたとい

問8　――線⑧の句についての説明として、適当でないものを選べ。　解答番号 23

ア　「けり」は切れ字である。
イ　「あげ雲雀」は春の季語である。
ウ　「田畑」で働く人々の姿が描写されている。
エ　この「島」は無人島ではないと解釈できる。

問9　――線⑨とあるが、その理由として最も適当なものを選べ。　解答番号 24

ア　大津が人生や自我の問題で孤独感に苛《さいな》まれているときに、「これらの人々」を思い起こすことでその苦しみが慰められるため、つい繰り返し思い出してしまうから。
イ　大津はたえず人生の問題で苦しんでいる不幸な男であるが、「これらの人々」は大津自身よりも不幸に見えるため、思い起こすことで相対的に自分の不幸が慰められるから。
ウ　大津が肥大化してしまった自己愛に押しつぶされて苦しんでいるときに、「これらの人々」のまなざしを思い起こすことによって、自分の承認欲求がひとまずは満たされるから。
エ　大津は将来の大望を抱いては挫折を繰り返してきたが、そのようなときに「これらの人々」を思い起こすことによって別の生き方を模索しようという気になってくるから。

問10　――線⑩とあるが、そのことが描写されている最も適当な箇所を、本文中の〰〰線ア～エの中から選べ。　解答番号 25

問11　本文の結末部分をめぐって、【資料】をふまえて生徒たちが討論をした。以下の選択肢は討論における各生徒の発言である。その中から最も適当な解釈をしているものを選べ。　解答番号 26

ア　「大津にとっての『忘れ得ぬ人』が秋山でなく亀屋の主人であったのは、亀屋の主人が大津と深い関わり合いを持たなかったからだよね。大津には、自分に対してそっけなく接してくる人物にかえって親近感を覚えるという性質があって、そのことを柄谷は『倒錯』と表現しているのだと思うよ。つまり秋山は大津にとって『忘れ得ぬ人』ではなくて『忘れて叶うまじき人』に近い存在になってしまったんだ。」
イ　「亀屋の主人が『忘れ得ぬ人』になった理由はその通りだと思うけれど、柄谷が『倒錯』と表現しているのはちょっと違うんじゃないかな。柄谷が『倒錯』と表現しているのは、自分と関わりの薄い他者に対してむしろ一体性を感じるという大津の性格であって、そっけなさという直接的な態度とは無関係だと思うよ。それに秋山が『忘れて叶うまじき人』とまで言えるかどうかは、ちょっと疑問だなあ。」
ウ　「そもそも『忘れ得ぬ人』の条件を、大津との関係性の薄さに限定してしまうのは正確な読み取りじゃないと思うよ。周りの風景や人々に無関心な『内的人間』こそが『忘れ得ぬ人々』になるのであって、亀屋の主人には元々『忘れ得ぬ人々』になりうる資格が内在していたんじゃないかな。周囲と関わりを持とうとしない人間がかえって印象に残ってしまうというのは、たしかに逆説的だとは思うけどね。」
エ　「そうかなあ、『忘れ得ぬ人々』になるのに特別な資格なんて必要無いんじゃないかな。誰を『忘れ得ぬ人々』と認定するかという基準は、あくまでも認定する主体である大津の側にあるのだと思うよ。柄谷の言うように『風景としての人間』は大津の『知覚の様態』が変化した結果として立ち現れてくるのだから、空白の二年の間に大津の内面に何らかの変化が生じたという解釈が妥当じゃないかな。」

問12　国木田独歩の作品を選べ。　解答番号 27

ア　破戒　　イ　蒲団　　ウ　鼻　　エ　武蔵野

ア　八王子から東京に行くのにうちの宿を通るはずはありません、嘘を言っているのではないですか。

イ　こんなに汚れた格好をしていては困ります、客室にお通しする前に身体をきれいにしてもらいますよ。

ウ　もし道に迷われているのなら、宿に泊まる前に警官を呼んで案内してもらった方がよいでしょう。

エ　身元もはっきりせず、話のつじつまも合わないような怪しい人物をお泊めするわけにはいきません。

問4　――線③とあるが、ここでの大津の説明として最も適当なものを選べ。　解答番号 19

ア　秋山の手にした原稿は、個人的な趣味で書いたもので万人向けの内容になっていないため、見られてほしくはないが、見られてもどうせ分からないだろうとたかをくくっている。

イ　秋山の手にした原稿は、まだ世間に発表するような形式に整っていないため、見られるのは恥ずかしい気もするが、書こうとしている内容を秋山に理解してもらいたい気もしている。

ウ　秋山の手にした原稿は、文章のほかに鉛筆でスケッチした風景も描かれているため、画家の秋山に見られるのは気が引けるものの、専門家に評価を下してもらいたいとも思っている。

エ　秋山の手にした原稿は、まだ作りかけで完成していない状態のため、見るなら完成してからにしてほしいと考えているものの、興味を持ってくれることにはまんざらでもなく感じている。

問5　――線④・⑤とあるが、それぞれの表現の説明として最も適当なものを選べ。　解答番号 20

ア　④は雨音のする静かな夜というシチュエーションが、文学をたしなむのに適当な状況であるという発言であり、⑤は文章を見ながら自分一人の世界に入り込んでいる大津の表情が絵画の素材になりそうだという感慨である。

イ　④は他に何もすることがない雨の夜が、書きかけの文学作品を推敲するのに絶好のタイミングであるという発言であり、⑤は思索にふける大津の表情が以前から探し求めていた絵画の題材であることに気づいた感慨である。

ウ　④は雨の夜に男二人で静かに過ごすという舞台設定が、まさに小説のモチーフになりそうであるという発言であり、⑤は夢見心地でいる大津の玄妙な表情は絵画として描いてみたら良い作品になるだろうという感慨である。

エ　④は雨風の音が激しくて他人の声が全く聞こえない状況が、文章に集中するのに適した環境であるという発言であり、⑤は恍惚とした表情を浮かべている大津の姿はぜひ絵画として飾っておきたいものだという感慨である。

問6　――線⑥とは、どのような人のことか。最も適当なものを選べ。　解答番号 21

ア　隣人や友人のような、普段から親しく付き合っているために忘れようとしても忘れることができない人。

イ　親や子のような、愛憎半ばするような複雑な感情を抱きつつも終生関係が切れずにいるような人。

ウ　家族や親戚のような、単に忘れられないだけではなく忘れてしまったら道義上の問題が生じるような人。

エ　上司や師匠のような、厳格な上下関係をわきまえながら付き合っていかなければならないような人。

問7　――線⑦とあるが、その内容として最も適当なものを選べ。　解答番号 22

ア　健康上の問題を抱えており、自分がこの先生きることができるのだろうかという、自己の生き死にに関する不安。

イ　東京の学校を離れて故郷に帰るのはいいとして、その先をいかに生きるべきかという、自己の行く末に関する不安。

ウ　病気になったことで人の身のはかなさを痛感し、かりそめの世をどう生きればよいかという、自己の存在に関する不安。

エ　東京で親しく交際した友人と別れ、故郷に帰っても孤独な生活を送るだけだろうという、自己の孤独に関する不安。

見た時の周囲の光景の裡《うち》に立つこれらの人々である。我れと他と何の相違があるか、皆な是《こ》れこの生を天の一方地の一角《かく》に享《う》けて悠々たる行路を辿《たど》り、相携えて無窮《むきゅう》の天に帰る者ではないか、というような感が心の底から起って来て我知らず涙が頰《ほお》をつたうことがある。その時は実に我もなければ他《ひと》もない、ただ誰れも彼《か》れも懐かしくって、忍ばれて来る、

「僕はその時ほど心の平穏を感ずることはない、その時ほど自由を感ずることはない、その時ほど名利《めいり》競争の俗念消えて総《すべ》ての物に対する同情の念の深い時はない。

「僕はどうにかしてこの題目で僕の思う存分に書いて見たいと思っている。僕は天下必ず同感の士あることと信ずる」

その後二年経《た》った。

大津は故《ゆえ》あって東北の或《ある》地方に住《すま》っていた。溝口《みぞのくち》の旅宿《やど》で初めて遇《あ》った秋山との交際は全く絶えた。恰度《ちょうど》、大津が溝口に泊った時の時候であったが、雨の降る晩のこと。大津は独り机に向って瞑想《めいそう》に沈んでいた。机の上には二年前秋山に示した原稿と同じの「忘れ得ぬ人々」が置いてあって、その最後に書き加えてあったのは「亀屋の主人《あるじ》」であった。

「秋山」では無かった。

【資料】　柄谷行人「風景の発見」より

語り手の大津は、ほかにも「忘れえぬ人々」を沢山例にあげるが、それらはすべて右のように⑩風景としての人間である。むろんそのこと自体は大して奇異でないようにみえる。しかし、独歩は風景としての人間を忘れえぬという主人公の奇怪さを、最後の数行においてあざやかに示している。（中略）

つまり、『忘れえぬ人々』という作品から感じられるのは、たんなる風景ではなく、なにか根本的な倒錯なのである。さらにいえば、「風景」こそこのような倒錯において見出されるのだということである。すでにいったように、風景はたんに外にあるのではない。風景が出現するためには、いわば知覚の様態が変わらなければならないのであり、そのためには、ある逆転が必要なのだ。（中略）

ここには、「風景」が孤独で内面的な状態と緊密《きんみつ》に結びついていることがよく示されている。この人物は、どうでもよいような他人に対して「我もなければ他もない」ような一体性を感じるが、逆にいえば、眼の前にいる他者に対しては冷淡そのものである。いいかえれば、周囲の外的なものに無関心であるような「内的人間」inner man において、はじめて風景がみいだされる。風景は、むしろ「外」をみない人間によってみいだされたのである。

問1　═線a～cの意味として、最も適当なものをそれぞれ選べ。

a　風采　　解答番号 14

ア　古風な服装　　イ　貧しい懐具合
ウ　外見上の様子　　エ　不気味な表情

b　暫時　　解答番号 15

ア　ときどき　　イ　しばらく
ウ　つねに　　エ　しだいに

c　大要　　解答番号 16

ア　切れはし　　イ　思いつき
ウ　下書き　　エ　あらまし

問2　――線①についての説明として、適当でないものを選べ。　解答番号 17

ア　年齢は二十代後半で、やや奇妙とも言える格好をしている。
イ　ぶっきらぼうな面もあるが、他人の心中を推し量れる器量もある。
ウ　出身地は東京であるが、現在は川崎に居を構えている。
エ　多少の不快感を感じても、冷静に事態に対処することができる。

問3　――線②とあるが、宿の主人はどのようなことを言いたかったと考えられるか。最も適当なものを選べ。　解答番号 18

義理もない、ほんの赤の他人であって、本来をいうと忘れて了《しま》ったところで人情をも義理をも欠かないで、而《しか》も終《つい》に忘れて了うことの出来ない人がある。世間一般の者にそういう人があるとは言わないが少くとも僕には有る。恐らくは君にも有るだろう」

秋山は黙然《だまっ》て首肯《うなず》いた。

「僕が十九の歳《とし》の春の半頃《なかごろ》と記憶して居るが、少し体軀《からだ》の具合が悪いのでしばらく保養する気で東京の学校を退《ひ》いて国へ帰える、その帰途《かえりみち》のことであった。大阪から例の瀬戸内《せとうち》通いの汽船に乗って春《しゅん》海《かい》波平らかな内海《うちうみ》を航するのであるが、殆《ほと》んど一昔も前の事であるから、ウ僕のその時の乗合《のりあい》の客がどんな人であったやら、船長がどんな男であったやら、茶菓《ちゃか》を運ぶ船奴《ボオイ》の顔がどんなであったやら、そんなことは少しも憶《おぼ》えて居ない。多分僕に茶を注《つ》いで呉《く》れた客もあったろうし、甲板の上で色々と話しかけた人もあったろうが、何《なん》にも記憶に止《と》まって居ない。

「ただその時は健康が思わしくないから余り浮き浮きしないで⑦物《もの》思《おもい》に沈んで居たに違いない。絶えず甲板の上に出《い》で将来《ゆくすえ》の夢を描《えが》いてはこの世に於《お》ける人の身の上のことなどを思いつづけていたことだけは記憶している。勿論《もちろん》若いものの癖でそれも不思議はないが。其処《そこ》で僕は、春の日の閑《のど》かな光が油のような海面に融《と》け殆んど漣《さざなみ》も立たぬ中を船の船首《へさき》が心地よい音をさせて水を切《きっ》て進行するにつれて、霞《かすみ》たなびく島々を迎えては送り、右舷《うげん》左舷《さげん》の景色を眺めていた。菜の花と麦の青葉とで錦《にしき》を敷《し》いたような島々がまるで霞の奥に浮いているように見える。そのうち船が或る小さな島を右舷に見てその磯《いそ》から十町とは離れない処を通るので僕は欄に寄り何心《なにげ》なくその島を眺めていた。山の根がたの彼処此処《かしこここ》に脊《せ》の低い松が小杜《こもり》を作っているばかりで、見たところ畑《はた》もなく家らしいものも見えない。寂《しん》として淋《さ》びしい磯の退潮《ひきしお》の痕《あと》が日に輝《ひか》って、小さな波が水際《みぎわ》を弄《もてあそ》んでいるらしく長い線《すじ》が白刃《しらは》のように光っては消えて居る。無人島《むにんとう》でない事はその山よりも高い空で雲雀《ひばり》が啼《な》ているのが微《かす》かに聞えるのでわかる。⑧田畑《たばた》ある島と知れけりあげ雲雀、これは僕の老父《おやじ》の句であるが、山の彼方《むこう》には人家があるに相違ないと僕は思うた。と見るうち退潮《ひきしお》の痕の日に輝《ひか》っている処に一人の人がいるのが目についた。たしかに男である、又た小供《こども》でもない。何か頻《しき》りに拾っては籠《かご》か桶《おけ》かに入れているらしい。二三歩《ふたあしみあし》あるいてはしゃがみ、そして何か拾っている。自分はこの淋しい島かげの小さな磯を漁《あさ》っているこの人をじっと眺めていた。エ船が進むにつれて人影が黒い点のようになって了《しま》って、そのうち磯も山も島全体が霞の彼方《かなた》に消えて了った。その後《ご》今日が日まで殆ど十年の間、僕は何度この島かげの顔も知らないこの人を憶《おも》い起したろう。これが僕の『忘れ得ぬ人々』の一人である。

《中略2》

此処まで話して来て大津は静かにその原稿を下に置てしばらく考え込んでいた。戸外《そと》の雨風の響は少しも衰えない。秋山は起き直って、

「それから」

「もう止《よ》そう、余り更《ふ》けるから。未だ幾らもある。北海道歌志内《うたしな》の鉱夫、大連湾頭《だいれんわんとう》の青年漁夫、番匠川《ばんしょうがわ》の瘤《こぶ》ある舟子《ふなこ》など僕が一々この原稿にあるだけを詳わしく話すなら夜が明けて了《し》まうよ。兎《と》に角《かく》、⑨僕がなぜこれらの人々を忘るることが出来ないかという、それは憶《おも》い起すからである。なぜ僕が憶い起すだろうか。僕はそれを君に話して見たいがね。

「要するに僕は絶えず人生の問題に苦しんでいながら又た自己将来の大望《たいもう》に圧せられて自分で苦しんでいる不幸《ふしあわせ》な男である。

「そこで僕は今夜《こよい》のような晩に独り夜更《よふけ》て燈《ともしび》に向っているとこの生《せい》の孤立を感じて堪え難いほどの哀情を催おして来る。その時僕の主我の角《つの》がぼきり折れて了《しま》って、何んだか人懐かしくなって来る。色々の古い事や友の上を考えだす。その時油然《ゆぜん》として僕の心に浮んで来るのは則ちこれらの人々である。そうでない、これらの人々を

げな口つきをした。客は直《す》ぐ気が付いた。
「いや僕は東京だが、今日東京から来たのじゃアない、今日は晩《おそ》くなって川崎を出発《たっ》て来たからこんなに暮れて了《しま》ったのさ、一寸と湯をお呉《く》れ」
「早くお湯を持《もっ》て来ないか。へエ随分今日はお寒むかったでしょう、八王子の方はまだまだ寒う御座います」
という主人《あるじ》の言葉はあいそが有っても一体《たい》の風《ふう》つきは極めて無愛《ぶあい》嬌《きょう》である。ア年は六十ばかり、肥満《ふと》った体躯《からだ》の上に綿の多い半纏《はんてん》を着て居るので肩から直に太い頭が出て、幅の広い福々しい顔の目眦《まなじり》が下がって居る。それで何処《どこ》かに気懊《きむずか》しいところが見えて居る。しかし正直なお爺《やじ》さんだなと客は直ぐ思った。
客が足を洗ッて了ッて、未だ拭《ふ》ききらぬうち、主人《あるじ》は、
「七番へ御案内申しな!」
と怒鳴ッた。それぎりで客へは何の挨拶《あいさつ》もしない、その後姿を見送りもしなかった。

《中略1》

秋山は半紙十枚ばかりの原稿らしいものを取上げた。その表紙には「忘れ得ぬ人々」と書《かい》てある。
「③それは真実《ほんと》に駄目ですよ。つまり君の方でいうと鉛筆で書いたスケッチと同《おんな》じことで他人《ひと》にはわからないのだから」
といっても大津は秋山の手からその原稿を取《とろ》うとは為《し》なかった。秋山は一枚二枚開《あ》けて見て所々読んで見て、
「スケッチにはスケッチだけの面白味があるから少《す》こし拝見したいねエ」
「まア一寸借《か》して見たまえ」
と大津は秋山の手から原稿を取《とっ》て、処々あけて見て居たが、二人はb暫時無言であった。戸外《そと》の風雨の声がこの時今更《いまさ》らのように二人の耳に入った。大津は自分の書た原稿を見つめたままじっと耳を傾けて夢心地になった。
「④こんな晩は君の領分だねエ」
秋山の声は大津の耳に入《い》らないらしい。返事もしないで居る。風雨の音を聞《きい》て居るのか、原稿を見て居るのか、将《は》た遠く百里の彼方《かなた》の人を憶《おも》って居るのか、秋山は心のうちで、⑤大津の今の顔、今の眼元は我が領分だなと思った。
「君がこれを読むよりか、僕がこの題で話した方が可《よ》さそうだ。どうです、君は聴きますか。この原稿はほんのc大要を書き止めて置《おい》たのだから読んだって解《わか》らないからねエ」
夢から寤《さ》めたような目つきをして大津は眼《め》を秋山の方に転じた。
「詳細《くわし》く話して聞かされるなら尚《なお》のことさ」
と秋山が大津の眼を見ると、大津の眼は少し涙にうるんで居て、異様な光を放《はなっ》て居た。
「僕はなるべく詳《くわ》しく話すよ、面白《おもし》ろくないと思ったら、遠慮なく注意して呉《く》れたまえ。その代り僕も遠慮なく話すよ。なんだか僕の方で聞いてもらいたい様な心持に成って来たから妙じゃあないか」
イ秋山は火鉢に炭をついで、鉄瓶《てつびん》の中へ冷《さ》めた煖陶《かんびん》を突込んだ。
「忘れ得ぬ人は必ずしも⑥忘れて叶《かな》うまじき人にあらず、見たまえ僕のこの原稿の劈頭《へきとう》第一に書いてあるのはこの句である」
大津は一寸と秋山の前にその原稿を差しいだした。
「ね。それで僕は先《ま》ずこの句の説明をしようと思う。そうすれば自《おのず》からこの文の題意が解るだろうから。しかし君には大概わかって居ると思うけれど」
「そんなことを言わないで、ずんずん遣《や》りたまえよ。僕は世間の読者の積りで聴《きい》て居るから。失敬、横になって聴くよ」
秋山は煙草を啣《くわ》えて横になった。右の手で頭を支えて大津の顔を見ながら眼元に微笑を湛《たた》えて居る。
「親とか子とか又は朋友知己《ほうゆうちき》そのほか自分の世話になった教師先輩の如《ごと》きは、つまり単に忘れ得ぬ人とのみはいえない。忘れて叶うまじき人といわなければならない、そこで此処《ここ》に恩愛の契《ちぎり》もなければ

ているから。

ウ　「若者」という言葉の意味が、「若者」と括られる人々の社会的位置づけの変化にともなって変わっていることを知らずに使っているから。

エ　「若者」と括られる人々の生活の多様さを考慮せずに、「若者」という言葉の持つニュアンスの一面だけを捉えて使っているから。

問10　――線⑤とあるが、筆者はなぜ「絶妙な切り返し」と評しているのか。その理由として最も適当なものを選べ。　解答番号 12

ア　「若者の深刻な犯罪離れ」という表現によって「若者」という言葉の持つ否定的なイメージを洗い流し、全く別の意味を持つ皮肉な表現として使用することができているから。

イ　「若者の深刻な犯罪離れ」という表現は、「若者の○○離れ」という常套句としての形式を保ちつつ、新たな表情を見せる機知に富んだ表現として再構築することができているから。

ウ　「若者の深刻な犯罪離れ」という表現によって、否定的な意味の常套句として使われていた「若者の○○離れ」という表現を常套句としての形式ではないものに変えることができているから。

エ　「若者の深刻な犯罪離れ」という表現は、「若者の○○離れ」という肯定的な意味で捉えることができていた常套句を、諷刺的でユーモラスな表現に変えることができているから。

問11　本文の内容と合致するものとして最も適当なものを選べ。　解答番号 13

ア　クラウスは、言語不信に陥っている社会をマス・メディア批判によって改善しようと考えた。

イ　他者の言葉の反復や常套句を使用しないことで、自分の発する言葉を信じることができる。

ウ　言葉を信頼するために必要なのは批判と諧謔の精神ではなく、ユーモアや皮肉などの精神である。

エ　言葉を使う際の違和感から目を背けずに、その言葉の持つニュアンスを吟味する必要がある。

二

次の文章は国木田独歩の小説『忘れえぬ人々』である。本文は文学者の大津が亀屋という宿屋を訪れる場面から始まる。《中略1》の後は、たまたま同宿していた画家の秋山と懇意になり、「忘れ得ぬ人々」と題した自身の草稿の内容について語り始める場面である。以下の文章と、それに関連する【資料】を読んで、後の問いに答えよ。

突然《だしぬけ》に障子をあけて①一人の男がのっそり入ッて来た。長火鉢に寄《よっ》かかって胸算用《むなさんよう》に余念も無かった主人《あるじ》が驚《おどろい》て此方《こちら》を向く暇もなく、広い土間を三歩《みあし》ばかりに大股《おおまた》に歩いて、主人の鼻先に突《つっ》た男は年頃三十には未《ま》だ二ツ三ツ足らざるべく、洋服、脚絆《きゃはん》、草鞋《わらじ》の旅装《なり》で鳥打帽《とりうちぼう》をかぶり、右の手に蝙蝠傘《こうもりがさ》を携え、左に小さな革包《かばん》を持《もっ》てそれを脇《わき》に抱《だい》て居た。

「一晩厄介《やっかい》になりたい」

主人《あるじ》は客のａ風采を視《み》て居て未《ま》だ何《なん》とも言わない、その時奥で手の鳴る音がした。

「六番でお手が鳴るよ」

哮《ほ》える様な声で主人《あるじ》は叫んだ。

「何方《どちら》さまで御座います」

主人《あるじ》は火鉢に寄《よっ》かかったままで問うた。客は肩を聳《そびや》かして一寸《ちょっと》顔をしかめたが、忽《たちま》ち口の辺《ほとり》に微笑《ほほえみ》をもらして、

「僕《ぼく》か、僕は東京」

「それで何方《どちら》へお越しで御座いますナ」

「八王子へ行くのだ」

と答えて客は其処《そこ》に腰を掛け脚絆の緒《ひも》を解きにかかった。

「旦那《だんな》、東京から八王子なら道が変で御座いますねエ」

主人《あるじ》は不審そうに客の様子を今更のように眺《なが》めて、②何か言いた

区別する効果。

エ　直前の内容をより詳しく言い換えるとともに、その内容を強調する効果。

問3　――線①が指すものとして最も適当なものを選べ。　解答番号 5

ア　言語それ自体

イ　言葉同士のセンサイな表情の違いを感じられなくなること

ウ　言語それ自体が堕落すること

エ　言語それ自体を支配することはできないこと

問4　――線②とあるが、現在の状況の説明として最も適当なものを選べ。　解答番号 6

ア　他者の言葉を不特定多数の人々に向けて発信する際、その言葉を人々がどのように受け取るかを想像して迷うことで言語不信に陥ってしまっている状況。

イ　自分の言葉を信用できずマス・メディアや独裁者の言葉に身を任せ、それらの言葉を自分の言葉としてソーシャル・メディアによって発信している状況。

ウ　ソーシャル・メディアを利用して、他者の言葉を自分の主張としてためらいなく流用することで流れや空気といった不確かなものに身を任せている状況。

エ　マス・メディアが影響力を失いインターネット技術が進歩したことで、個々人の空虚な発言が影響力を持つようになり言葉の豊饒さが失われている状況。

問5　A・B に入る語句の組み合わせとして最も適当なものを選べ。　解答番号 7

ア　A　言葉の奥行きを意識すること
　　B　言葉のニュアンスを自覚すること

イ　A　言語の豊饒さを意識すること
　　B　慣用表現の意味を認識すること

ウ　A　常套句使用の厳格化
　　B　言葉の『型』を破ること

エ　A　慣用表現の活性化
　　B　決まり文句の鮮度を高めること

問6　C〜E のうち、どの空欄にも入らないものを選べ。　解答番号 8

ア　むしろ　　イ　確かに　　ウ　たとえば　　エ　しかし

問7　次の一文は本文に入るべきものである。最も適当な箇所を、本文中の【ア】〜【エ】から選べ。　解答番号 9

人々がそのことを忘れ去らず、そうした多様な用法を踏まえて、その言葉を現にどう用い、どう理解するかなのである。

問8　――線③とあるが、なぜか。その理由として最も適当なものを選べ。　解答番号 10

ア　様々なニュアンスを持つ言葉を使う際に、話者がニュアンスを意識して使用しなければその言葉は生命を得ることができないから。

イ　多義的な言葉を使う際に、本当にその場面においてその言葉を発するかどうかの逡巡をしなければその言葉は生命を得ることができないから。

ウ　言葉の持つ複数の意味を考え、似た言葉による言い換えが可能であると考えたときに使う言葉でなければ生命を得ることができないから。

エ　多面性を持つ言葉の意味を理解し、またその言葉が使われている共同体への帰属意識を持たなければ、その言葉は生命を得ることができないから。

問9　――線④とあるが、なぜか。その理由として最も適当なものを選べ。　解答番号 11

ア　「若者」という言葉が多様な意味を持つことを知らずに、曖昧に若い世代を「若者」という言葉で括って使っているから。

イ　「若者」と括られる人々に限らず、全世代に当てはまる問題が生じた際に「若者」と括られる人々を問題視するために使っり、別の様々な言葉と組み合わせたりすることによって、再び生き生きとした表情を宿らせることができる、ということである。【ウ】

たとえば、④「最近の若者は……」とか「若者の○○離れ」といった言い回しがたいていの場合平板な常套句であるのは、人々が現にそのように使っているからである。具体的には、当該の問題が若い世代だけではなく明らかに全世代に当てはまるものであるのに（低いマナー、公共空間での暴力、等々）、「最近の若者はマナーが悪い」などと言ったり、あるいは、当該の事物の意味や社会的な位置づけなどが時代と共にかなり変化しているにもかかわらず（車の所有、飲み会、等々）、「若者の深刻な車離れ」などと言う、といった具合である。それは、「若者」と括《くく》られる人々が実際にはどれほど多様な生活を送っているかに連想や想像を広げることなく、手っ取り早く一纏《ひとまと》めにして思考停止し、その単純化されたまがい物の「現実」を嘆いたり批判したりしているに過ぎない。

言葉を曖昧に空虚に振り回し、現実を歪めるような、こうした常套句の使用に対して、⑤たとえば絶妙な切り返しがなされているのが、「若者の深刻な犯罪離れ」という言葉である。この言葉は、現実を歪めるのではなく逆に、現実を突きつけることによって、「若者の○○離れ」という常套句を逆手にとり、むしろこの言葉を活性化させている。たとえば、この言葉から我々は、実際には若年層の凶悪犯罪は以前よりも減少していることや、にもかかわらず、「近頃は若者の凶悪犯罪が増加している」という印象論が蔓延《はびこ》っていることなどを想起できるだろう。また、それをきっかけに、若年層に対する見方や世代論のあり方などについて再考していくことができるだろう。【エ】

こうした「型破り」な言葉の使用に顕れているのは、知らずと固定化されている一面的な見方をずらすということ、いまの見方を相対化し、別の見方を重ねてみせるということである。それは陶酔ではなく諧謔《かいぎゃく》と批判の精神であり、ユーモアやウィット、エスプリ、機転、皮肉、諷刺《ふうし》、等々と呼ばれる精神である。

（古田徹也『言葉の魂の哲学』より）

注 1 クラウス…オーストリアの作家・ジャーナリスト。
2 大新聞…ここでは、紙幅が大きく、政治経済の記事を主とした新聞のこと。
3 むつごい…「油っぽい」「くどい」「しつこい」「濃い」などの意味を持つ香川県の方言。

問1 ‖線a～cのカタカナを漢字に改めたとき、同じ漢字を用いるものをそれぞれ選べ。

a ダキョウ　解答番号 1
ア 自由をキョウジュする。
イ アパートのキョウエキヒを払う。
ウ 新聞社がキョウサンする展覧会。
エ 食料をキョウキュウする。

b センサイ　解答番号 2
ア 食物センイを摂取する。
イ 危険がセンザイしている。
ウ センメイに覚えている。
エ 情報の出どころをセンサクする。

c カンキ　解答番号 3
ア カンキのあまり涙を流す。
イ 驚きのカンセイが上がる。
ウ 部屋をカンキする。
エ カンサンとした町。

問2 本文におけるダッシュ記号（「――」）の効果の説明として最も適当なものを選べ。　解答番号 4
ア 筆者の主張を明確にし、その主張が客観的事実に基づくことを目立たせる効果。
イ 前後の内容が逆接の関係であることを示し、それを際立たせる効果。
ウ 他者の論の引用であることを表し、それによって自分の論とこれらの問いすべてにイエスと答えることは、あまりにシニカルで悲観的に過ぎるだろう。情報技術の革命的な進歩と、それを個々人に開放するプラットフォームの整備と、それと共に立ち現れてきた社会の様相に対して、不信を振り撒《ま》いているだけなのかもしれない。しかし、これらの問いを杞憂《きゆう》と言い切ることもできないはずである。誰しも自分の話す言葉に耳を傾け、自分の言葉について思いを凝らし始めなければならない、というクラウスの呼びかけは、他のどの時代よりも、まさにいま現在の我々に突きつけられていると言えるだろう。

では、我々がこの呼びかけに応えるとすれば、具体的に何をすべきなのだろうか。他者の言葉を全く反復せず、常套句を一切使用しないようにすべきなのだろうか。

言うまでもなく、そのようなことは不可能だ。クラウスも、詩人が生み出すような新奇な言葉を日々常に繰り出すことを勧めているわけではない。彼は、「 A 」ないし「 B 」を促している。これは大きく分けて二つの事柄を指していると思われる。順に見ていこう。

(1)まずひとつは、使い古された言葉が湛《たた》える奥行き――様々な言葉やイメージや思考をcカンキする可能性――に対して改めて意識的になる、ということである。 C 、「やばい」という言葉は、現在の日本において多くの場合常套句として濫用されている言葉だと言えるだろう。しかし、常にそうであるわけではない。

D 、いま若い世代の人々は、たとえば食事をしているとき、「かなり旨い」や「すごく美味しい」、「絶妙な風味だ」、「大変オツだ」などとも表現できる場面でしばしば、「やばい」と言う。「これやばい!」といった具合である。しかし、こうした用法は必ずしも、多様な言葉を押し潰して平板化させ、実際にはやばくない(危険や不都合が予測されない)現実を歪《ゆが》めている、とは限らない。 E 、「危険や不都合が予測される」という原義を響かせつつ、「恐ろしいほど旨い」、「取り乱しそうなほど旨い」、「旨すぎて、はまってしまいそう」といった微妙なニュアンスを帯びたかたちで、「やばい」が用いられている場合もある。【ア】

肝心なのは、この言葉を用いる者自身がそうしたニュアンスに自覚的になれるかどうかである。たとえば、何気なく「これやばい!」と言ったとしても、仮に他人から「いま『やばい』ってどういう意味で言ったの?」と聞かれたとして、いま挙げたようなニュアンスを説明できるのであれば、そのときに用いた「やばい」は常套句ではない。あるいは、そのように明確に言葉にできなくとも、「かなり旨い」や「すごく美味しい」ではどうもしっくりこない、ここでは「やばい」がぴったりだ、という風に感じられるのなら、その場合の「やばい」は常套句とは一線を画している。つまり、そうした場合の「やばい」は、「危険だ」「不都合だ」「恐ろしい」「取り乱しそう」「はまってしまいそう」といった多面性をもった言葉として――他の言葉には置き換えきれない独特の表情をもつ生き生きとした言葉、鮮度の高い言葉として――活性化しうるのである。

このことは逆に言えば、③本来多面性をもちうる言葉であっても、ただそれだけで生命を得られるわけではない、ということでもある。たとえば、前章で取り上げた「[注3]むつごい」などの言葉も、実際には常套句と化しているケースが間々《まま》見られるだろう。すなわち、他の様々な言葉と類似しつつも異なる独特の言葉としてこうした方言が用いられているわけではなく、単に手っ取り早く言葉を発するために用いられたり、あるいは、当該の方言が通じる共同体への同調や一体化の手段として用いられたりしているケースも多いだろう。ある言葉を立体的な〈言葉のかたち〉とするのは、その言葉が互いに類似した多様な意味合いで用いられてきたという事実それ自体ではない。【イ】

(2)また、決まり文句の鮮度を高めるというのは、言葉が用いられてきた型通りの仕方を踏まえ、その型を破る、ということも含意しているだろう。すなわち、すっかり常套句と化したような無表情な言葉であっても、それをこれまでとは異なる文脈のなかに置いた

二〇二二年度 川越東高等学校（特待生）

【国語】（五〇分）〈満点：一〇〇点〉

〈注意〉解答はすべて一つ選び、解答用紙の所定の欄にマークすること。

一 次の文章を読んで、後の問いに答えよ。

言語それ自体が——というより、人々が言語を使用してきた長く複雑な歴史が——堕落するということはありえない。独裁制にせよ、他の政治形態にせよ、言語それ自体を支配することはできないのだ。可能なのは、①それが顧みられなくなること、忘れ去られることである。すなわち、人々が常套《じょうとう》句《く》の使用でダ a キョウし、感受性や想像力を麻痺《まひ》させることによって、言葉同士の b センサイな表情の違いを感じられなくなることである。

注1クラウスはこう言いたかったのだろう。世界が不確かさに覆われつつあるように映り、不安や孤独に襲われたとしても、我々は言語不信に陥って誰か（マス・メディア、カリスマ、独裁者）の言葉に身を任せるのではなく、言語の可能性をこそ信頼し、言語の豊《ほう》饒《じょう》さによって触発される「迷い」を「贈り物」として祝福するべきではないのか、と。

しかし、クラウスの訴えは陶酔と熱狂の声にかき消された。戦火が広がり、十余年にわたって続いた第二次世界大戦の悪夢が終わってから、現在ではさらに七十年以上が経過している。いまや、インターネット技術を背景にしたソーシャル・メディアが発達し、個々人が世界中の不特定多数の人々に向けて自分の主張を発信することができるようになった。それと反比例して、注2大新聞やテレビなどのマス・メディアはその影響力を弱めつつあると言われることもある。仮にその見立てが正しいとすれば、時局と深く切り結んだクラウスの警告はもはや過去のものとなったかに見える。「我々はもう、マス・メディアが自分の思っていたことを代弁していると見なすことはないし、マス・メディアの言葉をただ繰り返すようなこともない」、そう言われるかもしれない。

現在のマス・メディアが、クラウスが直接対峙《たいじ》していたものと同様の影響力をもっていないという見方は、多分に疑わしい。だが、たとえ仮にその見方を受け入れたとしても、②状況はむしろさらに悪くなりつつあると言えるのではないか。自分の主張として他者の言葉をそのまま反復することは、まさにソーシャル・メディア・サービスの恩恵を受ける現在の方が遥かに簡単である。実際、いま急速に拡大しているのは、他者の言葉に対する何の留保もない相乗りと反復に過ぎないのではないか。秒単位のタイムスタンプが押された言説がリアルタイムで無数に流れる状況にあっては、言葉を発する方も受ける方も、自他の言葉に耳を澄ますどころか、時間に追い立てられ、タイミングよく言葉を流す即応性に支配されているのではないか。「リツイート」や「シェア」等の反射的な引用・拡散や、「いいね」等の間髪入れない肯定的反応の累積がもたらすのは、それによって単に重量を増した言葉が他の言葉を押しのけるという力学であり、かつてない速度と規模をもつデマや煽動《せんどう》の生産システムではないのか。あるいは、そうした引用・拡散や肯定的反応を誘うような言葉を発するという、絶え間ない常套句の生産システムではないのか。称賛も非難も、議論や煽《あお》り合いも、結局のところ常套句（あるいは、それよりさらに寿命が短く適用範囲の狭い流行語）の使用へと硬直化し、その反復や応酬の勢いと熱量が、物事の真偽や価値の代用品となってしまっているのではないか。そうして、我々が向かおうとしているのは、重量と勢いと熱量のある声への——その声を代表する誰かへの——「迷い」なき同調と一体化の空間なのではないか。つまり、我々は結局、誰かに対して、マス・メディアを介することすらなく、じかに身を任せるようになりつつあるだけではないか。否、むしろ我々は、誰かですらないような、空気や雰囲気や流れといった曖昧な何かに、じかに融《と》け込みつつあるだけではないのか。

英語解答

1 1 エ　2 ア　3 ウ　4 イ
5 ウ　6 ア　7 ウ　8 エ

2 9 エ　10 エ　11 イ　12 ウ
13 ア　14 イ　15 ウ　16 エ

3 A 17 イ　18 ウ　19 エ
B 20 イ　21 エ　22 ア

4 23 エ　24 ア

5 25 ウ　26 ア

6 27 エ　28 ウ　29 ア　30 イ

7 A 31…ウ　32…イ　33…イ
B 34…イ　35…ア

1〔長文読解総合—説明文〕

≪全訳≫**1**世界のほとんどどの国でも，レストランに入ってみれば，メニューに次のいずれかが見られる。牛肉，鶏肉，豚肉，または羊肉。何千種類もの動物がいることを考えると，なぜほとんど全ての国がこれら４つの不運な動物の肉に制限しているのだろうか。野菜，果物，穀物，種子についても同様の質問をすることができる。世界には何千もの植物があるのに，私たちは，２，３ダースの植物からしか食べ物を食べていないようだ。これらは難しい質問だが，私たちの先祖の困難と実験を見ることで，答えることができる。**2**先進国で今日私たちが食べるほとんど全ての食べ物は，植物と動物のいずれも，かつては野生だった。それから約１万年前，人間は自分たちの食べ物を家畜化・栽培化し始めた。種をまくか動物を育てるかして，人々が特定の食べ物を管理する方法を発見すると，私たちの食生活は変わり始めた。当然のことながらこれらの発見は，さまざまな場所で，さまざまな食べ物に関して，さまざまな理由から，時間の経過とともに起きたのだった。**3**動物を家畜化する主な理由の１つは，増える人口に食糧を供給する必要があったからだ。人間の数が増えるにつれ，人々は動物を家畜化し始めた。というのは，過剰な狩猟が，従来の肉の供給源を減らしつつあったからだ。家畜化の最初の試みは実験のようなものだった。一部の動物は生来，家畜の肉の源として他の動物よりも適していた。実際，人間は世界でほとんどの大型哺乳類を家畜化しようとしたが，実際にうまくいったのは，羊，ヤギ，牛，豚，馬の５つだけだ。動物をうまく家畜化するためには，以下の条件が必要だ。／１．草などの安い食べ物を食べる。／２．成長が早い。／３．人間のいる前でも繁殖する。／４．人間をリーダーとして受け入れ，グループで落ち着いて生活する。／５．気性がおとなしい。**4**上記の５つの動物は，これら全ての条件を満たしているが，なぜこれらの５つの動物だけなのだろうか。おそらくあなたは他のいくつかの動物を想像することができるだろう。家畜化にはよい選択肢のように見えるが，実際にはそうではない動物の例は，シマウマだ。シマウマは最初の４つの条件を満たしているが，放さないと，非常にどう猛になり，かむ可能性がある。アフリカ人はシマウマを家畜化しようとしたが，気性が荒かったため，家畜化することはできなかった。ガゼルはもう１つの候補のようだが，とても自立しているので，人間をリーダーとして受け入れることができない。同様に，人々は他の多くの大型哺乳類を家畜化しようとしたが，５つの条件全ては満たさなかったため，結局失敗した。う鶏は哺乳類ではないが，５つの条件を全て満たし，飛べないことも家畜化には都合がよかった。**5**味が言及されていないのは興味深いことだ。人間は生来，甘い食べ物やカロリーの高い食べ物が好きだが，私たちの味覚は，成長するにつれて獲得されるものだ。ある文化で食べられる昆虫や，日本人が食べるわさびを考えると，人が驚くほど多様な味に慣れてそれを楽しむことができるのは明らかだ。❻私たちの食習慣が多くの理由から発展したことは明らかだ。しかし，最も重要な要素は，数種類の植物や動物をうまく栽培化・家畜化する私たちの能力のようだ。この成功がなければ，人間がこのような巨大な人口に到達したか，また，このようなすばらしい料理の楽しみに到達したかは，疑わしい。

1＜適語句選択＞この後に続くeither by planting seeds or by raising animalsから判断できる。種を植えたり動物を育てたりすることによって，食べ物を管理できるようになる。

2＜適語句選択＞直後の文が，人口の増加によって家畜化が始まった具体的な説明になっている。feed「～に食べ物を与える，～を養う」

3＜適語選択＞家畜化の条件を述べた部分。　③-a．grass「草」を説明する語として適切なのはcheap「安い」。　③-b．成長が早ければ，すぐに食用にでき，飼育にかかるコストも抑えられる。

4＜語句解釈＞notの後に省略されている語を考える。「家畜化に適しているようで，実際にはそうではない」という文意を読み取る。notの後には，前半の内容と重複するa good choice for domesticationが省略されている。このように，英語では次にくる内容が直前の内容から明らかにわかるとき，多くの場合繰り返しを避けるために省略される。

5＜同義語＞「最初の4つの条件を満たしているが」に続く部分。5つ目の条件である「気性がおとなしい」は満たしていないのだからどう猛なのだとわかる。be very viciousとbite「かむ」が並列されていることからも判断できる。

6＜適語(句)選択＞ここまでの内容から，家畜化されているのは，数ある動植物の中でも一部であることがわかる。その意味に近いのはa few「少しの」。

7＜適所選択＞脱落文にall five conditions「5つの全ての条件」とあることから，5つの条件が述べられた後に入ると考えられる。conditionsについては，第3，4段落で述べられ，第5段落は「味」についての話題に変わっているので，その間にある空所に入ると判断できる。

8＜内容真偽＞ア.「牛や豚などの一部の動物は，単においしいからという理由で，人気のある食べ物になった」…×　そのような記述はない。　イ.「世界のほとんどの動物は，狩るのがとても簡単なので，私たちの食べ物には適していない」…×　そのような記述はない。　ウ.「ガゼルは簡単に繁殖できるため，私たちの食べ物に最適な動物の1つだ」…×　第4段落第6文参照。
エ.「さまざまな味を楽しむことができるおかげで，ある文化では，昆虫が食べられている」…○　第5段落第3文に一致する。

2〔長文読解総合―物語〕

≪全訳≫❶幼いウナルは病気だった。彼ははしかを患っていたので，ベッドにいた。しかし，彼は退屈していた。「何ができるかな？」と彼は思った。「お医者さんは外に行っちゃいけないって言っているけど，太陽が輝いていて，すばらしい天気だ！」❷その朝，彼の母親は家を出るとき，ウナルの祖母に言った。「太陽は輝いているけれど，とても寒いわ。お母さん，ウナルのこと，気をつけてあげて。風邪をひかせたくないの」❸窓から，ウナルは通りを眺めた。そして祖母が部屋に入ってきたとき，ウナルは窓際にいて，パジャマしか着ていなかった。❹「お前のお母さんはお前に何て言った？」と祖母は言った。「それから，お医者さんは何て言った？　お前は風邪をひいて，お前のおじいさんのように死にたいの？　さあ，ベッドに戻りなさい」5「おばあちゃん，なんていい天気なの！　それに，僕は病気じゃないよ。熱はないもの」6「ええ，ありがたいことに，お前は熱がない。でも，風邪をひくのは簡単だよ。そうすれば，お前の顔の赤い斑点が，お前の中に入るのよ」7「いいね！」とウナルは言った。8「いいや，よくないんだよ。それらの赤い斑点はお前を殺す可能性があるんだから，気をつけないと。さあ，ベッドに戻って」9ウナルはベッドに戻り，祖母は台所に戻った。10ウナルの父は亡《な》くなっていた。ウナルが生まれる前に亡くなったのだ。今や，彼の祖父も亡くなっているので，ウナルには「父」と呼ぶ人がいなかった。母親は町の役所で掃除婦として働いていた。それはよい仕事ではなく，家族にはあまりお金がなかった。11その日の間，ウナルはときどきベッドにいて，ときどき窓際にいた。祖母が部屋に入ってくると，ウナルはベッドに戻った。彼女が去ると，彼は走って窓に戻った。12通りの向こう側におもちゃ屋があり，ウナルは窓からそれを見た。今日はお正月で，おもちゃ屋の窓に明るい光がさし込んでいた。なんてすばらしいおもちゃだろう――あらゆる色の，大小の動物と車のおもちゃだ！　しかし，最もすばらしいものは，黒い馬だった。ああ，ウナルはその馬がとても欲しかった！　手綱を引くと，馬の目に光が宿った。その脚の３本は白く，長い茶色のたてがみがあった。13ウナルは窓際に立ち，考え，想像した。「今，僕はあの黒い馬に乗っている」と，彼は心の中で考えた。「僕は病気じゃない。悪いところは何も――もちろんない。黒い馬に乗っていると，寒くないし，病気でもないし，顔に赤い斑点もないんだ」14そのとき，ドアのところで祖母の声が聞こえたので，彼はベッドに駆け戻った。15祖母は入ってきて，こう言った。「いい子だね，ウナル！　ベッドにいなさい。そうすれば，お前は今晩夕食においしいものを食べることができるよ。さあ，私はまだ台所でやることがたくさんあるんだ。いいね，⑫ベッドから出ちゃいけないよ。彼女は外に出てドアを閉めた。16もう暗くなり，おもちゃ屋の窓の全ての明かりが，通りの向こう側に明るく輝いていた。ウナルは起き上がって服を着ると，静かに部屋を出た。彼は自分の靴を見つけることができなかったが，祖母の古い靴を見つけて，それを履いた。彼は通りへと駆け出し，通りを横切っておもちゃ屋に向かった。17店には子どもを連れた女性がたくさんいた。みんな，子どもたちにお正月のおもちゃを買っていた。ウナルはおもちゃを１つも持っていなかった⑬が，欲しくはなかった。彼はあの黒い馬が欲しかった。彼は一度でいいからそれに乗りたかった。店主は忙しく，みんな忙しかった。誰も小さな８歳の男の子を見ていなかった。18ウナルは店の中に入って，売り物を見ながら静かに歩き回った。それから彼はいくつかの大きな箱の後ろに隠れて，そして待った。19しばらくして，全ての明かりが消え，店主はドアを閉めて出ていった。外の街灯が店内にさし込んでいた。ウナルはショーウィンドウに行き，ゆっくりと大きなガラスのドアを開けた。それから彼はショーウィンドウの中に入り，黒い馬の背中に上った。彼は手綱を引いて，馬の頭を見た。そう，馬の目には，明かりが，明るく輝く明かりがともっていた。20ウナルは駆け始めた。「そこら中の地面に雪が見える」と心の中で思った。「空の上に雲が，月から銀色の光が見える。全てがとても明るく，とても寒い。海で泳いでいるみたいだけど，水が氷くらいに冷たいよ」21彼と馬は駆けた。その後，ウナルは再び暖かく感じ始めた。遠くに光があった。それはウナルの金髪の色と同じ色だった。馬は黄色い光に向かって駆けていった。22それは太陽だった。今，ウナルは燃え始めた。彼の髪，手，全てが燃えていた。黒い馬も火のように燃えた。23その後，再び全てが変わった。ウナルは⑭奇妙で空っぽな感じがした。最初，彼は深い水の中にいて，それから空にいた。彼は暑くも寒くもなかった。彼は何も感じなかった。彼と彼の馬は速度を上げた。どんどん速く…。24次にウナルの祖母が彼の部屋に行ったとき，ウナルはそこにいなかった。祖母はとても心配した。彼女は家の中や通りで彼を捜し，みんなに尋ねた。25「ウナルはどこ？」26しかし，誰も知らなかった。通りの他の家族が手伝いに来て，一晩中人が走って出入りした。そして朝がくると，ウナルの家の前にいる女性たちのところに，１人の男性がやってきた。27「見てください」と彼は言った。「そこを見てください。おもちゃ屋のショーウィンドウの中です」28みんなが走って見に行った。彼らは，黒い馬の背中に乗ってほほ笑んでいる小さな男の子を見た。しかし，彼は死んで冷たくなっていた。29彼らは店の窓を割って，ウナルを馬から降ろそうとしたが，動かすことはできなかった。ウナルは今や黒い馬のものだった。彼は馬に乗り続けることをやめられなかったのだ…。30彼らは馬に乗せたまま，彼を家に連れて帰った。祖母はウナルの青白い顔を凝視した。31「ああ，ウナル！」と彼女は言った。「お医者さんはお前に何て言った？　風邪をひいたら，それらの赤い斑点は人を殺すことがあるんだよ」32すると，隣の家の女性が話した。「誰かが死の黒い馬に乗りたいとき，誰にもその人を止められない」33彼らはウナルと黒い馬を，一緒に冷たい地面の下に埋めた。

９＜要旨把握＞第２段落の母親の言葉参照。出かける母親が，祖母にウナルの様子を注意するように頼んでいる。よって，ウナルの祖母は外に出ていない。つまり，エ.「ウナルの祖母は仕事に行った」という記述はない。なお，ウナルが外に出たのは暗くなってからなので(第16段落)，イ.「ウナルはその日の午前中は自分の部屋で過ごした」は正しい。

10＜語句解釈＞can kill you「お前を殺す可能性がある」ものである。

11＜英問英答＞「なぜウナルは窓際にいたのか」―イ.「おもちゃ屋の黒い馬を見るため」　第12，13段落参照。

12＜適文選択＞祖母がウナルの部屋を出るときにかけた言葉。直前のRememberは「覚えていなさい→いいかい」と念を押す言葉。祖母は第４段落と第８段落で，同様のことを言っている。

13＜適文選択＞直後の文参照。ウナルが欲しかったのはおもちゃではなく，黒い馬だったという文脈を読み取る。

14＜適語句選択＞すぐ後に続く「水の中にいて，それから空にいた」はstrangeを，「何も感じなかった」はemptyを表している。　empty「空の，空っぽの」

15＜英問英答＞「黒い馬に乗った後，ウナルに何が起きたか」―ウ.「黒い馬の背中の上で亡くなった」　第28段落参照。

16＜内容真偽＞ア.「ウナルは，暖かい天候の中で母親と一緒に外出するのを楽しんだ」…×　　イ.「お正月のおもちゃ屋には，ウナルの他に子どもはいなかった」…×　第17段落第１文参照。ウ.「祖母の靴は自分のものよりも大きかったので，ウナルはそれを履いた」…×　第16段落第３文参照。　　エ.「黒い馬の背中の上で死んでいるのが見つかったとき，ウナルは幸せそうに見えた」…○　第28段落に一致する。

3〔長文読解総合―会〔対〕話文〕

Ａ≪全訳≫1代理店の店員(Ａ)：ご用件をお伺いいたします。2ジュリー(Ｊ)：ティオマンのホテルを１週間予約したいのですが。3Ａ：ホテルかパッケージ(ツアー)のどちらにご興味がおありでしょうか？4リサ(Ｌ)：そうですね，スキューバダイビングの仕方を習いたいので，パッケージの方がいいですね。5Ａ：かしこまりました。お安いホテルになさいますか，それとも高級リゾートがよろしいですか？❻Ｊ：うーん，中間のものがいいと思います。❼Ａ：わかりました。こちらのパンフレットをご覧ください。❽Ｊ：⑱-a このホテルはどこにあるのですか？❾Ａ：⑱-b ああ，ちょうどビーチのところです。❿Ｌ：⑱-c 申し分なさそうね。9月23日から30日までダブルルームを予約したいのですが。⓫Ａ：⑲ かしこまりました。お二人のお名前をいただけますか。

17＜適語選択＞‘期間’を表すforが適切。

18＜適文選択＞ホテルの場所を尋ねるＣ→場所を答えるＡ→そのホテルがよいというＢの順。

19＜適語選択＞紹介したホテルを気に入った客に予約を頼まれた場面である。謝る必要はない。

Ｂ≪全訳≫❶ジム（Ｊ）：ねえ，タマラ。どうしたの？❷タマラ（Ｔ）：えっ…何でもない。❸Ｊ：言ってごらんよ，僕は君の友達だよ。話してみたらどう？❹Ｔ：わかったわ。ケンのことなの。彼は一緒にいてとても楽しいんだ⑳けど，私がこれまでつき合った中で一番けちなの。❺Ｊ：どうして？　ケンは何をしたの？❻Ｔ：昨日の夜，一緒に映画に行ったの。彼が車を止めている間に私がチケットを買ったのよ。❼Ｊ：それで？❽Ｔ：うん，彼はチケット代を私に払わなかったの。その後彼はスナックバーに行って，ポップコーンとソーダを持って戻ってきたんだけど…自分の分だけよ！　私に何か欲しいかすらきかなかったわ！❾Ｊ：へえ！　それはかなりひどいね。❿Ｔ：そうなの。私は彼のことがとても好きだけど，彼は私をとてもいらいらさせるの。どうしたらいいかな？⓫Ｊ：新しいボーイフレンドを探し始めた方がいいね！

20＜適文選択＞この後のタマラの話から，ケンがけちであることがわかる。このcheapは「けちな」という意味。

21＜適語選択＞ケンのタマラに対する態度から判断できる。この文は‘make＋人＋形容詞’「〈人〉を～にする」の形。このmadは「頭にきて，いらいらして」という意味。

22＜適語（句）選択＞ケンはタマラのボーイフレンド。その相談に対する返答である。

4〔適語選択〕

23.「コアラは主にオーストラリア東部の森林に生息している。彼らは通常夜に活動し，木に住んでいるので，地面の上で見つかることは珍しい。また，ある種の葉だけを食べることでも有名だ。クマに似ていると思う人もいるが，実は全く種類の異なる動物だ」

24.「トムはジョーが引っ越したと聞いてうれしかった。彼らは同じサッカーチームに所属していたが，ジョーはいつもトムに，君はうまくないと言った。彼は，チームがもっと試合に勝てるように，トムがチームにいなければいいのにと思っていた。トムもジョーが自分を嫌っていることを知っていたので，怒っていたし，ジョー抜きでサッカーをしたいと思っていた。トムはもうジョーに会う必要がないので，彼のことを気にせずにサッカーをするのを楽しみにしている」

5〔正誤問題〕

25. ア…×　has been to ～は「～へ行ったことがある」または「～へ行ってきたところだ」という意味を表すので，後半の「今日はオフィスにいない」と矛盾する。「～へ行ってしまった」を表すhas gone to ～にする。　イ…×　‘It is … for — to ～’「—が〔にとって〕～することは…だ」の形式主語構文。to visit Tokyo「東京を訪れること」は，excited「（人が）わくわくして」ではなく，exciting「（人を）わくわくさせる」ことである。　ウ…○　「このおもしろい雑誌は世界中で読まれていた」　エ…×　‘name＋*A*＋*B*’で「*A*を*B*と名づける」となるので，asは不要。

26. ア…○　「この部屋を出るときは，必ず窓を閉めてください」　イ…×　「クリスマスの夜」のような‘特定の日の朝・昼・晩’につく前置詞はon。　ウ…×　every は単数扱い。Every house ... has ...とする。　エ…×　Although「～であるが」と but「～だが」のいずれかが不要。

6〔整序結合〕

27. 文の骨組みは，The bicycle was expensive。「自転車」を修飾する「父が私に買ってくれた」は，which があるので関係代名詞節で表し，The bicycle の後に置く。「〈人〉に〈物〉を買う」は，for があるので‘buy＋物＋for＋人’の形を使う。　The bicycle which my father bought for me was expensive.

28. 「～していただけますか」は Could you ～？で表せる。この後，‘tell＋人＋物事’「〈人〉に〈物事〉を教える」を続ける。‘物事’に当たる「その猫が何歳なのか」は‘疑問詞＋主語＋動詞...’の間接疑問にする。‘疑問詞’は how old。　Could you tell me how old the cat is?

29. まず I love Beethoven the best とする。最上級の文で「～の中で」は，‘～’が主語の属する複数名詞または数詞の場合は in ではなく of で表すので of all the musicians と続ける。最後に in history「歴史上で」とする。　I love Beethoven the best of all the musicians in history.

30. ‘It takes(＋人)＋時間＋to＋動詞の原形’「(〈人〉が)～するのに(時間が)…かかる」の形にまとめる。　It took Jason three hours to arrive at Houston.

7〔総合問題〕

A＜単語の定義＞

31. 「食べ物を持ち上げて食べるために使われる，持ち手と3つまたは4つの鋭い先端を備えた道具」―ウ．「フォーク」

32. 「あなたがよく知っている，あなたの好きな人物で，通常はあなたの家族の一員ではない人」―イ．「友達」

33. 「翼と1つまたは2つのエンジンを備えた，空を飛ぶ乗り物」―イ．「飛行機」

B＜適語(句)選択＞

34. on foot「徒歩で」　「私はいつも歩いて仕事に行く」

35. must not ～で「～してはいけない」という‘禁止’の意味を表す。　「あなたは十分に年をとっていないので，アルコールを飲んではいけない」

2022年度／川越東高等学校（特待生）

数学解答

1	(1) (エ)	(2) (オ)	(3) (ウ)	(4) (エ)	**4**	(12) (ウ)	(13) (イ)	(14) (カ)
2	(5) (ウ)	(6) (カ)	(7) (イ)		**5**	(15) (ア)	(16) (オ)	(17) (カ)
3	(8) (ア)	(9) (ア)	(10) (エ)	(11) (オ)	**6**	(18) (イ)	(19) (ア)	(20) (オ)

1〔独立小問集合題〕

(1)＜式の計算＞与式$=-\frac{b^3}{27a^6}\div\frac{a^4b^2}{64}\times\frac{81a^4b^4}{16}=-\frac{b^3}{27a^6}\times\frac{64}{a^4b^2}\times\frac{81a^4b^4}{16}=-\frac{b^3\times64\times81a^4b^4}{27a^6\times a^4b^2\times16}=-\frac{12b^5}{a^6}$

(2)＜連立方程式＞$\frac{2x+y}{4}-\frac{x-y}{6}=\frac{2}{3}$……①，$\frac{2x-y}{3}-\frac{x+3y}{5}=7$……②とする。①×12より，$3(2x+y)-2(x-y)=8$，$6x+3y-2x+2y=8$，$4x+5y=8$……①′　②×15より，$5(2x-y)-3(x+3y)=105$，$10x-5y-3x-9y=105$，$7x-14y=105$，$x-2y=15$……②′　①′－②′×4より，$5y-(-8y)=8-60$，$13y=-52$　$\therefore y=-4$　これを②′に代入して，$x-2\times(-4)=15$，$x+8=15$　$\therefore x=7$

(3)＜式の計算―因数分解＞$x^2+7x=A$とおくと，与式$=(A+4)(A-6)-24=A^2-2A-24-24=A^2-2A-48=(A-8)(A+6)$となるので，$A$をもとに戻して，与式$=(x^2+7x-8)(x^2+7x+6)=(x+8)(x-1)(x+6)(x+1)$である。

(4)＜場合の数＞右図で，円周を6等分する点A～点Fのうちから3点を選んでつくる三角形は，△ABCと合同な三角形，△ABDと合同な三角形，△ACEと合同な三角形のいずれかである。円の中心をOとすると，$\angle\mathrm{AOB}=\angle\mathrm{BOC}=360°\times\frac{1}{6}=60°$となり，OA＝OB＝OC＝1だから，△OAB，△OBCは正三角形である。これより，AB＝BC＝OA＝OC＝1となるので，四角形ABCOはひし形である。点Bから半径OAに垂線BHを引くと，△ABHは3辺の比が$1:2:\sqrt{3}$の直角三角形になるので，$\mathrm{BH}=\frac{\sqrt{3}}{2}\mathrm{AB}=\frac{\sqrt{3}}{2}\times1=\frac{\sqrt{3}}{2}$となる。よって，〔ひし形ABCO〕$=\mathrm{OA}\times\mathrm{BH}=1\times\frac{\sqrt{3}}{2}=\frac{\sqrt{3}}{2}$より，$\triangle\mathrm{ABC}=\frac{1}{2}$〔ひし形ABCO〕$=\frac{1}{2}\times\frac{\sqrt{3}}{2}=\frac{\sqrt{3}}{4}$となり，AD＝2OA＝2×1＝2より，$\triangle\mathrm{ABD}=\frac{1}{2}\times\mathrm{AD}\times\mathrm{BH}=\frac{1}{2}\times2\times\frac{\sqrt{3}}{2}=\frac{\sqrt{3}}{2}$となる。さらに，△ACEは正三角形であり，$\triangle\mathrm{COE}=\triangle\mathrm{EOA}=\triangle\mathrm{AOC}=\triangle\mathrm{ABC}=\frac{\sqrt{3}}{4}$となるから，$\triangle\mathrm{ACE}=3\triangle\mathrm{AOC}=3\times\frac{\sqrt{3}}{4}=\frac{3\sqrt{3}}{4}$となる。以上より，面積が$\frac{\sqrt{3}}{2}$となるのは，△ABDと合同な三角形である。△ABDと合同な三角形は，1辺が円Oの直径となる三角形である。線分ADを1辺とする三角形は△ABD，△ACD，△ADE，△ADFの4個あり，線分BE，線分CFを1辺とする三角形もそれぞれ4個あるので，面積が$\frac{\sqrt{3}}{2}$となる三角形は4×3＝12(個)ある。

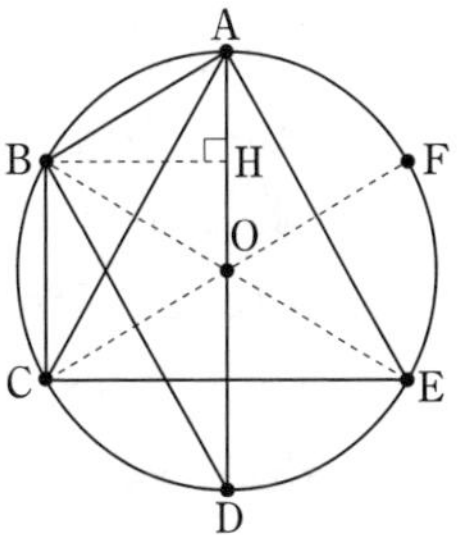

2〔数と式―方程式の応用〕

≪基本方針の決定≫(5)　A君，B君の料金の差は，超過料金の差である。

(5)＜yの値＞1回の利用時間がx分以内のときの最大の料金を考えると，利用料金は500円で，$10\leqq a\leqq20$より，水泳帽のレンタル料金は最大で$10a=10\times20=200$(円)だから，最大の料金は500＋200＝700(円)である。A君，B君の水泳帽のレンタル料金を合わせた料金がそれぞれ1010円，740円で700円を超えていることから，A君，B君の利用時間はx分を超えている。A君，B君のx分間の利用料金，水泳帽のレンタル料金はそれぞれ同じだから，2人の料金の差は，超過料金の差となる。2人の料金の差は $1010-740=270$(円)だから，2人の超過料金の差も270円である。また，A君，B君の利用時間はそれぞれ130分，100分で，その差が $130-100=30$(分)より，超過した時間の差も30分である。超過料金は1分ごとに y 円だから，$y\times30=270$ が成り立ち，$y=9$(円)となる。

(6)＜x の値＞(5)より，超過料金は1分ごとに9円であり，A君の超過時間は $130-x$ 分と表せるから，A君の料金について，$500+9(130-x)+10a=1010$ が成り立ち，$9(130-x)=510-10a$，$9(130-x)=10(51-a)$ となる。a は，$10\leqq a\leqq20$ を満たす自然数だから，$10(51-a)$ は，$10\times(51-10)=410$，$10\times(51-20)=310$ より，310以上410以下の10の倍数となる。また，$9(130-x)$ は9の倍数だから，$10(51-a)$ も9の倍数である。よって，$10(51-a)=360$ だから，$9(130-x)=360$ であり，$130-x=40$，$x=90$(分)である。

(7)＜a の値＞(6)より，$10(51-a)=360$ だから，$51-a=36$，$a=15$ となる。

3 〔平面図形―円と三角形〕

≪基本方針の決定≫(9)　△ACDが特別な直角三角形であることに気づきたい。

図1

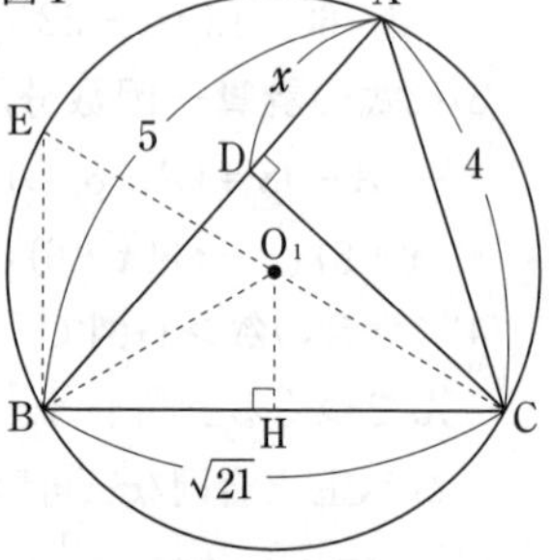

(8)＜長さ＞右図1で，$AD=x$ とすると，$BD=5-x$ となる。$CD\perp AB$ だから，△ACDで三平方の定理より，$CD^2=CA^2-AD^2=4^2-x^2=16-x^2$ となり，△BCDで三平方の定理より，$CD^2=BC^2-BD^2=(\sqrt{21})^2-(5-x)^2=-x^2+10x-4$ となる。よって，$16-x^2=-x^2+10x-4$ が成り立ち，$10x=20$，$x=2$ となるので，$CD=\sqrt{16-x^2}=\sqrt{16-2^2}=\sqrt{12}=2\sqrt{3}$ である。

(9)＜長さ＞右図1で，(8)より，△ACDの3辺の比は $AD:CA:CD=2:4:2\sqrt{3}=1:2:\sqrt{3}$ だから，$\angle CAD=60°$ である。よって，点 O_1 と2点B，Cをそれぞれ結ぶと，$\overset{\frown}{BC}$ に対する円周角と中心角の関係より，$\angle BO_1C=2\angle CAD=2\times60°=120°$ となる。$△O_1BC$ は $OB=OC$ の二等辺三角形だから，点 O_1 から辺BCに垂線 O_1H を引くと，$\angle BO_1H=\angle CO_1H=\dfrac{1}{2}\angle BO_1C=\dfrac{1}{2}\times120°=60°$ となり，$△O_1BH$ は3辺の比が $1:2:\sqrt{3}$ の直角三角形となる。また，$BH=CH=\dfrac{1}{2}BC=\dfrac{1}{2}\times\sqrt{21}=\dfrac{\sqrt{21}}{2}$ となるので，円 O_1 の半径は，$O_1B=\dfrac{2}{\sqrt{3}}BH=\dfrac{2}{\sqrt{3}}\times\dfrac{\sqrt{21}}{2}=\sqrt{7}$ である。

≪別解≫図1で，CO_1 を延長して円 O_1 の周との交点をEとし，2点E，Bを結ぶ。線分CEが円 O_1 の直径より，$\angle CBE=90°$ だから，$\angle CBE=\angle CDA=90°$ である。また，$\overset{\frown}{BC}$ に対する円周角より，$\angle CEB=\angle CAD$ だから，$△ECB\backsim△ACD$ となる。よって，$CE:CA=CB:CD$ だから，$CE:4=\sqrt{21}:2\sqrt{3}$ が成り立つ。これより，$CE\times2\sqrt{3}=4\times\sqrt{21}$，$CE=2\sqrt{7}$ となるから，円 O_1 の半径は $O_1C=\dfrac{1}{2}CE=\dfrac{1}{2}\times2\sqrt{7}=\sqrt{7}$ である。

図2

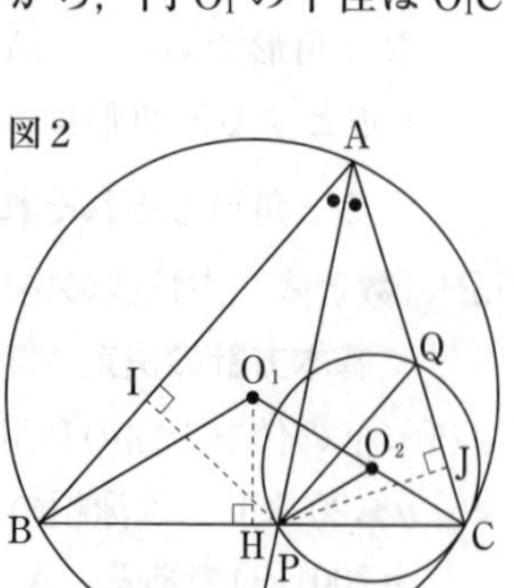

(10)＜角度＞右図2で，(9)より，$△O_1BH$ は3辺の比が $1:2:\sqrt{3}$ の直角三角形だから，$\angle O_1BH=30°$ であり，$△O_1BC$ が $O_1B=O_1C$ の二等辺三角形より，$\angle O_2CP=\angle O_1BH=30°$ となる。点 O_2 と点Pを結ぶと，$△O_2PC$ は $O_2P=O_2C$ の二等辺三角形だから，$\angle O_2PC=\angle O_2CP=30°$ となり，$\angle PO_2C=180°-\angle O_2PC-\angle O_2CP=180°-30°-30°=120°$ となる。よって，$\overset{\frown}{PC}$ に対する円周角と中心角の関係より，$\angle CQP=\dfrac{1}{2}\angle PO_2C=\dfrac{1}{2}\times120°=60°$ となる。

(11)＜面積＞前ページの図2で，点Pから辺AB，辺CAに垂線PI，PJを引く。AP＝AP，∠PIA＝∠PJA＝90°，∠PAI＝∠PAJより，△API≡△APJとなるので，PI＝PJである。これより，△ABP：△APC＝$\frac{1}{2}$×AB×PI：$\frac{1}{2}$×CA×PJ＝$\frac{1}{2}$×5×PI：$\frac{1}{2}$×4×PJ＝5：4となる。また，△ABP：△APC＝BP：PCだから，BP：PC＝5：4となる。△O_1BCと△O_2PCはともに二等辺三角形で，∠O_1CB＝∠O_2CPだから，△O_1BC∽△O_2PCである。よって，O_1B：O_2P＝BC：PC＝(5＋4)：4＝9：4となるので，$O_2P=\frac{4}{9}O_1B=\frac{4}{9}\times\sqrt{7}=\frac{4\sqrt{7}}{9}$となる。(10)より，∠$PO_2C$＝120°だから，おうぎ形$O_2$PCの面積は，$\pi\times\left(\frac{4\sqrt{7}}{9}\right)^2\times\frac{120°}{360°}=\frac{112}{243}\pi$である。

4 〔関数―関数$y=ax^2$と一次関数のグラフ〕

≪基本方針の決定≫(14)　CD∥ABである。四角形ABDCを，点A，点Bを通りy軸に平行な直線で3つの図形に分けて考えるとよい。

図1

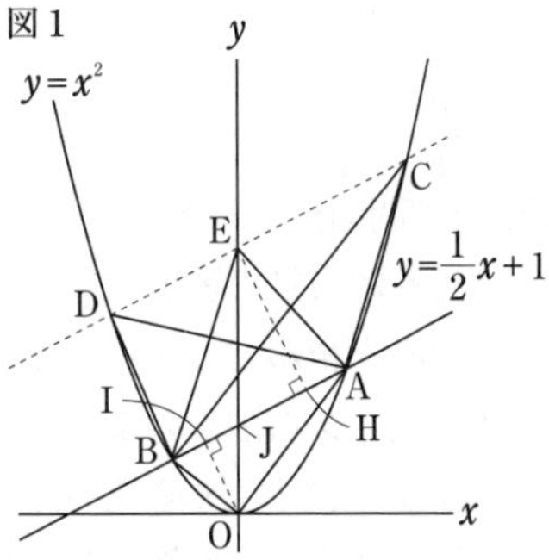

(12)＜x座標＞右図1で，点Aは放物線$y=x^2$と直線$y=\frac{1}{2}x+1$の交点だから，この2式より，$x^2=\frac{1}{2}x+1$，$2x^2-x-2=0$となり，解の公式を用いると，$x=\frac{-(-1)\pm\sqrt{(-1)^2-4\times2\times(-2)}}{2\times2}=\frac{1\pm\sqrt{17}}{4}$である。点Aの$x$座標は正なので，$\frac{1+\sqrt{17}}{4}$である。

(13)＜x座標＞右図1で，△ABE＝△ABC＝2△OABとなる点Eをy軸上の直線ABより上側にとると，CE∥ABとなり，直線ABの傾きが$\frac{1}{2}$だから，直線CEの傾きも$\frac{1}{2}$である。2点E，Oから直線ABに垂線EH，OIを引くと，△ABE＝2△OABより，$\frac{1}{2}$×AB×EH＝2×$\left(\frac{1}{2}\times AB\times OI\right)$となるので，EH＝2OIとなる。直線ABと$y$軸の交点をJとすると，∠EHJ＝∠OIJ＝90°，∠EJH＝∠OJIより，△EJH∽△OJIだから，EJ：OJ＝EH：OI＝2OI：OI＝2：1となる。直線ABの切片が1より，J(0，1)だから，OJ＝1であり，EJ＝2，OE＝1＋2＝3となる。よって，点Eのy座標は3だから，直線CEの式は$y=\frac{1}{2}x+3$である。点Cは放物線$y=x^2$と直線$y=\frac{1}{2}x+3$の交点だから，この2式より，$x^2=\frac{1}{2}x+3$，$2x^2-x-6=0$となり，$x=\frac{-(-1)\pm\sqrt{(-1)^2-4\times2\times(-6)}}{2\times2}=\frac{1\pm\sqrt{49}}{4}=\frac{1\pm7}{4}$となる。したがって，$x=\frac{1+7}{4}=2$，$x=\frac{1-7}{4}=-\frac{3}{2}$となり，点Cの$x$座標は正だから，2である。

(14)＜直線の傾き＞右上図1で，△ABC＝2△OAB，△ABD＝2△OABだから，△ABC＝△ABDである。これより，CD∥ABとなる。(13)より，CE∥ABなので，点Dは直線CEと放物線$y=x^2$の交点となる。右図2で，2点A，Bを通りy軸に平行な直線と直線CDの交点をそれぞれA′，B′とする。四角形AA′B′Bは平行四辺形となるから，AA′＝BB′である。また，(12)より，2点A，Bのx座標はそれぞれ$\frac{1+\sqrt{17}}{4}$，$\frac{1-\sqrt{17}}{4}$，(13)より，2点C，Dのx座標はそれぞれ2，$-\frac{3}{2}$だから，△AA′C，△BB′Dの底辺をそれぞれ辺AA′，辺BB′と見ると，△AA′Cの高さは$2-\frac{1+\sqrt{17}}{4}=\frac{7-\sqrt{17}}{4}$，△BB′D

図2

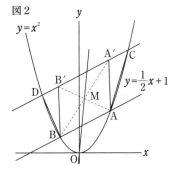

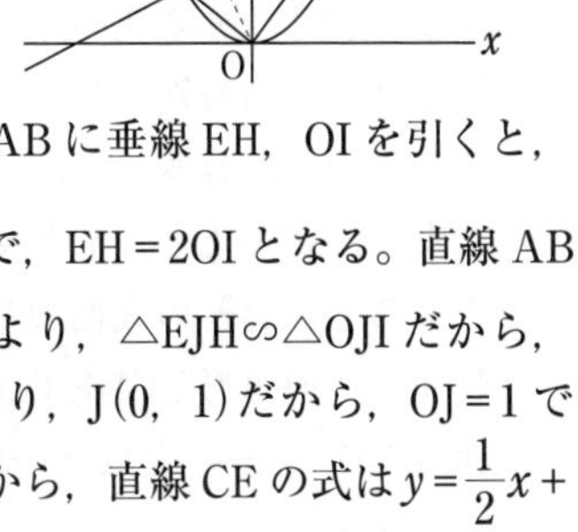

の高さは$\frac{1-\sqrt{17}}{4}-\left(-\frac{3}{2}\right)=\frac{7-\sqrt{17}}{4}$となる。よって，△AA′Cと△BB′Dは，底辺，高さが等しいので，△AA′C＝△BB′Dとなる。したがって，原点Oを通り四角形ABDCの面積を2等分する直線は，▱AA′B′Bの面積を2等分する直線である。▱AA′B′Bの対角線AB′，BA′の交点をMとすると，▱AA′B′Bの面積を2等分する直線は点Mを通るので，求める直線の傾きは直線OMの傾きとなる。点Aは直線$y=\frac{1}{2}x+1$上にありx座標が$\frac{1+\sqrt{17}}{4}$だから，$y=\frac{1}{2}\times\frac{1+\sqrt{17}}{4}+1=\frac{9+\sqrt{17}}{8}$となり，A$\left(\frac{1+\sqrt{17}}{4},\ \frac{9+\sqrt{17}}{8}\right)$である。点Bの$x$座標が$\frac{1-\sqrt{17}}{4}$より，点B′の$x$座標も$\frac{1-\sqrt{17}}{4}$であり，点B′は直線$y=\frac{1}{2}x+3$上にあるから，$y=\frac{1}{2}\times\frac{1-\sqrt{17}}{4}+3=\frac{25-\sqrt{17}}{8}$となり，B′$\left(\frac{1-\sqrt{17}}{4},\ \frac{25-\sqrt{17}}{8}\right)$である。点Mは線分AB′の中点なので，$x$座標は$\left(\frac{1+\sqrt{17}}{4}+\frac{1-\sqrt{17}}{4}\right)\div2=\frac{1}{4}$，$y$座標は$\left(\frac{9+\sqrt{17}}{8}+\frac{25-\sqrt{17}}{8}\right)\div2=\frac{17}{8}$より，M$\left(\frac{1}{4},\ \frac{17}{8}\right)$である。点Mの座標より，求める直線の傾きは$\frac{17}{8}\div\frac{1}{4}=\frac{17}{2}$となる。

5〔空間図形―球と円柱〕

≪基本方針の決定≫⒂　底面に接する4つの鉄球の中心を通る断面で考える。　⒃　5つの鉄球の中心を結んでできる立体は正四角錐である。

⒂＜長さ＞右図1のように，5個の鉄球の中心をA，B，C，D，Eとする。4個の鉄球B，C，D，Eは円柱の容器の底面と側面に接し，隣り合う2個の鉄球どうしも接しているので，4点B，C，D，Eを通る平面は，容器の底面と平行になり，その断面は右下図2のようになる。このとき，外側の円の中心をO，円Cと円Oの接点をFとすると，容器の底面の半径はOF＝CF＋OCとなる。図形の対称性から，四角形BCDEは正方形となり，点Oは正方形BCDEの対角線BD，CEの交点と一致する。鉄球の半径が3cmより，BC＝3＋3＝6だから，CE＝$\sqrt{2}$BC＝$\sqrt{2}\times6=6\sqrt{2}$となり，OC＝$\frac{1}{2}$CE＝$\frac{1}{2}\times6\sqrt{2}=3\sqrt{2}$である。また，CF＝3なので，容器の底面の半径はOF＝$3+3\sqrt{2}=3(1+\sqrt{2})$cmとなる。

図1

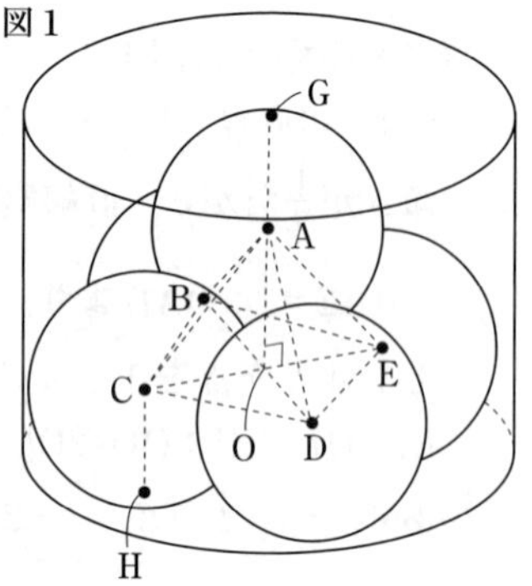

図2

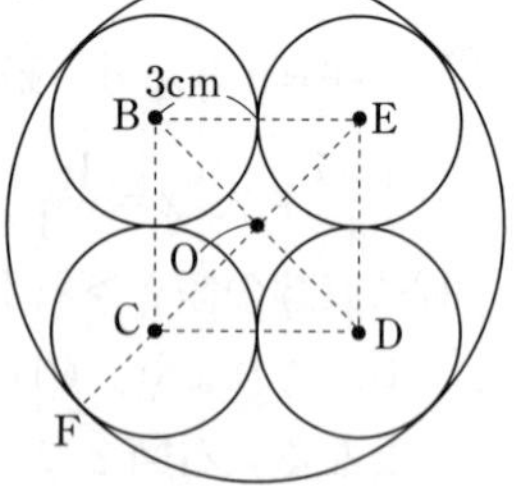

⒃＜長さ＞右上図1で，鉄球Aとふたとの接点をG，鉄球Cと底面との接点をHとする。鉄球Aは4つの鉄球B，C，D，Eと接していることより，AB＝AC＝AD＝AE＝3＋3＝6であり，⒂より四角形BCDEは1辺が6の正方形だから，立体A-BCDEは正四角錐である。よって，AO⊥〔面BCDE〕となるので，容器の高さは，AG＋AO＋CHで求められる。鉄球の半径なので，AG＝CH＝3である。また，OC＝$3\sqrt{2}$なので，△ACOで三平方の定理より，AO＝$\sqrt{\mathrm{AC}^2-\mathrm{OC}^2}=\sqrt{6^2-(3\sqrt{2})^2}=\sqrt{18}=3\sqrt{2}$となる。したがって，容器の高さは，AG＋AO＋CH＝$3+3\sqrt{2}+3=6+3\sqrt{2}=3(2+\sqrt{2})$cmとなる。

⒄＜体積＞右上図1で，容器に入っている水の体積は，容器の容積から，5つの鉄球の体積をひいて求められる。⒂より容器の底面の半径は$3(1+\sqrt{2})$cm，⒃より容器の高さは$3(2+\sqrt{2})$cmだから，容器の容積は，$\pi\times\{3(1+\sqrt{2})\}^2\times3(2+\sqrt{2})=\pi\times9(3+2\sqrt{2})\times3(2+\sqrt{2})=(270+189\sqrt{2})\pi$である。鉄球1つの体積は$\frac{4}{3}\pi\times3^3=36\pi$だから，入っている水の体積は$(270+189\sqrt{2})\pi-36\pi\times5=(90+$

$189\sqrt{2})\pi$ (cm^3)である。

6 〔平面図形—三角形〕

≪基本方針の決定≫⒆　点Fから辺AB，辺BC，辺CAに引いた垂線の長さが等しくなることに気づきたい。　⒇　線分AG，線分AHを延長する。

⒅＜面積＞右図1で，点Aから辺BCに垂線AIを引き，BI$=x$とすると，IC$=24-x$となる。△ABI，△AICで三平方の定理より，$AI^2=AB^2-BI^2$，$AI^2=CA^2-IC^2$だから，$AB^2-BI^2=CA^2-IC^2$であり，$16^2-x^2=20^2-(24-x)^2$が成り立つ。これを解くと，$256-x^2=400-576+48x-x^2$，$48x=432$，$x=9$となるので，AI$=\sqrt{16^2-x^2}=\sqrt{16^2-9^2}=\sqrt{175}=5\sqrt{7}$である。よって，△ABC$=\dfrac{1}{2}\times$BC$\times$AI$=\dfrac{1}{2}\times24\times5\sqrt{7}=60\sqrt{7}$となる。

図1

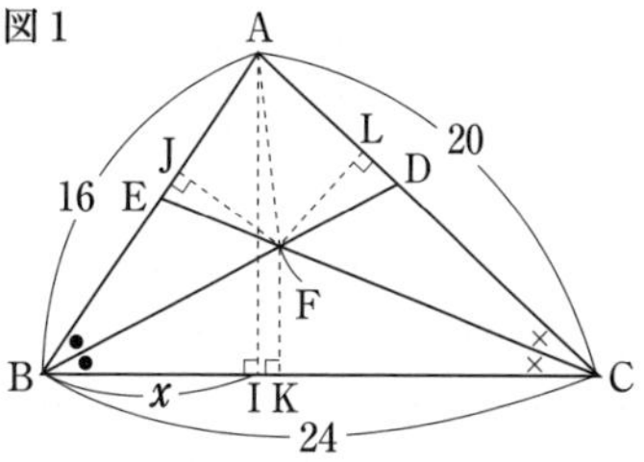

⒆＜面積＞右上図1で，点Fから辺AB，辺BC，辺CAにそれぞれ垂線FJ，FK，FLを引く。FB＝FB，∠FJB＝∠FKB＝90°，∠FBJ＝∠FBKより，△FBJ ≡△FBKだから，FJ＝FKである。同様にして，△FCK ≡△FCLだから，FK＝FLとなる。よって，FJ＝FK＝FLとなる。これより，△FAB，△FBC，△FCAは，底辺をそれぞれ辺AB，辺BC，辺CAと見ると高さが等しいから，面積の比は底辺の比と等しくなり，△FAB：△FBC：△FCA＝AB：BC：CA＝16：24：20＝4：6：5となる。よって，△FBC$=\dfrac{6}{4+6+5}$△ABC$=\dfrac{2}{5}\times60\sqrt{7}=24\sqrt{7}$である。

⒇＜面積＞右図2で，線分AG，線分AHを延長し，辺BCとの交点をそれぞれM，Nとする。∠ABG＝∠MBG，BG⊥AMより，△ABMは二等辺三角形だから，MB＝AB＝16となる。また，AG＝GMである。同様にして，∠ACH＝∠NCH，CH⊥ANより，NC＝CA＝20，AH＝HNとなる。よって，BN＝BC－NC＝24－20＝4となり，MN＝MB－BN＝16－4＝12となるので，△AMN$=\dfrac{1}{2}\times$MN$\times$AI$=\dfrac{1}{2}\times12\times5\sqrt{7}=30\sqrt{7}$となる。さらに，AG：AM＝AH：AN＝1：2，∠GAH＝∠MANより，△AGH∽△AMNである。相似比は1：2だから，△AGH：△AMN$=1^2:2^2=1:4$であり，△AGH$=\dfrac{1}{4}$△AMN$=\dfrac{1}{4}\times30\sqrt{7}=\dfrac{15\sqrt{7}}{2}$である。

図2

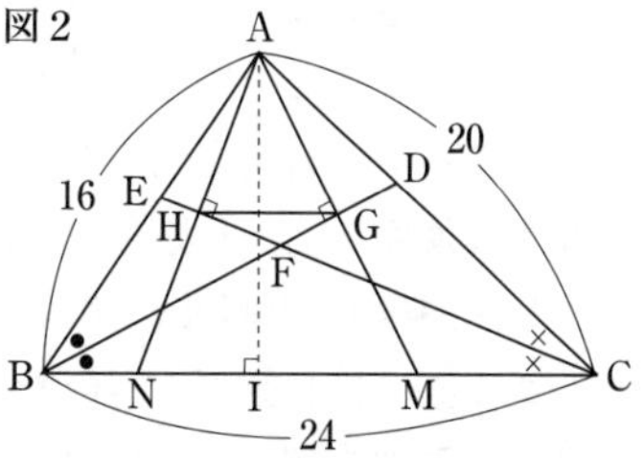

＝読者へのメッセージ＝

6の点Fは，△ABCの∠ABC，∠BCAの二等分線の交点です。この点を「内心」といいます。三角形には，その他に「外心」「垂心」「重心」「傍心」という点があり，これらを「三角形の五心」といいます。

国語解答

一　問1　a…ウ　b…ア　c…イ
問2　エ　問3　ア　問4　ウ
問5　エ　問6　エ　問7　イ
問8　ア　問9　エ　問10　イ
問11　エ

二　問1　a…ウ　b…イ　c…エ
問2　ウ　問3　エ　問4　イ
問5　ア　問6　ウ　問7　イ
問8　ウ　問9　ア　問10　エ
問11　イ　問12　エ

三　問1　ア　問2　エ　問3　ア
問4　イ　問5　エ　問6　ア
問7　エ　問8　イ

一〔論説文の読解―芸術・文学・言語学的分野―言語〕出典；古田徹也『言葉の魂の哲学』「かたち成すものとしての言葉―カール・クラウスの言語論が示すもの」。

≪本文の概要≫クラウスは，世界が不確かさに覆われ，不安や孤独に襲われているように感じても，人間は言語不信に陥って，マス・メディアなどの誰かの言葉に委ねるべきではないと説いた。しかし，現在，人々はソーシャル・メディアを通して，自分の主張として他者の言葉をそのまま反復することが容易になり，空気や雰囲気や流れといった曖昧な何かに流されている。その点で，クラウスの時代よりも，状況はさらに悪くなりつつある。誰もが自分の話す言葉に耳を傾け，自分の言葉に思いを凝らさなければならないというクラウスの呼びかけに応じるために，使い古された言葉であっても，さまざまな言葉やイメージや思考を沸き立たせる可能性があることを意識すること，また，決まり文句のような言葉であっても，異なる文脈に置いたり別のさまざまな言葉と組み合わせたりすることによって，言葉を再び生き生きとしたものにすることが必要である。

問1＜漢字＞a．「妥協」と書く。アは「享受」，イは「共益費」，ウは「協賛」，エは「供給」。　b．「繊細」と書く。アは「繊維」，イは「潜在」，ウは「鮮明」，エは「詮索」。　c．「喚起」と書く。アは「歓喜」，イは「喚声」，ウは「換気」，エは「閑散」。

問2＜表現＞例えば，「使い古された言葉が湛える奥行き」が，「様々な言葉やイメージや思考を喚起する可能性」のことであるように，「――」は，それに続く内容が直前の内容の具体的な言い換えであることや，伝えたい主張であることを表している。

問3＜指示語＞人々が常套句の使用に甘んじてしまったり，言葉の違いに気をとめなくなったりするように，「言語それ自体」が顧みられなくなったり，忘れ去られたりすることがある。

問4＜文章内容＞現在は，ソーシャル・メディア・サービスの「リツイート」や「シェア」等の反射的な引用や拡散によって，自分の主張として他者の言葉をそのまま流し，言葉を発する方も受ける方も，「空気や雰囲気や流れといった曖昧な何か」に身を委ねている状況である。

問5＜文章内容＞クラウスの主張は大きく分けて「二つの事柄」を指していて，一つは常套句として「使い古された言葉が湛える奥行き」に対して意識的になり，「多面性をもった言葉」として活性化させることである(…A)。そして，「常套句と化した」言葉を，異なる文脈に置いたり，意外な言葉と組み合わせたりすることで「決まり文句の鮮度を高め」て，多面性を言葉に持たせることである(…B)。

問6＜接続語＞C．「使い古された言葉」の例として，「やばい」という言葉が挙げられる。　D・E．今の若者は，間違いなく，さまざまな表現で表せる場面で，しばしば「やばい」という言葉を使うが(…D)，そうした「やばい」の用法は，必ずしも多様な言葉を平板化し，実際にはやばくない現実を歪めているわけではなく，どちらかと言えば，「危険や不都合が予測される」という原義を残したまま，微妙なニュアンスを表している場合もある(…E)。

問７＜文脈＞「ある言葉を立体的な〈言葉のかたち〉とする」ためには，人々が，「その言葉が互いに類似した多様な意味合いで用いられてきた」ことを忘れ去らず，多様な用法をふまえてその言葉を「どう用い，どう理解するか」が大切である。

問８＜文章内容＞言葉自体が多面性を持っていたとしても，言葉を用いる者自身が，その言葉の多様なニュアンスを意識して使わなければ，多様な意味合いを含ませることはできないのである。

問９＜文章内容＞「最近の若者は……」などの表現は，多様な生活を送る一人ひとりの現状に想像を広げず，「若者」と一括りにまとめて用いられており，現実に即さないものになっている。

問10＜文章内容＞「若者の深刻な犯罪離れ」という言葉は，言葉を曖昧にし，現実を歪めがちな常套句である「若者の○○離れ」を用いながらも，若年層の凶悪犯罪の減少という現実を明らかにし，常套句の別の見方を提示している。

問11＜要旨＞クラウスは，マス・メディアの言葉に依存するのではなく，言語の可能性を信じることを求めた(ア…×)。クラウスの警告をふまえると，我々は，他者の言葉の反復や常套句を使用する際に，その言葉の多面性をもっと意識して使用する必要がある(イ…×)。また，鮮度の高い言葉とするには，型を破ることも必要で，これまでとは異なる文脈の中に置いたり，別の言葉と組み合わせたりして，その言葉の持つニュアンスを吟味すべきである(エ…○)。「型破り」な言葉の使用に必要なのは，諧謔と批判の精神であり，ユーモアや皮肉などと呼ばれる精神である(ウ…×)。

二 〔小説の読解〕出典；国木田独歩『忘れえぬ人々』／〔論説文の読解―芸術・文学・言語学的分野―文学〕柄谷行人『日本近代文学の起源』「風景の発見」。

問１＜語句＞ａ．「風采」は，外部から見た容姿や服装などの様子。　ｂ．「暫時」は，少しの間のこと。　ｃ．「大要」は，だいたいのところ，概要のこと。

問２＜文章内容＞彼は，東京に住んでいるが，この日は川崎からこの宿屋に来た(ウ…×)。

問３＜文章内容＞「東京から八王子なら道が変」なので，主人は，身元がはっきりせず，話も矛盾している奇妙な格好をした男を泊めたくないと思ったと考えられる。

問４＜文章内容＞大津は，「鉛筆で書いたスケッチ」と同じで，まだ人に見せられるような原稿ではないと恥ずかしがりながらも，自分の思いを理解してほしくて，秋山から原稿を取り上げずにいると考えられる。

問５＜表現＞秋山は，風雨の音だけが響く静かな夜は，大津の領分である文学を楽しむときだと考えたが，自分の原稿を見つめて物思いにふける大津の表情は，自分の領分である絵を描くのにふさわしいと思った。

問６＜文章内容＞大津は，親子，友人，教師や先輩は「忘れて叶うまじき人」で，本来忘れても人情や義理を欠くことにならないが，忘れられない人が「忘れ得ぬ人」だとしている。

問７＜文章内容＞大津は，「健康が思わしくないせい」で，東京の学校を離れ，故郷に帰ることは自分でも納得していたが，「将来の夢を描てはこの世に於ける人の身の上のことなど」を思って，不安に駆られていた。

問８＜俳句の内容理解＞田畑のある島だと知ったことだよ，雲雀が空高く鳴いているので，という意味。「田畑ある島」によって，人が住む島であることはわかるが，田畑で働く人の様子は描かれていない(ウ…×)。

問９＜文章内容＞大津は，人生の問題などで孤独を感じるたびに，「これらの人々」を思い出し，彼らと一体のように感じることで慰められ，「心の平穏」を取り戻すことができたのである。

問10＜表現＞「人影が黒い点のようになって了って」という部分からは，大津が人の存在も「風景」

の一部としてとらえていることが表されている。

問11＜要旨＞大津は，自身の孤独な状態を「風景」と結びつけ，自分とは直接関わりのない他人を「風景」の一部としてとらえ，一体性を感じている。柄谷氏は，周囲の外的なものに無関心な「内的人間」が外の「風景」を見出す行為を「倒錯」ととらえている。

問12＜文学史＞『破戒』は，島崎藤村の小説。『蒲団』は，田山花袋の小説。『鼻』は，芥川龍之介の小説。

三〔古文の読解―説話〕出典；鴨長明『発心集』第一ノ七。

≪現代語訳≫小田原という寺に教懐聖人という人がいた。後に高野山に住んだが，新しい水瓶《がめ》で，姿形などが思うとおりの(ほれぼれとする)物を手に入れて，特に愛用していたのを，縁に置いたまま，(教懐聖人は)奥の院に参拝した。そこで，念仏などを唱えて一心に祈っていたとき，この水瓶を思い出して，不用意に(他の物と)並べて置いてきた物(＝水瓶)を，人が盗むのではないかと心配になって，(勤行にも)少しも気持ちが入らなかったので，(これでは)だめだと思って，帰るとすぐに，雨受けの石畳の上に並べて，(水瓶を)打ち砕いて捨てた。／また，横川に(いた)尊勝の阿闍梨《あじゃり》陽範という人が，すばらしい紅梅を植えて，このうえなくすばらしい物として，(梅の花の)盛りにはただひたすらこの梅を楽しみながら，たまたま人が(梅の枝を)折ったことを特に残念に思い，(その人を)言いとがめるほどだったが，何を思ったのだろうか，弟子たちが外出して，誰もいないすきに，何もわからない小法師が一人いたのを呼んで，「斧《おの》はあるか。持ってきなさい」と言って，この梅の木を根元から切って，(その跡の)上に砂をまいて，跡形もなくしていた。弟子たちが帰ってきて，(梅の木がないことを)驚き怪しんで，(阿闍梨陽範に)理由を尋ねたところ，ただ「つまらないものだから」と答えた。／これらの人たちは皆(自分の心が)何かに執着するのを恐れたのである。教懐も陽範も，ともに(極楽)往生を遂げた人である。実際，はかない現世に心を奪われて，長い(輪廻の)闇に迷うのを，愚かであると思わない人がいるだろうか，いや，そんな人はいないはずである。しかしながら，何度生まれ変わっても，煩悩の召し使いとなる(人間の)習性の悲しさを知りながら，自分も他の人も，なかなか思い捨てることができないのであろう。

問１＜古文の内容理解＞ａ．教懐聖人は，後に高野山に住んだ。　ｂ．阿闍梨陽範は，何を思ったのか，弟子たちが外出しているすきに，梅の木を切って跡形もなくした。　ｃ．弟子たちは，梅の木がなくなっていたのに驚き，阿闍梨陽範にその理由を聞いた。

問２＜古語＞「ことに」は，特に，とりわけ，という意味で，「殊に」と書く。

問３＜古文の内容理解＞教懐聖人は，念仏を唱えている最中も，愛用していた水瓶が誰かに盗まれないか心配になり，仏道修行に集中できなくなってしまったので，これではだめだと思って，水瓶を打ち砕いた。

問４＜現代語訳＞「又」には，二つ，または，並ぶ，という意味があり，「又無し」は，並ぶものがないほどすばらしい様子を表す。

問５＜古典文法＞「折る」は，動詞「折る」の，「ける」は，助動詞「けり」の連体形。「あら」は，動詞「あり」の未然形。「植ゑ」は，動詞「植う」の連用形。「こよ」は，動詞「く(来)」の命令形。

問６＜古文の内容理解＞教懐聖人も阿闍梨陽範も，心が物に執着してしまうことを恐れて，水瓶や梅の木を取り除いたのである。

問７＜現代語訳＞「え」は，打ち消しの語を伴って，～できない，という不可能の意味を表す。「捨てぬ」の「ぬ」は，打ち消しの助動詞の連体形。

問８＜文学史＞紫式部は，『源氏物語』の作者。兼好法師は，『徒然草』の作者。紀貫之は，『土佐日記』の作者で，『古今和歌集』の撰者の一人。

2022年度 川越東高等学校(単願・併願①)

〔注〕 この問題は，1月22日に実施された単願・併願①受験者用のものです。

【英　語】（50分）〈満点：100点〉

（注意） 解答はすべて一つ選び，解答用紙の所定の欄にマークすること。

1 　次の英文を読んで設問に答えなさい。

If your cat walked across something you were painting and left footprints behind, would you consider your cat (①)? What if your bird could hold a colored pencil in its *beak and make marks on a piece of paper? These ideas might sound like a joke to you, but some people have been taking animal art very seriously.

In 1995, two Russian-American artists, Vitaly Komar and Alex Melamid, first heard about the (②) elephants of Thailand. Elephants were used for hundreds of years in Thailand's *logging industry to *haul *timber from forests in areas where there were no roads. When the forests of Thailand began to slowly (③), the government put a stop to logging. All of a sudden, there were many elephants who *no longer had a way to *make a living.

Some elephants were *abused. [④] Then, they came up with an idea that would forever change the way people regarded Thai elephants.

Komar and Melamid visited elephant camps in Thailand. There they began to show the mahouts, or elephant trainers, how to teach the elephants to (⑤). At first, the mahouts have to guide the elephants' *trunks. The elephants became more comfortable doing this with practice — and lots of sweet snacks — and finally started to (⑤) on their own.

The strange idea that Komar and Melamid had to save the elephants (⑥). They helped *found several elephant art schools in Thailand and in other Asian countries. The elephants and their mahouts go there to learn about painting and to get the supplies they need. Today, people buy elephant artwork from galleries all around the world. Some *are even willing to pay more than $2,000 for the work of the elephant artists!

Some people have *compared the cheerful, brightly-colored artwork to the work of *abstract painters like Jackson Pollock and Vasily Kandinsky. Other people are just happy to buy art that is so unique and original and that supports such a good cause. The next time you see a piece of colorful abstract art, ⑦[who / the / find out / is / artist]. You just may be surprised at what you learn!

〔注〕 beak：くちばし　logging industry：木材切り出し業　haul ～：～を運ぶ　timber：木材
no longer ～：もはや～ない　make a living：生計を立てる　abuse ～：～を虐待する
trunk：(ゾウの)鼻　found ～：～を設立する　be willing to ～：進んで～する
compare A to B：AをBと比べる　abstract painter：抽象画家

1．(①)に入る最も適当なものを選びなさい。

ア．a pet　イ．a genius　ウ．an artist　エ．an athlete

2．(②)に入る最も適当なものを選びなさい。

ア．troubling　イ．troubled　ウ．exciting　エ．excited

3．(③)に入る最も適当なものを選びなさい。

ア．grow　　イ．appear　　ウ．burn　　エ．disappear

4．[④]に入る4つの文が順不同で下のA～Dに示されている。自然な流れの文章にするのに最も適当な配列のものを選びなさい。

A．There were once tens of thousands of elephants living in Thailand.

B．Komar and Melamid knew that something had to be done to help the elephants.

C．Others had to try to survive on their own and couldn't find enough to eat.

D．Today, there are less than five thousand.

ア．A－B－D－C　　イ．A－D－B－C　　ウ．C－A－B－D　　エ．C－A－D－B

5．(⑤)に共通して入る最も適当なものを選びなさい。

ア．paint　　イ．move　　ウ．haul timber　　エ．eat snacks

6．(⑥)に入る最も適当なものを選びなさい。

ア．was just a dream　　イ．didn't go well

ウ．suddenly came to them　　エ．actually began to work

7．下線⑦を意味が通るように並べ換えるとき，[　]内で2番目と5番目に来る語(句)の組み合わせとして最も適当なものを選びなさい。

ア．2番目：who　5番目：find out　　イ．2番目：artist　5番目：find out

ウ．2番目：who　5番目：is　　エ．2番目：is　5番目：artist

8．本文の内容と一致するものを選びなさい。

ア．No one thinks animals such as cats and birds can make works of art.

イ．It was difficult for elephants in Thailand to walk through the forests because there were no roads there.

ウ．Thanks to Komar and Melamid, elephants in Thailand now have a new way to make a living.

エ．Elephant artwork became very popular, but no one pays more money for it than for the artwork of abstract painters.

2　次の英文を読んで設問に答えなさい。

人魚の国において，王家の姫は15歳の誕生日に海面まで上がり地上の世界を見物することが許される。この日，一番下の姫も15歳の誕生日を迎えた。

One day her grandmother said, 'Today is your fifteenth birthday. Now you can go to the top of the sea.'

The little mermaid swam up above the water that night. She saw a big ship on the sea, and there were hundreds of lights on the ship. She looked through the windows and saw a lot of men in rich clothes. The most beautiful man was a young prince with big blue eyes.

'I want to stay here,' the little mermaid thought. 'I want to look at this beautiful prince.'

But there was a strong wind, and the sea was suddenly dangerous. Water went into the big ship.

The little mermaid (　⑨-a　), but the people on the ship (　⑨-b　). Suddenly the ship broke into two *halves and it started to go down.

'Now the prince can come to my city in the sea,' the little mermaid thought. 'I want him to visit my palace. But can men live in water? He'll die! ⑩[to / him / don't / I / die / live / want]!'

She swam quickly to the prince and put her hands under his head. His head was above the water, but he did not open his eyes.

Morning came, and the little mermaid touched the prince's face. 'Don't die!' she cried. She looked at the land. It was winter and there was a lot of snow on the mountains. There was a wood near the sea, and a big church in the wood. The little mermaid swam to the land with the prince. She left him near the church, then she went back to the sea.

A young girl came out of the church. She saw the prince and was afraid. (⑪-a)

She called other people from the church and they helped the prince. From the sea, the little mermaid saw the prince open his eyes. He was not dead!

'What happened?' the prince asked. (⑪-b) They took him into the church.

The little mermaid was very sad. (⑪-c) She swam back to her father's palace under the sea.

'What did you see?' her sisters asked her, but the little mermaid did not answer.

She often went back to the church and looked (⑫) the young prince. Now it was spring. There was no snow on the mountains and there were flowers in the woods. But she never saw the prince.

Then she told ⑬<u>her story</u> to one of her sisters. 'I'm sad because I love the prince,' she said.

The sister told the story to the other princesses and they told their friends. One friend knew about the prince. 'He lives in a palace near the sea,' she said.

'Come, little sister!' said the princesses. And the six mermaids swam to the top of the water in front of the prince's palace.

◆

It was a great white palace with beautiful rooms. 'This is the home of my prince,' the little mermaid thought.

She went there every night. She looked in at the young prince through the windows, and she listened to his servants. 'The prince is a good man,' they said.

She liked the people on the land. 'I want to live here,' she thought. 'I want to go on a ship. I want to walk in the gardens and woods.'

'I want to know everything about the land people,' she said to her sisters.

'We don't know anything about them,' her sisters said. 'Ask grandmother.'

'Do men live for a long time?' she asked her grandmother.

'No, they die. Their lives are shorter than ours. We live for 300 years, then we change into (⑭). We never live again. Land people have souls. Their bodies die, but their souls go to a beautiful place in the sky. Then they're very happy.'

'I don't want to live for 300 years,' the little mermaid said. 'I want to be a land person. I want a soul. I want my soul to go to that beautiful place in the sky. Tell me, how can I get a soul?'

'Sometimes a man loves somebody more than he loves his father and mother,' her grandmother answered. 'He marries her and she can stay with him. Then she gets a soul. But you can't live on the land! The people on the land are afraid of mermaids. And you can't walk without feet!'

The little princess looked sadly down at her body. 'I'm beautiful,' she thought, 'as beautiful as the people on the land. But I haven't got any feet. A friend told me about an old woman. She knows about magic, so perhaps she can help me.'

◆

There were a lot of ugly plants with long arms near the old woman's house. There were dead people in their arms, and the little mermaid was afraid. But she remembered the prince and swam past them. She found the old woman.

'What do you want?' the old woman said. 'You want to have two feet and live on the land? You want the prince to love you and give you a soul? I can help you, but you'll be very unhappy. Here's a magic drink. Take it to the land, then drink it. You'll have feet, but they'll hurt. Do you understand? Do you really want to be a land person? You can never be a mermaid again.'

'I do want to be a land person,' the mermaid answered. She wanted her prince and she wanted a soul.

'Then marry your prince, or you'll die,' the old woman said. 'You can't go back to your sisters. You'll change into seawater. And there is one more thing. On the land, you won't speak or sing.'

'But how will the prince love me then?' the princess asked.

'The prince will love your beautiful face. And you can speak to him with your eyes,' the old woman answered. 'He'll love you. Do you want the magic drink?'

'Yes,' said the little mermaid.

〔注〕 halves：half の複数形

9．(⑨-a)と(⑨-b)に入る語句の組み合わせとして最も適当なものを選びなさい。

ア．⑨-a：hoped that the weather would be fine　⑨-b：hoped so
イ．⑨-a：liked the bad weather　⑨-b：were afraid
ウ．⑨-a：hated the big waves　⑨-b：didn't enjoy them
エ．⑨-a：tried to get onto the ship　⑨-b：stopped her from doing so

10．下線⑩を意味が通るように並べ換えるとき，[　]内で4番目と6番目に来る語の組み合わせとして最も適当なものを選びなさい。ただし，[　]内には不要な語が1語含まれています。

ア．4番目：him　6番目：die　イ．4番目：don't　6番目：want
ウ．4番目：him　6番目：live　エ．4番目：to　6番目：him

11．(⑪-a)～(⑪-c)に入る文が順不同で下のA～Cに示されている。自然な流れの文章にするのに最も適当な配列のものを選びなさい。

A．'I can't remember anything.'
B．'He doesn't remember me,' she thought.
C．'Is he dead?' she thought.

ア．B－A－C　イ．B－C－A　ウ．C－A－B　エ．C－B－A

12．(⑫)に入る最も適当なものを選びなさい。

ア．for　イ．at　ウ．into　エ．after

13．下線⑬の内容として最も適当なものを選びなさい。

ア．とても美しい王子の姿を見ることができてうれしく感じていること
イ．人間の命を助けることができて誇らしく感じていること
ウ．人間に片思いをしてしまったことに対して戸惑いを感じていること
エ．会いたい人に再び会うことができず悲しく感じていること

14．(⑭)に入る最も適当なものを選びなさい。

ア．a land person　イ．seawater　ウ．a fish　エ．a soul

15．次の英語の質問の答えとして最も適当なものを選びなさい。

According to this story, which of the following is true of 'the magic drink'?

ア．As soon as the little mermaid drinks it, she will get a soul.

イ. As soon as the prince drinks it, he will love the little mermaid.

ウ. If the little mermaid drinks it, she will get her feet without losing anything.

エ. If the little mermaid drinks it, she will take the risk of losing her life.

16. 本文の内容と一致するものを選びなさい。

ア. The little mermaid took the prince to the church and called people to save his life.

イ. The prince promised to see the little mermaid again but he broke the promise.

ウ. The little mermaid's grandmother didn't know how a mermaid could become a land person.

エ. One of the little mermaid's friends knew all about the magic drink.

3 次の２つの会話文A，Bを読んで設問に答えなさい。

A

Mark : Reiko, I'm having a potluck party at my house this weekend. Would you like to come ?

Reiko : A potluck party ? (⑰)

Mark : Oh, at a potluck party everybody brings a different dish and we share the food.

Reiko : Sounds like fun ! What should I bring ?

Mark : I don't know. What can you make ? What's your best dish ?

Reiko : Hmm . . . (⑱) Shall I make some korokke for the party ?

Mark : Korokke ?

Reiko : Yeah, it's a deep-fried dish. You make it by mixing chopped meat with mashed potato, and then shaping the mixture into flat patties and deep-frying them. Korokke's really good with tonkatsu sauce.

Mark : Oh, that sounds good. I think korokke's a great idea for the party. Linda's bringing a salad and Hiroki's bringing sushi.

Reiko : What are you going to make, Mark ?

Mark : Make ? Are you kidding ? I can't cook ! I'm planning to buy some Kentucky Fried Chicken !

17. (⑰)に入る最も適当なものを選びなさい。

ア. Yes, I'd love to.　　イ. Let me check my schedule.

ウ. What kind of party is that ?　　エ. I'm sorry, I can't hear you well.

18. (⑱)に入る最も適当なものを選びなさい。

ア. people tell me my korokke is very good.　　イ. anyone can easily make korokke.

ウ. I like my mother's korokke the best.　　エ. I'm not good at cooking.

19. 本文の内容と一致するものを選びなさい。

ア. Reiko is going to hold a potluck party this weekend.

イ. Everybody is going to cook a different dish for the potluck party.

ウ. Mark and Reiko are going to eat korokke in the potluck party.

エ. Mark has no idea about a dish for the potluck party.

B

Andrew : Hi, Barry. So, what's the plan ?

Barry : (⑳)

Andrew : That's a good idea. I haven't played tennis in ages.

Barry : Great. (㉑-a)

Andrew : Could we make it a little later? (㉑-b)
Barry : That's no problem. What time do you want to meet?
Andrew : I'm sure I can make it to the tennis court by 7:30, but how about having dinner first? It's really busy around here today, and I didn't have time for lunch.
Barry : OK. I know a fantastic Mexican restaurant.
Andrew : I don't really like Mexican food. Could we go to a Chinese restaurant instead?
Barry : Yeah. The *Taste of Hong Kong* is really close to the courts.
Andrew : I've eaten there before. I liked it.
Barry : Then, why don't we meet at the restaurant?
Andrew : Sure. (㉑-c) I'll try not to be late.

20. (⑳)に入れるのに適当でないものを選びなさい。
ア. Shall I play tennis tonight?　イ. How about playing tennis tonight?
ウ. Won't you play tennis tonight?　エ. Do you feel like playing tennis tonight?

21. (㉑-a)～(㉑-c)に入る文が順不同で下のA～Cに示されている。自然な流れの会話にするのに最も適当な配列のものを選びなさい。
A. I have to work until 6:30.
B. Is 7:00 all right?
C. I'll see you there around 7:30.
ア. A－B－C　イ. B－A－C　ウ. B－C－A　エ. C－A－B

22. 本文の内容と一致するものを選びなさい。
ア. Andrew has never played tennis before.
イ. Andrew wants to have dinner before he plays tennis.
ウ. Barry was very busy, and he couldn't eat lunch.
エ. Andrew and Barry will meet at the tennis court around 7:30.

4 次の各文章中の( )に入る最も適当なものを選びなさい。

23. When I was walking my dog in a nearby park yesterday, the woman living next door walked up and said hello to me. While she was stroking my dog, she said she was on her way to ( ). She was going to see her son, a university student living alone in Hokkaido.
ア. the movie theater　イ. the post office
ウ. the airport　エ. the city hall

24. My sister is careful about her appearance and she is always following the fashion. She likes to read fashion magazines. When she finds her favorite model wearing a lovely dress, she always tries to copy it. She often says, "I'd like to make a dress which will come into fashion among young girls. My dream is to become ( )."
ア. a fashion designer　イ. a hair stylist
ウ. a nail artist　エ. an old-clothes dealer

5 次の各文で誤りがある箇所を選びなさい。

25. I went to home（ア） early（イ） yesterday, because I had（ウ） a little（エ） fever.

26. According to（ア） this book, there is（イ） over（ウ） 20,000 languages in the world（エ）.

6 日本語に合うように［ ］内の語を並べ換えて英文を作るとき，下線の語は［ ］内で数えて何番目に来ますか。ただし，文頭の語も小文字で始めてあります。

27. これは今まで食べた中で一番美味しい料理です。
This is ［eaten / have / most / the / dish / that（下線） / I / ever / delicious］.
ア．4番目　　イ．5番目　　ウ．6番目　　エ．7番目

28. これらの本を読むのにどれくらい時間がかかるのだろうか。
［books / read（下線） / take / long / it / will / these / how / to］?
ア．3番目　　イ．4番目　　ウ．6番目　　エ．7番目

29. きっとその学校で楽しい時間を過ごせると思うよ。
［time / you / have / sure / at / good（下線） / I'm / will / a］ the school.
ア．4番目　　イ．5番目　　ウ．6番目　　エ．7番目

30. 彼の振る舞いには何かおかしなところがあると思う。
［strange（下線） / is / something / there / I / about / think / his］ behavior.
ア．3番目　　イ．4番目　　ウ．5番目　　エ．6番目

7 次のA，Bの設問に答えなさい。

A．次の定義に当てはまる最も適当なものを選びなさい。

31. a building in which collections of books, CDs, newspapers, etc. are kept for people to read, study or borrow
ア．library　　イ．museum　　ウ．student hall　　エ．bookstore

32. the mass of salt water that covers most of the earth's surface
ア．ocean　　イ．sky　　ウ．rain forest　　エ．snow

33. a large building where people who are ill or injured are given medical treatment and care
ア．fire station　　イ．hospital　　ウ．drug store　　エ．theater

B．次の各文の(　)に入る最も適当なものを選びなさい。

34. He'll be ready (　　) an hour.
ア．for　　イ．in　　ウ．during　　エ．after

35. The doctor advised him to stop (　　) so hard.
ア．to work　　イ．for working　　ウ．to working　　エ．working

【数　学】（50分）〈満点：100点〉

（注意）　解答はすべて一つ選び，解答用紙の所定の欄にマークすること。

1　次の各問いに答えなさい。

(1)　$-\left(-\dfrac{b^2c}{2a}\right)^3\times\dfrac{18c}{a^2b^3}\div\left(\dfrac{c}{4b^2}\right)^2$ を計算しなさい。

解答群　(ア)　$\dfrac{9c^7}{64a^5b}$　(イ)　$\dfrac{24b^6c^2}{a^6}$　(ウ)　$\dfrac{36b^7c^2}{a^5}$

(エ)　$-\dfrac{9c^7}{64a^5b}$　(オ)　$-\dfrac{24b^6c^2}{a^6}$　(カ)　$-\dfrac{36b^7c^2}{a^5}$

(2)　連立方程式 $\begin{cases}\dfrac{x}{6}+\dfrac{y}{3}=\dfrac{1}{4}\\ 4x+3y=-3\end{cases}$ を解きなさい。

解答群　(ア)　$x=-\dfrac{3}{2},\ y=\dfrac{3}{2}$　(イ)　$x=-\dfrac{42}{5},\ y=\dfrac{9}{5}$

(ウ)　$x=-\dfrac{6}{5},\ y=\dfrac{27}{20}$　(エ)　$x=-\dfrac{3}{2},\ y=1$

(オ)　$x=-\dfrac{21}{10},\ y=\dfrac{9}{5}$　(カ)　$x=-\dfrac{9}{10},\ y=\dfrac{6}{5}$

(3)　方程式 $(5x+2)^2=(3x+2)^2+16$ を解きなさい。

解答群　(ア)　$x=\dfrac{-1\pm\sqrt{17}}{4}$　(イ)　$x=\dfrac{-1\pm\sqrt{17}}{4}$　(ウ)　$x=\dfrac{1\pm\sqrt{17}}{2}$

(エ)　$x=\dfrac{1\pm\sqrt{17}}{2}$　(オ)　$x=-1\pm\sqrt{2}$　(カ)　$x=-\dfrac{2}{3},\ -\dfrac{2}{5}$

(4)　$3\left\{\left(x+\dfrac{1}{2}\right)^2-\dfrac{1}{4}\right\}-18$ を因数分解しなさい。

解答群　(ア)　$(x-2)(x-3)$　(イ)　$(x+2)(x-3)$　(ウ)　$(x-2)(x+3)$

(エ)　$3(x-2)(x-3)$　(オ)　$3(x+2)(x-3)$　(カ)　$3(x-2)(x+3)$

(5)　$\sqrt{168n}$ が自然数となるような最小の自然数 n を求めなさい。

解答群　(ア)　2　(イ)　21　(ウ)　37　(エ)　42　(オ)　79　(カ)　84

(6)　表面積が $\dfrac{9}{2}\pi$ の球の半径を求めなさい。

解答群　(ア)　$\dfrac{3}{2}$　(イ)　$\dfrac{3\sqrt{2}}{4}$　(ウ)　$\dfrac{3\sqrt{6}}{4}$

(エ)　$\dfrac{3\sqrt{2}}{2}$　(オ)　$\dfrac{3\sqrt{3}}{2}$　(カ)　$\dfrac{3\sqrt{3}}{4}$

2　右図のように，$AB=2\sqrt{3}+2$，$BC=\sqrt{3}+1$，$\angle C=90^\circ$ の直角三角形ABCがある。辺AC上に $CD=\sqrt{3}+1$ となるように点Dをとる。辺ABの中点をEとし，線分BDと線分CEの交点をFとする。次の各問いに答えなさい。

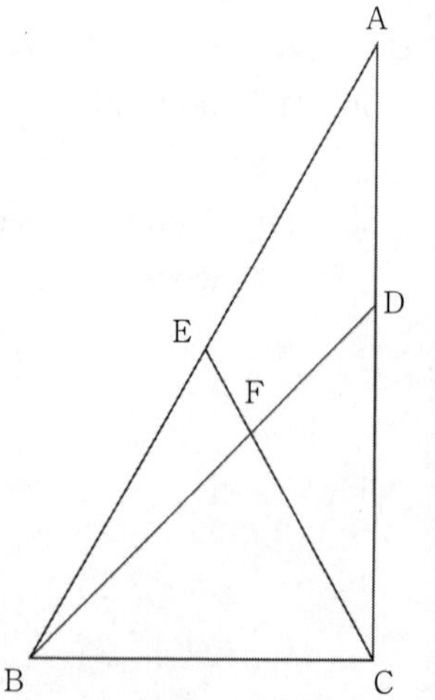

(7)　線分CEの長さを求めなさい。

解答群　(ア)　2　(イ)　$\dfrac{\sqrt{3}+1}{2}$　(ウ)　$\dfrac{\sqrt{3}+3}{2}$

(エ)　$\sqrt{3}$　(オ)　$\sqrt{3}+1$　(カ)　$\sqrt{3}+2$

(8)　線分EFの長さを求めなさい。

解答群 (ア) $1-\frac{\sqrt{3}}{2}$ (イ) $\frac{\sqrt{3}-1}{2}$ (ウ) $\sqrt{3}$

(エ) 1 (オ) $2-\sqrt{3}$ (カ) $\sqrt{3}-1$

(9) 四角形 AEFD の面積を求めなさい。

解答群 (ア) $\frac{\sqrt{3}}{2}$ (イ) $\frac{\sqrt{3}+3}{2}$ (ウ) $\frac{3\sqrt{3}}{2}+3$

(エ) $\frac{\sqrt{3}}{2}+1$ (オ) $\frac{\sqrt{3}}{2}+2$ (カ) $\sqrt{3}$

3 1個のさいころを3回投げる。1回目に出た目の数を百の位，2回目に出た目の数を十の位，3回目に出た目の数を一の位として3桁の整数をつくる。

次の各問いに答えなさい。

(10) つくられた整数が4の倍数になるのは何通りありますか。

解答群 (ア) 54通り (イ) 60通り (ウ) 66通り

(エ) 72通り (オ) 139通り (カ) 166通り

(11) つくられた整数が3の倍数になるのは何通りありますか。

解答群 (ア) 54通り (イ) 60通り (ウ) 72通り

(エ) 78通り (オ) 186通り (カ) 222通り

(12) つくられた整数が6の倍数になるのは何通りありますか。

解答群 (ア) 27通り (イ) 34通り (ウ) 36通り

(エ) 44通り (オ) 93通り (カ) 111通り

4 右図のように，2つの直線

$y=\frac{1}{2}x$ ……①

$y=8x$ ……②

がある。直線①上で x 座標が2である点をA，直線②上で x 座標が $\frac{1}{2}$ である点をBとする。

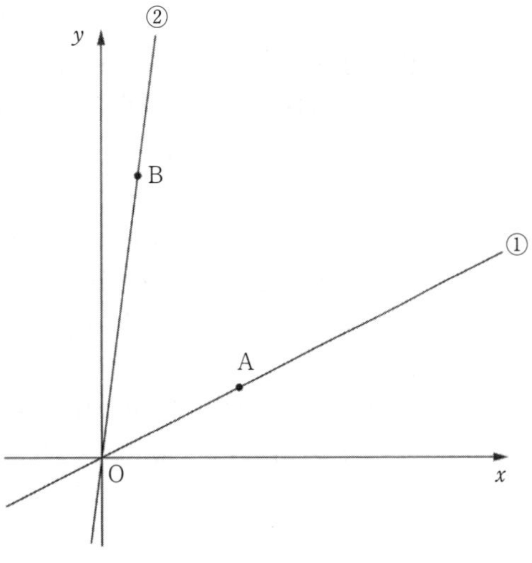

次の各問いに答えなさい。

(13) 直線 AB の傾きを求めなさい。

解答群 (ア) 2 (イ) $-\frac{8}{3}$ (ウ) $-\frac{1}{2}$

(エ) -2 (オ) -4 (カ) -7

(14) △OAB の面積を求めなさい。

解答群 (ア) $\frac{15}{2}$ (イ) $\frac{15}{4}$ (ウ) $\frac{15}{8}$

(エ) $\frac{5}{2}$ (オ) $\frac{5}{4}$ (カ) $\frac{5}{8}$

(15) △OAB を x 軸のまわりに1回転させてできる立体の体積を求めなさい。

解答群 (ア) $\frac{25}{4}\pi$ (イ) $\frac{32}{3}\pi$ (ウ) $\frac{75}{4}\pi$

(エ) $\frac{59}{6}\pi$ (オ) $\frac{25}{2}\pi$ (カ) $\frac{38}{3}\pi$

5　右図のように，底面の円の半径が1，母線OAの長さが6の円錐がある。次の各問いに答えなさい。

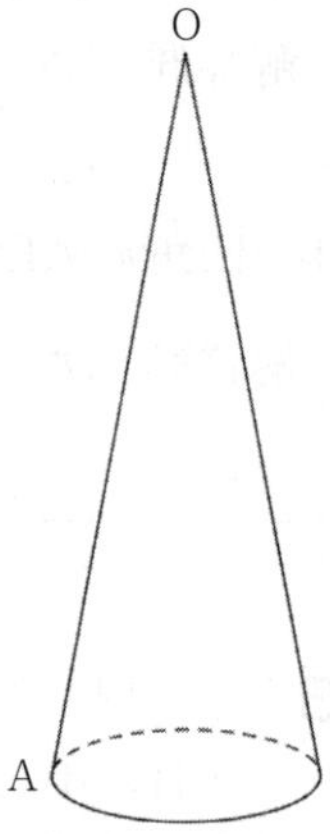

⒃　円錐の表面積を求めなさい。

解答群　(ア)　6π　　(イ)　7π　　(ウ)　12π　　(エ)　13π　　(オ)　36π　　(カ)　37π

⒄　下の【図1】のように，母線OA上にOB＝2となるように点Bをとり，点Aから円錐の側面を1周して点Bまでひもをかける。

かけたひもの長さが最も短くなるときのひもの長さを求めなさい。

解答群　(ア)　$2\sqrt{7}$　　(イ)　$\sqrt{13}$　　(ウ)　6

(エ)　$3\sqrt{3}$　　(オ)　2π　　(カ)　$\frac{5}{2}\pi$

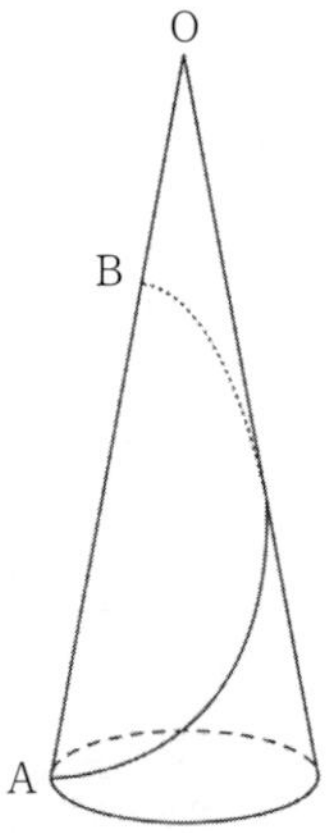

【図1】

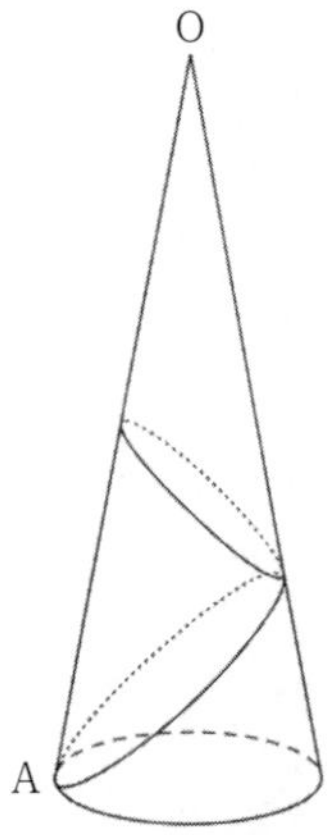

【図2】

⒅　上の【図2】のように，点Aから円錐の側面を2周して点Aまでひもをかける。

かけたひもの長さが最も短くなるときのひもの長さを求めなさい。

解答群　(ア)　3π　　(イ)　4π　　(ウ)　5π　　(エ)　12　　(オ)　$4\sqrt{7}$　　(カ)　$6\sqrt{3}$

6　右図のように，点Aを中心とする半径aの円Aがある。2点B，Cは円Aの内部にあり，点Bを中心とする半径bの円B，点Cを中心とする半径cの円Cがある。

円Bと円Cはそれぞれ円Aの内側に接していて，円Bと円Cは互いに外側で接している。

AB＝7，AC＝8，BC＝5のとき，下の各問いに答えなさい。

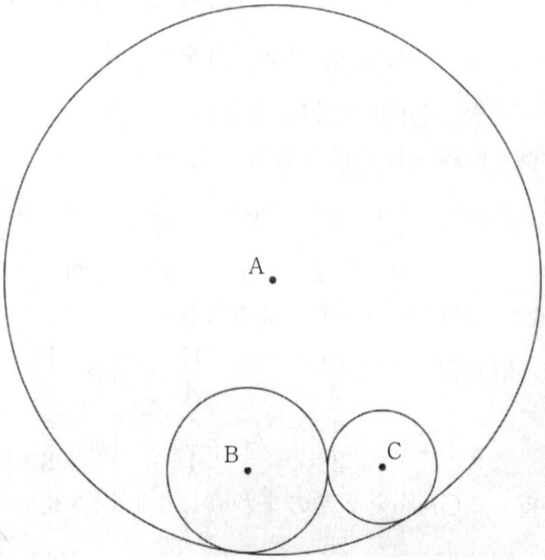

⒆　aの値を求めなさい。

解答群　(ア)　9　　(イ)　10　　(ウ)　12

(エ)　$\frac{25}{3}$　　(オ)　$\frac{56}{5}$　　(カ)　$\frac{40}{7}$

⒇　3点A，B，Cを通る円の半径を求めなさい。

解答群　(ア)　$\frac{7\sqrt{3}}{3}$　　(イ)　$\frac{7\sqrt{3}}{2}$　　(ウ)　4　　(エ)　$\frac{23\sqrt{33}}{33}$　　(オ)　$\frac{7\sqrt{3}}{4}$　　(カ)　$\frac{7\sqrt{33}}{16}$

ア　ぞ　　イ　や　　ウ　か　　エ　こそ

問7　――線⑥の説明として最も適当なものを選べ。　解答番号 33

ア　鬼が風情のある月の夜に感動したということ。

イ　三位が帝の気遣いに感謝していたということ。

ウ　三位が浄蔵を笛の名手と認めたということ。

エ　鬼が最高の笛だと絶賛したということ。

問8　本文の内容として適当ではないものを選べ。　解答番号 34

ア　博雅三位は直衣を着た男の笛の音にひかれ、男の元に近寄ってみると知らない男であった。

イ　帝が浄蔵に博雅三位の持っていた笛を吹かせてみると、三位に劣らない素晴らしい音色を奏でた。

ウ　帝は笛を手に入れるとその当時の笛吹に吹かせてみたが、帝のように上手に吹くものはいなかった。

エ　月の夜のたびに、博雅三位と直衣を着ている男は合流して一緒に笛を吹いた。

問9　本文の出典は、『十訓抄』という説話集である。これと同じジャンルの作品を選べ。　解答番号 35

ア　大鏡　　イ　徒然草

ウ　源氏物語　　エ　宇治拾遺物語

っている。

問11　芥川龍之介の作品ではないものを選べ。　解答番号26

ア　鼻　イ　河童　ウ　羅生門　エ　春と修羅

三　次の文章を読んで、後の問いに答えよ。

博雅三位《はくがのさんみ》、月の明かりける夜、注1直衣《なほし》にて、注2朱雀門《すざくもん》の前にⅠ遊びて、①よもすがら、笛を吹かれけるに、同じさまに、直衣着たる男②の、笛吹きければ、「たれならむ」と思ふほどに、その笛の音、この世に③たぐひなくめでたく聞えければ、あやしくて、近寄りて見ければ、いまだ見ぬ人なりけり。われもものをもいはず、かれもいふことなし。かくのごとく、月の夜ごとに行きあひて、吹くこと、夜ごろになりぬ。

かの人の笛の音、ことにめでたかりければ、こころみに、かれを取りかへて吹きければ、世にⅡなきほどの笛なり。そののち、なほなほ月ごろになれば、行きあひて吹きけれど、「もとの笛を返し取らむ」ともいはざりければ、④ながくかへてやみにけり。三位失せてのち、帝、この笛を召して、時の笛吹《ふえふき》どもに吹かせらるれど、その音を吹きあらはす人なかりけり。

そののち、浄蔵《じやうざう》といふ、めでたき笛吹ありけり。召して吹かせ給ふに、かの三位に劣らざりければ、帝、注3御感《ぎよかん》ありて、「この笛の主、朱雀門のあたりにて得たりけると　⑤　聞け。浄蔵、このところに行きて、Ⅲ吹け」と仰《おほ》せられければ、月の夜、仰せのごとく、かれに行きて、この笛を吹きけるに、かの門の注4楼上《ろうじやう》に、高く大きなる音にて、「⑥なほ逸物かな」とほめけるを、「かく」と奏しければ、はじめて鬼の笛と知ろしめしけり。

注　1　直衣…貴族の日常服。
　　2　朱雀門…大内裏の南の正門。朱雀大路に面する。
　　3　御感…天皇が物事に感心すること。
　　4　楼上…高く造られた建物の上。

問1　〰〰線Ⅰ～Ⅲの活用形の組み合わせとして最も適当なものを選べ。　解答番号27

ア　Ⅰ　連用形　Ⅱ　未然形　Ⅲ　命令形
イ　Ⅰ　連体形　Ⅱ　未然形　Ⅲ　終止形
ウ　Ⅰ　連体形　Ⅱ　連体形　Ⅲ　終止形
エ　Ⅰ　連用形　Ⅱ　連体形　Ⅲ　命令形

問2　――線①の現代語訳として最も適当なものを選べ。　解答番号28

ア　夜明け前　イ　夜通し　ウ　早朝　エ　一日中

問3　――線②と意味用法が同じものを選べ。　解答番号29

ア　人の娘の幼かりける、継母にあひて
イ　もとのよりも大きにて、
ウ　過ぎにしことのくやしきなり。
エ　例の夜いたく更けぬれば、

問4　――線③の現代語訳として最も適当なものを選べ。　解答番号30

ア　類例がないほどすばらしく
イ　比べるものがないほど珍しく
ウ　たとえようのないほど奇妙に
エ　またとないほど騒がしく

問5　――線④の理由として最も適当なものを選べ。　解答番号31

ア　笛を吹き合うときは、お互いに話しかけないことが暗黙の了解になっていたから。
イ　繰り返し笛を吹き合ったが、交換した笛の方が互いに良いものだと感じていたから。
ウ　機会があるたびに笛を吹き合ったが、笛を返して欲しいと言われなかったから。
エ　何ヶ月もの間、笛を使っていたことでかりものだということを忘れてしまったから。

問6　⑤　に入る係助詞として最も適当なものを選べ。　解答番号32

の様子が、先生が修身で語るような偉い人と結びつかなかったから。

イ　母親が修身の時間に先生から褒められたことは嬉しいのだが、そのことを素直に喜べず祖母からも同意の賛辞を引き出したかったから。

ウ　自分を育ててくれている祖母以外の大人に対して強い不信感を持っているので、先生の話も、母が「偉い人」なのも信じられなかったから。

エ　母親よりも偉い人は村の中だけでも大勢いるだろうと思い、母親が偉い人だと言う先生は、人を見る目の無い人だと祖母にも同意して欲しかったから。

問5　――線③とはどういうことか。最も適当なものを選べ。　解答番号 20

ア　貰った嫁に家事を肩代わりさせて、おばあさんに楽をさせる。

イ　嫁を貰ってきちんとした一家を構えて、世間体を取り繕わせる。

ウ　嫁を貰っておばあさんの味方を増やし、お母さんの計画を止めさせる。

エ　家の収入をさらに増やすため、貰った嫁にもお母さんの仕事を手伝わせる。

問6　――線④を分かりやすく言い換えると、何と言っているのか。最も適当なものを選べ。　解答番号 21

ア　ああそうだよ。熟してないから今は食えないよ。

イ　そうだねえ。他人にはくれてやらないでおくれ。

ウ　いいともさ。お前にやらないわけがないだろう。

エ　大人になったらね。それまではお前にはやれない。

問7　――線⑤とはどういうことを述べているか。最も適当なものを選べ。　解答番号 22

ア　母親が偉い人だという先生のことばは嘘だと信じ続けること。

イ　母親が偉い人だとの世間の誤解をいつか必ず解くということ。

ウ　亡き父と二人分の孝行を祖母に対して絶対に行うということ。

エ　早く嫁を貰って、親子三人して祖母に楽をさせるということ。

問8　――線⑥とはどのようなことか。最も適当なものを選べ。　解答番号 23

ア　嫁という働き手を失って貧しくはなるが、のどかに暮らせるという至福。

イ　嫁に叱責《しっせき》されることもなくなり、気の向くままに贅沢もできるという安堵《あんど》。

ウ　嫁の残した財産と、「貞女の鑑」の義理の母という立場を得たことへの満足。

エ　嫁にばかり働かせていると、世間から嘲笑されることもなくなったという安心。

問9　――線⑦の言い方に込められたお住の気持ちを端的に表現するとどうなるか。最も適当なものを選べ。　解答番号 24

ア　徒労と疲弊　　イ　鎮魂《ちんこん》と平穏

ウ　激怒と叱責　　エ　哀惜《あいせき》と後悔

問10　この文章の表現の説明として最も適当なものを選べ。　解答番号 25

ア　「……」という記号で会話を終わらせることで、その会話における発言者の、相手に対する卑屈さや尻込みする様子を示している。

イ　読者にとって馴染みの薄いひらがな表記を多用した方言を会話に用いることで、地方の小作人の人々の無学さや社会的下層感、生活に対する困窮感を切実に表現している。

ウ　「?」や「!」といった当時としてはまだ目新しい西洋的な表現記号を用いることで、田舎の農民の話でありながら、都会的なセンスや機知を感じさせる表現となっている。

エ　三人称表現でありながら、地の文での詳しい心情説明は義母「お住」だけであり、それ以外の登場人物の心情は動作や会話の内容からうかがうしかない、一人称小説に近い文章表現となお住は思わず目を開いた。孫は彼女のすぐ隣《となり》に他愛《たわい》のない寝顔《ねがお》を仰向《あおむ》けていた。お住はその寝顔を見ているうちにだんだんこういう彼女自身を情けない人間に感じ出した。同時にまた彼女と悪縁《あくえん》を結んだ倅の仁太郎や嫁のお民も情けない人間に感じ出した。その変化は見る見る九年間の憎《にく》しみや怒りを押し流した。いや、彼女を慰《なぐさ》めていた将来の幸福さえ押し流した。彼ら親子は三人ともことごとく情けない人間だった。が、そのうちにたった一人生き恥《はじ》を曝《さら》した彼女自身は最も情けない人間だった。「⑦お民、お前なぜ死んでしまっただ?」——お住は我知らず口のうちにこう新仏《しんぼとけ》へ話しかけた。すると急にとめどもなしにぽたぽた涙《なみだ》がこぼれはじめた。……

お住は四時を聞いたのち、やっと疲労《ひろう》した眠《ねむ》りにはいった。しかしもうその時にはこの一家の茅《かや》屋根の空も冷やかに暁を迎え出していた。……

(芥川龍之介『一塊の土』より)

注
1 若後家…若くして夫と死別した女性。
2 蜂屋柿…渋柿の一種。干柿として優良。岐阜県の蜂屋村の原産。
3 筵…わらなどで編んで作った敷物。
4 修身…旧学制下での、教育勅語をよりどころとする道徳教育の教科名。
5 徴兵がすむ…戦前は兵役法により男子は満二十歳になると強制的に徴兵検査を受け一定期間(普通一年間)軍事訓練に服さねばならなかった。
6 そら耳を走らせ…聞こえても聞こえないふりをし続け
7 土用…立春・立夏・立秋・立冬の前の十八日間。どの季節かは文脈からは不明。
8 腸チブス…当時流行したチブス菌による伝染病。
9 避病院…伝染病に罹った患者を隔離・治療する病院。
10 俵で取る…切り身とか一匹で買うのでなく俵につめたものを大量に買うこと。

問1 ===線a・bの意味として最も適当なものをそれぞれ選べ。

a 解答番号 15
ア 嬉しい知らせに喜び勇んだ
イ 荒々しい感情に気持ちが乱れた
ウ 思いがけない出来事にうろたえた
エ 何の感慨も湧かずにぼんやりとした

b 解答番号 16
ア 言動にそれとなく示したりした
イ しきりに泣き言を言ったりした
ウ 激情にかられてさけんだりした
エ くどくど繰り返し語ったりした

問2 〰〰線の筆順で、四画目のものを選べ。 解答番号 17

問3 ——線①とあるがなぜか。最も適当なものを選べ。 解答番号 18
ア 世間でも評判の「働き者の嫁」との家庭内のいさかいは贅沢《ぜいたく》な悩みだと思われて、相手にされないだろうことは容易に想像がついたから。
イ 誰もがお住の苦労を分かっているが、働き者と評判の嫁に正面から文句を言える者はこの村の中には誰もいないことが分かっていたから。
ウ お住も近隣では働き者と評判だったので、この訴えは近隣の範として語られる嫁に対しての「嫉妬」と取られかねないと容易に想像がついたから。
エ 「苦しみ」などの自分の言葉はいつもの嫁自慢の比喩でしかないので、他人には「また嫁自慢か」程度にしか思ってもらえないだろうと分かっていたから。

問4 ——線②で、広次はなぜそんなことを言ったのか。最も適当なものを選べ。 解答番号 19
ア 祖母と母親の言い争う姿や、家の中でだらしなく過ごす母親広次はもうもの欲《ほ》しそうに籠《かご》の中の柿をいじっていた。
「④おおさえ。くれなえで。わりゃ年はいかなえでも、なんでもよくわかってる。いつまでも⑤その気をなくすじゃなえぞ」
お住は涙《なみだ》を流し流し、吃逆《しゃっくり》をするように笑い出した。……
こういう小事件のあった翌晩、お住はとうとうちょっとしたことから、お民とも烈《はげ》しいいさかいをした。ちょっとしたこととはお民の食う藷《いも》をお住の食ったとかいうことだけだった。しかしだんだん言い募《つの》るうちに、お民は冷笑を浮《う》かべながら、「お前さん働くのが厭《いや》になったら、死ぬよりほかはなえよ」と言った。するとお住は日ごろに似合わず、気違いのように吼《たけ》り出した。ちょうどこの時孫の広次は祖母の膝《ひざ》を枕《まくら》にしたまま、とうにすやすや寝入《ねい》っていた。が、お住はその孫さえ、「広《ひろ》、こう、起きろ」と揺《ゆ》すり起こした上、いつまでもこう罵りつづけた。
「広、こう、起きろ。広、こう、起きて、お母さんの言い草を聞いてくよう。お母さんはおらに死ねって言っているぞ。な、よく聞け。そりゃお母さんの代になって、銭《ぜに》は少しは殖《ふ》えつらけんど、一町三段の畠はな、ありゃみんなおじいさんとおばあさんとの開墾《かいこん》したもんだぞ。そりょうどうだ？　お母さんは楽がしたけりゃ死ねって言ってるぞ。――お民、おらは死ぬべえよう。なんの死ぬことが怖《こわ》いもんじゃ。いいや、手前の指図《さしず》なんか受けなえ。おらは死ぬだ。どうあっても死ぬだ。死んで手前にとっ着いてやるだ。……」
お住は大声に罵り罵り、泣き出した孫と抱《だ》き合っていた。が、お民は相変わらずごろりと炉側《ろばた》へ寝《ね》ころんだなり、注6そら耳を走らせているばかりだった。

けれどもお住は死ななかった。その代りに翌年の注7土用明け前、じょうぶ自慢《じまん》のお民は注8腸チブスに罹《かか》り、発病後八日目に死んでしまった。もっとも当時腸チブス患者《かんじゃ》はこの小さい一村の中にも何人出たかわからなかった。しかもお民は発病する前に、やはりチブスのために倒《たお》れた鍛冶屋《かじや》の葬式の穴掘り役に行った。鍛冶屋にはまだ葬式の日にやっと注9避病院《ひびょういん》へ送られる弟子《でし》の小僧《こぞう》も残っていた。「あの時にきっと移ったずら」――お住は医者の帰ったのち、顔をまっ赤にした患者のお民にこう非難をb仄《ほの》めかせたりした。
お民の葬式の日は雨降りだった。しかし村のものは村長をはじめ、一人も残らず会葬した。会葬したものはまた一人も残らず若死にしたお民をおしんだり、大事の稼《かせ》ぎ人を失った広次やお住を憐《あわれ》んだりした。ことに村の総代役は郡でも近々にお民の勤労を表彰するはずだったということを話した。お住はただそういう言葉に頭を下げるよりほかはなかった。「まあ運だとあきらめるだよ。わしらもお民さんの表彰についちゃ、去年から郡役所へ願い状を出すしさ、村長さんやわしは汽車賃を使って五度も郡長さんに会いに行くしさ、やさしい骨を折ったことじゃなえ。だがの、わしらもあきらめるだから、お前さんも一つあきらめるだ」――人のいい禿《は》げ頭《あたま》の総代役はこう常談《じょうだん》などもつけ加えた。それをまた若い小学教員は不快そうにじろじろ眺《なが》めたりした。
お民の葬式をすました夜、お住は仏壇《ぶつだん》のある奥部屋の隅に広次と一つ蚊帳《かや》へはいっていた。ふだんはもちろん二人ともまっ暗にした中に眠《ねむ》るのだった。が、今夜は仏壇にはまだ灯明《とうみょう》もともっていた。その上妙《みょう》な消毒薬の匂《におい》も古畳《ふるだたみ》にしみこんでいるらしかった。お住はそんなこんなのせいか、いつまでも容易に寝《ね》つかれなかった。お民の死は確かに彼女の上へ⑥大きい幸福をもたらしていた。彼女はもう働かずともよかった。小言を言われる心配もなかった。そこへ貯金は三千円もあり、畠は一町三段ばかりあった。これからは毎日孫といっしょに米の飯を食うのもかってだった。日ごろ好物の塩鱒《しおます》を注10俵《たわら》で取るのもまたかってだった。お住はまだ一生のうちにこのくらいほっとした覚えはなかった。このくらいほっとした？――しかし記憶《きおく》ははっきりと九年前のある夜を呼び起こした。あの夜も一息《ひといき》ついたことをいえば、ほとんど今夜に変わらなかった。あれは現在血をわけた倅《せがれ》の葬式のすんだ夜だった。今夜は？――今夜も一人の孫を産《う》んだ嫁の葬式のすんだばかりだった。

情報の真偽を確かめ、真実に目を向けてほしい。そして自らが信じた道に勇気をもって進んでほしい。

二

次の文章を読んで、後の問いに答えよ。

八年の闘病生活の末《すえ》に倅《せがれ》の仁太郎《にたろう》に死なれたお住《すみ》は、婿《むこ》取りも断り息子に畠《はたけ》を残そうと男顔負けの野良仕事でこの家《うち》を支える嫁のお民《たみ》と、嫁より自分に懐いている孫の広次《ひろじ》とで暮らしていた。牛も飼い始め、休耕地も開墾し直す嫁を、お住は近隣の人々に褒《ほ》めちぎり、孫の世話と家事一切は老体に鞭打ちながら努めていた。しかしある日お民が、他人にかしていた畠を桑畑にして家で養蚕を始めたいと言い出した。これ以上忙《いそが》しくなることはお住には堪《た》えられず、異を唱え、嫁との仲がこじれだした。

仁太郎の死後八年余り、お民は女の手一つに一家の暮らしを支《ささ》えつづけた。同時にまたいつかお民の名は一村《いっそん》の外へも弘《ひろ》がり出した。お民はもう「稼《かせ》ぎ病」に夜も日も明《あ》けない注1若後家《わかごけ》ではなかった。いわんや村の若衆《わかしゅ》などの「若い小母《おば》さん」ではなおさらなかった。その代りに嫁の手本だった。今の世の貞女《ていじょ》の鑑《かがみ》だった。「沢向こうのお民さんを見ろ」――そういう言葉は小言《こごと》といっしょに誰の口からも出るくらいだった。お住は彼女の苦しみを隣の婆さんにさえ訴《うった》えなかった。①訴えたいともまた思わなかった。しかし彼女の心の底に、はっきり意識しなかったにしろ、どこか天道《てんとう》を当てにしていた。その頼《たの》みもとうとう水の泡《あわ》になった。今はもう孫の広次よりほかに頼みにするものは一つもなかった。お住は十二、三になった孫へ必死の愛を傾《かたむ》けかけた。けれどもこの最後の頼みも途絶《とだ》えそうになることはたびたびだった。

ある秋晴れのつづいた午後、本包みを抱《かか》えた孫の広次は、あたふた学校から帰って来た。お住はちょうど納屋《なや》の前に器用に庖丁《ほうちょう》を動かしながら、注2蜂屋柿《はちやがき》を吊《つる》し柿に拵《こしら》えていた。広次は粟《あわ》の籾《もみ》を干した注3筵《むしろ》を身軽に一枚飛び越えたと思うと、ちゃんと両足を揃《そろ》えたまま、ちょっと祖母に挙手《きょしゅ》の礼をした。それからなんの次穂《つぎほ》もなしに、こうまじめに尋ねかけた。

「ねえ、おばあさん。おらのお母《かあ》さんはうんと偉《えら》い人かい？」

「なぜや？」

お住は庖丁の手を休めるなり、孫の顔を見つめずにはいられなかった。

「だって先生がの、注4修身《しゅうしん》の時間にそう言ったぜ。広次のお母さんはこの近在に二人とない偉い人だって」

「先生がの？」

「うん、先生が。②譃《うそ》だのう？」

お住はまずa狼狽《ろうばい》した。孫さえ学校の先生などにそんな大譃を教えられている、――実際お住にはこのくらい意外な出来事はないのだった。が、一瞬の狼狽ののち、発作的に怒りに襲われたお住は別人のようにお民を罵《ののし》り出した。

「おお、譃だとも、譃の皮だわ。お前のお母さんという人はな、外でばっか働くせえに、人前は偉くいいけんどな、心はうんと悪な人だわ。おばあさんばっか追い廻《まわ》してな、気ばっかむやみと強くってな、……」

広次はただ驚いたように、色を変えた祖母を眺めていた。そのうちにお住は反動の来たのか、たちまちまた涙をこぼしはじめた。

「だからな、このおばあさんはな、われ一人を頼みに生きているだぞ。わりゃそれを忘れるじゃなえぞ。われもやがて十七になったら、すぐに嫁を貰《もら》ってな、おばあさんに③息をさせるようにするんだぞ。お母さんは注5徴兵《ちょうへい》がすむまじゃあなんか、気の長えことを言ってるがな、どうしてどうして待ってるもんか！　いいか？　わりゃおばあさんにお父《とう》さんと二人分孝行するだぞ。そうすりゃおばあさんも悪いようにゃしなえ。なんでもわれにくれてやるからな。……」

「この柿も熟《う》んだら、おらにくれる？」

させられた。

イ　植民地では文化や言語において固有のルーツをもたない新しい文化が生まれた。

ウ　植民地をもった西欧の国々は、富を蓄え、近代文明を発展させることができた。

エ　統治者が言語を統一することで、奴隷同士の意思疎通がうまくいくようになった。

問6　――線②とは、どのような言語か。その説明として最も適当なものを選べ。　解答番号 10

ア　アフリカ大陸の民族に広く伝わっている文化と歴史の中から生み出されてきた言語。

イ　ピジン語を話していた親をもつ子どもたちによって生み出された豊かな語彙をもった言語。

ウ　西洋人が行ったプランテーションにおける過酷な労働の中で強制的に消滅させられた言語。

エ　異なった文化をもつ奴隷同士によって、意思疎通をはかるために作り出された間に合わせの言語。

問7　――線③とあるが、「日本人の感覚」として最も適当なものを選べ。　解答番号 11

ア　異文化と共生した歴史をもたなかった日本人は、異文化に自ら心を開き受け入れるということをためらう。

イ　異文化と共生した歴史をもたなかった日本人は、理解できない異文化は軽視して、まったく相手にしない。

ウ　異文化と共生した歴史をもたなかった日本人は、異文化が流入していない単一国家の文化に親近感を覚える。

エ　異文化と共生した歴史をもたなかった日本人は、混血の家族がもつ陽気さにあこがれを抱いてしまう。

問8　――線④とあるが、どのような世界か。その説明として最も適当なものを選べ。　解答番号 12

ア　わかりやすくパッケージ化された情報の更新が加速度的になっているため、情報はすぐに飽きられ永続的な知が生まれにくくなっている世界。

イ　わかりやすくパッケージ化された情報は使いやすいために語彙の簡素化が進み、会話の内容も乏しくなり、人間関係も希薄になっている世界。

ウ　わかりやすくパッケージ化された情報に依存しているため、深く考えることも必要なくなり、真に新しいものを生み出せなくなっている世界。

エ　わかりやすくパッケージ化された情報が膨大に流出し、情報の真偽も確かめられず、客観的で論理的な知が得られなくなっている世界。

問9　⑤ に入る語として最も適当なものを選べ。　解答番号 13

ア　メディア　　イ　システム　　ウ　タグ　　エ　ルーツ

問10　――線⑥とあるが、未知の世界を切り拓くための筆者の助言として最も適当なものを選べ。　解答番号 14

ア　一つの枠組みの中にいると、他分野や他文化のことに対し無関心になる。しかし、自分だけの世界に閉じこもらず専門外の学問を研究したり新しいことに挑戦したりしてほしい。そして未知の文化も受け入れられるような思いやりの心ももってほしい。

イ　情報としてまとめられていない新しい知恵や理論はわかりにくさの先にあり、その探究は孤独で辛いものではある。しかし、そのわかりにくさに前向きに取り組んでほしい。そして未知に出会うために自分を世界に向けて開放しておいてほしい。

ウ　使いやすくまとめられた情報の中で生きていると、思考が制限されてしまう。しかし、自分の得意なことや専門分野に没頭することで自由な発想ができるようになってほしい。そしてその新しい発想や知識を世界に向けて発信してほしい。

エ　メディアから与えられる情報は断片化された、わかりやすく印象的なものなので、世代に関係なく影響されやすい。しかし、められたものでしかない。それは、学問そのものの中から内在的にできあがってきた枠組みではなく、その学問分野が大学の中で生き延びるために与えられた枠組みにすぎない。文化人類学に限らず、経済学、政治学、社会学……すべてそうだ。

〈中略〉

殻は破られるためにある。殻を破らず、一つの守備範囲の中でだけ物事を考えているかぎり、そこからは決して真に新しいものは生まれない。以前に誰かがやったことの反復でしかない。守備範囲としてあらかじめ与えられた枠組みの中でだけ仕事をしていれば楽ではある。パッケージ化されたわかりやすい情報に依存していれば、深く考える必要もない。しかしそれでは前例のないことはできない。未知を切り拓くこともできない。⑥今の学問も、社会も、少なからずそうした袋小路に陥っている。

皆さんには冒険をしてほしい。わくわくするような未知の世界と出会ってほしい。そのためには殻を破って自ら新しい未来を切り拓くことをおそれないでほしい。誰がなんと言おうと、自分の信ずる道を進む勇気を失わないでほしい。

（今福龍太　中学生からの大学講義1「何のために『学ぶ』のか」より）

注　1　レヴィ＝ストロース…フランスの文化人類学者。
　　2　泉靖一…文化人類学者。

問1　——線A～Eのカタカナを漢字に直したとき、同じ漢字を用いるものをそれぞれ選べ。

A　ケイユ　　解答番号 1

ア　ソウケイな判断は禁物だ。
イ　特異なケイレキを持つ。
ウ　竹林のショウケイを歩く。
エ　ケイショウ地を訪ねる。

B　シャクヨウ　　解答番号 2

ア　他人の助言に耳をカさない。
イ　捨てるのにはオしい品物だ。
ウ　猫の手もカりたいほどだ。
エ　責任のある重要な任務をカす。

C　ホウヨウリョク　　解答番号 3

ア　諦めがカンヨウである。
イ　ヨウシが整った人。
ウ　金属をヨウセツする。
エ　ドウヨウの方法で処理する。

D　カンゲイ　　解答番号 4

ア　地元チームの勝利にカンキする。
イ　店のカンバンメニューが欲しい。
ウ　感染症に対してラッカン的な見方をする。
エ　悪質なカンユウ電話を撃退する。

E　レンメン　　解答番号 5

ア　午後から来客とメンカイする。
イ　運転メンキョ証を提示する。
ウ　メンドリが巣で卵を産む。
エ　モメンのシャツは着心地がよい。

問2　X、Y に入る語の組み合わせとして最も適当なものを選べ。　解答番号 6

ア　X　つまり　　Y　とりわけ
イ　X　むしろ　　Y　おそらく
ウ　X　まったく　Y　その上
エ　X　例えば　　Y　しかし

問3　——線aの対義語を選べ。　解答番号 7

ア　立派　イ　広大　ウ　強行　エ　豊富

問4　——線bと熟語の組み立てが同じものを選べ。　解答番号 8

ア　傑作　イ　卓抜　ウ　添削　エ　挑戦

問5　——線①とあるが、そのことが原因で引き起こされた事態ではないものを選べ。　解答番号 9

ア　奴隷たちがもともっていた民族固有の言語や文化が消滅

民族固有の文化や言語。それはプランテーションの労働の中で強制的に消滅させられる。しかし人間は、そんな苛酷な状況の中でも、なんとか意思の疎通をはかろうとする。そのために、さまざまな文化と言語が混ざり合った、混とんとした状況の中から、人間は一つの新たな文化と言語をつくりだした。

こうした混血・混合文化が、ハワイやマダガスカル、カリブ海地域やマレー群島など異種の文化がb衝突して植民地化された場所に点々と残っている。その場所は「群島」であることが多い。

混血・混合した文化・言語にはルーツがないので、否定的に捉えられることも多い。しかし、それは誤りだ。むしろ、単一のルーツをもつ文化・言語よりも、多くの素材によってかたちづくられているため、とても豊かなホウCヨウリョクと可能性をもつ文化・言語の在り方といえるだろう。

日本も島国だ。けれども、カリブ海などの群島と違い、長い歴史の中でただの一度も、他国の植民地になったことはない。だから近代の歴史の中では文化・言語の混血・混合は、ほとんど起こらなかった。外国人に接した経験も少ないから、多くの日本人は、今でも外国人を前にすると、何となく気後れしてしまう。ましてや混血に対する拒絶反応は、ことのほか強い。

ポルトガルが植民地にしていたブラジルは大きな大陸国家だが、文化的には群島に似ている。［Y］一九世紀後半以後、世界中のあらゆるところから移民が集まり、さまざまな民族の血が入り混じってきた。

僕の友人のブラジル人はポルトガル系とイタリア系とインディオ系の血が入っている。その彼が日系アメリカ人女性と結婚することになった。彼女は彼の実家へ挨拶に行った。すると父親は大喜びでDカンゲイし、こう言ったという。

「ウチにはいろんな血が混じっているけれど、日本だけなかったんだ。ようやく日本の血が入って完璧なものになった！」

③これは僕たち日本人の感覚とはずいぶん違う。しかし、こういう世界もあるということを、ぜひ知ってほしい。自分という個人を世界に向けて開くだけでなく、ひとつの社会全体が、すべての世界に向けて自己を開放している姿だ。

今、あらゆる情報は断片化され、タグ（分類指標）を付けられ、整理されてメディアから提供される。それはわかりやすくパッケージ化された情報だ。

注1レヴィ＝ストロースがアメリカインディアンの神話を研究しようとしたとき、目の前にある世界には、なんのタグも付いていなかった。彼は三〇年も四〇年もかけて、過去数世紀の間にレンEメンと伝承されてきた神話を自分の中に吸収して、それらをすべてもう一度自ら「生き直した」。

神話というのは、一人の人物が鳥になったり、動物になったり、あるいは体が半分に分かれてみたり、また人間に戻ったり、とても不思議なことを繰り返しながら生きていく物語だ。その物語全体をレヴィ＝ストロースはひきうけ、生き直そうとした。情報として分類整理されていない、混とんとした何かを自分なりにとり込んでいく方法は、それしかない。途方もない方法だが、レヴィ＝ストロースの学問はそこからしか生まれてこなかった。

それはパッケージ化された情報を適当につぎはぎして何かをつくり上げるのとはまったく違う孤独で困難な作業だ。しかし、そういう作業が少しでも継続的に行われていかない限り、④使い古された情報の瓦礫《がれき》だけが積み重なる世界になってしまうだろう。

僕の専門領域は「文化人類学」ということになっている。これもまた一つの［⑤］にすぎない。注2泉靖一の著作に出会ったとき、確かに文化人類学は夢のような学問として目の前にあった。山に登り続けながら学問になるなら、こんなに素晴らしいことはない、と思った。

しかし大学で研究するうち、どんな学問分野でも形式的に与えられたものにすぎない、と強く感じ始めた。一つの学問分野の守備範囲は、大学というシステムの中で、あくまでも便宜的に縦割りで決

二〇二二年度 川越東高等学校（単願・併願①）

【国語】（五〇分）〈満点：一〇〇点〉

（注意）解答はすべて一つ選び、解答用紙の所定の欄にマークすること。

一　次の文章を読んで、後の問いに答えよ。

メキシコから、その後に滞在したカリブ海のキューバやブラジルをAケイユし、やがて僕は「群島論」という一つの考え方にたどり着いた。これは、いくつもの島々がつながってできた群島という場から、世界の見え方をもう一度考え直してみようとするアプローチだ。

〈中略〉

「群島論」とは何か。人間は今まで世界をどう見てきたか。大陸側からしか見てこなかった。なぜなら、近代文明につながる文明を生みだしたのは、ヨーロッパであれアジアであれ、すべて大陸だったから。人間のものの見方は、無意識のうちにすべて大陸的な視点に支配されていた。

その一方で、大陸から離れた、［　X　］近代の産業社会を基盤とした文明につながる文明ではない、もう一つ別の文明を生みだした群島で暮らす人々の側に立つと、世界はまるで違う見え方をする。そうした群島側からの視点、群島的なものの見方が、これまで欠落していた。それをもういちど考え直したいと思い『群島―世界論』（岩波書店、二〇〇八）という本を書いた。

ここには言語の問題も深く関わっている。

英語、フランス語、日本語、アラビア語、あるいはインディアンのアパッチ語。こうした言語は、それぞれ固有のルーツ（根）をもっている。国や地域、民族に古くから根付いた文化と歴史の中から生み出されてきた言語だ。

その一方で、西洋近代文明の支配下にあった植民地では、異なる言語同士の混血が起こり、その土地に古くから根付いていた言語ではない、まったく新しい異種混交した言語が生まれた。これを「クレオール語」と呼ぶ。

西洋人はたとえばカリブ海のキューバやジャマイカを植民地にしてサトウキビをつくり、それをヨーロッパで消費した。①黒人たちを奴隷として使い、非常に不平等・不均衡な経済構造のプランテーション（大規模農園）をつくった。ヨーロッパがそうやって富を蓄えたから、西洋を中心に近代文明が発展したのだ。

キューバやジャマイカ、あるいはハイチやマルティニクでは、アフリカの各地から黒人たちが奴隷として連れて来られ、サトウキビ畑で働かされた。それぞれ違う部族の人たちが集められる。互いに違う言語を話すから、意思の疎通ができない。となると、②自分たちの間で共通に使える新しい言語をつくるしかない。

どうやってつくったかというと、植民地支配しているフランス人やイギリス人が使っている語彙を適当にBシャクヨウし、自分たちが使っていたアフリカ系の文法に合わせて並べ換えた。仮に日本語で表現するとしたら、「ワタシ、アメリカジンアルヨ、アナタノトモダチ、ナリタイアルヨ」のようなカタコトのようにも聞こえる言葉だ。

このように、互いに違う言語を使っていた者同士が、どうにか意思の疎通をはかろうとして、何かしら基盤となるまったく別の言語から単語を一つひとつピックアップし、とりあえず間に合わせのように使う言語を「ピジン語」という。自分たちの母語から離れてあみ出したごちゃまぜの「第二の言語」だ。

こうしたピジン語を日常的に話していた親をもつ子どもの世代は、不思議なことにピジン語から、一つの体系的な文法規則をもつ「第三の言語」を生みだしていく。間に合わせに使うa貧弱な言葉ではなく、意思の疎通のための十分な豊かな語彙をもった言葉が自然に生まれてくる。これがクレオール語だ。

西洋の植民地に連れてこられた奴隷たちが、もともともっていた

2022年度／川越東高等学校（単願・併願①）

英語解答

1　1 ウ　2 イ　3 エ　4 エ
5 ア　6 エ　7 ウ　8 ウ

2　9 イ　10 ア　11 ウ　12 ア
13 エ　14 イ　15 エ　16 ウ

3　A　17…ウ　18…ア　19…ウ
B　20…ア　21…イ　22…イ

4　23 ウ　24 ア

5　25 ア　26 イ

6　27 イ　28 エ　29 エ　30 エ

7　A　31…ア　32…ア　33…イ
B　34…イ　35…エ

1〔長文読解総合―説明文〕

≪全訳≫❶あなたのネコが，あなたが絵の具で描いていたものの上を横切って足跡を残したら，あなたはネコを芸術家だと考えるだろうか。あなたの鳥がくちばしに色鉛筆を持って，１枚の紙に印をつけることができたらどうだろうか。これらの考えは冗談のように聞こえるかもしれないが，動物の芸術を非常に真剣に受けとめている人もいるのだ。❷1995年に，ビタリー・コマールとアレックス・メラミッドという２人のロシア系アメリカ人画家は，タイの困っているゾウのことを初めて聞いた。ゾウは，何百年もの間タイの木材切り出し業で，道路がない地域の森林から木材を運ぶために使用されていた。タイの森林が徐々に消失し始めたとき，政府は木材の切り出しをやめた。突然生計を立てるすべをなくしたゾウがたくさんいた。❸虐待されたゾウもいた。／→C．自分で生き延びようとせねばならず，食べるのに十分なものを見つけることのできないゾウもいた。／→A．タイにはかつて何万頭ものゾウが生息していた。／→D．現在では，その数は5000頭に満たない。／→B．コマールとメラミッドは，ゾウを助けるために何かをしなければならないことを知っていた。／その後彼らは，人々がタイのゾウの見方を永遠に変えるようなアイデアを思いついた。❹コマールとメラミッドは，タイのゾウキャンプを訪れた。そこで彼らはゾウ使い，すなわちゾウの訓練者に，ゾウにお絵描きを教える方法を教え始めた。最初は，ゾウ使いがゾウの鼻を導く必要がある。ゾウは練習とたくさんの甘いおやつにより，より楽にこれを行うようになり，最後には，自分で絵を描き始めた。❺コマールとメラミッドがゾウを救うために思いついた奇抜な考えは，実際，うまく行き始めた。彼らはタイや他のアジア諸国で，ゾウの美術学校をいくつか設立するのを手伝った。ゾウとゾウ使いは，そこに行って絵を描くことについて学び，必要な用具を手に入れた。今日，人々は世界中のギャラリーからゾウの作品を購入している。ゾウの芸術家の作品に，2000ドル以上支払う人さえいるのだ！❻（ゾウによる）気分が楽しくなるような明るい色の作品を，ジャクソン・ポロックやワシリー・カンディンスキーなどの抽象画家の作品と比較する人もいる。とてもユニークで独創的であり，上で述べた立派な目的を支える芸術作品を購入して，ただ幸せな気持ちになる人もいる。次に色とりどりの抽象画を目にしたとき，その芸術家が誰なのか調べてみるといい。あなたは（その結果）わかったことに驚くかもしれない！

1＜適語句選択＞この段落の最終文にある animal art という言葉から判断できる。本文の主題は動物による芸術である。

2＜適語選択＞直後の elephants を修飾する語である。続く内容から，ここで述べているゾウは，仕事をなくし，生きていくのに「困っている」ゾウである。動詞 trouble は「～を困らせる」という意味なので，過去分詞 troubled は「(人などが)困らされた」→「困った」，現在分詞 troubling は「(人などを)困らせるような，困難な」という意味になる。これは，surprise「～を驚かせる」や excite「～を興奮させる」など，‘感情’を表す他動詞から派生する分詞に共通する。

3＜適語選択＞直後に「政府は木材の切り出しをやめた」とある。これは，森が「消失し」始めたからだと考えられる。　disappear「消える，なくなる」

4＜文整序＞空所直前にある文とCの文が，‘Some ～. Others ….’「～もあれば…もある」の形になっているのでCが最初にくる。この後に続くAの後は，Aで述べた過去のゾウの数に対して，現在のゾウの数を述べるDを続ける。

5＜適語(句)選択＞この後に続く第5段落の内容から，この段落ではゾウに絵の描き方を教える方法について説明しているのだとわかる。

6＜適語句選択＞この後に続く内容から，コマールとメラミッドによるゾウを救うためのアイデアは成果を上げたことが読み取れる。この work は「うまくいく」という意味。

7＜整序結合＞語群に who があるが，文末がピリオドで終わっているので，疑問文ではない。find out「～を見つける，わかる」で始まる命令文にして，その目的語を‘疑問詞＋主語＋動詞’の間接疑問にするとうまくまとまる。なお，文前半の‘The next time＋主語＋動詞…’は「次に～するときは」という意味。　The next time you see a piece of colorful abstract art, find out who the artist is.

8＜内容真偽＞ア.「ネコや鳥などの動物が芸術作品をつくることができるとは，誰も思わない」…×　第1段落最終文参照。　イ.「森には道路がなかったため，タイのゾウが森の中を歩くのは難しかった」…×　第2段落第2文参照。　ウ.「コマールとメラミッドのおかげで，タイのゾウは今，生計を立てるための新しい方法を持っている」…○　第5段落の内容に一致する。
エ.「ゾウの芸術作品は非常に人気が出たが，抽象画家の作品より多くのお金を払う人はいない」…×　抽象画家による作品の値段と比較する記述はない。

2〔長文読解総合―物語〕

≪全訳≫❶ある日，彼女の祖母が言った。「今日はお前の15歳の誕生日だね。お前はもう，海の一番上に行くことができるよ」❷その夜，人魚姫は水の上に出た。彼女は海に浮かぶ大きな船を見た。船には，何百もの明かりがともっていた。彼女が窓の中をのぞくと，高価な服を着たたくさんの人間が見えた。一番すてきだったのは，大きな青い目をした若い王子だった。❸「ここにいたいな」と人魚姫は思った。「この美しい王子様を見たい」と。❹しかし，強い風が吹いて，突然海は危険になった。大きな船に水が流れ込んだ。❺人魚姫は荒れた天候が好きだったが，船の人々は，これを恐れた。突然，船は真っ二つに割れ，沈み始めた。❻「王子様は海の中の私の街に来ることができるわ」と人魚姫は思った。「彼に私の宮殿を訪ねてもらいたい。でも，人間が水中で暮らすことができるかしら？　彼は死んでしまうわ！　⑩私は彼に死んでほしくない！」❼彼女はすぐに王子のところまで泳いでいき，彼の頭の下に手を入れた。彼の頭は水の上にあったが，彼は目を開けなかった。❽朝になって，人魚姫は王子の顔に触れた。「死なないで！」と彼女は叫んだ。彼女は陸地を見た。冬だったので，山には雪がたくさん積もっていた。海の近くに森があり，森の中には大きな教会があった。人魚姫は王子を連れて，陸まで泳いだ。彼女は彼を教会の近くに置いて，それから海に戻った。❾若い女の子が教会から出てきた。彼女は王子を見て心配した。⑪-a「死んでいるのかしら？」と彼女は思った。10彼女は教会から他の人々を呼び，彼らは王子を助けた。海から，人魚姫は王子が目を開けるのを見た。彼は死んでいなかった！ 11「何があったのですか？」と王子は尋ねた。⑪-b「何も覚えていないんです」　彼らは彼を教会に連れていった。12人魚姫はとても悲しかった。⑪-c「彼は私のことを覚えていないんだわ」と彼女は思った。彼女は海の下にある父親の宮殿に泳いで帰った。13「あなたは何を見たの？」　姉たちが彼女に尋ねたが，人魚姫は答えなかった。14彼女はしばしば教会に戻り，若い王子を探した。もう春だった。山に雪はなく，森には花が咲いていた。しかし，彼女が王子を見ることはなかった。15それから彼女は姉の１人にそれまでのいきさつを話した。「王子様を愛しているから，悲しいの」と彼女は言った。16姉は他の王女たちにこの話をし，彼女たちは友達に話した。１人の友人が，王子のことを知っていた。「彼は海の近くの宮殿に住んでいるわ」と彼女は言った。17「行きましょう，妹よ！」と王女たちは言った。そして，６人の人魚は王子の宮殿の前の海の上へと向かった。18それは美しい部屋のあるすばらしい白い宮殿だった。「ここが，私の王子様の家なのね」と人魚姫は思った。19彼女は毎晩そこに行った。彼女は窓から若い王子をのぞき，召使いたちの話を聞いた。「王子はいい人だ」と彼らは言った。20彼女は陸の人々が気に入った。「ここに住みたいな」と彼女は思った。「船に乗りたい。庭や森の中を歩きたい」21「私は陸の人々について全てを知りたい」と，彼女は姉たちに言った。22「彼らのことは何も知らないわ」と姉たちは言った。「おばあ様におききなさい」23「人間は長く生きるの？」と，彼女は祖母に尋ねた。24「いいえ，彼らは死ぬわ。彼らの一生は私たちよりも短いの。私たちは300年間生き，それから海の水に変わる。私たちは再び生きることはない。陸の人々には魂がある。彼らの体は死ぬけれど，魂は空にある美しい場所へ行くのよ。それで，彼らはとても幸せなの」25「私は300年生きたくない」と人魚姫は言った。「私は陸の人になりたい。魂が欲しい。私の魂に，空にあるその美しい場所に行ってほしい。教えて，魂はどうすれば手に入るの？」26「人間の男性は，父親と母親以上に，誰かを愛することがあるわ」と彼女の祖母は答えた。「彼はその女性と結婚し，彼女は彼と一緒にいることができる。そうして，彼女は魂を手に入れる。でも，お前は陸に住むことはできないよ！　陸の人々は人魚を恐れているからね。それに，足のないお前は，歩けないわ！」27小さな王女は悲しそうに自分の体を見下ろした。「私は美しい」と彼女は思った。「陸の人々と同じくらい美しい。でも，私には足がない。友達の１人がある老婆について話してくれた。彼女は魔法について知っているから，私を助けてくれるかもしれない」28老婆の家の近くには，枝の長い醜い植物がたくさんあった。枝は死人を抱いており，人魚姫は怖かった。しかし，彼女は王子のことを思い出し，それらを通り過ぎて進んだ。彼女は老婆を見つけた。29「何が欲しいんだい？」と老婆は言った。「２本の足を手に入れて，陸に住みたいのかい？王子に愛してもらって，魂を与えてほしいのかい？　私はお前を助けることはできるが，お前はとても不幸になるだろう。ここに魔法の飲み物がある。それを陸に持っていき，それからお飲みなさい。お前は足を手に入れるが，足は痛むだろう。わかったかい？　お前は本当に陸の人になりたいのかい？　二度と人魚になることはできないよ」30「私はどうしても陸の人になりたいの」と人魚姫は答えた。彼女は王子が欲しかった。そして魂が欲しかった。31「それなら王子と結婚しなさい，さもないとお前は死ぬだろう」と老婆は言った。「姉たちのもとへ戻ることはできないよ。お前は海の水に変わってしまう。それから，もう１つある。陸の上では，お前はしゃべることも歌うこともできない」32「でも，それなら王子様はどうやって私を愛してくれるの？」と王女は尋ねた。33「王子はお前の美しい顔を愛するだろう。それに，お前は目で彼と話すことができる」と老婆は答えた。「彼はお前を愛するだろう。魔法の飲み物が欲しいかい？」34「はい」と人魚姫は言った。

9＜適語句選択＞文の前半と後半がbutで結ばれているので，⑨-aと⑨-bは，相反する内容となる。エも‘逆接’の関係になるが，内容が話の流れに合わない。

10＜整序結合＞‘want＋人＋to ～’「〈人〉に～してほしい」の否定文をつくればいい。話の流れから，「王子に死んでほしくない」という文になると考えられるので，不要語はlive。 I don’t want him to die!

11＜適文選択＞⑪-a．女の子が意識不明の王子を見つけた場面である。 ⑪-b．王子が目を覚ました場面である。 ⑪-c．人魚姫が悲しんでいる場面である。

12＜適語選択＞王子に会いたかった人魚姫は，彼を探したのである。この段落の最終文にshe never saw the princeとあるので，atは不適。 look for ～「～を探す」

13＜語句解釈＞ここまでの内容から，人魚姫は好きになってしまった王子に会えなくて悲しい思いをしていることが読み取れる。また，直後でI’m sad because I love the princeと言っていることや，次の段落で，この話を聞いた別の人魚が，王子の居場所について話していることからも，人魚姫は王子に会えないことを嘆いていたことがわかる。

14＜適語(句)選択＞直後にWe never live again.とある。命のないseawater「海水」になると考えられる。

15＜英問英答＞「この話によると，『魔法の飲み物』について正しいのは次のうちどれか」―エ．「人魚姫はそれを飲むと，命を失う危険を冒すことになるだろう」 第31段落第1文参照。..., or you’ll dieとある。

16＜内容真偽＞ア．「人魚姫は王子を教会に連れていき，彼の命を救うために人々を呼んだ」…× 第8段落最終文～第10段落第1文参照。 イ．「王子は再び人魚姫に会うと約束したが，その約束を破った」…× そのような記述はない。 ウ．「人魚姫の祖母は，人魚がどうすれば陸の人になることができるか知らなかった」…○ 第26段落の内容に一致する。祖母は人魚は人間になれないと思っていることが読み取れる。 エ．「人魚姫の友人の1人は，魔法の飲み物について全て知っていた」…× そのような記述はない。

3〔長文読解総合―対話文〕

A≪全訳≫❶マーク(M)：レイコ，今週末，僕の家でポットラックパーティーをするんだ。君も来ない？❷レイコ(R)：ポットラックパーティー？ ⑰それってどんなパーティーなの？❸M：ああ，ポットラックパーティーでは，みんなが違う料理を持ってきて，食べ物をシェアするんだ。❹R：楽しそう！ 私は何を持っていけばいい？❺M：わからないよ。君は何をつくれるの？ 君の得意料理は何？❻R：うーん…⑱私のコロッケはとてもおいしいって言われるわ。パーティー用にコロッケをつくろうか？❼M：コロッケ？❽R：うん，揚げ物の料理よ。ミンチとマッシュポテトを混ぜて，それを平らなパテ状の形にして，それから揚げてつくるのよ。コロッケはとんかつソースとよく合うわ。❾M：へえ，おいしそうだね。コロッケはパーティーにはとてもいいアイデアだと思うよ。リンダはサラダ，ヒロキはすしを持ってくるんだ。❿R：マーク，あなたは何をつくるの？⓫M：つくるだって？ 冗談だろう？ 僕は料理ができないんだ！ ケンタッキーフライドチキンを買うつもりさ！

17＜適文選択＞この後マークは，ポットラックパーティーについて説明している。

18＜適文選択＞得意料理をきかれたレイコの返答。この後でコロッケを提案しているのは，その評判がいいからだと考えられる。

19＜内容真偽＞ア．「レイコは今週末にポットラックパーティーを開く予定だ」…×　第1段落参照。　イ．「ポットラックパーティーのために，みんなが違う料理をつくる予定だ」…×　最終段落参照。マークは料理をつくらない。　ウ．「マークとレイコはポットラックパーティーでコロッケを食べるつもりだ」…○　第6，9段落の内容に一致する。　エ．「マークは，ポットラックパーティーの料理について何も考えがない」…×　最終段落参照。

B≪全訳≫❶アンドリュー（A）：こんにちは，バリー。それで計画はどうなった？❷バリー（B）：⑳今晩テニスをしない？❸A：いい考えだね。僕は長いことテニスをしていないんだ。❹B：よかった。㉑-a 7時で大丈夫？❺A：もう少し遅くできない？　㉑-b 6時半まで仕事なんだ。❻B：問題ないよ。何時に待ち合わせたい？❼A：7時半までにテニスコートに着くことができると思うけれど，最初に夕食を食べるのはどう？　今日，この辺りはとても混んでいて，昼食の時間がとれなかったんだ。❽B：いいよ。すばらしいメキシコ料理のレストランを知っているんだ。❾A：僕はメキシコ料理があまり好きじゃないんだ。代わりに中華料理店に行ってもいいかな？❿B：いいよ。「テイスト・オブ・ホンコン」はコートのすぐ近くだよ。⓫A：前にそこで食べたことがあるよ。気に入っているんだ。⓬B：じゃあ，レストランで待ち合わせるのはどう？⓭A：いいよ。㉑-c 7時半頃にそこで会おう。遅れないようにするよ。

20＜適文選択＞次のアンドリューの応答から，テニスに誘う文が入るとわかる。Shall I ～?は「～しましょうか」という‘申し出’を表す。

21＜適文選択＞㉑-a．次の「もう少し遅くできない？」という返答より，待ち合わせの時間を提案したのだとわかる。　㉑-b．Aは，待ち合わせの時間を遅らせてほしい理由となる。　㉑-c．Cのthereは直前の「レストラン」を指していると判断できる。

22＜内容真偽＞ア．「アンドリューはこれまでにテニスをしたことがない」…×　第3段落参照。in〔for〕ages「長い間」　イ．「アンドリューは，テニスをする前に夕食をとりたいと思っている」…○　第7段落に一致する。　ウ．「バリーはとても忙しくて，昼食を食べることができなかった」…×　第7段落参照。　エ．「アンドリューとバリーは，7時半頃にテニスコートで待ち合わせる」…×　第12段落参照。

4〔適語句選択〕

23.「昨日，近くの公園で犬を散歩させていたとき，隣に住む女性が近づいてきて，私にこんにちはと言った。彼女は私の犬をなでている間，空港へ行くところだと言った。彼女は，北海道で一人暮らしをしている大学生の息子に会いに行く予定だった」

24.「私の姉(妹)は外見に注意を払い，常に流行を追いかけている。彼女はファッション雑誌を読むのが好きだ。かわいいドレスを着ているお気に入りのモデルを見つけると，いつもそれをまねようとする。彼女はよく『若い女の子の間で流行するドレスをつくりたい。私の夢はファッションデザイナーになることだ』と言っている」

5〔誤文訂正〕

25.「家に帰る」はgo homeと表すので，アのtoは不要。このhomeは「家へ」という意味の副詞。「少し熱があったので，昨日は早く家に帰った」

26. over 20,000 languagesという複数名詞が続くので，イのisはareとするのが正しい。「この本によると，世界には2万以上の言語がある」

6〔整序結合〕

27. ‘*A* is the＋最上級＋名詞＋(that＋)主語＋have ever＋過去分詞’「*A*はこれまで〜した中で最も…な—だ」の形をつくる。 This is the most delicious dish that I have ever eaten.

28. ‘It takes＋時間＋to＋動詞の原形’「〜するのに(時間が)…かかる」の‘時間’の部分を尋ねる疑問文にする。‘時間の長さ’を尋ねる疑問詞はHow long「どのくらい(長く)」。doesではなくwillが与えられているので，will it take 〜？とする。 How long will it take to read these books?

29.「きっと〜と思う」はI'm sure (that) 〜。「楽しい時間を過ごす」はhave a good time。 I'm sure you will have a good time at the school.

30. I thinkで始め，there is 〜「〜がある〔いる〕」の構文を続ける。「何かおかしなところ」はsomething strange。‘-thing＋形容詞’の語順に注意。 I think there is something strange about his behavior.

7〔総合問題〕

A＜単語の定義＞

31.「人々が読んだり勉強したり借りたりできるように，本やCD，新聞などを保管している建物」—ア.「図書館」

32.「地球の表面の大部分を覆う塩水の塊」—ア.「海」

33.「病気の人やけがをした人が治療を受ける大きな建物」—イ.「病院」

B＜適語(句)選択＞

34. ‘in＋時間’で「〜後に」という意味。 「彼は1時間後には準備ができているだろう」

35. stop 〜ing「〜するのをやめる」 *cf.* stop to 〜「〜するために立ち止まる」 「医者は彼に，それほど熱心に仕事をするのをやめるように忠告した」

数学解答

1 (1) (ウ)　(2) (オ)　(3) (ア)　(4) (カ)　(5) (エ)　(6) (イ)

2 (7) (オ)　(8) (カ)　(9) (エ)

3 (10) (ア)　(11) (ウ)　(12) (ウ)

4 (13) (エ)　(14) (イ)　(15) (オ)

5 (16) (イ)　(17) (ア)　(18) (カ)

6 (19) (イ)　(20) (ア)

1〔独立小問集合題〕

(1)＜式の計算＞与式$=-\left(-\dfrac{b^6c^3}{8a^3}\right)\times\dfrac{18c}{a^2b^3}\div\dfrac{c^2}{16b^4}=\dfrac{b^6c^3}{8a^3}\times\dfrac{18c}{a^2b^3}\times\dfrac{16b^4}{c^2}=\dfrac{b^6c^3\times18c\times16b^4}{8a^3\times a^2b^3\times c^2}=\dfrac{36b^7c^2}{a^5}$

(2)＜連立方程式＞$\dfrac{x}{6}+\dfrac{y}{3}=\dfrac{1}{4}$……①，$4x+3y=-3$……②とする。①×12より，$2x+4y=3$……①′　①′×2−②より，$8y-3y=6-(-3)$，$5y=9$　$\therefore y=\dfrac{9}{5}$　これを②に代入して，$4x+\dfrac{27}{5}=-3$，$4x=-\dfrac{42}{5}$　$\therefore x=-\dfrac{21}{10}$

(3)＜二次方程式＞$25x^2+20x+4=9x^2+12x+4+16$，$16x^2+8x-16=0$，$2x^2+x-2=0$として，解の公式を用いると，$x=\dfrac{-1\pm\sqrt{1^2-4\times2\times(-2)}}{2\times2}=\dfrac{-1\pm\sqrt{17}}{4}$となる。

(4)＜式の計算―因数分解＞与式$=3\left(x^2+x+\dfrac{1}{4}-\dfrac{1}{4}\right)-18=3(x^2+x)-18=3x^2+3x-18=3(x^2+x-6)=3(x-2)(x+3)$

(5)＜数の性質＞$\sqrt{168n}=\sqrt{2^3\times3\times7\times n}$だから，$\sqrt{168n}$が自然数となる最小の自然数$n$は，$2^3\times3\times7\times n=2^4\times3^2\times7^2$となる数である。よって，$n=2\times3\times7$より，$n=42$である。

(6)＜空間図形―長さ＞球の半径をrとすると，表面積が$\dfrac{9}{2}\pi$なので，$4\pi r^2=\dfrac{9}{2}\pi$が成り立つ。これを解くと，$r^2=\dfrac{9}{8}$，$r=\pm\dfrac{3\sqrt{2}}{4}$となり，$r>0$だから，$r=\dfrac{3\sqrt{2}}{4}$である。

2〔平面図形―三角形〕

≪基本方針の決定≫(9)〔四角形AEFD〕＝△AEC－△DCFと考える。

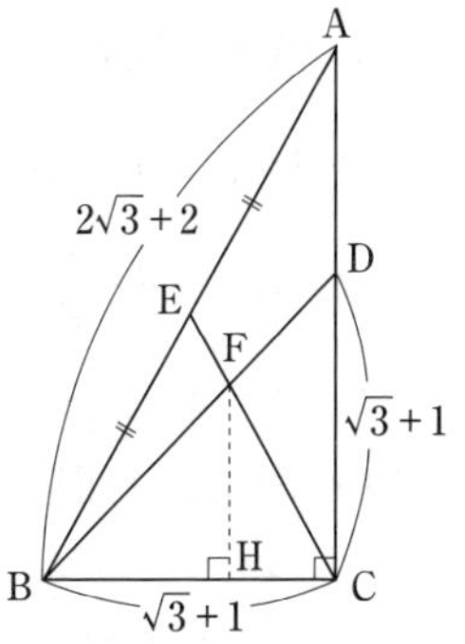

(7)＜長さ―特別な直角三角形＞右図で，∠ACB＝90°，BC：AB＝$(\sqrt{3}+1)$：$(2\sqrt{3}+2)=(\sqrt{3}+1)$：$2(\sqrt{3}+1)=1$：2より，△ABCは3辺の比が1：2：$\sqrt{3}$の直角三角形だから，∠ABC＝60°となる。また，点Eは辺ABの中点だから，BE＝$\dfrac{1}{2}$AB＝$\dfrac{1}{2}\times(2\sqrt{3}+2)=\sqrt{3}+1$より，BE＝BCである。よって，△EBCは正三角形だから，CE＝BC＝$\sqrt{3}+1$である。

(8)＜長さ―特別な直角三角形＞右図で，∠DCB＝90°，BC＝CD＝$\sqrt{3}+1$より，△BCDは直角二等辺三角形なので，∠DBC＝45°である。点Fから辺BCに垂線FHを引くと，△FBHも直角二等辺三角形だから，BH＝FHとなる。また，∠FCH＝60°だから，△FHCは3辺の比が1：2：$\sqrt{3}$の直角三角形であり，HC＝$\dfrac{1}{\sqrt{3}}$FHである。よって，BH：HC＝FH：$\dfrac{1}{\sqrt{3}}$FH＝$\sqrt{3}$：1となるから，HC＝$\dfrac{1}{\sqrt{3}+1}$BC＝$\dfrac{1}{\sqrt{3}+1}\times(\sqrt{3}+1)=1$である。したがって，FC＝2HC＝2×1＝2となるので，EF＝CE－FC＝$(\sqrt{3}+1)-2=\sqrt{3}-1$である。

(9)＜面積―特別な直角三角形＞前ページの図で，△ABC は 3 辺の比が $1:2:\sqrt{3}$ の直角三角形だから，$AC=\sqrt{3}BC=\sqrt{3}(\sqrt{3}+1)=3+\sqrt{3}$ であり，$\triangle ABC=\frac{1}{2}\times BC\times AC=\frac{1}{2}\times(\sqrt{3}+1)\times(3+\sqrt{3})=2\sqrt{3}+3$ となる。AE＝BE だから，$\triangle AEC=\triangle EBC=\frac{1}{2}\triangle ABC=\frac{1}{2}\times(2\sqrt{3}+3)=\frac{2\sqrt{3}+3}{2}$ となる。また，△DCF は，底辺を辺 CD と見ると高さは線分 HC であり，(8)より，HC＝1 だから，$\triangle DCF=\frac{1}{2}\times CD\times HC=\frac{1}{2}\times(\sqrt{3}+1)\times 1=\frac{\sqrt{3}+1}{2}$ である。よって，〔四角形 AEFD〕＝$\triangle AEC-\triangle DCF=\frac{2\sqrt{3}+3}{2}-\frac{\sqrt{3}+1}{2}=\frac{\sqrt{3}}{2}+1$ となる。

3 〔データの活用―場合の数―さいころ〕

(10)＜場合の数＞100 は 4 の倍数だから，十の位と一の位でつくられる 2 けたの数が 4 の倍数のとき，つくられた整数は 4 の倍数である。さいころの目は 1，2，3，4，5，6 だから，十の位と一の位でつくられる 2 けたの数が 4 の倍数となるとき，その 2 けたの数は 12，16，24，32，36，44，52，56，64 の 9 通りある。百の位の数は 6 通りだから，つくられた整数が 4 の倍数となるのは，$9\times 6=54$(通り)ある。

(11)＜場合の数＞百の位，十の位の数が 1 のとき，つくられた整数は，111，112，113，114，115，116 の連続する 6 通りの整数となる。$6\div 3=2$ より，連続する 6 通りの整数の中には，3 の倍数，3 でわると 1 余る整数，3 でわると 2 余る整数が 2 通りずつあるので，111，112，113，114，115，116 の中に 3 の倍数は 2 通りある。百の位，十の位が他の数の組の場合においても，つくられた整数は一の位の数が 1，2，3，4，5，6 である連続する 6 通りの整数となるから，3 の倍数はそれぞれ 2 通りある。よって，百の位，十の位は 6 通りあり，そのそれぞれにおいて一の位は 2 通りだから，つくられた整数が 3 の倍数となるのは，$6\times 6\times 2=72$(通り)ある。

(12)＜場合の数＞(11)と同様に考える。百の位，十の位のどの数の組においても，一の位の数が 1，2，3，4，5，6 の連続する 6 通りの整数がつくられる。連続する 6 通りの整数の中に 6 の倍数は必ず 1 通りある。よって，百の位，十の位は 6 通りあり，そのそれぞれにおいて一の位は 1 通りだから，つくられた整数が 6 の倍数となるのは，$6\times 6\times 1=36$(通り)ある。

4 〔関数―一次関数のグラフ〕

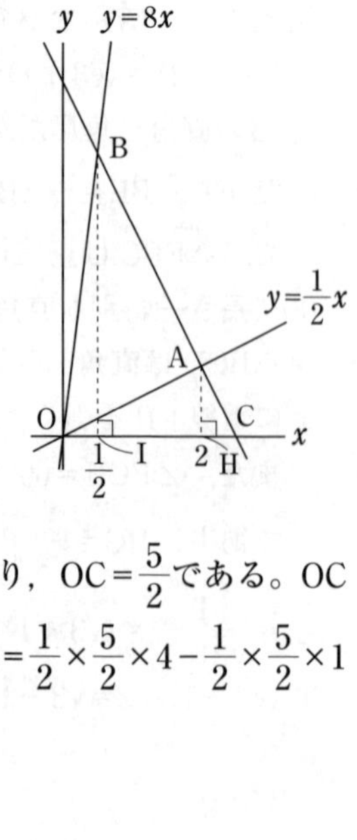

(13)＜傾き＞右図で，点 A は直線 $y=\frac{1}{2}x$ 上にあり，x 座標が 2 だから，$y=\frac{1}{2}\times 2=1$ より，A(2，1)である。点 B は直線 $y=8x$ 上にあり，x 座標が $\frac{1}{2}$ だから，$y=8\times\frac{1}{2}=4$ より，$B\left(\frac{1}{2},\ 4\right)$ である。よって，直線 AB の傾きは $(1-4)\div\left(2-\frac{1}{2}\right)=-2$ となる。

(14)＜面積＞右図で，直線 AB と x 軸との交点を C とすると，△OAB＝△OBC－△OAC である。(13)より，直線 AB の傾きは－2 だから，その式は $y=-2x+b$ とおける。A(2，1)を通るので，$1=-2\times 2+b$，$b=5$ となり，直線 AB の式は $y=-2x+5$ である。点 C は直線 $y=-2x+5$ と x 軸の交点なので，$0=-2x+5$ より，$x=\frac{5}{2}$ となり，$C\left(\frac{5}{2},\ 0\right)$ である。これより，$OC=\frac{5}{2}$ である。OC を底辺と見ると，△OBC の高さは 4，△OAC の高さは 1 だから，$\triangle OAB=\frac{1}{2}\times\frac{5}{2}\times 4-\frac{1}{2}\times\frac{5}{2}\times 1$

$=\dfrac{15}{4}$となる。

(15)＜体積―回転体＞前ページの図で，△OAB を x 軸の周りに１回転させてできる立体は，△OBC がつくる立体から，△OAC がつくる立体を除いた立体となる。２点 A，B から x 軸に垂線 AH，BI を引く。△OBC がつくる立体は，△OBI，△CBI がつくる円錐を合わせた立体である。$\mathrm{B}\left(\dfrac{1}{2},\ 4\right)$，$\mathrm{C}\left(\dfrac{5}{2},\ 0\right)$だから，$\mathrm{BI}=4$，$\mathrm{OI}=\dfrac{1}{2}$，$\mathrm{CI}=\dfrac{5}{2}-\dfrac{1}{2}=2$ であり，△OBC がつくる立体の体積は，$\dfrac{1}{3}\times\pi\times\mathrm{BI}^2\times\mathrm{OI}+\dfrac{1}{3}\times\pi\times\mathrm{BI}^2\times\mathrm{CI}=\dfrac{1}{3}\times\pi\times4^2\times\dfrac{1}{2}+\dfrac{1}{3}\times\pi\times4^2\times2=\dfrac{40}{3}\pi$ となる。A(2，1)だから，$\mathrm{AH}=1$，$\mathrm{OH}=2$，$\mathrm{CH}=\dfrac{5}{2}-2=\dfrac{1}{2}$であり，△OAC がつくる立体の体積は，$\dfrac{1}{3}\times\pi\times\mathrm{AH}^2\times\mathrm{OH}+\dfrac{1}{3}\times\pi\times\mathrm{AH}^2\times\mathrm{CH}=\dfrac{1}{3}\times\pi\times1^2\times2+\dfrac{1}{3}\times\pi\times1^2\times\dfrac{1}{2}=\dfrac{5}{6}\pi$ となる。以上より，求める立体の体積は $\dfrac{40}{3}\pi-\dfrac{5}{6}\pi=\dfrac{25}{2}\pi$ である。

5〔空間図形―円錐〕

(16)＜面積＞円錐を展開すると，右図１のようになる。側面を展開したおうぎ形の中心角を x とすると，おうぎ形の弧の長さと底面の円の周の長さは等しいから，$2\pi\times6\times\dfrac{x}{360^\circ}=2\pi\times1$ が成り立つ。これより，$\dfrac{x}{360^\circ}=\dfrac{1}{6}$となるので，おうぎ形の面積は $\pi\times6^2\times\dfrac{x}{360^\circ}=\pi\times6^2\times\dfrac{1}{6}=6\pi$ となる。円の面積は $\pi\times1^2=\pi$ だから，円錐の表面積は $6\pi+\pi=7\pi$ である。

図１

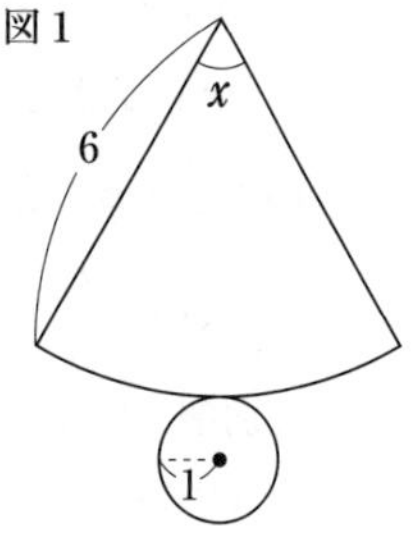

(17)＜長さ―三平方の定理＞右下図２のように，円錐の側面を展開する。点 A から円錐の側面を１周して点 B までかけたひもが最も短くなるとき，そのひもは線分 AB′で表される。点 A から半径 OA′に垂線 AH を引く。(16)より，$\dfrac{x}{360^\circ}=\dfrac{1}{6}$だから，$x=60^\circ$となり，$\angle\mathrm{AOH}=60^\circ$である。これより，△OAH は３辺の比が $1:2:\sqrt{3}$ の直角三角形だから，$\mathrm{OH}=\dfrac{1}{2}\mathrm{OA}=\dfrac{1}{2}\times6=3$，$\mathrm{AH}=\sqrt{3}\mathrm{OH}=\sqrt{3}\times3=3\sqrt{3}$ となり，$\mathrm{B'H}=\mathrm{OH}-\mathrm{OB'}=3-2=1$ となる。よって，△AB′H で三平方の定理より，求めるひもの長さは $\mathrm{AB'}=\sqrt{\mathrm{AH}^2+\mathrm{B'H}^2}=\sqrt{(3\sqrt{3})^2+1^2}=\sqrt{28}=2\sqrt{7}$ である。

図２

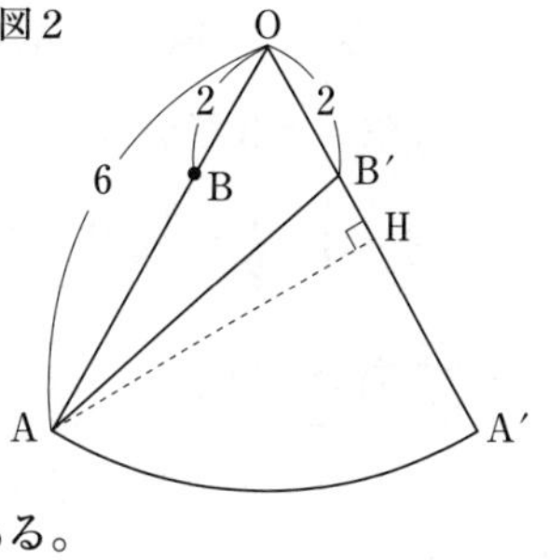

(18)＜長さ―特別な直角三角形＞点 A から円錐の側面を２周して点 A までひもをかけるので，右図３のように，側面を展開したおうぎ形を２つ並べた図で考える。ひもの長さが最も短くなるとき，そのひもは線分 AA″で表される。このとき，線分 AA″と線分 OA′の交点を C とし，線分 OA 上に OC′＝OC となる点 C′をとると，おうぎ形 OAA′上におけるひもは，線分 AC と線分 C′A′となる。△OAA″は OA＝OA″の二等辺三角形で，∠AOC＝∠A″OC＝60°だから，AC＝CA″，OC⊥AA″である。よって，△OAC は３辺の比が $1:2:\sqrt{3}$ の直角三角形だから，$\mathrm{AC}=\dfrac{\sqrt{3}}{2}\mathrm{OA}=\dfrac{\sqrt{3}}{2}\times6=3\sqrt{3}$ となり，$\mathrm{AA''}=2\mathrm{AC}=2\times3\sqrt{3}=6\sqrt{3}$ である。

図３

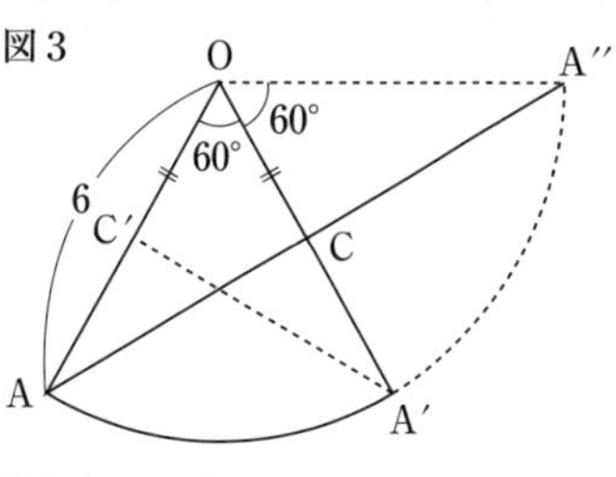

6〔平面図形―円〕

≪基本方針の決定≫(20)　∠ACB の大きさがわかる。

(19)＜長さ＞次ページの図１のように，円 A と円 B，円 C の接点をそれぞれ D，E，円 B と円 C の接点

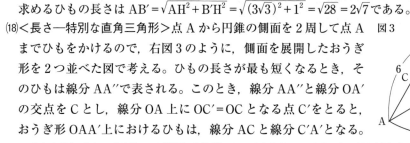

をFとすると，BF＝BD＝$a-7$，CF＝CE＝$a-8$となる。BF＋CF＝BCだから，$(a-7)+(a-8)=5$が成り立ち，$a=10$となる。

図1

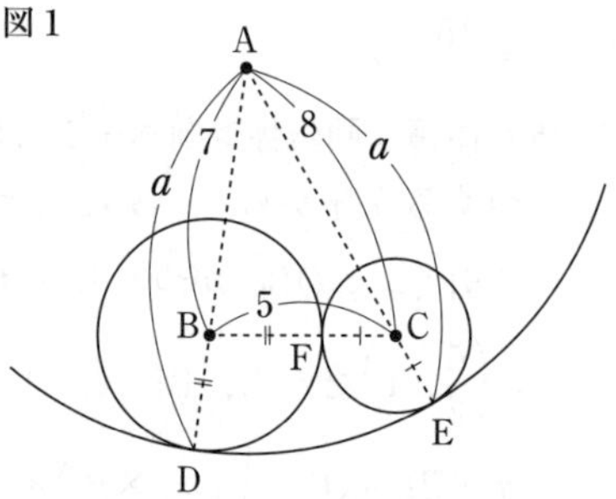

(20)＜長さ―三平方の定理＞右下図2のように，3点A，B，Cを通る円の中心をOとし，点Aから辺BCに垂線AHを引く。BH＝xとおくと，HC＝$5-x$となり，△ABH，△AHCで三平方の定理より，$AH^2=AB^2-BH^2=7^2-x^2$，$AH^2=AC^2-HC^2=8^2-(5-x)^2$となる。よって，$7^2-x^2=8^2-(5-x)^2$が成り立ち，これを解くと，$49-x^2=64-25+10x-x^2$，$10x=10$，$x=1$となる。これより，HC＝5－1＝4となり，HC：AC＝4：8＝1：2だから，△AHCは3辺の比が1：2：$\sqrt{3}$の直角三角形である。∠ACB＝60°となるので，点Oと2点A，Bを結ぶと，$\overset{\frown}{AB}$に対する円周角と中心角の関係より，∠AOB＝2∠ACB＝2×60°＝120°となる。点Oから辺ABに垂線OIを引く。△OABはOA＝OBの二等辺三角形なので，$\angle AOI=\angle BOI=\frac{1}{2}\angle AOB=\frac{1}{2}\times120^\circ=60^\circ$となり，△OAIは3辺の比が1：2：$\sqrt{3}$の直角三角形となる。また，$AI=BI=\frac{1}{2}AB=\frac{1}{2}\times7=\frac{7}{2}$である。したがって，円Oの半径は，$OA=\frac{2}{\sqrt{3}}AI=\frac{2}{\sqrt{3}}\times\frac{7}{2}=\frac{7\sqrt{3}}{3}$である。

図2

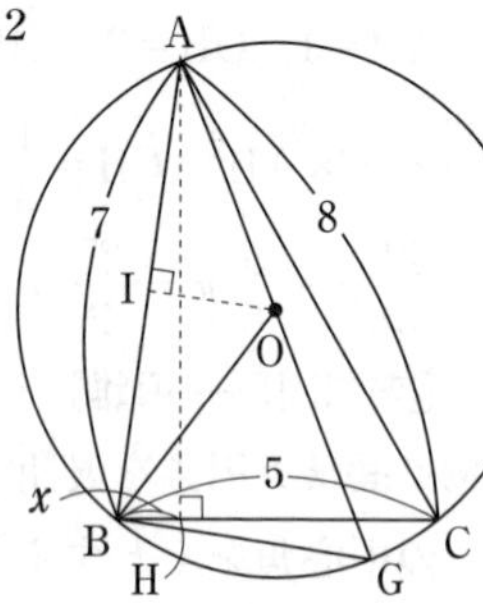

≪別解≫図2で，AOの延長と円Oの交点をGとし，点Bと点Gを結ぶ。線分AGが円Oの直径より，∠ABG＝90°だから，∠ABG＝∠AHCである。また，$\overset{\frown}{AB}$に対する円周角より，∠AGB＝∠ACHだから，△ABG∽△AHCとなる。よって，AG：AC＝AB：AHである。$AH=\sqrt{7^2-x^2}=\sqrt{7^2-1^2}=\sqrt{48}=4\sqrt{3}$だから，AG：8＝7：$4\sqrt{3}$が成り立ち，$AG\times4\sqrt{3}=8\times7$，$AG=\frac{14\sqrt{3}}{3}$となるので，$OA=\frac{1}{2}AG=\frac{1}{2}\times\frac{14\sqrt{3}}{3}=\frac{7\sqrt{3}}{3}$となる。

＝読者へのメッセージ＝

「三平方の定理」は「ピタゴラスの定理」ともいわれます。ピタゴラスは，古代ギリシアの数学者，哲学者です。

2022年度／川越東高等学校(単願・併願①)

国語解答

一 問1 A…イ　B…ウ　C…イ　D…ア　E…エ
問2 ア　問3 エ　問4 イ
問5 エ　問6 エ　問7 ア
問8 ウ　問9 ウ　問10 イ

二 問1 a…ウ　b…ア　問2 ウ
問3 ア　問4 ア　問5 ア
問6 ウ　問7 ウ　問8 イ
問9 エ　問10 エ　問11 エ

三 問1 エ　問2 イ　問3 ウ
問4 ア　問5 ウ　問6 エ
問7 エ　問8 ウ　問9 エ

一〔論説文の読解―哲学的分野―人生〕出典；今福龍太「学問の殻を破る―世界に向けて自己を開放すること」(『何のために「学ぶ」のか―中学生からの大学講義1』所収)。

≪本文の概要≫西洋の植民地で奴隷となった人々は，アフリカのさまざまな地域から集められていたため，言語の異なる者どうしでも意思疎通ができるようにピジン語を生み出した。さらにその子どもの世代はピジン語を，体系的な文法や豊かな語彙を持つクレオール語へと発展させた。このように，人間はさまざまな文化や言語が入り乱れる状況下であっても，それらを混ぜ合わせて一つの新しい文化や言語を生み出すことができる。現代はあらゆる情報が分類されるようになり，学問も大学というシステムの中で分野ごとに区切られてしまっている。しかし人間には，既に与えられた枠組みを超えて未知のものを追求したり，新しい何かを生み出したりする力が備わっている。未来を切りひらくためには，殻を破ろうとする勇気が大事なのである。

問1＜漢字＞A．「経由」と書く。アは「早計」，イは「経歴」，ウは「小径」，エは「景勝」。　B．「借用」と書く。アは「貸(さない)」，イは「惜(しい)」，ウは「借(りたい)」，エは「課(す)」。　C．「包容力」と書く。アは「肝要」，イは「容姿」，ウは「溶接」，エは「同様」。　D．「歓迎」と書く。アは「歓喜」，イは「看板」，ウは「楽観」，エは「勧誘」。　E．「連綿」と書く。アは「面会」，イは「免許」，ウは「雌鶏」，エは「木綿」。

問2＜表現＞X．大陸から離れた視点とは，要するに，群島で暮らす人々の側に立った視点のことである。　Y．ブラジルは大陸国家だが，文化的には群島に似ていて，特に，一九世紀後半以降はその傾向が顕著である。

問3＜語句＞「貧弱」は，内容に乏しく，必要を満たすのに十分ではないこと。対義語は，豊かでたくさんあることを意味する「豊富」。「立派」は，欠点がなく見事なこと。「広大」は，広くて大きいこと。「強行」は，無理を押しきって強引に行うこと。

問4＜熟語の構成＞「衝突」と「卓抜」は，似た意味の漢字が組み合わさった熟語。「傑作」は，上の漢字が下の漢字を修飾している熟語。「添削」は，反対の意味の漢字が組み合わさった熟語。「挑戦」は，下の漢字が上の漢字の目的語となっている熟語。

問5＜文章内容＞西洋の国々は，奴隷を植民地で働かせることにより，富を蓄えて近代文明を発展させることができた(ウ…○)。一方奴隷にされた人々は，もともと持っていた民族固有の文化や言語を消滅させられることとなった(ア…○)。しかし，自分たちの力で，言語の違う者どうしで意思疎通を行うためのピジン語をつくり(エ…×)，後の世代になると，より体系的で豊富な語彙を持つクレオール語などの新しい文化を生み出した(イ…○)。

問6＜文章内容＞アフリカ各地から奴隷として集められた人々は，部族ごとに文化や言語が異なり，互いに会話をすることができなかった。そこで，植民地支配をしているヨーロッパの国の語彙と，アフリカ系の文法を組み合わせたピジン語という言語を生み出し，意思疎通を行うようになった。

問７＜文章内容＞日本は，他国の植民地にはならず，近代以降は文化や言語の混合もほとんど起こらなかった。また，外国人に接する経験も多くないため，多くの日本人は，異文化に対して開放的になることができないのである。

問８＜文章内容＞一つの枠組みにとらわれ，分類された情報を整理するだけでは，他の誰かが既に手をつけたことの反復しかできない。それでは，自分自身で一から思考することにつながらず，新しい発見や考えを生み出せないのである。

問９＜文章内容＞「僕」の専門領域である「文化人類学」もまた，枠組みとしての一つの学問分野にすぎないという点で，「タグ（分類指標）」であるということができる。

問10＜主題＞既に他の誰かによって分類された情報を整理するだけでは，未知の世界を切りひらくことはできない。自分の守備範囲を守るのではなく，まだ誰も手をつけていない情報を自分なりに吸収し，一から物事を考えようとする勇気こそが殻を破り，新しい知見を生み出すことにつながるのである。

二〔小説の読解〕出典；芥川龍之介『一塊の土』。

問１＜語句＞ａ．「狼狽」は，不意の出来事などに慌ててうろたえること。　ｂ．「仄めかす」は，それとなく言葉や態度に表して示す，という意味。

問２＜漢字の知識＞「⺄」→「飞」→「飞」→「飛」→「飛」→「飛」の順に書く。よって，アは七画目，イは八画目，ウは四画目，エは五画目である。

問３＜文章内容＞お民は，村中で「嫁の手本」や「貞女の鑑」として扱われるほど評判が高かった。そのため，お民との関係に苦しんでいることを他の者に言ったとしても，誰も相手にはしないだろうとお住は考えていた。

問４＜文章内容＞先生は，修身の時間にお民のことを「この近在に二人とない偉い人」であると称賛した。しかし広次は，お民が家事を一切やらず，お住といさかいを起こしている姿を目にしていたため，家庭を省みない自分の母親がそれほどに偉いとは思えなかったのである。

問５＜文章内容＞お住は，広次の世話と家事を全てこなしていたが，老いた自分には体力的に厳しいと感じていた。そのため，広次に早く結婚をさせ，嫁に家事を任せることで楽になりたいと考えていたのである。

問６＜文章内容＞お住は，広次がいずれ自分に孝行することを期待していたため，柿をねだられたことに対しても，快く返事をしたのである。

問７＜文章内容＞お住は，広次に対し，「わりゃおばあさんにお父さんと二人分孝行するだぞ」という言いつけをいつまでも忘れないように念押ししたのである。

問８＜心情＞お民が死んだことで，あくせく働かなくとも小言を言われることがなくなり，楽をして生活をするのに十分な財産もあるため，お住は解放感を覚えたのである。

問９＜心情＞お住は，お民への憎しみや怒りよりも，自分たち家族が情けない人間であること，さらに，一人生き残って身内が死んだことにほっとしている自分が最も情けない人間であることを実感し始めた。そしてしだいに，自分を残して死んでしまったお民の死を惜しみ，悲しむ感情が湧いたのである。

問10＜表現＞三人称視点で物語が展開するが，お住という視点人物が設定されている。そのため，お住以外の人物の内面については記述されず，その言動からうかがい知ることしかできないという点で，一人称小説に近い性質を持っている。

問11＜文学史＞『春と修羅』は，大正13（1924）年に発表された宮沢賢治の詩集である。

三〔古文の読解―説話〕出典；『十訓抄』十ノ二十。

≪現代語訳≫博雅三位が，月が明るかった夜，直衣を着て，朱雀門の前に出かけて，夜通し，笛をお吹きになったとき，(自分と)同じように，直衣を着ている男が，笛を吹いたので，「誰であろう」と思っていると，その笛の音が，この世に類例がないほどすばらしく聞こえたので，不思議に思って，近寄って見たところ，まだ見たことのない人であった。(博雅三位は)自分も何も言わず，その人も何も言わない。このように，月の夜のたびに合流して，(一緒に)笛を吹くことが，数夜にもなった。

その人の笛の音は，特にすばらしかったので，(博雅三位は)試しに，その笛を(自分の物と)取りかえて吹いたところ，この世にないくらいの笛である。その後，やはり月の夜になると，合流して吹いたけれども，(その人は)「もとの笛を返してくれ」とも言わなかったので，長い間取りかえたままになってしまった。博雅三位がなくなって後，帝は，この笛をお取り寄せになり，その当時の笛吹たちに吹かせなさったけれども，そのような音色を表現できる人はいなかった。

その後，浄蔵という，優れた笛吹がいた。(帝は浄蔵を)御前にお呼びになって(笛を)吹かせなさったところ，あの博雅三位に劣らなかったので，帝は，感心なさって，「この笛の持ち主は，朱雀門の辺りでこれを手に入れたと聞く。浄蔵よ，この場所に行って，(笛を)吹け」と仰せになったので，(浄蔵は)月の夜に，帝が仰せになったように，その場所に行って，この笛を吹いたところ，その門の楼の上から，高く大きな声で，「やはり逸品だなあ」とほめたのを，「こういうことがございました」と(帝に)申し上げると，(帝は)初めてこれが鬼の笛だったのだとお知りになったのである。

問１＜古典文法＞Ⅰ．「遊び」は，四段活用動詞「遊ぶ」の連用形。　Ⅱ．「なき」は，形容詞「なし」の連体形。　Ⅲ．「吹け」は，四段活用動詞「吹く」の命令形。

問２＜古語＞「よもすがら」は，一晩中，という意味。

問３＜古典文法＞「直衣着たる男の」と「過ぎにしことの」の「の」は，主格で，～が，という意味。「人の娘」の「の」は，連体修飾格で，～の，という意味。「もとの」の「の」は，体言の代用で，～のもの，という意味。「例の」の「の」は，連用修飾格で，～のように，という意味。

問４＜現代語訳＞博雅三位は，自分と同じように直衣を着た男の笛の音色が，他に比べようがないほどに美しかったので，不思議に思った。「たぐひなし」は，比べるものがないほど優れている，という意味。「めでたし」は，ここでは，すばらしい，立派だ，という意味。

問５＜古文の内容理解＞博雅三位は，見知らぬ男の笛を試しに自分のものと取りかえた。その後も男とは何度も朱雀門の前で合流し，笛を吹き合ったが，笛を返してほしいとは言われなかったため，長い間笛を取りかえたままであった。

問６＜古典文法＞「聞け」は，四段活用動詞「聞く」の已然形。「こそ」は係助詞で，文末を已然形とする係り結びを成立させる。

問７＜古文の内容理解＞浄蔵が朱雀門で笛を吹いたところ，楼の上から，やはりその笛は逸品であると称賛する声が聞こえた。浄蔵がそのことを報告したところ，帝はその声の主が人間ではなく鬼であると考え，博雅三位の持っていた笛は，もともとは鬼の笛であったと理解したのである。

問８＜古文の内容理解＞博雅三位は，月夜に朱雀門で笛を吹いたときに，美しい音色で笛を吹く知らない男を見た(ア…○)。その後，博雅三位は，自分の笛をその男の物と取りかえ，月夜に何度か笛を吹き合ったが，笛を返さないままなくなってしまった(エ…○)。帝は，博雅三位の持っていたその笛を当時の笛吹に吹かせてみたものの，博雅三位の笛の音色には誰も及ばなかった(ウ…×)。その後，浄蔵という笛吹にこの笛を吹かせたところ，博雅三位に劣らなかった(イ…○)。

問９＜文学史＞『大鏡』は，平安時代に成立した，物語。『徒然草』は，鎌倉時代に成立した，兼好法師による随筆。『源氏物語』は，平安時代に成立した，紫式部による物語。『宇治拾遺物語』は，鎌倉時代に成立した，説話集。

2022年度 川越東高等学校(併願②)

〔注〕 この問題は，1月25日に実施された併願②受験者用のものです。

【英　語】 (50分) 〈満点：100点〉

(注意) 解答はすべて一つ選び，解答用紙の所定の欄にマークすること。

1 　次の英文を読んで設問に答えなさい。

Paul Darby は，イングランドの様々な場所で風水(feng shui：自分の環境を整えて運を呼び込むためのもの)を利用することで有名な人物である。

While he was suffering from ME, a disease that leaves people very tired all of the time and unable to move or think *properly, Paul Darby discovered Buddhism and feng shui. He had stopped working as a headmaster at a school in 1989 near the city of Nottingham (①) his sickness.

When he began to study feng shui and Buddhism, he started to feel (②). *Eventually he recovered to full health. He continued to study these subjects and finally earned a *PhD at university, and became *a Doctor of Oriental Philosophy.

Now he uses his knowledge to *feng shui people's homes, gardens and famous buildings around England. (③), he has been asked to feng shui the world-famous London department store, Harrods. He also used feng shui at the Millennium Stadium in Wales, where every soccer team to use the South dressing room had lost the match it played at the ground.

Dr. Darby said: "The nine soccer teams that had *previously used the South dressing room at the stadium had all lost.

"I *examined plans of the building and noticed that (④) was next to the problem area. Newspaper and television reporters use this room to interview the players and other people. There are a lot of lights and cables here. If you put a lot of cables like that together, you get a lot of electricity that *drains away the natural energy in the body.

"⑤<u>This meant that [any team / feel / the southern room / tired / using / would] quicker than the players in the northern one.</u> So I asked the stadium to paint the wall between the South dressing room and this media room with bright colors, like red and yellow, to block out the electricity on the other side. When this was done, the next two teams to use the room both (⑥)."

He explains what he does as creating positive energies in people and their environment. "There are *chi energies in the body and also in the buildings and streets around us," he says. "We have to make sure that we are *in tune with those energies, as this produces a positive energy in us. But chi that's *gone stale can lead to stress and emotional problems. My job is to go in and tune into those energies through the use of plants, colors, pictures and such like."

Dr. Darby has also begun to work in television, appearing on home improvement shows to explain what people can do to improve the place where they live and to create better chi around the house.

"People call you in for a reason. They know something's not right with their home, business or relationship. But *whatever I do will only have a positive *effect if the people allow the chi to affect them. They must *alter their own behavior, too. If they don't, my work will have a limited effect. I can fix their garden for them, but if they don't look after it themselves, then (⑦)."

〔注〕 properly：適切に　　eventually：ついに　　PhD：博士号

a Doctor of Oriental Philosophy：東洋哲学の博士
feng shui ～：風水に基づいて～の配置を決める　previously：以前に
examine ～：～を調べる　drain away ～：～を取り除く　chi energies：気のエネルギー
in tune with ～：～と調和して　go stale：古くなる
whatever I do：私が行うどんなことでも　effect：影響　alter ～：～を変化させる

1．(①)に入る最も適当なものを選びなさい。

ア．according to　イ．because of　ウ．to　エ．of

2．(②)に入る最も適当なものを選びなさい。

ア．better　イ．happier　ウ．tired　エ．worse

3．(③)に入る最も適当なものを選びなさい。

ア．At that time　イ．For example　ウ．However　エ．Instead

4．(④)に入る最も適当なものを選びなさい。

ア．the North dressing room　イ．the department store
ウ．the media room　エ．the stadium

5．下線⑤を意味が通るように並べ換えるとき，[　]内で2番目と4番目に来る語(句)の組み合わせとして最も適当なものを選びなさい。

ア．2番目：would　4番目：tired
イ．2番目：using　4番目：feel
ウ．2番目：using　4番目：would
エ．2番目：would　4番目：the southern room

6．(⑥)に入る最も適当なものを選びなさい。

ア．could paint the wall very well
イ．explained how to use feng shui
ウ．got tired much sooner than usual
エ．went on to win their games

7．(⑦)に入る最も適当なものを選びなさい。

ア．the garden will be full of flowers
イ．the garden can block out much electricity
ウ．I will take care of *weeds
エ．weeds will grow

〔注〕 weeds：雑草

8．本文の内容と一致しないものを選びなさい。

ア．Dr. Darby works as a salesman at Harrods, the world-famous department store.
イ．Dr. Darby used feng shui for the problem at the Millennium Stadium in Wales.
ウ．Chi energies can have some negative effects.
エ．Dr. Darby appears on television to explain how to create better chi.

2　次の英文を読んで設問に答えなさい。

動物の言葉を理解できる獣医のDr. Dolittleは，ペットの猿Chee-Cheeの故郷であるアフリカで，多くの猿が病気になっていることを聞いた。Dr. Dolittleは，猿たちを助けるために，数匹のペットとともにアフリカへ向かうことになった。

Dr. Dolittle was ready for the big trip. Chee-Chee, Polynesia the parrot, and the crocodile were going to go with him. They were from Africa and wanted to go back. He also took Jip the dog, Dab-Dab the duck, Gub-Gub the baby pig, and Too-Too the owl.

The group started sailing for Africa. It was a long way away from England. Luckily, they met new animal friends that helped them. Dolphins brought them *supplies as they sailed. And flying fish told them where to sail. Being able to talk to animals was (⑨).

One terrible day while they were sailing, there was a storm. And then their ship hit a large rock! The ship began sinking. Luckily, it was close to shore. Some of the animals couldn't swim. But all the animals worked together to help one another get off the ship. Dab-Dab the duck flew to shore with a rope. He tied it to a tree. The animals that could not swim used the rope to get to shore. Dr. Dolittle and all the animals escaped the ship and *made it to land. They were now in Africa!

Now Dr. Dolittle needed to find the sick monkeys. The group began walking, and they soon met a man. He said they would have to ask the king if they could stay on this land. The man took them to the king's palace.

⑩This king did not trust strangers. Once before, strangers had come to his land. They killed a lot of elephants and they stole the king's gold. The king thought that Dr. Dolittle would do the same thing. So the king *put him and his animals in jail. How could the doctor help the monkeys now?

Polynesia *came up with a plan. She was small enough to get out through the window. At night, when everyone was asleep, she flew out of the window. She went into the king's room. She hid under his bed and *pretended to be Dr. Dolittle.

"I am Dr. Dolittle," said the parrot, just the way the doctor would have said it.

"What are you doing in my bedroom?" cried the king. "Where are you? I don't see you!"

"Foolish king!" answered Polynesia. "Of course you cannot see me. I have made myself *invisible. There is nothing I cannot do. Now listen to me! If you don't let me and my animals go, I will make you and all your people sick. (⑪) Tell your soldiers to open the jail door right away. If you don't, you will be sick by morning."

The king was very afraid. He jumped out of bed to tell his soldiers to open the jail door. Soon, the doctor and all his animals were on their way again to the monkeys.

Finally, Dr. Dolittle and his animals arrived in the Land of the Monkeys. Dr. Dolittle had a lot of work to do. There were many sick monkeys. [⑫] So the doctor sent out a message to all of the other animals on the island. He asked them to come and help the monkeys.

The leader of the lions came as Dr. Dolittle asked. But he refused to help! He was too proud to *nurse monkeys.

"If you don't help the monkeys now, the lions may find themselves left all alone when they are in trouble. That often happens to proud people," said Dr. Dolittle.

But the lion was too proud. He said, "Lions are never IN trouble — they only MAKE trouble."

The other animals also refused to help. Dr. Dolittle was very worried.

When the lion got back from the Land of the Monkeys, he got some bad news. His cub was sick! His wife was very worried. He told her about his visit to Dr. Dolittle. ⑬She became very angry.

"All the animals from here to the Indian Ocean are talking about this wonderful man. They say he can *cure any kind of sickness. And he is the only person in the whole world who can speak the language of the animals! And now, when we have a sick baby, you *offend him? Go back at once and help him. And take the other animals with you."

The lion went back quickly to help Dr. Dolittle. He brought the other animals to help, too. The doctor had so much help that he was able to cure all the sick monkeys. He was even able to cure the lion's sick cub.

The doctor's work with the monkeys was done. The monkeys all loved Dr. Dolittle now and wanted him to stay. But Dr. Dolittle had to go back to England. He had to pay the *grocer and replace the ship that was destroyed. The monkeys decided to give the doctor a unique gift to say thank you. They found a *pushmi-pullyu*, which is a very rare animal. It has two heads — one in the front and one in the back. The monkeys told Dr. Dolittle that he could charge people money to see the *pushmi-pullyu*. The doctor didn't like ⑭this idea at first. However, his animals reminded him that he *owed people money, so he agreed. But he told the *pushmi-pullyu* that if he was not happy, he would send him home again.

The doctor and his animals started to make their way back to England. They didn't know how they were going to get another ship. On their way to the ocean, they were *captured by the king again. Once more, he put them in jail. But this time, Polynesia tricked the king's son. She hid in a tree in the garden. When the prince came out, Polynesia pretended to be a *fairy. The prince loved fairies, so he did everything she asked. He found them a ship. (　⑮　)

The doctor, Jip, Dab-Dab, Gub-Gub, and Too-Too quickly got on the ship. But Chee-Chee, Polynesia, and the crocodile did not. Africa was their true home, so they wanted to stay. The doctor and the other animals sadly waved goodbye.

〔注〕 supplies：必需品　make it to ～：～にたどり着く　put ～ in jail：～を投獄する
come up with ～：～を思いつく　pretend to be ～：～のふりをする
invisible：目に見えない　nurse ～：～を看病する　cure ～：～を治す
offend ～：～の気分を害する
grocer：食料雑貨店主（この人物から旅に必要な食料雑貨を入手していた）
owe A B：AにBを借りている　capture ～：～を捕らえる　fairy：妖精

9．(⑨)に入る最も適当なものを選びなさい。

ア．a great idea　　イ．a big chance

ウ．a big help　　エ．a great kindness

10．下線⑩について，次の問いに対する答えとして最も適当なものを選びなさい。

Why didn't the king trust strangers?

ア．Because strangers came to his land once before.

イ．Because strangers did bad things to the king.

ウ．Because strangers did the same thing as Dr. Dolittle.

エ．Because strangers stole a lot of the king's elephants.

11．(⑪)に入る最も適当なものを選びなさい。

ア．I can make people well, but I can make people sick, too.

イ．I can make people sick, but I can make people well, too.

ウ．I can make people well and I cannot make people sick.

エ．I can make people sick and I cannot make people well.

12．［⑫］には以下の4つの文が入る。文脈上正しい順に並べたものを選びなさい。

A．But there were too many sick monkeys.

B．First, he separated the sick monkeys from the healthy monkeys.

C．There were not enough healthy monkeys to help the sick ones.

D．Then he *vaccinated all of the healthy monkeys.

〔注〕 vaccinate ～：～にワクチンを接種する

ア．A－C－B－D　イ．B－D－A－C　ウ．C－B－D－A　エ．D－B－C－A

13. 下線⑬について，次の問いに対する答えとして最も適当なものを選びなさい。

Why did she become angry ?

ア．Because all the animals thought that Dr. Dolittle was a wonderful person.

イ．Because Dr. Dolittle hurt the pride of her husband.

ウ．Because Dr. Dolittle was the only person who could cure her baby.

エ．Because her husband came back without helping Dr. Dolittle.

14. 下線⑭の内容として最も適当なものを選びなさい。

ア．前後に頭がある気味の悪い動物をもらうこと

イ．旅をするのに必要だった物の代金や船を返すこと

ウ．お金をもらって *pushmi-pullyu* を見せものにすること

エ．*pushmi-pullyu* を故郷のアフリカへ帰すこと

15. (⑮)に入る最も適当なものを選びなさい。

ア．However, his father didn't open the jail door !

イ．So he asked the king to release the fairy.

ウ．But he didn't understand the bird's words.

エ．Then he released them from jail !

16. 本文の内容と一致するものを選びなさい。

ア．After arriving in Africa, the first thing Dr. Dolittle tried to do was to visit the king's palace.

イ．The king thought that Dr. Dolittle stole into his room and told him to open the jail door.

ウ．Dr. Dolittle didn't cure the lion's baby because he didn't like the pride the lion showed him.

エ．More than half of the animals which came to Africa with Dr. Dolittle didn't return to England.

3　次の２つの対話文A，Bを読んで設問に答えなさい。

A

Sang-woo : What's the best way to get to Waterfront Park from here ? (　⑰　) the subway ?

Guide : No, but you can catch the number 34 bus in front of that hotel. Get off at Harbor Street. Actually, it's just a short walk from here.

Sang-woo : Really ? How far is it ?

Guide : About ten or fifteen minutes. You know, (　⑱　) of the city you can take.

Sang-woo : Oh ? What does the city tour include ?

Guide : They take you around the major points of interest. You can get a good idea of where everything is.

Sang-woo : Hmm. How much is it ?

Guide : It's $10.00 per person for a one-hour tour. The tour bus stops across the street from here, and there should be one in about ten minutes. You can buy a ticket on the bus.

Sang-woo : Thanks. (　⑲　)

17. (⑰)に入る最も適当なものを選びなさい。

ア．Can you miss　イ．Can I bring　ウ．Can you have　エ．Can I take

18. (⑱)に入る最も適当なものを選びなさい。

ア．you have the map　イ．they must look around

ウ．there are also guided tours　エ．you don't see some pictures

19. (⑲)に入る最も適当なものを選びなさい。

ア．You must feel better.　イ．That sounds like a great idea.

ウ．I'm sure the weather is nice.　エ．Enjoy your tour.

B

Sandy : Watch out! Oh no, you got coffee on your shirt.

Mari : Just my luck! What am I going to do now? I've got my violin recital this afternoon.

Sandy : (⑳) a spare T-shirt if you want.

Mari : Thanks, but I really need this shirt. Do you know where I can get it cleaned? It has to be really fast.

Sandy : Well, I think there's a dry cleaner's in the mall across the street. (㉑) you can try the dry cleaner's on Washington Street. It's next to the King Building.

Mari : OK, I'll try the mall first. Where was the other one?

Sandy : It's a small dry cleaner's next to the King Building on Washington. (㉒-a)

Mari : Which one is the King Building?

Sandy : (㉒-b) It has a green glass dome on the top.

Mari : OK. Maybe I'll just go to buy a new shirt in the mall, what do you think?

Sandy : (㉒-c)

20. (⑳)に入る最も適当なものを選びなさい。

ア．I should lend you　イ．I should borrow you

ウ．I could lend you　エ．I might borrow you

21. (㉑)に入る最も適当なものを選びなさい。

ア．However　イ．Or　ウ．For example　エ．So

22. (㉒-a)～(㉒-c)には以下の３つの文が入る。自然な流れになるものを選びなさい。

A．It's that big glass office building just past the park.

B．That might be faster!

C．About two blocks from here.

ア．A－C－B　イ．B－A－C　ウ．C－A－B　エ．C－B－A

4　次の各文章中の(　)に入る最も適当なものを選びなさい。

23. I'll talk about a certain sport. I got interested in this sport and began playing it the other day. The basic explanation of this sport is that two or four players have to use rackets to hit a ball backwards and forwards across a net and return the ball before it bounces twice. The size of the court is about 24 meters long and about 10 meters wide. The name of this sport is (　　).

ア．tennis　イ．ping-pong　ウ．volleyball　エ．basketball

24. In recent years, it has become very hot in summer. The temperature often rises to over 35℃ and it is a dangerous level for human bodies, especially for those of elderly people. In such heat, it is important to take plenty of water and keep (　　　　) on in order to cool off rooms.

ア．an air conditioner　　イ．a refrigerator
ウ．a heater　　エ．an ice cube

5　次の各文で誤りがある箇所を選びなさい。

25. The cat which(ア) Mike loves(イ) have(ウ) black hair and gray eyes(エ).

26. We are(ア) looking(イ) forward to see(ウ) you again this summer(エ).

6　日本語に合うように［　］内の語を並べ換えて英文を作るとき，下線の語は［　］内で数えて何番目に来ますか。

27. 彼女は私に夕食は何にするつもりなのかを尋ねた。
She [what / eat / going / asked / for / to / me / I / was] dinner.
ア．5番目　　イ．6番目　　ウ．7番目　　エ．8番目

28. 彼らはいつも，言われたことは何もかも信じてしまう。
They always [told / that / to / everything / is / believe / them].
ア．2番目　　イ．3番目　　ウ．4番目　　エ．5番目

29. ケビンは失われた彼の名誉を回復しようと努力した。
Kevin [to / lost / honor / tried / his / recover].
ア．1番目　　イ．3番目　　ウ．5番目　　エ．6番目

30. ジムが読むにはどちらの本がいいと思いますか。
Which book [you / is / read / do / to / better / for / Jim / think] ?
ア．5番目　　イ．6番目　　ウ．7番目　　エ．8番目

7　次のA，Bの設問に答えなさい。

A．次の定義に当てはまる最も適当なものを選びなさい。

31. a child of your aunt or uncle
ア．daughter　　イ．cousin　　ウ．nephew　　エ．grandson

32. a black and yellow flying insect that can sting. The insects live in large groups and make honey
ア．bee　　イ．cockroach　　ウ．beetle　　エ．butterfly

33. a tool for cutting paper or cloth, that has two sharp blades with handles, joined together in the middle
ア．eraser　　イ．knife　　ウ．ruler　　エ．scissors

B．次の各文の（　）に入る最も適当なものを選びなさい。

34. (　　　) is your school from here ? — It's about a mile.
ア．How often　　イ．How long　　ウ．How far　　エ．How tall

35. He (　　) be very tired with his hard work.
ア．must　　イ．needs not　　ウ．had better　　エ．don't have to

【数　学】（50分）〈満点：100点〉

（注意）解答はすべて一つ選び，解答用紙の所定の欄にマークすること。

1　次の各問いに答えなさい。

(1)　$-\left(\frac{3a}{2b}\right)^2 \div \left\{-\left(-\frac{6a}{5b^3}\right)^2\right\} \div \left(-\frac{5a}{b}\right)$ を計算しなさい。

解答群　(ア)　$\frac{5b^5}{16a}$　(イ)　$-\frac{5b^5}{16a}$　(ウ)　$\frac{81b^3}{5a}$

(エ)　$-\frac{81b^3}{5a}$　(オ)　$\frac{125ab^3}{16}$　(カ)　$-\frac{125ab^3}{16}$

(2)　$(x^2-2x)^2-11(x^2-2x)+24$ を因数分解しなさい。

解答群　(ア)　$(x+1)(x+2)(x+3)(x+4)$　(イ)　$(x+1)(x+2)(x+3)(x-4)$

(ウ)　$(x+1)(x+2)(x-3)(x+4)$　(エ)　$(x-1)(x+2)(x+3)(x+4)$

(オ)　$(x+1)(x-2)(x+3)(x-4)$　(カ)　$(x+1)(x+2)(x-3)(x-4)$

(3)　連立方程式 $\begin{cases} 3x+y=-2 \\ 0.2x-0.3y=0.4 \end{cases}$ を解きなさい。

解答群　(ア)　$x=2,\ y=-4$　(イ)　$x=\frac{1}{3},\ y=-3$

(ウ)　$x=-\frac{1}{2},\ y=-\frac{3}{2}$　(エ)　$x=-\frac{3}{5},\ y=-\frac{1}{5}$

(オ)　$x=-\frac{2}{7},\ y=-\frac{8}{7}$　(カ)　$x=-\frac{2}{11},\ y=-\frac{16}{11}$

(4)　方程式 $3(4x+1)^2-54=0$ を解きなさい。

解答群　(ア)　$x=-\frac{5}{2},\ 2$　(イ)　$x=-\frac{7}{4},\ \frac{5}{4}$　(ウ)　$x=\frac{-1\pm2\sqrt{3}}{4}$

(エ)　$x=\frac{-1\pm3\sqrt{2}}{4}$　(オ)　$x=\frac{-1\pm3\sqrt{3}}{4}$　(カ)　$x=\frac{-1\pm2\sqrt{3}}{8}$

(5)　同じ年に生まれた3人の生徒がいる。3人とも生まれた月が同じである確率を求めなさい。ただし，どの月に生まれるのも同様に確からしいとする。

解答群　(ア)　$\frac{1}{12}$　(イ)　$\frac{1}{36}$　(ウ)　$\frac{1}{48}$

(エ)　$\frac{31}{1728}$　(オ)　$\frac{1}{144}$　(カ)　$\frac{1}{1728}$

2　右図のように，直線 $y=ax+3$ が2直線 $y=2x$，$y=-x$ と，それぞれ点A，点Bで交わっている。ただし，点A，点Bの y 座標はともに正であるとする。

次の各問いに答えなさい。

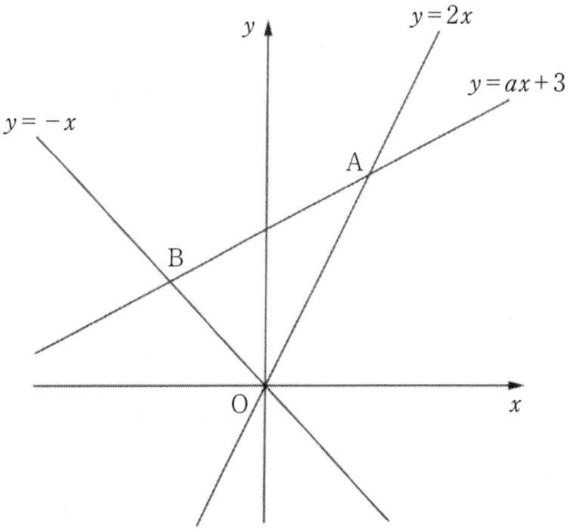

(6)　$a=\frac{1}{2}$ のとき，点Aの y 座標を求めなさい。

解答群　(ア)　2　(イ)　$\frac{5}{2}$　(ウ)　3

(エ)　$\frac{7}{2}$　(オ)　4　(カ)　$\frac{9}{2}$

(7) $a=-\frac{1}{3}$ のとき，△OAB の面積を求めなさい。

解答群 (ア) $\frac{297}{56}$ (イ) $\frac{189}{40}$ (ウ) $\frac{243}{40}$

(エ) $\frac{243}{28}$ (オ) $\frac{297}{28}$ (カ) $\frac{189}{20}$

(8) △OAB の面積が 9 となる a の値をすべて求めなさい。

解答群 (ア) $a=\frac{1\pm\sqrt{3}}{2}$ (イ) $a=-\frac{1}{2},\ \frac{3}{2}$ (ウ) $a=\frac{2\pm\sqrt{5}}{3}$

(エ) $a=-\frac{1}{3},\ \frac{5}{3}$ (オ) $a=\pm\frac{2}{3}$ (カ) $a=-\frac{1}{4},\ \frac{5}{4}$

3 右図のように，平行四辺形 ABCD の辺 AD を 2：1 に分ける点を E，辺 CD の中点を F とする。対角線 BD と EF，AF の交点をそれぞれ G，H とする。

次の各問いに答えなさい。

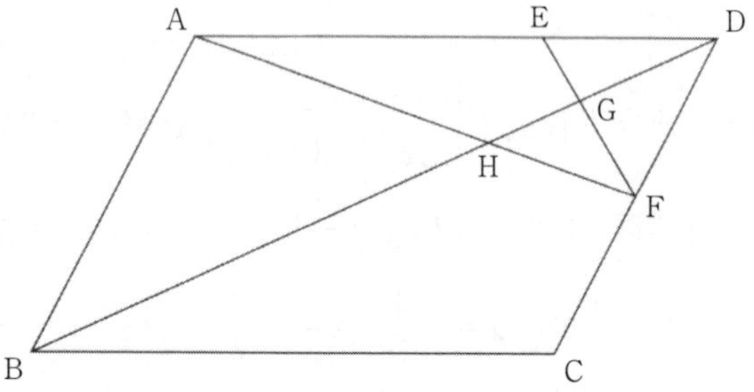

(9) BG：GD を求めなさい。

解答群 (ア) 3：1 (イ) 4：1 (ウ) 5：1

(エ) 5：2 (オ) 7：2 (カ) 9：2

(10) EG：GF を求めなさい。

解答群 (ア) 1：3 (イ) 1：4 (ウ) 2：3

(エ) 3：4 (オ) 4：5 (カ) 5：6

(11) DG：GH を求めなさい。

解答群 (ア) 3：2 (イ) 4：3 (ウ) 4：5

(エ) 5：3 (オ) 5：4 (カ) 7：5

4 次のような 2 桁の自然数 x，y を考える。

x は，一の位の数が a，十の位の数が b である。

y は，一の位の数が b，十の位の数が a である。

ただし，a，b は異なる数である。

次の各問いに答えなさい。

(12) $x+y$ の値が 9 の倍数となるような $(x,\ y)$ の組み合わせは何通りありますか。

解答群 (ア) 5 通り (イ) 6 通り (ウ) 8 通り

(エ) 9 通り (オ) 10通り (カ) 16通り

(13) $x+y$ の値が 6 の倍数となるような $(x,\ y)$ の組み合わせは何通りありますか。

解答群 (ア) 4 通り (イ) 6 通り (ウ) 10通り

(エ) 11通り (オ) 12通り (カ) 13通り

(14) $x+y$ の値が 2 桁の自然数となるような $(x,\ y)$ の組み合わせは何通りありますか。

解答群 (ア) 28通り (イ) 32通り (ウ) 35通り

(エ) 36通り (オ) 40通り (カ) 42通り

5　右図のように，ABを直径とする半円がある。Oは ABの中点である。

点Pが$\overset{\frown}{AB}$上を点Aから点Bまで動く。このとき線分 APの中点をQとする。ただし，点Pが点Aにあるとき，点Qも点Aにあるとする。AB$=12$として，次の各問いに答えなさい。

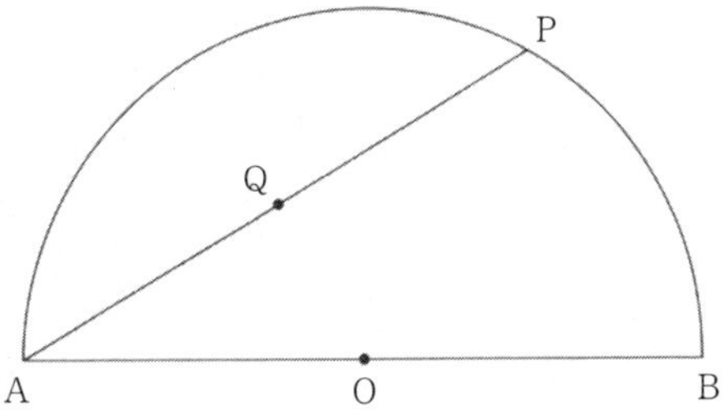

(15)　点Pが点Aから点Bまで動いたとき，点Qの描く曲線の長さを求めなさい。

解答群　(ア)　6　(イ)　12　(ウ)　$\frac{8}{3}\pi$
(エ)　3π　(オ)　6π　(カ)　12π

(16)　△AOQの面積の最大値を求めなさい。

解答群　(ア)　9　(イ)　12　(ウ)　$\frac{25}{3}$
(エ)　$\frac{75}{4}$　(オ)　$\frac{27}{4}$　(カ)　$\frac{43}{4}$

(17)　線分AQの長さが$3\sqrt{3}$となるときの点Pの位置をP_1とし，P_1から弧の上を点Bに向かってπだけ進んだ点Pの位置をP_2とする。点PがP_1からP_2まで移動したとき，線分AQが動いた範囲の面積を求めなさい。

解答群　(ア)　$3\pi+9\sqrt{3}+9$　(イ)　$9\pi-9\sqrt{3}+9$　(ウ)　$3\pi+9\sqrt{3}-9$
(エ)　$\frac{9}{4}\pi+\frac{9\sqrt{3}}{4}+\frac{9}{4}$　(オ)　$\frac{9}{4}\pi-\frac{9\sqrt{3}}{4}+\frac{9}{4}$　(カ)　$\frac{3}{4}\pi+\frac{9\sqrt{3}}{4}-\frac{9}{4}$

6　右図のように，1辺の長さが1の立方体ABCD–EFGHがある。

次の各問いに答えなさい。

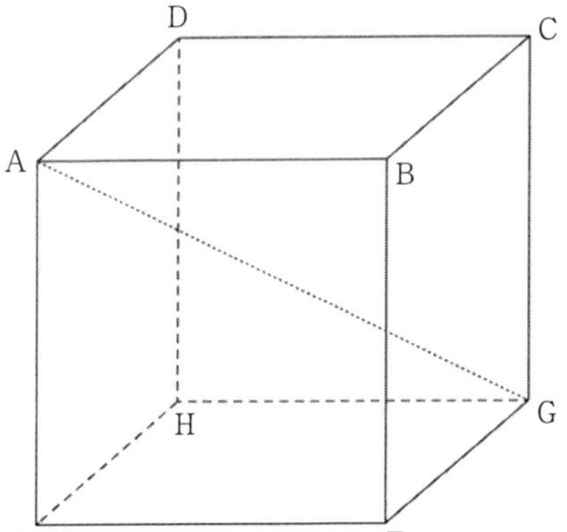

(18)　頂点Eから対角線AGに垂線をひき，その延長と面ABCDの交点をIとする。線分EIの長さを求めなさい。

解答群　(ア)　$\frac{\sqrt{2}}{2}$　(イ)　$\frac{\sqrt{3}}{2}$　(ウ)　$\frac{\sqrt{6}}{2}$
(エ)　$\sqrt{2}$　(オ)　$\sqrt{3}$　(カ)　$\sqrt{6}$

(19)　(18)のとき，対角線AG上に動点Pをとる。IP$+$PCの値の最小値を求めなさい。

解答群　(ア)　$\frac{\sqrt{2}}{2}$　(イ)　$\frac{2}{3}$　(ウ)　$\frac{\sqrt{6}}{6}$
(エ)　$\frac{5\sqrt{2}}{6}$　(オ)　$\frac{\sqrt{66}}{6}$　(カ)　$\frac{11}{6}$

(20)　(18)のとき，対角線AG上に動点Qをとる。△IQBの面積の最小値を求めなさい。

解答群　(ア)　$\frac{\sqrt{3}}{12}$　(イ)　$\frac{1}{4}$　(ウ)　$\frac{\sqrt{3}}{6}$
(エ)　$\frac{\sqrt{6}}{6}$　(オ)　$\frac{\sqrt{6}}{2}$　(カ)　$\frac{\sqrt{2}}{2}$

問3　――線③はどのような様子を表現しているか、最も適当なものを選べ。　解答番号 29

ア　大切にかわいがりながら、じっと見つめている様子。
イ　逃げてしまうことがないように、注意している様子。
ウ　動かないように押さえつけて、詳しく観察する様子。
エ　他人に見られてしまわないように、隠している様子。

問4　――線④の主語は誰か、最も適当なものを選べ。　解答番号 30

ア　蝶めづる姫君　　イ　按察使の大納言の御むすめ
ウ　若き人々　　エ　男の童

問5　――線⑤の発言と最も近い内容のものを選べ。　解答番号 31

ア　嘘をつくことはよくない。
イ　人間は自然のままがよい。
ウ　好き嫌いを言ってはいけない。
エ　無理な我慢はしない方がよい。

問6　[⑥] に入れるのに、最も適当なものを選べ。　解答番号 32

ア　歯黒　　イ　歯無　　ウ　眉黒　　エ　眉無

問7　「按察使の大納言の御むすめ」の説明として、明らかに間違っているものを選べ。　解答番号 33

ア　普通の人が嫌うタイプの虫をかわいがっている。
イ　同じ年頃の女性がするようなおしゃれをしない。
ウ　虫を見せて人を怖がらせることを楽しんでいる。
エ　近所に住む姫君は彼女と違って蝶を愛している。

問8　「按察使の大納言の御むすめ」に対する「親たち」の様子を説明したものとして、最も適当なものを選べ。　解答番号 34

ア　娘の個性的な言動を困ったものだと思いつつも、何か娘なりの考えがあるのだろうと思い、寛容な姿勢で見守りながら大切にしている。
イ　娘の奇異な言動を何とかして改めさせたいと考えているが、無理に強制しても反発されてしまうので、困って手がつけられないでいる。
ウ　娘の独特な考えを全面的に受け入れ、今までの自分たちの生き方を深く反省し、これからは娘の考えに従って生きていこうとしている。
エ　娘の迷惑な行動をやめさせるために、厳しく接することを心がけているのだが、それがかえって娘の反発を招き事態を悪化させている。

問9　本文の内容と合致しているものを選べ。　解答番号 35

ア　虫が怖くてしかたがない若い女房たちは、按察使の大納言の娘に嫌がらせをするため、彼女よりも虫に詳しい男の童を雇うことにした。
イ　按察使の大納言の娘は、若い女性が恐ろしがるような虫をかわいがって大切に世話をしながら、その成長する様子を楽しみにしている。
ウ　男の童は按察使の大納言の娘を手伝って虫を集めたり世話をしたりして、早く蝶に成長した姿を見せて彼女を喜ばせたいと考えている。
エ　若い女房たちが虫を怖がるのに腹を立てた按察使の大納言の娘は、彼女たちが眉を抜いたり歯にお歯黒をつけて化粧するのを禁止した。

れば今までの努力がすべて水の泡になる、という必死の思いがある

ウ　今の自分にはたやすくは成しとげられない壮大な夢だと自覚しながらも、なおそれを口にするだけの覚悟があるんだ

エ　自分の夢を現実のものとするためには、ケンカをした姉である私の協力までもなりふりかまわず取りつける気だ

問12　――線⑦とあるが、何が「わかった」というのか、最も適当なものを選べ。　解答番号 26

ア　去年の夏、二人で歩いた海岸で「その音は――」に続けてうみかが言いたかった内容。

イ　入院している病院で「痛みには逃げ場がない」といつも強気のうみかが弱音を吐いた心理。

ウ　私には見えない多くのものを夜空の向こうに見ることができるうみかの能力の秘密。

エ　嫌なことやつらいことがあっても、表面上だけにしろ平然としていられるうみかの強さの理由。

三　次の文章を読んで、後の問いに答えよ。

蝶注1めづる姫君の住みたまふかたはらに、按察使《あぜち》の大納言の御むすめ、注2心にくく注3なべてならぬさまに、親たち注4かしづきたまふこと限りなし。

注5この姫君ののたまふこと、「人々の、花、蝶やとめづる[①]、はかなくあやしけれ。人は、まことあり、②本地《ほんぢ》たづねたるこそ、心ばへをかしけれ」とて、よろづの虫の、恐ろしげなるを取り集めて、「これが、成らむさまを見む」とて、さまざまなる籠箱《こばこ》どもに入れさせたまふ。中にも「烏毛虫《かはむし》の、心深きさましたるこそ心にくけれ」とて、明け暮れは、注6耳はさみをして、③手のうらにそへふせて、まぼりたまふ。

若き人々はおぢ惑ひければ、男の童《わらは》の、ものおぢせず、注7いふかひなきを召し寄せて、箱の虫どもを取らせ、名を問ひ聞き、いま新しきには名をつけて、④興じたまふ。

「⑤人はすべて、つくろふところあるはわろし」とて、眉《まゆ》さらに抜きたまはず。歯黒《はぐろ》め「さらにうるさし、きたなし」とて、つけたまはず、いと白らかに笑《え》みつつ、この虫どもを、朝夕《あしたゆふべ》に愛したまふ。人々注8おぢわびて逃ぐれば、その注9御方は、いとあやしくなむののしりける。かくおづる人をば、「けしからず、注10ばうぞくなり」とて、いと[⑥]にてなむ睨《にら》みたまひけるに、いとど心地《ここち》なむ惑ひける。

親たちは、「いとあやしく、さまことにおはするこそ」と思《おぼ》しけれど、「思し取りたることぞあらむや。あやしきことぞ。思ひて注11聞ゆることは、深く、さ、いらへたまへば、いとぞ注12かしこきや」と、これをも、いと恥《はづ》かしと思したり。

（『堤中納言物語』より）

注
1　めづる…愛する
2　心にくく…奥ゆかしく
3　なべてならぬ…並々でない
4　かしづき…大切に養育し
5　この姫君…「按察使の大納言の御むすめ」のこと
6　耳はさみをして…髪を耳にはさんで
7　いふかひなき…取るに足りない身分の者
8　おぢわびて…こわがって
9　御方…姫君のお部屋
10　ばうぞくなり…はしたない
11　聞ゆる…申し上げる
12　かしこき…恐れ多い

問1　[①]に入れるのに、最も適当なものを選べ。　解答番号 27

ア　ぞ　イ　なむ　ウ　や　エ　こそ

問2　――線②の意味として最も適当なものを選べ。　解答番号 28

ア　本音を聞き出す　イ　出身地を訪問する

ウ　正式名称を調べる　エ　真の姿を探し求める

エ　はるかとうみかの間にどんなトラブルがあってケンカをするに至ったのだろうかという疑惑。

問8　――線③とあるが、その理由として最も適当なものを選べ。　解答番号 22

ア　夢をあきらめなければいけないかもというようなときに平気にしているうみかの心情が全くといっていいほど理解できなかったから。

イ　「腕にボルトを入れたりすると、それがたとえ一個でも、もうそれだけで宇宙飛行士にはなれない」という情報は嘘《うそ》に違いないと思ったから。

ウ　クラスメートからの色紙のメッセージの薄っぺらさにショックを受けたうみかの気持ちを慰めるにはこちらの喜怒哀楽を大げさなぐらい表現した方がいいと考えたから。

エ　「手術しなきゃならないかも」とうみかに教えられたとき以上の衝撃が、手術してボルトを一つでも入れたら「宇宙飛行士にはなれない」という予想外の告白にはあったから。

問9　――線④とあるが、このときのうみかの説明として最も適当なものを選べ。　解答番号 23

ア　自分を心配しているはるかに余計な負担をかけまいとしている。

イ　無理に平気をよそおい、悲しい気持ちを悟られまいとしている。

ウ　約束を破ったはるかに怒りを感じていてなんとか距離を取ろうとしている。

エ　短くなった髪が恥ずかしく、似合うかどうか聞きたいが聞けずにいる。

問10　――線⑤とあるが、このときのはるかの説明として最も適当なものを選べ。　解答番号 24

ア　腕を切断してから神経をつなぎ合わせるなんてそんな危険な手術を許すわけには絶対にいかない、お父さんとお母さんは何を考えているんだと感情が激しており、感情のコントロールができなくなっている。

イ　うみかが苦労して完成させたふろくの数々がうみかの夢の難しさを感じさせ、なんとかうみかを傷つけることなく自然にその夢をあきらめさせることはできないだろうかと、姉としての立場から妹のことを慮っている。

ウ　宇宙につながるうみかのふろくを見てうみかの夢を改めて意識し、うみかがその夢を実現するための挑戦権さえ不条理に奪われようとしていることに納得がいかず、いてもたってもいられなくなっている。

エ　宇宙飛行士になるために勉強を怠らず、苦手な運動も克服しようと人一倍努力していたうみかのことを知っているだけに今回の事故を引き起こすきっかけをつくった自分が許せず、自傷行為の誘惑にかられている。

問11　次に掲げるのは――線⑥について話し合った生徒の会話である。［　］に文を入れるとき、最も適当なものを選べ。　解答番号 25

生徒A…「あの子は本気だ」とあるけど「はるか」はどこからそう判断したんだろう？

生徒B…うーん、難しい質問だな。「あんなふうに～大事に思ってる」と続いているから「うみか」の夢の打ち明け方からそう判断したんじゃないかな。

生徒A…文脈上はそうだけど、なんで「恥ずかしそうに」打ち明けることが「うみか」の「本気」につながるのさ？

生徒B…それは推測するしかないけど、「うみか」には［　　　　］と「はるか」が感じたということなんじゃない。

ア　あまり自己主張をしないところがあるからこそ、珍しく口を出た言葉が想像を絶するものすごい迫力でせまってきた

イ　自分を追い込む背水の陣をしくところに、夢を実現させなけ

[e] ないって。
――想像するの。自分が宇宙にいるとこ。
そう笑ってた。
ああ。
⑦わかったよ、うみか、と心の中で呼びかける。
月がとても近い。私が見てるこの空の向こうにあるものを、うみかだったらもっとたくさん想像できるんだろう。あの子になら、見えるのだろう。
うみかはたぶん、宇宙にいるのだ。
嫌なことがあった時、いつも大好きな宇宙のことを思い出して、きっと耐えている。だから平気なんだ。クラスでひとりぼっちの時も、ピアニカが一人だけない時も、逆上がりで残された時も、お気に入りだった長い髪を切られた時も。つらくなかったわけがない。だからきっと、自分の居場所を別に作った。狭い教室や目に見える場所だけをすべてにしなかった。だから、あんなに強いのだ。
彼方《かなた》にある星々の明かりを見上げながら、私は自分に何ができるかを、必死に必死に、考え続けた。

（辻村深月《みづき》「1992年の秋空」より）

注1 エンデバー…アメリカのスペースシャトルの名前。一九九二年九月、毛利衛《まもる》が日本人宇宙飛行士として初めて搭乗し宇宙に行くことになっていた。
2 『科学』…学研がかつて出していた小学生向けの学習雑誌。

問1 二カ所の [a] に共通して入る語として最も適当なものを選べ。 解答番号 [14]
ア もちろん　イ だけど　ウ ましてや　エ そして

問2 ――線bのカタカナを漢字に改めたとき最も適当なものを選べ。 解答番号 [15]
ア 効　イ 利　ウ 機　エ 聞

問3 [c] に入る語として最も適当なものを選べ。 解答番号 [16]
ア 矛盾　イ 修飾　ウ 本末転倒　エ 支離滅裂

問4 ――線d、fの本文中の意味として最も適当なものをそれぞれ選べ。
d「淡々としていた」 解答番号 [17]
ア 落ち着いていた　イ あっさりしていた
ウ 単調で生気がなかった　エ 明るく朗らかだった
f「片っ端から」 解答番号 [18]
ア 端から順番に　イ 手当たり次第に
ウ 可能な限り　エ たくさんある中から

問5 二カ所の [e] に共通して入る語として最も適当なものを選べ。なお、空欄に入る活用形はそれぞれ異なるが選択肢は基本形（終止形）で示してある。 解答番号 [19]
ア 乗る　イ 済む　ウ 合う　エ 紛れる

問6 ――線①とあるが、ここから読み取れる内容として最も適当なものを選べ。 解答番号 [20]
ア 早く謝りたいと思うはるかの気持ちが強いので景色がゆっくりと動いているように感じている。
イ 景色に目を向ける余裕のないお父さんと違ってはるかは夜景を堪能することができている。
ウ 外の世界から隔絶された空間に一人ぼっちとなり、誰にも理解されない気持ちをはるかは抱えている。
エ 目に涙が溢《あふ》れそうになったはるかを乗せてお父さんが病院へと急いで車を走らせている。

問7 ――線②とあるが、このときのお母さんの気持ちとして最も適当なものを選べ。 解答番号 [21]
ア うみかの怪我の状況がとても深刻で正直に言い出すこともできず、どう答えたものかというためらい。
イ 医者からうみかの病状の本当のことを知らされておらず、答えようにも答えられないという困惑。
ウ 真面目なうみかがこんな怪我を負うことになってしまったはるかのいい加減さに対する怒り。

夏休みになって少しして、うみかは長かった髪を病院でばっさり、お母さんに切られてしまった。怪我のせいで思うようにお風呂に入ったり、髪を洗えなくなって、長い髪をきれいなままにしておくのが難しくなったのだ。ボサボサになっちゃうし、ちょうど暑い季節だし、いいじゃない、とお母さんは簡単なことのように言ったけど、お見舞いに行った病室で、髪を短くされたうみかを見た時は、衝撃だった。

「スースーする。変な感じ」

うみかは何でもないことのように言ってみせたけど、この時も④私の目を見ようとしなかった。

私の小六の夏休みは、ほぼ、うみかの怪我の思い出で埋まった。うみか自身が感じてるように、あの子の怪我は私が思っていたよりずっと重傷だった。両親が私が寝た後で、いつまでもリビングで話してる声が聞こえて、私はそっと布団を出て、ドアに耳をくっつけて、声の内容を聞いていた。

――肘《ひじ》のところから切って、神経を一つ一つくっつけ直す――という声を聞いた日、私は全身の血が一度に下がっていくのをはっきり感じた。

聞いてしまったことを後悔しながら布団に入ると、背筋が熱を出した時のようにぞくぞくした。

うみかが、手術する。

繋《つな》がっている自分の腕の付け根を見ながら、皮膚にメスが入ることを想像して、嫌だ、と叫びそうになった。ダメだ、ダメだ、ダメだ、うみかの腕を切るなんてダメだ。

宇宙飛行士を目指せなくなるなんて、ダメだ！

眠れずにまた布団を出ると、二段ベッドの上から、うみかの机が見えた。並んだ『科学』のふろくたち。中に、ドーム型プラネタリウムの丸い頭が見えたら、⑤気持ちが抑えられなくなった。

南向きのカーテンの向こうから、月と星の明かりが差し込んで、部屋の中は窓辺だけが明るかった。ベッドを降りて窓を開くと、夜の蟬《せみ》が鳴いていた。晴れた空に浮かぶ星の名前。学校で習ったけど、私は北極星と、北斗七星くらいしかわからない。

宇宙飛行士になるには、勉強ができることはもちろん、身体が丈夫なことだって必要だろう。どうしよう。⑥あの子は本気だ。あんなふうに恥ずかしそうに夢を打ち明けるくらい、大事に思ってる。エンデバーの打ち上げを、楽しみにしてる。

私は、あの子のために何ができるだろう。

うみかに話を聞いてから、図書館でf片っ端から宇宙飛行士に関する本を探して読んだ。手術したらダメなのか、目指すにはどんなことが必要なのか――、字がずらっと並んだ大人向けの分厚い本も開いてみた。

怪我は私のせいだ。どうしよう、どうしよう、と一生懸命内容を読んだけど、私にちゃんとした答えをくれる本は一冊もなかった。両親や先生に聞くことも考えたけど、宇宙飛行士の夢のことはナイショにするって、うみかと約束していた。

闇が、この時も少しも怖くなかった。去年の夏、うみかと歩いた浜辺の空も、こんなふうに暖かい光に満ちていた。思い出したら胸が詰まって、あの時、ケンカしたことすら縋《すが》りつきたいほど懐かしかった。

海岸で、貝殻の音のことで私はうみかに怒ってた。あの子が「その音は――」と続けようとしたのを遮って、勝手に歩き出した。だけど、あの時、あの子はなんて言いたかったんだろう。私が何で怒ってるのかもわからないあの子に、私は一度だって怒ってる理由を自分から説明したことがない。口答えするうみかに、私はいつだってそこで話すのをやめてた。あの子が話すことはどうせ生意気でかわいくないって決めつけて、まともに聞かなかった。

病院で聞いたうみかの言葉を思い出す。

――宇宙に行ってるしかない。

痛みには逃げ場がない、と話していた。何をしてても、気がった。だけど、大事な秘密を打ち明けるように、うみかが「ナイショだよ」と続ける。

「うん」

私は頷いた。そして、唇を噛《か》んだ。そうしていないとまた涙が出てきそうだった。痛いのはうみかなのに、私が泣いちゃダメなのに。

寝たままで言ううみかが怯《おび》えていることに、声の途中で気づいた。人の目なんて気にしない、注2『科学』を面白がるセンスのある、風変わりで強い、私の妹が弱気になっている。

「なれるよ」と私は答えた。水の中に放り込まれたように、鼻の奥がつんと痛んで、涙がこらえきれなくなる。

「なってよ」

もう一度、今度はそう言い直した。

「うみか、すぐに退院できるんでしょう?」

「ちょっと、長くかかるかもしれない」

帰りの車の中でお母さんに聞くと、②少し間をおいて返事が返ってきた。

ちょっと、と、長く。

[c]する二つの言葉を聞いて、嫌な予感がした。

「どうして? ただの骨折なんでしょ」

「骨が育つ大事な時期の怪我だから、ちょっとね」

「心配しなくても大丈夫だよ、はるか」

運転席のお父さんも言う。だけど、二人の声は疲れて、元気がなかった。

結局、怪我についての肝心なことを私に教えてくれたのは、うみか本人だった。

一学期の終業式を迎えて夏休みに入っても、うみかは退院できなかった。私は五年のうみかのクラスからもらったお見舞いの寄せ書きの色紙と「早くよくなってね」と書かれた紙がぶらさがった千羽鶴を預かって、病室を訪ねた。

「骨が曲がった方向でくっついちゃってるから、手術しなきゃならないかもしれない」

うみかの口調は、いつもみたいにd淡々としていた。私は「え」と呟いて、咄嗟《とっさ》にうみかの腕を見てしまう。それからあわてて目をそらした。

「手術、するんだ?」

「うん。たぶん」

うみかが、クラスメートからもらった色紙のメッセージを目で読んでいる。一度ずつ読んだら、それでおしまいとばかりに、さっさと棚にしまう。蛍光ペンを駆使して、かわいい絵を入れてうみかにメッセージを綴《つづ》ってる子たちとうみかが本当はそんなに仲良くないことを、私も知っていた。

「あのね、お姉ちゃん」

「うん」

「もし、骨折で、手術して、腕にボルトを入れたりすると、それがたとえ一個でも、もうそれだけで宇宙飛行士にはなれないんだって」

「え」

③二度目の「え」は、大きな声になった。うみかが目を伏せ、何でもないふうに窓の外を見る。だけど、私にはわかる。わざとだ。無理やり平気そうにしてる。うみかはいつも、しっかり私の目を見て話す。

「痛いのって、逃げ場がないんだよね」

言葉がかけられない私の前で、うみかが小さくため息をついた。

「何をしてれば気が[e]っていうのがないから、宇宙に行ってるしかない」

「宇宙?」

「想像するの。自分が宇宙にいるとこ」

うみかはそう言って、ちょっとだけ笑った。海に穏やかな波が寄せてすぐになくなる時みたいな、静かな笑顔だった。

ウ　自分の思いとは無関係に相手の存在そのものを受け入れようとするケアとしての利他は、どんな料理や品物も受けとめ引き立てようとする「うつわ」に似ていると感じられるから。

エ　ケアとして利他に関わることで自分に変化がもたらされるならば、「うつわ」に乗せられた様々な料理や品物にこめられた作り手の思いを実感できる存在になれると考えるから。

二

次の文章を読んで、後の問いに答えよ。

　仕事から帰ってきたお父さんと一緒に病院に向かう時、私はずっと俯《うつむ》いていた。

　頭の奥でずっと、お前のせいだ、という誰のものかわからない声がしてる。

　車の中、私の隣で、お母さんに持ってくるように言われたうみかの着替えが、半透明の袋の中から透けていた。灰色の、私のお下がりの下着。「はるか」と書かれた名前がマジックの線で消されて、下に、あの子の名前が「うみか」と書いてある。

　うみかが怪我をしたと聞かされた時から、ずっと泣けたらいいのにと思いながら、出てこなかった涙が、その書き直しの名前を見たら、じわっと目の奥に滲《にじ》んだ。①車の外で、国道の向こうの夜景が筋を引いて流れていく。

　骨折したことがある子は、うちのクラスにも何人かいた。みんなギプスをしながら学校に来てた。[a]、入院したという話はあんまり聞かない。うみかはそんなにひどい怪我なのか。

　あの子は、練習に来なかった私を怒ってるに違いない。きちんと謝ろうと思ってたのに、薬の匂いのする病室に一歩入った途端、口がbキけなくなった。

　うみかはとろんとしたいつもの二重瞼《まぶた》をさらに重そうにして、うっすらと目を開けて、ベッドに横になっていた。力と、光のない目で私たちの方を見る。朝までのうみかとまったく違った。顔を見たら、走っていって、抱きついて、謝りたい気持ちになったけど、私は足を開いて立ったまま、妹に近づくことさえできなかった。

「うみか、お姉ちゃんが来てくれたよ」

　お母さんが励ますように言うのが苦しかった。私は約束を破った。何も言えずに、せめて目だけはそらさないようにしていると、うみかが「うん」と頷《うなず》いた。右腕が白い包帯で何重にも固定されて、ベッドの上に吊《つ》られている。手がどんなふうになってるのかは、包帯に覆われてるせいでわからなかった。

　私のせいだ。

　怪我をした時の詳しい状況はわからないけど、私が弾みをつけた方がいいって教えた。うみかはその勢いのまま、鉄棒の向こうに落ちたんじゃないのか。

　責められることを覚悟した。お母さんたちにも、きっと怒られる。

[a]、うみかは何も言わなかった。ぼんやりと天井を見てる。お母さんに言われて、私はうみかのすぐそばに座った。謝らなきゃ、と思うけど、ここまで来ても、言葉は口から出てこなかった。

　両親が二人とも、入院のことで先生と話すため病室を出て行ってしまう。私は下を向いて、沈黙の時間にただ耐えていた。

「九月までに、手、よくなるかな」

　うみかがぽつりと言った声に顔を上げる。うみかの唇が、かさかさに乾いて白くなっていた。「痛いなぁ」と呟《つぶや》いて、顔を歪《ゆが》める。

「注1エンデバーの打ち上げ、家で、見たい」

「……見ようよ、一緒に」

　一緒に、を言う声が震えた。

　一緒に練習しよう、の約束を破った私が口にしていい言葉じゃないのかもしれない。だけどうみかがゆっくりと私を見た。その口元が、なぜか笑った。

「うん」

「私ね、お姉ちゃん」

「宇宙飛行士になりたいんだ」

　どうして、この時を選んでうみかがそう言ったのかはわからなか

ア　自分の行為を相手がどう受け止めてくれるのかを意識しすぎると、自分の感情がコントロールできなくなってしまうということ。

イ　自分の行為に対して相手から何らかの見返りがあるかどうかについては、多くの場合において予測するのが難しいということ。

ウ　純粋に相手のことだけを思った行為のつもりであっても、見返りを求める気持ちが自然に芽生えることを抑えるのは難しいということ。

エ　相手のためを思ってした行為であっても、それによって相手が喜ぶ結果になるかどうかについては、自分で制御できるものではないということ。

問8　――線③とあるが、そのような状況はなぜ生まれたのか、最も適当なものを選べ。　解答番号[10]

ア　大きな自然災害に見舞われたとき、政府や自治体の支援を待っていたのでは自分たちの生命さえ脅かされかねないため、平常時とは全く異なる支援のシステムが自然発生するから。

イ　大きな災害が起きると、日常における人間関係や社会的地位が何の意味も持たなくなり、人として平等な存在同士として新たな関係性を作ることが可能になるから。

ウ　災害という状況下においては、自分の行為がどういう結果をもたらすかについて全く予測が立たないため、困難に陥っている人を目の前にしたときに、人は後先を考えずに行動するから。

エ　平常時のシステムが全く機能しなくなった非常事態におかれ、将来の生活の見通しが立たない状況のなかで、ふだんは夢物語にすぎなかった理想的な共同体が出現するから。

問9　――線④には、どのような思いが込められているか、最も適当なものを選べ。　解答番号[11]

ア　「利他」の本質を理解すればするほど、他者からの承認を受け入れている自分を感じることができ、受け身でいられること自体に喜びを感じるはずだという確信。

イ　「利他」とは、本来は他人のために何かをするという能動的な行為を表す言葉だが、むしろ受け身的にこの言葉をとらえる必要があるのではないかという気づき。

ウ　他人に何かを「してあげる」のではなく、「させていただく」という受け身の姿勢になることで、本当の「利他」を実践できる自分に変われるのではないかという期待。

エ　自分の「利他」の行為は、相手が心から受け入れてくれることによってはじめて利他的ふるまいと認められるのだから、相手への感謝を失ってはならないという戒め。

問10　――線⑤とあるが、なぜそう言えるのか、最も適当なものを選べ。　解答番号[12]

ア　相手の予想外の行動に接し、純粋にそれを受け入れながら相手の思いに気づくことで、自分の中に新しいものの見方の基準がもたらされるから。

イ　相手の潜在的な希望に気づくという自分の変化は、自分の発見であり、たんなるお仕着せではない他人への行動がそこにあったことになるから。

ウ　それまで外に現れていなかった他者の意外な願いに気づいてしまうと、それまでと全く異なる自分として接したくなるから。

エ　相手が意図的に表に出さないようにしていた本当の願いを見抜くことで、真に利他と言える境地に達することができるから。

問11　――線⑥と述べるのはなぜか、最も適当なものを選べ。　解答番号[13]

ア　意外性にあふれる他者の行為をすべて受け入れようとするケアとしての利他は、どんなものを乗せても大きな余白を感じられる「うつわ」の存在感に通じるものがあると考えたから。

イ　十分に他者の意見を聞いて受け入れながら、ケアとしての利他を計画的に推し進めることにより、人としての「うつわ」の大きさを周囲にアピールすることができるはずだから。

要があって、といった条件つきで世話をしてもらうのではなくて、条件なしに、あなたがいるからという、ただそれだけの理由で享ける世話、それがケアなのではないだろうか。

（『「聴く」ことの力』）

つくり手の思いが過剰にあらわれているうつわほど、まずいものはありません。特定の目的や必要があらかじめ決められているケアが「押しつけの利他」でしかないように、条件にあったものしか「享け」ないものは、うつわではない。「いる」が肯定されるためには、その条件から外れるものを否定しない、意味から自由な余白が、スペースが必要です。

（伊藤亜紗「『うつわ』的利他――ケアの現場から」より）

※本文中に中略箇所あり

注 1 ジョアン・ハリファックス…一九四二年生まれ、アメリカの人類学者、僧侶。
2 ジャック・アタリ…一九四三年生まれ、フランスの経済学者、思想家。
3 ブレイディみかこ…一九六五年生まれ、福岡県出身、イギリス在住の作家、保育士。
4 アナキズム…政治的・社会的権力を否定して、個人の自由と独立を望む考え方。無政府主義。
5 レベッカ・ソルニット…一九六一年生まれ、アメリカの作家。

問1 ‖線Aと同じ種類の助詞に該当するものを選べ。 解答番号 1

ア 駅から歩いて十五分くらいだ。
イ そろそろ出発しようか。
ウ 町に出ると、人があふれていた。
エ イベントには一万人も集まった。

問2 ‖線Bの意味として最も適当なものを選べ。 解答番号 2

ア 注意を喚起する　イ 欠点を指摘する
ウ 危険を察知する　エ 世間に知らしめる

問3 ‖線C・D・Fと同じ漢字を書くものをそれぞれ選べ。 解答番号 3

C キュウサイ
ア ヘンサイが滞っている
イ 昆虫サイシュウに行く
ウ サイバン所に訴え出た
エ シザイをなげうった

D トウスイ 解答番号 4
ア トトウを組むのはよくない
イ 不法トウキを監視していた
ウ 定年後はトウゲイを楽しむ
エ 心のカットウを乗り越える

F ケイカイ 解答番号 5
ア カイの公式が思い出せない
イ 知人をカイして依頼された
ウ 厳しいカイリツがあるようだ
エ 病気はカイホウに向かっている

問4 ‖線Eと同じ構成でできている四字熟語を選べ。 解答番号 6

ア 権力志向　イ 一切合切
ウ 相互扶助　エ 機能不全

問5 ‖線Gの対義語として最も適当なものを選べ。 解答番号 7

ア 混在　イ 顕在　ウ 偏在　エ 自在

問6 ① を補う言葉として最も適当なものを選べ。 解答番号 8

ア 相手は喜ぶにちがいない
イ 相手を喜ばせたい
ウ 相手は喜ぶべきだ
エ 相手が喜ぶとはかぎらない

問7 ――線②とは、どういうことか、最も適当なものを選べ。 解答番号 9

刻々と変化するなかで、自分の行為の結果が予測できなくなることにあるのではないかと思います。どうなるか分からないけど、それでもやってみる。混乱のなかでこそ純粋な利他が生まれるようにみえる背景には、この「読めなさ」がありそうです。

他方で平常時は、こうした災害時に比べると、行為の結果が予測しやすいものになります。少なくとも、平時の私たちは、自分の行為の結果は予測できるという前提で生きています。

でも、だからこそ「こうだろう」が「こうであるはずだ」に変わりやすい。実際には相手は別のことを思っているかもしれないし、いまは相手のためになっていても、一〇年後、二〇年後にはそうではないかもしれない。

にもかかわらず、どうしても私たちは「予測できる」という前提で相手と関わってしまいがちです。「思い」が「支配」になりやすいのです。利他的な行動をとるときには、とくにそのことに気をつける必要があります。

そのためにできることは、相手の言葉や反応に対して、真摯に耳を傾け、「聞く」こと以外にないでしょう。知ったつもりにならないこと。自分との違いを意識すること。④利他とは、私たちが思うよりも、もっとずっと受け身なことなのかもしれません。

さきほど、信頼は、相手が想定外の行動をとるかもしれないという前提に立っている、と指摘しました。「聞く」とは、この想定できていなかった相手の行動が秘めている、積極的な可能性を引き出すことでもあります。「思っていたのと違った」ではなく「そんなやり方もあるのか」と、むしろこちらの評価軸がずれるような経験。他者のＧ潜在的な可能性に耳を傾けることである、という意味で、利他の本質は他者をケアすることなのではないか、と私は考えています。

ただし、この場合のケアとは、必ずしも「介助」や「介護」のような特殊な行為である必要はありません。むしろ、「こちらには見えていない部分がこの人にはあるんだ」という距離と敬意を持って他者を気づかうこと、という意味でのケアです。耳を傾け、そして拾うことです。

ケアが他者への気づかいであるかぎり、そこは必ず、意外性があります。自分の計画どおりに進む利他は押しつけに傾きがちですが、ケアとしての利他は、大小さまざまなよき計画外の出来事へと開かれている。この意味で、よき利他には、必ずこの「他者の発見」があります。

さらに考えを進めてみるならば、よき利他には必ず「自分が変わること」が含まれている、ということになるでしょう。相手と関わる前と関わった後で自分がまったく変わっていなければ、その利他は一方的である可能性が高い。⑤「他者の発見」は「自分の変化」の裏返しにほかなりません。

利他についてこのように考えていくと、ひとつのイメージがうかびます。それは、⑥利他とは「うつわ」のようなものではないか、ということです。相手のために何かをしているときであっても、自分で立てた計画に固執せず、常に相手が入り込めるような余白を持っていること。それは同時に、自分が変わる可能性としての余白でもあるでしょう。この何もない余白が利他であるとするならば、それはまさにさまざまな料理や品物をうけとめ、その可能性を引き出すうつわのようです。

哲学者の鷲田清一は、患者の話をただ聞くだけで、解釈を行わない治療法を例にあげて、ケアというのは、「なんのために？」という問いが失効するところでなされるものだ、と主張しています。他者を意味の外につれだして、目的も必要もないところで、ただ相手を「享《う》ける」ことがケアなのだ、と言うのです。

他人へのケアといういとなみは、まさにこのように意味の外でおこなわれるものであるはずだ。ある効果を求めてなされるのではなく、「なんのために？」という問いが失効するところで、ケアはなされる。こういうひとだから、あるいはこういう目的や必

二〇二二年度　川越東高等学校（併願②）

【国　語】　〈五〇分〉　〈満点：一〇〇点〉

（注意）　解答はすべて一つ選び、解答用紙の所定の欄にマークすること。

一　次の文章を読んで、後の問いに答えよ。

利他的な行動には、本質的に、「これをしてあげたら相手にとって利になるだろう」という、「私の思い」が含まれています。

重要なのは、それが「私の思い」でAしかないことです。

思いは思い込みです。そう願うことは自由ですが、相手が実際に同じように思っているかどうかは分からない。

「これをしてあげたら相手にとって利になるだろう」が「これをしてあげるんだから相手は喜ぶはずだ」に変わり、さらには「　①　」になるとき、利他の心は、容易に相手を支配することにつながってしまいます。

つまり、利他の大原則は、「②自分の行為の結果はコントロールできない」ということなのではないかと思います。やってみて、相手が実際にどう思うかは分からない。分からないけど、それでもやってみる。この不確実性を意識していない利他は、押しつけであり、ひどい場合には暴力になります。

「自分の行為の結果はコントロールできない」とは、別の言い方をすれば、「見返りは期待できない」ということです。「自分がこれをしてあげるんだから相手は喜ぶはずだ」という押しつけが始まるとき、人は利他を自己犠牲ととらえており、その見返りを相手に求めていることになります。

私たちのなかにもつい芽生えてしまいがちな、見返りを求める心。先述の注1ハリファックスは、B警鐘を鳴らします。「自分自身を、他者を助け問題を解決するキュウCサイ者と見なすと、気づかぬうちに権力志向、うぬぼれ、自己Dトウスイへと傾きかねません」（『Compassion』）。

注2アタリの言う合理的利他主義や、「情けは人のためならず」の発想は、他人に利することがめぐりめぐって自分にかえってくると考える点で、他者の支配につながる危険をはらんでいます。ポイントはおそらく、「めぐりめぐって」というところでしょう。めぐりめぐっていく過程で、私の「思い」が「予測できなさ」に吸収されるならば、むしろそれは他者を支配しないための想像力を用意してくれているようにも思います。

どうなるか分からないけど、それでもやってみる。注3ブレイディみかこは、コロナ禍の英国ブライトンで彼女が目にした光景について語っています。

ブレイディによれば、町がロックダウンしているさなか、一人暮らしのお年寄りやE自主隔離に入った人に食料品を届けるネットワークをつくるために、自分の連絡先を書いた手づくりのチラシを自宅の壁に貼ったり、隣人のポストに入れて回ったりしていた人がいたそうです。普通ならば「個人情報が悪用されるのではないか」などとケイFカイするところですが、そうではなく、とりあえずできることをやろうと動き出した人がいた。

ブレイディは、これは一種の注4アナキズムだと言います。アナキズムというと一切合切破壊するというイメージがありますが、政府などの上からのコントロールが働いていない状況下で、相互扶助のために立ち上がるという側面もある。コロナ禍において、とりあえず自分にできることをしようと立ち上がった人は、日本においても多かったように思います。

注5レベッカ・ソルニットの「災害ユートピア」という言葉があります。これは、地震や洪水など危機に見舞われた状況のなかで、人々が利己的になるどころか、むしろ③見知らぬ人のために行動するユートピア的な状況を指した言葉です。

このようなことが起こるひとつのポイントは、非常時の混乱した状況のなかで、平常時のシステムが機能不全になり、さらに状況が

2022年度／川越東高等学校（併願②）

英語解答

1
1 イ　2 ア　3 イ　4 ウ
5 ウ　6 エ　7 エ　8 ア

2
9 ウ　10 イ　11 ア　12 イ
13 エ　14 ウ　15 エ　16 イ

3
A　17…エ　18…ウ　19…イ
B　20…ウ　21…イ　22…ウ

4
23 ア　24 ア

5
25 ウ　26 ウ

6
27 ア　28 エ　29 ウ　30 イ

7
A　31…イ　32…ア　33…エ
B　34…ウ　35…ア

数学解答

1
(1) (イ)　(2) (カ)　(3) (カ)　(4) (エ)
(5) (オ)

2
(6) (オ)　(7) (エ)　(8) (ア)

3
(9) (イ)　(10) (ウ)　(11) (ア)

4
(12) (ウ)　(13) (ウ)　(14) (イ)

5
(15) (エ)　(16) (ア)　(17) (カ)

6
(18) (ウ)　(19) (オ)　(20) (ア)

国語解答

一
問1 エ　問2 ア
問3 C…ア　D…ウ　F…ウ
問4 ウ　問5 イ　問6 ウ
問7 エ　問8 ウ　問9 イ
問10 ア　問11 ウ

二
問1 イ　問2 イ　問3 ア
問4 d…イ　f…イ　問5 エ
問6 エ　問7 ア　問8 エ
問9 イ　問10 ウ　問11 ウ
問12 エ

三
問1 エ　問2 エ　問3 ア
問4 イ　問5 イ　問6 ウ
問7 ウ　問8 ア　問9 イ

●要点チェック●　図形編―相似と平行線

◎相似な図形

相似……一方の図形を拡大または縮小して，他方の図形と合同となるとき，２つの図形は相似である。

・相似な図形の性質

１．対応する線分の長さの比はすべて等しい。

２．対応する角の大きさはそれぞれ等しい。

・三角形の相似条件

２つの三角形は次のどれかが成り立つとき相似である。

１．３組の辺の比がすべて等しい。

２．２組の辺の比とそのはさむ角がそれぞれ等しい。

３．２組の角がそれぞれ等しい。

1.

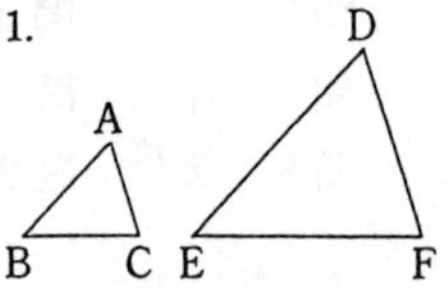

AB : DE=BC : EF=AC : DF

2.

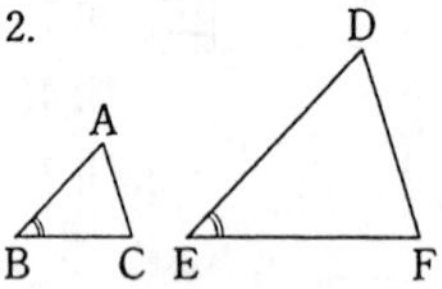

AB : DE=BC : EF
∠ABC=∠DEF

3.

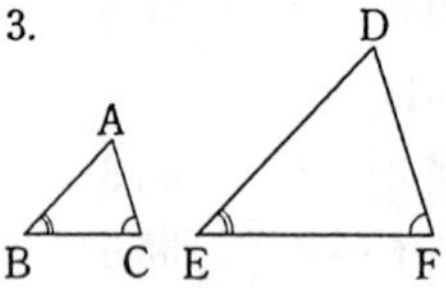

∠ABC=∠DEF
∠ACB=∠DFE

・平行線と線分の比

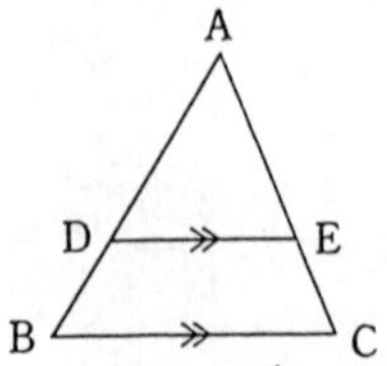

(DE//BC)
AD : DB=AE : EC
AD : AB=DE : BC=AE : AC

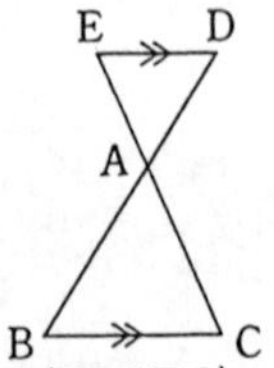

(ED//BC)
AD : AB=DE : BC=AE : AC

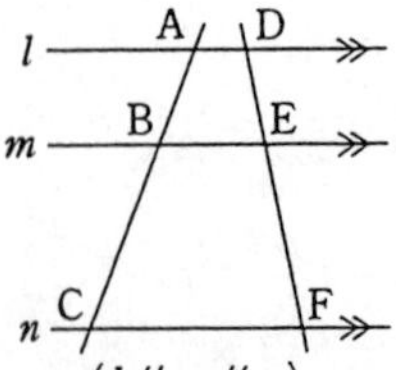

(l // m // n)
AB : BC=DE : EF

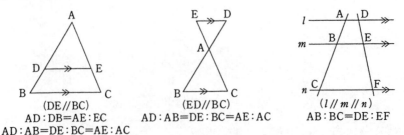

●要点チェック●　図形編―合同

◎図形の合同

合同……一方の図形を移動させて(ずらしたり《平行移動》，回したり《回転移動》，裏返したり《対称移動》して)，他方の図形に重ね合わせることのできるとき，この２つの図形は合同である。

・合同な図形の性質

1．対応する線分の長さは等しい。

2．対応する角の大きさは等しい。

・三角形の合同条件

２つの三角形は次のどれかが成り立つとき合同である。

1．３組の辺がそれぞれ等しい。

2．２組の辺とそのはさむ角がそれぞれ等しい。

3．１組の辺とその両端の角がそれぞれ等しい。

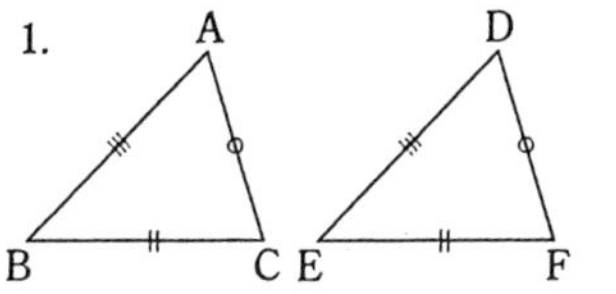

$AB=DE$
$BC=EF$
$AC=DF$

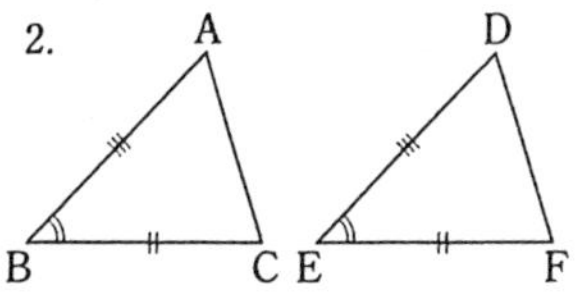

$AB=DE$
$BC=EF$
$\angle ABC=\angle DEF$

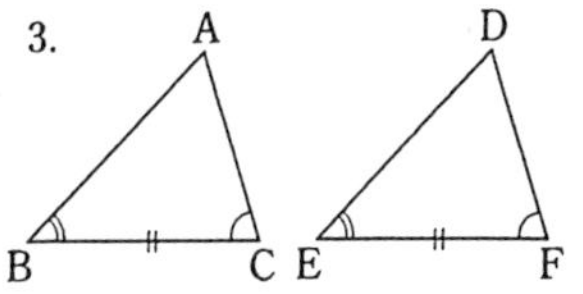

$BC=EF$
$\angle ABC=\angle DEF$
$\angle ACB=\angle DFE$

・直角三角形の合同条件

２つの直角三角形は次のどちらかが成り立つとき合同である。

1．斜辺と１鋭角がそれぞれ等しい。

2．斜辺と他の１辺がそれぞれ等しい。

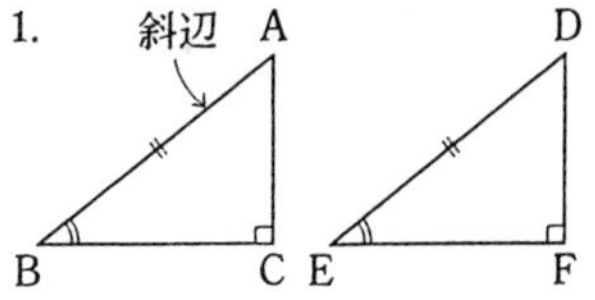

$\angle ACB=\angle DFE=90^\circ$
$AB=DE$
$\angle ABC=\angle DEF$

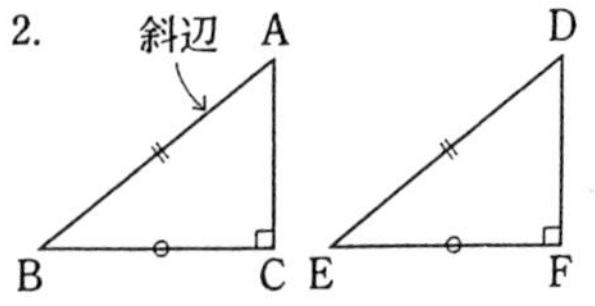

$\angle ACB=\angle DFE=90^\circ$
$AB=DE$
$BC=EF$

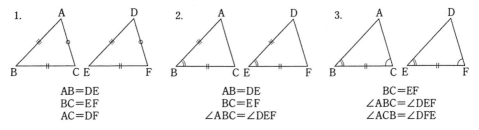

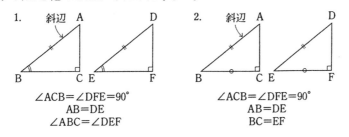

Memo

高校を受験する生徒とご父母のための…

2025年度用 高校合格資料集

■首都圏有名書店にて今秋発売予定！

※表紙は昨年のものです。

内容目次

1. まず試験日はいつ？ 推薦ワクは？競争率は？
2. この学校のことは どこに行けば分かるの？
3. かけもち受験のテクニックは？
4. 合格するために大事なことが二つ！
5. もしもだよ！ 試験に落ちたらどうしよう？
6. 勉強しても成績があがらない
7. 最後の試験は面接だよ！

定価1430円(税込)

当社発行物の無断使用は固くお断りいたします。御使用の前はまずご相談ください。

当社発行物には500点余の首都圏中・高過去問をはじめ、6点の学校案内、そのほかいくつかの情報誌などがございます。その多くが年度版で、限られたスタッフが来るべき受験シーズン前に余裕を持って受験生へ届けられるよう、日夜作業にあたり出版を重ねております。
最近、通塾生ご父母や塾内部からの告発によって、いくつかの塾が許諾なしに当社過去問を複写(コピー)し生徒に配布、授業等にも使用していることが発覚し、その一部が紛争、係争に至っております。過去問には原著作者や管理団体、代行出版等のほか、当社に著作権がございます。当社としましては、著作権侵害の発覚に対しては著作権を有するこれらの著作権関係者にその事実を開示して、マスコミにリリースする場合や法的な措置を取る場合がございます。その事例としましては、毎年当社過去問の発行を待って自由にシステム化使用していたA塾、個別教室でコピーを生徒に解かせ指導していたB塾、冊子化していたC社、生徒の希望によって書籍の過去問代わりにコピーを配布していたD塾などがあります。

当社発行物の全部もしくは一部を無断使用することは固くお断りいたします。

当社コンテンツの中にはリーズナブルな設定で紙面の利用を許諾している塾もたくさんございますので、ご希望の方は、お気軽にご相談くださいますようお願いします。同時に、当社発行物を無断で使用している会社などにつきましての情報もお寄せいただければ幸いです。

株式会社 声の教育社

スーパー過去問の **解説執筆・解答作成スタッフ（在宅）募集！** ※募集要項の詳細は、10月に弊社ホームページ上に掲載します。

2025年度用

高校スーパー過去問

■編集人　声の教育社・編集部

■発行所　株式会社　声の教育社

〒162-0814 東京都新宿区新小川町8-15

☎03-5261-5061㈹ FAX03-5261-5062

https://www.koenokyoikusha.co.jp

禁無断使用・転載

※本書の内容についての一切の責任は当社にあります。内容・解説・解答その他の質問等は文書にて当社に御郵送くださるようお願いいたします。

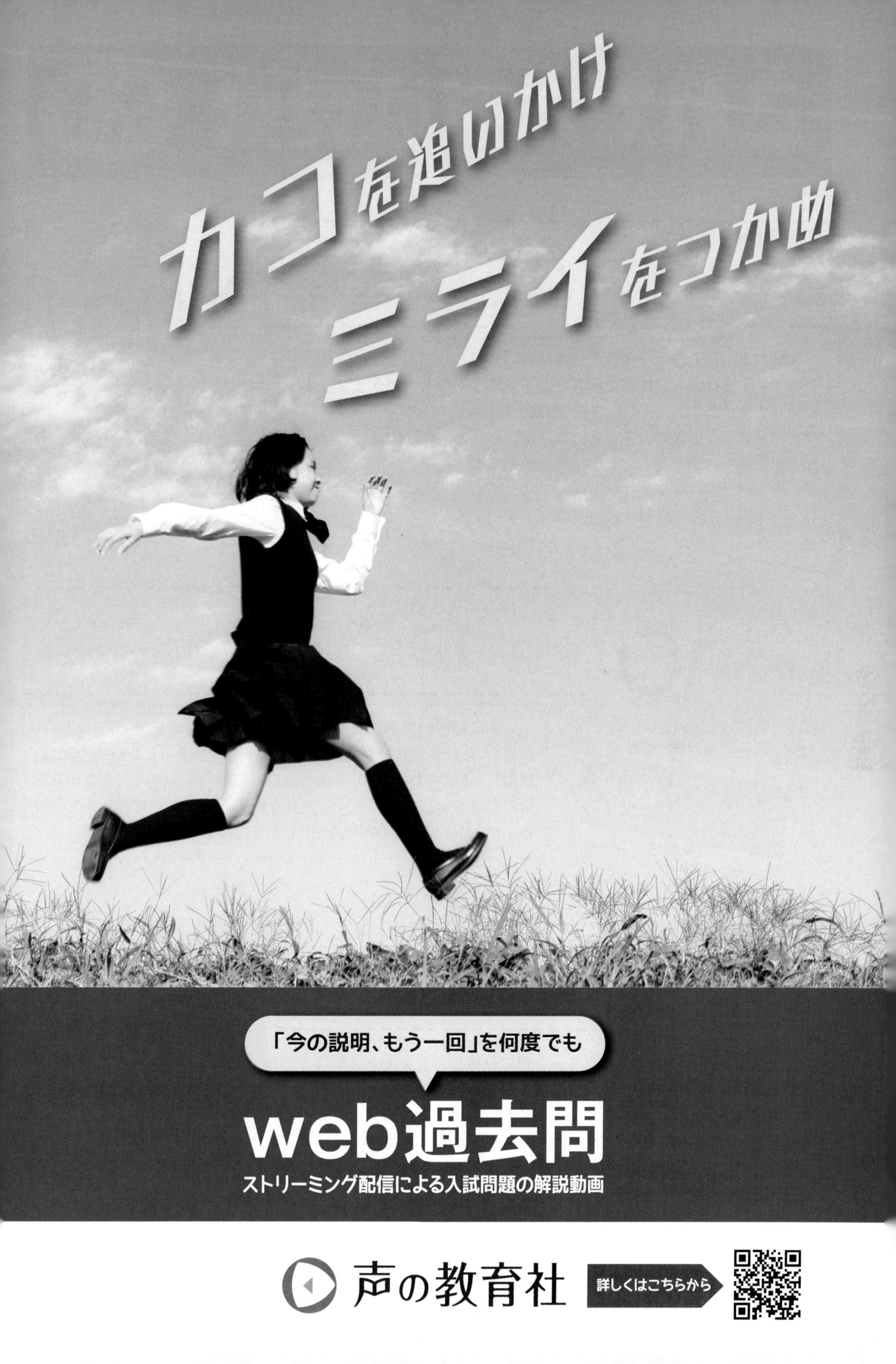
カコを追いかけ
ミライをつかめ
「今の説明、もう一回」を何度でも
web過去問
ストリーミング配信による入試問題の解説動画
声の教育社
詳しくはこちらから

川越東高等学校

別冊解答用紙

丁寧に抜きとって、別冊としてご使用ください。

★合格基準点　※ ― は非公表

	2024 年度	2023 年度	2022 年度
特待生	A特待 222 B特待 195 理 数 181 普 通 174	A特待 225 B特待 199 理 数 182 普 通 175	A特待 232 B特待 213 理 数 198 普 通 183
単願・併願①	理数 ― 普通 ―	理数 ― 普通 ―	理数 ― 普通 ―
併願②	理数 ― 普通 ―	理数 ― 普通 ―	理数 ― 普通 ―

注意

- ○ 解答用紙は、収録の都合により縮小したものや、小社独自に作成したものもあります。
- ○ 学校配点は学校発表のもの、推定配点は小社で作成したものです。
- ○ 無断転載を禁じます。
- ○ 解答用紙を拡大コピーする場合、表示した拡大率に対応する用紙サイズは以下のとおりです。
  101%～102%＝B5　103%～118%＝A4　119%～144%＝B4　145%～167%＝A3
  （タイトルと配点表は含みません）

2024年度　川越東高等学校・特待生

英語解答用紙

評点
/100

問	解		答	
1	㋐	㋑	㋒	㋓
2	㋐	㋑	㋒	㋓
3	㋐	㋑	㋒	㋓
4	㋐	㋑	㋒	㋓
5	㋐	㋑	㋒	㋓
6	㋐	㋑	㋒	㋓
7	㋐	㋑	㋒	㋓
8	㋐	㋑	㋒	㋓
9	㋐	㋑	㋒	㋓
10	㋐	㋑	㋒	㋓
11	㋐	㋑	㋒	㋓
12	㋐	㋑	㋒	㋓
13	㋐	㋑	㋒	㋓
14	㋐	㋑	㋒	㋓
15	㋐	㋑	㋒	㋓
16	㋐	㋑	㋒	㋓
17	㋐	㋑	㋒	㋓
18	㋐	㋑	㋒	㋓
19	㋐	㋑	㋒	㋓
20	㋐	㋑	㋒	㋓
21	㋐	㋑	㋒	㋓
22	㋐	㋑	㋒	㋓
23	㋐	㋑	㋒	㋓
24	㋐	㋑	㋒	㋓
25	㋐	㋑	㋒	㋓

問	解		答	
26	㋐	㋑	㋒	㋓
27	㋐	㋑	㋒	㋓
28	㋐	㋑	㋒	㋓
29	㋐	㋑	㋒	㋓
30	㋐	㋑	㋒	㋓
31	㋐	㋑	㋒	㋓
32	㋐	㋑	㋒	㋓
33	㋐	㋑	㋒	㋓
34	㋐	㋑	㋒	㋓
35	㋐	㋑	㋒	㋓

(注) この解答用紙は実物を縮小してあります。Ｂ４用紙に142%拡大コピーすると、ほぼ実物大で使用できます。(タイトルと配点表は含みません)

学科		
国語	英語	数学
○	●	○

受験番号				
⓪	⓪	⓪	⓪	⓪
①	①	①	①	①
②	②	②	②	②
③	③	③	③	③
④	④	④	④	④
⑤	⑤	⑤	⑤	⑤
⑥	⑥	⑥	⑥	⑥
⑦	⑦	⑦	⑦	⑦
⑧	⑧	⑧	⑧	⑧
⑨	⑨	⑨	⑨	⑨

受験番号記入➡

受験番号マーク➡

解答数・・・35問

氏名	

注意事項

1. 氏名と受験番号を正しく記入すること。
2. 受験番号のマークをすること。
3. 解答の記入にあたっては、次の点に注意すること。
   （1）ＨＢの鉛筆でマークすること。
   （2）解答を修正する場合や解答以外の印をつけた場合には、消しゴムであとが残らないようにきれいに消し、又そのカスが残らないよう注意すること。
   （3）直接コンピュータにかけるので、折り曲げたり汚したりしないこと。
4. マークはすべて同程度の濃さとなるように注意して記入すること。

マーク方法　良い例 ●

悪い例 ⊙ ⦶ ⊘ ≋

学校配点	
1～6 各3点×30　7 各2点×5	
100点	計

2024年度　川越東高等学校・特待生

数学解答用紙

評点
/100

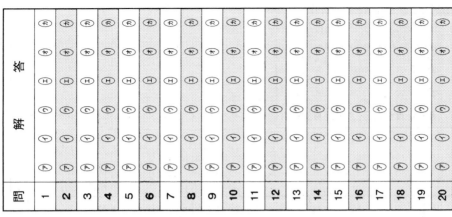

問	解			答		
1	㋐	㋑	㋒	㋓	㋔	㋕
2	㋐	㋑	㋒	㋓	㋔	㋕
3	㋐	㋑	㋒	㋓	㋔	㋕
4	㋐	㋑	㋒	㋓	㋔	㋕
5	㋐	㋑	㋒	㋓	㋔	㋕
6	㋐	㋑	㋒	㋓	㋔	㋕
7	㋐	㋑	㋒	㋓	㋔	㋕
8	㋐	㋑	㋒	㋓	㋔	㋕
9	㋐	㋑	㋒	㋓	㋔	㋕
10	㋐	㋑	㋒	㋓	㋔	㋕
11	㋐	㋑	㋒	㋓	㋔	㋕
12	㋐	㋑	㋒	㋓	㋔	㋕
13	㋐	㋑	㋒	㋓	㋔	㋕
14	㋐	㋑	㋒	㋓	㋔	㋕
15	㋐	㋑	㋒	㋓	㋔	㋕
16	㋐	㋑	㋒	㋓	㋔	㋕
17	㋐	㋑	㋒	㋓	㋔	㋕
18	㋐	㋑	㋒	㋓	㋔	㋕
19	㋐	㋑	㋒	㋓	㋔	㋕
20	㋐	㋑	㋒	㋓	㋔	㋕

学科		
国語	英語	数学
○	○	●

氏名	

受験番号記入➡　受験番号マーク➡

受	験	番	号	
0	0	0	0	0
1	1	1	1	1
2	2	2	2	2
3	3	3	3	3
4	4	4	4	4
5	5	5	5	5
6	6	6	6	6
7	7	7	7	7
8	8	8	8	8
9	9	9	9	9

解答数・・・20問

（注）この解答用紙は実物を縮小してあります。Ａ４用紙に111％拡大コピーすると、ほぼ実物大で使用できます。（タイトルと配点表は含みません）

注意事項

1．氏名と受験番号を正しく記入すること。

2．受験番号のマークをすること。

3．解答の記入にあたっては、次の点に注意すること。

（１）ＨＢの鉛筆でマークすること。

（２）解答を修正する場合や解答以外の印をつけた場合には、消しゴムであとが残らないようにきれいに消し、又そのカスが残らないよう注意すること。

（３）直接コンピュータにかけるので、折り曲げたり汚したりしないこと。

4．マークはすべて同程度の濃さとなるように注意して記入すること。

マーク方法　良い例 ●

悪い例 ⊙ ⦶ ⊘ ≋

学校配点	
[1]～[6]　各5点×20	
100点	計

二〇二四年度　川越東高等学校・特待生

国語解答用紙

評点	/100

氏名	

学科		
国語	英語	数学
●	○	○

受験番号記入➡

受	験	番	号	
⓪	⓪	⓪	⓪	⓪
①	①	①	①	①
②	②	②	②	②
③	③	③	③	③
④	④	④	④	④
⑤	⑤	⑤	⑤	⑤
⑥	⑥	⑥	⑥	⑥
⑦	⑦	⑦	⑦	⑦
⑧	⑧	⑧	⑧	⑧
⑨	⑨	⑨	⑨	⑨

受験番号マーク➡

解答数・・・35問

問	解		答	
1	㋐	㋑	㋒	㋓
2	㋐	㋑	㋒	㋓
3	㋐	㋑	㋒	㋓
4	㋐	㋑	㋒	㋓
5	㋐	㋑	㋒	㋓
6	㋐	㋑	㋒	㋓
7	㋐	㋑	㋒	㋓
8	㋐	㋑	㋒	㋓
9	㋐	㋑	㋒	㋓
10	㋐	㋑	㋒	㋓
11	㋐	㋑	㋒	㋓
12	㋐	㋑	㋒	㋓
13	㋐	㋑	㋒	㋓
14	㋐	㋑	㋒	㋓
15	㋐	㋑	㋒	㋓
16	㋐	㋑	㋒	㋓
17	㋐	㋑	㋒	㋓
18	㋐	㋑	㋒	㋓
19	㋐	㋑	㋒	㋓
20	㋐	㋑	㋒	㋓
21	㋐	㋑	㋒	㋓
22	㋐	㋑	㋒	㋓
23	㋐	㋑	㋒	㋓
24	㋐	㋑	㋒	㋓
25	㋐	㋑	㋒	㋓

問	解		答	
26	㋐	㋑	㋒	㋓
27	㋐	㋑	㋒	㋓
28	㋐	㋑	㋒	㋓
29	㋐	㋑	㋒	㋓
30	㋐	㋑	㋒	㋓
31	㋐	㋑	㋒	㋓
32	㋐	㋑	㋒	㋓
33	㋐	㋑	㋒	㋓
34	㋐	㋑	㋒	㋓
35	㋐	㋑	㋒	㋓

注意事項

1. 氏名と受験番号を正しく記入すること。
2. 受験番号のマークをすること。
3. 解答の記入にあたっては、次の点に注意すること。
　（1）ＨＢの鉛筆でマークすること。
　（2）解答を修正する場合や解答以外の印をつけた場合には、消しゴムであとが残らないようにきれいに消し、又そのカスが残らないよう注意すること。
　（3）直接コンピュータにかけるので、折り曲げたり汚したりしないこと。
4. マークはすべて同程度の濃さとなるように注意して記入すること。

マーク方法　良い例 ●　悪い例 ⊙ ⦶ ⊘ ⊗

（注）この解答用紙は実物を縮小してあります。Ｂ４用紙に142%拡大コピーすると、ほぼ実物大で使用できます。（タイトルと配点表は含みません）

学校配点	計
一 問1、問2　各2点×5　問3　4点　問4　3点　問5～問7　各4点×3　問8　3点　問9、問10　各4点×2 二 問1、問2　各2点×4　問3～問5　各3点×3　問6～問10　各4点×5　問11　3点 三 問1　3点　問2～問7　各2点×6　問8（1）3点（2）2点	100点

２０２４年度　川越東高等学校・単願・併願①

英語解答用紙

評点
/100

問	解			答
26	㋐	㋑	㋒	㋓
27	㋐	㋑	㋒	㋓
28	㋐	㋑	㋒	㋓
29	㋐	㋑	㋒	㋓
30	㋐	㋑	㋒	㋓
31	㋐	㋑	㋒	㋓
32	㋐	㋑	㋒	㋓
33	㋐	㋑	㋒	㋓
34	㋐	㋑	㋒	㋓
35	㋐	㋑	㋒	㋓

問	解			答
1	㋐	㋑	㋒	㋓
2	㋐	㋑	㋒	㋓
3	㋐	㋑	㋒	㋓
4	㋐	㋑	㋒	㋓
5	㋐	㋑	㋒	㋓
6	㋐	㋑	㋒	㋓
7	㋐	㋑	㋒	㋓
8	㋐	㋑	㋒	㋓
9	㋐	㋑	㋒	㋓
10	㋐	㋑	㋒	㋓
11	㋐	㋑	㋒	㋓
12	㋐	㋑	㋒	㋓
13	㋐	㋑	㋒	㋓
14	㋐	㋑	㋒	㋓
15	㋐	㋑	㋒	㋓
16	㋐	㋑	㋒	㋓
17	㋐	㋑	㋒	㋓
18	㋐	㋑	㋒	㋓
19	㋐	㋑	㋒	㋓
20	㋐	㋑	㋒	㋓
21	㋐	㋑	㋒	㋓
22	㋐	㋑	㋒	㋓
23	㋐	㋑	㋒	㋓
24	㋐	㋑	㋒	㋓
25	㋐	㋑	㋒	㋓

(注)　この解答用紙は実物を縮小してあります。Ｂ４用紙に142%拡大コピーすると、ほぼ実物大で使用できます。(タイトルと配点表は含みません)

受	験	番	号	
⓪	⓪	⓪	⓪	⓪
①	①	①	①	①
②	②	②	②	②
③	③	③	③	③
④	④	④	④	④
⑤	⑤	⑤	⑤	⑤
⑥	⑥	⑥	⑥	⑥
⑦	⑦	⑦	⑦	⑦
⑧	⑧	⑧	⑧	⑧
⑨	⑨	⑨	⑨	⑨

受験番号記入➡　受験番号マーク➡

解答数・・・35問

学科		
国語	英語	数学
⬯	⬮	⬯

氏名	

注意事項

1．氏名と受験番号を正しく記入すること。

2．受験番号のマークをすること。

3．解答の記入にあたっては、次の点に注意すること。
　(1)　ＨＢの鉛筆でマークすること。
　(2)　解答を修正する場合や解答以外の印をつけた場合には、消しゴムであとが残らないようにきれいに消し、又そのカスが残らないよう注意すること。
　(3)　直接コンピュータにかけるので、折り曲げたり汚したりしないこと。

4．マークはすべて同程度の濃さとなるように注意して記入すること。

マーク方法　良い例 ⬮
　　　　　　悪い例 ⊙ ⦶ ⊘ ⊛

学校配点	
1～6　各3点×30　7　各2点×5	
100点	計

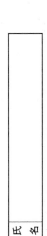

2024年度　川越東高等学校・単願・併願①

数学解答用紙

評点
/100

問	解		答			
1	㋐	㋑	㋒	㋓	㋔	㋕
2	㋐	㋑	㋒	㋓	㋔	㋕
3	㋐	㋑	㋒	㋓	㋔	㋕
4	㋐	㋑	㋒	㋓	㋔	㋕
5	㋐	㋑	㋒	㋓	㋔	㋕
6	㋐	㋑	㋒	㋓	㋔	㋕
7	㋐	㋑	㋒	㋓	㋔	㋕
8	㋐	㋑	㋒	㋓	㋔	㋕
9	㋐	㋑	㋒	㋓	㋔	㋕
10	㋐	㋑	㋒	㋓	㋔	㋕
11	㋐	㋑	㋒	㋓	㋔	㋕
12	㋐	㋑	㋒	㋓	㋔	㋕
13	㋐	㋑	㋒	㋓	㋔	㋕
14	㋐	㋑	㋒	㋓	㋔	㋕
15	㋐	㋑	㋒	㋓	㋔	㋕
16	㋐	㋑	㋒	㋓	㋔	㋕
17	㋐	㋑	㋒	㋓	㋔	㋕
18	㋐	㋑	㋒	㋓	㋔	㋕
19	㋐	㋑	㋒	㋓	㋔	㋕
20	㋐	㋑	㋒	㋓	㋔	㋕

（注）この解答用紙は実物を縮小してあります。Ａ４用紙に111%拡大コピーすると、ほぼ実物大で使用できます。（タイトルと配点表は含みません）

学	科	
国語	英語	数学
⬭	⬭	●

受験番号記入➡

受験番号マーク➡

受	験	番	号	
0	0	0	0	0
1	1	1	1	1
2	2	2	2	2
3	3	3	3	3
4	4	4	4	4
5	5	5	5	5
6	6	6	6	6
7	7	7	7	7
8	8	8	8	8
9	9	9	9	9

解答数・・・20問

氏名	

注意事項

1. 氏名と受験番号を正しく記入すること。
2. 受験番号のマークをすること。
3. 解答の記入にあたっては、次の点に注意すること。
   （１）ＨＢの鉛筆でマークすること。
   （２）解答を修正する場合や解答以外の印をつけた場合には、消しゴムであとが残らないようにきれいに消し、又そのカスが残らないよう注意すること。
   （３）直接コンピュータにかけるので、折り曲げたり汚したりしないこと。
4. マークはすべて同程度の濃さとなるように注意して記入すること。

マーク方法　良い例 ●

悪い例 ⊙ ⦶ ⊘ ⋙

学校配点	
1～6 各5点×20	
100点	計

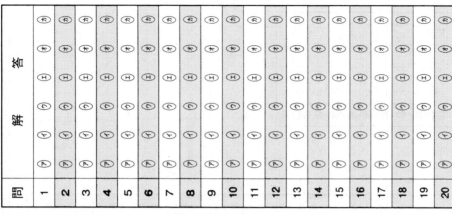

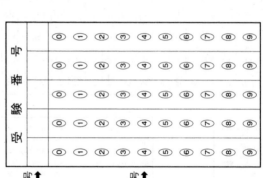

二〇二四年度　川越東高等学校・単願・併願①

国語解答用紙

評点
/100

問	解		答	
1	㋐	㋑	㋒	㋓
2	㋐	㋑	㋒	㋓
3	㋐	㋑	㋒	㋓
4	㋐	㋑	㋒	㋓
5	㋐	㋑	㋒	㋓
6	㋐	㋑	㋒	㋓
7	㋐	㋑	㋒	㋓
8	㋐	㋑	㋒	㋓
9	㋐	㋑	㋒	㋓
10	㋐	㋑	㋒	㋓
11	㋐	㋑	㋒	㋓
12	㋐	㋑	㋒	㋓
13	㋐	㋑	㋒	㋓
14	㋐	㋑	㋒	㋓
15	㋐	㋑	㋒	㋓
16	㋐	㋑	㋒	㋓
17	㋐	㋑	㋒	㋓
18	㋐	㋑	㋒	㋓
19	㋐	㋑	㋒	㋓
20	㋐	㋑	㋒	㋓
21	㋐	㋑	㋒	㋓
22	㋐	㋑	㋒	㋓
23	㋐	㋑	㋒	㋓
24	㋐	㋑	㋒	㋓
25	㋐	㋑	㋒	㋓

問	解		答	
26	㋐	㋑	㋒	㋓
27	㋐	㋑	㋒	㋓
28	㋐	㋑	㋒	㋓
29	㋐	㋑	㋒	㋓
30	㋐	㋑	㋒	㋓
31	㋐	㋑	㋒	㋓
32	㋐	㋑	㋒	㋓
33	㋐	㋑	㋒	㋓
34	㋐	㋑	㋒	㋓
35	㋐	㋑	㋒	㋓

（注）この解答用紙は実物を縮小してあります。Ｂ４用紙に142%拡大コピーすると、ほぼ実物大で使用できます。（タイトルと配点表は含みません）

学科		
国語	英語	数学
●	○	○

氏名	

受験番号記入➡
受験番号マーク➡

受	験	番	号	
⓪	⓪	⓪	⓪	⓪
①	①	①	①	①
②	②	②	②	②
③	③	③	③	③
④	④	④	④	④
⑤	⑤	⑤	⑤	⑤
⑥	⑥	⑥	⑥	⑥
⑦	⑦	⑦	⑦	⑦
⑧	⑧	⑧	⑧	⑧
⑨	⑨	⑨	⑨	⑨

解答数・・・35問

注意事項

1．氏名と受験番号を正しく記入すること。

2．受験番号のマークをすること。

3．解答の記入にあたっては、次の点に注意すること。
（１）ＨＢの鉛筆でマークすること。
（２）解答を修正する場合や解答以外の印をつけた場合には、消しゴムであとが残らないようにきれいに消し、又そのカスが残らないよう注意すること。
（３）直接コンピュータにかけるので、折り曲げたり汚したりしないこと。

4．マークはすべて同程度の濃さとなるように注意して記入すること。

マーク方法　良い例 ●
悪い例 ⊙ ⦶ ⊘ ▨

学校配点

㊀ 問１　各２点×５　問２　４点　問３、問４　各３点×２
問５～問11　各４点×７
㊁ 問１、問２　各２点×４　問３～問８　各４点×６
㊂ 各２点×10

100点	計

2024年度　川越東高等学校・併願②

英語解答用紙

評点
/100

学校配点	
1～6　各3点×30 7　各2点×5	
100点	計

氏名	

学科		
国語	英語	数学
○	●	○

注意事項

1. 氏名と受験番号を正しく記入すること。
2. 受験番号のマークをすること。
3. 解答の記入にあたっては、次の点に注意すること。
   （1）ＨＢの鉛筆でマークすること。
   （2）解答を修正する場合や解答以外の印をつけた場合には、消しゴムであとが残らないようにきれいに消し、又そのカスが残らないよう注意すること。
   （3）直接コンピュータにかけるので、折り曲げたり汚したりしないこと。
4. マークはすべて同程度の濃さとなるように注意して記入すること。

マーク方法　良い例 ●
悪い例

受験番号記入➡
受験番号マーク➡

受験番号				
⓪	⓪	⓪	⓪	⓪
①	①	①	①	①
②	②	②	②	②
③	③	③	③	③
④	④	④	④	④
⑤	⑤	⑤	⑤	⑤
⑥	⑥	⑥	⑥	⑥
⑦	⑦	⑦	⑦	⑦
⑧	⑧	⑧	⑧	⑧
⑨	⑨	⑨	⑨	⑨

解答数・・・35問

問	解答			
1	㋐	㋑	㋒	㋓
2	㋐	㋑	㋒	㋓
3	㋐	㋑	㋒	㋓
4	㋐	㋑	㋒	㋓
5	㋐	㋑	㋒	㋓
6	㋐	㋑	㋒	㋓
7	㋐	㋑	㋒	㋓
8	㋐	㋑	㋒	㋓
9	㋐	㋑	㋒	㋓
10	㋐	㋑	㋒	㋓
11	㋐	㋑	㋒	㋓
12	㋐	㋑	㋒	㋓
13	㋐	㋑	㋒	㋓
14	㋐	㋑	㋒	㋓
15	㋐	㋑	㋒	㋓
16	㋐	㋑	㋒	㋓
17	㋐	㋑	㋒	㋓
18	㋐	㋑	㋒	㋓
19	㋐	㋑	㋒	㋓
20	㋐	㋑	㋒	㋓
21	㋐	㋑	㋒	㋓
22	㋐	㋑	㋒	㋓
23	㋐	㋑	㋒	㋓
24	㋐	㋑	㋒	㋓
25	㋐	㋑	㋒	㋓

問	解答			
26	㋐	㋑	㋒	㋓
27	㋐	㋑	㋒	㋓
28	㋐	㋑	㋒	㋓
29	㋐	㋑	㋒	㋓
30	㋐	㋑	㋒	㋓
31	㋐	㋑	㋒	㋓
32	㋐	㋑	㋒	㋓
33	㋐	㋑	㋒	㋓
34	㋐	㋑	㋒	㋓
35	㋐	㋑	㋒	㋓

（注）この解答用紙は実物を縮小してあります。Ｂ４用紙に142%拡大コピーすると、ほぼ実物大で使用できます。（タイトルと配点表は含みません）

2024年度　川越東高等学校・併願②

数学解答用紙

評点
/100

問	解		答			
1	㋐	㋑	㋒	㋓	㋔	㋕
2	㋐	㋑	㋒	㋓	㋔	㋕
3	㋐	㋑	㋒	㋓	㋔	㋕
4	㋐	㋑	㋒	㋓	㋔	㋕
5	㋐	㋑	㋒	㋓	㋔	㋕
6	㋐	㋑	㋒	㋓	㋔	㋕
7	㋐	㋑	㋒	㋓	㋔	㋕
8	㋐	㋑	㋒	㋓	㋔	㋕
9	㋐	㋑	㋒	㋓	㋔	㋕
10	㋐	㋑	㋒	㋓	㋔	㋕
11	㋐	㋑	㋒	㋓	㋔	㋕
12	㋐	㋑	㋒	㋓	㋔	㋕
13	㋐	㋑	㋒	㋓	㋔	㋕
14	㋐	㋑	㋒	㋓	㋔	㋕
15	㋐	㋑	㋒	㋓	㋔	㋕
16	㋐	㋑	㋒	㋓	㋔	㋕
17	㋐	㋑	㋒	㋓	㋔	㋕
18	㋐	㋑	㋒	㋓	㋔	㋕
19	㋐	㋑	㋒	㋓	㋔	㋕
20	㋐	㋑	㋒	㋓	㋔	㋕

学科		
国語	英語	数学
○	○	●

氏名	

受験番号記入➡　受験番号マーク➡

受	験	番	号	
⓪	⓪	⓪	⓪	⓪
①	①	①	①	①
②	②	②	②	②
③	③	③	③	③
④	④	④	④	④
⑤	⑤	⑤	⑤	⑤
⑥	⑥	⑥	⑥	⑥
⑦	⑦	⑦	⑦	⑦
⑧	⑧	⑧	⑧	⑧
⑨	⑨	⑨	⑨	⑨

解答数・・・20問

（注）この解答用紙は実物を縮小してあります。Ａ４用紙に111%拡大コピーすると、ほぼ実物大で使用できます。（タイトルと配点表は含みません）

注意事項

1．氏名と受験番号を正しく記入すること。

2．受験番号のマークをすること。

3．解答の記入にあたっては、次の点に注意すること。
（１）ＨＢの鉛筆でマークすること。
（２）解答を修正する場合や解答以外の印をつけた場合には、消しゴムであとが残らないようにきれいに消し、又そのカスが残らないよう注意すること。
（３）直接コンピュータにかけるので、折り曲げたり汚したりしないこと。

4．マークはすべて同程度の濃さとなるように注意して記入すること。

マーク方法　良い例　悪い例

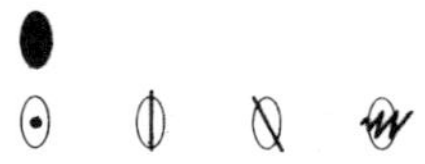

学校配点	
[1]～[6] 各5点×20	
100点	計

二〇二四年度　川越東高等学校・併願②

国語解答用紙

評点	/100

氏名	

学科		
国語	英語	数学
●	○	○

受験番号記入➡

受	験	番	号	
⓪①②③④⑤⑥⑦⑧⑨	⓪①②③④⑤⑥⑦⑧⑨	⓪①②③④⑤⑥⑦⑧⑨	⓪①②③④⑤⑥⑦⑧⑨	⓪①②③④⑤⑥⑦⑧⑨

受験番号マーク➡

解答数・・・35問

問	解答			
1	㋐	㋑	㋒	㋓
2	㋐	㋑	㋒	㋓
3	㋐	㋑	㋒	㋓
4	㋐	㋑	㋒	㋓
5	㋐	㋑	㋒	㋓
6	㋐	㋑	㋒	㋓
7	㋐	㋑	㋒	㋓
8	㋐	㋑	㋒	㋓
9	㋐	㋑	㋒	㋓
10	㋐	㋑	㋒	㋓
11	㋐	㋑	㋒	㋓
12	㋐	㋑	㋒	㋓
13	㋐	㋑	㋒	㋓
14	㋐	㋑	㋒	㋓
15	㋐	㋑	㋒	㋓
16	㋐	㋑	㋒	㋓
17	㋐	㋑	㋒	㋓
18	㋐	㋑	㋒	㋓
19	㋐	㋑	㋒	㋓
20	㋐	㋑	㋒	㋓
21	㋐	㋑	㋒	㋓
22	㋐	㋑	㋒	㋓
23	㋐	㋑	㋒	㋓
24	㋐	㋑	㋒	㋓
25	㋐	㋑	㋒	㋓

問	解答			
26	㋐	㋑	㋒	㋓
27	㋐	㋑	㋒	㋓
28	㋐	㋑	㋒	㋓
29	㋐	㋑	㋒	㋓
30	㋐	㋑	㋒	㋓
31	㋐	㋑	㋒	㋓
32	㋐	㋑	㋒	㋓
33	㋐	㋑	㋒	㋓
34	㋐	㋑	㋒	㋓
35	㋐	㋑	㋒	㋓

注意事項

1. 氏名と受験番号を正しく記入すること。
2. 受験番号のマークをすること。
3. 解答の記入にあたっては、次の点に注意すること。
   （1）ＨＢの鉛筆でマークすること。
   （2）解答を修正する場合や解答以外の印をつけた場合には、消しゴムであとが残らないようにきれいに消し、又そのカスが残らないよう注意すること。
   （3）直接コンピュータにかけるので、折り曲げたり汚したりしないこと。
4. マークはすべて同程度の濃さとなるように注意して記入すること。

マーク方法　良い例 ●

悪い例 ⊙ ⦶ ⊘

（注）この解答用紙は実物を縮小してあります。Ｂ４用紙に142％拡大コピーすると、ほぼ実物大で使用できます。（タイトルと配点表は含みません）

学校配点	計
一 問１、問２　各２点×４　問３、問４　各３点×２　問５　４点　問６、問７　各３点×２　問８　２点　問９　４点　問10、問11　各５点×２ 二 問１、問２　各２点×４　問３　４点　問４　３点　問５、問６　各４点×２　問７　３点　問８　４点　問９　３点　問10　５点　問11　２点 三 問１～問８　各２点×８　問９　４点	100点

２０２３年度　川越東高等学校・特待生

英語解答用紙

評点
/100

問	解			答
1	㋐	㋑	㋒	㋓
2	㋐	㋑	㋒	㋓
3	㋐	㋑	㋒	㋓
4	㋐	㋑	㋒	㋓
5	㋐	㋑	㋒	㋓
6	㋐	㋑	㋒	㋓
7	㋐	㋑	㋒	㋓
8	㋐	㋑	㋒	㋓
9	㋐	㋑	㋒	㋓
10	㋐	㋑	㋒	㋓
11	㋐	㋑	㋒	㋓
12	㋐	㋑	㋒	㋓
13	㋐	㋑	㋒	㋓
14	㋐	㋑	㋒	㋓
15	㋐	㋑	㋒	㋓
16	㋐	㋑	㋒	㋓
17	㋐	㋑	㋒	㋓
18	㋐	㋑	㋒	㋓
19	㋐	㋑	㋒	㋓
20	㋐	㋑	㋒	㋓
21	㋐	㋑	㋒	㋓
22	㋐	㋑	㋒	㋓
23	㋐	㋑	㋒	㋓
24	㋐	㋑	㋒	㋓
25	㋐	㋑	㋒	㋓

問	解			答
26	㋐	㋑	㋒	㋓
27	㋐	㋑	㋒	㋓
28	㋐	㋑	㋒	㋓
29	㋐	㋑	㋒	㋓
30	㋐	㋑	㋒	㋓
31	㋐	㋑	㋒	㋓
32	㋐	㋑	㋒	㋓
33	㋐	㋑	㋒	㋓
34	㋐	㋑	㋒	㋓
35	㋐	㋑	㋒	㋓

（注）この解答用紙は実物を縮小してあります。Ｂ４用紙に142%拡大コピーすると、ほぼ実物大で使用できます。（タイトルと配点表は含みません）

学	科	
国語	英語	数学
○	●	○

受験番号記入➡　受験番号マーク➡

受	験	番	号	
⓪	⓪	⓪	⓪	⓪
①	①	①	①	①
②	②	②	②	②
③	③	③	③	③
④	④	④	④	④
⑤	⑤	⑤	⑤	⑤
⑥	⑥	⑥	⑥	⑥
⑦	⑦	⑦	⑦	⑦
⑧	⑧	⑧	⑧	⑧
⑨	⑨	⑨	⑨	⑨

解答数・・・35問

氏名	

注意事項

1．氏名と受験番号を正しく記入すること。

2．受験番号のマークをすること。

3．解答の記入にあたっては、次の点に注意すること。
　（１）ＨＢの鉛筆でマークすること。
　（２）解答を修正する場合や解答以外の印をつけた場合には、消しゴムであとが残らないようにきれいに消し、又そのカスが残らないよう注意すること。
　（３）直接コンピュータにかけるので、折り曲げたり汚したりしないこと。

4．マークはすべて同程度の濃さとなるように注意して記入すること。

マーク方法　良い例 ●
　　　　　　悪い例 ⊙ ⦶ ⊘ ≋

推定配点	
1～6 各3点×30　7 各2点×5	
100点	計

2023年度 川越東高等学校・特待生

数学解答用紙

評点
/100

問	解		答			
1	㋐	㋑	㋒	㋓	㋔	㋕
2	㋐	㋑	㋒	㋓	㋔	㋕
3	㋐	㋑	㋒	㋓	㋔	㋕
4	㋐	㋑	㋒	㋓	㋔	㋕
5	㋐	㋑	㋒	㋓	㋔	㋕
6	㋐	㋑	㋒	㋓	㋔	㋕
7	㋐	㋑	㋒	㋓	㋔	㋕
8	㋐	㋑	㋒	㋓	㋔	㋕
9	㋐	㋑	㋒	㋓	㋔	㋕
10	㋐	㋑	㋒	㋓	㋔	㋕
11	㋐	㋑	㋒	㋓	㋔	㋕
12	㋐	㋑	㋒	㋓	㋔	㋕
13	㋐	㋑	㋒	㋓	㋔	㋕
14	㋐	㋑	㋒	㋓	㋔	㋕
15	㋐	㋑	㋒	㋓	㋔	㋕
16	㋐	㋑	㋒	㋓	㋔	㋕
17	㋐	㋑	㋒	㋓	㋔	㋕
18	㋐	㋑	㋒	㋓	㋔	㋕
19	㋐	㋑	㋒	㋓	㋔	㋕
20	㋐	㋑	㋒	㋓	㋔	㋕

(注) この解答用紙は実物を縮小してあります。A４用紙に111%拡大コピーすると、ほぼ実物大で使用できます。(タイトルと配点表は含みません)

学科		
国語	英語	数学
○	○	●

受験番号記入➡

受験番号マーク➡

受験番号				
⓪	⓪	⓪	⓪	⓪
①	①	①	①	①
②	②	②	②	②
③	③	③	③	③
④	④	④	④	④
⑤	⑤	⑤	⑤	⑤
⑥	⑥	⑥	⑥	⑥
⑦	⑦	⑦	⑦	⑦
⑧	⑧	⑧	⑧	⑧
⑨	⑨	⑨	⑨	⑨

解答数・・・20問

氏名	

注意事項

1. 氏名と受験番号を正しく記入すること。
2. 受験番号のマークをすること。
3. 解答の記入にあたっては、次の点に注意すること。
   （1） ＨＢの鉛筆でマークすること。
   （2） 解答を修正する場合や解答以外の印をつけた場合には、消しゴムであとが残らないようにきれいに消し、又そのカスが残らないよう注意すること。
   （3） 直接コンピュータにかけるので、折り曲げたり汚したりしないこと。
4. マークはすべて同程度の濃さとなるように注意して記入すること。

マーク方法　良い例 ●

悪い例 ⊙ ⦶ ⊘ ≋

推定配点	
1～6 各5点×20	
100点	計

二〇二三年度　川越東高等学校・特待生

国語解答用紙

評点	/100

(注) この解答用紙は実物を縮小してあります。B4用紙に142%拡大コピーすると、ほぼ実物大で使用できます。(タイトルと配点表は含みません)

問	解		答	
1	㋐	㋑	㋒	㋓
2	㋐	㋑	㋒	㋓
3	㋐	㋑	㋒	㋓
4	㋐	㋑	㋒	㋓
5	㋐	㋑	㋒	㋓
6	㋐	㋑	㋒	㋓
7	㋐	㋑	㋒	㋓
8	㋐	㋑	㋒	㋓
9	㋐	㋑	㋒	㋓
10	㋐	㋑	㋒	㋓
11	㋐	㋑	㋒	㋓
12	㋐	㋑	㋒	㋓
13	㋐	㋑	㋒	㋓
14	㋐	㋑	㋒	㋓
15	㋐	㋑	㋒	㋓
16	㋐	㋑	㋒	㋓
17	㋐	㋑	㋒	㋓
18	㋐	㋑	㋒	㋓
19	㋐	㋑	㋒	㋓
20	㋐	㋑	㋒	㋓
21	㋐	㋑	㋒	㋓
22	㋐	㋑	㋒	㋓
23	㋐	㋑	㋒	㋓
24	㋐	㋑	㋒	㋓
25	㋐	㋑	㋒	㋓

問	解		答	
26	㋐	㋑	㋒	㋓
27	㋐	㋑	㋒	㋓
28	㋐	㋑	㋒	㋓
29	㋐	㋑	㋒	㋓
30	㋐	㋑	㋒	㋓
31	㋐	㋑	㋒	㋓
32	㋐	㋑	㋒	㋓
33	㋐	㋑	㋒	㋓
34	㋐	㋑	㋒	㋓
35	㋐	㋑	㋒	㋓

学科		
国語	英語	数学
●	○	○

受験番号記入⬆

受	験	番	号	
⓪①②③④⑤⑥⑦⑧⑨	⓪①②③④⑤⑥⑦⑧⑨	⓪①②③④⑤⑥⑦⑧⑨	⓪①②③④⑤⑥⑦⑧⑨	⓪①②③④⑤⑥⑦⑧⑨

受験番号マーク⬆

解答数・・・35問

氏名	

注意事項

1. 氏名と受験番号を正しく記入すること。
2. 受験番号のマークをすること。
3. 解答の記入にあたっては、次の点に注意すること。
   (1) HBの鉛筆でマークすること。
   (2) 解答を修正する場合や解答以外の印をつけた場合には、消しゴムであとが残らないようにきれいに消し、又そのカスが残らないよう注意すること。
   (3) 直接コンピュータにかけるので、折り曲げたり汚したりしないこと。
4. マークはすべて同程度の濃さとなるように注意して記入すること。

マーク方法　良い例 ●　悪い例

推定配点		
一 問1、問2 各2点×5　問3～問12 各3点×10 二 問1～問3 各2点×4　問4～問10 各4点×8 三 問1 2点　問2、問3 各3点×2　問4、問5 各2点×2 問6 3点　問7 2点　問8 3点	計	100点

2023年度 川越東高等学校・単願・併願①

英語解答用紙

評点
/100

氏名	

学科		
国語	英語	数学
○	●	○

注意事項

1. 氏名と受験番号を正しく記入すること。
2. 受験番号のマークをすること。
3. 解答の記入にあたっては、次の点に注意すること。
（1）ＨＢの鉛筆でマークすること。
（2）解答を修正する場合や解答以外の印をつけた場合には、消しゴムであとが残らないようにきれいに消し、又そのカスが残らないよう注意すること。
（3）直接コンピュータにかけるので、折り曲げたり汚したりしないこと。
4. マークはすべて同程度の濃さとなるように注意して記入すること。

マーク方法　良い例 ●
悪い例 ⊙ ⦶ ⊘ ≋

受験番号記入➡
受験番号マーク➡

受験番号				
⓪	⓪	⓪	⓪	⓪
①	①	①	①	①
②	②	②	②	②
③	③	③	③	③
④	④	④	④	④
⑤	⑤	⑤	⑤	⑤
⑥	⑥	⑥	⑥	⑥
⑦	⑦	⑦	⑦	⑦
⑧	⑧	⑧	⑧	⑧
⑨	⑨	⑨	⑨	⑨

解答数・・・35問

問	解答			
1	㋐	㋑	㋒	㋓
2	㋐	㋑	㋒	㋓
3	㋐	㋑	㋒	㋓
4	㋐	㋑	㋒	㋓
5	㋐	㋑	㋒	㋓
6	㋐	㋑	㋒	㋓
7	㋐	㋑	㋒	㋓
8	㋐	㋑	㋒	㋓
9	㋐	㋑	㋒	㋓
10	㋐	㋑	㋒	㋓
11	㋐	㋑	㋒	㋓
12	㋐	㋑	㋒	㋓
13	㋐	㋑	㋒	㋓
14	㋐	㋑	㋒	㋓
15	㋐	㋑	㋒	㋓
16	㋐	㋑	㋒	㋓
17	㋐	㋑	㋒	㋓
18	㋐	㋑	㋒	㋓
19	㋐	㋑	㋒	㋓
20	㋐	㋑	㋒	㋓
21	㋐	㋑	㋒	㋓
22	㋐	㋑	㋒	㋓
23	㋐	㋑	㋒	㋓
24	㋐	㋑	㋒	㋓
25	㋐	㋑	㋒	㋓

問	解答			
26	㋐	㋑	㋒	㋓
27	㋐	㋑	㋒	㋓
28	㋐	㋑	㋒	㋓
29	㋐	㋑	㋒	㋓
30	㋐	㋑	㋒	㋓
31	㋐	㋑	㋒	㋓
32	㋐	㋑	㋒	㋓
33	㋐	㋑	㋒	㋓
34	㋐	㋑	㋒	㋓
35	㋐	㋑	㋒	㋓

（注）この解答用紙は実物を縮小してあります。Ｂ４用紙に142％拡大コピーすると、ほぼ実物大で使用できます。（タイトルと配点表は含みません）

推定配点	
1〜6 各3点×30　7 各2点×5	
100点	計

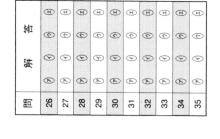

2023年度　川越東高等学校・単願・併願①

数学解答用紙

評点
/100

問	解答					
1	ア	イ	ウ	エ	オ	カ
2	ア	イ	ウ	エ	オ	カ
3	ア	イ	ウ	エ	オ	カ
4	ア	イ	ウ	エ	オ	カ
5	ア	イ	ウ	エ	オ	カ
6	ア	イ	ウ	エ	オ	カ
7	ア	イ	ウ	エ	オ	カ
8	ア	イ	ウ	エ	オ	カ
9	ア	イ	ウ	エ	オ	カ
10	ア	イ	ウ	エ	オ	カ
11	ア	イ	ウ	エ	オ	カ
12	ア	イ	ウ	エ	オ	カ
13	ア	イ	ウ	エ	オ	カ
14	ア	イ	ウ	エ	オ	カ
15	ア	イ	ウ	エ	オ	カ
16	ア	イ	ウ	エ	オ	カ
17	ア	イ	ウ	エ	オ	カ
18	ア	イ	ウ	エ	オ	カ
19	ア	イ	ウ	エ	オ	カ
20	ア	イ	ウ	エ	オ	カ

（注）この解答用紙は実物を縮小してあります。Ａ４用紙に111％拡大コピーすると、ほぼ実物大で使用できます。（タイトルと配点表は含みません）

学科		
国語	英語	数学
○	○	●

受験番号記入➡

受験番号マーク➡

受験番号				
0	0	0	0	0
1	1	1	1	1
2	2	2	2	2
3	3	3	3	3
4	4	4	4	4
5	5	5	5	5
6	6	6	6	6
7	7	7	7	7
8	8	8	8	8
9	9	9	9	9

解答数・・・20問

氏名	

注意事項

1．氏名と受験番号を正しく記入すること。

2．受験番号のマークをすること。

3．解答の記入にあたっては、次の点に注意すること。

（1）ＨＢの鉛筆でマークすること。

（2）解答を修正する場合や解答以外の印をつけた場合には、消しゴムであとが残らないようにきれいに消し、又そのカスが残らないよう注意すること。

（3）直接コンピュータにかけるので、折り曲げたり汚したりしないこと。

4．マークはすべて同程度の濃さとなるように注意して記入すること。

マーク方法　良い例 ●

悪い例 ⊙ ⦶ ⊘ ⩘

推定配点	
1～6　各5点×20	
100点	計

二〇二三年度　川越東高等学校・単願・併願①

国語解答用紙

評点　／100

問	解		答	
1	㋐	㋑	㋒	㋓
2	㋐	㋑	㋒	㋓
3	㋐	㋑	㋒	㋓
4	㋐	㋑	㋒	㋓
5	㋐	㋑	㋒	㋓
6	㋐	㋑	㋒	㋓
7	㋐	㋑	㋒	㋓
8	㋐	㋑	㋒	㋓
9	㋐	㋑	㋒	㋓
10	㋐	㋑	㋒	㋓
11	㋐	㋑	㋒	㋓
12	㋐	㋑	㋒	㋓
13	㋐	㋑	㋒	㋓
14	㋐	㋑	㋒	㋓
15	㋐	㋑	㋒	㋓
16	㋐	㋑	㋒	㋓
17	㋐	㋑	㋒	㋓
18	㋐	㋑	㋒	㋓
19	㋐	㋑	㋒	㋓
20	㋐	㋑	㋒	㋓
21	㋐	㋑	㋒	㋓
22	㋐	㋑	㋒	㋓
23	㋐	㋑	㋒	㋓
24	㋐	㋑	㋒	㋓
25	㋐	㋑	㋒	㋓

問	解		答	
26	㋐	㋑	㋒	㋓
27	㋐	㋑	㋒	㋓
28	㋐	㋑	㋒	㋓
29	㋐	㋑	㋒	㋓
30	㋐	㋑	㋒	㋓
31	㋐	㋑	㋒	㋓
32	㋐	㋑	㋒	㋓
33	㋐	㋑	㋒	㋓
34	㋐	㋑	㋒	㋓
35	㋐	㋑	㋒	㋓

（注）この解答用紙は実物を縮小してあります。Ｂ４用紙に142%拡大コピーすると、ほぼ実物大で使用できます。（タイトルと配点表は含みません）

学科		
国語	英語	数学
●	○	○

受	験	番	号	
⓪	⓪	⓪	⓪	⓪
①	①	①	①	①
②	②	②	②	②
③	③	③	③	③
④	④	④	④	④
⑤	⑤	⑤	⑤	⑤
⑥	⑥	⑥	⑥	⑥
⑦	⑦	⑦	⑦	⑦
⑧	⑧	⑧	⑧	⑧
⑨	⑨	⑨	⑨	⑨

受験番号記入➡
受験番号マーク➡

解答数・・・35問

氏名	

注意事項

1. 氏名と受験番号を正しく記入すること。
2. 受験番号のマークをすること。
3. 解答の記入にあたっては、次の点に注意すること。
（１）ＨＢの鉛筆でマークすること。
（２）解答を修正する場合や解答以外の印をつけた場合には、消しゴムであとが残らないようにきれいに消し、又そのカスが残らないよう注意すること。
（３）直接コンピュータにかけるので、折り曲げたり汚したりしないこと。
4. マークはすべて同程度の濃さとなるように注意して記入すること。

マーク方法　良い例 ●
悪い例 ⊙ ⦶ ⊘ ✓

推定配点

一 問１、問２　各２点×４　問３、問４　各３点×２
問５〜問７　各４点×３　問８　３点　問９〜問12　各４点×４
二 問１〜問５　各２点×６　問６　４点　問７　３点
問８〜問10　各４点×３　問11　２点
三 問１〜問４　各２点×４　問５〜問８　各３点×４　問９　２点

計　100点

2023年度　川越東高等学校・併願②

英語解答用紙

評点
／100

問	解		答	
1	㋐	㋑	㋒	㋓
2	㋐	㋑	㋒	㋓
3	㋐	㋑	㋒	㋓
4	㋐	㋑	㋒	㋓
5	㋐	㋑	㋒	㋓
6	㋐	㋑	㋒	㋓
7	㋐	㋑	㋒	㋓
8	㋐	㋑	㋒	㋓
9	㋐	㋑	㋒	㋓
10	㋐	㋑	㋒	㋓
11	㋐	㋑	㋒	㋓
12	㋐	㋑	㋒	㋓
13	㋐	㋑	㋒	㋓
14	㋐	㋑	㋒	㋓
15	㋐	㋑	㋒	㋓
16	㋐	㋑	㋒	㋓
17	㋐	㋑	㋒	㋓
18	㋐	㋑	㋒	㋓
19	㋐	㋑	㋒	㋓
20	㋐	㋑	㋒	㋓
21	㋐	㋑	㋒	㋓
22	㋐	㋑	㋒	㋓
23	㋐	㋑	㋒	㋓
24	㋐	㋑	㋒	㋓
25	㋐	㋑	㋒	㋓

問	解		答	
26	㋐	㋑	㋒	㋓
27	㋐	㋑	㋒	㋓
28	㋐	㋑	㋒	㋓
29	㋐	㋑	㋒	㋓
30	㋐	㋑	㋒	㋓
31	㋐	㋑	㋒	㋓
32	㋐	㋑	㋒	㋓
33	㋐	㋑	㋒	㋓
34	㋐	㋑	㋒	㋓
35	㋐	㋑	㋒	㋓

(注) この解答用紙は実物を縮小してあります。Ｂ４用紙に142%拡大コピーすると、ほぼ実物大で使用できます。（タイトルと配点表は含みません）

学科		
国語	英語	数学
○	●	○

受験番号記入➡

受験番号マーク➡

受	験	番	号	
0	0	0	0	0
1	1	1	1	1
2	2	2	2	2
3	3	3	3	3
4	4	4	4	4
5	5	5	5	5
6	6	6	6	6
7	7	7	7	7
8	8	8	8	8
9	9	9	9	9

解答数・・・35問

氏名	

注意事項

1．氏名と受験番号を正しく記入すること。

2．受験番号のマークをすること。

3．解答の記入にあたっては、次の点に注意すること。
（1）ＨＢの鉛筆でマークすること。
（2）解答を修正する場合や解答以外の印をつけた場合には、消しゴムであとが残らないようにきれいに消し、又そのカスが残らないよう注意すること。
（3）直接コンピュータにかけるので、折り曲げたり汚したりしないこと。

4．マークはすべて同程度の濃さとなるように注意して記入すること。

マーク方法　良い例 ●

悪い例 ⊙ ⦶ Ø ≋

推定配点	
[1]〜[6] 各3点×30　[7] 各2点×5	
100点	計

2023年度 川越東高等学校・併願②

数学解答用紙

評点 /100

問	解		答			
1	㋐	㋑	㋒	㋓	㋔	㋕
2	㋐	㋑	㋒	㋓	㋔	㋕
3	㋐	㋑	㋒	㋓	㋔	㋕
4	㋐	㋑	㋒	㋓	㋔	㋕
5	㋐	㋑	㋒	㋓	㋔	㋕
6	㋐	㋑	㋒	㋓	㋔	㋕
7	㋐	㋑	㋒	㋓	㋔	㋕
8	㋐	㋑	㋒	㋓	㋔	㋕
9	㋐	㋑	㋒	㋓	㋔	㋕
10	㋐	㋑	㋒	㋓	㋔	㋕
11	㋐	㋑	㋒	㋓	㋔	㋕
12	㋐	㋑	㋒	㋓	㋔	㋕
13	㋐	㋑	㋒	㋓	㋔	㋕
14	㋐	㋑	㋒	㋓	㋔	㋕
15	㋐	㋑	㋒	㋓	㋔	㋕
16	㋐	㋑	㋒	㋓	㋔	㋕
17	㋐	㋑	㋒	㋓	㋔	㋕
18	㋐	㋑	㋒	㋓	㋔	㋕
19	㋐	㋑	㋒	㋓	㋔	㋕
20	㋐	㋑	㋒	㋓	㋔	㋕

(注) この解答用紙は実物を縮小してあります。A４用紙に111%拡大コピーすると、ほぼ実物大で使用できます。(タイトルと配点表は含みません)

学科		
国語	英語	数学
⬭	⬭	●

受験番号記入➡

受験番号マーク➡

受	験	番	号	
⓪	⓪	⓪	⓪	⓪
①	①	①	①	①
②	②	②	②	②
③	③	③	③	③
④	④	④	④	④
⑤	⑤	⑤	⑤	⑤
⑥	⑥	⑥	⑥	⑥
⑦	⑦	⑦	⑦	⑦
⑧	⑧	⑧	⑧	⑧
⑨	⑨	⑨	⑨	⑨

解答数・・・20問

氏名	

注意事項

1. 氏名と受験番号を正しく記入すること。
2. 受験番号のマークをすること。
3. 解答の記入にあたっては、次の点に注意すること。
   （1） ＨＢの鉛筆でマークすること。
   （2） 解答を修正する場合や解答以外の印をつけた場合には、消しゴムであとが残らないようにきれいに消し、又そのカスが残らないよう注意すること。
   （3） 直接コンピュータにかけるので、折り曲げたり汚したりしないこと。
4. マークはすべて同程度の濃さとなるように注意して記入すること。

マーク方法　良い例 ●

悪い例 ⊙ ⦶ ⊘ ≋

推定配点	
1～6 各5点×20	
100点	計

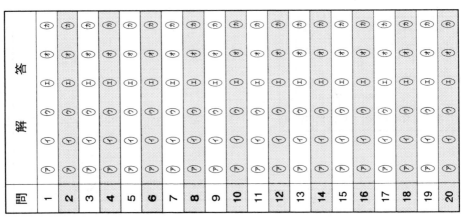

二〇二三年度　川越東高等学校・併願②

国語解答用紙

評点 ／100

氏名	

学科		
国語	英語	数学
●	○	○

注意事項

1．氏名と受験番号を正しく記入すること。

2．受験番号のマークをすること。

3．解答の記入にあたっては、次の点に注意すること。
（1）ＨＢの鉛筆でマークすること。
（2）解答を修正する場合や解答以外の印をつけた場合には、消しゴムであとが残らないようにきれいに消し、又そのカスが残らないよう注意すること。
（3）直接コンピュータにかけるので、折り曲げたり汚したりしないこと。

4．マークはすべて同程度の濃さとなるように注意して記入すること。

マーク方法　良い例 ●　悪い例 ⊙ ⦶ ⊘ ≫

受験番号記入➡
受験番号マーク➡

受験番号				
⓪	⓪	⓪	⓪	⓪
①	①	①	①	①
②	②	②	②	②
③	③	③	③	③
④	④	④	④	④
⑤	⑤	⑤	⑤	⑤
⑥	⑥	⑥	⑥	⑥
⑦	⑦	⑦	⑦	⑦
⑧	⑧	⑧	⑧	⑧
⑨	⑨	⑨	⑨	⑨

解答数・・・35問

問	解答			
1	㋐	㋑	㋒	㋓
2	㋐	㋑	㋒	㋓
3	㋐	㋑	㋒	㋓
4	㋐	㋑	㋒	㋓
5	㋐	㋑	㋒	㋓
6	㋐	㋑	㋒	㋓
7	㋐	㋑	㋒	㋓
8	㋐	㋑	㋒	㋓
9	㋐	㋑	㋒	㋓
10	㋐	㋑	㋒	㋓
11	㋐	㋑	㋒	㋓
12	㋐	㋑	㋒	㋓
13	㋐	㋑	㋒	㋓
14	㋐	㋑	㋒	㋓
15	㋐	㋑	㋒	㋓
16	㋐	㋑	㋒	㋓
17	㋐	㋑	㋒	㋓
18	㋐	㋑	㋒	㋓
19	㋐	㋑	㋒	㋓
20	㋐	㋑	㋒	㋓
21	㋐	㋑	㋒	㋓
22	㋐	㋑	㋒	㋓
23	㋐	㋑	㋒	㋓
24	㋐	㋑	㋒	㋓
25	㋐	㋑	㋒	㋓

問	解答			
26	㋐	㋑	㋒	㋓
27	㋐	㋑	㋒	㋓
28	㋐	㋑	㋒	㋓
29	㋐	㋑	㋒	㋓
30	㋐	㋑	㋒	㋓
31	㋐	㋑	㋒	㋓
32	㋐	㋑	㋒	㋓
33	㋐	㋑	㋒	㋓
34	㋐	㋑	㋒	㋓
35	㋐	㋑	㋒	㋓

（注）この解答用紙は実物を縮小してあります。Ｂ４用紙に142%拡大コピーすると、ほぼ実物大で使用できます。（タイトルと配点表は含みません）

推定配点

一　問1、問2　各2点×5　問3～問8　各3点×6　問9～問11　各4点×3
二　問1、問2　各2点×2　問3　3点　問4～問6　各2点×3　問7　4点　問8　3点　問9～問13　各4点×5
三　問1～問3　各2点×3　問4　3点　問5　2点　問6～問8　各3点×3

計　100点

２０２２年度　川越東高等学校・特待生

英語解答用紙

評点
／100

問	解	答		
1	㋐	㋑	㋒	㋓
2	㋐	㋑	㋒	㋓
3	㋐	㋑	㋒	㋓
4	㋐	㋑	㋒	㋓
5	㋐	㋑	㋒	㋓
6	㋐	㋑	㋒	㋓
7	㋐	㋑	㋒	㋓
8	㋐	㋑	㋒	㋓
9	㋐	㋑	㋒	㋓
10	㋐	㋑	㋒	㋓
11	㋐	㋑	㋒	㋓
12	㋐	㋑	㋒	㋓
13	㋐	㋑	㋒	㋓
14	㋐	㋑	㋒	㋓
15	㋐	㋑	㋒	㋓
16	㋐	㋑	㋒	㋓
17	㋐	㋑	㋒	㋓
18	㋐	㋑	㋒	㋓
19	㋐	㋑	㋒	㋓
20	㋐	㋑	㋒	㋓
21	㋐	㋑	㋒	㋓
22	㋐	㋑	㋒	㋓
23	㋐	㋑	㋒	㋓
24	㋐	㋑	㋒	㋓
25	㋐	㋑	㋒	㋓

問	解	答		
26	㋐	㋑	㋒	㋓
27	㋐	㋑	㋒	㋓
28	㋐	㋑	㋒	㋓
29	㋐	㋑	㋒	㋓
30	㋐	㋑	㋒	㋓
31	㋐	㋑	㋒	㋓
32	㋐	㋑	㋒	㋓
33	㋐	㋑	㋒	㋓
34	㋐	㋑	㋒	㋓
35	㋐	㋑	㋒	㋓

（注）この解答用紙は実物を縮小してあります。Ｂ４用紙に142%拡大コピーすると、ほぼ実物大で使用できます。（タイトルと配点表は含みません）

学　科		
国語	英語	数学
○	●	○

受験番号記入➡　受験番号マーク➡

受	験	番	号	
⓪	⓪	⓪	⓪	⓪
①	①	①	①	①
②	②	②	②	②
③	③	③	③	③
④	④	④	④	④
⑤	⑤	⑤	⑤	⑤
⑥	⑥	⑥	⑥	⑥
⑦	⑦	⑦	⑦	⑦
⑧	⑧	⑧	⑧	⑧
⑨	⑨	⑨	⑨	⑨

解答数・・・35問

氏名	

注意事項

1. 氏名と受験番号を正しく記入すること。
2. 受験番号のマークをすること。
3. 解答の記入にあたっては、次の点に注意すること。
   （１）ＨＢの鉛筆でマークすること。
   （２）解答を修正する場合や解答以外の印をつけた場合には、消しゴムであとが残らないようにきれいに消し、又そのカスが残らないよう注意すること。
   （３）直接コンピュータにかけるので、折り曲げたり汚したりしないこと。
4. マークはすべて同程度の濃さとなるように注意して記入すること。

マーク方法　良い例　悪い例

推定配点
1～6　各３点×30　7　各２点×５
計　100点

２０２２年度　川越東高等学校・特待生

数学解答用紙

評点
/100

問	解	答				
1	㋐	㋑	㋒	㋓	㋔	㋕
2	㋐	㋑	㋒	㋓	㋔	㋕
3	㋐	㋑	㋒	㋓	㋔	㋕
4	㋐	㋑	㋒	㋓	㋔	㋕
5	㋐	㋑	㋒	㋓	㋔	㋕
6	㋐	㋑	㋒	㋓	㋔	㋕
7	㋐	㋑	㋒	㋓	㋔	㋕
8	㋐	㋑	㋒	㋓	㋔	㋕
9	㋐	㋑	㋒	㋓	㋔	㋕
10	㋐	㋑	㋒	㋓	㋔	㋕
11	㋐	㋑	㋒	㋓	㋔	㋕
12	㋐	㋑	㋒	㋓	㋔	㋕
13	㋐	㋑	㋒	㋓	㋔	㋕
14	㋐	㋑	㋒	㋓	㋔	㋕
15	㋐	㋑	㋒	㋓	㋔	㋕
16	㋐	㋑	㋒	㋓	㋔	㋕
17	㋐	㋑	㋒	㋓	㋔	㋕
18	㋐	㋑	㋒	㋓	㋔	㋕
19	㋐	㋑	㋒	㋓	㋔	㋕
20	㋐	㋑	㋒	㋓	㋔	㋕

（注）この解答用紙は実物を縮小してあります。Ａ４用紙に111%拡大コピーすると、ほぼ実物大で使用できます。（タイトルと配点表は含みません）

学	科	
国語	英語	数学
⬭	⬭	⬬

受	験	番	号	
0	0	0	0	0
1	1	1	1	1
2	2	2	2	2
3	3	3	3	3
4	4	4	4	4
5	5	5	5	5
6	6	6	6	6
7	7	7	7	7
8	8	8	8	8
9	9	9	9	9

受験番号記入➡

受験番号マーク➡

解答数・・・20問

氏名	

注意事項

1. 氏名と受験番号を正しく記入すること。
2. 受験番号のマークをすること。
3. 解答の記入にあたっては、次の点に注意すること。
   （１）ＨＢの鉛筆でマークすること。
   （２）解答を修正する場合や解答以外の印をつけた場合には、消しゴムであとが残らないようにきれいに消し、又そのカスが残らないよう注意すること。
   （３）直接コンピュータにかけるので、折り曲げたり汚したりしないこと。
4. マークはすべて同程度の濃さとなるように注意して記入すること。

マーク方法　良い例 ⬬
悪い例 ⊙ ⦶ ⊘ ≋

推定配点	
1～6 各５点×20	
100点	計

二〇二二年度　川越東高等学校・特待生

国語解答用紙

評点
／100

問	解答			
1	㋐	㋑	㋒	㋓
2	㋐	㋑	㋒	㋓
3	㋐	㋑	㋒	㋓
4	㋐	㋑	㋒	㋓
5	㋐	㋑	㋒	㋓
6	㋐	㋑	㋒	㋓
7	㋐	㋑	㋒	㋓
8	㋐	㋑	㋒	㋓
9	㋐	㋑	㋒	㋓
10	㋐	㋑	㋒	㋓
11	㋐	㋑	㋒	㋓
12	㋐	㋑	㋒	㋓
13	㋐	㋑	㋒	㋓
14	㋐	㋑	㋒	㋓
15	㋐	㋑	㋒	㋓
16	㋐	㋑	㋒	㋓
17	㋐	㋑	㋒	㋓
18	㋐	㋑	㋒	㋓
19	㋐	㋑	㋒	㋓
20	㋐	㋑	㋒	㋓
21	㋐	㋑	㋒	㋓
22	㋐	㋑	㋒	㋓
23	㋐	㋑	㋒	㋓
24	㋐	㋑	㋒	㋓
25	㋐	㋑	㋒	㋓

問	解答			
26	㋐	㋑	㋒	㋓
27	㋐	㋑	㋒	㋓
28	㋐	㋑	㋒	㋓
29	㋐	㋑	㋒	㋓
30	㋐	㋑	㋒	㋓
31	㋐	㋑	㋒	㋓
32	㋐	㋑	㋒	㋓
33	㋐	㋑	㋒	㋓
34	㋐	㋑	㋒	㋓
35	㋐	㋑	㋒	㋓

（注）この解答用紙は実物を縮小してあります。Ｂ４用紙に142%拡大コピーすると、ほぼ実物大で使用できます。（タイトルと配点表は含みません）

学科		
国語	英語	数学
●	◯	◯

受験番号記入➡
受験番号マーク➡

受験番号				
⓪	⓪	⓪	⓪	⓪
①	①	①	①	①
②	②	②	②	②
③	③	③	③	③
④	④	④	④	④
⑤	⑤	⑤	⑤	⑤
⑥	⑥	⑥	⑥	⑥
⑦	⑦	⑦	⑦	⑦
⑧	⑧	⑧	⑧	⑧
⑨	⑨	⑨	⑨	⑨

解答数・・・35問

氏名	

注意事項

1. 氏名と受験番号を正しく記入すること。
2. 受験番号のマークをすること。
3. 解答の記入にあたっては、次の点に注意すること。
   （1）ＨＢの鉛筆でマークすること。
   （2）解答を修正する場合や解答以外の印をつけた場合には、消しゴムであとが残らないようにきれいに消し、又そのカスが残らないよう注意すること。
   （3）直接コンピュータにかけるので、折り曲げたり汚したりしないこと。
4. マークはすべて同程度の濃さとなるように注意して記入すること。

マーク方法　良い例 ●
　　　　　　悪い例 ⊙

推定配点

一 問1　各2点×3　問2～問4　各3点×3　問5　4点
問6、問7　各3点×2　問8～問10　各4点×3　問11　3点
二 問1　各2点×3　問2～問10　各3点×9　問11　5点　問12　2点
三 問1　3点　問2　2点　問3　3点　問4、問5　各2点×2
問6、問7　各3点×2　問8　2点

計	100点

2022年度　川越東高等学校・単願・併願①

英語解答用紙

評点
/100

問	解			答
1	㋐	㋑	㋒	㋓
2	㋐	㋑	㋒	㋓
3	㋐	㋑	㋒	㋓
4	㋐	㋑	㋒	㋓
5	㋐	㋑	㋒	㋓
6	㋐	㋑	㋒	㋓
7	㋐	㋑	㋒	㋓
8	㋐	㋑	㋒	㋓
9	㋐	㋑	㋒	㋓
10	㋐	㋑	㋒	㋓
11	㋐	㋑	㋒	㋓
12	㋐	㋑	㋒	㋓
13	㋐	㋑	㋒	㋓
14	㋐	㋑	㋒	㋓
15	㋐	㋑	㋒	㋓
16	㋐	㋑	㋒	㋓
17	㋐	㋑	㋒	㋓
18	㋐	㋑	㋒	㋓
19	㋐	㋑	㋒	㋓
20	㋐	㋑	㋒	㋓
21	㋐	㋑	㋒	㋓
22	㋐	㋑	㋒	㋓
23	㋐	㋑	㋒	㋓
24	㋐	㋑	㋒	㋓
25	㋐	㋑	㋒	㋓

問	解			答
26	㋐	㋑	㋒	㋓
27	㋐	㋑	㋒	㋓
28	㋐	㋑	㋒	㋓
29	㋐	㋑	㋒	㋓
30	㋐	㋑	㋒	㋓
31	㋐	㋑	㋒	㋓
32	㋐	㋑	㋒	㋓
33	㋐	㋑	㋒	㋓
34	㋐	㋑	㋒	㋓
35	㋐	㋑	㋒	㋓

(注) この解答用紙は実物を縮小してあります。Ｂ４用紙に142%拡大コピーすると、ほぼ実物大で使用できます。(タイトルと配点表は含みません)

学科		
国語	英語	数学
○	●	○

受	験	番	号	
⓪	⓪	⓪	⓪	⓪
①	①	①	①	①
②	②	②	②	②
③	③	③	③	③
④	④	④	④	④
⑤	⑤	⑤	⑤	⑤
⑥	⑥	⑥	⑥	⑥
⑦	⑦	⑦	⑦	⑦
⑧	⑧	⑧	⑧	⑧
⑨	⑨	⑨	⑨	⑨

受験番号記入➡

受験番号マーク➡

解答数・・・35問

氏名	

注意事項

1. 氏名と受験番号を正しく記入すること。
2. 受験番号のマークをすること。
3. 解答の記入にあたっては、次の点に注意すること。
   (１) ＨＢの鉛筆でマークすること。
   (２) 解答を修正する場合や解答以外の印をつけた場合には、消しゴムであとが残らないようにきれいに消し、又そのカスが残らないよう注意すること。
   (３) 直接コンピュータにかけるので、折り曲げたり汚したりしないこと。
4. マークはすべて同程度の濃さとなるように注意して記入すること。

マーク方法　良い例 ●

悪い例 ⊙ ⦶ ⊘ ✓

推定配点	
1〜6 各3点×30　7 各2点×5	
100点	計

2022年度　川越東高等学校・単願・併願①

数学解答用紙

評点
/100

問	解			答		
1	㋐	㋑	㋒	㋓	㋔	㋕
2	㋐	㋑	㋒	㋓	㋔	㋕
3	㋐	㋑	㋒	㋓	㋔	㋕
4	㋐	㋑	㋒	㋓	㋔	㋕
5	㋐	㋑	㋒	㋓	㋔	㋕
6	㋐	㋑	㋒	㋓	㋔	㋕
7	㋐	㋑	㋒	㋓	㋔	㋕
8	㋐	㋑	㋒	㋓	㋔	㋕
9	㋐	㋑	㋒	㋓	㋔	㋕
10	㋐	㋑	㋒	㋓	㋔	㋕
11	㋐	㋑	㋒	㋓	㋔	㋕
12	㋐	㋑	㋒	㋓	㋔	㋕
13	㋐	㋑	㋒	㋓	㋔	㋕
14	㋐	㋑	㋒	㋓	㋔	㋕
15	㋐	㋑	㋒	㋓	㋔	㋕
16	㋐	㋑	㋒	㋓	㋔	㋕
17	㋐	㋑	㋒	㋓	㋔	㋕
18	㋐	㋑	㋒	㋓	㋔	㋕
19	㋐	㋑	㋒	㋓	㋔	㋕
20	㋐	㋑	㋒	㋓	㋔	㋕

学	科	
国語	英語	数学
○	○	●

氏名	

受	験	番	号	
0	0	0	0	0
1	1	1	1	1
2	2	2	2	2
3	3	3	3	3
4	4	4	4	4
5	5	5	5	5
6	6	6	6	6
7	7	7	7	7
8	8	8	8	8
9	9	9	9	9

受験番号記入➡

受験番号マーク➡

解答数・・・20問

(注)　この解答用紙は実物を縮小してあります。A４用紙に111%拡大コピーすると、ほぼ実物大で使用できます。（タイトルと配点表は含みません）

注意事項

1．氏名と受験番号を正しく記入すること。

2．受験番号のマークをすること。

3．解答の記入にあたっては、次の点に注意すること。
（1）ＨＢの鉛筆でマークすること。
（2）解答を修正する場合や解答以外の印をつけた場合には、消しゴムであとが残らないようにきれいに消し、又そのカスが残らないよう注意すること。
（3）直接コンピュータにかけるので、折り曲げたり汚したりしないこと。

4．マークはすべて同程度の濃さとなるように注意して記入すること。

マーク方法　良い例

悪い例

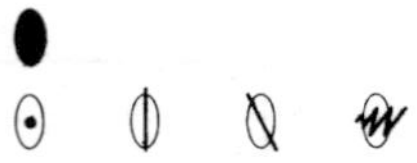

推定配点	
1～6　各5点×20	
100点	計

二〇二三年度　川越東高等学校・単願・併願①

国語解答用紙

評点
/100

問	解		答	
1	㋐	㋑	㋒	㋓
2	㋐	㋑	㋒	㋓
3	㋐	㋑	㋒	㋓
4	㋐	㋑	㋒	㋓
5	㋐	㋑	㋒	㋓
6	㋐	㋑	㋒	㋓
7	㋐	㋑	㋒	㋓
8	㋐	㋑	㋒	㋓
9	㋐	㋑	㋒	㋓
10	㋐	㋑	㋒	㋓
11	㋐	㋑	㋒	㋓
12	㋐	㋑	㋒	㋓
13	㋐	㋑	㋒	㋓
14	㋐	㋑	㋒	㋓
15	㋐	㋑	㋒	㋓
16	㋐	㋑	㋒	㋓
17	㋐	㋑	㋒	㋓
18	㋐	㋑	㋒	㋓
19	㋐	㋑	㋒	㋓
20	㋐	㋑	㋒	㋓
21	㋐	㋑	㋒	㋓
22	㋐	㋑	㋒	㋓
23	㋐	㋑	㋒	㋓
24	㋐	㋑	㋒	㋓
25	㋐	㋑	㋒	㋓

問	解		答	
26	㋐	㋑	㋒	㋓
27	㋐	㋑	㋒	㋓
28	㋐	㋑	㋒	㋓
29	㋐	㋑	㋒	㋓
30	㋐	㋑	㋒	㋓
31	㋐	㋑	㋒	㋓
32	㋐	㋑	㋒	㋓
33	㋐	㋑	㋒	㋓
34	㋐	㋑	㋒	㋓
35	㋐	㋑	㋒	㋓

(注)この解答用紙は実物を縮小してあります。Ｂ４用紙に142%拡大コピーすると、ほぼ実物大で使用できます。(タイトルと配点表は含みません)

受験番号記入➡
受験番号マーク➡

受	験	番	号	
0	0	0	0	0
1	1	1	1	1
2	2	2	2	2
3	3	3	3	3
4	4	4	4	4
5	5	5	5	5
6	6	6	6	6
7	7	7	7	7
8	8	8	8	8
9	9	9	9	9

解答数・・・35問

学	科	
国語	英語	数学
●	○	○

氏名	

注意事項

1. 氏名と受験番号を正しく記入すること。
2. 受験番号のマークをすること。
3. 解答の記入にあたっては、次の点に注意すること。
   (1) ＨＢの鉛筆でマークすること。
   (2) 解答を修正する場合や解答以外の印をつけた場合には、消しゴムであとが残らないようにきれいに消し、又そのカスが残らないよう注意すること。
   (3) 直接コンピュータにかけるので、折り曲げたり汚したりしないこと。
4. マークはすべて同程度の濃さとなるように注意して記入すること。

マーク方法　良い例 ●
悪い例 ⊙ ⦶ ⦸ ✓

推定配点	
一 問1 各2点×5　問2 3点　問3、問4 各2点×2　問5、問6 各3点×2　問7〜問10 各4点×4　二 問1、問2 各2点×3　問3、問4 各3点×2　問5〜問10 各4点×6　問11 2点　三 問1 3点　問2、問3 各2点×2　問4、問5 各3点×2　問6 2点　問7、問8 各3点×2　問9 2点	
計	100点

2022年度　川越東高等学校・併願②

英語解答用紙

評点　/100

問	解			答
1	㋐	㋑	㋒	㋓
2	㋐	㋑	㋒	㋓
3	㋐	㋑	㋒	㋓
4	㋐	㋑	㋒	㋓
5	㋐	㋑	㋒	㋓
6	㋐	㋑	㋒	㋓
7	㋐	㋑	㋒	㋓
8	㋐	㋑	㋒	㋓
9	㋐	㋑	㋒	㋓
10	㋐	㋑	㋒	㋓
11	㋐	㋑	㋒	㋓
12	㋐	㋑	㋒	㋓
13	㋐	㋑	㋒	㋓
14	㋐	㋑	㋒	㋓
15	㋐	㋑	㋒	㋓
16	㋐	㋑	㋒	㋓
17	㋐	㋑	㋒	㋓
18	㋐	㋑	㋒	㋓
19	㋐	㋑	㋒	㋓
20	㋐	㋑	㋒	㋓
21	㋐	㋑	㋒	㋓
22	㋐	㋑	㋒	㋓
23	㋐	㋑	㋒	㋓
24	㋐	㋑	㋒	㋓
25	㋐	㋑	㋒	㋓

問	解			答
26	㋐	㋑	㋒	㋓
27	㋐	㋑	㋒	㋓
28	㋐	㋑	㋒	㋓
29	㋐	㋑	㋒	㋓
30	㋐	㋑	㋒	㋓
31	㋐	㋑	㋒	㋓
32	㋐	㋑	㋒	㋓
33	㋐	㋑	㋒	㋓
34	㋐	㋑	㋒	㋓
35	㋐	㋑	㋒	㋓

（注）この解答用紙は実物を縮小してあります。Ｂ４用紙に142%拡大コピーすると、ほぼ実物大で使用できます。（タイトルと配点表は含みません）

学科		
国語	英語	数学
◯	●	◯

氏名	

受験番号記入➡

受験番号マーク➡

受	験	番	号	
⓪	⓪	⓪	⓪	⓪
①	①	①	①	①
②	②	②	②	②
③	③	③	③	③
④	④	④	④	④
⑤	⑤	⑤	⑤	⑤
⑥	⑥	⑥	⑥	⑥
⑦	⑦	⑦	⑦	⑦
⑧	⑧	⑧	⑧	⑧
⑨	⑨	⑨	⑨	⑨

解答数・・・35問

注意事項

1．氏名と受験番号を正しく記入すること。
2．受験番号のマークをすること。
3．解答の記入にあたっては、次の点に注意すること。
　（1）ＨＢの鉛筆でマークすること。
　（2）解答を修正する場合や解答以外の印をつけた場合には、消しゴムであとが残らないようにきれいに消し、又そのカスが残らないよう注意すること。
　（3）直接コンピュータにかけるので、折り曲げたり汚したりしないこと。
4．マークはすべて同程度の濃さとなるように注意して記入すること。

マーク方法　良い例 ●
　悪い例 ⊙ ◯ ◯ ◯

推定配点	
1〜6　各3点×30　7　各2点×5	
100点	計

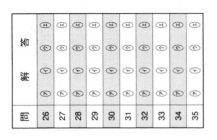

2022年度　川越東高等学校・併願②

数学解答用紙

評点
/100

問	解			答		
1	㋐	㋑	㋒	㋓	㋔	㋕
2	㋐	㋑	㋒	㋓	㋔	㋕
3	㋐	㋑	㋒	㋓	㋔	㋕
4	㋐	㋑	㋒	㋓	㋔	㋕
5	㋐	㋑	㋒	㋓	㋔	㋕
6	㋐	㋑	㋒	㋓	㋔	㋕
7	㋐	㋑	㋒	㋓	㋔	㋕
8	㋐	㋑	㋒	㋓	㋔	㋕
9	㋐	㋑	㋒	㋓	㋔	㋕
10	㋐	㋑	㋒	㋓	㋔	㋕
11	㋐	㋑	㋒	㋓	㋔	㋕
12	㋐	㋑	㋒	㋓	㋔	㋕
13	㋐	㋑	㋒	㋓	㋔	㋕
14	㋐	㋑	㋒	㋓	㋔	㋕
15	㋐	㋑	㋒	㋓	㋔	㋕
16	㋐	㋑	㋒	㋓	㋔	㋕
17	㋐	㋑	㋒	㋓	㋔	㋕
18	㋐	㋑	㋒	㋓	㋔	㋕
19	㋐	㋑	㋒	㋓	㋔	㋕
20	㋐	㋑	㋒	㋓	㋔	㋕

学科		
国語	英語	数学
○	○	●

氏名	

受験番号記入➡

受験番号マーク➡

受	験	番	号	
0	0	0	0	0
1	1	1	1	1
2	2	2	2	2
3	3	3	3	3
4	4	4	4	4
5	5	5	5	5
6	6	6	6	6
7	7	7	7	7
8	8	8	8	8
9	9	9	9	9

解答数・・・20問

（注）この解答用紙は実物を縮小してあります。Ａ４用紙に111％拡大コピーすると、ほぼ実物大で使用できます。（タイトルと配点表は含みません）

注意事項

1．氏名と受験番号を正しく記入すること。

2．受験番号のマークをすること。

3．解答の記入にあたっては、次の点に注意すること。
（１）ＨＢの鉛筆でマークすること。
（２）解答を修正する場合や解答以外の印をつけた場合には、消しゴムであとが残らないようにきれいに消し、又そのカスが残らないよう注意すること。
（３）直接コンピュータにかけるので、折り曲げたり汚したりしないこと。

4．マークはすべて同程度の濃さとなるように注意して記入すること。

マーク方法　良い例 ●
悪い例

推定配点	
1～6 各5点×20	
100点	計

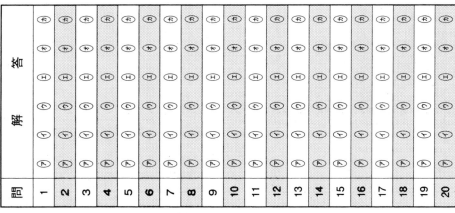

二〇二二年度　川越東高等学校・併願②

国語解答用紙

評点
/100

問	解		答	
1	㋐	㋑	㋒	㋓
2	㋐	㋑	㋒	㋓
3	㋐	㋑	㋒	㋓
4	㋐	㋑	㋒	㋓
5	㋐	㋑	㋒	㋓
6	㋐	㋑	㋒	㋓
7	㋐	㋑	㋒	㋓
8	㋐	㋑	㋒	㋓
9	㋐	㋑	㋒	㋓
10	㋐	㋑	㋒	㋓
11	㋐	㋑	㋒	㋓
12	㋐	㋑	㋒	㋓
13	㋐	㋑	㋒	㋓
14	㋐	㋑	㋒	㋓
15	㋐	㋑	㋒	㋓
16	㋐	㋑	㋒	㋓
17	㋐	㋑	㋒	㋓
18	㋐	㋑	㋒	㋓
19	㋐	㋑	㋒	㋓
20	㋐	㋑	㋒	㋓
21	㋐	㋑	㋒	㋓
22	㋐	㋑	㋒	㋓
23	㋐	㋑	㋒	㋓
24	㋐	㋑	㋒	㋓
25	㋐	㋑	㋒	㋓

問	解		答	
26	㋐	㋑	㋒	㋓
27	㋐	㋑	㋒	㋓
28	㋐	㋑	㋒	㋓
29	㋐	㋑	㋒	㋓
30	㋐	㋑	㋒	㋓
31	㋐	㋑	㋒	㋓
32	㋐	㋑	㋒	㋓
33	㋐	㋑	㋒	㋓
34	㋐	㋑	㋒	㋓
35	㋐	㋑	㋒	㋓

（注）この解答用紙は実物を縮小してあります。Ｂ４用紙に142％拡大コピーすると、ほぼ実物大で使用できます。（タイトルと配点表は含みません）

学科		
国語	英語	数学
●	○	○

受験番号記入➡
受験番号マーク➡

受験番号				
⓪	⓪	⓪	⓪	⓪
①	①	①	①	①
②	②	②	②	②
③	③	③	③	③
④	④	④	④	④
⑤	⑤	⑤	⑤	⑤
⑥	⑥	⑥	⑥	⑥
⑦	⑦	⑦	⑦	⑦
⑧	⑧	⑧	⑧	⑧
⑨	⑨	⑨	⑨	⑨

解答数・・・35問

氏名	

注意事項

1. 氏名と受験番号を正しく記入すること。
2. 受験番号のマークをすること。
3. 解答の記入にあたっては、次の点に注意すること。
   （1）ＨＢの鉛筆でマークすること。
   （2）解答を修正する場合や解答以外の印をつけた場合には、消しゴムであとが残らないようにきれいに消し、又そのカスが残らないよう注意すること。
   （3）直接コンピュータにかけるので、折り曲げたり汚したりしないこと。
4. マークはすべて同程度の濃さとなるように注意して記入すること。

マーク方法　良い例　●
悪い例　⊙　⦶　⍉　≋

推定配点	
一　問１～問３　各２点×５　問４、問５　各３点×２　問６～問11　各４点×６ 二　問１～問５　各２点×６　問６～問12　各４点×７ 三　問１～問７　各２点×７　問８、問９　各３点×２	
100点	計

高校後見返し